泰州文獻

第四輯

育齋先生詩集
李文定公貽安堂集
韓樂吾先生遺集
諫垣疏草

鳳凰出版社

ISBN 978-7-5506-2264-7
9 787550 622647 >

圖書在版編目（C I P）數據

育齋先生詩集、李文定公貽安堂集、韓樂吾先生詩集等 / (明) 高穀等撰. -- 南京 : 鳳凰出版社, 2015.10
（泰州文獻）
ISBN 978-7-5506-2264-7

Ⅰ. ①育… Ⅱ. ①高… Ⅲ. ①古典詩歌－詩集－中國－明代②古典散文－散文集－中國－明代 Ⅳ. ①I214.82

中國版本圖書館CIP數據核字(2015)第256461號

責任編輯　王　劍
裝幀設計　姜　嵩
出版發行　鳳凰出版傳媒股份有限公司
　　　　　鳳凰出版社(原江蘇古籍出版社)
　　　　　發行部電話 025－83223462
出版社地址　南京市中央路165號　郵編:210009
出版社網址　http://www.fhcbs.com
印　　刷　揚州文津閣古籍印務有限公司
　　　　　揚州市開發區鴻揚路22-2號(6幢)　郵編:225009
開　　本　889毫米×1194毫米　1/16
印　　張　36.5
版　　次　2015年10月第1版　2015年10月第1次印刷
標準書號　ISBN 978-7-5506-2264-7
定　　價　530.00圓
(本書凡印裝錯誤可向承印廠調换,電話:0514－87969255)

《泰州文獻》工作委員會

主　任

藍紹敏　陸志鵬

常務副主任

盧佩民

副主任

戴勝利　王學鋒　張培成　佘江涛

委　員（按姓氏筆畫为序）

丁少華　方標軍　成愛君　季春芳　周興安
查學斌　姜小青　奚愛國　陳士宏　黄林華
曹茂良　曹學賦　許大才　張國祥　萬永良
程榮穩　鄒祥龍　費振鐘　劉　玲　劉仁前
劉宏鳴　潘時常　薛金林　顧維中

《泰州文獻》編纂委員會

主　編

盧佩民

副主編

黄林華　姜小青

執行主編

成愛君　費振鐘

編　委（按姓氏筆畫为序）

王　飛　王　劍　王正奎　卞惠興　朱長順　全　勤

李文華　李明官　吴　迪　吴小晴　吴雙林　汪　政

沈　俊　林世田　莫其康　倪培翔　徐一清　徐同華

高　峰　陳　立　黄　靖　曹學林　常　康　張　定

張永龍　劉仁前　劉春龍　潘浩泉　薛　飛　謝冬榮

竇立成　顧寄南

《泰州文獻》學術指導委員會

（按姓氏筆畫为序）

江慶柏　金良年　茅家琦　華學誠　徐　雁　畢飛宇

程章燦　楊九俊　魯國堯　劉玉才　顧　農

總序

泰州古稱海陵，漢初（公元前一一七年）置縣，晋末（公元四一一年）設郡，南唐（公元九三七年）建州，始稱泰州。

泰州濱江近海，物阜民豐。漢唐以來，糧鹽並舉，商貿繁榮，爲溝通南北的重要港口城市。

泰州素爲文教昌明之邦。唐初立州學，北宋建貢院，明清開學政試院，産出大批科舉優秀人才。

泰州自古人文薈萃。走進泰州的，從范仲淹、富弼、陸佃，到孔尚任、吴讓之、蔣春霖，都留下深遠影響。走出泰州的，從張懷瓘、胡瑗、施耐庵、王艮，到李清、吴嘉紀、柳敬亭、黄龍士、李鱓、鄭燮、劉熙載、李詳、梅蘭芳、高二適，都在各自領域爲中國文化作出巨大貢獻。

泰州遺存的文獻也很豐富。僅據《江蘇藝文志》所載，便有二千七百餘種，涵蓋經、史、子、集的方方面面。其中，尤以明清時期爲夥，占到百分之九十九以上。這當中不排除由於種種原因，致使元以前的一些著述湮没無聞，但明清兩代，確是泰州文化的繁盛期。在這些文獻中，如《書斷》（張懷瓘）、《水滸傳》（施耐庵）、《王心齋先生遺集》（王艮）、《宗子相集》（宗臣）、《陋軒詩集》（吴嘉紀）、《板橋全集》（鄭燮）、《藝概》（劉熙載）、《李審言文集》（李詳）、《黄龍士先生棋譜》等，在中國文化史上都有重要地位和深遠影響。

與此同時，對鄉邦文獻進行整理的也代不乏人。自宋至清，周氏（周麟之等）、宫氏（宫偉鏐等）、陳氏（陳應芳等）、徐氏（徐鳴柯等）等都曾致力其事，爲泰州留下了許多寶貴的文化財富。清嘉道間，鄉人夏荃編輯《海陵文徵》二十卷、附録十二卷，《海陵詩徵》十卷。民國初年，曾任江蘇省省長的鄉人韓國鈞歷經十餘年編成《海陵叢刻》計二十三種六十六册。

二〇一一年九月召開的中共泰州市第四次代表大會，提出了建設文化名城的任務。爲此，中共泰州市委、泰州市人民政府決定編纂《泰州文獻》。這是泰州有史以來對本土文獻最大規模的整理和彙編。它對於保存、利用、研究和開發泰州的歷史文化，尋繹泰州獨特的地方文化價值，爲泰州文化建設提供歷史人文資源，意義重大。

爲了保證編纂工作的順利進行，市委、市政府專門成立了工作委員會、編纂委員會和學術指導委員會。工作委員會由市委、市政府領導和相關部門負責同志組成，負責對編纂工作的領導和協調。編纂委員會由相關專家、學者組成，具體負責《泰州文獻》的編纂出版工作。學術指導委員會由江慶柏、魯國堯、程章燦、茅家琦、華學誠、徐雁、金良年等國内知名文史專家組成，負責對編纂工作的指導和把關。

編纂工作按如下幾個步驟進行：（一）進行文獻調查，建立文獻檔案；（二）精選有代表性、有學術價值的作品影印出版，選目由編纂委員會和學術指導委員會共同審議確定；（三）編輯出版《泰州文獻總目》。

《泰州文獻》分爲四輯：

第一輯『官修舊志』，收録泰州地區現存所有官修地方志。

第二輯『地方史料文獻』，收録泰州地區歷代重要的筆記和史料。按内容又可分爲史地類：收録有關泰州歷史地理方面的著作，包括小志、專志、雜志等；政情類：收錄有關泰州政治、經濟等方面的著作；文教類：收錄有關文化、教育、圖書館等方面的著作。

第三輯『家族文獻』收錄泰州地區重要的家譜、家傳、家集與名人年譜。按內容又可分爲家乘傳記類：擇要收錄泰州家族譜牒中的譜序、家規、家訓、箴言、族約、族記、祠田記、塋田記、雜記、著述等資料；家族總集類：以家族姓氏筆畫爲序。

第四輯『泰州文存』收錄泰州地區作者的詩文著作及其他代表性著作。按內容又可分爲學術論著類：收錄泰州作者的經史雜著；文集類：收錄泰州作者的詩文集；地方總集類：收錄泰州作者的詩文合集。

考慮到《水滸傳》、《封神演義》（《辭海》云『一説陸西星作』）、《檮杌閑評》（學界多謂李清所作）等小説流傳甚廣，版本豐富，故不再收錄。其他如堪輿、術數類著作，泰州人撰泰州地區以外的地方志、地理志類著作，一般性的彙編、摘鈔類著作，亦不予收錄。

《泰州文獻》原則上收錄現轄區內的作家作品。但從尊重歷史出發，泰州學派創派人物、明代思想家、哲學家王艮，平民詩人吴嘉紀等人，歷史上均屬於泰州地區，對泰州地區具有深遠的文化影響，他們的作品亦予收錄。

前人給我們留下了豐厚的文化遺産，我們既要加以珍視和傳承，更要在前人的基礎上，創造出無愧於今天這個偉大時代的新篇章。這是我們更重要的使命，讓我們爲之努力。

《泰州文獻》編纂委員會

二〇一三年十月十八日

凡例

一、《泰州文獻》（以下簡稱《文獻》）分爲《官修舊志》、《地方史料文獻》、《家族文獻》和《泰州文存》四輯。

二、《文獻》收録範圍原則上爲現行政轄區内作者的著述和與泰州有關的重要著述，但考慮到歷史上曾屬於泰州地區的人物，如泰州學派的代表人物王艮、平民詩人吴嘉紀等對泰州文化深具影響，對他們的作品亦予收録。

三、所收著作成書年代限於一九四九年以前。

四、《文獻》所收著作，以學術價值、使用價值較高爲原則，適當兼顧版本價值。

五、《文獻》以影印方式出版。如有蠹損、殘缺、漫漶不清處，原則上以相同版本予以補配，以保證完整、清晰。

六、《文獻》對所收每種著作均撰寫提要，置於該著作前面，以方便讀者瞭解作者生平、主要内容、學術價值等。

七、《文獻》除保留所收著作原有頁碼外，均新編頁碼，每册頁碼自爲起訖。

八、《文獻》最後一册編有書名索引和作者索引，以方便讀者使用。

目録

育齋先生詩集

（明）高穀撰

《育齋先生詩集》十七卷，明高穀撰，據南京圖書館藏明弘治刻本影印。

高穀（一三九一——一四六〇），字世用，一字育齋。明興化人。永樂十三年進士，選庶吉士，授中書舍人。歷官春坊司直郎、侍講學士、工部右侍郎，入内閣典機務。景泰初，進尚書，兼翰林學士，掌閣務如故。二年進少保、東閣大學士。七年進謹身殿大學士。英宗復位，致仕卒。贈太保，謚文義。《明史》卷一六九有傳。

高穀爲正統、景泰間朝廷重臣，其文集卷首隆重，有高官錢溥、汪諧序，英宗、景帝、憲宗所頒制書、敕諭多份，李賢撰神道碑銘，多位高官所撰像贊等。其中制書、敕諭較有史料价值。詩集按詩體排列，依次爲五七言古詩歌行、五七言律詩、五七言絶句。高穀爲官忠直，品行清介，名重於時。其公務之餘，留心於詩文創作，李紱跋謂其詩『和粹春容，冲澹高古，足以步李杜之壇而爲學者之矜式』。其生前所著詩文集總八十卷，卒後散失，即此詩集十七卷亦可見其詩歌風貌。本書詩歌各體兼備，題材廣泛，頗見佳篇，如《題畫》：『江南風景最堪題，山繞層城水繞堤。小閣半依蒼樹外，行人遥度畫橋西。春歸苔徑花先落，雨歇梅林鳥自啼。何日官閑許登眺，玉壺新酒重相攜。』

（周　忠）

育齋先生詩集序

人材關乎氣運而詩文以之見焉
唐虞賡歌之始商周雅頌之作盛
矣一變而戰國則爲騷再變而漢
而晉則爲五言又變而唐則爲七
言以迄于今變極其備然求不失
賡歌雅頌之遺意則難其人焉求
其人有若屈宋之鳴戰國蘇李之
鳴漢陶謝之鳴晉李杜韓柳之
鳴唐歐王蘇氏之鳴宋虞楊范
揭之鳴元
國朝一統以來人材輩出媲墳韺
典諧律振呂而使音軼諸作世
躋虞周者欲臻其盛爾故欲觀

乎人者必觀其文欲觀其文必由乎
世者今少保兼
太子太傅工部尚書東閣大學士
淮南高育齋先生早以儒家子際
太宗皇帝聿興文治之初即舉進
士入翰林書閣中秘書沉潛積
郁益深踔厲繼而歷事
列聖俾
經幄典綸命凡所以黼黻
皇度鋪張治道以鳴
國家之盛視全集槩可考已
夫古之沉抑山林奔走下僚而爲
詩韓曰待窮而工然皆非鳴其
盛者得鳴其盛則又鮮不雜乎

憂讒畏譏遷謫無聊之思以發
乎詩豈若先生少承家學壯
歷仕塗凡四十餘年賡哥
明良訓應湖海之作一皆純乎沖
澹和樂之音略無譏讒使播遷之
雜謂非身際其盛能之乎詩多
得而不自也哉詩自五七言絕律
長短歌行總若干卷其門人戶
部員外郎江陰卞榮彙次成
集曰房號而名之曰育齋詩
集屬溥序之以傳於戲溥生
也晚嘗游太師楊文貞公之門
遠猗序公之敎視文貞甚久
竊識二公清德好古書於造

士而為當世重也故不敢辭而
僭為之序
景泰七年歲舍丙子春三月初
吉門生華亭錢溥拜手書于
玉堂之署

育齋詩集序

國家以賢科登庸豪傑皆爾
補于時上焉者入爲宰[illegible]進
沃心澤民物軒舉特達不凝
擬婁廉則固世所景仰而[illegible]
慕者也予於所聞[illegible][illegible][illegible]
未淮前育齋高公[illegible][illegible][illegible][illegible]
進士入翰林聲名[illegible]以[illegible][illegible]
竟陟臺閣深受　上
主知非有大過之者[illegible][illegible][illegible]
當景泰間號稱多事[illegible]戒[illegible]
立朝不避怨尤時寧德林[illegible]

敘公爲給事時言[illegible][illegible][illegible]月
不測公亦爲[illegible]辭者求劉文
介公以叔御[illegible][illegible][illegible]貴予第
坐罪訟繫公救之甚[illegible][illegible]
斯亦賴其所以使國無亂[illegible]
臣者全節公之功[illegible]況其[illegible]
謂其[illegible]協[illegible]位寶[illegible]衣[illegible][illegible]
接[illegible]及臨大事發[illegible][illegible][illegible][illegible]
所[illegible]撓[illegible][illegible]之[illegible]爲[illegible][illegible]
時出入左衛[illegible]爲[illegible][illegible]下[illegible]
功信之固[illegible]迹[illegible]旋其光
[illegible]發越而爲文章[illegible][illegible][illegible]

操弄筆墨者所可擬乎曾子曰臨大節而不可奪君子人也易曰美在其中而暢於四肢發於事業美之至矣公既以文章功業名當世然恒默然不與人爭能則公天性然也今觀公所爲詩詩溫柔和平有長者之風明白簡易有大人之度平生風采德器舉可想見而公確然不拔之操則有非此詩之所能盡見者也昔唐之宋璟鯁介不阿爲

時名相而其所爲詩賦淸新富麗不類其爲人讀者疑之蓋道德功業是其所以立身而詩文特其餘緒耳朝觀者詩者焉能盡知公之平生哉雖即公然詩之所以傳之可以知公矣公之曾孫廣

廟堂在天下賢者固已識其大而言語文字尤爲人所珍惜則必有由然矣公殁幾三十年遺稿散失存者無幾及亨平李侯欽貳揚政務之暇以

□寖遠乃[illegible]稿得平
公姻婭郭羽門生陸礩輩
僅二十餘卷嗣然欲入梓
以傳求予序諸首簡嗚呼
景泰之際國勢危疑不有
先覺諸公委曲彌綸則今
材顛躋殆不亡林鐘二公
而已而公始出而為大儒
當事而全大節其視怙勢
怚洂者今日何如哉前輩
文獻實勞我心寧能已于
言乎故誦公德澤于天下

之人也使人讀公詩云德
然遐思者揚州李傒也若
夫予則知公舊矣乃今復
獲公詩敬述其出處之大
略使讀者因公詩而考公
之為人庶幾其善學者也

公致仕少保兼
太子太傅工部尚書東閣大
學士育齋真別號云
弘治四年歲辛亥菊月重
易日
賜進士第嘉議大夫禮部右侍

郎兼翰林院學士
經筵講官杭郡汪諧拜

序　七

奉
天承運
皇帝制曰經筵之官所以陳論道德
備資顧問非專講讀誦習而已
舘閣之職所以叅預謀猷毗翼
政理非專文學辭命而已國家
列官以經筵兼舘閣往往寵以
重秩固有自來而朕尤意嚮之
蓋信任之篤委託之重非其他
可比也然非操履純正文學該
博明於體要之士則不輕畀咨
爾奉直大夫翰林院侍講學士
高穀蚤以賔興榮登科第歴官
禁近荐事

皇帝勅諭工部尚書兼翰林院學士
高穀朕以眇躬祗膺
天命嗣承
祖宗大統臨御兆民顧惟負荷之可
勝必由問學之能敏茲以九月
十六日御經筵命太保寧陽侯
陳懋知經筵事户部尚書兼翰
林院學士陳循與爾穀同知經
筵事户部右侍郎兼翰林院學
士江淵翰林院學士商輅侍講
學士劉鉉吏部右侍郎俞山禮
部左侍郎儀銘兵部右侍郎俞
綱國子監祭酒蕭鎡左春坊左
諭德趙琬兼經筵官循與爾穀

三朝紀述公精克裨信史暨朕嗣
統之初委以經筵之務并居宥
密朝夕論思願其簡靜端方廉
平直亮明于古今朕心眷倚雖
嘗置貳文學侍從之首然未惬
予好賢用儒之懷肆特進卿嘉
議大夫工部右侍郎兼翰林院
侍講學士尚推古先聖王嘉言
善道啓沃朕心底于至治以副
簡任儒術之意卿其懋哉

正統十二年十二月十三日

弃淵輅日侍講論翰林等衙門
儒臣分直侍講夫六經載帝王
之道而萬世仰治教之則以我
祖宗之聖尚猶銳情於斯況朕安所
務而不然卿等其務端心竭誠
相與講論臻其極至毋隱且徇
徒事虗名必二帝三王之蘊奥
得於心而施於行俾四方萬[illegible]
之廣遠蒙其德而被其澤斯足
以副朕之素志欽哉故諭

景泰元年九月十三日

奉
天承運
皇帝制曰朕惟保傅之崇資是乃臣
工之極選弼一人而弘治化均
四海以展謀猷敬明啓沃之惟
艱張大輔成之匪易矧職一以
兼衆在周德而備材允命[illegible]
經筵史局館閣樞機[illegible]
率多永樂洪熙宣德以來登庸
簪笏之耆舊故兹寅亮尤簡賢能
咨爾少保兼太子太傅工部尚
書東閣大學士高穀文學該通
器識弘遠夙有譽望蔚為名臣
事

皇曾祖考以至于朕咸躋顯融歷
近侍卿佐命令鈞衡並切機要
際國家之危患輸忠實之小心
肆弘濟於艱難致茂臻於康吉
夷險不易其守夙夜匪懈其勞
宜伸眷倚之懷用錫寵綏之數
可授榮祿大夫少保兼太子太
傅工部尚書東閣大學士同知
經筵事如故於戲執忠信之一
節所屬老成處盈滿而不驕豈
煩訓飭服茲休命往惟欽哉
景泰四年十一月初三日

皇帝勅工部尚書謹身殿大學士兼
東閣大學士高穀卿以智識文
學執經事朕恭慎小心積有歲
年今朕復正大位圖任經筵舊
臣以緝熙聖學以寅亮天工而
卿以老疾懇乞休致然拔老之
請雖未至於引年而懷舊之私
寔有切於朕意惟功成身退乃
天之道故特賜允以遂卿情復
遣勅諭意并賜白金楮幣金織
龍衣仍給驛舟送卿還鄉卿之
歸也日與親戚故舊徜徉丘園
展契闊之深懷道朝廷之盛事
清風高致足以厲廉而革貪夙

德雅望足以敷化而導俗尉鄉
亦永有終譽焉故勑
天順元年二月十二日

奉
天承運
皇帝制曰朕觀于士大夫中有進成
輔弼之績而退保清閒存膺眷
顧之榮而没流芳譽者允爲兑
老邈在
先朝故工部尚書謹身殿大學士
兼東閣大學士高穀忠厚温明
安詳恪順瑩然良玉奚資琱琢
之工確爾精金弗避熾炎之爍
用能早被
文皇之簡擢中蒙
英考之倚毗廣厦細旃恒陪經席崇
梁鉅棟晉陟台階在景泰間力

主迎鑾之策及天順際遂陳解
組之章直聲流播於蓬瀛遐躡
遠蹤於淮海若漢疏太傅尊俎
娛懷若宋歐少師琴書終老茲
特贈爲太保謚文義於戲惟文
足以華國惟義足以事君二美
克兼特平日德業之實三公崇
錫趍生時孫保之班服我寵光
慰卿冥漠

成化三年五月初七日

明故工部尚書
謹身殿大學士兼東閣大學士高公神道碑
賜進士資善大夫吏部尚書兼翰林院學士知
制誥南陽李賢撰
賜進士嘉議大夫禮部右侍郎前翰林院學士
安成李紹書
賜進士資德大夫正治上卿吏部尚書[illegible]王
翶篆

本朝儒臣能以清風厚德激薄鎮浮者亦不多得
若大學士高公是也嗚呼天何爲而不憖遺一
疾而長逝耶按侍讀學士錢君溥狀公諱穀字世
用其先世居河南之懷慶有仕宋者因高宗南
隨徙維揚今爲高郵州興化人高祖諱明祖諱椿
父諱焯俱以公貴累贈少保兼　太子太傅工部
尚書東閣大學士曾祖妣劉氏祖妣吳氏妣黃氏
俱贈一品夫人自上世以儒至其祖椿當元末避
兵姑蘇恐廢先業有子四人皆令從事詩書洪武
初復歸維揚始占籍于興化四子業皆有成其季
公之父也尤長於詩有書數千卷不樂仕進隱居
教授而鄉之後進多造就焉公自幼承家訓舉止
如老成人父奇甫十歲乃遣入邑庠即能奮力進
學弱冠遂領鄉薦登永樂乙未第選入翰林爲庶

吉士辛丑授中書舍人甲辰授左春坊左司直郎
洪熙改元受
勅階承務郎推恩及親未幾以學行獨優特陞翰林
院侍講丁外艱服除還任宣德甲寅順天府鄉試
公典文衡人服其公正統改元春
上初御經筵少傅楊士奇等上言經筵講官必擇學問
貫通言行端正老成重厚者以供其職遂薦公兼
苗衷馬愉曹鼐四人專侍講讀
賜三品袍帶公語音明正每進講敷衍詳盡聞者竦
服戊午預修
宣廟實錄成陞侍講學士甲子應天府鄉試[illegible]
其文防範愈密去取尤當乙丑進陞工部[illegible]
兼侍講學士入閣知
制誥丁卯給
贈誥命階通議大夫推恩及其祖考己巳秋
聖駕北征命公留守尋陞工部尚書兼翰林學士時虜
情叵測邊警日嚴選使虜者得中書舍人趙榮陞
大理寺少卿公嘉榮之奮忠即解所束金帶與之
景泰初
聖駕自北還議奉迎禮公欲從厚衆涉疑未定有千户
龔遂榮投書于公言奉迎當重之意公即袖其書
而進之且曰武夫尚知此禮况儒臣乎已而[illegible]

朝廷以遂榮非分得譴
聖駕至百官郊迎入內公復上章以伸前議無所顧忌
聞者義之辛未
朝廷以公望重進陞少保仍以尚書兼　東閣大學
士壬申加兼　太子太傅公懇辭不允尋
賜誥命階榮祿大夫復追贈三代甲戌南京災
朝廷念
祖宗陵寢所在以公大臣中清慎者　特命往祭安之
事竣錄被災者千餘家悉發廩賑濟歸奏稱旨是
歲冬給事中有訐執政者執政欲害之乃諷御史
劾其私而羅織其罪公獨持正議卒從輕典士論
韙之乙亥星變屢見公上疏謂臣[illegible]
盡匡輔之道宜譴罷以謝天意不允丙子兼
謹身殿大學士是歲秋順天府鄉試太常少卿兼翰
林侍讀劉儼爲考官有二執政以子入試不中交
章奏儼去取不公欲置于法乞
詔翰林六科十三道覆考公時以疾不出一聞此事
即強出之預考畢敎然入言曰大臣子與寒士並
進已不可况又不安於命欲殺考官可乎由是得
釋公之名益振而梯其意者訴之公屢求退避
朝廷重公忠直不允所請天順改元
皇上復登寶位首召公慰諭而留之其餘誅斥殆盡公

即上䟽辭保傅二職時機務塡委公以衰老弗堪
懇乞骸骨
上以公舊人方隆倚託憫其老而又重違其意特允
所請　贈白金楮幣金織襲衣給驛舟送歸其鄉
復贈
勅諭有曰與親戚故舊徜徉丘園展契闊之深懷
道　朝廷之盛事淸風高致足以勵廉而革貪[illegible]
德雅望足以敷化而導俗則卿亦永有終譽焉士
林以爲榮公歸優游故里鄉之人多企慕而感化
焉越四年庚辰初忽疾作以正月十日終于正寢
距生洪武辛未三月[illegible]日享年七十娶[illegible]氏[illegible]
一品夫人先公卒生女一適中書舍人黃[illegible]
杜氏生子一名恒爲邑庠生女一周氏生子一名
崗劉氏生子一名岐俱幼
上聞訃嗟悼遣官諭祭于其家令與夫人合葬焉公天
資簡重端厚淸介交人不汎視義所在勇於必爲
雖違衆汶不恤也在位論薦得人可謂愷愷乎[illegible]
實之君子矣所著有育齋集八十卷藏于家爲之
銘曰
黃節白首　易脆而朽　松柏挺生　夫何能久
抑根之固　或心之堅　不然蒼翠　何千萬年
豪傑之生　有類於是　相彼高公　實同容止

早登仕路　蜚聲振揚　英華發外　斐然成章
翰苑優游
帝資啓沃　兩典文衡　士論咸服　乃入給間
遂參要機　高官大爵　志願不違　見義必爲
莫之能禦　拯人之危　慨然心許　保全晩節
眷注不留　榮與桑梓　賁次[illegible]　於焉蓋棺
名昭天壤　卹典之褒　百世瞻仰　有銘在石
窀穸之光　嗚呼泉室　永以[illegible]藏

文義公畫像贊

凝重之資淹貫之學金馬玉堂石渠芸閣其模書也可以質知神明其貴重也不獨在乎人爵居內閣之顯融甘儒生之澹泊施於事業則民物之膏澤發焉文章則朝廷之制作覿其容儀皎然如華月之印潭而清冰之在壑斯人也才優行飾守約施博宜其娛晚節於老圃黃花等遐齡瑤臺玄鶴也

錢唐于謙

松柏其姿瑚璉其器道在中和行徑簡易不苟爲以混同不矯然而求異德望[illegible]忠[illegible]一致布帛之温毅菽粟之味經史貫串之[illegible]金[illegible]容以玠調蒼生默逢康濟[illegible]隆古之[illegible]士今見之而不可企也歟

建昌何文淵

處玉堂之宥密踐台斗之隆崇經筵也闡大猷於帝王職代言也沛湛恩於天地由所學者明體適用所師者居仁由義士類以之而振拔公道以之而昭晰故具瞻於人也儼乎温恭之容重任於時也廓乎弘深之器至如忠君愛國之誠論思翊贊之功有非書史所得乎一二也

臨郡習嘉言

承詩書之澤挺松檜之資粹乎其中偉乎其儀處[illegible]相而不矜於寵屏進中臺而不間於崇卑棲遲[illegible]涵玉堂之秋露氣韻瀟落揚瑞雪於喬枝伊洛關閩淵乎其源學海長江大河沛乎其文詞其愛君也盡道而無隱其守官也清白而不欺此其所以爲士大夫之公議而爲列聖之所知歟

東魯許彬

粹乎其爲容純乎其爲德斯固本諸問學況復聲於生質擬巍科而步玉堂渠[illegible]年而趨講席歟

聖皇之紹統陳治道於朝夕唯啓沃之是多[illegible]一
崇秩人見其失衣象簡而榮貴之莫當殊不知公君
無所與於己恒歐然以自見其華髮蒼顏而年齡之
是長殊不知公保養之有素堅節操於松柏方
春願之允隆尚壽祉之無斁

東吳張益

其貌之莊其心則平其外之和其中則貞其佳懷雅
韻藹芝蘭之氾時雨其直節勁氣挺泰華之凌青冥
蓋其學探濂洛之突奧而其文闖班馬之戶庭自
先朝日屢於宥密遭
聖主益承乎
寵榮辭翰之華允宜乎
綸綍啓沃之切實贊乎鈞衡卓卓乎張曲江之事業
偲偲乎陸[illegible][illegible]之忠誠余見其福祿榮名之未艾矣
止乎今日之位列六卿而已哉

泰和蕭鎡

頎然其躬也溫然其容也粹然德之充也恂然貌之
未也[illegible]然其[illegible][illegible]之雄也沛然其澤位之隆也陳克
舜之道啓
聖聰也掌絲綸之秘翊化工也噫即之而溫者乃顒昂
之望聞之而敬者其簡靜之風也歟

台郡王一寧

[illegible]廷[illegible]首[illegible]岐嶷之確[illegible]移論乎其有廓乎[illegible]
[illegible]量而[illegible]拘故於動也若有所持於靜也若有
所思益將以賢爲友而聖爲師將以得於千古者而
濟於一時躋斯民於雍雍致
聖君於無爲宜其位崇要承
寵眷而濟乎累洽
重熙噫觀之偉者丹青可狀心之遠者人不易窺殆
期與古之大丈夫異世而同歸

彭城劉鉉

[illegible][illegible][illegible]峙玉潔冰清此吾儒之先達實翰苑之老成
其志在乎伊周其學[illegible]乎朱程忠誠足以貫金石
[illegible][illegible][illegible]衰公卿正[illegible][illegible]
朝而舉措爲中外之倚賴直道與人而[illegible][illegible][illegible]士[illegible][illegible]
重輕遇事不忘於[illegible][illegible]進講每期於力行司
綸闈而
制命有以感動群兇操化權而德澤有以密被蒼生安
邦家於既危扶
日月於重明載熙鴻業復致太平咸推內相燮調之績
克稱屢
[illegible]付託之榮由其存諸己者俯仰而無愧故其搢紳
[illegible][illegible][illegible]而有聲兒童誦善夷夏知名是蓋天地之正
[illegible]以爲之

社稷之臣也歟

一

廬陵蕭維禎

承詩書之澤而不敢墜者賴其門之清也厕衣冠之列而不敢負者懷其君之榮也抱七尺之軀而不敢辱者念其親之生也垂六十之齡而不敢縱者慮其疾之嬰也於言行未克致其所謹在忠恕奚能必其所行匪傲與矜曷以來夫物議惟迂且僻返以被夫時名然而欲盡乎平生之所自勉者孰若從事於簡靜而貞也耶

育齋自贊

育齋先生詩集卷之一

户部員外郎門生卞榮編輯
翰林院學士門生錢溥校正

五言古詩

瓊島春雲　爲錢翰林原溥賦

西北多祥雲氤氳起何處朝回每見之可望不可撫
光摇太液波影拂瀛洲樹縹緲若儀鸞輕盈如擘絮
常懸捧日心肯負爲霖志來往近蓬壺經年不飛去
晴輝耀紫清結綵隨御卷舒固有情悠揚豈無意
□□駐深宫閶闔吐生氣何當駕飛骈高舉從龍馭

雪萱

□□萱居冬候雪色何繽紛回風吹素花飛映萱草
萱草將何爲母氏懷放勤托根在貞潔而不同芳
物性固有自幾莪良足云想當春向榮花葉齊芳芬
上堂拜家慶□酒羅瞳董酡顏且□對此長欣
嗟余失慈侍觀物空憂懂題詩爲君頌掩淚心如焚

寄鄭存道

客舍暑方盛懷君心靡閒支頤對綠樹搔慢邀青山
有時欲染毫落樹辭復慳胡爲遽乃爾心事多間關
汾陽挺而華桃李盈容顏讀書執高節寧使兒稚攀
我今尚羈絆無計當南還何時一相見覩此娥眉彎

翁邊清意爲洪中書賦

夙志勢所尚而無塵慮侵家園植雙枯別卻歲月深
竭來慕秋芳託夢通幽尋意與靖節翁逍遙極謳吟

見來似有蠹餘香覺衣襟綃為魏其形百世諧知賞
酒當佳節初新花散黃金再攜一尊酒坐向風露林
叢枝為晴旭密葉含夕陰變幻忘歸自酌還自斟
不因歲寒操焉識君子心悠然有高趣豈為無絃琴
題詩無白況視古良在今

忠愛堂

從昔恒有言忠孝無二致所以孝行門為忠作根蒂
我觀歸閒賢服膺而弗替稷契果何為因之最高位
千載聲譽垂又不以窮達廢柰何百世下無人重斯義
多君揭名堂主一恒不二退食每思親於焉出誠意
在理固不遠受恩良不棄作詩重勉旃毋使綱常墜

送淩士昌畢姻

關雎美淑德君子良可述汴彼絃歌千載聲不休
伊人夙著顯三十未匹儔未從潘謝游忽思如聰劉
列官掌銓制夙夜無所尤于茲領
絲綸遠此金陵遊遠遊諒何為星期話綢繆頭為松
下蘿結根庭之幽豈比桃李花春榮不及秋百年與
偕老此樂誠優游想當翦裥綠酒明金甌千金買
清夜起坐同勸酬桃夭果何如柳絮良見收丈夫當
壯齡志行追前脩鉛華易超忽勳庸難久留顯保全
石腿毋貽堂上憂

忠顯堂為闞挪指揮賦

□王激蓬矢所志在四方人生世
尤親孰不欲顯揚云胡百世下忠義兩或忘有我闞公

子立志多軒昂自從束髮來不與群兒行挺身報
明主仗劍從龍驤一朝握大權英武奮且強銀鞍裊駿
驕玉帶含天香
寵榮既加極中焉恒未遑況有泉下親思之心內傷晨
昏每在念寒暑敬莫將家居揭華扁跬步如在傍寸
心秉丹赤奕葉生輝光願言慎始終汗簡留遺芳

和鄭存道見寄詩韻

憶在白門時同君醉春酒懷君如堅冰豈止三尺厚
顧盼肯辭難臨風想琅玕不因松柏操何以知歲寒
人生恒落又有酒還須酌放歌天壤間此樂無處著
我思鄭存道才華眾稱好不惜會面遲但願成名早

送劉昌主事

三載不相見情交托飛翰今晨忽來過謝此雖情歡
吾賢富文學筆底生波瀾雄詞與妙札價直千琅玕
極知英俊才暫爾居郎官甄陶既不易薦擢良非難
不見桃李花春榮秋復殘何如松柏枝冒雪當歲寒
功名在積習遲暮寧足嘆去又當自持神龍豈泥蟠

題畫

幽人愛丘壑覽茲山水清柴門掩餘映石磴流泉聲
白雲何所求日夕近簷楹玄鶴如有期晨昏自飛鳴
於焉抱書讀山光落閒庭不回樓遁心焉得林外情
已矣不復招桂樹空敷榮

送張有成還興化

吾年方六旬君年多半紀窮達雖不同氣志乃相似

歸來上京師敘話情未已親知漸凋零故舊問生死
城郭久已蕪園廬苟完耳寧憂賦役繁但願風俗美
飢饉歲相仍幸不就遷徙斯人老更成絕類古君子
志學當壯齡潛心向經史勁節比松筠香名藹蘭芷
無求亦無悶有卒兼有始後輩諒難倫前修差可儗
而我忝交游于今四十禩邂逅玉河東相看驚復喜
劇飲興滔滔高談情瀰瀰禁籞出內庖河魚買中市
接膝分主賓忘形到汝爾維時仲夏交涼飈振庭圮
葵吐軒楹花荷翻石池水覩物各怡情無由駐脩晷
侵晨告我還欣然命行李裁詩急雨催染翰玄雲靡
眷山指萬重揚帆隔千里行止念垂堂操持思礪砥
歸及故園秋傳聲寄佳士雲霄乏來書薄宦良有以
殷勤戒童子[illegible]奉未與郁嗟余老病侵來及[illegible]
鐘鳴漏已殘尸素端可恥別後會相思循頰致[illegible]

永思堂為悅堂上人作

人生宇宙間孰不念其親垂韶與戴髮均此鞠育仁
金僊有遺戒棄俗為良因後來學空者誰肯齊大倫
訢師亦緇流孝行尤諄諄自從背嚴慈中焉恒苦辛
晨昏禮佛暇流淚沾衣巾青燈照孤榻儼手如有神
田廬久荒頓風雨空湮陳那知舊阡上草色開生春

清意軒

端居屏華侈而無塵俗嬰臨溪構名軒匪誇亦匪榮
遥山俯前席修竹羅前楹讀書方餘暇吟咏陶性情
豈徒事琴尊務外良非誠豈徒[illegible]金玉鏘球較重輕
周君儒者流吾道誠合并爲題清意詩松風灑冠纓

送王志高知縣還石城

嚴途雪方霽驅車將遠征城南載酒觴酌別難爲情
王君青雲姿志氣超時英牛刀試小邑赫赫多令名
植奸伏群吏施惠懷庶氓竭來上天官考績稱治平
茲焉復南還喜氣何盈盈題詩美優譽遷擢諒有榮

送章文顯還建昌分韻得外字

南園有佳兒儒冠復儒帶一朝忽言歸翩翩理征旆
維時春孟交萬物始榮泰草芽抽蒼叢柳眉發新態
胡爲遷難別使我情無賴賓朋集如雲都門擁車蓋
王液泛蟻觴銀絲切魚膾醉時即高歌清聲響林籟
芒芒穹壤間聚散無可奈翹首不見人斜陽在天外

澧溪漁隱

素心愛雲水結屋澧溪居手持數尺竿釣此溪中魚
溪魚美可食取適非真漁明月滿船戶輕風颺襟裾
翛然塵世間樂處皆有餘不見天隨翁託此多名譽
之人高士流皆志唯詩書但得漁中趣此外皆成虛

題畫

滄江雨新霽碧山秋始歸川光互明滅樹色相因依
長風卷山雲倏然成白衣溪翁日無事把玩臨清漪
舉家託漁業取適無暫違長竿引鱸鱖數罟遮鯉鯿
豈論壯且美況復鮮且肥呼童膾銀玉聊以供朝炊
薄暮笑歸來扁舟漾餘暉連村不見人但見鷗鷺飛
鷗鷺亦何物於世能忘機我貌懷祿心寧不羨[illegible]

題詩看畫目斷滄洲期

懷慈堂

庭前有椿樹嚴霜瘁其枝歲久不復榮懷之益悽其
賴此北堂萱四時長葳蕤花開黃鸝囀葉裊丹鳳儀
日夕拜嘉慶共和塤與篪云乎隴山嶽再與萱花辭
朝看不見花春陽淡熙々暮看不見花涼露滿絲々
浮雲天際來飄颻無定期人生苟若此會合良可嬉
我思寸草心夙昔如見之憂來不可遏淚下空漣洏

送沈叔銘歸吳中

驅車遠行邁北風散正寒之子念鄉邑贈別良爲難
緬想初來期連枝遂交歡晨昏話故舊道以親平安
欣然對春酒供此黃金盤那知舞鬪懷復作離恨端
逢々指吳會回送雙飛翰繼時雲初霽長途遠[illegible]
祖筵列晴旭行[illegible]如雲攢人生諒有時會散誠可嘆
行矣不復招灑淚空闌干

感懷寄張士謙同年兼東成章

齋居抱沉幽仰夏晝永黃鳥流清音綠槐散深影
琴書有餘閑懷人悠邈騁況當日向晡無由駐長景
黑雲天際來頃刻前山暝飛雨灑平蕪涼颸動簾楹
造化固萬殊伊誰達有境傲我留侯孫卓犖更超穎
處順道爲隣安常理爲靜而我獲同遊於焉契心領
請從參也言皆之日三省

夏夜

夜久天宇清寥々絕音響美人坐深更於焉起遐想

洲首眄西嶺涼颸動珠網語燕息歸飛[illegible]
人生對景光誰不念朋舊明月何所求忽々照幽悒
持此一杯酒白也勢清賞我歌伐木篇斯聲出寄壤

賦得金臺夕照送人歸吳

高臺指南陲巍々幾百尺往古共來今遊人恣登歷
芳草帶遠青垂楊映深碧不聞歌吹聲但見牛羊跡
維時逢承平聖書來萬國賢俊總在朝何用黃金籍
乃知尚虛名孰若有謙德郭隗雖雄才能無愧周奭
我來送君處斜陽滿阡陌翹首望高臺因之寫胸臆

送王元之參政往任山西

報政已書最馳車山都城紛々慕君蓋錢別[illegible]爲情
之子勝文學白雲多々名愛深及群吏化治[illegible]
九重被折眷千里迄征塵滿月落[illegible]
人行雲起時遲々候鳳毅忠勤在王事寧[illegible]
神京相持一杯酒何時重各并閭閻受惠者白首歎
相邇

和陳時振同年古體韻

其山君自清澄冰[illegible]競竭冴好後世人怡然[illegible]
[illegible]復勢刹徒猶[illegible]目彼眼綺與[illegible]
不聞挂李花終[illegible]湘水松柏謝歲寒[illegible]
物貴安所常寧論直與曲伊人絕世資而我同約束
久負李邕才何用詹尹卜晰多從之遊課道心已足
願爲金石交前言以相勖

慎齋

…天與蔵奥藏化從此始人於衛印斷朋然具斯…
穆迹晦匆忽…可尋暗室無驚塵芳塘存活水
大賢有道訓十手嚴所指若人探微言千古勤仰止
號桀淵淵冰深臨薄履萬事因不然豈獨在斯旨
象概扁齋居左右列爲史落花紅紛〻芳草緑靡〻
留此俾其訪…以貽後祉

秋日發古體和龍有本韻

君子…安其常甘貧樂乎理厥美中黄裳
餘韞蒲柳緑微叢菊黄滿物及秋零叢菊懐秋芳
物性固有自撫時何用悽伊人稷契徒早歲朝明光
讀書識高節結交皆老蒼誰知方寸間推度澄汪洋
所我爰所爲清時遺顯揚致

…集耕與進軒唐

凡處…爲合肥王用章進士賦

…淮…風氣日夕佳晴陽照橋幽齋…開宫花
…淮泮于彼文獻家百年有餘積衍慶誠可誇
…日…髪整復斜維時堂中人樂此好歳華
…流霞但願雙玉躬永〻恒無瑕
…親朋一來過談笑情何賒
…頗言齋廠心無偶掩户樋

和…

…日…流金…何時衆流若迎來…
…氣…迎條焉心曲…人…
…遊俠子來風…

淵…開霽驕陽朧晴漢我疑烈熖…
居然者誰子襟髪理復亂暫…還未能於…
安坐待凉飈時〻捲書慢舉目眄青冥狂歌鳥飛…

耕雲軒

東皋雨初霽萬物皆芸〻何爲力田者惟耕隴上雲
想當秉耒初雲氣長隨君霑衣既㲲褷布地盛…
不爲甘霖施頤作膏澤分時秋望厥成得意恒欣〻
只今登
廟堂敷政宏斯文載歌堯舜治永矣懐芳芬

杏林春意贈醫士顧仲琛

東風何所來吹彼芳樹林凡…旭日緑葉…
緬惟學仙者種杏廬山岑…復招遺跡…
致令後世人託此爲規箴東吳有佳士貨藥無二心
僻居城南端日市千黄金豈伊謀利直良由愛旦深
美哉橋梓間畝名日…開花滿前圃結實當庭…
賓來嘯茗餘試…琴詠…遵士懐豈得長陸沉
明當薦諸朝濟物…霖

清明分韻…字

年光互推移寒暑條飄忽人…流海内對景守…
維時屆清明雨霽烟初…緑煙拔拂
悠然造化心萬物自生…茂木亦賁
豈伊掩長年碣石照白日…省承家有兄姪
…可念歸思何由述…身一杯灑泉…
…女徒輕盈炫華質簫鼓樂餘閒鞦韆競便…

雖得一餉欲速若付郵驛丈夫當明時忠孝貴無失相期在樹勳我獨云胡不

復齋爲舒孟安先生賦

齋居霽晴旭消此重陰圖書列左右經史分古今若人棄斯旨日夕恒討尋吉凶動靜間始見天地心維時一陽交萬彙皆森森以茲向善端絶彼乖道侵初疑午夢迷喚醒林間禽又如際坦途脫累爲山岑朋從與出入所得無滯淫輝光徧寰宇陽德咸昭臨雲歸巖穴暝花落林塘深中焉既有得此外徒駸駸瑤琴本無絃玄酒那用斟爲歌康節詩君當繼遺音

題濟庵沈原道先生卷

吾家世業儒君家世業醫醫流與儒道異業恒相[illegible]維昔濟庵翁神功播淮夷千金授秘術致[illegible]況當勝國初携家歸海涯一時雜文獻談笑咸追隨而我木訥君尤號心相知青燈夜講易華筵朝賦詩忽焉領鄉薦自爲好爵縻三承贈珠玉揮灑光陸離至今篋笥中珍襲不敢遺相去五十載復覩前脩詞運鐵折屋向卑淺安能闕想唯濟庵術名與實副之我來當外艱展誦成嗟咨斯文不復作淚下空漣洏

題王松隱竹卷

亭亭江上姿裊裊林下節晨朝相對看翠色淨可悅風來響金奏雨過霏玉屑奈茲氷雪顏于以滌煩熱緬懷歲寒交哦松更清絶行藏慎所持遇變[illegible]終當謝囂紛獨立事高潔題詩慕此君庶以慰離[illegible]

題伊尹耕莘圖

夏室既不競王風亦已隤賴彼祝網翁宸興[illegible]氏奚有莘阿衡賢潛蹤人罔知躬耕向莘野禾黍茂以滋敬牛日當午恒念億僕飢此心實王佐去就存安危囂囂彼閒甜讀誦仍忘疲謳歌樂堯舜不爲貧賤移幡然應湯聘始與獻謀辭推誠輔元良竭志蘇瘡痍扶顚在俄頃經訓垂當時再使鼎是安勳名繼皐夔歷年啓六百此力非公誰緬懷經濟心千古真良師披圖起遐矚清風灑襟期

古朴子詩爲陳遜作

大雅久不作淳風競澆漓嗟哉浮世人此道誰復之芬焉日用間戕賊無已時機心桔橰轉巧舌笙簧式本根既云喪枝葉從此披南國有佳士[illegible]追讀書不治生矯飾非所宜悠然太古初追跡皇與羲朗撫無絃琴眼誦康衢詩曠懷浩無際風月同襟期舒云秉使節膏使物[illegible]靡澆漓風返淳俗試用此道推我生本愚拙無[illegible]亦無馳于焉守窮約空被名流嗤聞彼心齋人頓[illegible]嬰怡安得同聚首細和古朴詩

詠雹

首夏陽始驕群陰已云伏萋萋百卉腓藹藹川園綠維時物向榮來牟望成熟胡爲雷電交布此乖沴毒初疑雜霰霧隨風響林木又疑撒珠璣帶雨迷山谷音鏗擲地金瑩比墮空玉飛鳥欲未翔名花起還[illegible]雖得童稚歡無乃公相辱戢非調燮人對此更踧[illegible]

憂來獨歎撫把玩良不足珍重爭春秋千載存我錄
我願天公心移災轉祥福五風不鳴條十雨潤嘉穀
時和歲且豐樂此有道國

一芥清白爲同年李實繡衣賦

一芥含芳辛脩然間清白歲青固自殊栽培本同方
冒雨花疊黃凌霜葉凝赤弱質賴溉劉虛心仰滋殖
匪蔓亦匪條紛敷異凡植登俎資餘芳供厨列珍食
惟彼蘋藻流奚能飽胸臆澹泊甘自持寧爲競華飾
日夕匪外求鹽韲更相得行當爲烝民庶以遠茲色

題畫龍

矯又神靈姿於物本無伉何人妙斯藝又窮珠翔
[illegible]睛類蝦魚耳腹准[illegible]象[illegible]巔昂丘平鳳足拳虎壯
翔有嘆角鬐分明異群狀潛蹤江海深[illegible]
風雲或相從雨澤回蹤九緬懷揮洒時思與神俱[illegible]
蜿蜒逼其真纖悉[illegible]放葉公豈專精僧繇爲董行
墨價踰千金良工敢相抗只恐見斯形逢人談角浪

適安軒

軒居絕塵囂宛在山水曲美人昇高尚取適聊自足
琴尊有餘閑日夕事耕讀間達志匪求窮通理唯欲
處順及安時遺榮更遠辱俯仰任自然寧能逐炎燠
庭草晝不除溪泉晚堪掬此樂復何如清風滿林麓

夜起

酷熱不可敵起登東南樓又高轉多暑無地銷須臾
披襟獨危坐仰視天宇浮涼飆寂不生疎星澹欲流
螢飛度屋角月落在簾鉤柰姿厭歊暑嘿又懷素秋
時聞鐘鼓傳群鴉起城頭寸衷耿無寐趨朝謁
宸旒

忠義堂爲永豐羅脩齡賦

茫又宇宙間所重在民彝捐軀誓許國竭力期濟時
緬懷羅氏子今昔稱男兒永新起鄉兵志在勤王師
受知文相國生死同一辭柰何轉戰間矢盡力不支
怡然就拘執不食甘餒飢長風起片舌罵虜如鼠貍
英名播青史烈又非公誰邇來二百年復見雲仍爲
遜又接華冑有志躭書詩遺安尚高尚肥遁居海涯
輸租餉戎敵出粟蘇民危嘉褒耀閭里旌表來門楣
天書重褒美雲彩光陸離乃知積善門獲報恒如斯
[illegible]既有作後繼寧致遺懷忠士當勉仗義人所[illegible]
嗟哉[illegible]錢虜疇能效追隨賦詩重相慶永爲來者規

人日有作東社侍講

條風忽東來時序忽已換暄又雪初融差又冰未泮
元正爲七晨新陽[illegible]漢今朝喜逢人年華增壯觀
[illegible]藍羅宮粧花勝供俗玩千古傳遺風令人起長嘆
[illegible]時屬休明海寓久清晏椒觴泛臘醅蔬盤溢春饌
于茲天氣晴群陰自銷渙朝回擁紅爐時復添獸炭
餘寒未全祛尚覺侵書幔況當休沐初聊以遂沖散
閒吟乏佳句紛又自塗竄緬懷故園期胡爲可遊玩
無由訪花柳慰此心慼亂

題五鬼聽琴圖

閑雲散天末皓月流空庭良宵暝且寂百慮悉
伊誰奏徜蘭中有太古情四簷落餘響萬籟含和
雅於契物理亦之破沉冥以茲清絶音致被靜者聽
招彼起窈窕鄰㵎何嶙峋曲終未云返佇立忘其形
我亦七絃操比德非可輕動而格飛潛靜以通幽明
嗟哉真漠太志德何惟又知音在流水況有高山名
胡爲即長夜欲鼓含精靈商賢去已遠鍾期那復生
拔爲發長詠松風瀉微醒

雲和丹房爲張道士賦

飄又學仙侶於世譫無長年事一室扁以雲和名
雲和本琴瑟朱絃緋雅將太古意飄出幽遙情
以爲契妙理諒彼功成丹爐養神太至
聲音不寐餐食須迎旁中何所有石床
日夕遊其秘塵處非乃知真士歡
嗟余世外人寄識風丘出雲房遊千里無由
徒懷企仰志因之神益清只恐鍊丹就白日升天行
爲君賦此詩聊以抒其誠

壽劉侍講偁母

東吳有賢母八十猶康強酡顏映朝霞白髮明秋霜
茲辰屆初度繡筵列高堂蟠桃金母供女優纖成行
卿聞動喜色門庭藹祥光維時九月交黃花正芬芳
掇英泛春酒滿座生幽香詞林有循予路遠不克將
延詩代家慶錦軸昭琳琅想維賢母心歡洽奚可量
吾身既云健吾門斯顯揚休哉逢此生壽與川岳長

011

閣中書事

積露暝莫分新涼曉甚掬高閣閴無人持書向牕讀
悟澹心自融知非理無辱階鳥住還驚簷花落更續
悠然乘所懷安處良自足嗤彼營利徒胡爲被物束
翹首盼青天蒼又起遐矚

枕上聞蛩

虛堂四壁靜愁聞蛩聲哀鳴豈無謂催促如有情
皓月正當户涼飈時滿楹奈何此微物隨時變其名
相親近我床似是訴不平老懷耿難寐披衣坐深更
呼童秉燭照了然無所驚我意天壤間萬籟皆吐聲

送劉永清侍講還石首

西園草堂茂齋下天氣清胡不自取適徒爲苦營又
劉君材成才志氣邁同列讀書三十春裝齊向金闕
竭來念丘園寒暑幾踰節封章達
家東語詩曾歸謁疋馬出都門行又重離別楊柳尚傷
枝霜寒不堪折去矣無滯留來春望回轍

魏縣丞伯母節婦詩

猗嗟貞淑姿出自賢良族一從失所依長年事幽獨
夜雨灑青燈秋風撼華屋閒閔四十春誓不理膏沐
有姑供衣食無兒事耕讀[illegible]月中形影自相逐
天書早降恩光彩照林麓遂[illegible]下人欣又得聞歌黃
鵠歌莫哀柏舟詩可續千載節義心誰能踵其躅

育齋先生詩集卷之一

育齋先生詩集卷之二

五言古詩

觀題名録永樂九年鄉試

永樂辛卯秋吾年逾弱冠種學理未明績文義多亂
盧礬揚里閭賓才貢鄉津適逢大比舉追逐賢者伴
剽竊古人言塗鴉多點竄主司幸見收白黑由此判
名在孫山前次第榜之半歸來自忸怩有若成戲玩
迨今四十年人物幾更換非才尚家
悤離腫徒巨齡覩茲舊題名不覺起長嘆同年類星[illegible]
也事尋宵旦撫卷倍踟躕長空鳥飛散

山鼠畫

空山何寥寥露冷月將曉飛鼠從何來[illegible]
攀緣恐同墜拱拾供一飽尋常度前林倏忽[illegible]
徃還恒自如多技更靈巧奇與山中人藏蓄共相保

寄道中脩撰

新正偶會晤款語情未舒睽違又半旬況此[illegible]
退朝事休息對景聊自娛輕氷落簷瓦積雪明階除
同年屢見過高誼隨瓊琚既承贈佳果復感惠奇書
李何處公務款從還踟躕諒唯涵育心肯為形跡疎
東風轉楊柳麗日照軒車行當致伸謝此意將何如

黔國公存齋詩

齋居方寸地日夕恒自脩書詩執妙理從義從此求
奉持頗良壁操篤如虛舟以茲競惕懷遂使曠達謀
成性諒非易事天良有由與居與服食出入無詠游
矜莊每自厲但恐歲月遒名門襲軒[illegible]
孜孜務涵養德業超等流榮親保宗[illegible]
主翰嘉猷勳名著彝鼎奕世期垂休

九日期黄世英見過

清霜未云降天高氣漸鮮佳辰適重[illegible]
軒居亦宏敞幸無車馬喧琴書列[illegible]
以茲清素懷日夕聊周旋款招陶令[illegible]
柴桑去已遠空有詩名傳偉哉黄[illegible]
於我獨云厚不啻金石堅遥又[illegible]
乘時共爲樂落帽誰復憐[illegible]

送雷副使

春氷曉未泮臘雪寒正飛美人別我去[illegible]
相違館閣中託意在金徽[illegible]
激揚任風紀到處生光輝玆焉被薦剡[illegible]
衍文指南粤驄馬聯征騑[illegible]
寧辭萬里勞到日宣
皇威從容撫民吏先解群[illegible]
彤闈

海月詩為盤賦淨居和尚賦

滄波渺何際素魄流且澄以茲濱[illegible]
朝看意自得暮對心已平波光與月色滉漾浮太清
有時震法雷和以鯨濤聲有時映禪床獨見猿[illegible]
消盈固莫測來去如有情上人契斯旨出入恒與[illegible]
悠然泛慈航濟度諸沉冥嫈矣懸明珠[illegible]彼諸紛[illegible]

三乘悟大覺了然無滯疑我願上人心如彼月滿盈
會須觀物化歷劫期長生

積慶堂

耘疇望秋穫種木期作林茂又飽嘉穗蔚又敷清陰
以茲培植功得利逾千金乃知積善者良由存素心
令家有餘慶孝弟人所欽芝蘭日以茂橋梓日以森
陰功旣積久陽德報亦深登庸有賢嗣乘時載華簪
峩峩著佳政清白恒自箴願言廣此志百世流徽音

送韓永熙御史巡按江右

多君美風度動止非常流讀書向京庠寒暑不少休
乘時起登庸列官拜
宸旒繡衣立霄漢綵服趨庭闈都人識桓典朝士知馬
周封章論時政一又幸見收賢哉此大夫不愧前人
除一朝奉
綸命遂下西蜀州西南古形勝俗厚居民稠蠢行諫有
爲況復才最優當時在經濟先解黎庶憂于焉起沉
滯肯使安林丘下懷迎高擧毋爲久淹留所以賢達
云斯人廊廟儕撫綏群望歡洽回喧啾歸來覲行
襄明月懸高秋相違在俄頃尊酒聊相酬題詩送君
去清興繞瓊樓

題釣魚圖

樫陰暑方盛楓葉秋正嬌伊誰寫斯景毋乃疑雲蕉
之人隱者流垂釣臨江皐輕綸颺風起香餌隨波漂
連鉤得魴鯉半死猶半跳于焉具晨炊足以充腹枵
自云本好儉所需不願饒但理長竿終歲期逍遙

題郭存道扇面圖一

夾又西已流新涼滿庭除茅亭俯幽寂雲氣長卷舒
羨坐亭中日誦唐虞書匪徒破萬卷直欲追三餘
有時看青山情洽道自如有時聽流泉心曠神亦娛
徘徊天壤間輕颷襲襟裾工程勿自棄早應滿輪需

九月八日枕上偶成

寂枕不成寐譙樓已罷更起來啟紗牕天色猶未明
秋砧輟餘響寒鴈流新聲物情各有遂歲華良易驚
人生性本靜胡爲日營營又勿學惠與夷潔身以成名
緬思伊周人佐世遭文明而我獨潦倒茫洋望川盈
偷睱稍擱暇濁酒聊自傾明朝更重九對菊空忘精

望雲思親詩

英又天際雲飄又隨風颺遊子家萬里觀之增慨慷
雖昔親在時白雲依舍傍迎來閟泉壤瞻望徒彷徨
或隨綵霞散或作飛鳳翔晴舒霄漢遠暮接川原長
先塋在其下何由奠椒漿含情久延佇天宇空茫茫又

題竹林七賢圖

我愛七賢圖爲愛七君子典午盛衣冠遺芳在青史
阮籍疏且狂阿咸秀而美託詠見情衷識者造其始
嵇康逸俗流向秀宗玄旨琴絶廣陵散遂愴山陽市
濤也掌銓衡名著山公啓惜哉劉伯倫沉酣日無已
王戎樗蒲要才華亦堪擬日夕奚所從相過竹林裏
涼飆天際來篤又發宮徵冠帶且逍遙壺觴足容與

本自食覆人安知慕但昆千載邈真番清風洒人㞕
我欲效斯流疇能爲燮理爲招六逸翁来歌續芳躅

題武庫孫郎中軒居

華軒何遠迤乃在城西曲自公退食初從容悦心目
鳳尾綴遺響龍涎裊餘馥飛雨淨芳塵翔雲蔭佳木
僻得淨者便寧爲世羈逐于兹暫游憩致理終所欲

送易太守二首

積陰散炎暑凉飈起輕塵美人事行役話別都城闉
揭来頌
朝命出守西南濱奇才既有遇碩德良可珍一麾往臨
輕所志在臨民金章被榮貴簡拔真良臣
綸音特見褒豈比尋常倫兹行當勉旃志學由經綸

翁有遺愛黄霸多施仁頓言繼前脩千載同芳聲
多君素清白歷宦人共推于兹二十載瑩矣無瑕疵
氷壺照芳席霜月臨華池况有歲寒操挺然松柏姿
不隨桃李顔灼灼媚春姿初聞秉玉節南北恒驅馳
皇華不辱命王言如綸絲又聞掌司曹夙夜懷兢持
雍雍盡禮度祀享無或虧聲華藹朝著擢用由在兹
廷臣共推薦封章達龍墀
九重嘉綸音哉勉期無私一麾乃出守萬里寧容辭
時仲夏炎蔡花吐芳蕤治裝促南征五馬行逶遲人
生此爲貴好展胸中奇羨君英妙年宦達當明時箴
言樹功業慰我閒中思

題謝處遊東山啚

我觀東山啚令人發長喟時當典午朝誰識廟廊器
偉哉文靖公素有丘壑志多暇事追遊從容備車騎
凉臺及燠館花林與蘭砌綠水紫總前青山落檐際
妙舞逞纖腰嬌歌聯雅吹行樂四時春那惜千金費
雖云足留連豈辭成玩愒綺懷經濟才匡輔在朝寄
轉危俄頃間感惠日以著伊唯及霍流奕奕華承裔
屬望有蒼生高卧乃餘事披啚起遐思清風灑襟袂

友蘭爲鄉先生陸伯陽賦

吾人尚清致繞軒植幽蘭歲月既云久芳蕤良可觀
唯兹雨露榮不畏冰霜寒光風轉香靄麗日臨花欄
以兹貞素心陋彼遊賞歡閑吟發佳趣覽此成盤桓
有時竟忘情援琴爲伊彈相持若賓主列坐傾吾冠
諒非九畹懷那有空谷嘆因之寓情衷壓俗爲儀刑

得月樓

高樓映皓月遥臨溪水傍美人值清夜開軒納餘光
蟾華耀玉彩兔魄生寒芒流輝入我懷頓覺清肺腸
素娥渺空闊可近不可將舉酒勸問之天宇空茫茫
時秋積潤消凉飈襲來裳桂花落前楹滿座飄天香
憑高思無限對景情尤長浩歌餘終曲此樂寔能忘

問月樓

明月何皎皎照君樓上頭清光一萬丈影落黄金甌
開軒久延佇夜靜風颼颼舉酒遥問之青天涵素秋
人生百年内胡爲作沉浮富貴所願但願恒優游
青天與明月不語空悠悠既已無似所紛須欲寄無由

浩然起長詠清興那能儔翻思李供奉千載乖光仗

送呂靈官還茅山

飄飄學僊子自匪常人儔三花炫縞袂一劍凌清秋
竭來上京師趍朝拜
宸旒琅函
賜玄經天香滿衣浮南歸載官舫魚龍避中流葺之冊
臺中可望不可求山靈為守護千載昭林丘維時春
向闌相違話綢繆落紅映芳甸新綠繞瀛洲華陽洞
在望地勝境最幽蒼崖紫猿嘯翠壁黃鶴遊乘閑事
登覽心與太古侔群僊倘飛接從容為相留談玄坐
竟日生死成浮休碧桃花正開還能寄來不

壽萱詩為鳳城陶指揮賦

北堂樹叢萱花葉日維茂以茲孝子心願彼慈母壽
翠蓋展碧翰金萼含鳳味芳雞吐薰風滋質絢晴晝
時時戲綵來餘芬襲袖酡顏樂且康況復獻春酎
美哉堂中人霞帔映簪副八袠尚無虞咸云天所祐

寄好德二首

流光易推遷倏忽又初夏啼鳥傍林園落英滿臺榭
撫景動遐思況值騷人來不來對酒獨悲吒
春服已云換韶華為清和東轉雷雨來蕭又凉多
芹塘絕燕跡柳陌停鶯歌朝回獨掩關愁緒將如何

壽西楊少師夫人

名門介江右奕葉承簪纓羨茲眉壽人妃彼賢文貞
相看敬如賓隨宦居兩京曰之揆封顯貴無驕

顏金玉輝鶴髮霜雪明手焉初度福祉無虞
前獻春酒拜舞萊衣輕佳兒與令孫羅列比肩
時冬已交梅花欲敷榮祥飈轉北堂瑞靄紛前
承歡樂無極況是逢長生君門素云厚積善良有徵
文章著台鼎功業堪儀刑榮恩本天錫洪德人罕并
賢郎在霄漢日又懷雲軿織詞侑家慶顧期過百齡

定襄伯父母孝節詩

名門冠當時宦業著南北桓又威襄公遠繼汾陽跡
有子擅才英有婦秉貞特伉儷非常倫操存盡伊職
弱齡辯親誣
天顏遂開懌褒珠待嫗還恢然見容色憂衷感存沒哀
毀內應填極溺復遺金曾不滿一擲寧辭對度瘞
乏大賢德共姜賦栢舟誓歆比氷檗孝義本自然
云異今昔令家積功深奕又出侯伯千載重彝倫錫
光耀宅穸

送鄒來學祭掃麻城

驅車出都門駕言涉荊楚維時十月交雪花亂飛舞
宦遊已多年曾不念鄉土瞻茲先隴遙寧能厭寒苦
練囊載琴書此外無餘貯行行清山情境兩相與
松楸慰夢思桑梓浹遊處殷勤灑涕傍徨泪如雨
黃楚天正晴酒奠日當午兒童識衣冠文如列
寸心欲遲留王事懷靡盬蕭吳何年萬姓待斯民
願卓登途攄忠報

寄存道二首
四月望已臨群芳盡銷歇感時獨踟躕心事何從説
[illegible]花本無情飄颻落輕雪欹枕不成眠彷彿聞啼鴂
[illegible]長空杲日正當午飛雨絶簷轂轆雷聲入鼓
[illegible]黑雲[illegible]黃金羽遲子能重來忘情對尊俎

題畫
白雲鎖蒼巘綠樹連青霄此中有佳致欲見不可招
茅屋閑客關雞犬亦逍遥無人共往還草徑晴蕭蕭
諒非[illegible]塵野無乃雲松巢飛雨忽來過泉流響空坳
野禽向日喧山花隨風飄我欲往從之淮南桂空凋
徒[illegible]好爵縻未遂軒冕抛況當[illegible]洽辰
下德如唐堯

永感堂爲吳鴻臚作
[illegible]親既云殁所思恒不忘歲月[illegible]遒念此增感傷
[illegible]杳莫見徒嗟在其墻秋月與春花覩之空涕汍
十年[illegible]丘隴松楸森已行何時得歸省拜[illegible]其旁
[illegible]展孝思不負名斯堂

送蔣都司還福建
[illegible]出都門行行指閩路之子有遐征執手重回顧
[illegible]英妙年遊遨亦已屢徒懷戀
閫心戢往還復佳乃知忠義人宦途多懋故指白到轅
[illegible]烟霧腰弓小將恭負弩遺戎纂門庭白晝
閒細柳垂陰談兵有餘暇投壺見儒素翰林我同
年送人廣稱[illegible]歌爲送行斯言亦[illegible]遇雖慚未獻

荆亦是慰佳[illegible]又但烟樹

題畫
[illegible]重岡長[illegible]千里來[illegible]人日
低壓松梢雲寒[illegible]何處是山家[illegible]茅屋
白晝長掩關手[illegible]帽[illegible]衡寒門[illegible]
柴扉少[illegible]行[illegible]疑[illegible]無乃[illegible]谷
之人隱者[illegible]志在耕讀歲寒以爲[illegible]曾不事炎[illegible]
力學當[illegible]任所[illegible]高詠考槃[illegible]入風[illegible]林

怡怡堂爲醫士孫公器賦
高堂[illegible]又風日正佳麗堂中有連枝日夕春相聚
吹塤復[illegible]從容養和氣恒存共被歡不解閑墻
行止敘天倫門庭[illegible]春意伯氏既稱賢仲也亦深器
市[illegible]濟人存心匪求利俛仰宇宙間相稱諒無[illegible]

送楊文至主事歸老
東風度微暄芳草漲新波美人别我去白馬金盤陀
伊昔妙英年紅顔[illegible]承
[illegible]事中秘揮翰[illegible]銀河結交[illegible]群英日夕更深[illegible]書敏
[illegible]好官玉珮趨
[illegible]坡論功錫嘉[illegible]錦繡豔春[illegible]容烈粉署識[illegible]春風
知馬知二十載玄髮忽已皤封章乞歸老[illegible]
阿相携出都門[illegible]擁鳴珂暫爲尊酒歡[illegible]駒
歌人生此爲樂[illegible]雲[illegible]披[illegible]
[illegible]雖丈夫事云已乘此離别何雲山渺難及翹首空吟

送[illegible]荊州

[illegible]令日訟簡政亦平竭來犢薦書[illegible]
[illegible]南實荆楚俗厚民風清諒伊綏濟才足以[illegible]
輕卑識康莊哲匠甄群采豈惟刑獄覓要使賦役[illegible]
坐令瘡痍人再起歌頌穀龍黃有遺愛又垂芳[illegible]
明時總循良懷先歎抗衛

耕樂詩為樵蒼薛希璉賦

人生莫所為力耕乃其先以茲勤苦心悅彼遅暮[illegible]
東皋積時雨南畝起晨煙一犂事春耕阡陌遥相[illegible]
唯求樂終身豈但受一廛北山好風景流水環晴川
桑麻蔭屋底榆柳羅堂前林深錦鳩語草長黃犢[illegible]
歸來日西夕饁[illegible]喧闐于焉具尊酒一醉情陶然
長[illegible]
充[illegible]世賢[illegible]龐德公千載名相傳

忠信堂為永豐蕭煥主賦

南山有喬木柯葉凌穹蒼滇海有洪流波濤何[illegible]
敢[illegible]之既不竭酌之亦難量有開自本源所發深且長
若人務正學孜孜慎行藏存衷貴無隱應事期勿[illegible]
百非賴茲屏萬善從此[illegible]日[illegible]勤息物勉焉無怠荒
黍[illegible]末世來詐設日以[illegible]心事[illegible]不解遊康莊
毅令方寸間躋蹈靡有常所以尚德人出入恒自將
思誠契前哲守道如珪璋天君日泰然衆患俱銷忘
名堂[illegible]斯扁[illegible]又[illegible]耕光

送許伯治

許君青雲士磊落多才猷作官二十載玉鑑懸清[illegible]

[illegible]賜來上
[illegible]華封章乞歸休
聖恩遂所請錫予歸林丘治裝出都門餞送皆英游
君寔賢達用舍良有由嗟哉二疏輩異世同一流
歌為心知去又情難留

思親卷

落葉不返枝逝川無回波人生欠所倚抱痛將如何
情哉嚴與慈撫育恩既多云胡不我待相繼歸山阿
音容杳難即歲月忽已過又佳城旁松柏成文柯
維時[illegible]薦[illegible]引領[illegible]何當致歸奠灑泪如懸河

題[illegible]梅

群芳銷落盡見此歲寒枝臨風著數花皎與雪色宜
[illegible]香[illegible]自來疏影不須期夜深有明月對[illegible]
孤山人已逝白鶴飛來遅羅浮夢初覺翠羽敲[illegible]
憶昔家淮南種樹當軒墀讀書向花下但覺心神[illegible]
有時發高興酌酒還吟詩宦途歷歲深攀[illegible]
丈[illegible]為伊賦想像空支頤

送黎縣丞之官溧縣

會稽有賢士文彩多瞻[illegible]赤華復相遇談笑[illegible]
自云彼才薦授職佐花封行囊七絃琴遠道[illegible]
別離在俄頃而我懷怦又維時仲夏天榴花照人紅
芳尊此為共酒盡情難窮丈夫當壯年聊從事[illegible]
高才行見推安能守凡庸題詩贈君去目斷[illegible]

寓安詩為吳興沈用寓賦

齋居田外慕息無任所之伊人事進脩日夕攻書詩
賸懷浩無際不識險與夷窮通妙斯理進止同一轍
莊生悟蝶夢海翁忘鷗疑如蘋及飯糗此樂誠然哉
觧組陶淵明鼓琴榮啓期高風去已遠千載為蓍龜
美哉休文齋閒風起遐思努力事前脩努為來者嗤

寶敬堂

猗歟聖賢學終始在涵養惺然方寸間不使外物長
兢焉息險邪惕矣戒鹵莽生一本自然成功由勉強
衣冠儼具瞻手足慎俯仰初起理實祭夜以守無益
毫釐倘有差亦足與天壤至哉無適心千古起遐想

壽安堂為大理艾寺副賦

傲睨無恙華髮明秋霜以茲𨃁年况復遭時康
恩列朝貴閭里增輝光晨昏具甘旨兒女森成行斑衣
戲綵舞
綮詰迴翱翔人生壽為先此樂奚可量椿萱日以茂松
柏日以長願言保遺體百歲期不忘

送王景信之閩縣令

征車戴京陌送別良有因使君家淮東作尹臨南閩
伊昔會面時一去逾二春迢遥隔雲海音問奚由申
只今覩光來又復催行塵雙旌耀洲渚一馬凌高旻
翩然不可覊使我傷心神維時局初夏榴花燃紅巾
採之欲為贈去矣毋因循願言崇令德政化及民

丁卯閏月二十日巳午間予服藥就睡忽夢
舊友沈君用維著褐布衣戴管寧白帽傍予
花藥欄而立童子遽稱君字予視之果君也
因與道舊不覺失聲覺來淚痕斑又尚在枕
而拈筆走書二十四韻以寫情感之至且以
寄君兼記歲月云

吾齡未六十髮白容貌衰年來更多疾齒搖目昏眵
讀書志已闌趨朝力轉遲胡為遽乃爾良由賦稟虧
椿彼參苓功還堪起顛危維時仲夏交涼飆透纖絺
氣寒凝肌膚頓覺神骨疲于焉具湯液服飲強支頤
瞢然就高枕忽又何所之夢我休文友從容步軒墀
兒童識姓名舉首誠若伊褐衣仙客流白帽隱者儀
竊然顧我笑似說平生為使我情感傷淚落更漣洏
和聲不容默嗚咽成歎悲吾兒忽驚醒竹日花蔭移
因思四海內誰復為心知夢知[illegible]獨夢君自與理相隨
神靈妙通靈列[illegible]蘇癢療而我獲斯應平和諒無疑
乃知精神會可以良不差高張但述路李杜勞形詩
未由話疇昔佳會還可期揮毫寫情素千里寄相思

直沽至乾寧驛連日阻風

西風起連日上水舟難牽舟人類告勞力弱挽不前
我行彼[illegible]
上命夙夕心懸又遲遲順固有期遲緩[illegible]無愆言石尤不崇
朝雄濤豈長延
三陵儼在望請祀[illegible]誠[illegible]我[illegible]風伯[illegible]波息狂顛[illegible]
日揭高悅瞬息欵數[illegible]

舟過魯瞻望泰山

岱宗何巍巍秀色冠今古我行欲見之迢遥隔洲渚
時秋晩涼鮮瑶空絶飛羽斜陽在西崦輕飇起榛莽
窮覧豁吟眸目力難極數峰巒嶂晴靄杯盤蔵宿雨
無由謁云亭空令詠梁父匡廬與天台敢並不敢侮
偉哉造化功永矣鎮東土何時當来遊一覧極齊魯

八月十日有感 亡妻忌日

流光易推遷倏忽秋已半蕩哉同衾人使我情歷亂
况當朞歳逢神魄成汗漫無由致牲醪徒令起悲歎
灑淚向西風零落齊眉案

育齋先生詩集卷之二

育齋先生詩集卷之三

六部員外郎門生李崇編輯
翰林院學士門生錢溥校正

七言古風長短歌行

和龍有本中秋對月詩韻

高林露下群木豐凉氣肅肅天無風一聲雲外叫秋鷹幾點草際鳴寒蛩佳期此夕分秋半玉鏡團團正堪翫銀河如水絶纖塵萬里晴光燭霄漢清光長夜多爭似今宵憶思鄉人胡為長遠道瓊樓金闕高崢嶸悦疑身世凌蒼旻臨風把酒起遐矚千里關山同一輪兎魄蟾精應不死歳歳年年只如此姮娥顧影當華筵夜深不用催管絃一枝用桂許借我有約結實來明年人生落落何所思青雲志氣飛赤心庶得奉宸極白髮那忍遺庭闈與君唱和共君飲磨世萬古留清輝

送許鳴鶴中書乃兄還江西

東風吹花晴景和江南遊客歸思多行行且止恋觀舊臨岐謾唱驪駒歌兼君去歳初来日客裡連枝歡參與蘇總風雨意何觀姜被晨昏情更溢君家兄弟忠義全讀書作宦當盛年友于正好敍歡愛胡為又之西江船西江迢迢渺歸路到日應知春已暮綠楊飛雪滿螺川自是君家舊遊處

和張士謙翰林兵部二尚書杜聰馬歌韻

君不見黃庭樂毅稱絕奇筆法森嚴更飄逸森如列
士守轅門飄若群僊朝大極鍾王已老作者稀後世
何以造其室紫芝仙裔住山陰書法傳家有遺澤昨
朝示我驄馬歌落紙方驚秋瑟々翩蹌佩玉倏可覩
變化雲霞終莫測不同世態攻巧姸古意猶存人罕
及我頌俞公更勉之一筆千金重為式

六月九日偕龍給事海子橋晚步即事

金隄四面平如砥雨濕輕塵飛不起閑過海子納微
涼一段閑情足容與南薰拂々溪上來澄波萬頃拍
縈廻清香噴鼻手可掬知是白蓮無數開蓮根荷葉
青擎蓮實垂々映花長不教漁父放舟尋只許仙
郎賦詩賞可憐鷗鳥最忘機臨流照影脩毛衣有時
翩翩忽飛起欲去不去情依々渾知此景人間有
高楊閒踈柳綠陰不上酒家樓翠色難分行客衣
垂虹百尺俯通闤石竇瀉水聲潺湲車輪馬足互來
往忽訝仙境疑人間夕陽半落西山側影浸溶波蕩
金碧魚龍過處一潛蹤鳧鷖遊時皆避跡金銀樓閣
分招提鐘聲只隔橋之西方袍與客結蓮社靜中往
往開群迷廟前神像容何肅杯珓從人自占卜松陰
覆戶鎮長閑苔色侵碑豈堪讀賞心樂事難重并冰
邊林下娛高情翩然吟就各歸去[illegible]無繫
人生取樂良自悅我有衷情向誰訴城頭玉漏人催
更只聽鳴珂朝

送葛以和

金陵客子多才華壯遊跡遍窮天涯平生涉歷書五
車作詩往々人共誇紬繹溢溪思含天葩觀
光上國春正嘉白日細看長安花銀箏撥曲和琵琶青
絲絡頭白鼻騧今又泛南歸棹薰風拂々吹輕紗
江頭話別傾流霞人生聚散寧用嗟綠陰黃鳥情交
加青山入雲歸興賒門前井樹頻啼鴉佳人望月知
還家

安樂堂

我聞在昔鴻濛日大道渾淪本乎一六經禮樂敎人
心灝灝噩噩總無失自從蒼頡製形初科斗篆籀音相
閒出虞廷歌詠見明良周室關雎紀聲律建安樂[illegible]
不足陳鍾王筆法徒通真出師已矣[illegible]
羲獻高曼後來蘇黃洎關洛闡明教化當千春
書畫雄觀滿屋采擷遺蹤尊為珍我
皇盛德彌寰宇四海脩文還偃武將軍鮮甲事詩書雅
子潛心向理祖沛中劉氏忠孝門橋梓揚々衆譽許
平生江海多結交珠玉[illegible]道不勝數[illegible]翁逝去[illegible]
秋留得詩文耀今古長[illegible]落聯珠[illegible]大篇春[illegible]
璣[illegible]鳳下雲霄隱若龍[illegible]山墅雄詞健筆
勢莫當一片交心只[illegible]賢郎[illegible]千金[illegible]展
龍情惜々春雲堂上一心顏色好[illegible]閒吹音我歌
此詩三歎息賓翰何如寶先德[illegible]孝奉
親簪笏相傳永無斁

題僧執中畫

[illegible]僧只愛山中住，盡日看山得深趣。買山不用供佛錢，自有門徒償日廢。岩崖樓閣掛雲霞，箇中瀟灑為生涯。涅槃究竟無一事，閑呼童子煎新茶。彭亨石鼎松邊倚，引得飛流清徹底。光浮雀舌足可珍，香泛龍津不勝美。涼飆颯又天際來，松濤挾雨聲如雷。世人何曾識此樂，一洗胸次無塵埃。清泉白石誠幽賞，去鹿來猿時下上。行又有客抱琴過，遙指維摩舊方丈。我今作官經十年，閑來未許心逃禪。偶逢開士話玄[illegible]，無乃夙昔多良緣。明當振錫東吳去，悵望雲山目空注。懸知抱膝對長松，相憶還吟煮茶句。

金臺送別

[illegible]黃金臺[illegible]又百尺，凌空氣埃滄烟芳草[illegible]。[illegible]駿馬是相索，廻昔人曾此致賢，搭高名千古稱奇[illegible]。[illegible]只今[illegible]通衢，洛朝暮行人自來去。[illegible]無遇又際[illegible]天荒苔又下，[illegible]樹建安才子人中英，挾書從宦來于京。爲言鄉曲有慈母，趣裝又欲東南征。官橋沽酒同君別，楊柳條不堪折。到家況是春三月，香噴[illegible]梨花滿城雪。

杜節婦

吳門女兒生絕奇，十五嫁作良人妻。良人棄去留男姑，老稚惚夜又同啼。兒啼姑老情何苦，籲地呼天淚[illegible]。心腑欲將頸血濺黃泉，姑子相看反無主。辟纑供績度春秋，姑垂白髮兒青[illegible]。昨年又了得衣食，計餘資尚[illegible]輸燈油。兒雖成立姑已沒，四十年來幾存活。向人[illegible]沐不曾施，應口詩書未嘗輟。古今寧有幾[illegible]括舟，自誓情亦傷精誠。成又貫日月，志行冽又凌冰霜。可憐杜氏貞難得，國史無書表厥則。東隣婦女知不知，朝喪其夫暮爲室。

題王以善畫和張[illegible]士謙韻

碧空雖[illegible]初收雨，萬壑晴嵐捕天起。天平隱又太湖連，飛入[illegible]家書屏裡。我時看畫心眼開，一塵不到何幽哉。陰陽變化自朝暮，倏忽雲雨成風雷。山翁久作山中客，不識紅塵識初日。[illegible]食霞便欲引頹齡，玉髓瓊[illegible][illegible]結茅松下[illegible]，[illegible]多貯書名高[illegible]心靜[illegible]世[illegible]一憩[illegible]不[illegible]是[illegible]由畫[illegible]西[illegible]沙[illegible]其中樓[illegible]又[illegible]嚴花[illegible]落飛[illegible]過石[illegible]斜倚行人通，行人通[illegible]愁想蹇[illegible]下復上。山中故人應有招，我歸來[illegible]我歌和之心[illegible]

[illegible]之觀[illegible]為同寅余希賢作

晉朝[illegible]瀟灑坐擁[illegible]出乘馬紫髯[illegible]五面如童，才俊風流滿天下。當時朝野多星馳，將軍坐調寧不知。新衛未必在尊俎，揮麈往又臨清池。醉來落筆驚神速，一字千金不容贖。太書石碣落盤蛟螭，小書縱[illegible]如擊鶻論，何端委嚴若君臣，有容並黃庭[illegible]。何殊[illegible]若群仙從玉珮，草書神妙飛白多，輕如[illegible]沉，隨風[illegible]入碧雲去，一寫千里成[illegible]河或[illegible]

行或飄逸應矩隨圓兩相得是皆見義以成文豈特
拈弄寫形貌山陰羽士人中儒青眼於予長周旋水心
書道德豈無謂欲使八法恒流傳欣然揮灑龍欄去
每見傍人增意氣至今傳説古雲鶴寫入生綃爲託
戲雲閣有客獨超群詠詩能字酒能文拜官鳳池已
十載臨書每念懷右軍自言風旨皮真草畫像蘭亭
俱[illegible]座中賓客[illegible]流[illegible]指求書應不少我生淮
海三十秋同官况與雲間遊雲間於我亦相得指[illegible]
字[illegible]有由可憐道侶多蓮社每握宣毫如握鐵十
寒一[illegible]空自知愧殺當年嘔心血

題竹寄郭存道

山氣[illegible]…[illegible]詩聽雨坐[illegible]
[illegible]
表[illegible]來正[illegible]唱湘筠歌相[illegible]唱得
[illegible]會巫[illegible]山石裂[illegible]過楚天雲影兩乎
[illegible]月[illegible]把[illegible]仙歸綠[illegible]鳳[illegible]自絶
[illegible]不復見空餘翠袖[illegible]今遺種湘[illegible]諸[illegible]
[illegible]陽風兩竿[illegible]相依萬葉千枝足[illegible]
我今拜與贈知心[illegible]風一見情何深琴簫對[illegible]
節酌酒吟時諧好[illegible]君本自懷清素只尺相[illegible]
相[illegible]秋深一[illegible]尚[illegible]還[illegible]結冰霜保貞固

送徐茂德

與君相隣六十載世事雖更情不改通家宿講[illegible]
賢[illegible]又更相愛孟兄文采[illegible]翩又見子[illegible]心
甚憐一朝學仙作仙去清風明月還依然慈親今年
七十幾鶴髮蕭蕭垂兩耳杖藜不出户庭間喜有賢
孫奉甘旨阿咸於我最多情隔離曾聽詩書毅揚青
驛上一相見執手話別如平生君家伯仲相知久若
説君情更云厚心懷好似投膠漆氣味渾如飲醇酎
一門孝義非尋常芝蘭桂樹多芬芳相逢未久復云
別十月便買南歸航家庭到日俱歡悦稚子牽衣弟
迎接好將都下太平時細與親朋共論説我家只尺
南隣居老親問信當何如爲言客中不足慮但慮半
載無来書

約諸友遊得勝湖用陸順光韻

我生最愛遊名山十年空被浮名閑湖山窈窕在何
處夢魂夜夜來其間世人那復知予故金馬玉堂
上路歸来幸得一身閑尤恐光陰又遲暮乘時便欵
樂閒情嚳宮交誼爲同盟明朝買棹向湖去不用結
駟垂朱纓

題王爲善琴鶴山水啚

華軒晴日風光好翠柏蒼蒼暎瑤草軒中之人何所
爲引鶴鳴琴自怡老七絃暗度風泠泠片羽晴翻雪
皓皓落花無數點蒼苔風過閒階還自掃此時有客
忽来過笑啓清尊與傾倒從教俗態向華榮謾假真
心永相保自公退食杖藜行雲壑烟嵐恣幽討朝簪
未擲那許閒此事姑爲遣懷抱人生何用説仙家身
得安居即蓬島

送沈繼善入南監
青年學道懷致
君落手一掃千人軍胸中氣吐虹霓文雲霞滿紙晴氤
氳南宮較藝超時群頓令遠近揚清芬都城酌別酒
半醺執手款話那忍分丈夫志氣凌青雲未必縫掖
徒紛紛時當六月暑若焚官舟蕩漾來南薰過家拜
慶何殷勤蓮花白酒清水芹一時取樂誠可欣況復
歲月如轉芸及時勉勵期樹勳要使聲譽西海聞
荷花鷺鷥爲孫與劉郎中賦
薰風南來日當午演漾綠波涵極浦幾行白鷺忽飛
來無數荷花嬌欲語清香旖旎散還收素質毰毸翻潛
復舉輕盈夜露浥珠般淡蕩晴雲遶玉羽半開半謝
任禁枯相近相依更容與芳姿已遠君耶心高積否
失滄洲侶時承雨露自天然日飽魚蝦應得所不花
寧敢競容儀沙鳥悠悠避翱翥平生風韻最超群不
受一人蒸與塵土託身是水雲鄉天闕從池遠如許
見鷺鷥豈堪論蘋藻可數何人寫入畫圖
中一段清標最堪題詩倘爾憶淮南夢繞池塘是
烟雨
蘭雪軒爲湯叔正賦
使君軒居清且潔盡日相看只蘭雪晴依凡席散幽
香冷拂簾櫳霏玉屑梁園昔日賓多才楚畹當年況
高節莫言幽隱人少知魏紫姚黃讓奇絶乃知自然
最有功不用錚錚持寸鐵蘭芳馨雪凝徹龍德

足怡悅歲寒心事有誰同千古清風想前哲
題陳景茂郎中所藏金華王子約墨竹并草
閣先生詩
王郎寫竹稱絶奇筆底幻出珊瑚枝高堂六月不受
暑颯颯疑有凉颷吹渭川淇澳俱在目新筍長又迸
如王鳳凰飛下山月低一聲度出瀟湘曲王郎王郎
今已休塵世驚歎無此流況逢草閣是知已珠璣萬
斛爲宜樓長歌寫出其中妙只許王維與同調尚遣
坡老與洋州未必當時供一笑蓉峯樵者更好奇極
口誇詡無斁時逢人展翫日不暇況復袖卷來題詩
嗟余不辯冊青學空覩遺蹤香先覺風枝露葉暗生
凉銷盡胸中幾塵濁金華自昔多儒風文章道德
群公致
君堯舜相逢作豈特一藝求專工草閣詩王郎畫珍重
千金未爲價願言保護如璵璠會有清名滿天下
題北京八景圖
神京控制天下雄東連遼海西荒戎北隣沙漠走胡
虜南極江漢通民庸城中車馬多如簇禹貢充貢非
舊俗相傳八景類蓬瀛下數匡廬與函谷居庸疊翠
壯軍都疊嶂浮嵐入畫圖駐蹕有碑書
聖德防秋無事仰
神謨垂虹一道明如練寒光曉映芙蓉殿春流漲後只
聞聲夜月臨時看不見巍巍瓊島冠當中雲氣長
六龍駐日霏又依寶御和烟裊裊松中有仙池名

太液翠荇紅蓮淨如拭遠涵玉殿浮空明近接瑤臺
湛金碧名山飛雪曉初晴積素凝華類削成吟跨蹇
驢詩客下獵分群鹿山樵行川途何處通幽薊樹色
千章鶯蒼翠花迎歌館咽啼鶯絮撲雕鞍迷列騎依
依殘月隱蘆漪照見桑乾野水流影落寒林起棲烏
暗分官舍催行轎平蕪已沒金臺跡落日猶銜半山
色只今賢俊皆淵朝何用儲金招遠客君不聞燕遊
原上草萋萋金谷銅駝久已迷又不聞昆明昔日勞
跡鑿鹿走蘇臺誰復作豈如勝景壯
神州萬載千秋永為樂

送錢學士致事歸江西

大江之西文獻邦奎星炯炯摩穹蒼篤生賢哲才且
良際遇
明盛誰顛頏前有歐公及曾王繼出范揭連虞楊煌煌
功業簡冊香郁郁禮樂文字揚先生挺秀居文昌宏
如孤鳳鳴朝陽詞源萬斛流湯湯筆陣獨掃稱搶攘
擢魁多士名愈彰致身早列白玉堂校讎經史斛
量辯析疑義分毫芒學宗孔孟兼朱張道講湯武濟
虞唐金蓮
賜歸夜未央玉壺春酒傾天漿宮衣疊綵出尚方麒
麟孔雀隨低昂南宮遷職司典常夙夜匪懈心遑遑
郊社宗廟勤烝嘗曰清曰慎唯敬將五更待漏朝
吾皇數對章奏明且詳追隨宗伯[illegible]行從容指顧尚
書郎自公退食聊徜徉[illegible]

思故鄉

元[illegible]優詔出明光潞河買棹秋正涼金風颯颯吹羅裳
牙籤畫軸盈巾箱更無長物資行裝先生此樂奚可
望有田足耕書作房兒矣二子鸞與凰翩翩五彩呈
時祥由來積善多餘慶誰謂天道空茫茫吉凶榮辱
俱兩忘歎彼貪祿徒匆忙到家對景探歸囊黃金用
盡無留藏秉歡取樂歌時康芙蓉冊桂爭芬芳江蓮
落盡籬菊黃我歌此詩情望洋老成別後徒彷徨與
冠七十年正當塵視軒冕庸何傷二疏去後標盛觴
千古遺事增慨慷文山崔巍文水滄先生之風同其長

題魏時英所藏王冕墨梅

畫梅幾人稱絕奇湖南獨數花光師移花數本向聰
下終日把翫閒支頤更當良夜月初出[illegible]
參差浩翁見之重嘆息譬如清曉行山涯幽情雅淡
出塵表但欠香氣因風吹花光去後有誰繼逃禪居
士楊補之寄情物外稱作手覓得三昧人共推季章
叔雅殆伯仲善尤墨戲江南枝後來作者固不少模
倣形似徒爾為會稽王公妙時秀冲情淵思非凡姿
平生畫梅得真趣興到一掃無留遺筆端造化有生
意欲辨真偽先題詩魏君何從得此畫相傳是自山
陰過含烟淡蕊半坼後帶雪疏英欲褪時風遞林香
作冉冉月暗溪影空離離初驚庾嶺得春早忽訝孤
山破臘遲揚州法曹再請任羅浮仙子真成癡豔根
太古不易致歲寒正欲同襟期榮枯開謝本至理豈

比堯杏爭妍媸披圖熟玩三歎息世間何物似[illegible]
竹籬茆舍夢不到白雲流水心相思頻持[illegible]
雪調羹事業非君誰

小瀛洲爲吏部王尚書賦

瀛海之洲渺何許東接滄溟千萬里神芝仙草[illegible]
春酒冽泉香名玉醴傳聞洲上多仙家吐納日月[illegible]
烟霞風俗清幽比吳地山川壯麗如京華長生之[illegible]
果何有觧使童顏回白首殷勤寫入畫圖看[illegible]
來亦云久
文皇當日選詞臣名與[illegible]瀛十八人法醞俸金頒[illegible]
錦袍玉帶賜來新先生自是青雲客早歲
金門曾射策讀書講道居其林彷彿瀛洲儔仙伯[illegible]

朝退食白
鑾坡心地從容養太和牙籤萬卷坐清晝不知門外[illegible]
塵多新詩吟就還供酌閒看簷花開更落春來秋[illegible]
總忘情自信人間無此樂人言此即是瀛洲島興[illegible]
須物外求秦代樓船莽塵跡唐家詞舘成荒丘荷[illegible]
一室真奇特四壁雲濤開霽色俯望老鶴伴幽棲[illegible]
得三山來只尺玉堂遷秩向
南宮碩德宏才孰與同秋水芙蓉游泳處光風霽月[illegible]
談中蒙
恩又擢持衡位始遂平生讀書志朝野諠騰賀得人[illegible]
華不减瀛洲地只今聲價重瑤瑛况是苞苴掃[illegible]
頗秉冊衷赦

[illegible]主春風掩李洲軒居

慈烏軒詩爲姑蘇劉宗韶賦

月明星稀天欲曉慈烏啞啞啼樹杪軒中之人最可
憐腸斷雙親去逝早慈烏慈烏爾何微朝出求食暮
來歸朝朝暮暮步依依[illegible]其母情依依母雖禽亦
能飛尔獨孝養不敢[illegible]之內誠所稱我今十載
棄庭闈問闋無復瞻[illegible]泉臺夜閱空春暉欲求終
養那可得徒有血淚[illegible]衣睹爾形甚勞聆爾音甚
悽哭風翔雪群啄乃[illegible]獨飛鳴無間東與西嗟哉
慈烏人所共慕我今聽之感復中素尚期百歲同此
心泉下無歉見親故

雪窩詩爲翰林侍讀苗秉彝賦

多君昔未遇讀書居泮宮藏脩事高潔種植[illegible]
梅花種得看來好不與凡卉爭芳穠忽然一夜雪新
霽千葩萬蕊開天風猶頭玉蕊綴簡又花底粉蝶飛
叢又暗香時度書几清氣郁若飄簾櫳軒中美人
把玩久景趣直與心昭融有時調素琴又聲韻絕流
花陰有時酌春酒又味熏花香入手又看明月海上
來清光掩映無纖埃夜深詩就青誰和嫦娥起舞空
徘徊梅香清雪色皜月亦於人更皎又歲寒花好同
襟期况爾當年事幽討只今遊宦廿年多情夢時又
到雪窩每憶花前行樂處令人惆悵欲如何

題戴安道教子讀書圖爲戴克己賦

大道隱六經煥天理人文爲綱紀爲呈圖秘現神功

龜負靈書存神術二南頌雅本王風褒貶春秋嚴斧
筆傳心論性遠宗參軻也七篇由孔伋自從洙泗塞
源流小徑斜岐相間入漆園傲吏性非純關論宏言
已失真司馬徒聞誇史記縱横蕪折由先秦李何元
氣入肺腑斯文不墜千々春嗟我典午居江左人物
雖多亦奚數清談盡是正衍流未必折衝在尊俎當
時獨有樵國人林壑棲遲事高古不求聞達向諸侯
書畫琴尊日為侶有時得興即裁詩句又人傳絕妙
詞唯修札度以自娛深識放達之為非往來吳越多
清暇每託知音潛別舍忘陵太宰破琴時興畫于獻
乘艇夜自知立德勝立言來信千金只高價逃名適
跡甘自貧林下長回使只將詩禮教兒童出處
翩然有古風照易每研秋露白談詩對夜燈紅床
頭萬卷各分類一不義名不同或經以載道或史
以紀功文章于集備述作醫卜農圃皆精通林收海
聚看不足歆與河間遠相續山猶守讀百應閑野鼠
来窺時竊伏尔曹力此慢勞神一五行須書讀寸
陰當惜莫蹉跎門外韶光如轉轂潛心好向此中求
事業功名亦可收致
君堯舜在斯道達則兼善窮則休嘗鯉也受庭訓學
詩學禮居前脩觸屏自愧夜深語静致遠真良楙
今成學良由此幾度鶴書徵不聲名藉又義熙
初橋梓一門誰與比只今淮海有仍華胄遙々正
知似早膺

新命拜花封政洽於民々總喜手持此畫索我歌自慚
才薄將如何剡溪佳趣不可作緬想高風增愧怍您
久休羡宦遊榮二十年樂好爵

題高士譙墨竹

洋州墨竹天下知錢塘先生尤絕奇自公退食無一
事筆端寫出珊瑚枝珊瑚枝翡翠葉頃爾風來還蒼
雪滿襟凉思不勝清六月高堂無暑熱多君富文學
愛竹如南金頒言厲志更操節歲暮與尔為知音

題仲昭竹送田主事

古來畫竹稱洋州崑山之筆良獨優一枝瀟洒出塵
俗看來如對瀟湘秋職方田君欣得此日日相親比
君子虛心勁節能冰霜森葉長梢帶風雨此君清節
人不知歲寒與我同襟期明朝舟又化龍去蹤跡
漢升天池

育齋先生詩集卷之三

育齋先生詩集卷之

七言古風長短歌行

題金太子允恭畫

金源昔據幽燕地五葉相傳號賢帝仁明節儉愛斯
民南北相和更無事儲皇毓德當妙齡經史文章亦
精邃青宮餘暇縱揮毫慣寫名駒與花卉南薰拂〻
天際來涼生殿角真快哉堂開端本日初稀意態容
與情徘徊一枝偃果迥芳異藉以荷葉如剪裁絳丸
綴[illegible]上林貢翠蓋不數瑤池栽神蹤睿思真堪羨容
色雖〻久難變當時流落在人間今日分明畫中見
可憐[illegible]馭遽隨塵無復承歡侍宸宴明昌爲嗣亦稱
賢宗社河山賴伊眞二百年來事已非草頭[illegible]
人[illegible]一去不復得唯有青史傳餘輝我[illegible]
三[illegible]胸問安方畫織昭明已矣惜承乾千古悲
[illegible]識君家珍藏如南金子孫承歲月[illegible]
[illegible]及妻孥共保此物千〻春

題桃源圖

我觀桃源圖浪說桃源事[illegible]秦失馭四海逋[illegible]
寄亦高逝斯人自是黃綺流爲挈妻孥來避世男耕
女織度年〻不與塵緣同一致歲遷年樹徑桃花田
頭萬花連系麻羅雲謌又疊翠浪紅雨岸〻桑紅霞
官祖不悟王稅少平生取樂眞無涯縱源世故已多
變歲久此地還成家漁郞放舟迷去所遙睇雲山隔
前浦林窮水盡勢縈紆萬壑千崖來容數尋幽探隱
到仙源雞犬聲中日當午偶逢父老來問蹤此境介
明異凡土自云先代避秦危五百年來隱在茲禮樂
總非當日制冠裳徒有昔人儀扶[illegible]攜幼來相見共
引還家問鄉縣驚傳世外有伊人爲促開尊具華宴
離多曾少理自然塵心乍動思歸旋匆〻告別出門
去桃花流水還依然武陵太守文章伯試往從之應
未得豈知此事成荒唐千載空令傳翰墨君不見天
台山下碧桃開曾引劉郞入洞來雲母帳空人去遠
石梁依舊鎖莓苔又不見羅浮日暮梅花底素服輕
裝比姝子夢回酒醒月平西殘雪滿庭天似水

送張司訓之平山

車聲[illegible]都城西殘星半落雞亂啼丈夫作宦事行
邁胸中豪氣舒虹霓平生抱負人不同一經諸史能
精通繡衣御史是知己封章進入
蓬萊宮謂君多才更多學儒雅負有前人風
明廷對策五千字炯如秋水涵芙蓉今朝授職嘉陽去
始遂當年讀書志鳳凰晴吐金玉音鴻鵠秋騫霄漢
翅嘉陽西望路迢遞箇中山水眞絕奇風淳俗厚四
民樂多士濟〻敦詩書詩得君爲教皆欣喜共說成名
從此始貧金爭買建陽書典衣盡換涼州紙知君此
去獨勞心橫經有暇還鳴琴杏壇風來落紅雨芹泮
日暖澄清陰菁莪樂育趣無限恩義兼盡情惰〻人
才造就及時用拖青紆紫森如林吾家世父曾爲縣
零落遺文今不見煩君搜拾寄雲霄卻勝千金重相[illegible]

芍藥花歌

芍藥花人種少群芳銷盡始開榮不比尋常衆花草
露裏輕盛玉盤圓風葉齊攀金帶小香添鬢人衣價
重欺世賞風流之物宜在富貴家遨賞玩賞唯恐不
及早京華四月天氣好萬本千株壓清曉多君分富
一枝春麗盡奇葩奪天造滿籠香氣尚離々帶土仙
枝猶裊々呼童植向亦闌干名卉一時盡傾倒始知
得花歡終見被花惱費心固莫違樂事須還巧年來
兩鬢真盡如霜老眼看花渾潦倒亦如乘時邀取佳客
三五人共向花前傾瑪瑙莫教風雨暗佳期孤負穠
華對晴昊

題朱循矩所藏楊鐵笛竹石詩仲昭補畫（注）

關西夫子雲間客文采風流世無敵詩成酣
仙寫頃波濤出腕憶當年曾醉虹月樓酒酣擊碎珊
瑚鈎興來題就丹丘畫青天墮石銀河流于今此物
不復有唯見新詩膾人口想因風雨化龍歸怪物豈
無誰與守吁嗟世事無不然竹石豈得垂千年後來
繼者宛相似乃是
昭代瀛洲仙欣然爲寫瀟湘景指顧旁人更馳騁珊瑚
帶雨晝生陰翡翠迎風寒弄影羨此畫三歎希古
年陳跡今光輝頗君莫綴丹青筆補造化成天機

送于汝益還臨江

東風吹花散晴雨都門二月歌如許題詩把酒送行
人半是春愁半離緒臨江才子人中英文采珊瑚衆

謗鋼一門沐
寵綏衣冠三葉承家盡詩禮去年我省難兄來霜風淒
而寒如洗寧辭跋涉萬晨征最愛連床通夜語自言
擬觀壽且康白髮蕭々垂兩耳鄉園在望難久留只
恐晨昏缺甘旨翩然又復賦南歸時極關河幾千里
路指黃金山上雲舟經揚子江邊水到家況是春已
殘楊柳陰々飛燕子彩衣堂上問歸期但說長途過
如故舞斕還著舊時衣献壽酒傾春日醉天倫樂厚
本自然聲譽洋々孰堪比封題早々寄
南宮莫使看雲眠復起

題雪旅爲郭給事作

前山雪霽春尚遲千花萬蕊含春姿朔風捲地聲蕭蕭
合何人袁褰行賦詩君家種梅在何許
芳韭白雲讓香久不殺明月無影長相隨有時映書
幌有時臨清池揚芬吐馥人共知歲寒節操本天性
冰肌玉骨光陸離紛々蝶未容識寂寞蜂敢窺惟有松
與竹娟々競秀當庭屋適懷何在老幾何之但見天
水一碧無塵緇素娥起舞初將高樓玉笛頻々吹
怡情宴坐何所思看花酌酒忘情懷我今爲君歌此
詞紛々桃李空爾爲但願明年結實調風鼎高枝無
枝金紫々調和鼎鼐非君誰見遺
附代唐虞時

送王時彥學士子昌赴

君攜金臺自金溪遠道千里徒跋涉時當六月雨新

霽翩又馬踏天街泥自言覲省上
京國敢辭勤苦驅輪蹄堂前戲綵勸春酒膝下問寢聽
晨雞有時得興事揮洒文光燁又 虹霓登名未與蓬
貫並作賦已許機雲齊君家官業冠前古德星況復
昭文奎而翁載筆向玉署伯氏通籍聯金閨客邊正
好盍歡洽何事又憶江之西買舟南去涉雲水番湖
萬頃澄玻瓈到時況值秋正暮紛又景物還堪顯軒
前丹桂裛露潤籬下黃菊迎霜低我頻多君致身早
明時未可成終棲歎令世業遠相繼扶搖好躡青雲梯

寸草詩為吏部劉主事賦

東風已綠人間草嫩色柔姿映晴昊閑門要地總青
青不間池臺與亭沼從知雨露沐恩深那識乾坤化
育心春去秋來時節換只愁霜雪遙相侵[illegible]
癡難遂忽爾芳茸變枯瘁托根平壤[illegible]
暉萌生意自憐不是歲寒枝爭奈春風日又吹賴有
微忱向陽處慕然一寸回春姿劉君早失嚴親面六
絕愁腸僅如綫天高地厚杳難酬只許音容夢中見
夢中相見果如何生離死別情更多庭烏啞啞若啼
訴覺來雙鬢空滂沱嗟哉寸草心如許堪嘆人心亦
如此願同微物表精誠百歲光陰俄頃爾草芸兹芸
枯復榮流暉一擲難再停太山滄海有窮極此恨
轉何時平

曲江雲屋詩為黃蒙御史作

白雲白雲何亂亂朝飛暮飛曲江濱曲江江上白雲觀
白髮高年在其下一從作官居
朝瞻雲終日空望雲飛只在親之側幾載辭家
未得歸見雲東又復西寸心耿又情淒迷嚴君甘旨
無由獻為惜茲親顏莫自每因存沒重潸然[illegible]
到家山前高堂並病生白髮百歲靈椿如有待何當
予告賦南歸敬恭桑梓拜庭闈乘驄衣繡人皆識忠
孝聲名滿南北

題挾彈圖

曉色猶濛散煙霧綠淵郊原千萬樹少年公子重嬉
遊立馬花邊久延佇手拈金彈挾雕弓指點黃鸝在
深處幾回翹首眄西東只恐高飛入雲去是時天氣
當晴和黃鸝聲巧情更多綿又蠻又若有訴怨先
已驚[illegible]諫言少年且休息天生此物[illegible]
終日苦相傾世間萬事螳捕蟬

送夏仲昭太守

憶昔與君相見時君才磊落情坦夷讀書萬卷如破
竹[illegible]筆作賦無瑕疵更兼揮灑得其妙遠逼逸少
張芝一從金榜魁眾士藉藉華燁又人共知詞林拜
命旌恩崇二十八士咸相推予時濫叨無所識累數
益荷與詩相親終日不少暇旅殘似倚珊瑚枝才名
久擅滿漢上兩京遊宦[illegible]翩翩貝葉邁[illegible]
寫黃庭稱絕奇朝回更敘天倫樂禁中迭奏[illegible]

拜官西掖荷
恩寵珊又王珮鳴丹墀[illegible]寒暑消頭玄髮

成絲于馬列寘天官職位不忝德望[illegible]高[illegible]
誰為翁翮又感鳳翔天池君能恬退無外慕遣
此常歲只今初為掌名郡旁人猶道於君遲束書
别我出京國離思掛又情懸又新秋七月壯行色聊
爾傾倒黃金卮丈夫壯年事經濟寧肯寂寞甘尔為
一麾下馬[illegible]為賈千里雙旌行見施黃堂布政在於
恤撫字有[illegible]分犹疾古今賢守載青史黄霸龔遂為
等期君今別我向江右不覺別淚長交頤明年若有
南回雁好寄佳音慰所思

追和先人過吕梁洪詩韻

先人當洪武初過吕梁題詩壁上有曰千嵬
萬塊石一道兩道水怒流噴出春雷聲直至
蛟龍飛不起險哉天下有龍門未必與之[illegible]
之可比明年伯父孫暉未仕時亦從吕梁歸
俞先人曰爾題二洪詩甚好吾以欲字易爾
不字如何先人拜伏稱善越明年伯父果以
通經秀才被薦乃知詩有顯晦趣向不同如
此正統九年秋予因考較京闈舟過二洪追
思伯父昆仲之言逮今六十餘稔矣不能不
為之墮淚因用先人韻賡續一首以紀歲月
寄奉鄉人為一笑耳旹正統九年歲在甲子
秋九月二十一日書于吕梁舟中

西壯拱名山東南注名水奔濤怪石兩相雄鴻雁不
來風乍起人言此地險過蜀瞿塘千古萬古誰與比

送丘士宗

羡君磊落多才識歷仕年來頭半白鳳池染翰筆如
飛爍又聲名動南北我時聯筵鵷鷺班況得金門共
通籍只今遷秩拜廷評冊筆平書少冤抑自言家世
居華亭十載天涯歸未得封章昨日達
宸聰喜遂南還動離色買舟便欲發潞河千里行囊載
書冊
錫賚繞須内帑金褒封已受
鑾坡勅明時遊宦總才英何似從容居近職黃金束帶
錦袍寬人道真仙出鸞掖紛又冠蓋擁如雲相送都
門情溢又人生富貴自有時不必當年毛義檄盤又
先隴在高岡桑梓連陰間松[illegible]謾撫清淚濕朝衫地
孚天高[illegible]終[illegible]親恩深重世[illegible]王[illegible]報何由慰[illegible]
為言此去莫淹留早整鳴珂朝
上國

和曹冕秀才見貽石池蓮花歌韻

舊遊憐我多標致鑿石為池[illegible]開來移取藕蕋
栽不似纖穠兼嫵媚淨[illegible]圓上清童子讀
青鎖閑花只共凡客賞[illegible]皇憐芳容雅態
渾如語半捲湘簾遲晴雨有時風[illegible]不勝嬌[illegible]拽紅
衣學仙舞時當六月天氣凉脫巾解帶聊徜徉秋
香分玉井味曉霞淡抹西湖粧老年藉此添清[illegible]
酒斝花自成趣碧霄飛墮綵雲箋珍重多才惠佳句

春山行樂圖為太倉衛鎮撫張公美賦

將軍行樂因乘暇不到秦樓[illegible]隨意[illegible]
谷多在山間與林下雕弧[illegible]彈[illegible]王勒[illegible]從
山謝杏花深處縱吟哦時聽[illegible]嫋娜[illegible]風吹秋
日遲〻鶯地香來散蘭麝[illegible]玉壺隨誰識尚
懷多韜藉將軍將軍才絶倫破[illegible]成方稅[illegible]題名
他日上凌烟應與斯圖垂增價

送楊希節還淮安

路河水流湯〻送君去歸故鄉故鄉迢〻在何處淮
海雙城隔煙樹桃花浪暖綠舟輕千里風帆從此去
到家置酒會鄉隣金盤鱠鯉[illegible]新清歌妙舞落花
裏醉來不覺逾殘春自言[illegible]長爲客去水來山總
如昔明年四馬上都門更與[illegible]勤話鄉邑

題楊隆知縣所藏赤壁圖

長江萬里開天塹襟帶湖[illegible]與淮甸西南形勝古所
無寫〻楊君畫中見鸚洲煙樹晚蒼〻烏林赤壁遠
相望人言此地最奇絶彷彿蓬島移中央當年却羨
黃山老仙[illegible]因暇日載扁舟碧水丹
山恣幽討和[illegible]明月澄金波坐中
有客弄簫[illegible]西望無終極夏
口武昌俱在目山川依[illegible]非浪說周瑜曾破敵
今來古往歲頻周物換[illegible]幾度秋唯有壯懷多歷
吹[illegible]江風山月笑相留[illegible]落蹤林靜指頋林皐路
非迥再携魚酒[illegible]蕭〻時復[illegible]如削
銀峯低攝衣欲上愁攀躋[illegible]老樹人不識上有二

鶴安其棲[illegible]長嘯[illegible]歸路岸草汀花自[illegible]
羽鶴從東來知是仙人夢中遇我觀此畫心[illegible]
章事業今古同蘇公去後遺跡在只今賢宰高[illegible]

送朱用和尚寶捧香帛使湖廣

春雪晴春水生東風二月春花明使君奉
詔湖南行綠波蕩〻官舟輕瓣香尺帛表敬誠
神農帝舜二聖王
瀟王衡嶽昭靈英[illegible]度獻恭如[illegible]一念直歆通[illegible]
狂[illegible]小作[illegible]雲[illegible]月當神意縱容[illegible]無[illegible]
[illegible]暢悅心和平歸時便道趨鄉程邦人父老[illegible]
相迎
四朝遊宦居公卿煌〻晝錦增光榮早期復
命来
神京鏘〻佩玉鳴璁珩壯遊不負斯文名

題慈烏返哺圖

荒原日落微風起木葉蕭〻鳴未已群烏何事此棲
遲銜食供雛無暫止朝來[illegible]成凄風羽[illegible]
且輕有時得[illegible]迴哺欲[illegible]情黃蜂粉蝶
恣伊取青蟲[illegible]香[illegible]水[illegible]帶落
意穿林行人[illegible]類似此[illegible]慈烏
慈烏雖鳥類一片良心真可異東家[illegible]
就新巢各飛去

来蜂歌 有序

庚午之歲三月二十又八日晚[illegible]坐西軒吟

詠之際忽有巨蜂一率其小蜂數百從西北
來入余軒中止于檜竹左右久之不去似有
得余爲若棲息所者爰命童子收之且壘甓
作房高可二尺許廣稱之前横木板作數小
孔俾通其出入於是群蜂朝出則午歸午出
則暮還采花擷蘂經營乎林麓之表往來乎
霄漢之間既不失期亦不迷徑真若有覬以
司之者嘗聞人有云蜂來結房則主人當獲
厚利因思叨禄
四朝列官二品其利不爲不厚矣况欲冀夫外
至者耶因作小歌以紀其事云
西軒獨坐愁春暮零落殘紅滿庭樹啼鶯語燕正相
宜粧點韶華總無數我方題作送春詩倚徧雕欄
好句忽聽門外聲蓬蓬童子歡呼群僕聚爲言天際
有蜂王率類連群若蹤附百千爲隊滚成團來往空
中飛不墜共依松抄結新房朝出暮歸無暫住采花
拾蘂敢辭勞釀出凝飴勝甘露可憐高義若君臣擁
護其尊見情素經營意態更輸誠一日兩衙如有記
人言此物心寂聰出入往還無定處九霄雲路任遨
遊得食回時應不誤又言此物功亦多釀出春醪有
佳味蠟脾爲藥勝金丹扶起衰翁真可畏年來多病
不勝憂且喜蜂房一爲助煉丸爲酒保長生解使容
人稱健步

送王廷器任河南憲副

薰風吹雨增緑波官舟南去將如何使君年少登甲
科讀書有暇還吟哦文章政事由琢磨講明先舜崇
丘軻昨朝膺薦辞
鑾坡行行千里臨關河瀍澗伊洛須頻過勤[illegible]
王事心靡他賑恤飢饉蘇沉痾激揚清濁扶傾邪坐令
奸宄停戈禁中頻有牧與頗弭消災沴人志和四
郊無壘田有禾頌聲既作歡情多使君善蹟民用歌
嵩山太華高嵯峨斯行功莫成蹉跎

送陳汝同大理巡撫

都門雨歇遊塵少緑樹啼鶯雜清曉使君銜
命復南征軒昂氣與秋天杳兩年作守向荆湘吏不作
科民不嬈
九重冊詔急遺賢繼捧
綸音天日表只今戎馬混邊疆千里郊畿盡紛擾使君
此去撫凋殘移粟移民近流殍驅馳
王事莫辭勞整頓乾坤濟時了歸來
聖主問艱危但道兵民多草又路從東夫控徐青山自
西來分冀趙何如選將任良臣免使蒼生被荼蓼

送何粲政之四川

蜀山高兮千萬尋蜀江流水清客心使君往昔居詞
林讀書講學精且深
明時未許恒陸沉暫爾養德祛塵襟嗟余豈足爲知音
薦君如獲雙南金化行南徼爲商霖蘇除槁朽消氛
祲旬宣初職人所欽載歌德政欣來臨西南形勝山

亦今坐俾蠻俗無相侵前衛入蜀是𥫗歲一琴一鶴
隨華簪

送王經秀才赴山東鄉試

晉朝王謝多佳子寶樹芝蘭出庭砌才華俊逸冠當
時不與尋常後生比只今王氏府多賢玉雪風姿美
少年季郎讀書號該博一經諸史尤精研從容隨答
君京國講學從師費繩墨胸中能蘊三場文下筆縱
橫爲人敵揭來又值桂香秋千里携書出
帝州姓字定期題虎榜功名今喜占鰲頭傍人借問何
爲爾但說文章應致此寧誇五桂及三槐兄弟齊名
在斯舉歸來暫復理遺編知是瀛洲第一僊鼓吹聞
年春色裡探花走馬又居先

贈秦叔渭

秦叔渭東吳人少年學就思進身生綃一幅寫出
下筆便覺如有神湖光晴蕩三萬六千頃之金鰲氣
氣曉横七十二峯之嶙峋懸崖峭壁有洞磵茅屋人
家無遠隣白雲滿地不作雨綠樹當户長留春天機
發越總成趣意匠慘淡消俗塵前人可師法與古爲
具胸中青妙在出新意模擬格式徒失真古今畫
豈多見得心應手方超群王摩詰李將軍有唐以來
稱絶倫遺蹤竟逐綵雲化後世作者空紛紜我觀此
詩益君晚知君高義重斯文常時把翫不釋手虹光
夜又衝秋旻

送兄北行

吾兄五月來相見白苧爲衣蒲作翦蕭蕭華髮不勝
簪矍鑠精神人總羨自言七十少四齡手書細字雙
眼青春風長懷德勝棹夜月獨詠滄浪亭生平不樂
州與縣鄉飲只因賢令薦帽中藜杖作西賓愛織嬰全
陽者舊傳有田數畝近郊莊風來糴稻連村香新秋
喜樌西成望釀秫作酒爲烝嘗黃茅低覆三椽屋日
課青襟吟且讀閑時一覺枕書眠門外紅塵空擾擾
偶因憐我別經年弩舟遠涉鯨波川長途暑雨着衣
袂烈日如火行中天相看不覺頻又語老淚臨風落
如雨追思往事問行藏骨肉姻親半爲鬼我家誰復
攜儒門遺書千卷今僅存租庸只寬絶不及況復三
葉承
君恩季方近日何如昔爲道年來頭半白東隣西舍不
相過閑是閑非盡頑釋阿咸六七身漸長學詩學禮
無爲商師嚴父教兩無外未必廢業如射狼南歸誰
似吾兄是白酒黃雞聚隣曲夢回紅日已三竿始信
無榮亦無辱嗟又先壟臨丁溪祖塋更在陽山西年
年幾度灑麥飯飢烏日落空聞啼憑兄寄與交游道
四十餘年情誼好千金但願買爲憐喪葬婚姻可相
保我今亦十加一周西風蒲柳搖清秋致
身充群從經濟竊祿無補空懷憂不如早上封章去從
容擺却簪纓累都將心事付東流日向花前同一醉

送王僉都公度

送君去秋已深載斗酒彈瑤琴黃花露香泄紅樹風

葉吟誰言對景傷離心丈夫事業存經濟推遂由來
合人意
天重聖主方急賢君有文章真不愧曾須經畫才無術
向江淮奸邪自屏息流困瑚重來東南迢又燃孔千室
海舶風帆簇如雨轉輸俄頃達
京師民不告勞官吏喜偶相逢又成別歸騎行又若雲
雪我持杯囑君說時歲少豐兵戈騷屑淮海民眼流
血望君來解愠結袪彼奸貪厲廉潔俾富而安貧叩
悦坐令愁嘆變歌謠始信丈夫全大節

育齋先生詩集卷之

育齋先生詩集卷之五

七言歌行

送王孟堅

文皇御極寰宇寧禎祥疊見時屢登五星聚奎天下喜
多士濟又如雲與臨軒發策詢治理要使萬國歌太
平當時王公最年少三百人內稱俊英敷陳王道致
堯舜文章擲地成金聲
奉天殿前冊陛東首被臚傳拜
天子藍袍脱却儼登仙宮錦
賜來魁衆士探花曾向內園春鳴鞭不過平康里都
人朝貴盡來觀今古男兒應有幾人生至樂是登科
爭似王公得意多玉堂罷講恣吟笑
金鑾朝退仍編摩冬甘澹泊志愈苦長懷經濟心靡他
柳邊鈴索雨初霽日轉花塼風正和從容俯仰應無
作誰料文園多病作封章乞請荷
君恩一束遺書從双鶴故鄉在望白雲深山水娛人真
足樂自甘無夢到
神京不爲微官苦羈縛世間萬事難定期浮雲西去
水東馳
天書五色耀閭井起君提舉醫門師豸冠驄馬走山谷
窮幽涉險心已疲諸生遂就致
君用奈此白髮盈簪垂知不可國情依舊每把斯文意
加厚自言衰老倦逢迎每議懸車不容口
至眷顧許還山多少交游同載酒名成身退合歸休

此樂人間復何有

壽陸存亭母石氏

薰風南來清晝長槐庭轉午生微凉陸家堂中恭慈母高年況復身康強人言此事憑陰德八十遐齡與過百喜逢初度列華筵雲外真仙皆女客時當五月景光奇海榴花壓珊瑚枝黃鸝飛來度新曲歌聲嫋遏天風吹座中不用綈衣護自有時珍供盛讌春酒濃香瑪瑙杯玉盤纓帶長生麵子將孫拜樂熙々婦隨夫勸情怡々從來積善有餘慶天錫壽考光門楣吾鄉風俗多淳厚吉慶相過惟恐後願言福祉等松筠歲々年々來獻壽

送僧文達還浙中

西湖佳景真堪掬十里荷花間松綠畫舡載酒日遨遊舞榭歌亭厭人目其中更有絕塵蹤洞雨樓台知幾重六橋樹映六和塔南高峯對北高峯禪宮梵宇森相向佛惠莊嚴畫金相晨鐘暮鼓隔人間寶殿珠林起天上從知開悟自妙賢衣鉢傳來幾百年文達只今能繼述燈々相續皆良緣遊方度世無遺跡試倡談空曾點石閑雲隨處護袈裟法雨飛時迷杖錫鳳林老衲是知音邂逅京華契頗深錦軸求詩送禪去贈言却勝千黃金行囊有物輕如羽一卷楞嚴香幾縷時々誦罷更焚香明月滿空天似水薰風五月王波凉扁舟穩駕如飛航舉頭但見潮水近三峯天竺晴蒼々禪關迢遞知何處門徑遙通吳越地楊梅[illegible]茶誰識君[illegible]滋味錢唐風景夙相聞無[illegible]湖濆何當[illegible]塵俗外來看青山與白雲

送鄭大常雍言

與君同是青雲客京國相逢頭總白論交却[illegible]年[illegible]酌酒談詩最相得萍蹤來往無定期我留君[illegible]文暮雲春樹隔江浦清風明月為相知南[illegible]生早書劍胡為長遠道昔時官舍屢追隨今[illegible]筵暫傾倒鄭虔多學更多才十年列職居容[illegible]禮樂佐明主亥豕珠玉輕同儕金陵[illegible]當三伏岸柳江蓮紅間綠更將餘興託[illegible]山看不足憑君傳語寄知音司馬司空及翰林老去不禁雙鬢雪將因目病脫朝簪

送王同節任湖廣參政

春水乍泮春水深春風著柳搖黃金都門載酒送君去二月已破幾徬優當年及第稱才美儒雅風流誰可疑聲華久著白雲司僚屬長官多見許每持丹筆對神明欲為死者求其生[illegible]書夸午不足理肺石無歎皆稱平只今又買湖湘棹千里關山非遠道到時民吏定相迎共說使君年甚少向宣之職人共推況是才高邁等夷他日政成來闕下又重與話襟期

贈[illegible]鄭陳千戶

將軍昔有收城功蒙
恩出入明光宮六韜三畧蟠心胸英毅不與常人同日
隨遊雖輦護
真龍九重天上聞
宸聰黃金甲射曉日紅腰間白羽懸雕弓有時朝退辰
安東銀鞭玉勒嘶花驄堂堂膽氣英且雄論兵虎帳
生清風捕巡奸宄無所容螻蟻飲跡狐潜蹤歸來宴
客高堂中葡萄酒泛春醪醪清歌妙舞意態濃杏蕊
如雨飄簾櫳人生得意誠罕逢君獨富貴超凡庸願
言努力盡厥忠太平無事歌時雍

伯牙鼓琴圖爲興化知縣崔時雍賦

君不見太古時淳風未散民物熙三皇相繼立人極
製作禮樂由庖犧佃漁畜牧贍民用封畫書契明[illegible]
維支干嫁娶亦已備斲桐爲器尤相宜上圓下方法
天地前橫後狹分尊卑三光昭明在尺度八風按節
來龍池斯皆見義以立意功奪造化侔兩儀後之作
者攸搬妙理不出前人規文王在羑箕子客杏壇
遊吾吾師相如綠綺託興遠蔡邕焦尾傳聲遲王
門伶人不足重汾亭高士徒能辞無絃調古誰與和
綫穆散絕何由知成連先生有高第巧思神出稱絕
[illegible]跡江海少知己避追惟有鍾子期高山流水志
不淺肖與凡俗爭妍媸相逢樹下縱彈鼓明月未上
[illegible]吹七絃冷冷瀉冰玉萬壑宵含風簫山林聽
[illegible]浸湧但見鳥獸空號悲曲終事往人已遠唯有
遺事傳烏絲盱江賢達人中士寶惜此書如瓊琦朝
披夕覽不少置尚友千古超等夷當年宓子妙爲政
作尹單父蘇瘡痍鳴琴終日化愚劣坐令薄俗成嬉
嬉親賢取友出天性民不敢犯那忍欺我歌此詩爲
相勸以古作範成良資奚用屑屑知音爲奚用屑屑
知音爲

題仲昭畫竹

同年寫竹稱絕奇流傳江海人共知興來一掃四五
幅满紙煙霧含風漪高堂懸之足清玩翡翠琅玕影
交亂月明還訝鳳凰來堪與高人爲侶伴古稱善作
有文同東坡繼筆尤專工二公已化墨龍去遺事往
往真成空詞林仙客文章伯愛寫渾逾雙璧萬頸
新句並唫看但見清風生兩腋君不知此君高致堪
可輕冰霜歷盡老更成願言見客莫頻示只恐白日
化龍升天行

金華孝子詩

荒原日暮悲風切蘆荻蕭蕭飛白雪人家丘壠牢剝
榛更有狐狸來作穴金華孝子葬親時負土成墳眼
流血寒雲黯黯向黃昏星斗沉沉夜無月縱橫群虎
何處來常得[illegible]飽其齧磨牙吐舌聲如雷縱有奇
謀恐難脫此時孝子心愈堅對虎從容常更說天生
人物各有親義重恩深理爲節況渠與我不相當倘
事相從恣猖獗虎聞此語如有知俛首垂膺氣應絕
俄頃斂跡不可尋究若神明爲驅却嗟哉孝子世所

稀一片忠誠如石鐵冥頑感格天地知孝行昭又應
不竭君不見顏生之孝致群烏千載聲名同一轍

梅花爲歌爲蕭大理賦 風花雪月四景

江南地暖春先得只有梅花露消息迎寒破臘千萬
春彈壓芳菲冠今昔伊誰寫此入生綃滿座令人增
愛惜忽然一夜東風來嫩蕊繁英逞奇特暗香浮處
襲簾櫳疎影橫時侵几席飄零幾點逐芳塵淡又鉛
華褪標格中有一抹曙烟橫花暈半籠還半拆嫩粧
初洗不勝寒月落參橫轉愁劇數枝寒玉倚空青林
外渾疑香霧滴彤雲釀雪又昏黃老幹寒梢如刻畫
稜又肌骨越精神光射瑤臺天一碧隈巖半亞玉龍
形映水輕翻銀蝶跡夜深有月更分明照見芳心共
清白含英吐艷絕纖埃一段清標涵素壁絕勝山谿
夢覺仙不假高樓吹玉笛羅浮四露釀全功肯與凡
姿艷朝夕從來造化自多情占取芳名獨南北林逋
仙客解清吟賴有詩名傳簡冊廣平詞賦擅鋪揚富
麗清便非鐵石豈如相國有闕孫志凜冰霜人莫識
來看紅紫日紛又坐對琹書結三益退朝時復玩斯
茵心几梅花更清飭和羹入鼎付多才應與斯父爲
出色

送高秀才下第

東風吹花散餘春鄉城過雨消遊塵青年才子別我
去使我頓覺傷心神憶自前年來射策賦就曾迷日
五色今年更試春闈場暫蹶霜蹄未應得吁嗟造化
何茫又際時豈在多文章賈誼臣當年正少劉蕡下
第名未揚從來宦達雖由命士則希賢又則聖六經
諸史浩無涯更向窗前窮理性歸來讀書心自寧閒
詩聞礼還趨庭日將春酒介眉壽祝願親年過百齡
人生最是還鄉好爭奈功名有遲早重來有待占廷
魁花發杏園春杲杲

題竹送陳叔紹憲副之湖廣

歲云暮矣春尚遥天風颯又鳴寒梢紅芳紫艷盡消
歇獨爾勁節當晴霄人言此君最堪喜直幹虛心難
與比雪霜雖重寧敢欺金石之堅差可擬亭又有石
共盤桓歷盡冰霜不畏寒渭川風生碧翡翠太湖雨
洗青琅玕只今攜入湘南道萬里山川淨如掃翻又
暮又卷簾看翠櫳能清公事少從來標格異尋常
舞鸞飛勢莫當歆識此君高節處衡山大別曉蒼又

送錢岡秀才還松江 京溥子

君家橋梓人莫及詩礼相傳由世習妙詞健筆造雅
林英譽使聲滿都邑人言家子才更優一經十載窮
春秋昆岡玉色隱未出豐城劍氣光欲浮寧親兩月
居官署又買扁舟入吳去行又正值仲秋天册桂黏
香飄不秋從來宦達出斯文君才况復超人群玉堂
有子二三輩相期接武登青雲我時
朝退居
東閣把筆題詩慰離索他年逢子能重來佇聽蜚英振
家聲

秋塘白鷺圖爲都憲王公度作

天池露冷秋將半，荷葉荷花已零亂。春鋤何處忽飛來，粉點林塘最堪玩。天然之質自無瑕，霜雪凝兮冰玉燦。豈當青草失鳧鷖，行近黃蘆鶩鶴鸛。由來此物素且貞，不與凡禽矜羽翰。有時飛去入青冥，暫託雲霞爲侶伴。淮田漠漠水茫茫，下視回翔翥復散。何如只在天池中，啄飲鳴棲從暮旦。

送陳少卿之官南京太常

春冰初泮春水生，春雲乍暖春雪晴。都門把酒送行客，欲別不別難爲情。憶昔雨翁居近職，文筆翩翩人莫敵。懸車十載住雙溪，明月清風是相識。多君文采更風流，家傳道學經幾秋。一朝選進金鑾殿，揮灑往往追前脩。黃庭樂毅分嚴媚，乃知非古意。人家巷裏盡題名，八法工夫得神趣。論心正好話襟期，爭柰朝來又別離。滿船行李載書畫，旁人俗眼焉能窺。丈夫作官貴年少，金紫煌煌榮且耀。君家況是舊弓裘，橋梓揚揚眾稱妙。上元節後東風和，尊前忍唱驪駒歌。兩京遊宦足爲樂，南北聚散將如何。九重主聖崇文德，一藝一材俱應辟。攄誠報國是良圖，莫謂天顏遠只尺。

題女僊圖

天風吹衣淨娟娟，瑤臺宴坐春正妍。桃花流水隔人世，宵有不老之殊僊。蒨冠佩玉絕塵囂，綠鬢冉冉肌膚鮮。餐霞飲霧不知經幾載，玩弄日月出入蓬萊小嶠。相逢二三輩，翩翩蹤跡依林川。若非萼綠華，恐是徐仙然。麻皮藉草爲茵𦸗，坐對雲檠掃冰紋。綺懷蘊藕心，翩翩銀蟾玉兎在掌握。欲與造化長周旋，噓吸出納鍊龍蜕。蟬世間萬事皆棄捐，枕白石，漱清泉，飛鸞玉步淩紫烟。偶來芳樹下，談笑成推遷。蜉蝣鶴齡海桑田，但見遠山如黛，明月在天，碧松翠竹交相連。曲終歸去渺何許，空留遺像人間傳。

七夕

天河明明在天上，七夕何人遠相望。爲言織女嫁牽牛，會少離多倍惆悵。昨夜三更雨洗車，天仙整珮天雲衢。上憑烏鵲作橋梁，…所需爲前款書。仙裙……向風舉，欲言不言淚如雨。歡娛未洽還當分，恐若人生在塵寰。斗杓休轉漏聲催，心中萬事誰得知。君住在東我西住，一年一度情偏宜。金童玉女行相促，早迴車命風伯。莫待天雞喝嘶鳴聲，又早得東方向東方。已白雞亂啼，銀河半落星漸低。雲消霧散天依舊，此理世人空自迷。

姑山白雲爲章指揮賦

麻姑山在何處，萬仞蒼蒼接烟霧。蟠空鎮地不知年，上有飛泉下雲樹。女仙當日會方平，却向人間作真遊。靈蹤異跡杳莫攀，風雨長年不歸去。山下人家九幾家，春深處處開桃花。買田就向山中住，長欲……餐煙霞。煙霞茫茫歲月久，毓育儲精復何有。

西舊將軍使劍從
二十春朝趨明光觀
月夜直紫禁嚴風雲致
君心事靡有待況復安老情殷勤寫高邁勝姑山開姑
山在望多氤氳氤氳倏化天邊鳳暮往朝來自迎送
慈親之舍在其間心欲隨之身莫動身莫動不忍言
晨昏灑泪向轅門奉持得似二春日報答難忘寸草
恩慈親之年宜高矣華髮蕭蕭垂兩耳行見雲飛嘆
且嘆坐看雲飛歡復喜雲兮雲兮何所之悠揚變化
無定期既被吾親舍又宿吾親帷安得吾身同爾為
隨風遠到姑山涯問親壽把親卮百年樂事從此怡
少答 君親慰我思

送鄭御史晃巡按淮揚

繡衣御史天上郎手持白簡飛秋霜一朝奉
命向淮海翩如鵬鶚雲中翔當年讀書擁經濟胸蟠山
岳多文華得時行道在斯舉羽儀廷陛瑞鳳凰奸邪
屏息流困喜欲使載道回春陽東南迢又幾千里吳
蘇之望誠可傷福星臨時返枯槁什雨澤處成豐穰
九重宵旰軫黎庶選拔才雋誰能當多君素秉冰清操
洗雪冤滯無遺忘還朝定繳沐
恩渥從容兩袖携天香馬周行見才愈重柏典始知名
更揚題詩相贈當杯酒歸來代日待清光

九日飲高清紀宅

高軒過雨秋蕭爽一室幽深……闌大枝

錢碧葉裁差肥似掌我方休沐坐軒中眼見斯文頌
氣象艇北紫蟹開黃雞釜出金鱗燕玉叢從容酬酢
郁香醪光祿能來同燕饗嗟余潦倒不成歡猶有狂
歌振大纛舊逢任節住
皇都不用登高起遐想願期相聚百年中莫把光陰成
棄擲君不見陶潛愛菊更能詩徒使虛名人共仰豈
如 明代勝才賢取樂年年又足清賞

和俞廷輔詩韻

會稽山水冠四方發育草木涵陰陽儲才挺秀不易
得今昔往又皆流芳嚴陵葛節藏遠隱謝安玄度非
尋常右軍八法妙東晉永興五絕鳴于唐後來篆山
有俞氏紫芝蘭葉分其房讀書萬卷窮至理況生一
昭代為賢良題名虎榜聯柳飛戴花歸馬挽班馬當仕途
解使鬼神泣賦就合遊儒華惶一朝奉
命佐大郡聲華燁又偉
帝鄉自持清白守舊難不顧眼底千金黃紫雙引泉水
現彩望池禱雨龍騰光頓連疲瘵盡蘇起飽啄梁肉
無粃糠民言長官清且好我徒老稚蒙扶將錐云惠
愛出天性篤生賢哲由彼蒼君今又被
綸音詔眺卻河陝趙虞廊文章喜見世復重勳業與高
大齊望不知何許頌君德連城壁價端可償嗟余投
武青雲上忝竊寸祿居玉堂難效自愧倚玉樹丘垤
豈共嵩山岡但願長年共相保軒中倡和成詩狂

題真翀昭前送臨淮徐教諭

太常墨竹天下奇醉筆寫出珊瑚枝傳來好事共寶
玩使我病目生陸離烟梢露葉真相似鳳舞鸞翔勢
堪擬渭川昔日千萬叢謾說猗猗比君子持歸卧向
高堂中坐令六月生清風杏壇芹泮儼相對不與凡
卉爭青紅臨淮教授山陰客愛此全勝愛金璧他年
只恐化龍行白日青天飛霹靂

送錢鳳躍還吉水

青年才子簪纓族文雅風流尚儒服皎同玉層勝芳
林清比芝蘭出深谷一門經學得心傳八法書名更
神速溢蔡孝友自天然不比庸蹤空碌碌長年贋官
住京師定省無違容敬肅稱觴慶壽有餘閑謾展遺
經向熈讀八龍承慶誰復然五桂聯芳斯[illegible]
正好奉晨昏此日胡為念鄉曲促裝[illegible]
軸銀題動盈束紛紜冠蓋餞都門酌酒[illegible]為君祝
由来取貴在詩書勿使光陰輕過目文章通籍患君
家早晚須應繼華躅而翁聲價重當時德義於人尤
可掬爾術信史沐
皇恩三典絲綸柄詞軸退食頻看玉署花還家屢
別金蓮燭從知世業擅儒名後繼前脩良自足君今此
去況逢秋愛看江楓與林菊霜寒楚水半澄清雨洗
匡廬遥上綠連鴈聲中到處聞孤舟影裡誰家笛相
思回首隔蓬萊千里關山渺遐矚

送黄振宗主事歸祭

禁烟節後東風暖萬紫千紅簇春爛城頭柳色映表
衣花底鶯聲調急瑄此時有客賦南還駿馬雕鞍白
玉鞭紛紛冠蓋共追送傍人傳是瀛洲仙自云昔日
初登仕劍珮趍蹌拜
天子夕收封事紫薇中日草黄麻
冊禁裡天官高擢屬持衡
國史書成荷
龍榮通籍父為金馬客裁詩多伴玉堂英只今況與丘
園隔每念親塋淚沾臆封章遥達
九重天詔許歸榮樂無極佳城在望最堪憐松柏蒼蒼
鎖暮烟為酹椒漿重拜奠一杯應是貫黄泉君家自
是衣冠族世掌絲綸繼芳躅但存忠孝荅神明報
國榮鄉兩俱足朝来別我去匆匆意氣揚揚貫彩虹為
卜明年重會面笑談應在日華東

題畫梅 孫知府筆

古来畫梅數仁老以墨為花奪天巧恍如步躡[illegible]落
間一段清標媚春曉後来更有楊補之筆端造化真
絕奇[illegible]咲古人莫及直餘挺出冰霜姿元章亦有
孤山[illegible]染水花作新意蹤又幾朶著枝間人謂當
時得三昧于今妙手屬孫君分柯布萼超人群根盤
老鐵逞寒雪花簇叢玉飛梨雲月来蹤影橫牕瘦風
度微香凝滿袖畫省仙郎欣得之自擬千金不容售
逢人展玩最多情對花便覺神骨清西湖處士寧足
羨東閣詩人浪有名攜來徵我題新作自愧才疎筆
頻閣巡簷索笑竟何如門外紛紛看雪落

李氏奉萱堂

李君作堂奉慈母綫砌唯植叢萱花萱花開當四五
月既復遊子頻思家揭來因寓京師久爲歎慈親今
白首滕下時看戲綵衣花前日復傾春酒萱花萱花
爾何爲壯堂風日長熙又鶗鴂展葉翠裊又鸎嗡吐
蕊黃蕨又李君自是
謹吾愛弟娛親兩相得我歌壽萱燕賦詩益重斯文
交遊罔

綠楊青鳥啼

幽禽爲愛芳春趣啼向城南綠楊樹數聲宛轉意自
閑盡日啼春又不住梅花夢遠何由通下簾香靄大
東風深閨兒女喜春來坐看翠羽春蒙茸自言久得
雲霄力暫向早枝成獨立文章五采出
明時紫燕黃鸝那可及明朝雨歇春光過空有春條樹
地垂遊想高飛定何處託身依舊萬年枝

葵誠軒爲尚寶朱用和賦

名軒不種閒桃李滿目葵花炫紅紫夜資零露浥芳
蕤晝向薰風吐香蕊況逢長夏景熇隆挺秀呈奇出
庭砌徒誇一丈冠群英豈識朝陽誰根柢朝隨東向
暮從西偃則如傾昂復起乃知造化固有情比物於
人詎無似傾心衛足見眞誠志在
吾君與吾子想當夙夜恒在公一息匪懈心忡又明光
曉入瞻
天近青瑣晨趍捧日同進掌絲綸依
闕下退收封事留函中先民之憂後民樂此意直
欲通
宸聰歸來軒底獨散步看花酌酒仍從容世間凡卉
如蔟夕委朝榮厭人目如何葵葉長向陽雨露恩深
託生育多君才學是有爲文章宜達遭
明時願言努力報
君上從茲莫負葵誠詩

育齋先生詩集卷之一

龍寢千年閟鬱蔥此日臨泉穀朝復暮山色古猶今

[illegible]漾光巖六

情泱佩襟遺弓雖已遠難低萬方心

陵閟厚地千古真神方功業傳無極恩威倍有光林

峯四日馭草樹識天香繼述今

兗州謳歌道路長

幾度涉官河侵晨不易過早旅[illegible]廣陌人語隔情波

未得陪雕輦無由振玉珂[illegible]者[illegible]多

齋房成勲宿清[illegible]似仙居[illegible]香午篆餘

宦情相戀藉王事[illegible]君是[illegible]

爵亡更忽亡伺[illegible]門也列戟小寺忽[illegible]

駁廊潛深[illegible]勝[illegible]

陵祭逢佳節宸游[illegible]霞長映日[illegible]不[illegible]

巳蠶方明御還陪展祀春[illegible]萬方歌

聖德天地亦同仁

西軒雨中

三伏時方盡連宵雨更多濃陰低檻檜清響入池荷

小徑休螢跡閒堦罷蚓歌不嫌秋意早無奈病容何

二月一日偶書

南北身無定棲遲意頗濃容情三日雨覩夢五更鐘

嫩柳迎春色殘梅帶臘容今朝逢令節掩卷坐高春

賁石窩

僊家蹤跡異賁石當饔飧潤引春泉冷房留宿火溫

鑿時斷月窟移處動雲根借問棲霞侶于今幾個存

原書缺葉

燕引雛

纔見銜泥去俄驚引子飛敎嬌初學語毛短未成衣

著雨形偏小迎風力尚微年年秋社裏底事一番歸

雙節堂

一扁題雙節孤心泣二天有家依上國無路入重泉

夜績聽懸月晨炊竈起烟賢郎齊祝壽拜舞綵衣鮮

送李好德開讀

曉捧黃麻出京畿路不遥那知兵發後還遇

聖明朝馬色春將近

龍光雪畫滿郡人相聚語何幸識清標

寄沈用維醫士移居

聞說喬遷處新廬勝舊堂名花依砌植仙草滿林香

酒熟長招飲功多不敢償從知蓬蓽[illegible]何用[illegible]

寄魏時亮知縣

縣邑臨江郭人烟滿市廛長官勤治理多士頌才賢

節飲閑金爵新題付錦箋老懷[illegible]入夢秋月幾回圓

題雪景

薄雲低遠樹密雪滿前山行客頻沽酒居人半掩關

野梅春盡發林鳥暮知還獨有王猷興何當解珮環

送周功叔學士之南京

翰苑同遊日都門送別時一尊須盡醉千里重相思

塞鴈天邊影江梅雪後枝舊交多聚散離思總成詩

送弟稷

遠涉京華路能無慰我情少留經一月頻話到三更

殘葉淮南樹歸鴻海上嶽不堪相憶處白髮有難兄

寄鄭本仁致仕知府

白髮辭榮久由來荷
主恩官閑情自適老去道彌尊問字人携酒求詩客扣
門更憐清絕處花竹繞晴軒

送黃世英

春來常送客於子更情多豈厭花前酌還聽醉後歌
閩山開翠巘浙水漾晴波喜有平安字先期托鴈過

龍潭驛

綠樹當門合青山隔岸多時時聞驛鼓處處見漁蓑
水落汀洲出林昏鳥雀過官舟來往慣應不畏風波

閣中遺興書寄陸存亭

假寐頻欹枕趨朝每正冠宮鶯啼傍閣禁柳最過闌
老興憑詩句衰容仗藥丸懇勤謝親故千里報平安

送錢學士致仕還吉水

青年遊宦久白首謝時榮道義推先輩文章啓後生
雲山開別墅烟柳記歸程此去勞相憶秋窗月正明

寄曹貞外子宜

令子膺冠冕同年領縉紳一門全世德千載際
聖仁講學青燈夜鳴珂紫陌春幾多稱梓貫未辯芳隣

親庭風木

庭樹依然在雙親嘆久違寒鼓道户早晝影上簾遲
啼鶴無人識聞烏有淚垂那堪愁絕處霜露滿殘枝

蒼玉軒為平江伯賦

[illegible]人心緒靜種竹繞幽林聽處頻移榻看[illegible]
日光分午影涼氣作秋陰更愛庭前鶴飛鳴和[illegible]音

風雨溪山圖

風雨晚淒淒蒼巖入望迷亂雲飛嶠野流水漲前溪
蛟室容深隱鶉林失舊棲扁舟忻脫險歸路任東西

送倪廷用致仕還嘉興

青雲遺宦轍白首夢歸田舊著宮袍重新裁野服鮮
草堂留月色花徑隔塵緣陶令門前柳春來穩繫船

江村春晚

寂寞江村路蒼茫水國天斷[illegible]行客騎細雨賣魚船
樹色分朝靄山光破暝烟十分離舊隱歸興每翩然

聽鶯詩送謝澤

二月都門道遷喬已有聲最憐鶯處好但覺聽來清
宛轉花前趣間關柳外情停杯延佇久離思若為生

景山即事

地勢通淮脉民居接魯齊屋依山作障家種樹為蹊
晚圃桑麻盛畬田黍秫深不因甘澹泊魚肉價如金

送吳彥積中允回臨川祭掃

十年同宦達今日獨離群
恩錫明廷誥光榮故里墳江聲連鴈遠樹色帶秋分
手城南路停歌酒易醺

恩榮堂

橋梓沐
恩輝高堂覲省歸紫鸞回

御勑[illegible]衣樂事人皆羨清才世亦稀遥知[illegible]

日佳[illegible]

送崇繼宗道士還吳中

君向東吳去何人是賞音清風三尺劍明月一張琴

細草[illegible]壇静閑花道院深他時容乞假携酒定相尋

題汪彥中松隱

聞君棲隱處繞屋樹喬松影入當年夢枝留舊日[illegible]

[illegible]衣雲氣濕釀酒露華濃只恐靈[illegible]熟奇人早晚逢

送陸友仁還松江

鶴坡承世澤鳳閣擅才名予告沿新

命榮歸羨此生路從江上去人自日邊行故舊皆分散

題詩亦感情

[illegible]戊[illegible]

緑綺論心曲[illegible]裘又賦歸薰風催去棹[illegible]衣

旅況關山遠鄉情故舊稀天涯重會少尊酒莫相違

送王祐之潤城學諭

十載天涯別重逢在

帝畿青雲遊宦遠白髮故人稀上路衝殘雪離筵對落

暉遥知芹泮士終日望征騑

題畫

結屋臨滄海書聲遠近聞琴尊還自樂燈火許誰分

鷺宿沙頭雪魚穿水面雲[illegible]從此隔鄉思轉紛紜

送志縣丞之南城

當宁求賢日君才獨老成萬言[illegible]治[illegible]四月[illegible]行

雨濕江梅熟風喧野鳥鳴遥知到官處民吏喜相迎

送市舶之福建

市舶西南去才名獨羨公貨因蕃使獻路自海[illegible]通

野樹初含緑林花半吐紅遥知到官日清譽滿閩中

上巳日

不作蘭亭會清時樂事多水邊明繡服花底駐金珂

弱柳將飛絮嬌鶯已解歌長年在京國鄉思欲如何

送查郎中致仕還江西

南宮初謝職壯闕又辭天酒向離邊飲車從去後懸

海榴晴映日江柳暝含烟不惜衰[illegible]盡[illegible]樂[illegible]年

立春日寫懷

多病難消遣閑愁鬢欲斑臘從今日盡春向此時還

[illegible]論風生末寒知雪滿山新盤薦春[illegible]

四皓圖

有識離秦網無心仕漢朝秖緣宗社計不爲[illegible]招

[illegible]草迷行徑山花映去軺功成歸舊隱華髮共蕭蕭

題畫

結屋清溪上南薰拂又來山深餘雨露地僻少塵埃

流水花邊度閑雲樹杪回相逢林下客終日共徘徊

送朱景儀還昆山

十年依上國千里又東歸絶得論心好翻令會面稀

斜陽官驛樹細雨故山薇不用傷離思江南鴈正飛

送楊仲舉

國史初成日[illegible]

返故鄉宮袍裁蜀錦風客夢凉相思眇何許烟
御勅帶天香書兩江帆濕
月夜蒼又
和陳叔振暮春　郊行即事七首
春來多勝事暇日興君載酒尋僊觀吹笙醉客横
風簾花外出野水任景應難再人生肯暫休
其二
杳又蹄林外行又到水隈落花浮澗疎樹隱樓臺
梵語逢人問禪房爲客開同遊陳仲舉應有濟川才
其三
尋幽何處去行過小橋東徑轉迂廻轉林遮遠近通
柳風飄翠白薇露濕花紅向晚聯歸騎風流似洛中
其四
乘閑參佛境悟道訪禪家貝葉空遺書香臺白鼓花
野蔬分供食巢燕污袈裟久閱傳燈錄知日又斜
其五
買酒出郊堈尋芳與路賒肯敵同康樂踰不似屈原醒
亂石藏僧刹長江俯客亭登臨揮柳絮片又遂流萍
其六
春服初成後闌行效浴沂朋遊還共樂舞雩酒莫相違
雲樹千章合風花萬點飛聖門歌詠去千載亦同歸
其七
行隨流水遠興引白雲長隔座分鶯曲當筵泛荊觴
謝安曾入晉江揔不歸梁俯仰成今昔令人詠彼蒼

十六夜對月
已過中秋節還來把酒觴共言今夕滿不似昨宵明
冊桂分蟾彩銀河洗兎精萬方同此照何必問虧盈
題三槐堂
起家承令祖繼世即賢孫厚澤遺三樹餘蔭蔭一門
書開凉影合風細午陰屯善俗尤當勉斯文業業存
和柯啓暉秋夜聽雨
緒風秋後變凉雨夜深過獨客懷鄉遠同寅得句多
壯心應未已衰鬢豈容皤愁聽芭蕉裡蕭蕭奈若何
春日偶成
閑步小樓西悠然思欲迷賞春多載酒得句每分題
野樹蒼烟合山禽白晝啼桃花流水在不是武陵溪
和避上人韻
高僧忘世久隨處度餘春行苦應無匹心融豈有鄰
談經曾點石掛錫不生塵雙杏庭前發怡觀自可人
三月十九日雨中作
盡日雨濛濛隨風晚更添泥塵清去盡鳴瀑滿飛簷
紅杏枝頭小青梅葉底尖無端雙燕子來往故穿簾
處雲軒爲勤上人賦
雲來如有約雲去亦無心縹緲依禪榻悠揚遶梵音
雨花晴散彩掛衲晚生陰明報江南錫幽蹤何處尋
雨中柬宋廷圭張士謙二友
靜夜雨難聽和衣寢復興愁來惟是客閑處卜爲僧
凉氣分三榻寒光落一燈詩成猶未穩敲欲良朋

送王彥士事

蒔来長送客離思添春波啼鳥隔林緩飛花臨水多
聲名傳畫省功業著魏科南北俱爲客□詩意若何

題畫爲衛中書賦

不作蘭亭會風流似晋人興来歌白苧醉後岸烏巾
草色侵衣潤花香入座新清時人自樂誰肯負餘春

月清軒爲宗淨上人賦

月出小軒東娟又映梵宮一塵應不染萬慮盡皆空
簾捲清光入香銷爽氣通道人趺坐久心境自圓融

送東萊沈同知

東萊賢貳守爲政得民心去日曾留轍行囊不載金
露凝秋菊圃霜映晚楓林同是天涯客離杯惜共斟

雨中東龍宋章三友兼懷士謙

火雲初斂處涼雨忽来時紈扇揮還罷煩襟散復披
隨風飄燕幕綴露落蛛絲却憶文園令茲晨想賦詩
急雨過林梢炎蒸頓覺消涼生華屋酒清啊玉樓簫
地僻應無俗官閑似絕交文貞有賢裔穎致簡書招
槐雲如覆蓋竹溜似傾盆有夢来孤枕無書到故園
林蟬初罷響池蛤不聞喧遥想盱江伯吟成聽雨軒

洪源八景爲鄧道士賦

洪崖雲氣

洪崖有雲氣應只在儒壇不化山中石長依洞口丹
翩又呈彩鳳隱又接飛鸞遐想藏真子乘之去渺漫

碧澗泉聲

碧□來源遠流遶壽峯前一派□□□□□□□□絃
有時長瀉又無日不娟又自□□□學聽之契夙緣

丹井霞光

鍊丹人去後此井屬仙家瑞氣長迎日神光宛似霞
依稀龍藥草彷彿□英花頗得分餘片吞之壽愈遐

斗壇月色

仙壇深夜後唯見月華明□□□流空□□金波漾石平
已無朝斗客那有步虛聲來往□生□吟懷之思亦清

墨沼遊鱗

墨池晴且闊遥對華峯□□□宛□□□遊魚出沒□
不隨雲影散遂逐浪聲□□□□尋□□□□之意自□

華表歸鶴

何年見華表白鶴自来□□夜□前鳴聲遠天寒利□
長依儒侶宿不逐白雲飛待得功成日騎之上□□

壽峯烟樹

仙家風景異樹又接雲霄春到枝□發秋来葉下凋
緑烟當運合景色近人□□□學□□佀求之路不遥

盱江晴波

派出西江上源又亦□泉鎔空涵石月紋細□春風
鷗鷺浮沉外魚□變化中欲泛扁舟去因之思不窮

蓮塘泛舟

流水滿芳塘浴又帶夕陽緑聲荷□小紅□鴛□□
取樂非吾事遨遊即故鄉浩歌歸去晚驚起□□鴦

七月一日

源寺靜中消新秋暗□交星轉回丑斗農事入西郊
□□看□將語風暄葉未凋
興當此際應是破天驕

七夕

牛女今宵會相傳果是非靈風回使節涼露濕仙衣
鵲影填河近蛩聲傍砌微佳人應念我拜月下庭幃

之山雲影爲李道士作

道人清隱處雲氣滿空山盡日作賓主有時相往還
晚應歸洞口晴亦出林間塵事多紛擾其如此際閑

中秋對月懷士謙

中秋今夜月千里共嬋娟之子隔雲漢何人同綺筵
詩情聊自遣音問若爲傳桂樹花應發歸時影正圓

題林氏泮□卷

一門傳大易幾葉識□□□□餘胡教長修周孔心
晚香熏絳帳春色上□□□應無替何須羨桂林

和俞廷輔述懷□□

世情多曲折夫子獨□□□□徑得三益開中玩六經
憶家憐毋老憂國喜□□□我亦同趨事時又仰德馨

其二

我愛俞夫子翛然玉雪形功名題虎榜褒貶得麟經
素志期周旦高風似□□□猗蘭在幽谷馥又有餘馨

其三

□職居郎署聲馥滿士林業精憐寸晷□重澤千金
□問頻遺簡經過或抱琴公餘有剩□不□學□吟

原書缺葉

晚風和動草晴日散流澌功業尤當勉吾生敢後時

耕讀軒

南畝一犁雨西窓幾尺燈養生唯足食於世豈求名
源委傳高風揮今說管寧悠然耕讀處塵事不相嬰

心齋爲麥知州賦

一心齋清絕處老去亦怡然已許顏黃遠宗孔孟賢
高秋雲淡淡朗月夜娟娟自得平生樂應探物外玄

送李仲高同年主事

青雲同步武與子分仍深豈獨聯三甲應知契寸心
秋波迎桂棹晴樹映華簪更喜承催處高堂酒該斟

翠筠軒

君家妙種竹歲晚更蒼蒼直節凌霜勁繁陰過雨涼
綠園頻解帶坐看屢移床淇澳□□在詎數豈□□

題挹□書屋卷

蓬萊仙山下相逢歲月深白雲長在□蒼樹已成林
鶴去誰同隱猿歸自解吟只今登顯仕猶記惜分陰

戲馬臺

千載登龍客重遊戲馬臺漢方崇令德君亦特雄才
往轍空遺草餘基半委苔江東有賢俊猶自望臺來

送徐知府致仕還松江

七十解朝簪應知迹寵深舟輕唯載石宦滿不持金
風月黃堂夢雲山碧嶂心幾多林下客遲子共清吟

題達磨

泛海來東土非空即是空一花開五葉西行啓群蒙

已證人天果兼全利益功茲乾回首處隻履躡西風

送徐彥容

之子朝天去江帆帶雨行遥持一杯酒遠樹十年情
寶劍非潛器青氊是隱名懸知相憶處春滿鳳凰城

送高郵陳文舉

滄浪分手處相送若爲情對酒忘賓主行年較弟兄
霜寒鴻雁早水闊去舟輕今日斯文別休歌金縷鼓

奉親堂爲葉典史賦

佐令敦名大娛親歲月長尊浮春酒綠花拂舞衣香
問寢欣無恙調羹喜自將孝誠誰得似千古說王祥

送李尚宜赴會試

十年明聖學千里赴
恩私綵服辭親日青雲得路時岸蘆飛雪早江葉[illegible]
遲亦有趨朝念終宵入夢思

送康友任廣西知事

青年方進學上國早蒙
恩去路舟千里離亭酒一尊晴雲開越嶠烟樹接猺村
黃畫應多暇新詩自討論

同馬脩撰朝房齋宿

寂寞坐深更風傳禁漏敲几香熏袂濕簷雪灑窗明
供職慚頑附論交忝老成明朝迎鳳輦振佩也隨行

育齋先生詩集卷之六

育齋先生詩集卷之七

五言律

送周蒙還吉水二首

年少名家子風姿玉雪清寧親絕北上別友又南行
草色春邊渡江流雨外聲詩書爲世業應莫負平生
二月辭親去迢迢歸路賒紛新都下柳紅滿上林花
戲綵稱觴序傳經屬故家好憑回日雁書問報京華

素心詩爲吉水謝孟素賦

存養功夫熟悠然太古民方塘涵止水萬慮絕纖塵
飄飲時時樂盤銘日日新夜深梅月底唫哺得天真

題陳御醫林南杏花圖

何處是仙家門栽萬杏花名曰朝士重藥許世人賒
坐對成賓主祭看識歲華南歸邀董奉日日醉流霞

題雲山圖高漫士畫爲儀真顧僉憲作

白雲呦起處隱隱見青山烟樹不知數茅堂應幾間
泉從幽澗度人自小橋還卻笑投簪好題詩亦解顏

送醫士蔣彥昇還京

妙得逍遙術曾收濟物功千金逢扁鵲一疾起充戎
野樹明秋色江帆逗晚風西湖湖上路别意匆匆

送陳文舉之官台庠

大學推英儁南來謁
聖君一官新典教千里又離群楚樹連淮甸吳山到浙
分遥知鳴鐸暇清詠對芳芹

石泉

久傍林皐趣清泉白石間長年看落又終日聽潺潺
夜雨漲來急秋雲出處閑無心向朝市枕漱自怡顏

世德堂爲吉水丰主事文朴叟賦

名門多積慶奕葉老更能文講學遵庭訓輸田解世紛
棒牧晴散彩槐影晝生雲況有承家子清時早樹勳

病後偶題

病起詩難就愁來日易曛聽鐘憐雪王就枕惚斯文蓮根池中錦苔生石上紋不知沙塞外誰與淨妖氛

題外舅守恒先生所藏陸伯瞻畫雪鳥圖舊有鳩漁遊路題詠因作以感懷云

客裡披圖畫令人感慨多寒光迷藥籠瞑色擁朝柯
釣艇遺滄海芹香暗綠波四賢今已矣門外雀羅

訪黃用和

故里交游少名家積慶多一門由孝合終歲度得經過
處世懷忠孝娛親寶至和古來黃叔度清譽永難磨

題吉水曾希恭怡怡堂

君家賢伯仲和氣藹塤篪會食晨趍早娛情夜寢遲
布詠難入夢荊樹久連枝更喜相親處行吟不暫離

送揚旦

上國長爲客新秋復送君離歌燕市酒歸夢楚江雲
世業唯清白家聲舊典墳桂花香滿路詩思正紛紛

送邢侍講還淮南省親

首選逢昭代榮歸荷寵光祖筵傾御醴宮錦帶天香

宿鳴遠江敲客夢涼極知娛樂處綵服照萱堂

風木軒爲泰州李時行賦

落日庭前樹啼烏不忍聽有親皆捧骨無術可延齡
撫又殷初起蕭又影未停寸心懷慕處彷彿見儀形

寄王爲善

與君曾漢隔相見愧無由老去惟青眼年來各白頭
鶯花閑縱目詩酒每澆愁何日滄溪上攜尊話舊遊

送趙時式

邂逅京華路相知獨有君窮經今致用把酒又離群
壯志虹霓吐高才玉石分滇南民吏喜幕府得斯文

病起書軒中

半月不到此滿軒秋意多殘葵尚抽蕚落葉漸辭柯
閑雲歸庭竹寒雨摧池荷物理有如此人生情奈何

送魏秀才麒秀才

隨宦到京國僑居傍玉河自緣依止近不憚往來多
杯酒常陪奉詩書更琢磨而兒應見問道我鬢皤

哭女妙馨

白髮餘年老青春念汝深家鄉千里夢時序百年心
野飯烏鳶共寒衣魍魅侵無由躬奠酒悵望淚沾襟

自述

白髮京華客驅馳歲已深久無經濟畧長有倦遊心
故舊俱雲想琴尊對月吟沙漚與汀鷹何日許相尋

嘲秋雪

自是寒來早非關造化私纔過霜降日又見雪飛時

八□迷群影黄花尖□□□憐沙塞外戎馬正交□

錢檢討李□□□□歸

別業隣西駅勞君屢過顧谿青障合當户綠陰□
□酒情偏洽題詩興轉幽宵與歸路晚明月滿城樓

送房驍秀才

春去送君時離愁強自持興來惟命酒情厚只裁詩
黄鳥鳴高樹殘紅戀故枝老懷應有託鄉信若爲期

送葉華秀才

四月京華道題詩送客行別來惟有夢春去不勝情
雨濕花迷跡風暄鳥弄聲殷勤寄鄉友白髮滿頭生

寄張祥劉志二秀才

累沐高軒過清談日易曛四方今用武二子獨脩文
李郭舟同載□□席豈分裁詩寄相憶愁緒□紛紛

□藏卷和胡祭酒韵

前修零落盡展卷憶當年契誼渾非俗交游總是賢
談詩風滿席對酒月當筵經史傳家好何須更買田

感懷一首送鄉友張有成

杞國不成酬回君強笑談驅馳憐塞壯□落憶淮南
麥隴空飛雉桑陰罷浴蠶白頭蹤附者撫景只懷慚

壬申臘八日閣中書遣時嶠見在途未至有

末句云又

臘月初逢八□風今尚存□□□□佳□出
君恩□□□□□惜杖酒□家□臨未得風雪傍

題雪景

飛雪滿山家□看絶點瑕松歌林杪樹□□臘□□
苔徑難尋鶴雲梁或見鴉剡溪曾訪戴歸興浩無涯

題畫

迢遞江村路人傳是太湖水雲晴蕩漾烟樹晚摸糊
鄉信惟憑鴈漁舟只釣鱸前林幽更杳啼鳥自相呼

疑清爲潘惟善道士賦

福地人稀到僊方世罕同愛看雲起石閑對月當空
竹影臨溪側松花落座□□方壺元在目何用訪崆峒

寄鮑存吉

鮑叔幽棲處清湖問水田雨秧分早穀露葉採新茶
愛客頻開醞呼兒急具鮮年年逢社日多送賽神錢

臘去春□□春來尚作寒□經又隨日散點又逢風□
不惜林花瘦應憐□麥肥長安有貧者白書掩柴扉

春寒遣興

正是花時節餘寒鎖樹頭幾番風雨作多少燕鶯愁
社酒新開甕春衣未换裘故人音問隔南望獨登樓

送任主事

覲省雙親日歸程二月天杏花沽酒店楊柳渡江船
早歲登龍客明時衣錦仙遥知歡慶處華髮照芳筵

送李知州還趙州

匹馬城南度雙旌柳外移相逢爲客日又是別君時
野趣供登眺山謡滿路岐臨民應有暇莫遣鴈書遲

題畫

山居塵事少積雨長莓苔書向閑時讀門因好客開
林聲將葉下鴈影帶秋來遲我投簪日相過任往迴

題畫

一徑通泉石千峰繞薜蘿人家臨水近客路傍山多
樹密猿頻嘯風暄鳥自歌携書歸去日鄉夢復如何

和苗學士燈籠詩韵

外得方圓埏中藏一點明無心成獨立有意破冥行
月暗穿花過風來倚竹清幾回同待漏相對謾多情

送[redacted]同知復任嘉興

匹馬重爲郡薰風五月天芙蕖江岸雨楊柳驛亭烟
政洽循良治人誇佐理賢吳民懸望久歸興莫留連

送教官之蜀

西蜀之官去迢迢路幾千猿聲深樹裡山色夕陽邊
振鐸推先輩橫經啓後賢遥知相憶處明月幾回圓

筠逸詩爲豊城范委提作

種竹繞書林幽人是賞音綠雲籠户牖蒼雪灑衣襟
晴挹春前翠凉分午後陰遥知清絶處詩興復鳴琴

送人任柳州推官

重喜分符去寧辭萬里難市歌新政化民識舊衣冠
龍壁春雲淨鵝山晚霧寒郡庭無事日猶得展書看

送徐禎舍人操練還建寧

把酒送君歸風京暑氣微紫騮嘶道去黃鳥傍人飛
習武名先著承家志莫違遠烟高閣上他日有光輝

喜雨

入夜復連朝炎蒸漸覺消晴遥揚子路新溢海門潮
蔬圃添肥葉禾田長瘦苗阿誰憐故里隨意瀉天瓢

經接待寺

古刹何年建高高對碧峯斷碑埋宿草深院鎖長松
[illegible]齋時供鴉棲定後鐘自慙公事擾無暇扣禪宗

題周汝清所藏夏仲昭竹

一枝蕭灑處葉葉長雅韵宜珍愛清標稱品題
泠含蒼雪重晴惡綠雲低不似閑花草春深半委泥

寄陸存亨

雲路相違久年來各闕安一尊思共對千里會應難
葉落軒窗靜潮迴渡激寬鄉心與秋興同入鴈聲寒

尚嘿軒爲左玄理道士賦

世人多好辯之子欲無言自得儒家旨從教俗態喧
玄機探意象寂寞了心源獨坐焚香處良宵月滿軒

小軒喜晴

西園閑步屧積雨已開晴豈爲尋幽勝聊因適性情
雨沾花底蝶風咽樹頭鶯俗客渾來少題詩幾度成

三月晦日作

客裡逢春暮吟邊覺夏臨落紅迷老眼新綠厭愁心
雀乳樓臺靜蛩鳴巷陌深好風時送雨應爲滌塵襟

送魏瑾之官潛縣丞

五月都門道葵榴已吐花塵隨征客騎雨浥貯書車
折柳情無盡哦松興爲賒公餘有飛翰毋惜寄京華

松節詩爲熊景芳賦

翠色窗前見濃陰坐上分歆知長傲雪應是待凌雲撫景題詩夕然明讀易勤最看清絶處花落晚紛紛

七夕

新月初臨夜纖雲半掩秋他鄉逢節序天漢仰河流露氣衣邊潤蛩聲草際愁自憐知守拙何用巧爲謀

秋夕感懷二首

更闌猶不寐展轉若爲情竊祿慚才拙支頤覺病輕殘月隨鴈影落葉伴鐘聲豈待家僮報隣雞已送明

經旬緣卧病玄髮變蒼浪樂喜隣人送書承故友將菊含金蕊露苔印綠錢霜起聽晨朝際鐘聲出建章

送楊編修

親闈幾年別宦途今日歸無由重戲綵有恨獨沾衣桑梓含春雨松楸鎖夕暉龍章昭世德泉壤亦光輝

立春日霧

新春方應節飛霧忽連朝隱隱迷清晝冥冥暗紫霄凝霜晴綴草似雨濕封條物理難窮極長吟自解嘲

寄李好德茂才

數日不相見余懷將若何心隨流水遠目送浮雲過庭果落漸少池蓮開更多杜門謝俗客對酒聊自歌

送邢學士之南京

九重新拜命千里又南征朝士推先達都人識舊名樹連京口路山繞石頭城別後勞相憶終宵對月明

西軒行樂一首寄徐清紀諸友

靜裡三時過閑中百感生病多緣祿重塵少覺心清碧草侵堦長黃鸝隔樹鳴愧非疏附者六十未辭榮

雪中

一陽初應候六出又飛花映牖觀書閣春生賣酒家睡分林際鶴啼咽樹頭鴉有約能來此清鐺共煮茶

雪後寄李給事秉彝

仲冬方見雪宜麥更宜禾霽色明金殿寒光印玉波合圍頻載獵下蔡罷鳴鵝多藉黃門客衝寒屢見過

西軒偶成寓寄沈繼善

春盡雨斑斑愁多獨掩關小池新綠漲幽徑落紅閑撫景憐華髮生時愧厚顏近簷雙燕子飛去又飛還

送春

風雨曉淒淒春歸鶯亂啼愁多惟有酒興好豈無題落絮空隨水飛花半委泥明年春更早柳色上金隄

送舒伯清燕東吳思正

往歲稀相見今春會客中去家千里遠歸興一尊同潤浥肥梅雨凉[illegible]秀麥風有懷吳季子書問幾時通

御賜金扇綵縷二首 四月二十六日

扇

恩賜高擎出建章微花金葉細刺繡絲絲長組織存宮製輕盈帶御香白頭叨近侍感荷意難忘

金蠶初織縷拂又動南薰綠扇排鸞尾冰綃繪象紋

御香雲外散
天語日邊聞老去蒙恩寵無才報
主君

九日同習嘉言太常宴許道中[illegible]亭
雅集西園日斯文得盡歡興隨花徑[illegible]比草堂寬
白首逢佳節青雲愧好官不愁歸路[illegible]遠離歡

贈李好德私試
小試京[illegible]歸來日未斜行文驟風雨[illegible]走龍蛇
得[illegible]聲滿路誇擬將經濟學[illegible]
齋壬辰

春暮偶題
春去何從見南庭已綠陰久無[illegible]賞[illegible]有[illegible]
[illegible]小[illegible]落[illegible]深術泥[illegible]

題壺
野[illegible]山郭人家隔市塵薄雲晴弄雨好鳥書常春
閒[illegible]通俗看花不厭貧從來[illegible]隱[illegible]一獻新

初度日偶題
[illegible]逢初度令人喜復悲感恩當此日遠養已多時
對酒心如折看花淚獨垂老懷愁不[illegible]詩

送[illegible]學士
相送都門道停歡酒半醺論交存古意[illegible]別[illegible]斯文
[illegible]影天邊度秋聲樹抄分自言娛老日深荷
聖明君

送林永除
為貧金臺酒闌洗送別愁異鄉今日會上[illegible]時[illegible]
寒食初過節春衫欲換裘柳條如有意[illegible]著木蘭舟

送何給事中遂還[illegible]
白髮辭榮早青山入夢頻共憐垂老日[illegible]是倦遊人
詩酒情偏適尊罍興亦新金花[illegible]故園春

寒食有感
已度觀燈節餘寒尚作嚴[illegible]晨乍[illegible]晚頻添
野哭多回戰年荒屢問占六花如有意飛舞近[illegible]

花朝日寄許太常
一春將過半老病復何如侍婢唯供藥癡兒解弄書
柳眉烟外展花萼雨中舒得似容臺客朝回樂有餘

寄吳典籍
交游唯我拙老病復誰憐[illegible]頻封寄[illegible]方[illegible]
焚香烟篆細點易露珠鮮只尺城南路寧[illegible]杜賢

寄鄉友黃世英燕謝魚果之惠
瀝暑濃於酒芳君數欲[illegible]清談停玉麈多病掩金[illegible]
林果鮮尤美溪魚活更肥故園長在望空老楚山[illegible]

送邢檢討
予告辭金闕分携出玉堂承歡頻戲綵獻壽屢稱觴
烟樹千山曉晴花滿路香[illegible]年人總羨忠孝莫相忘

喜秉懿秀才過訪
黑漆迷官道殷勤款竹扉官情憐我拙文義似君希
對酒頻辭飲論文卻忘歸池邊如有待不肯落緋衣

立春日寄好德茂才

衰年逢令節，憂事強成歡。忽景逐條風至，寒隨舊雪殘。
蔬盤留客共，花勝更人看。安得同清會，吟詩坐夜闌。

南峯書見令爲杭人因祭政賦

家住南峯下，年來未卜歸。夢隨青嶂遠，心逐白雲飛。
少室容隱，匡廬或可依。夜深臨外月，還照讀書幃。

聞亡妻靈柩至楚州

有客傳消息，靈轎達楚州。未應歸淺土，先已解深憂。
風雨中宵夢，關河去日舟。
聖情天廣大，存沒被恩優。

送劉編脩覲省

瀟灑玉堂仙，明時衣錦還。別當三伏日，歸及九秋天。
客邸清尊共，囊中綵服鮮。愁懷正無奈，萬[illegible]忽鳴[illegible]

感懷

老病趨朝去，更深尚怯寒。自緣雙鬢改，強把寸心寬。
曉露凋華菊，秋霜悴紫蘭。遙憐滄海上，歸艇幾時横。

睡起偶題

一春長卧病，兩月罷趨朝。詩思緣愁減，羈懷倚睡消。
綠陰啼鳥緩，紅雨落英飄。解得盈虛理，何須賦解嘲。

喜道中太常過訪

老病方蘇日，軒車忽枉過。地幽塵自少，情洽語偏多。
午滿愁香篆，春雲覆樹柯。偶然尊俎奉，歸與歎如何。

暮春病中述事

客裡傷春去，羈懷強自寬。非關愁致疾，却愧老爲官。
對酒閒題句，挨[illegible]著[illegible]。落花如有意，飛舞近雕欄。

送王公度

有美金閨彥，慈令亦盍簪。清時多遠客，臨別動清吟。
水落行舟淺，林疎下[illegible]。莫愁霜雪冷，指日化甘霖。

偶至南園

未央朝謁罷，力疾坐清虛。豈爲從容樂，聊將抑鬱舒。
亂紅埋錦繡，啼鳥雜笙竽。得似南鄰叟，優游盡事[illegible]。

發通州

暫別京華路，旋[illegible]却換舟。兩經河正涸，三見竹重[illegible]。
草色迷沙嘴，風聲出樹頭。吟看意無限，料日到滄洲。

過河西務

長河流不盡，[illegible]引片帆輕。納貨邦人集，鳴鐘驛吏迎。
路通魚菜市，來集稻粱[illegible]。十載重過此，依稀識去程。

舟過任家口淺鋪

岸際住家口，風顛水逆流。樹多緣[illegible]
不羨居民少，惟憐過客稠。雙又沙燕子[illegible]近宜[illegible]

晚望滹口驛

渡口行將近，蒼茫日暮時。水禽棲宿早，村犢下來遲。
綠樹含風入，青苗望雨滋。長途有貧者，乞食待依誰。

[illegible]黃中美

兩年居郡佐，五月會舟中。學得春秋業，才兼翰墨功。
濟流晴浩蕩，泰嶽曉龍嵸。借問成均客，于今幾箇同。

泗州道中

綠樹啼黃鳥，平蕪放白鷴。望中閒地少，行處好山多。
俗美[illegible]，時清有笑歌。[illegible]波[illegible]，客況竟如何。

曉出清江浦

行盡清江浦，蒼蒼落日低。岸深烟草合，林[illegible]
一水分流去，群峯入望迷。故園今漸遠，[illegible]

過寶應氾光湖

驛湖繞過却萬頃，復湯湯風捲[illegible]急。雲連樹影長。
押鷗驚使節，鮮鯉避鳴榔。白首朝天客，凝眸望帝鄉。

淮安留別畢秀才

七月淮陰道，涼風送早秋。秪回相見喜，不爲別離愁。
海錯供王貢，河鮮上客舟。平生江海志，[illegible]

河西務早行

此去神京近，頻催錦纜牽。路窮三百里，心切九重天。
野墅分秋色，山光破暝烟。長途情不盡，飛鳥[illegible]晴川。

望恒山

遥臨幽冀北，高出斗牛西。清氣難窮極，神光易品題。
路連滄海近，勢壓大行低。何日聞登覽，攀蘿上石梯。

舟過界首舖晚風未息作詩遣之

落日已西墜，顛風猶未休。岸危頻結纜，衣冷欲添裘。
壓浪無天地，浮烟帶雨收。遺安應有術，不用淺爲謀。

賀曹尚書壽日

華誕當春日，和風滿繡衣。五朝人共羨，七袠世應稀。
柳下開金盞，花前列錦闈。賢郎遥祝[illegible]，十里寄[illegible]

春寒述事

九十春將半，餘寒尚襲人。只尋移[illegible]日，難約看花[illegible]。
層雪消氷柱，樓峯斂霧巾。時清遺燧熄，遊騎不驚塵。

送郭羽還興化

京國攀相見，殷勤話情。奉親惟有母，爲弟却無兄。
柳色南津路，禾香北郭城。老懷堪不盡，流淚已縱橫。

中秋夜對月

最是今宵月，光華燭九州。有家還命酒，無處不登樓。
圭兔毫堪數，銀蟾影欲流。相看那忍棄，假寐待更籌。

汝陽親舍爲王府尹賦

一別親庭久，懷思不暫違。每依紅日下，遥望白雲飛。
甘旨何時奉，晨昏此際稀。[illegible]自[illegible]，[illegible]亦光輝。

泗州作

淮泗交流處，湯湯不盡頭。風烟連海岱，城郭自[illegible]。
綠樹依官舍，蒼松繞郡樓。浮圖宵漢上，登覽豁吟眸。

九日斷沈繼善賞菊

明日重陽節，相期[illegible]此時。漸開桑落酒，同把菊花枝。
[illegible]逢秋改，[illegible]心入夢思。人生須盡興，莫遣馬行遲。

寡欲軒爲繼善賦

存心天理熟，寡欲已湛然。照閑雲際月，波印水中天。
適意[illegible]酒，忘情在素絃。濟居清絕處，時誦養心篇。

育齋先生詩集卷之七

肯齋先生詩集卷之八

户部員外郎門生卞榮編輯
翰林院學士門生錢溥校正

五言排律

中秋月夜有作

爽氣通銀漢炎威淨碧霄露華今始降木葉未全凋遇
景雖歡悅經秋轉寂寥風光緣自異月影不須邀坐愛
冰蟾滿堪憐玉兔嬌團團離海角漸漸出林梢清共[illegible]
宏延寒憑虛亮招空傳滄海句不射浙江潮對酒情[illegible]
洽開襟思欲飄鳳笙停緩奏龍管罷還調賦就皆如玉
詩成總入韶應徐多列席管鮑每同寮樂事逢今[illegible]
愁散此宵兩都佳麗地滿耳太平謠照[illegible]
肯換貂遠空驚落鴈高樹急鳴蜩素[illegible]宜[illegible]
莫挑指天原有杖步漢豈無橋憶昔攀花好[illegible]知[illegible]
遥故園誰聽笛旅館自聞簫載筆書仙籙狂歌[illegible]
聖朝從遊瞻白馭隨獵破天驕威振千山肅恩加萬[illegible]
消寒殽初下葉凉吹不驚條醉裏情何極塗時喜欲[illegible]
更深還共酌那用許由瓢

贈揚景東用張士謙韻

篤行超前輩清風邁昔賢一經承祖訓千首得師傳出
處皆由命行藏總付天舌耕能潤屋力學當耘田瀟灑
誰堪及修為合自然交游湖海客放浪酒杯仙用屋原
非俗爭機或取妍未書高士傳先采逸民屋胸次幡山
嶽詞源瀉峽川家居通貨殖市隱徙人烟寂靜心常泰
安舒體自便春遊花共賞夜飲席相聯朝士多推許鄉
人敢棄捐苦塗惟刻燭高論獨驚筵壯海尊常滿南州
榻屢懸經過勞款洽慰問藉周旋道為隨時重身由遠
害全卜商貧亦樂榮氏老彌堅會見頻傾倒相逢各勉
旃只今明治日休負太平年

送蘭菖善先生隨　侍南京

當年為執友今日共追隨
聖主頻嘉奬
儲皇每眷知一經明性學三載侍經幃德厚誰能及才
高衆所推嚴君蒙顧念賤子賴箴規正是相親日那堪
餞別時清流來滾滾絲鷁去遲遲柳色平津路荷香遠
浦池宮壺晨命酒官燭夜聯詩若到金陵日題封[illegible]

題畫

為愛山居好山行日未西翠嵐當户起銀瀑落簷低
靜雲閑徃秋晴鳥亂啼小橋通舊塢流水灌新畦樹影
參差見花香遠近迷暖風醫病鶴危石下蹲廣榭僻宜
聞犬林深忽聽雞桑麻遥接壤桃李謾成蹊勝地何年
卜隱蹤此處棲依稀平樂苑隱約武陵溪對客時開臨
尋真或杖藜烹茶邀夜月采藥帶春泥琴敲尊前調人
耕雨後犂非關歌鳳鳥自是遠輪蹄午餉頻燒筍晨炊
每淪藜未諳彭澤志空逐鹿門携奕葉衣冠在傳家禮
讓齊有懷憐綠野無夢到金閨醉擬藤蔭卧詩成竹上
題却懸藜組繫安得共攀躋

題興化志二十四韻

□世同文軌清才蒲選庸纂脩成國典編輯會民□
爲分淮右封疆束楚東隸州開小邑疊石起高墉地□□
尊常辨山川遠近適淳龐敦四業端雅出三公本泰□
家積魚鹽歲歲供士流皆尚義戎士各輸忠臙仕殺藝
著安黎齒籍充門閭甄婦節科第顯儒宗兢渡遵遺事
昭陽繼古踪地靈仙釋異壇廟鬼神崇義祀思文正長
材憶士龍習容張射圃巡邏列安豐玄武臨真境滄浪
對泮宮秋雲籠海子旭日麗孤峰得勝湖光迴南溪樹
影籠梢穹充是鉄閱劍本非銅白馬彰陰聖馴鷗狎野
翁葑田晁晙晙蘆渚鷹嘍嘍荇帶縈深碧蓮房墜淺紅
王圖稽不盡史筆載無窮頼爾開西裔重來究始終

初度日寫懷廿韻

禮樂違□□
君父箕裘紹祖先一門回積德百世故稱賢愧我□□
拙承家志不堅義方存簡冊慈訓撫梧園愛弟聯床話
難兄共被眠鄭攸嗟老去阮籍待伊傳爲客逢初度思
親記往年於焉情獨苦倏爾歲云遷此日風光麗當春
景物妍旁各依穀雨喜色遇花天摩狀雖無驗探環信
有緣麒麟勞遠送鸑鷟遲高騫共說兒成立誰憐母棄
捐槃觴應不忍戲綵諒難全永抱終天恨徒懷沒齒愆
椿顏千里外萍跡五雲邊報答忠心在傷悲淚眼懸自
須持節操何必問幽玄王李花爭發蟠桃實正圓公餘
栽短句聊用寓華箋

題竹贈徐彥容司訓

□□忘愛竹之子獨尊崇玩好須無異操持自不□
陽城相本造化付全功望處疑蒼霧新時□□□
多集鳳繁影或蟠龍杳靄欺高節祁天笑瘦容扶□□
得夏消洒更宜冬紅紫今何在冊青古所宗四時從代
謝百物讓堅工明月來窗下清風滿座中渭川雲冉冉
湘浦雨濛濛坐對真成僻相依豈厭窮晶書環左右冠
帶列西東蕭容心元淨爲師道愈隆午陰生几席凉思
入簾櫳比德懷吾友裁詩憶我儂夜燒還噴桉日造訪
扶筇容路氷霜古鄉關夢寐通胸襟涵宇宙氣焰薄穹
隆莫嘆天涯去還期保始終

別徐彥容

去歲同君會今春別我還情深千尺水義薄萬重山感
舊寧無自論新得暫閑江湖澄雅量蒿酒滌愁顏春檄
朝辭闕驛車曉度關日烘花影亂風度鳥聲蠻綠樹行
途外青雲指顧間問程來野店投宿向村灣寮寀方虛
席生徒久別□□時□
聖化先在屏餘□

題徐從事小齋卷和陸孀漁韻二首

新居清絕處只有水雲西老去甘辭縣閑坐不過谿庭
深花石墨路遠竹林□紆草侵階亂喬松蔭户低對床
時共月山鳥忽聞啼深□收銅雀焚香換寶猊曾開三
徑隱不受一塵棲短策巡蔬圃長鑱斸藥畦隣翁頻送
酒座客每分題進止全宗孔行藏頗合倪高風良可挹
詩遯難躋試看求名者誰能解免蹄

一從歸栗里於世若無營守拙終餘日遺安老此生心
閑焚篆坐休倦杖藜行靖節追元亮高風慕孚荆野雲
常共宿山月不須迎護徑留苔長分泉瀹茗清家貧功
味少官罷布囊輕樂矣觀書史悠然謝寵榮檻松栽已
就籠鶴養初成自得其中趣渾忘物外情琴空絃斂響
壺溢酒還傾愛雪頻開户看山懶入城花香醒午夢葉
落識秋聲未從尋真去寧甘結社盟總含時雨潤篇詠
夕陽明正爾偏幽獨池蛙底事鳴

題沈大年先生[illegible][illegible]卷

我昔垂髫日先生已壯年詩書為里範鍼砭得家傳高
隱真遺俗清吟絶類仙一壺長入市群樂不需錢在昔
逃名久逢人說病痊杏[illegible]還種樹橘井尚分泉倉[illegible][illegible]
同調張鎦可並肩有方曰十八劑名動
九重天後輩推多學時流羨獨賢慨居依白下載筆逼
文淵正擬通朝貢何須泛海堧飄然騎鶴去秋水月娟

送徐彥容司訓

故里重相見今春又別離情深須仗酒契合每裁詩學
行規新進行藏託故知宣尼由道屈原憲被貧欺風雨
特衰絰冰霜厭綌絺自同玄豹隱寧起玉麟悲世態看
青眼家聲振白眉從教珠履毁莫試濫竽吹卜鵲符三
鱣憐玆之一變東周興教化北闕沐恩私再展冲霄翼
還鳴向日儀泮蹤俱是客芹泮樂為師迴路千山隔輕
帆一劍隨文章傳舊業書卷當行資[illegible][illegible]空憂伏櫪[illegible]
始信為胸蟠江海闊氣壓華山卑月兒翻毫韻天[illegible][illegible]

後詞應徐真行輩李杜郎襟期此別愁無那相望淚滴
些遥知到京日煙柳綠絲絲

詠霜

青女行時令飛霜滿太空濃鋪渾似雪輕散不因風露
氣凝來重陽和着處融千門呈霽色萬木謝春紅籬菊
留殘穗江蓮墜短蓬變黃庭際草添翠嶺頭松鴻雁驚
傳信蒹葭愧失容紀災緣稼穡成瑞作花叢占候纔先
應施威劍有鋒請看東逝水何處覓遺蹤

送林知州

早歲即知名年來沐寵榮一麾仍出守千里又驅旌[illegible]
喜分符去何須載米征野人懷惠久朝士羨官清[illegible][illegible]
應難及才華更老成政從民俗變[illegible]得吏胥評[illegible][illegible]道[illegible]
陛滿連村竹馬迎金魚懸帶重白[illegible][illegible][illegible][illegible][illegible]
政歸時識舊程從當賓館[illegible]雲[illegible]東行江[illegible][illegible][illegible]
寧忘別後情都門相送處烟柳拂[illegible]旌

天台王氏葡萄詩為一宇賦

儁隱岐山下于今歲屢周積功由有自報德[illegible][illegible]由文
石昭奇跡靈根異衆流敷榮當户外引[illegible][illegible][illegible][illegible][illegible]
輕還潤亂鬚散復收影翻珠錯落枝[illegible][illegible][illegible][illegible][illegible][illegible]
重當軒雨露稠風清鬆振珮月黑[illegible][illegible][illegible][illegible][illegible][illegible]
纍纍邁侶儔体圓香更遠味美[illegible][illegible][illegible][illegible][illegible][illegible]
嗟不少留貿非西域致真與水晶侔佳賞[illegible][illegible][illegible][illegible]
勝石榴只宜高士種何用昔人求自是芝蘭侶[illegible]非[illegible]
木儔芳莚連玉[illegible][illegible][illegible]品出丹丘每想栽培[illegible][illegible][illegible][illegible]

從往名符古[illegible]鑑事翊前猷勳業三
却憐希進若斗酒博涼州

聚奎堂爲東萊少傅作

聖德超千古
皇風被八紘祥敷咏氣洽象應泰階平人物逢今日衣
冠慶此生魏科登俊乂詞翰耀文明煜煜開黃道巍巍
燭太清儒林新脫跡天祿最蜚聲敍及第蒙恩寵名堂列
宰衡從容陪座主談笑集群英禮樂夔龍盛文章董賈
榮懸知能取貴獨發登瀛禁鸞分來美宮袍看起經
天苑塗鯉發雲液玉壺傾花惹山光入開窓樹色迎彈
回松下鶴歌咽柳邊鶯爽愷疑仙境幽深傍
帝城素非金作帳何暇繡爲楹位望尊三老功勳儷
更綏綸資補衮鼎鼐屬調羹豈但爲人瑞應看秉國鈞
自慙才行薄亦得廁簪纓

送同年鄭羅言僉憲

聖代資賢哲斯人沐寵光登科才獨贍遊宦威偏長篆
跡追秦漢詩名邁晉唐道遙金馬客清絕紫薇郎草制
趨三殿乘軺及四方恩沾宮錦賜纔出上尊香正擬通
朝籍那堪別
帝鄉九重新拜命萬里更高翔得志先英傑遭時顯儁
良青驄傳避路白簡迓飛霜按部居民悅聞風宿吏蔵
使星昭露冕卿月耀垂章遠道[illegible]伏圖[illegible]草樹荒[illegible]
應書酬名已入巖廊補衮期[illegible]澄清繼范滂一字
古讚[illegible]百世故流芳此日重分首何時再舉觴遙知相

憶處烟樹晚蒼七

壽杜編修父

高年過六褰花甲喜重臨[illegible]龍字褒白髮優無
媒賓上國有子冠詞林[illegible]樂恩沾雨露深松喬
齊壽考洛社集耆簪獻瑞[illegible]延齡藥種參杉花初
應度桂樹已成陰遣興詩[illegible]顏酒晨觴自應全五
福那用舉千金海屋添籌[illegible]泉契賞旨名同朝士重
德爲里人欽此日聞嘉慶[illegible]寄短吟

送范太守

多少青雲上惟君邁等夷不因三老薦名達
九重知小邑當年試專城此日宜良才真拔萃公論豈
容私去路雙旌遠行囊一鶴隨交游憐別早民吏攀
遲撫字須加惠瘡痍候解頤秋田晴雨潤棠樹午陰移
化洽應無訟情深自不欺行看書異政應與古人期

題畫

習隱非東郭娛情類北山亂峯當戶牖流水隔塵寰烟
雨濱濛外雲霞杳靄間苔階塵不掃茅屋晝長關好鳥
調金奏喬松振珮環琴書時適意杯酒日怡顏自是攀
迎送非關絕往還清幽林下趣高尚此中閑俗態渾忘
却高風不可攀題詩兼對景先愧鬢毛斑

杏林春曉爲姑蘇陸孟章賦

甫里家藏舊廬山世業深滿庭都種杏二月已成林戶
外丹垂實階前綠散陰曉鶯霞彩重春怯露華侵未許
遊蜂採多應戲蝶尋[illegible]風翻錦障宿霧染芳衿[illegible]底惟

[illegible]枕閒或聚會雨香分蘇井橘清逼孔壇琴落影圖[illegible]亦步柯蔭紫紗垂緌紛英秀儒李託知音豈逸跡[illegible]市栽時當藥金鄰[illegible]何送麈谷醉容簪豈獨[illegible]清玩德能助短吟幾傳醫門[illegible]衆活人心術妙沉痾愈名高士庶欽扶節來炎炎納芬日騷騷思邈通神聖盧醫冠古今但存功似海何惜價如璟每把情偏洽相逢恩不禁惟應消渴久行待滌煩襟

送王來布政之河南

九重新拜命千里又登程列郡瞻風采雄藩得老成才華稱士望德譽冠時英再領旬宣職兼持薦剡名庶平推獨步惠愛洽輿情寶劍沖霄去冰壺透月明已齊嵩華秀還比澗瀍清幾載全交好茲晨復餞行[illegible]驪分野色過鴈送秋聲路遠重關隔囊存一羽輕宮[illegible]纈官伏擁旗旌候吏雞前發居民馬首迎露花[illegible]散綵霜葉夜鳴箏假息曾臨館傳呼漸近城共誇丞逝少不忝漢公卿此別勞相憶何時更合并

雪景圖爲趙伯顒中書賦

雪景誰能寫王維筆意精有山皆積玉無樹不堆瓊[illegible]笑浮嵐色惟聞瀑布聲曙光通户早寒氣壓波平澗底潛蛟穩天邊去鳥輕燒痕經野斷樵響隔溪鳴絕壑啼猿冷高峯下鹿驚鶴尋苔徑宿雲傍草堂橫松長凌霄節梅含破臘英冰池同皎潔月幌共虛明煮茗香偏美塗詩興愈清琴餘還校譜棋罷懶收枰酒熟常招款賓來每送迎花疑林杪發人似鏡中行習隱元非俗遺[illegible]

[illegible]是榮家園晴後掃泉石靜時臨別墅臨仙島儒生[illegible]賦已知工仕學尤喜擅書名朝退頻披翫心閑自[illegible]詞長年在西掖揮灑謾多情

題畫

一別東山久披圖思渺然亂雲低遠樹急雨襍鳴泉草經縈青帶花巖委玉鈿數峯森似戟疊石小如拳嵐氣連朝雨林聲破暝烟危梁通步屧幽磴絕攀緣蘿月宵懸鏡松風日奏絃午晴苔暈滑新漲藥苗鮮暖逼蝸文細涼分鶴夢偏谷深常隱豹溪午正啼鵑梵宇凌霄漢人家隔市廛力耕千百畝結屋兩三椽閱歲觀耆曆劬書不計年閑情同鹿豕高興託林川自擬儒冠貴誰云野服便太平今有象何處訪遺賢

壽翰林江時用先生母詩

南極流光彩分明燭綺筵人逢初度日時遇中興年懿德三從備遐齡五福全相夫辭膴仕教子遂時賢戲綵孫華稱觴半女賢儲祀秋薦孰丹桂晚呈鮮積善由先代推恩自九天龍章褒太淑鶴髮映華顛翊光爲杖娛情繡作軿燕閑明月底[illegible]洽暖風前盛事傳無極名門慶有緣王堂還祝[illegible]悅頌更綿綿

節壽堂爲胡秉恒賦

淑德閨門範清風里閈傳半生存大節多慶樂餘年撫育憐姑女操持見母賢織絲勤晝織膏沐謝春鉛[illegible]但懷貞素尤能守[illegible]永家名不泯積善志彌堅[illegible]兒立亦爲揚顧影[illegible]傷[illegible]鵠詠誰繼柏舟篇[illegible]心[illegible]

君恩厚名因士論知一門存敬讓七十愈謙卑御史須
來早宫袍著處宜家庭封爽葉鄉曲重連枝久欲恩授
匆那堪遽解龜封章情懇々戀闕意遲々祖道唯張宴
行橐但貯詩騎從花外去舟向柳邊維晚景歸全福斯
文仰令儀却憐霄漢隔誰與話襟期

題畫爲謝運同賦

聞說江南景拔圖是真樓高凌碧漢地迥隔紅塵山
色明金罨波光漾玉粼幽芳隨處發佳木望中新雨霽
苔生纈煙橫草布茵月來林有影雲去石無隣永日消
棋局清風引釣緡一丘專獨美三徑得相親羅適琴書
靜尋緣杖屨頻花香醒宿酒鳥哢荅遊人入饌魚偏好
忘情麋更馴投閑非避俗習隱可怡神自識西湖路寧
誇閬苑春茉容諸野服終促列朝紳戀闕心如醉懷[illegible]
意頗醇蒼生亟懸想切莫負經綸

西墅草堂和許太常韵

擇勝供遊覽非關養德馨春風栽柳杏夜雨艮芝苓址
野依鄰秀西園抱地靈坐邀蘿徑月唫對草堂星雅集
雖真率狂歌出渺冥棲遲成旅寓寥賞類官廳老叟尋
常話朝英幾度經商過拖吠賓客散鳥來庭佳什頻勞
寄鳴騶喜暫停志非存別業心豈遠明廷幽絕寰中境
逍遥郭外坰嶺雲當戶白階草上簾青路接長春館林
敷晚節亭求泉疏舊井延壁甃新屏謬矣金爲塢荒哉
玉作瓶不須懷綠野何用駕滄溟小酌臨流詠微酣倚
石醒菊香和露采松韵向風聆疏圃澆時種柴門掃後

題許太常所藏桃源圖 唐昭道筆

聞說桃源境幽深遠市塵相傳今昔異寫入畫圖真世
代方爲晉衣裳已隔秦不緣乘艇子那識避時人石洞
烟霞古巖扉草樹新牽蘿晴補屋引溜暗過隣耕鑿還
隨分棲遲豈厭貧有田收黍稌無曆紀年辰犬吠雲邊
月雞啼谷口春紅杳花暈好翠色柳眉顰結實長充饌
剝枝屢作薪一家全禮讓百歲間君臣迓客兒童喜思
鄉父老諭舉觴聊共酌話別更多陳久擬忘形跡空勞
說事因微風吹短褐細雨濕垂綸顧戀頻回首分携再
整巾前村山渺々歸棹水粼々作見渾如夢重來不復親
武陵溪上路何處問通津

送葉御史提調南直隷學校二十韵

四海儒風盛千年
景運昌欽興周禮樂還觀漢文章至治歸
明主遺經法
素王從來絃誦地多屬進修郎習藝期登用儲才待顯
揚鄉評崇孝義里選重賢良存養工夫熟漸磨歲月長
潛心師孔孟刻意效游楊濟々衣冠後雍々俎豆傍也
知能入室先在得升堂庠序名雖設生徒業已荒匪由
推碩德那復振頹綱舊識無提舉新敷遂激昂青衿看
立雪白簡許飛霜方須裁剪好愚自欲葳化同時雨
洽威共德星光有士皆登第無人不擅場菁莪涵教養
棫樸詠時康春遇

恩榮大流傳姓字香春風巡歷處桃李滿門墻

竹深處爲劉肅先生賦

種竹半臨湍陰森六月寒入簾搖翡翠當檻列琅玕風細含金奏烟濃拂石闌渭川肯共賞淇澳可同觀秖用裁篇管何須作釣竿與君凌節操爲我報平安林外來車馬枝頭宿鳳鸞殺青堪作簡綠籜試爲冠密對高僧坐無令俗宿看七賢曾隱逸三徑肯盤桓山水懷鄉國雲霄振羽翰題詩在何處簪筆待

金鑾

送餘杭教諭徐士勉

故里衣冠舊如公有幾人持心歸木訥篤志飽經綸肯爲踈庸屈惟將道義伸鯤鯨翻碧海鵬鶚奮秋旻

上國瞻形勝成均領搢紳聲華推哲匠丰采邁常倫樂翰登青瑣摛辭動

紫宸

龍顏曾眷顧鳳闕久相親立業當

昭代酬功荷

至仁

恩須烏帽美詔賜錦袍新自是才資用應求教立身一官宜樂育多士藉陶甄鄘時移風厚高處變俗淳繞肩趨藻鑑又見促征輪吳甸文星煥杭川化雨均鄉邁寧嘆汚孔鐸不辞貧後會知何日前途是要津横經應在暇早寄玉堂春

育齋先生詩集卷之八

育齋先生詩集卷之九

户部員外郎門生卞榮編輯

翰林院學士門生錢溥校正

七言律詩

和武侯祠韻

古柏陰陰護小祠居人猶自說當時功成曾受孤兒託運去難將一木支肯許鄴中傳帝位未容江左擅王師丹青零落東風裡花笑鶻啼使客悲

送楊少傅勉仁歸祭

恭辭

聖主出彤闈

天語分明許暫歸千里關山勞跋涉百年泉壤看光輝心持清白人皆羨學際唐虞世所稀淮海鄉生沾寵賚都門無分送征騑

送楊彥民

青年文彩動儒紳蘭蕙英英可佩紉未許管寧居海上肯教孫覺老湖濱薰風暖促秦淮棹暑雨清消白下塵歸去鄉閭如有問讀書元是玉堂春

和陳叔振立春韻

臘氣都隨柏酒消暖從葭琯度春朝未舒楊柳黃金縷先破梅花白玉條太史舊占名尚遠儒郎新作興偏饒春幡綵勝金門賜願得年年年祝

聖堯

寄王爲善先輩

若人因之諧素心巾裾掛[illegible]琴瑟右御邀月登
歲寒卉木易零落與爾相[illegible]最深

送頤上人住淨慈

東南名剎住僧多夕梵[illegible]隔薜蘿望處雲山開碧嶂
坐中樓閣瞰滄波一塵[illegible]心長淨萬慮俱消鏡已磨
此日送師無可贈西風衰柳滿關河

南山別業爲胡大年作

卜築谿南遠市塵風光渾似故園春白雲飛去長隨客
黃鳥啼來每近人林下種桑供歲用雨中收果薦時新
輞川遺事留千古不獨王維畫入神

謁文丞相廟

百五年中事已非居民猶自說靈威臣心本欲興南[illegible]
天命那知竟北歸黃葉回風棲棟宇蒼苔和雨上簷扉
我來未得瞻遺像悵望英雄淚滿衣

和洪中書病後見寄詩韻

僧房寓宦兩經秋我憶曾同握手遊審樂獨推吳季子
解碑應數漢楊脩風楠弄影當窗細露竹和烟落徑幽
料得病餘偏有興詩成頻寄遣蒼頭

東軒八景爲宋廷圭中書賦

延暉扉

綵雲扶日上丹霄曉戶迎暉遠[illegible]影到鈎簾春意早
光含筆硯凍痕消花陰容散[illegible]柳外朝回款[illegible]
已幸身依
天日表搏桑萬里路非遙

采月牖

紫鍾初歇鼓初停明月來時自送迎[illegible]碧空秋一色
寒通翠幕夜三更[illegible]梅花夢覺和香入竹影枝添帶雪明
爲問姮娥乞靈藥[illegible]因清暇學長生

積苔徑

軒居無事景蕭然門徑春深長綠錢輕襯落花初過雨
半依芳草正籠烟客如蔣詡歸來日不似陶潛隱去年
鳳沼醉歸閑緩步呼童招鶴舞翩翩

映草簾

湘鈎八尺[illegible]牆遮每到春來草色宜翠羽亂分光掩映
綃袍低拂影參差聽鶯半向風前捲[illegible]多從雨後垂
盡日焚香相對處箇中清趣幾人知

焚香鼎

山嶽何年獻瑞靈渾然[illegible]質似天[illegible]古無邊
晴[illegible]龍涎分外清細縷[illegible]烟風乍起[illegible]月初明
朝天滿袖攜歸去占得中書第一名

煮茶鐺

石炭微添火漸溫茗[illegible]移得近雲根松風滿耳[illegible]
雪浪浮花月到門陸羽可能知此味[illegible]全曾[illegible]
相看自有神明力相顧終無漏[illegible]

嘯琴几

四足平[illegible]穩不傾公餘偏稱弄雲和[illegible]別鶴[illegible]飛遠
流水高山物我多深戶月來成伴侶小庭人去罷絃歌
明朝拂拭[illegible]相待盛世其如解此何

架書棚
牙籤滿架簇如林一一高懸備檢尋諸史書包千古事
六經多載聖賢心香浮芸氣知春老燈逼蘭膏覺夜深
辛苦平生堅守節簡中寧是蠹魚侵
題節婦卷
兵塵澒洞繞吳門一訣寧忘舊日恩地下有時鎖白骨
人間無路駐清魂姑同乖義殊同死予為承家共保存
惆悵東風花落盡暗香猶自泣啼痕
和貞以平九月一日郊原即事詩韻
西郊聯轡綠陰畔風景無邊霽色浮隱隱好山開疊嶂
蕭蕭踈柳映芳洲蛩散滿地初收暑鴈影橫空半帶秋
行過藕花池畔去恍疑玄圃接神州

送金大毅
纔得論心又送行壯來南去獨關情朝廷自昔尊賢達
鄉黨于今重友生渺渺僊槎銀漢路蕭蕭行李玉京城
何時最是相思處明月沙邊有鴈聲
送沈道士
校羅琳經唳鶴還遙虛雅濟世稱賢羽衣又作山中客
玉籍應符洞裡僊點易梅窗分竹露題詩芸室掃花烟
懸知別後重相憶吹徹瓊簫月滿天
湖山春霽亭為顧仲華作
湖上春來景最佳湖邊行樂興尤賒水光晴蕩遊人棹
山色遙連賣酒家吟點青衫花雨潤醉欹烏帽柳風斜
已喜居京國老去寧無戀物華

秋江釣月爲干汝揖賦
持竿釣月向中流取樂終非著意求清氣逼人疑在手
寒光隨浪欲吞舟久諳鮫室應難入慣識蟾宮未許遊
欲把一尊還借問橫江無語夜悠悠
送人重遊東魯
半年蹤跡半天涯回首雲山總是家汶水好田新種麥
孔林殘日亂啼鴉輕烟裊裊官堤柳紅雨霏霏驛路花
自是平生愛形勝關河來往豈辭賒
賦得淮陰霽雨送鄭郎中還寧波祭祖
漂母雙城枕楚西望中佳處總堪題山光半向窓前落
柳色新從水面齊漠漠遠林留夕照翩翩歸騎踏春泥
異鄉對景難為別遙想松楸思欲迷

天台勝槩爲洪范中中書賦
天台奇絕類僊家萬壑千峰足可誇夜氣冷涵滄海月
曙光晴蕩赤城霞隱巖老衲通禪梵遠浦鄉人上小槎
聞說春來多勝景石泉流出碧桃花
松月軒
長松伴月月來時月色松巖兩絕奇坐久不知清氣爽
閑窗偏覺夜光遲披凝殘雪當書幌桂散天香落硯池
惟有道人心境靜蕊珠音韻鶴來[illegible]
賦得南浦朝霞送陳[illegible]
輕盈如綺復如衣五彩鮮鮮傍大[illegible]浦紫翅日去
不隨山雨近簾飛川光綠映天邊[illegible]紅分樹杪樓
聖代只今賓輔衮茲遊暫向故園歸

賦得蘭陵月色送嚴崇振主事
皎皎當空掛玉盤清光隨處照衣冠香飄桂子禪林
影浸澄江兔窟寒今夜却宜今夜對異鄉渾似故鄉看
明朝匹馬毘陵道遙望餘輝獨據鞍
遊觀堂爲天津衛指揮湯節賦
堂居爽塏瞰春城身世憑虛眼倍明岱嶽峰迴天入望
海門潮落水如傾風帆沙鳥尋常見龍月江雲遠近迎
贏得乾坤清氣在錦囊隨處載詩行
送張惟謙御史
已見文章際盛時繡衣霜簡共稱宜才名豈待郎官薦
功業多因
聖主知酒盡沙頭人杳杳帆移江口雨絲絲明朝定有
佳音報身在虞廷白玉墀
先叔忌日
憶昔齠年侍講帷萬華髮滿頭垂書聲每向窗前[illegible]
杖履多從月下隨季主有才人共羨鄧攸無子世堪悲
却憐諸父凋零盡獨倚西風灑淚時
舟行至長安過陸子亨
獨抱琴書任轉蓬扁舟去路石爲通霜飛遠浦寒波白
風急荒原野燒紅嶺月漸高[illegible]遲遲渚烟初定雁嗈嗈
覩姻最喜今宵遇秉燭[illegible]話未窮
求陸叔端吉思雁二[illegible]友錄詩
十載搜枯學詠詩編成[illegible]二妙才名自愧唐高適
翰墨終慚晉獻之綠[illegible]暮日黑雲龍壓雨來時

[illegible]應此際西窗下頻汲新流洗硯池
遊昭陽將軍廟
令尹官封近海涯巍巍遺像足堪誇已聞姓氏通三户
復覩功勳食萬家匝廟有田皆種秫環山無樹不棲鴉
[illegible]燒兩度來遊此登就新詩日未斜
送李鎮撫
京華二月喜逢君握手臨岐不忍分舊日家聲多尚武
青年才學亦能文朝鞍帶雨長通海樹色遙淮半入雲
歸路正當寒食近杏花疎雨醒餘醺
楊花和龍有本韻
謝女才名不復招楊花情緒正飄飄輕隨舞袖香雲散
亂點滄江霽雪消雨後半粘蘇翅濕堤邊狂逐馬蹄遙
青皇領得春歸去依舊[illegible]綠條
海子橋即事
一灣青碧若爲遙下有蛟人萬仞宮雲氣遠連天氣白
波光倒浸日光紅湖湖鷗鷺浮沉外隱隱魚龍變化中
仙客題詩情不厭閒行時過月橋東
和柯啓暉見寄詩韻
玉笥聯班路不遙衆中偏喜識英豪[illegible]湖久著文名重
京國新添紙價高社結東林[illegible]入[illegible]吹南郭愧先[illegible]
晚涼得興遙能賦海子芙蕖映綠毫
[illegible]逸詩爲臨江干先生賦
清江隱士舊詩翁繞屋惟栽[illegible]涼露上花溥曉白
暖雲籠葉護秋紅籬邊賞處[illegible]與林下看時杖屨同

一自陶潛歸去後幾人能此繼高風

賦得薊門烟樹送徐廷柏歸吳

喬木千章擁鳳城陰陰不改四時青人家住近尋常見客子來遊幾度經影帶夕陽林外落情牽斜照座中聽都門送別頻回首遥隔長亭與短亭

松亭詩為盱江趙郎中賦二首

長松如蓋拂雲霄若箇栽培歲已遥奕奕孫枝傳八世亭亭高節懸三朝林間月上陰都散檻外風來翠欲飄不獨孔庭蒼檜在故家遺物可同條

種得遺松幾百春高風猶自慕前人寒涵翠色胥來好門掩陰花落處新零露夜涼醒鶴夢閑雲日暖護龍鱗遥知八封公者未必芳名可比倫

東垣草堂為衛中書賦二首

茅堂清絶倚城闉任客遥瞻首重迴護擬使君攜酒至不緣錄事寄蒼山横翠黛疑當席鳥弄歌聲若勸杯

最是小庭堪愛處落紅無數點蒼苔舍人家住禁城邊只隔蓬萊咫尺天春水滿溝通户外午陰宫對落簷前當軒日影看花坐滿室天香草詔還俗客不來塵事少一襟清思付吟箋

北郭松筠為中書黄自立賦

長松脩竹滿城陰暇日曾來愜賞心翠色秋容三徑老寒聲偏入九秋深蒼龍挾雨林間度綵鳳和簫月下吟為愛君家清絶處何當攜酒共追尋

送蔣司直良夫

遊上玉京歸期還動故鄉情一家耕讀終非淺滿目兒孫即是榮鴻雁聲中秋色老蒹葭影裏水痕清遥知令弟倫多喜華髮斑斑載酒迎

寄興化四聖觀石居上

簪冠束髮儼如仙一點靈臺出自然善事若能成善果良民誰不結良緣雲端四像金光現頭上三花寶色鮮會待他年題樂石芳名留與後人傳

送内弟黄端

秋半題詩送爾歸鄉心遥逐雁南飛譙苏不改親庭訓貧病惟憐姊氏依北郭先塋脩宿土渭陽流水照斜暉名家漸覺凋零盡翹首西風淚濕衣

寄興化致仕官諸友

一從别後見無緣幾度懷思意惘然天上賜歸非俗客酒中尋伴即真仙柳籠池館春彩映花落庭除晚翠穿可足滄浪無伴侣日長多少白鷗眠

送甥周敬

幾年不見親知面今日相逢喜復驚話舊舉杯情爛熳傷離掩袂淚縱横一家恩義兄憐妹千里風霜舅憶甥堅守歲寒心似鐵淮南從此播香名

送僧惠然還興化

少小從師别却家烟然心地絶紛譁共知三昧年來熟豈但雙趺日更加心葬白雲懷故國手持金錫别京華楞嚴一卷閑看罷獨倚松房數落花

謝蕭醫士得中

卮
皇出九重銀鞭驕馬去匆匆中都晚祀[illegible]長[illegible]天會
道見岱宗柳映行宫春正好花[illegible]多君
是不如錦不數揚雄賦獨工
送張中允恩中
明特膺選輔
皇千載斯文興龍光碧殿曉壇巖祀典青宫朝謁染
雲章天回輦路雲霄近春到
皇陵草木香自愧操觚留闕下無由随從列[illegible]行
送沈孟舟
香名藉藉滿京師欲識韓荆未有期[illegible]頎旋藥
逢人多説解瓮詩長亭落日留[illegible]風把一卮
雨去金陵春欲暮杏花飛雪滿城[illegible]
送桂編脩告病還四明
先生本是瀛洲去田首家山卧白雲[illegible]屢從愁裏得
意惰應向客邊分江空落葉随風下天遠征鴻帶雪聞
賜誥許歸人共羨聽知
聖主重斯文
天台勝槩吾為洪中[illegible]
奇峯千丈架空青中有[illegible]臺[illegible]人渡小橋春冉冉
鳥啼芳樹晝冥冥桃花流水通仙[illegible]壁丹崖表地靈
聞說君家長住此百年高趣與山[illegible]
贈醫士徐叔熙
南州高士緊如[illegible]上池[illegible]裏有書留訣曰

中伏火鍊丹時已如積德遐朝貢何用逃名與世違
香滿橘泉春滿樹綠毫相對讀題詩
賦得金臺別意送程教諭之華亭
漠漠遊塵遠道[illegible]行人遥指是金臺萬方已屬吾
君化千里曾聞國士來春樹暮雲凝望久夕陽衰草別情
催明朝掌教吳淞去應有當年立雪才
和舒孟安先生寄顧[illegible]伯韻
朝斯暮讀樂逍閑不到城南小市闤白髮自知便野服
青雲從此謝朝[illegible]花滿地呼雞拾松樹連村趁鶴還
欲識斯人高隱處屋邊流水屋頭山
和舒先生寄李彦彝韵
昔聞花縣早[illegible]老去寧甘釣隱名小艇夕陽湖上[illegible]
短簑春雨[illegible]閒尋酒伴心先醉慣[illegible]仙方眼倍明
白髮故人[illegible]新詩為寄讀多情
詠石[illegible]荷葉
新藕多栽滿石池[illegible]菱葉最相宜高擎翠蓋偏憐早
未着紅衣不恨遲京[illegible]印波風定後清香入座雨晴時
何須買[illegible]去佳景分明只在茲
送[illegible]授臨江
十年同官託[illegible]知一旦那堪賦別離養母近辭臺閣職
為官新領郡庠師東風驛路看花處晴日郵亭折柳時
睢底交游應漸遠分携莫惜倒金卮
舟泊觀音山巷
江滚滚東流去六代豪華[illegible]與[illegible]柳陰中藏客艇

□□衡漁翁魂魂神廟千年在寂寂烟□鬧書同
□□白望秋色桂花香散滿寒汀
□□漁圖
□□友共為家誰復提携上釣艖佳品自應登俎席
涛□□□混泥沙江鮮作膾應難並水族和羹未足誇
斟一忽生淮海夢半窗殘醉月初斜

送洪實夫布政

明時應薦出京畿齋魯山川定有輝公道青□公論見
故交今惜故人違殘紅對酒春應歇新綠熏衣客尚微
千里疲民懸望久旬宣到處候征騑

寄謝陸存亭親翁

記得滄浪送別時菊花新酒未容辭高情總付閑中樂
雅意徒勞夢裡思舊日親朋今過半當年官學竟多遊
道緣朽質仍無病答謝空慚尺素遲

亞父塚

亞父墳前牧樟過青山凝翠水增波從來事業由人造
自古英雄奈命何日落青郊頻起伏天晴黃鳥自悲歌
鴻門玉斗紛如雪謾想當年托興多

贈曹子儀同年

玉雪半姿絕點塵相逢猶喜得相隣清居秘閣殷勤重
榮與南宮禮制新按武久知交誼重燕居早惜往來頻
□子□遂鴛班後共沐
□波感至仁

送閔廣伯

京華隨處說名醫妙手如君是白眉老至自憐膺疾疚
年來多藉起顛危只知用藥通仙術不問逢人飲上池
願得衰顏保貞固歲寒長與共交期

寄鮑存古

文泉家住好林泉香木陰陰屋數椽春雨繫舟依岸柳
薰風載酒傍湖蓮巡籬看菊憐霜信俯檻觀梅愛雪天
私債不牽官事畢自無胥吏到門前

送陳緝熙編修

十月都門促去裝霜花滿地葉飛黃鷹鴻鼓裡鄉關遠
烏鵲巢邊隴樹荒父骨有靈依故土慈顏無夢到遼陽
東風又鼓南回棹帶得桃花水氣香

題鄭存道野樵卷

託跡樵蘇遠市闤夕陽林下與雲閑侵晨荷斧穿雲去
薄暮擔薪步月還野鳥備歌敲兜轉落花沾袂錦斕斒
何當我亦尋漁釣來共斯人作二閑

用許太常韵贈王經秀才

翩翩孤鳳不求凰今見雲霄羽翩翔形備九苞音中律
文兼五彩繡為腸名題鴈塔家應近桂折蟾宮手自香
闕右從來多俊傑慶源相繼入岩廊

育齋先生詩集卷之九

育齋詩集卷之十

七言律

題錢日新錦谿堂

一帶溪山勝若耶相傳云是故侯家雕欄雨後[illegible]
錦圍春深尚著花往事徒聞越客清歌無復[illegible]
百年喜有賢孫在華扁名堂亦可嘉

[illegible]職書舍為定遠楊郎中賦

夢入家山幾度遊小堂深處是藏脩書[illegible]夜月[illegible]初[illegible]
硯滌春雲墨尚流草暗花殘[illegible]徑晚[illegible]美[illegible]園秋
年來已遂功名願閑却遺經久未收

題竹泉山房

[illegible]泉種竹繞山房世外塵[illegible]忘望入[illegible]
汲來[illegible]水煮茶香清[illegible]氣涼[illegible]白[illegible]
今日披圖想風致令人高興滿錢塘

錫遊萬歲山并海子二首

迢遞天宮不易攀仙家元只在人間千[illegible]松柏煙霞秀
萬[illegible]翠環拱卓不隨秋色[illegible]花長伴[illegible]雲閑
承恩錫宴[illegible]得年年侍
聖顏
仙橋百尺駕滄溟漾漾[illegible]波盡不成遠映天[illegible]浮沉[illegible]
潛通地脈接蓬瀛神[illegible]每近仙舟躍瑞鳥常依禁樹[illegible]
聖主萬年行樂處小臣何幸際光榮

和郭存道九日賞菊詩

多君心地絕紛埃為愛寒花手自栽九日喜陪佳客[illegible]
[illegible]下[illegible]慰好懷開亭亭晚節[illegible]邊出汎汎秋香座上
一[illegible]景宜清玩處玉盤和露貯金杯

和張叔誠見寄詩韻

[illegible]昔無圍共卜居幾回行坐更連與高情別後都成夢
[illegible]來欲廢書北郭尋花頻載酒東林看竹暫停車
[illegible]知一室滄浪下坐對鷗與有餘

寄安肅徐彥容司訓

京華別後會難期魚鴈無由慰所思師道正逢興治日
人材今喜擬科時堂鍾催曙分班早窗竹聯輝夜課遲
[illegible]相忘應不遠宦情惟有寄來詩

草齋為范啟東賦

[illegible]江白雲條齋居低覆[illegible]黄茆窗間夜雨摧殘[illegible]
[illegible]外秋雲護客[illegible]夢醒却[illegible]鷗共宿園來只許燕同
[illegible]氏[illegible]門坐好客頻過不用[illegible]

謝黃汝英送菊

[illegible]紅白異群芳珍重黄君遠寄將貯近簾櫳邀皓月
移來[illegible]帶清霜嬌如西子遺仙骨濃似淵明入醉鄉
[illegible]裹秋容看不厭何須長日嗅[illegible]香

雪夜齋房寄陳侍[illegible]汝同

西風[illegible]雪初乾坐擁貂[illegible]尚覺寒清徹金門[illegible]玉漏
[illegible]銷銀燭落銅盤春回樹杪疑花發凍合簷前作筋看
想得故人當此際新詩吟就興漫漫

侯給事中省母還天台

□觀省歸宮袍五彩照林雍百年慈壽應無恙鄉□□
飛更有擁雲液香浮金罍嫩雪花晴拂繡簾飛問安調
膳偏多喜塵世光榮似此稀

送舒給事中奉使外國

承恩萬里下丹霄解使蠻王欵
聖朝豈但勳名齊陸賈還將功德頌唐堯金函啓處山
靈避玉節臨時海霧消歸及神京春正好宮花如錦映
同鑣

暇日西野

興來隨處即成詩多在山顚與水涯休沐喜逢
明盛日心清得似少年時晴熏野酌鬧花氣翠絡春愁
見柳絲欲識前村應不遠東風搖颺酒家旗

湖黃世英送菊用苗學士韻

聖主含香宴羨此陶分秋色入籬來根深已識春前種
花好斷令節後開青眼故人携酒共白頭朝士把詩栽
軒窓得此多情致却勝閒登江上臺

閔雪和楊少保韻

二冬無雪兆豊時憂國憂民總賦詩造化固應存妙理
忠良惟恐負休期晴纖柳眼寒猶淺春入梅梢暖尚遅
料得年豊多瑞慶來年黍稌益菁滋

晚出都門

福洞避泥陌上除好風吹暑散綵襟雲邊綠樹看尤近
郭外青山望轉深萬井笙歌春藹藹九衢冠蓋馬駸駸
□城回首天將暝一路蟬聲伴獨吟

楊村途中寓懷

荒林斜照易黃昏一路蕭然欲斷魂客況情懷如蜀道
人傳薄酒是楊村風烟滌盡初收集烏鵲喧呼半掩門
通夕不眠重振衣馬頭紅日上金盆

暑中寄孫彦溫先生 彦溫松江人

炎炎赫日正流空況是歲全六月中點易暫收花下露
披襟閒引竹間風尋常遊覽心都倦幾度登臨興未工
惟有高軒最清絶遠山無數入簾櫳

送臨江李道官善鼓琴

新承恩命使南畿自是山中舊羽衣妙法已從方外得
高名應羨世間稀三花樹拂秋風老五粒松滋夜露肥
見說瑤琴稱絶唱逢人休鼓雉朝飛

題高郵王先生看山卷

老年未許卜官閒偷得浮生日看山輕翠不因烟雨散
濃陰多護杖藜還春深瑤草連溪碧風定餘花點地斑
却笑金華學仙者何如軒冕駐人間

和王學士詠菊詩韻

玉質亭亭不耐吹詩壇相對費吟思夢來午夜朝天興
撥向中秋玩月時總藉有心欺白髮風流無語妬紅肌
幾番歸得金蓮賜却勝尊前照畫眉

奉和梁楊少保南郊侍
大駕宿齋宮詩韻二首

禋歲逢新物物熙南郊供事遇清時
聖心齋沐存虔久靈旣照□□谷鄗遲結綵端雲龍翠幄

閬花隨雪映青旂禮成魁首遥瞻處一點文星傍太微
積雪消塵滿御階
早躬展事出蓬萊祥光徧覆高高位端色光符兩兩台
從静無風來紺席春歸有月上瑶臺兩勝時若
天心悦多籍彝夔燮理才
送鄭侍郎泰之南京
紅雲闕下被恩榮遴選仙郎愜衆情名譽早從青瑣著
才華今比玉壺清大廷辭
主持霜簡遠道為官旂雪旌淮土由來多俊彦幾入官
列亞秋卿
和石首楊少保先生遊正陽門詩韻二首
百工趨事盡來同不數成周建洛功玉帛遠朝
金闕下樓臺高出綵雲中兩都作賦才堪儗千里居民
俗可封更有儒橋跨南北恍疑霄漢落飛虹
飛甍高聳碧雲層下接金臺去路平西壯妖氛清絕塞
東南王氣繞神京鶯花景物唫難盡烟樹人家畫不成
四海車書今混一蜀川徒羡錦為城
輓馮堅秀才
青春遊學共稱賢孔思周情細討研坐對一編常映雪
病攜三策尚朝天玉樓有夢求長吉華髮無心對子淵
志士不應淪沒早欲將斯理扣重玄
送楊壽夫先生
手寫封章達
帝聰喜應休致樂融融一經久熟春秋學數載兼攻著
述功碧水丹山棲隱處光風霽月笑談中侍家喜有芝
花誥不比尋常歸老同
送黃宗載尚書
清時舉望冠羣英七十高年二品榮未許召公頻請老
獨推裴楷擅持衡曉猶蹈雪輕貂暖春入遥山匹馬征
此去銓曹公事簡日將詩酒樂昇平
賀楊貴攄冠帶
三十年來事進脩冰霜歷盡見才優春隨玉燭生華屋
花映烏紗上白頭自喜松筠凌晚節豈同蒲柳嫁請秋
故園親舊情何限擬醉流霞泛玉甌
漁樂為翁孟英先生賦
朝簪脱却換漁蓑宦趣爭如野趣何日上船頭纔起懶
兩來篷底正唫哦晚香尊菜和羹美秋色[illegible]
子順孫賢隨處樂不知塵世有風波
回自秦郵途中書事
天淡雲閑雨作收早凉時節似高秋碧藏林樹來黃鳥
紅露池塘下白鷗漁罟聚淵爭得魚官亭臨路喜[illegible]
水鄉縱是無登眺殊勝羊腸架曲輈
寄李尚宜
幾度懷君獨倚窗鳳仙花落酒初醒青雲路遠魁先占
白雪詞高恨莫聽多病長卿非絕俗全交鮑叔最忘形
遥空昨夜分明見燁燁文光貫璧星
漢江清趣為李諒司訓賦
漾漾溶溶卷碧漪春江一帶疾如馳不因大別經流處

識餘波到海時雨漲䆊花翻錦浪風迴楊柳舞青絲
自從李白題詩後浪跡于今更有誰

淵明入社圖詩爲金川爵氏賦

茅屋荒涼倚石臺白雲[illegible]終日共徘徊不因老衲將書至
那識先生入社來夜靜疎林鶯墜葉山空積雨長新苔
何如五柳門前路搖颺春風手自栽

昭陽八景

龍岳春雲

一片輕盈觸石生非烟非霧近春城纔從江海行朝雨
又傍樓臺弄晚晴沙際幾回將鴈宿溪邊終日伴鷗盟
人生總爲浮名繫得似飄飄世外情

南津烟樹

郵亭南望路遙遙烟樹蒼茫鎖碧霄鳥外人家春色裡
數聲啼鳥夕陽中繁蔭影浸平橋水落葉香飄紫陌風
多少征帆從此去長條無計挽匆匆

玄武靈壇

傳聞此地有靈神古廟巍巍瞰水濱地僻爐香微散火
年豊杯珓久生塵幾株疎柳城邊集一片平蕪野雉馴
願得居民多獲福年年來爲薦芳蘋

滄浪亭館

滄浪亭子枕幽溪來往行人入望迷釣艇盡依青草岸
酒帘高挂綠楊堤塵纓只許當時濯勝跡空煩此日題
風景滿前看不足沙鷗蕩漾水禽啼

勝湖秋月

名湖滉瀁接東城月到秋來分外明影落蒼潭遊鯉散
光涵水府蟄龍驚漁舟不用張燈宿詩客偏宜載酒行
玉鑑金波同一色就中移出小蓬瀛

陽山夕照

陽山一帶望中微翠𡼏蒼崖映夕暉斜影半侵行客騎
餘光猶燭定僧衣樹頭烏鵲千羣集草際牛羊幾箇歸
明日登臨重載酒莫令遲暮惜芳菲

東皐霽雨

積雨如膏土脉滋春來農事正相宜一犁已足耕耘望
十室寧憂水旱飢宿麥漸抽青徧野新秧纔長綠盈池
年豊豈獨民懽悅鴻鴈鳧鷖總被私

木覓晴霞

赭岌五色照林扉高映浮嵐襯有輝浴海已隨紅日上
觸空又作綵雲飛架巖影裡分明見鈸鼓聲中漸次稀
頭白老僧初睡醒隔窓錯認紫納衣

三閭遺廟

捐軀當日委清波留得芳名永不磨素志欲伸由命薄
高才爲忌柰時何衣冠寂寂蒙塵土門徑陰陰長薜蘿
世態只知崇俗祀香烟繚繞紙錢多

景范名堂

翼翼高堂盡不高洞開窓戶見雲屛前脩可是稀人傑
後學從知仰地靈政若春陽敷厚澤文如秋月帶華星
須古鑑須今鑑請看亭前戒石銘

賦菊詩應　制

仙苑端木世應稀一種秋容數樣奇金蕊帶霜呈瑞彩
紫袍含露濕胭脂紅香宛似桃花艷玉蘂全勝茉莉枝
此品秖知天上有人間不敢比芳姿

題漁樵歸雪圖

綸巾長日作生涯名利都忘兩鬢華白從閒情娛歲月
寧知高興在烟霞谿邊路滑迷仙履樹底潮回閣釣艖
風雪滿林從去晚前村隱〻是儂家

海印寺鐘鼓為臨江朱常因賦

山寺嵯峨擬化城寺中朝暮有鐘聲遊隨梵唄迷三界
輕度禪房破〻情水底蛟龍潛欲起樹頭鴉鳥宿還驚
年來已遂歸休願分得松陰一派清

壽尹御史二親作

堂上雙親白髮垂可堪怡悅更齊眉晨昏供獻千金壽
甲子同占百歲期笄待長生過絳縣傳來仙訣自瑤池
太平從賜高年帛春滿華筵日正遲

和天台洪益中見寄詩韵

賜歸林下悉餘年雅素渾無俗慮纏宦轍一門今獨盛
歲寒雙古尚依然書因故友來時寄榻自先生去後懸
惟有別情〻不忘多應春樹暮雲邊

贈風水湯先生

歷徧蓬壺與洞庭何人解識少微星携將白鶴青鳥秘
看出遊龍伏虎形栗樹有華孚果實銅鐘無意感山靈
尋真幾度歸來晚卧聽松風酒半醒

和鄒原博醫官遊朝天宮詩韵二首

琳館宏開禁苑西步虛聲裡散晴霓四時瑤草連雲榻
一又蒼松隱石梯勝境暫因多暇樂高懷不為學仙迷
道人相見渾相識笑把銀箋索我題

仙宮遠在神京西卅霞隱〻連虹霓上窺寶閣石作棟
下瞯瓊室雲為梯已知二士不可見况復七聖亡皆迷
茲遊取適亦足樂援筆與子賡新題

觀新曆有感

拜恩新捧出明堂寶帙猶含御座香已識天時遵夏正
還書國統重春王千年氣運唐虞治一代文章日月光
容裏不勝頻檢閱却令華髮變蒼〻

和西湯必傳詩韵

先生原是舊官僚七十高年見五朝正擬召公同輔政
未容司馬獨逍遥高才致主經綸重雅量令人鄙吝消玉署晚歸無一事更擡佳
句詠漁樵

道房宴集和韵

琳館初成製作新嘉賓高宴集群真香栽黃橘時招鶴
餌出金盤屢擘麟仙樂奏成雲外曲琪花開遍洞中春
不須更約夸平會座有崆峒閬世人

送宋尚賓

待漏東華曙色微霏〻香霧濕朝衣壯來考最欣相見
南去承恩羨獨歸紅槿正當官驛吐白鷗齊傍客船飛
金陵故舊如相問六十年過兩鬢稀

謝崔太僕惠芍藥二首

芍藥分來感厚情暮春時節見芳榮柳憩新綠光飛絮
梔愧夭紅早落英香逐好風熏晚袖俸含微雨散朝酲
西園雅集無由到空負仙家舊日盟
廣陽城外多桃李得似名花四月開顏色已調金鼎入
異香輕逐翠藍來露含晴臉疑粧洗風裊繁英似剪裁
長與牡丹為近侍纖雲麗日擁高臺
題梅送羅憲副
獨向江南占早春冰肌玉骨更精神枝留殘月長疑曉
影動纖雲不污塵調鼎正宜持憲客吟詩偏稱賞花人
遥知露冕經行處一道清香襲畫輪
送韓永熙廣東憲副兼東陳贊憲副
往年烏府獨蜚英遷擢由來合衆情寫繡久臨江右地
輶車又指廣南城吏從棠樾陰中散人在梅花香裏行
更喜同年陳仲舉公餘倡和有餘清
送廖少卿
歸騎翩翩鳴淺沙薰風五月辭京華平寃久藉漢廷國
抗跡不異唐伏伽園雨餘長草色晴石日永生苔花
金臺白下重相憶惆悵湖目啼晴鵶
送曹廷彰御史
青年衣繡列鵷行百五人中獨擅場楓陛奏名依
日月柏臺持節凜冰霜多才已見膺新寵有暇還須熟
舊章日覩令家今最盛六卿風憲滿薇郎
洲道中九日招飲
節亭中開盛宴鳳笙龍管不教隨斯文舊托同年好
何如九日斟露浥庭花金燦爛風搖簷竹影參差
衣幸爾應徐末但愧霜華染鬢絲
和李進士遊西墅草堂韵
朔風吹沙日已西肩輿只恐歸路迷薄寒中人酒易散
積雪凝面詩難題群芳已謝覺物淨衆鳥未宿爭林棲
草堂新構為別墅重來定有發蹤携
謝崔太僕送菊用吏部尚書韵
佳菊分來寄玉堂品題應合剏群芳根從舊種多留土
花為新開不絕香寒氣未迎先帶雪秋容已謝更朝陽
明年有待重遺我老健何妨日舉觴
病中寄錢原溥諸友
通宵無寐數更籌坐對銀釭歎白頭奉命秪知趨闕喜
失[redacted]翢致下堂憂爐盆向曙唯添火簾幕驚寒未上鈎
珍重高軒頻慰藉頓令衰病一時瘳
送彭鼎同年致仕還江西
邂逅相逢說宦情五朝人物冠時英淮閩典教涵清職
齊魯分司播令名衣錦羡君榮故里懸車先我促歸程
杏花春雨江南路千首詩成設紀行
送林文秩同年致仕還閩中
三百同年人有幾惟公高誼世應難宦遊每得通書問
歸老寧無惜羽翰春雨園林楊柳綠薰風亭館荔枝丹
榮枯得失渾如夢白首誰能保歲寒
送僧住持十刹
承恩南去住招提飛錫翩翩度浙西已悟梵音超衆品

持心印化群迷雲生講座龍長緘花落禪林鳥自啼
一派真源長不竭茗溪今許接曹溪

酬許太常招飲

交游翰苑託相知晚節寧因世態移但喜連年栽菊盛
何妨九日著花遲金尊酒美頻催換玉管聲清更促吹
倚醉歸來新月上不須銀燭馬頭隨

送李玘御史清軍浙東

少年遊宦獨超群清白聲名遠近聞行郡繡衣金作豸
趨庭彩服錦為紋雲[illegible]驄馬千峯去江上潮從兩浙分
此日省風兼問俗歸朝還擬奏
明君

松月詩為壽上人賦

長松伴月掛雙林開士偏宜共賞音影到石林春寂寂
光涵雲室夜沉沉一塵難污堅貞操萬慮都歸潔白心
閒却禪關初定起野鳥啼處落花深

送苗學士

恭承
恩命出彤闈漸覺文星闕下輝七十懸車人仰
德四朝遊宦士增輝[illegible]
御勑龍光動花映宮袍鳳彩飛當宁正資賢輔理却憐
司馬洛中歸

送樊參議往湖廣武當

茲行何異入蓬萊千里山川錦繡開今日始成遊宦志
昔年應負濟時才雲中謁聖瞻金像月下逢仙醉玉杯
翹首東風望消息隴梅先寄一枝來

送董中書捧香帛使湖廣

玉几分香下
九天承恩南去敢遲延寅清首選心無[illegible][illegible]沐[illegible]備禮
益虔冥黙雲深看舞鶴寢園花落聽[illegible][illegible][illegible]事竣歸
來日春水官舟穩駕仙

送畢源指揮

元戎家世樹奇勳忠義相傳喜有[illegible][illegible][illegible]詩兼用武
談兵揮麈更多文湖邊載酒尋春[illegible]窓下龍香待夕焚
南望故園歸去日朔風吹雪正[illegible][illegible]

題玉山佳處手卷

容東坡圖想舊踪晴巒[illegible][illegible][illegible][illegible]客前脩已識人為寶
後代因之王[illegible]年遠近池臺涼月暗參差亭館白雲封
當年勝[illegible]今[illegible][illegible]烟草[illegible]迷[illegible]古松

送陳有成都堂巡撫

西秦邊報達來聞廷議咸推遣使君
天上御書龍誥勅日邊宮錦豸為紋清心夜對函關月
壯志晴開華嶽雲歆識黎民瞻仰處萬頭千百總成羣

暇日西郊即事

朝退從容出
禁坡有興行處早涼多風含樹色園青蓋日射嵐光擁
翠螺萬井鶯花明錦繡九衢車馬雜笙歌官閑只為憨
奔走對景唯添鬢髮皤

送高編脩[illegible]仕

老病年來忽見侵為辭紫綠謝朝簪閑雲野鶴成高[illegible]

白石清泉是賞音多學不慚居館職遺經猶勝積籯金
同官况是燕同姓別思回君更轉深

畫草

郊園春半草青青嫩色柔姿染不成一帶未經霜後老
幾番先向雨中生愁憐過客香車碾鬪惜佳人玉指擎
聞說樂遊原上路年年此際見枯榮

送錢溴任廣西方面

清時膺薦出神京千里旬宣屬老成遠徼久知歸
聖化大參先擬達民情離離紅樹供陰好隱隱蒼梧入
望平政績重來知有日定應遷擢被恩榮

送吳司訓之高郵州學

又携書劍別京華去路還乘八月槎後進文章新中式
先天經學舊傳家雲明錦綺凋楓葉露濕金錢[illegible]花
淮海諸生多俊秀待君磨琢玉無瑕

送張祝起部

都門携手話離愁賢達如君躡最優爲客暫須名郡去
奉親還入故鄉遊鳳回楊柳隨春度雨漲桃花逐水流
人事升沉俱有自百山應不愧前脩

送何給事中致仕還建昌

衣冠楚楚鬢蕭蕭曾把文章事
聖朝老去正緣鄉思切歸來應使宦情消半生江海名
偏著百歲山林興愈饒想得故人詩社裏麻姑酒熟定
相招

育齋先生詩集卷之十

育齋先生詩集卷之十一

七言律

寄南京張都御史

忽捧雲緘讀再過燦如星斗淡銀河
朝廷簡擢名尤重故里交游義更多寒壓雪花明苑樹
春隨烟柳上庭柯都堂吏散文書靜歸覺從容振玉珂

宿柳春芳白雲居

白雲長日護幽居世外塵囂得盡祛淵壁龍蛇天帝篆
一簾風雨地仙書紅爐焰暖留春住素牖光寒透月虛
但願年年來憩近幸分玉髓養衰餘

題昆山顧氏挹源雅集卷

當時故老凋零盡撫卷寧無一慨然二百[illegible]
賴有賢孫能繼業錦題牙軸至今[illegible]
[illegible]說平泉春風草色迷[illegible]

送許越還東曾道中子也

又挈琴書出
帝鄉東風花雨送行裝千年檀樂[illegible]
明主一代衣冠事素王植檜臺高[illegible]川亭古[illegible]
流長人生忠孝難兼盡却書斯文遂[illegible]

病中喜許夏二太常見過

簾幕低垂護曉寒病懷愁寂不勝冠青雲最喜多同志
白首深慙拜好官小閣焚香芸氣住孤燈[illegible]熏火藥
今晨忽枉高軒過夢繞東窗日幾竿

贈海門李教諭先生

將名姓擅詞場橋梓登庸遂顯揚經學一門
英才兩地接餘光杏壇花拂東風暖芹泮波涵夜雨凉
莫道廣文官獨冷倖金多少貯行囊

送薛侍郎

又承恩命出金臺玉節光華絶點埃朝廷共知公士論
廷宣深擬及民災福星千里臨淮海甘雨三時徧草萊
天使斯文勤治理輿情引領望重来

題黄編脩草亭二首

茅亭新構□芳林暇日来遊翫賞音門外屢經無俗轍
座中高詠有華簪黄鸎捎蝶穿花去紫燕將雛隔樹尋
退食自公聊適興一壺春酒七絃琴
陸七□□隔紅塵攬翠延芳自可人閉户讀書成□陸
退公□□傳天真林鸎落葉雲生石□□飛花□□
最是五更殘夢醒起聽宫漏促朝紳

舜粟

花簇金黄纍纍圓歷山遺事至今傳聞歌已協唐堯稷
播種還居后稷先落日牛羊空满野薰風鳥象亦耘田
文皇御極曾来獻史冊頒書八有年

壽詩為會稽沈上舍賦

南極凝輝燭紫霄高人初度樂□□□花顔不遂年光老
白髮都隨喜氣消梅□□□傳□□□□□花□□近壽筵飄
霞觴雲液頻頻勸吹徹□□□□□□□□□
家□□□□□□□□□□□□□□□□□□□□□□□□成衰朽
壽用維存道□□有成□□□□□□□□

傳来果是非鄉外葑田禾半熟城東茅屋葉交□
思故舊真高隱安得相從共采薇

送金尚書征閩

奉命南征布德威胸中謀策出天機宼殘是逞誅無赦
撫字非才貴有歸兵後城池多戍觀功成民庶足瞻依
還朝定擬膺新寵金帛煌煌映錦衣

送許越

暫從京邸别親時歸路從容日正遲千里東風消□□
半篙春水帶流澌觀瀾自擬期觀海學禮應須更學詩
楊柳似知行客意故將青眼繫離思

送孫原貞同年大參

清居紛署衆稱賢秋月冰壺共皎然叡學固宜膺□□
才華今羡出旬宣身移宫樹明金繡雪綴林花映錦□
自愧年來叨禄久獨能無意愛顔連

寄汝同侍講

十年同共事經□披讃道□君啓沃多舊學總知符士論
新春尤喜沐恩波窗間積雪明金□□外微風振玉珂
老我自憐衰朽甚匡時無術欲如何

壽詩為苗學士賦

頂育丹砂雪色鮮飛來回壽玉堂仙長鳴盡日依官舍
□舞常時近客筵千歲佳期呈瑞九皋清夢托音傳
致身已在□□□上蹤□還應勢□□□

恩光林屋為金鄉事賦

二十年依然碧流先翁曾此事游淵藹書不起天涯久
別重傳地下遊泉溢春香浮淵漫樹迎佳氣藹林丘
川別墅今陳跡千載徒傳畫品優

送宋士皋尚賓

君南去值清秋紅葉黄花照酒甌交誼忍為千里別
多才偏稱兩京遊山分曙色來江口帆帶潮聲過石頭
莫謂白門成久住明時高擢盡儒流

挽錢漢儒先生

白髮懷賢淚滿巾那堪高誼竟沉淪半生塵慮無分
爽棄衣冠自有人避地只緣逢世難辭榮終不管家貧
寧碑寂寂原上過者應須式漢濱

詠文淵閣雪山

雪作奇峰傍石臺恍如西蜀忽飛來銀河有石虛無[illegible]
瓊島無花剪刀裁龍喜天邊擎曉日還愁地底響春雷
泰山衡嶽人皆識千古靈蹤未易推

送數言陳文中

襟懷瀟灑絕塵緇美藝清才衆所知
帝里有家長近郭侯門無事只談詩[illegible]冰明金鏡
春入吳山翠眉白髮嚴君相别久從[illegible]道尊期

題歸希喆居士惟心卷

靈臺一點玉無瑕何事偏歸道釋家天理自然存節制
人心從此絕紛華光涵夜月波中影香散春風陌上花
躑躅一鞭從正學備為允不泥泥沙

送陳景茂郎中還金華

三朝染翰樹勲業八十懸車志不羣貧郎有可依緣好
說山無夢到青雲游酒說著英曾課子善工學[illegible]文
想對蓉峰清絕處悵然有一篆引南薰

題嬾漁詩書總先生陸與權卷後

華髮蕭蕭倦整冠日高猶未下綸竿烟生茶竈陰將熟
雪滿蘆衾睡正安鏡裡錦鱗隨意取籠中孤鶴養來看
不須重放桃源棹從此仙家去路難

東皋莊別周惟厚

相逢東館話深情何事匆匆又促行烟火半窓分客榻
琴書十里到山城天邊白雪飛花早溪上清風度舫輕
若見楚雄賢太守道余宦學兩無成

哭外舅守恒先生

京華別後見無緣珍重當年識我賢門下乘龍今作婿
天邊跨鶴已成仙囊金散去應無積藥物儲來尚有傳
明日一尊荒塚奠不勝哀痛淚如泉

重過夏澄莊

二十年前此地遊人家依舊倚清流才名早愧兒童識
尊酒重煩父老留竹裏翠禽啼暫歇草邊黄犢放還收
未須感慨論今昔落日西風滿目秋

送辛先生

三月相逢又別離那堪回首憶芳菲情深楚客留衣別
興盡淮山載酒歸綠樹曉從雲外合白鷗晴傍水邊飛
高沙故舊如相問為說懷憂正掩扉

題高郵張名士號碧溪老人卷

作海詩箸甚隱君承家清白更能文[illegible]江花[illegible]
段閒情水鳥分湖上醉歸舟[illegible]在也題京[illegible]
長安車馬多知雨幾箇人能遠世紛

寒食口占

瀟兩顛風不放晴客中懷抱未分明
陽來新火承恩早脫却重裘覺病輕楊柳樓臺飛紫燕
海棠亭館啼蒼鶯思鄉莫動楸梧念拜掃先塋有弟兄

送李紹檢討還鄉

青年積學擅文章風度雍雍拜玉堂供職久知親筆[illegible]
還家今喜恩光涉邊鴻鴈驚秋早江上芙蓉帶露[illegible]
聖主右賢須暫去編摩望待石渠郎

送[illegible]脩撰侍親

京華長日望[illegible]闈歎報劬勞又[illegible]荷
天恩人共羨拜膺家慶世應[illegible]酒金爲[illegible]
有興編作帨更喜怡顏多暇[illegible]好送斜[illegible]

賦紙帳

裁就溪藤製作工清標不與九華同寒威盡[illegible]
春意先歸羅幃中低護衾雲香縹緲静移梅月影玲瓏
覺家共飲羊羔酒却笑繁華轉眼空

南浦別意送鄭本仁主事之京

驅馳十載鬢先皤風度雍雍器宇和門巷自憐私謁[illegible]
江淮人羡特相多情雲冉冉依山旆春草青青映玉珂
[illegible]望神京天咫尺縣知此去沐恩波

送戴瑞主事

[illegible]席摛得茲才眉宇娟娟絶點埃選擢又辞金[illegible]
脩元自玉堂來舊時書卷吳船載新樣宮袍蜀[illegible]
客裡況逢秋色好離筵須盡菊花杯

寄婺從龍處[illegible]伯沈用維三醫士

白雲長日護山房風動參苓滿架香每遇鄉人施妙手
肯因朝士寄僊方醫經夜共丹書讀采飯晨兼石髓嘗
多少病懷無遊處半隨歸夢到滄浪

詠地

分從下土配乾元厚德神功不可言萬物盡歸持載力
四時多藉發生恩杯涵滄海形容大拳立諸山氣象[illegible]
南北輿圖今混一華夷共仰
帝王尊

送平江伯印馬

清時歸馬華山陽選閱應知屬俊良使節喜傳天上[illegible]
宮袍猶帶御前香秋風萬隊明霜練曉日千羣散錦[illegible]
奏命還朝應有待五雲深處[illegible]

送吳副都致仕還吳中

封章陳乞許懸車還向林塘訪舊居囊裡貯金多是俸
架頭存本半成書一塵不染心無愧三經雖荒菊有餘
白髮引年誰得似古今惟說漢疏

和沈子美詩韵

京國相逢話昔年問關世事[illegible]情愁添華髮心猶壯
老愛文章志愈堅匡輔縱才[illegible]拙平安有字託君傳
[illegible]知別後懷思處[illegible]芙蓉[illegible]水邊

過海子橋望海印寺
招提壯皇思無窮今昔追遊事不同泉石煙霞三界外
金銀樓閣半天中門臨綠水依然在路隔紅塵未許通
落日漸低行漸遠槐陰滿地鳥呼風
童御史壽親詩
塤篪迭奏映斑衣珍重人間此樂稀香護靈椿枝獨秀
翠圍萱竹笋應肥華筵對酒留春住小閣開簾看雪飛
幸遇太平偕老日年年稱慶在庭闈
病中寄黃廷臣編脩
連朝卧病未加飡瘦骨支離尚怯寒自愧腐儒膺厚祿
頻煩佳客駐征鞍熏風蕩蕩啼鶯燕細雨霏霏種藥欄
老去却憐蒲柳質可能長日事金丹
江山勝處爲神樂觀道士賦
南北翩然得自由白雲隨處接丹丘尋真未向蓬山去
愛景先從浙水遊一劍光涵林屋曉片帆影落太湖秋
懸知採藥歸來日兩袖香風入帝州
送侍讀陳汝同南京主文
匆匆南去入神京江上官舟半月程射策共誇多士集
校文尤羨主司明風迴小閣秋香細日轉重闈午鑰清
定擬奏功還上國五雲深處拜恩榮
送侍講陳時雍還南京
白髮三朝舊俊英年來尤喜被恩榮文章望重超群輩
講讀才高愜衆情遠路逢秋消溽暑歸舟載月[illegible]餘清
明朝又是都門別詩酒何時更今行
寄□□□樹印方池池上曾開□□□□□□□□經雨散
庭蒼□任風吹蛾湖□□□來早鵲□□□□□去遲
最是可人清意處落紅香□□成詩
秋闈秋夕呈李學士二首
秋闈深鎖絕行蹤不似蓬萊□路通共喜□□□□後
諸生多在品題中虛簷露冷披群雋碧漢秋高度早鴻
明日何人膺首選奏名齊入未央宮
重幃低護易黃昏絳蠟高燒夜氣溫五色自慚迷日賦
百生何幸沐天恩露凝丹葵聞蛩語雲破虛窗見月痕却美左司唐
李白校文惟有玉公存
杏林詩爲廬州邢公作
種樹仙家歲月深東風到處盡成林嬌紅半露藏煙□
佳實低垂檻外陰豈愛穠香熏倦眼自多芳意悅人心
廬山漫說神功大千古惟君是賞音
賦得寒山寺送宋庶珪主事
姑蘇城郭枕江鄉雲樹陰陰掛上方山鳥晚分齋後供
野人時爇佛前香□□□□□□深院落葉荒苔滿曲廊
仙客題詩重過此□□□月伴孤航
送陳太守兩浙岳陽樓卷
聞說高樓□□而雕簷□□□□□□百年遺跡陳侯繼
千古雄文范老題遠□□□□□□□□晴連夢澤草萋萋
何當許我來登眺□□□□□萬仞低
送苗先生秉彝□□□

詩昔長日得論心交誼從今我獨深文事正宜同□□
那忍又分襟山樓絃子紅當路岸柳飛花白滿□
首錢塘江上月看時還解憶知音

送邢太僕備遷江陵省親

繞膝斑衣又告歸那堪分別思依依名因秘閣編摩重
心在高堂定省稀千里江流來畫舫四時佳慶舞斑衣
茲行况值春深後啼鳥飛花送夕暉

送佘侍讀歸吉安

都門供帳晚生輝共餞文星出
帝畿洛下舊傳司馬會鑑湖新賜季真歸依微鄉樹看
來近隱約宮花入望稀此去江南多樂事白鷗春水兩
忘機

題聚遠樓

高樓構得傍湖堧霽色晴光曼渺然紅日半窗鳴鳥外
青山一帶酒杯前洞庭柑熟盈村市笠澤鱸肥滿釣船
無限風情俱在目興來收什入吟編

賦得瓊花觀送洪益中寺正還天台養病

后土祠前舊日栽東風幾度看花開香隨舞袖雲生榭
夢逐遊姬月滿臺玉蕊徒聞矜艷色瓊葩誰似冠群才
仙郎到處題詩去還折餘芳遠寄來

送楊遜之給事中還延津省母得青字

慈母年來享壽齡夕郎今日喜歸寧繞從天闕承金誥
又向都門別玉瓶柳色漸凋霜後翠山光遙帶雨中青
明時衣錦真難遇閭里爭傳姓字馨

寄許千户廷舉

淮陰城下暫停舟情厚憐君獨見留花揲清尊同酌酒
柳遮官路共鳴騶鄉山入望應非遠楚地重經是勝遊
他日南歸期握手謾將懷抱細論酬

送陳德耔御史

雲霄轉喜得相逢歸去還乘舊日驄囊裏新詩千首在
客邊清話一尊同平林日暖消殘雪遠道天寒叫暮鴻
此別不須驚晚節繡衣霜簡氣如虹

送郭先生

遊宦年來鬢已絲雲霄相見喜成悲一經獨究先天學
兩郡曾為後進師暖送金尊時命酒寒催銀燭夜裁詩
匆匆心事應難盡何況明朝又別離

賦得天姥山送洪益中養病還天台

天台相對勢崢嶸異跡靈蹤舊有名青嶂開時雲作獻
翠嵐飄處雨初晴孤峯映日添奇秀萬仞凌空類削成
採藥劉郎歸去好煞如山處學長生

送鎦球主事

明時遊宦著芳聲職列清華稱龍榮載筆宜通史館
燒黃先從拜親塋山迎畫錦千花合帆趁江潮一葉輕
歸到故園風味別鱸魚新筍是香羹

詠石池蓮花

八葉垂實印芳池最後呈祥獨占奇嬌旎錦雲籠素面
淋漓玄墨上嬌姿扶持似得神明相妝點寧非造化私
□日下教零落盡多應有待送花詩

詠錢

微方兮外體圓流傳今古號為泉肯教榮辱成從□不使公私得兩全開口易增脣吻喜到頭難買子孫賢人生何用狂需索貧富由來總在天

和湖廣楊少保先生夜直韻

白髮忠勤翊聖朝玉堂㒲直夜焚膏綾裁錦被脩承寵詔草黃麻不憚勞露下瑶階寒氣早風迴紫閣漏聲高關西夫子文章伯勝有勳名繼禹皋

和李元善見寄詩韻二首

憶昔鳴琴不下堂清風時復鮮民殃先朝遊宦稱賢達列傳書名顯俊良翊老豈須鳩作杖養心多藉審為湯二從陶令歸來後便覺山林興味長

千里書來問玉堂愛懷頓覺失微□白綠蒲柳資容弱深藉參苓藥味良誼重不慚同管鮑官清何幸際堯湯閑中點檢平生事百拙渾無一技長

題駿圖

戰罷沙場得意還萋萋□□滿江關虎文龍翼秋林外霧鬣風鬃落日閒逐伴嘶鳴應有待隨時飲秣未為閑清朝騏驥真無數雲錦光生十二閑

題郭給事中綠陰書屋一首

指日平曾與結衡茅森森千章翠色交松下讀殘頻笑傲花邊吟就謾推敲傳家有桂窮經史閉户無人載酒殽自致身霄漢去長留清影護書巢

過揚子江望大悲閣

巍巍高閣瞰江濤畫棟雕欄照古今萬劫不磨諸佛力一塵難入老禪心天留疊嶂圍空相地擁寒潮接梵音野鳥自知方外好數聲啼處傍幽林

留別昭陽親友

不到東淮又十年滄浪雲水尚依然頹顏自愧兒童識薄宦多蒙故舊憐千首贈來詩似錦百壺攜出酒如泉終宵夢入京華路涼月官舟獨不眠

送王希仁少卿

未央朝罷出金閨拂拂天香兩袖攜行色一鞭衝暮雪文光千丈貫晴霓心存故舊人多羨老荷恩榮孰與齊此去睢陽應有暇醉翁亭畔把詩題

題畫贈醫士孫公器

層層樓閣倚晴空林壑幽深一徑通老樹半依蒼靄外好山多在白雲中凌寒雪映尋梅客薄暮煙迷採藥翁欲識董仙何處是萬株紅杏市橋東

和陳士謙送蔣廷端詩韻

聞說西湖遊覽處迴仙遺蹟對南山遺重來握手經三月此別一枝隔五雲春水畫船曾載酒夜窗剪燭共論文老懷不識荊州面緬想風流字出群

送鄒昌進士

青年及第荷君恩金榜名題御墨痕正好托交通契誼那堪多病□□□鄉園東風楊柳門前市春雨桃花郭外村愧我有家□

胥齋先生詩集卷之七

七言律

賜觀海子詩

十月鑾輿與重巡雨晴天氣似陽春雲依綠[illegible]蓬[illegible]近
日上瓊林草樹新魚鳥有情懷
至德臣民何幸際昌辰太平
天子今堯舜樂事還同四海均

送馬都御史之甘肅

聖主憂邊命老成紅雲閑下拜恩榮參戎暫假雲[illegible]遠
敷政深期朔漠清充國有才能料敵仲淹多學更知兵
茲行豈但宣
威德還取樓蘭獻玉京

送[illegible]先生[illegible]

蒼龍闕下拜新遷南入金陵路幾千國史已書先世德
皇恩猶及後昆賢晴看山色雲生壁夜聽江聲月滿船
此去功名期遠大況君才學更青年

張伯通招飲

故人招我城東去匹馬晴郊碧玉蹄酬酢但知文字飲
風流不為笑歌迷筵前瑞雪花先墜天際銀河影漸低
歸臥小軒清興永幾迴欹枕聽朝雞

題平江伯所藏卒陽春牧圖

商郊戰罷散双蹄放逐東風恣飽嘶雲錦[illegible]清霧濕
玉花晴藉翠烟迷飲隨流水頻趨澗戲滾香塵不染泥
問去奚官無一事萋萋芳草日平西
未得空將白髮對綠尊

蓮亭詩為建寧張太守賦

天然秀種異凡葩開向南閩太守家作瑞久知傳泰始
呈祥應不羨元嘉香飄檻外雙分蒂影落波心疊見花
政治由來本德惠更將清白後人誇

秋夜別汝同

與君雲路各東西邂逅文場手共攜交誼豈緣長歲改
才華却羨古人齊青衫坐久涼先入銀燭燒殘月未低
明日匆匆還別去相思惟有鴈書題

寄高郵鄒明善先生

書來千里倆知音兩地懷思一寸心明月清風花下酒
高山流水座中琴伏生老去名猶在陶令歸時興[illegible]
何日南還尋故舊偏舟來繫柳溪陰

孫真人應召圖

蚤識真人起晉陽晉為林下久韜光九重曾拜徵賢詔
千古猶傳濟世方養性有書存勸戒辭榮無跡混行藏
芳名不但留青史更羨
先朝御墨香

寄王揮使燕東龍甚遂榮

習武歸時日正長小軒凝坐謾焚香兵書注就重刪改
琴譜傳來自校量林果亞枝朝雨足庭槐布葉午風涼
更憐下壺多清暇臨得黃庭數十行

題扇

輕盈標格絕纖埃隨處清風拂面來持握每從天上去

待騎千户不至

碧霄飛札許相過故遣家僮候玉珂朝退自緣公事少年來不厭客情多烟生茶竈長迷鶴雪滿松庭不[illegible]咫尺城南與城北無由縮地欲如何

題畫爲國子先生景信題

溪南溪北路迢迢隱者園林隔市朝山日雲來迷遠樹渡頭潮落送歸橈幽深誰羨居盤谷清絶何須訪石橋靜裡却饒秋色好松花零落雨瀟瀟

送許道中主文八關

同年主典文衡去大手能空冀北群天上衣冠人似玉客邊騶從氣如雲公堂對月當秋半官燭探風過夜分簡拔至精誰不羨得賢歸奏聖明君

寄謝李存吾

恩勤傳語到京城[illegible]厚寧嬌曾面稀尺素未通高士書一尊先寄小兒歸日長花[illegible]金[illegible]度風定蓮塘白鳥飛料得小軒殘暑退自裁香苧作新衣

題孔明圖

南陽高臥[illegible]風雲百[illegible]間關[illegible]漢室再興資妙略蜀都新定見奇勳心同伊呂忠兼義才比蕭曹武更文千載出師遺表在後人誰不羨英芬

題十八學士圖

濟邸龍飛屬晉陽一時冠冕盡輝光榮名共許超真境勝事相傳啓大唐功業尚存書簡冊猶臣千載際明良珎藏不獨丹青妙更有[illegible]香

八關弘文廡俊英[illegible]不羨登瀛身依日月扶元化志[illegible]乾坤佐太平[illegible]傳今是古高風長在死猶生先皇養士恩殊渥調[illegible]由來盡老成

送丘上舍還京與姻

春半京華喜識君高秋離思苦爲分手攀桂子香猶在歌詠菊天酒半醺渺渺官舟千里月悠悠親舍萬重雲故鄉人物情偏好况是青年更有文

題鄉人沈烈婦卷

平生貞節重丘山一難[illegible]流更不還史筆勝書當日事鄉人猶說舊時顏[illegible]身先入鳥鵲無橋志已閑寂寞波心千古月清輝照見血衣斑

中秋日晚晴[illegible]

賜酒饌喜而有作

好雨連宵不厭多自憐無計挽天河幽懷正擬題詩去中使俄傳送酒過樹抄殘霞橫錦帶屋頭明月上金波御廚法品非常饌飽食[illegible]能養太和

江山勝覽爲董翱飛指揮題

十載防秋駐此關乘時游覽水雲閑千尋[illegible]上百折河流指顧間路築金堤[illegible]可渡林藏鐵[illegible]龍門柢柱皆形勝馬首[illegible]還

遊玄妙觀

綠槐夾道[illegible]風[illegible]漸消客路不辭[illegible]儒家元自遠塵[illegible]史卓道人經誦[illegible]

元日試筆
[illegible]歲華新又旅泳盤蔬為五辛邊徼無塵[illegible]
[illegible]不多樂皆氏士牛與送千門臘綵燕晴迎萬[illegible]
[illegible]
君恩天廣大獨愧衰朽負經綸

送魏太常
承恩南去典容臺職列清華接上台謚法正資當代筆
文章兼有古人才數村紅樹雲邊出一路青山馬首迴
最是人生多聚散離筵莫惜醉餘杯

歸田園詩為和州鞠太常作
乞得閒身養壽齡鄉人[illegible]久曆軒冕德文貴
獨抱沉痾賴藥靈[illegible]閒歌夕枕林花愁對隔秋屏
傳家更有青雲業猶教兒孫課一經

懸壺詩為[illegible]恩朗醫士賦
一壺長向市頭懸深處誰知有洞天妙藥每從貧士施
奇方應得異人傳碧桃[illegible]春猶在寶殿瓊樓月自圓
聞說君家多種德高風千古繼前賢

朝回道中書事
九十春光二十過客衣無[illegible]何岸邊楊柳將青眼
池面冰澌漸綠波雲護[illegible]龍小閣風兼殘雪[illegible]
[illegible]廻紫陌天方曙巴有人家鹽綺羅

壽致仕黃少保
[illegible]薰風拂玳筵畫堂開[illegible]慶高年共誇天上辭榮客
[illegible]間不老僊春酒香[illegible]
[illegible]考真全福肯讓松[illegible]

八月一日出郭南拜奠鄭[illegible]文[illegible]
[illegible]曉有與出郭行風光滿月不勝情露[illegible]
日羽跡楊鵲屢[illegible]野墅斷雲開霽色石梁流水送秋聲
鄭虔老去名空在拜奠[illegible]酤淚濕纓

齋房有作
齋居肅穆對宮墻祀事精虔敢怠荒絳蠟吐花寒氣少
金壺催箭漏聲長鈎簾有月留清影紙帳無風炷好香
何幸清時叨近侍却慚衰鬢已蒼浪

扈從
帝城西畔多山水暇日[illegible]陪
聖主遊[illegible]重迎御[illegible]綵雲千[illegible]護[illegible]當風靜
[illegible]波[illegible]花[illegible]春深[illegible]流慚愧[illegible]仙蹕獨無佳詠

[illegible]
[illegible]韻
周室中興德化當當時石鼓尚留傳書分籀篆堪為式
文比車攻未入篇商有銘盤同是古禹存遺鼎却居先
嬴秦亦有荊山玉狼藉人間幾百年

送陸叔溫[illegible]
芳年遊宦著佳聲不愧[illegible]舊令名歸日紙因懷故[illegible]
別時猶自戀神京[illegible]瞻雲樹滄浪[illegible]載琴書畫舫輕
想到高堂頻設宴薰風花底坐吹笙

送僧還南京
從師來往涉鯨川蹤跡飄飄不離禪法藏遠須雲漢上
[illegible]衣今拜御階前白雲歸路三千里紅樹秋容九月天

證道空門超悟少南州心印得真傳

陪祀社稷壇

齋稷清壇夜不扃金爐香直散微馨
皇心黑黑恒存敬神會昭昭歆降靈掩映旌旗凝瑞霧
輝煌燈燭挾華星烝民粒食由玆德秋報春祈億萬齡

寄鄉友張叔誠

襟懷瀟灑絕纖瑕聞說年來鬢已華久別鄉關頻入夢
近依州郡却為家神珠夜照湖邊屋璧月秋涵海上槎
幾度詩成勞寄我愧無佳句續天葩

題四皓圖

當年何事別秦庭坐愛商山擁翠屏避世不知頭總白
安儲誰識眼俱青天邊飛騎來應遠雲外冥鴻去莫停
白石蒼蒼春寂寂空餘芝草滿巖扃

送程希石之官泰州

柴書南去路三千春水扁舟穩駕仙淮海人沾新德化
朝廷官擢舊才賢東風楊柳家家酒暑雨秧苗處處田
料得公餘乘興好日長多費錦雲箋

省牲

嚴城禁鼓促良宵華月流輝更寂寥齋沐自應存敬典
蹤庸何幸際昌朝銀燈破曉星初落玉勒衝寒雪未消
報主敬天同一致衰顏無那鬢蕭蕭

賜觀九龍池和韻

乘雲飛去不知還留得遺蹤在世間九道寒光晴噴雪
一泓清影晝涵山長年有雨偏知潤盡日無風只自閒
西華壯恒徒引領高崖絕處未容攀

和黃養正雪山韻

積雪為山傍石闌恍如玄圃駕飛鸞春迴澗脉流澌易
地臈泉源噴玉難賴有月華供好景雖無雲彩亦奇觀
自憐托跡青雲上歷徧風霜不畏寒

水竹居為吏部王尚書賦二首

流泉繞竹叶鳴琴老去應知賞音半畝清華先世澤
十年遠別故園心凉生池館來秋思影到軒窗散午陰
却羨名家多勝槩蘭亭何用遠相尋

步翁種竹繞溪[illegible]雅韻為風不可攀往跡却思遊釣處
新來寫入畫圖間一泓清碧涵星斗五夜參差響珮環
客裡幾多歸興在又隨飛夢到家山

寄錢[illegible]安先生

滄浪亭下舊衣冠回首青雲夢已寒酒熟每招同志飲
詩成只許當家看歲收香稻頻登隴春賞名花愛倚闌
惟有沙鷗知此意飛來長傍釣魚竿

寄用維醫官

十載相違失舊盟近傳雙鬢已星星無媒不肯干時祿
有暇還須究藥經小圃和烟收摘杏平渠引水灌參苓
門前多少人求濟共說先生術最靈

題崆峒子供壽圖

世外高風總是仙披圖一見思茫然無心共喜超無極
有道何須問有緣弱水隔塵三萬里蟠桃結實幾千年
遥知此會須臾事雲在丹崖月在天

送蔣廷暉致仕還錢塘

湖上有林塘小徑幽溪引興長共說高年[illegible]雨露綠清節歷冰霜醉來還向花間去賓至還開竹外堂[illegible]部書知書錦歸家々閑得異香

題仕女燈

紅裙翠碧蓮相逢花市畫青年[illegible]成[illegible]無力芳心似有緣不學凝纏迷醉客何須[illegible]接說吟仙[illegible]行樂天將謂獨倚銀屏意悄然

寄丁溪周允誠

[illegible]纖千里托飛翰幾度攜來不厭看腰[illegible]遊俗[illegible]公艇[illegible]獨愛安林穀似雨秋偏潤[illegible]亦寒[illegible]襄[illegible]斷[illegible]幹[illegible]異鄉歸去獨承歡

和楊少保元日早朝

[illegible]七星斗轉銀河[illegible]天寶焰長春日[illegible]御[illegible]萬[illegible]

和蒲少保見寄詩韻

右三日[illegible]遠映[illegible]出雲氣都成[illegible]翔四海又安民[illegible]只在忠良[illegible]親[illegible]過十行寄來高誼敢相忘[illegible]轉三更月[illegible]論晴消雨[illegible]公暇幾番焚誥華朝回滿袖帶天香[illegible]才推第一人[illegible]王事勤勞豈憚忙

送龍廷盛御史

兩袖天香出禁闈激揚清濁似君稀承恩[illegible]向名藩去衣錦先從故里歸照海文星秋熠々隨車甘雨晝霏々

[illegible]正仰魚鹽利到日應須布德威

送[illegible]王[illegible]政致仕還四明

天上逢[illegible]送君宦情離思兩紛々祇因白髮三千丈[illegible]卻青雲五[illegible]山色帶雲秋後見江聲和雨夜深聞東歸不獨田園樂更喜傳家有右軍

送[illegible]備還山東省親

采[illegible]親去便覺庭闈喜氣多白髮酡顏新拜命[illegible]登科筵前壽酒開春甕[illegible]斑衣[illegible]閑說[illegible]清致暫將餘暇伴[illegible]哦

送同年陳文璧歸老松江

青年[illegible]宦衆稱賢回首東風雪滿顛潘岳早年曾作賦陶潛今日便歸田忍將別酒傾[illegible]謾把[illegible]心托[illegible]光我淮山空在望雨中[illegible]贈益凄然

送唐允首善之饒州判

[illegible]銜恩命出明光兩袖薰風帶御香郡士喜迎新郡判官僚應失舊仙郎舟前楊柳經時雨江上芙蓉浥露涼[illegible]奇興饒陽賢太守年來[illegible]颯鬢如霜

送高文常下第歸廣陵

[illegible]年才子氣如雲筆陣詞源貫出群五色暫迷當日賦[illegible]還宛舊時文沙鷗點々舟前見江雨絲々枕上聞[illegible]日[illegible]來膺首選杏園花正吐奇芬

送鄉友陳子勗[illegible]

[illegible]來[illegible]歎斑夢中忽憶舊家山頻沽美酒澆離[illegible]篇舟任往還春雨杏花官店路東風楊柳驛[illegible]

江季[illegible]爵[illegible]幾久未許閑身得共閑

寄相主事

曉逐鵷班侍禁中退朝多在日華東從容起草無俄頃
蕭散唫詩進自功柳艀金艇啼鳥綫荷樹玉沼戲魚通
歸來更喜新調膳定省庭闈致養豐

送陳都堂致仕還吳

四朝憂國鬢毛斑養疾還知稱意閑黎庶久應懷令德
山林誰不仰清顏廷留諫草心長在家集醫方手自刪
試看吳江江上路春來秋去幾人還

過長蘆

直沽東去接鯨川[illegible]時浪拍天舊宅[illegible]
新艘萬斛[illegible]客子時呼[illegible]柳外漁[illegible]

[illegible]喜近來科目盛聯芳踵武盡英賢

連窩驛與李參話舊感而有作

[illegible]問相見話匆匆雲自西飛水自東有志不須[illegible]小
無家何用惜途窮先翁已跨遼東鶴仲氏新乘陝右驄
但喜萱堂榮且壽[illegible]迎養表情忠

贈張隊二主事

[illegible]朝已步夔龍武共事還乘李郭舟解粽客來逢令節
及瓜人去上瀛洲勤勞使命多佳譽指點王程作勝遊
料得斯文重會日鳴驛高栁又清秋

彭城驛中遇公度

彭城公館一逢君話舊匆匆不忍[illegible]而臨小邑
[illegible]日及斯文[illegible]舟中見[illegible]

[illegible]吾賢清絕處[illegible]走楓雲

寄苗先生

[illegible]延詞苑共綢繆海內文章第一流憂國仲淹遊宦久
[illegible]官跡廣沐恩優王程路隔三山曉客夢涼生五月秋
惆悵無由見風采依依雲樹使人愁

二寓軒為孫都事賦

午窗花落點宮袍唫就新詩縱綵毫杜曲詩名緣句重
洛陽紙價為書高潛心不假師秦篆得興還須究楚騷
昭代幾人無二美却於烏府見英髦

喜周朱二中舍見過

東閣朝回自養痾忽聽門外駐鳴珂相延殊愧盤食少
共話偏憐契誼多殘雨入簾銷玉燭明星當戶轉銀河

東吳才俊稱聯璧有暇還能數見過

送惟寅主事之南京刑部

京國逢君識舉觴別離無柰促行[illegible]科進士稱朝士
舊日儒郎拜省郎江上青山含宿靄[illegible]邊紅樹帶秋霜
却憐同姓情偏好有暇還封寄玉堂

送年兼常還甘州

此去高風不可攀暫將尊酒破愁顏心馳壯闕三千里
夢逐西秦百二關白髮有才誰與薦青雲無分且須閑
行囊較比初來重載得新詩馬上還

送蕭彥會茂才還泰和

兩昌才子勝詞華詩禮相傳是故家兩月寧親娛綵服
三秋為客泛仙槎雲連江樹收殘雨日上山城散早霞

□學定知天錫慶，龍洲上上擁金沙。

送王伯潤知州還劍州

天遣斯文守蜀邦，邉氓悅服遠人降。黃堂報午收金篆，綠野行春擁碧幢。山鳥下時風滿樹，巴猿啼處月臨江。潁川謾説多佳政，千載唯君可並雙。

喜朱文徵周尚文二中書見訪

遠承僚壁過衡茆，款誼仝非市道交。□稱接清談欣有道，開留小欵愧無殽。籬前□鶴對翻玉，檻外□□□□□。歸去想應山月上，新詩聯就謾推敲。

邉静亭為翁都督賦

一亭結構東吳上，遥瞰滄溟已息塵。學遣□閒旗皆將略，敷恩誰不仰

皇仁。总開四座風光好，□□十峯月色新。澳北澳南曾獻捷，坐談今古屬斯文。

送丁先生授蔣山副靈官

天上從容領敕歸，綵雲晴覆紫霞衣。共誇今日榮膺職，自識當年早息機。法印遠隨双鶴去，仙舟遥挾一龍飛。華陽到日春長在，萬樹棲花錦作圍。

送胡敬同之浙江鹽運

都門送別雨初乾，炎道楊花撲馬鞍。客裡囊輕回自守，唫邉句好共誰看。功收海利敷新政，恩及窮民懶好官。不獨清時稱得士，同年於爾亦心歡。

別宋廷圭大參

三十年來共拜官，[illegible]我無才尚素餐。以日都門傾別酒，他時雲路候飛翰。旬宣到處與情悅，遙望仙旌擁兩看。

香竹詩為謝侍講賦

寶樹曾聞出謝庭，近栽雙竹更青青。輕隨晚霧臨書幌，細逐涼飆拂硯屏。秀柏豈容誇美實，幽蘭終合讓芳馨。亭亭此日當霄漢，雨露恩深協地靈。

送顧惟敬知州

春風花外擁雙旌，出守如君最老成。□未不須循舊轍，改官今喜被新榮。道經東魯邦人識，路入西江驛吏迎。為郡已知稱治化，慈行應莫負專城。

送澤民徐教諭進志書還鳳陽

去歲中都甚識君，相親未久復離群。一尊留客當春日，千里懷人隔暮雲。淮甸規模超往古，金湯形勝載遺文。郵亭話別情難盡，烟柳依依微帶夕曛。

竹齋詩為吉水王佐郎中賦

琅玕千尺何年種，暇日登看稱雅懷。長伴松陰來几席，又隨花影上簾階。露□裊月形偏瘦，風舞含風韻更諧。幾度客來供晚酌，旋燒新筍坐書齋。

和許太常□□□□賞詩韻

小亭留客醉春□，□□□□千紅總為芳。滿座歌翻金縷緩，隔簾花撲玉尊香。□來每有佳辰約，老去渾無舊日狂。對景自憐詮興好，盡驅風月入詩囊。

隨寓室為鄒清紀賦

禁垣西畔構書林，萬卷牙籤一曲琴。入仕久持清白操，

青霞先生詩集卷之十二

詩家才貴成[illegible]梅花[illegible]帳[illegible]春雲[illegible]草堂

東風亭[illegible]

[illegible]

承家喜有雲鶴在，猶自翩翩向日飛

同鄉長王爲善賞西軒芍藥二首

一種妖嬈畫不成，春香叢裡冠群英。花榮淮海從來重，
品列詩家未易輕。嬌識紅裝渾欲語，醉攀金盞若爲情。
莫辭尊酒同歡賞，塵世難逢是友生。

家軒開處殿春光，秋水芙蓉避晚妝。涼露半沾紅玉粉，
暖雲低護縷金囊。花邀勸酒鶯歌巖，葉底尋芳蝶遐忙。
風雨不教零落盡，故留穠豔待壺觴。

和李進士詩韵

花覆香雲柳帶烟，午風微動雨餘天。魚書久之來鄉曲，
鶯語初聞到枕邊。別後有詩勞遠寄，朝回無事稱高[illegible]。
拔身已在青霄上，誰道文章負少年。

[illegible]唐馬

浴浴春水漲天池，出浴驊騮色最奇。紅雨霧毛花應亂，
玄雲滿背[illegible]漓。五龍一化名猶在，八駿爭先事已遺。
相顧奚官無雜語，御街行處謹驅馳。

送王廷贇任饒州知府

饒陽自昔號名州，簡拔惟君合衆謀。司馬舊誇賢主簿，
夏宮新拜古諸侯。群峯疊翠天邊出，萬水涵青郭外流。
此有仲淹遺跡在，茲行應合繼前脩。

送葉與中太祭

將軍頻獻九重天，憂國憂民志獨堅。交誼久知能啓沃，
文華今喜任旬宣。懷花野館明金幄，芳草郵亭駐錦韉。
即日還榮應暫試，東風一無惜醉離筵。

病中承李公普司訓問候 二首

臥病文園書掩關，只憑良藥駐衰顏。見章不解躬迎送，
南窗空勞自往還。梧葉新秋風裊裊，荳花殘暑雨斑斑。
何如教育英才好，講罷義經盡日閑。

和賞芍藥詩韵

[illegible]堂前小牡丹，錦裘爲幄護金盤。花迎華省當瑤席，
香滿衣襟隔畫闌。對客有情如並立，背人無語似羞看。
一枝獨占纔擲品，何用芳名列數般。

送張仲言舍人還太倉

文彩清新鐵漫勤，論交未久便離群。多門勳業多爲將，
上國衣冠總羨君。畫舫衝波江上過，玉簫吹曲月中[illegible]。
故鄉故舊希將見，遙望東吳隔暮雲。

[illegible]百户

手挽雕弧馬上飛，傍人誰不慶雄威。皆將老范西戎[illegible]，
又復樓蘭北塞歸。莫以寒雲埋戰骨，山頭涼月照征[illegible]。
傳家有子能全孝，欲乞衣年爲發揮。

送陸用禮

四十年前共讌惟，相逢雲路鬢如絲。才高不愧經綸[illegible]，
宦薄寧爲造化欺。故里衣冠傳奕葉，夜牕燈火敘連枝。
芙蓉溪上儂舟發，遙望陽關隔海涯。

送張用和還杭州

二十餘年住
[illegible]今秋來忽動故鄉情，[illegible]最喜供新饌，松鶴猶堪結
[illegible]和靖[illegible]梅，同在孤山王墳畔，草還生無邊風月西

湖京遥買扁舟載酒行

送高誠之沅陵縣丞

芙蓉清才偶妙年南還不憚路三十分齊始信同宗好
入楚爭誇佐貳賢松影隔簾蒼雪亂棠陰當戶翠雲連
官餘和洽遺氓樂治化應爲一邑先

湖田佳趣詩題壁

一別家山經幾載夢魂長是繞烟霞釣魚磯小依楊柳
沽酒村深見杏花絲吐柔絲欺蜀錦飯炊香稻勝胡麻
春風處々鳴簫鼓共賽田神樂歲華

送蔡同知

遠趁京國又南還秋水芙蓉映畫船
天香携來雙闕下御香歸帶五雲邊循良有道明時重
淮海無私美政傳不獨王祥稱善治古今人物亦同然

綵衣周惟誠所藏先父詩後

先人遺墨今猶在一度看來一感傷哀挽舊曾賢士作
風流多藉此家藏出塵雲璧空珍重百歲神交更渺茫
老我宦途歸未得西風愁對菊花黃

送詩大用還谷陵

傳家累葉際明時異術奇占號白駒午夜端星臺上見
萬年堯曆掌中推小醫寵榮迎敕語江樹青々帶雨垂
若過故鄉須取樂吾句從老詩纔

嚴華文峯爲撫宗安楊侍郎賦

家住楊林歲月遙遠峯如畫插丹霄千年地脈鍾神秀
萬丈文光貫斗杓輕翠不曉山雨散晴嵐長伴嶺雲消

乾坤清氣人間有誰似君家於京最饒

送徐子敬御史巡按廣東

遥分憲節出彤廷南紀迢々識使星萬里光輝銀海月
九霄清澈玉壺冰豸冠到處奸邪伏驄馬行時郡邑寧
暫過先塋須拜掃錦衣文彩貫泉扃

壽許道中太常

青雲官達踰三紀白髮交游祇數人已幸
中朝常共事却於東魯獨相親群仙勸酒花飛雪列妓
行歌柳外春但喜斯文多壽祉年々不厭往來頻

送中書舍人曹晃省親

英々五朶五朝端因拜西清最好官通志已諳皆被寵
封章遄上得承歡春輝寶樹親顏悅詩擇金花稱帽寬
歸到庭闈舞綵歡還將□□向人看

送孫泰貢士還興化

一片鄉心萬疊山南薰吹送客舟還同門道義有相契
故里衣冠無此閑渺々碧波蒼霧外交々黃鳥綠陰間
人生最是賓興好夫子門墻豈易攀

題柳原吳先生畫卷

吳家遺事傳千古點染丹青更數君花逕落紅迷曉日
柳亭飛絮鎖晴雲峯前古刹煙霞際歸鞭笑語聞
今日披圖想高致舊朝人物盡斯文

子峘疾愈喜而有作錄寄鄉中諸友

聞說吾兒病已痊老懷非復舊淒然只愁隔西三十里
不願居官四十年經世文章慙我拙過庭詩禮待伊傳

多藉親朋華更致音書到日邊

送萬知府

久持憲典事清朝門徑無私更寂寥鵷鷺班聯曾近日
錦節在每凌霄從來志氣雙龍劍豈憚功名萬里橋
楊柳也知離別意頻將青眼盼行鑣

送鐂堪

南來暫作竹林游[illegible]土炕雨宵通姪被
河流千里趣官舟[illegible]鄉思渺渺征鴻引客愁
試看今家陰德重[illegible]前脩

送鐂宗[illegible]

老爵清職拜詞[illegible]禁辭歸春謁匕
白堂途對夜沉[illegible]鏡[illegible]峰列[illegible]
堪笑世人那能[illegible]金

送郝存道

京華半載喜相依[illegible]南去鄉關應漸近
壯采音問莫教[illegible]吐秋入張峰鷹正飛
開道觀文倍[illegible]

寄王侍郎一寧

日又承恩拜冕旒亞卿高品異常流胸中事業雙龍劍
筆下文章五鳳樓入奏每聞
天語近朝回長帶御香浮僑居只在東堤畔相顧還能
話舊不

送陸文彬還興化

灤河新水漾輕沙行客從容上去艖夜雨一牕同作客
風二月獨還家官橋嫩柳初抽葉山路夭桃半落花
愧不才叨近職也隨冠冕住京華

奉和石首楊少保先生除夕之作

寒隨臘盡景昭蘇又見東風轉客顱守歲謾添商陸火
迎新應換辟邪符從容論道居師表次第封章動[illegible]
報謨四海清平由燮理春來無處不歡呼
庭前殘雪未融蘇坐閣流光嘆鬢顱寒逐椒花浮壽酒
春迎柳眼上神符佳時事業真無愧經世文章信有謨
明日三陽開泰道朝回冠蓋聽傳呼

聞繼善患目新愈偶寄

經旬不見沈休文幾度懷思日易曛簷比紅爐消片雪
光如銀海散層雲吟邊花木尋常見望裡樓臺遠近分
更喜三飡清且素只儲蔬菜不儲膻

懷繼善

鎖日懷君思不勝謾揮紈扇敵炎蒸極知雅量溫如玉
莫訝煩襟冷若氷朝游硯池雲[illegible]墨夜吟書幌月懸燈
衡門掩却無人到一枕南薰自曲肱

送都憲王尚書江淮巡視

經濟才華獨老成却從烏府列公卿同寅久託斯文好
燕職能全亮采名兩袖天香辭闕早一襟風雪度淮清
歸朝定擬承
恩寵玉筍聯班侍
聖明

送同知宋文獻之官楚雄

[illegible]閒南詔之官倦有歸還客憶家多問訊
[illegible]來歸鳥啼官道依紅樹山引晴雲上繡衣
[illegible]行路遠老年顏貌似君稀

送孫文衍之象州同知

美辟遊宦鬢毛斑萬里南州指顧間才大豈容淹郡佐
官清真待列朝班滄波渺又明征棹紅樹離又隔故山
到日定知敷惠澤邊氓從此盡開顏

沈孺人王氏輓詩 有序

廷評沈君繼善之配鴻臚王公為善之女
也柔閑貞淑之德閨門鮮比予為進士時
識其賢慧因訖交鴻臚愛敬餽遺三十[illegible]
如一日今年鄉人附書至知遘疾不起[illegible]
懷感悼拭淚寫此以致哀焉

早齊佳配是前因造化能存幾淑人德曜欽華同案[illegible]
[illegible]羊遊學斷機頻青春自恨遺孤子白髮誰憐泣老[illegible]
謝女芳魂招不起[illegible]花如雪暗殘春

謝樊御醫愈疾

九重
聖主憐予疾特遣倉公診視來醫俏共推醫國手濟人
[illegible]有濟時才金丹入口消沉痼絳雪磨肌絕點埃不獨
[illegible]回衰朽質香名久矣達蓬萊

述懷寄商學士

[illegible]祿三宜去老病支頤獨掩關藥裹長拈聊自遣
詩[illegible]癈不勝閑交游有道容多僻薦達非才亦厚顏

想故園前屋底落花帶鳥雨斑 又

五月廿九日閑居假寐夢侍英老友忠臣因
鈔眼科數方欲寄間忽得書兼惠素箋百番
賦此奉謝

風眩常聞伏枕四定知人事久應拋碧霄[illegible]路飛華翰
清晝軒居夢故交剡楮寄來情獨厚仙方奉去手親鈔
鄉園設說今秋好禾黍花又綠滿郊

鄉耆陸存實夫婦壽詩 其孫孝求題

八十詩翁兩鬢[illegible]華堂開宴擁笙歌壽終今日[illegible]來遠
福比年時知更多纍果滿盤香靄集靈椿當户晚風[illegible]
賢孫近寓京華路遙想庭闈戲綵過
阿母高年近八旬酡顏鶴髮倍精神長生最喜逢[illegible]
美景還應屆小春慈竹影浮家醞綠早梅花映[illegible]
賢孫頓祝無窮壽日夕焚香禮北辰

和康存道見寄詩韻

[illegible]雅風流獨可親外敦姻族內天倫工書豈劾張[illegible]
[illegible]道方如[illegible]負貧林際杏花春意滿籬邊黃菊露華新
人生最喜居田里況復軒岐術更真

除夕與時英文振守歲

林飛樓息[illegible]鐘催銀燭高燒暖漸迴多病卻[illegible]供[illegible]少
浮生須放好懷開霜[illegible]家漫寫宜春帖雲液頻傾守歲杯
非海交游唯二妙笑談今夕共徘徊

酬陸升溫寫真

衰年多疾鬢如銀暇日勞君為寫真頰上三毛[illegible]

胸中一點絕無塵竦肅共識爲迂叟淺薄那堪作近臣
聖代只今羅俊乂高名定入畫麒麟

書陳中行先生挽章後

早際
天人玩六韜太平還著舊宮袍功成屢欲辭榮去
道在寧知翊運勞落日穹碑昭懿德長林仙塚近
神皋嗟余不識先生面徒仰高風首重搔

承恩堂爲吳景道太監賦

先皇行坐得相從
天語恭聞近
九重虔蹕每容親
縹褻侍筵多幸錫黃封榮寵異當時重
學海濤深恩似日逢見說壽藏堅且固百年歸去樂
跋

[illegible]先生詩集卷之十四

戶部員外郎門生卞榮編輯
翰林院學士門生錢溥校正

七言排律

京庠待魁王荼李君好德與余締交近二載君和粹平易篤於問學因出錢塘戴文進所作春山疊翠圖以贈再述其畫中之景與其人之出處於後云

一幅溪藤水墨新小窗懸處更精神遠峰列秀迴三島喬木連陰蓋四鄰橋外泉聲疑是雨巖邊雲氣動經旬鶴巢松逕常留跡鹿過苔階不涴塵數尺板橋依絕澗半間茅屋倚高岡每因佳景紓輪鞅自愛閒時接縉紳筆爲[illegible]家心目累智司尋且發天真身居泮水超群彥[illegible]住京華奉二親多暇不妨勤讀易有才寧厭暫爲賓曲閒戲筆題詩憤小溪觀魚適興頻瀟灑襟懷欺白玉從容談笑岸烏巾馬周才略終當遇原憲衣冠未足貧咸鳳翱翔作霖兼龍蟠屈欲求伸心懷利器期攀桂身著襴袍勝負薪自古賢豪俱顯達
清朝未必傲斯人

送龍[illegible]弟還盧州

君家同氣好兄弟愛弟寧兄兩不忘遠涉關山千里外兄歸日月五雲傍挑燈心事應同話對案盤飧亦共嘗進退每能循禮讓威儀寧肯失鏘鏘恭承祖母身尤健壽逼嚴翁壽愈康荊樹有花皆暢茂芝蘭無蕊不芬芳

[illegible]後今年[illegible]八人共醉[illegible]谷裡正宜歡[illegible]
[illegible]動亂離[illegible]紐絃紅衣學晚摇
[illegible]水新[illegible]添別恨[illegible]艇也知報國心俱赤
應是思家夢最長[illegible]曲紗園行處有輝光
飛來梧葉猶含碧[illegible]花半帶黃歸路看雲情藹藹
連村對月意茫茫[illegible]信來遥郭父老觀詩集畫堂
不是天倫敦友愛[illegible]人子見純良湖池空詠三春草
姜被還[illegible]午夜涼[illegible]平安勞遠問親庭拜舞慰相望
依依楚木鴒原[illegible]隱隱淮天鴈字翔我有連枝何日會
回君題贈一沾裳

蓬窓爲周偉文作

扁舟載酒欲何之行樂應知勝漢陂春水半篙浮鷺小
清風一線引魚遲紅蕖香裡時長往綠柳陰中晝不疲
細切穠蓴吳地菜遠分新摘洞庭枝當窓蘆被方成夢
雨打蓬窓正賦詩拄頰看山雲起處扣弦調曲月來時
檣頭雙燕頻留客[illegible]鷗自浴見放浪肯過揚子宅
風流如泛習家池自[illegible]期黃髮滿座歡餘樵翠眉
賞靜獨憐高士節[illegible]安得古人[illegible]市朝亦有山林趣
江海同霑雨露私[illegible]一今歸未[illegible]濯纓亭下負幽期

歲寒儆古為[illegible]中書賦

聞說篁纓奕世[illegible]尚依然只同先代留雙古
[illegible]到中朝已[illegible]長帶霜堦前列僧上參天
[illegible]響滄海[illegible]明月來時沖脫素
[illegible]凝處共爭妍[illegible]猶[illegible]並立蒼虬夜不眠

吹笛悠揚情更悅解衣盤礴興何便青垂子實分高下
翠長孫枝綴後先爽竹暗香籠繡幌度松[illegible]氣入華筵
栽培久歷冰霜苦發育多蒙雨露全處士訪名難[illegible]
宣尼聖澤可齊肩源宗泗水鱗初化夢斷邢山鶴已仙
歲晚條枝森似杖年深[illegible]小[illegible]也知喬木識無敵
須信高門夙有緣評事宜言曾見納含人淯秩近應遷
匪誇世業超同類却羨文獻邁衆賢[illegible]檀葉空自懸
南國擬漆豈須憐相傳不讓王公笏[illegible]愛真如子敬氈
覩物莫教忘令德題名端合被絲絃何當為買山陰棹
倚樹看花賦短篇

湖心草堂爲龍有本給事賦

家住巢湖結草堂湖中風景異尋常群峯迴列青螺小
一水環明素練長瀰瀰波濤連震澤霏霏烟霧[illegible]
碧空蘸影浮虛白紅旭涵暉映混茫晚送雲霞美瑞彩
夜移星斗動光芒鮫人市[illegible]遶論真仙女遺珠不取償
紅雨小飛花萬點綠陰啼鳥樹千章蘭洲牧笛聞聲遠
蓮浦漁舟過處香沙嘴斷鴻回避繳溪邊飛鷺爲驚榔
寒簑釣雪知多少凍鵲棲林有幾行狀浦雄文題錦繡
會稽名畫灑琳琅門通絕徑雲連屋書讀深更月到房
野老聽歌曾倚杖村童問字或携[illegible]鄉翁酒熟頻相送
鄉友詩成每寄將泛宅肯教同甫里濯纓何必愛滄浪
閑看語燕穿簾幙靜數游魚度石梁奕世自能循禮讓
四時應不廢蒸嘗窓間宴坐焚香篆林下嬉游載筆床
佳趣未容甘淡泊幽棲那得遂徜徉丹山鳳鳥宜高翥

碧海鯤鮫豈久藏，射策當年期董賈。揮毫今日繼鍾王。
莫思歌枕聽春雨，且整鳴珂踏早霜。功業半生存獻納，
君臣千載際明良。行看一滴湖心水，散作商霖施八荒。

送權學士致仕歸徐州

清高名位冠時階，柰衛回君日往來。養母歸偕開江革，柰
牧民今羨魯恭才。嘗司光祿分中饌，喜直文華接上台。
聯佩正宜趨紫禁，懸車又從出金臺。也知黃葉流芳好，
爭柰桑榆暮景催。優老倚加
明主爵，離群須盡故人杯。路分灤水會冰合，山繞彭城
四馬回。遠浦寒多初落鴈，長亭春晚欲舒梅。陶巾擬（[illegible]）
松邊掛，蔣逕新從竹下開。回首五雲天尺寸，心猶自
戀蓬萊。

送陳時敏

憶同賢書對縣黎，青眼于今獨老成。行誼久為多士[illegible]
交游不減故人情。譽文昔日登天祿，出使當年向[illegible]清。
共喜才華稱片玉，也知聲價重連城。一經暫屈[illegible]
三策終題董子名。歷覽
帝鄉宮闕近，傷離客館夢魂驚。丹山行見翔[illegible]滄海
還看變化鯨。意氣撥時書屢寄，情懷合處酒頻傾。行來
風雪寧辭苦，歸去雲山不計程。我有新詩何處述，因君
相別寓平生。

鄒拴夜話和丁以順韻

東館相[illegible]隱話，羈情燒殘銀燭[illegible]。[illegible] 文章自[illegible][illegible]
行李寧憂一擔輕。宦遠鎮邊功[illegible] [illegible]河[illegible][illegible][illegible][illegible]

[illegible]州有緣逢今日，海宇無塵慶此生。醉東征歌金石
[illegible]高詠鬼神驚。親朋對榻情偏好，賓主同鄉禮獨明。
[illegible]月入簾疑遠近，海風吹水變枯榮。款紆心事重題句，
不柰啼烏向我鳴。

元宵詩

玉燭調和歲屢豐，上元佳節與民同。蓬萊瑞氣迎春早，
太液凝波使曉融。花簇萬燈明錦繡，仗呈百戲湧魚龍。
人從銀海光中度，仙向瑶臺月下逢。香霧霏霏隨輦道，
華星熠熠[illegible]宮[illegible]。欄[illegible]隊千棚合，喜聽簫韶一派通。
鳳駕乘時春不散，[illegible]過處仗先從。晴消積雪開三島，
暖[illegible]祥雲逝九重。
聖德[illegible][illegible][illegible]民生有幸樂兕封。微臣獲覩昇平事，

[illegible]年[illegible]作[illegible]

[illegible][illegible][illegible]吳通夫賦

開說長年[illegible][illegible][illegible][illegible][illegible][illegible][illegible][illegible][illegible][illegible][illegible][illegible]
占斷[illegible][illegible][illegible][illegible][illegible]流水碧[illegible][illegible][illegible]白雲青[illegible]住[illegible][illegible]
春[illegible][illegible][illegible][illegible][illegible]雨笠，麥[illegible]眠[illegible][illegible][illegible]閑，散落花依洞口
靜眠[illegible][illegible][illegible]何[illegible][illegible][illegible][illegible][illegible][illegible]遲歸時著一簑
驚散[illegible][illegible][illegible][illegible]喚[illegible][illegible][illegible][illegible][illegible]清[illegible][illegible]漸只許城中買
換酒還從市上[illegible]，愛共[illegible][illegible][illegible][illegible][illegible][illegible]逢商旅問行藏
擬[illegible][illegible]說[illegible][illegible][illegible][illegible][illegible][illegible][illegible][illegible]是無心就野趣
應知有意[illegible]天和[illegible][illegible][illegible][illegible]紛如[illegible][illegible][illegible][illegible]情[illegible][illegible]磨

送李時勉[illegible][illegible]

早從科第際

入人侍從優游四十春鸞鳳吐音鳴盛世虹霓[illegible]彩爛
秋旻詞垣循秀名先著憲省掄才志已伸碩德自宜居
講讀高才終見掌絲綸兩脩國史恩榮重三上封章寵
春新文柄屢司公士論忠肝長秉格
皇仁西清草制心無倦東觀哦詩興有神海內共推賢
翰學朝端爭識舊儒臣雍雍雅度銷塵俗凜凜清風邁
等倫錦服賜來宮樣好黃封頒出內香醇銜杯報漏超
朝早侍史熏衣入直頻近喜追陪同接席那堪歸去悵
征輪玆行不爲長懷土此道由來遂顯親十載松楸還
縱目幾家桑梓憶比隣庭蘭露冷花先委池草波涼夢
已陳鳳誥龍章昭世德紫袍金帶重朝紳解[illegible]先朧西
江側渫渫官舟楚水濱紅綻芙蓉[illegible]眼香飄桂子[illegible]
佳辰雲雷自昔推先達鄉黨誰能繼後塵當宁只今居
顧問滿飛環珮又楓宸

竹鶴軒爲徐知府賦

軒居竹鶴共雙清朝退從容適此情冉冉綠雲通[illegible]徑
霏霏蒼玉灑層檐翱翔白雪看來好頂[illegible]飛時[illegible]
向午晴光侵榻近逢陰涼氣襲衣輕九皋聲遠沖天志
三島難忘渡海盟祇許王猷頻載酒何須子晉坐吹笙
長日客散能飛舞每見賓來學送迎[illegible]帶自園新筍[illegible]
題詩多刻舊枝[illegible]喜[illegible]花露[illegible]避苔[illegible]柳外行
深恐軒輪蹄應不到座間[illegible]自交[illegible]開籠放出[illegible]影
啄食歸來每[illegible]名但擬[illegible]存[illegible]標肯[illegible]貞[illegible]坐
節藏豈是軒墀物變化終爲海嶽英遠跡山林[illegible]雨露

試向雲漢橋邊問[illegible]設不覺心如醉玩賞偏令眼獨明
何日與君同會面[illegible]琴樽坐深更

英太師忠孝堂

巍巍勲業冠群臣[illegible]天上從容頻献捷
堂中奉母更[illegible]綵酒[illegible]衣養志時
沙漠[illegible]禮[illegible]荒服[illegible]知名姓
大國加封[illegible]公去取年[illegible]八表望[illegible]
汾陽功烈[illegible]來入共羨
綸輿[illegible]自[illegible]最[illegible]傳[illegible]庭夜遲遲
邊徼[illegible]巡[illegible]吹[illegible]常泰[illegible]細柳[illegible]親試
壽進[illegible]板更[illegible]每爲[illegible]居陳[illegible]却於多暇聽書詩
翊扶

皇還朝[illegible]海內知人對紙[illegible]
多敏昔人爲刑心備張
龍顏[illegible]天錫奇才應有此老臣全[illegible]
樂無涯[illegible]聯居台座擬合論功上鼎[illegible]
紅樓[illegible]着花[illegible]含
雨露滋[illegible]凉[illegible]不[illegible]況[illegible]職代是重[illegible]

詠禁中芍藥

衆芳零落錦[illegible]空獨發名花出禁中移植[illegible]知分地脉
托根今喜得天工[illegible]態[illegible]千[illegible]檻[illegible]紅[illegible]
[illegible]傳[illegible]闌來[illegible]金砌散玲瓏朝[illegible]列[illegible]冠初整
帶霧開時酒半[illegible]清似呂仙遊碧落[illegible]如[illegible]下[illegible]
先春未發群英秀遲暮寧[illegible]百卉功形[illegible]

瓊花留影共龍蔥山林迤遠無塵到雨露恩深有路通
却笑海棠成底事年年依舊占東風

送王侍郎致仕還益都

東齊人物國耆英碩德宏才獨老成庠序久霑時雨化
賢關人仰泰山名春秋有筆蟠胸臆風月知幾遍適性情
廬墓王裒清節苦援經高允素心誠奉
儲昔獻龍樓頌列從多陪鶴禁行寵渥自天家
帝眷棠[illegible]對日感
皇明共誇功業踰三老幾葉于藩擅六卿燮理正宜資
茂學[illegible]閑還尔謝浮榮兩疏[illegible]衣知休退二李懸車徽
滿盈總慈御香辭禁闕呵鳴官騎出都城青霄路迥追
遊儕綠野堂深步履輕汀鷺沙鷗時共狎溪翁林叟笑
相迎彈冠[illegible]松陰石若茗頻移杖下[illegible]
更好故園山水亦含清寧同漁釣為新侶還擬讀書[illegible]
舊盟豫為乞歸全恰賜金從緩後少餘榮欣逢
聖主容高尚嘉與斯文重此生豈厭紛華忘世累自甘
微疾遂歷覽賁安巳覺雅懷淪棄仕何如解縣竊我亦
廖殘同接武題詩相別淚縱橫

送江同知還代州

平生辛苦事鹽龍清白家聲天下聞篤志幾年遊國學
專城十載著朝聲堂堂風度超人表烨烨才華耀斗南
對客襟懷長似水憂民心地每如焚行春但聞桑麻長
化俗惟將禮樂談市井謳謠看應樂公庭刀筆吏[illegible]
政敷瀛海山無虎恩及嘉禾野有蚕五袴昔時歌[illegible]

[illegible]燦日詠張堪已知高蹤多潛跡會見丞黎少[illegible]
[illegible]共詩為郡二朝天今喜奏功三遷榮再領魚符出
[illegible]者黃髮鶴髮移隨例乞歸頻上疏治裝告別後乘驂
寒風凜凜鳴黃葉[illegible]雪飛飛失翠嵐果獻[illegible]桃情最好
香浮春酒興方酣鄉閭盡說增榮顯宦路[illegible]將具旨甘
天錫遐齡應有兆子全忠孝更何慚遙同陸績遺親橘
益效陶公奉母甘采服戲時花作綉深輿迎處竹為藍
歲君老去偏多喜
主恩深正遠覃白古賢書列傳名門應不負生男

田園佳趣為戴克巳賦

家住東湖幾百年一門耕鑿遠相傳茵[illegible]祇覆三椽屋
綠水斜通萬頃田林下日長鳩喚雨樹頭風定鳥啼煙
隣翁[illegible]送宜春酒莊老須催賽社錢貿易有時還入[illegible]
遠遊無日不乘船茶[illegible]初熟細茶青青雉正眠
放鵝飛來[illegible]飼栗牧牛歸去謾加鞭栽成[illegible]字紅蕖白
種得衣[illegible]美更圖堦下群兒輸百草嬉[illegible]婦采新蓮
留賓小閣長開宴奉母高堂每進鮮[illegible]陰籠午枕
滿籬菊蕊薦新筵緣緣豈但供宗廟收果多應獻祖先
[illegible]圓欲霜肥似掌茄生[illegible]小如拳連芒[illegible]糯乾而淨
帶殼香粳實且堅勝[illegible]新茅青玉嫩欺[illegible]荇菜翠絲牽
引來沙際擎鰲釣出溪中縮頸鯿草添池塘蛙亂噪
遮簾漠漠燕輕穿鷗移淺渚閑隨鷺雀入深叢慣捕蟬
[illegible]出衣裳淳異俗平生衣祿自隨緣月明[illegible]大都忘吠
松楸久托便皂帽不曾離海嶠青鞋未必老林泉

[illegible]

西清攜爾步

不負恩君志心

惟有愛

[illegible]

題畫

昔年見畫多題品，今日披圖興浩然。千㵎水聲清似玉，半巖雲氣白於綿。晴依錦石開三徑，曉傍蒼崖結數椽。風下竹枝翻夕露，鶴巢松樹破晨煙。空中樓閣疑先construct

户部員外郎門生卞榮編輯

翰林院學士門生錢溥校正

五言絕句

題畫四首

三徑暑不到，半窗凉氣多。夜深明月底，清影共婆娑。

宛似湘江上，秋風響珮環。仙娥隨鶴去，清韵落人間。

結屋依林杪，維舟傍水濱。相逢莫相失，同是倦遊人。

白雲起蒼巖，綠樹環清溪。盡日少人到，幽林空鳥啼。

題花鳥四絕

枯荷葉半摧，露冷銀塘濕。好鳥似多情，飛上蓮房立。

翠竹森如玉，蕭蕭又度曉風。如何春色裡，亦有白頭翁。

老樹迎霜早，寒梅歇下時。幽禽待春日，飛上萬年枝。

好鳥來何處，翩翩又自上林。不知春已去，猶更弄清音。

朝春雪二首

避暖先投隙，凌寒尚作威。不知春已到，猶自向人飛。

富屋憐伊喜，寒門見爾愁。如何清白質，甘與世沉浮。

〔缺〕

浪跡江湖裡，橫行日幾回。渚田香稻熟，知是亂魁來。

題吳思正唐馬

三箭天山定，瑚弓帶血紋。功成拜天子，人羨李將軍。

送高文質

一朝辭友去，兩度省兄來。揚子江心月，消光照酒杯。

題畫三首

流水終朝在飛雲盡日閑禪心與雲水相對不相關

雲歸山歛暝花落樹猶香寂寞深林下何人問草堂

遥睇溪南路双峯帶雨青人家知不遠林外見芳亭

和道中太常招飲四首

車馬集庭階攀筵向午開菊花應未吐似待我重来

落葉滿層階黄花冒雨開故人招我飲何用白衣来

凉露湿重階秋深菊未開兒童歡迓處知我數能来

綠樹覆庭階軒窻面又開人生須盡醉歲月不重来

美人夜坐

獨坐款良宵冰絃已罷調不知明月底何事把香燒

題畫十絶

竹塢烟光濕松谿雨意多移家来此住也勝逐風波

花落林間静雲生石上遲無人共清玩空負賞春時

樹密微通徑雲深不辯山儒源何處是應只在人間

山泉晴噴玉石磴暖浮烟更愛多情鳥双双襯草眠

遥峯青嶂遠疊石錦紋多久負幽棲志相看老薜蘿

謾説山居好清泉白石間何當謝塵鞅来此住幽閑

野花閒叙錦山鳥罷鳴絃縱有山林樂何如老市塵

香霧迎晨歛晴峦向午分小庭人不到幽境欵生雲

老去看圖畫令人興浩然故園淮海上歸日是何年

蔡村道中

鵲巢高樹頂鷺立淺沙際来往不逢人鄉音在何處

過東昌道中

[illegible]濕衣雨一帆歸路風那堪今在目懷古意無窮

牧羊子

牧子何所知惟知牧羊好五月南風来離離長青草

詠蝦蟆

水際口無跡草間時有聲公私今已竭蝸的為誰鳴

遣意

去客西風便官舟下水通不同論逆順造化豈全功

聞蟬

夕陽猶在樹凉意已驚秋正是愁聽處無聊坐客舟

楊青道中

破屋頹垣在荒陂蔓草[illegible]行殊未已風雨過楊青

[illegible]峨松亭

昔日崔斯立明時拙[illegible]閑今古誰不羡峨松

三月三日作 明[illegible]作遨遊不用清明[illegible]已為晦

佳辰值餘春何處可登眺花柳故園心翻思正年少

蝶舞春衣上鶯啼[illegible]遊賞心[illegible]樂事取適自年年

晚含林際雨晴[illegible]芳去[illegible]花有幾分

三月春歛闌[illegible]青時[illegible]好風日

步躡隨春風[illegible]貯新作

花香侵客座柳[illegible]五成[illegible]與笑遨

載酒深林下継[illegible]遊

倦坐數殘紅閑[illegible]應去不

[illegible]西郊山詩[illegible]送誰[illegible]樂令無閑

一[illegible]官守無由結[illegible]故園[illegible]水[illegible]

風火榆烟細颯泉井水青□入插楊柳今日是清明
花色明中換風光暗裡□花來今節愁□□鬢無
故國懷已深歸心未容放撫景興悲懸動鬢青雲上
春暮景微和東流祈介祉何必理絃晨回之名上巳

題外舅守恒先生所藏陸伯瞻畫二首

千山飛鳥盡雪裡見孤衙想有凌寒櫂歸棲不擇枝
上林春色滿何事雪中投為愛文章好煩君試筆題

七言絶句

莊生夢蝶圖

蘧蘧栩栩事自明夢蝶知何
事只在莊生槐席間

題魏元

一點碧天風吹夜已隨人間
世看到瓊華幾度圓

春半感懷四首寄魏

花朝初過喜春融野杏小桃競吐紅老去不知雙鬢
白強將衰質對青銅
故園書信久無傳二月淮南節似烟記得先塋春祭
罷自分餘餕散烏鳶
中郎有女宦堪憐祔葬荒郊已二年老婦忽言寒食
近不禁雙淚落燈前
泰水雪盡消東風猶自釀寒嬌誰憐病骨癯如
鶴尚裹重綿逐早朝

寄魏世安

庭前流水碧通灉郭外新秋綠滿疇春去紫荊花落
盡閉門風雨不禁愁
家住南津第一關日將詩酒自怡顏閑來縱目雲霄
上遙見飛鴻幾箇還

偶成四絶

邊城飛檄急流星胡虜猖狂萬馬停安得將軍如李
廣坐清沙漠掃犂庭
比庭胡虜尚縱橫底事將軍不出兵記得封侯班定
遠玉門關外老餘生
畫騎憑陵勢莫當夜持烽火照前岡却思
先帝平胡日淨掃邊塵散犬羊
匈奴自昔為邊患攻守由來在將臣萬里長城雖極
目不緣成敗有強秦

蹴鞠圖

輕圓無力謹彌封一蹴乾坤在掌中此器從來非小
伎出奇多藉講陳功

醉傳圖

醉裡忘形得自由此心元不在糟丘颱輪雲馬尋常
事閲徧人間幾百秋

陶弘景像

羽扇綸巾白苧裳坐窮今古閲齊梁華陽洞裡丹成
後幾度風吹野草香

磻溪圖

白髮垂竿釣渭波起來時運倒商戈周家本自全忠

厚尚賴吾賢輔翼多

題洞賓

閱徧紅塵世莫逢無邊風月笑談中婉嬰龍虎尋常事歸指蓬萊在海東

題錢檢討竹夏仲昭所作

群仙手握參差玉吹出湘江月色寒此日化成雙鳳去五雲深處和鳴鸞

寄李好德進士

朝々通籍向金閨銀燭燈籠小僕携殘酒未醒天欲曙青驪馳過玉河堤

題水仙花

白雪凝香絕點塵芳情只合駐餘春不知當日題名者却把花神比洛神

訪黃世英四首

門俯通衢接市塵槐陰轉午噪鳴蟬青帘影裡人來往童子時收賣酒錢

高樓不斷管絃聲獨坐焚香思愈清客至定須留一醉任他風月滿前楹

觸暑尋君興頗饒清談不憚路迢遥新詩講罷黃昏酌總有閑愁一餉消

八歲佳兒玉雪姿逢人叉手便歌詩殷勤似識鄉情好侍立尊前不暫移

寄盈城李鎮撫

青年才氣冠群英講武論文事々精料得公餘頻秩傍海棠花底候啼鶯

詠雹

圓如雞子瑩如氷著地都無半晌停願我白非調燮第小窻閑坐讀麟經

題花鳥四首

山花開徧日遲々好鳥雙棲不暫離傳語東風須管領和鳴終到上林枝

綿蠻百囀最嬌聲花底余衣映日鳴正是客邊春欲去爲渠牽動故鄉情

紫霄心志困蓬蒿蜷句欲風整羽毛却笑林間鶯與燕巧言何似默爲高

雪點梅梢夜已開幽禽好爲不勝寒明朝振翮雲霄去回首山花獨自看

桃源圖

洞口深々鎖暝烟碧桃花發暖風前漁郎豈是眞仙骨空向人間作畫傳

題梅

氷花槑々映琅玕雪後風情獨自看好是西湖吟望處數枝清影照人寒

寄陸存亨昆弟

弟兄相聚最相宜樂敘天倫衆所知料得樂荊花樹底日長無事和塤箎

題猿二首

關中引子自相嬉連臂松陰欲下遲日夕但知供一

飽野花山果正離離

當崖抱子學攀緣斜壓枯枝勢欲顛聞說巴川又峽裏向人啼處最堪憐

題玄圃樓臺

樓閣迢迢紫翠重樓臺還有白雲封不知月夜乘鸞去容曾遇安期與赤松

天台石橋

偃蹇斜跨石闌前欲度行人未有緣一自劉郎歸去後碧桃花發自年年

青溪烟水

結屋臨溪兩岸邊高窗烟霧畫冥冥道人何處門空掩日午松花落滿庭

西湖雪霽四景爲大德觀道士周道寧作

梅花枝上雪霏霏散作瑶空午夜輝自是胎仙初睡穩一園清夢遶紫泉

寄趙伯恭

老住京華歲月多閑中吟嘯醉中歌年來欲識斯人面應待秋風一騎過

題畫送別

青山隱隱樹依依茅屋人家畫掩扉聞說使君多惠愛扶携千里盡來歸

行盡溪山不計程白雲時傍馬頭生宦游長日無人到只有猿聲與水聲

寄曹子宜員外

臥病文園半載過衡門深掩落花多遥知故舊諸□上幾度朝回振玉珂

書省清幽午篆遲綠陰深處聽黄鸝同官有酒邀公去公吏扶歸月上時

題濂溪夢蓮圖

水際亭亭白間紅高標不與若耶同分明一段清幽處都在光風霽月中

赤壁圖

載酒行歌得自由江風山月更相留文章樂事傳千古猶勝空回雪夜舟

題秋林群鵲便面

秋林過雨日斜時群鵲飛鳴得自□□是□□消息近先將喜事報君知

過西市勾欄

舞女歌臺沸若雲高臺閣坐客紛紛繁華轉眼皆成夢最是猶如水上紋

九日書事二絶

老病嗟衰秋已深無端空動故園心今朝又值黄花節誤來餘香對酒吟

擬向東籬貰濁醪時豐何必更登高却憐素食應無補空對雕盤赤棗糕

觀道傍菊

翠葉離披着數花采經籬落野人家幾多紅紫芳菲盡得似秋容閱歲華

寄點綱目諸友

遺編千古鑑興亡歷ミ周秦及漢唐直筆至今傳不朽後人那敢闖藩墻

雌黃和墨别鉛丹凡例雖存在細看料得研硃頻點抹杏花枝上露應乾

題畫孔雀二首

翠羽金花映日明階除閑步午風清相觀不是偏相妒爲惜文章保此生

花林長日喜相依五色文章爛有輝引頸欲[illegible]去海天雲合不容飛

題畫蘭送成伯奇知縣

深谷清香世莫知野花[illegible]伴[illegible]發于今已識[illegible]香[illegible]遊[illegible]日[illegible]流

題毛女歸琴圖

不向城南接世人草衣木食度千春真心已與人心隔此[illegible]離[illegible]似[illegible]

題[illegible]

[illegible]月[illegible]風[illegible]不知誰識當時面[illegible]到人間便作[illegible]

題凌波仙子

[illegible]不染[illegible]凌波飛步果[illegible]真只緣[illegible]思[illegible]令人[illegible]洛神

李[illegible]

[illegible]歌半生方命[illegible]何[illegible]

一從劉阮别天台醉臉臨風幾度開萬蕊千花看不足卻起春色逐人來

朝回遣興

未央朝罷出承明坐閣詩書困倦生何處一聲驚夢覺棠花枝上有啼鶯

樓居前有杜紅杏二株高逾四尺新正移實小軒之西至春晚放一花何造化獨後伊也接筆賦此癸亥三月廿日也

園杏朝來著一花也知春色到吾家紛ミ桃李休相笑南ミ是東風福榖華

題李適官道閣待月圖

鶴髮飄蕭老洞仙世人知姓不知年無言坐向松風底看到殘光幾度圓

待月東林月上遲石闌相傍已多時自緣識得清虛妙不爲纖雲一點虧

寶月團ミ上碧峯露垂金薤濕長松不知此夜同清玩貝闕瓊樓有幾重

滄海東頭月一團月光如水浸衣寒儒家自有長生藥不向姮娥乞幾丸

出城南過馬簡書事

寒風吹面日平西滿目黃塵咫尺迷欲問前村何處是數枝枯柳暮鴉棲

題簡送羅主事

萬里飛來此暫停相呼相與最多情翩翩健翮依然

在莫道無心向太清
題歲寒聚禽圖
歲寒相見即相依多半紅翎間翠衣殘雪已消梅淡
落喧啾聲裡待春暉
詠金鳳
翩翩文采欲翱翔長日林間獨占芳若使花神真似
鳳也應飛舞向朝陽
詠錦葵
淡紅如錦簇芳林多謝薰風著意深莫道一生花力
淺時來俱有向陽心
詠萱草
翠葉金莖淺淡妝每承風露浥餘香堦前一種真堪
玩能消閑愁也自忘
詠人莧
紫莖青葉影離離瀹食偏宜薦酒卮我比吳興[illegible]
久縱持清白有誰知
詠絲瓜
引蔓牽絲過短籬露華涼浴濕蒙茸若為附得青松
尾也到雲霄第一重
詠匾豆
參差漸著花曉涼分綠上窗紗佇看結莢供茶
若風味還同野老家
詠稗粟
非粱非粟類嘉禾一種芃芃長處多移向小窗清玩

竹柴藥無力濟人何
詠蘿蔔
狀若蹲鴟味若酥雨中花葉更紛敷不知[illegible]歲求名
者清白還如此樸無
東軒雨中書事
炎蒸滿室汗流漿一雨纔收便送涼聽起不知過日
午鳳儀花落錦雲香
題畫春夏秋冬四首
花柳村村綠映紅玉驄歸路引東風江南無限芳春
景寫入遊人畫圖中
十里紅蓮映碧漪南風輕度晚香時水心亭上無人
到只有清風皓月知
水天如碧桂香秋月色江聲滿客舟卻愛夜深人靜
後一尊相對共忘憂
雪壓寒梅路正迷幾家茅屋隔東西梅花只在前山
下一帶清香趁馬蹄
題竹贈舒伯哈
兩竿相對碧參差正是釣簾雨後時俗客不來公事
散一庭涼思總成詩
釣魚圖
一溪流水抱清灣綠樹經霜葉盡斑老叟不知[illegible]漁釣
樂不緣歸臥富春山
題四皓
何事商巖好避塵蒼松鬱鬱紫芝新[illegible]長安

客攀㧞高風有幾人

家住商巖第幾重碧芝瑶草間蒼松當時只為安劉計豈愛人間列土封

避秦元不到人間松下巖扉書掩關一着儒基渾未了碧桃花落滿空山

草

縈烟縮霧碧萋萋曾共江花入品題見說咸陽原上路行人來往駐輪蹄

捕魚

滄江飛雨晝冥濛多少漁舟出沒中網得鮮鱗歸去晚隔籬燈火候西東

飛鼠

林杪攀緣勢若飛松花零落粟花稀生平自許多材伎豈向山中久息機

題劉松年畫

一古木懸崖暎夕暉清泉白石[illegible]山人不假驂黃鵠雨細天風笑傲歸

題梅

淡粧元不競春華玉骨冰姿[illegible]是西湖殘雪後一枝踈影弄橫斜

育齋先生詩集卷之十五

育齋先生詩集卷之十六

七言絶句

題畫三首和人韻

半篙新綠水初生畫舫時來作伴行笑指夕陽山色好天邊遥露數峰明

草堂斜覆松陰底牕外青山雲外水扁舟何處未歸來無數沙鷗落前渚

晚山經雨洗青螺春水連天漾碧波此景此時看不足扁舟行處賞心多

題畫四首

烟花樓閣起雲中曲檻危闌面面通老去不知逢盛日牧童吟眺倚東風

絕却[illegible]小艇夕陽芳草[illegible]鳴蛙一尊取適青山下醉倚蓬牕看落花

霧氣晚收日乍升碧波深處散魚罾兒童亦解漁家樂也向尊前學引繩

栽酒尋春度小溪綠楊紅杏總堪題驊騮似識人心喜行近山村不住嘶

題方壺小景

白雲深處隱茆堂泉石清泠草樹香聞說天台多勝槩未應幽絶似山房

題陸伴讀畫壯躬讀書處圖

群山隱又樹離又不是匡廬定武夷[illegible]餘人去後雲林深鎖鶴來儀

讀文天祥傳二首

萬苑驅馳赴海涯，勤王兵潰已多時。區區力盡無人
援，只有皇天后土知。

手挽山河不放權，誤隨南[illegible]度幽燕。壽州盡覆群星
墜，國運如斯實可憐。

題畫送人秋試

桂影團團露未晞，西風吹透客邊衣。佳期只在中秋
候，應帶天香兩袖歸。

和答學士栽竹詩韻

故園梅花雪色乾，客邊栽竹成琅玕。先生退食[illegible]
書共結三友盟歲寒。

翠葉蕭蕭雨作乾，節如金石間琅玕。繁陰不隔[illegible]
暑，直節應知更耐寒。

題畫二首

石樑流水激寒灘，山路飛雲弄晚晴。不用聞聲[illegible]
酒，[illegible]舟隨處樂閒情。

不似天台與若耶，白雲生處是吾家。閉門長日無人
到，落盡松陰幾度花。

題管寧華歆二高士圖

曾是當年舊隱君，相逢林下樂耕耘。一從擲卻荊南
物，二子襟懷自此分。

題畫扇寄許廷舉

水邊楊柳映蘭舟，滿滿潮來雨乍收。最是令人多聚
散，不如沙鳥共沉浮。

題遊東山圖

歌樓深貯管絃聲，暇日曾聞載妓行。花鳥不知人事
變，隔闌猶自弄春晴。

過要兒渡口

風激衝波突岸開，人家多被水為災。洪濤半覆無由
救，有待分司御史來。

題畫

采得芙蓉溪上頭，歸來閑卻木蘭舟。不知昨夜南窗
雨，門外新添幾尺流。

山頭日出散晴霞，山下青帘賣酒家。閉戶不知春欲
去，東風開遍杏村花。

題十八學士圖

天策將軍開府第，四方才俊藹如雲。論思盡有經邦
志，況遇龍姿是主君。

大業功隋勢莫支，晉陽成武[illegible]當時。維持多藉群公
力，列土加封總合宜。

不似王門學究儒，退朝終日講居虞。登瀛豈獨時人
羨，千載名傳汗簡書。

身際風雲致太平，一時[illegible]瀛如何當日膺華
選，亦使奸[illegible]名。

題扇

翠疊湘[illegible]作工，[illegible]玲瓏。攜將日日又朝
天，[illegible]滿袖餘香散[illegible]風。

題香山九老圖

林下逍遥鬓已皤百年甲子等閑過長生自是儒
術縱有金丹柰爾何

題畫

雲氣霏霏曉未乾翠峰千點落簷端支頤坐向茅亭
下多是高人管幼安

夜發沙河

茅屋雞鳴夜未闌輕霜如雪撲征鞍樹頭殘葉蕭蕭
響猶恐天風更作寒

入山

又驅群僕入山岡瞻拜寧辭道路長翹首
三陵宮闕近萬年松柏更蒼蒼

望陵

群峰環列護
神高地設天開仰
帝靈形勝萬年符王氣巍巍不數漢諸陵

出山

三陵謁罷出林丘斜月初沉殿角頭風捲白沙輕似
雪夜深渾不著貂裘

樂靜齋四詠爲謝廷循賦

曉窗迎日

旭日初臨露未晞碧桃花下鳥聲遲晴暉不散爐香
影正是先生夢覺時

石鼎浮烟

博山爐裏爇龍涎清逼琴書淡拂箋滿座氤氳香不
斷隨風輕散柳絲烟

曲闌延月

桂花香裡影婆娑坐久其如月色何幾度移林看不
厭新詩題就謾吟哦

斗帳簡春

四角低垂夜未闌梅花飄雪不知寒覺家縱有羊羔
飲得似先生夢寐安

范純仁麥舟圖

滚上三喪未有依東吳豪俠眼中稀麥舟輟贈人難
及甘向西風匹馬歸

題蘇伯厚先生書玉川子茶歌後四絕

諫議才華冠絕倫却從雲外致先春扣門驚破周公
夢依舊求京味轉新

玉川名華當時重千古高情愛啜茶不用乘風上蓬
島愛陰石鼎勝仙家

睡起松陰轉午時旋支茶鼎汲清漪山童解得烹
法松火微温緩緩吹

建安家學舊儒宗暇日臨池業更工墨妙筆精傳行
世高風端合繼盧仝

飲李秀之宅用舊韻

玉河橋畔謫仙家尊酒留賓更瀹茶醉後不知更漏
永坐銷銀燭落殘花

題花鳥圖

竹間新筍帶秋雲葉底蜂房露夕曛誰道無心是花

鳥每逢佳處亦欣又
題畫馬二首
戰罷焆塵得儁歸紫髯那用鐵爲衣西風術又天山
路飽食嬌嘶向夕暉
曾逐嫖姚净塞埃收功多藉鐵連錢[illegible]
騰可是雕弓未上弦
暇日出城南訪友二絶
水邊楊柳萬條新椗點春光最可人行[illegible]意
淺緑陰多處蔭回綸
芳尊盈又吐絳霞春容總賦野人家江南有客題如
雪羞對東風二月花
題童道人石菖蒲
九節叢生不涴塵也應泉石養精神一從移作仙人
伴空笑桃花玉洞春
題竹
綠紅落盡識春深細雨亭臺見緑陰爭似君家高齋
裡烟梢露葉伴清吟
題龍
飛騰雲海挾風霆洞口歸來帶雨腥神物莫言人罕
見金門長日覲真形
題虎
日卧南山興壯山一聲長嘯出松間虞羅不到深又
處正是將軍罷獵還
題鷂四首
穿雲渡海不辭遥[illegible]王子
晉緱山月下幾回招
赤壁青田事已休數聲嘹亮海天秋夜深驚破幽人
夢風滿蘆花月滿洲
曾伴儒入海上歸滿身香霧濕毛衣于今獨向秋江
宿明月蘆花得暫依
養就丹砂歲月長渚田[illegible]生香自[illegible]同類雲間
[illegible]啄食孤飛到水鄉
挾彈圖
翩又雙騎度松陰勝日閒來賞心也[illegible]黃鸝如此
意高飛無處覓清音
題畫四首
陰又夏木水平溪黃鳥飛來不住啼南畝已耕[illegible]
靜看山斜倚曲闌西
蒼山隱又樹重重又[illegible]秋驚半落楓頭我知意成[illegible]
訪蹇驢不憚路西東
萬樹千花盡放春[illegible]又玉岑[illegible]南枝[illegible]來遊
者不是山陰雪後人
雲林茆屋傍村墟城郭烟霞總不如最喜太平風景
好也容生計樂樵漁
題馬
幽路殘紅襯玉蹄圉人雙控過金隄自知不入關山
夢一任東風自在嘶
途中書所見

桑柘陰〻野雉飛山蕨[illegible]日暉又因逢父老相延
問盡道今年二麥肥

過范增墓

不意誅睞便乞身平生忠義向誰陳争如只割滎陽
地楚漢從茲息戰塵

春雪詠二首

春到人間一月强小桃含蕚柳舒黄雪花似欲東君
喜故向枝頭學淺粧

春雪隨風着處飄輕盈幾點綴花梢誰知造化回生
意却遣餘寒一夜消

偶成二首

薄霧初收日正長隔簾花氣送晴香支頤獨坐南窓
下時見營巢紫燕忙

槐葉初抽雨乍乾春深猶自作輕寒黄鸎也解知人
意日午啼來近畫闌

和楊士平鄉耆見寄詩韻

節尾秋風捲暮寒杜陵雖老亦心歡不知何物能消
遣一卷殘書一榻安

柴門深掩怯春寒賓客閑過盡笑歡老去不生湖海
夢幅巾藜杖自遺安

和陸與振鄉耆見寄詩韻

童顔鶴髮世稱賢傳得仙方手自編比郭日長無箇
事只將詩酒度餘年

題楊脩看碑

[illegible]源來往行人説孝娥可惜楊脩空解
字[illegible]今曾識老瞞麽

題夷齊首陽

首陽山下坐忘機歎[illegible]遂[illegible]食蕨薇自是求仁甘餓
死任他禾黍滿周畿

題畫山水二首

緑樹重〻蔭緑坡青山疊〻擁青螺[illegible]道人來
少時有攜琴故老過

滄浪溪上結茆亭雲樹遥分萬[illegible]青[illegible]君家兄季
好白頭相對讀醫經

書所見

乳羊堪抱犢堪騎落日齊驅入市塵何[illegible]山下
路萋〻芳草滿[illegible]

乘槎

八月星槎海上歸袖中神物有支機天河兄與人間
隔千載傳聞果是非

買臣

未綰金章尚少年負薪行[illegible]下人來
往誰說當時阿母賢

松

百尺亭〻蔭翠苔歳寒生[illegible]幽心誰與入
到只有巢雲白鶴來

題鷹

霜落秋郊草木稀蒼[illegible]

夫萬里雲霄不繫飛

題畫四絶

小橋流水映江村茅舍人家半掩門策蹇尋詩歸路晚[illegible]

遶松風十里隔塵囂

石楠香度午薰微小窗涼生白苧衣盡日看書心已

靜不同鷗鳥共忘機

遠山如墨樹模糊烟色堪憐入畫圖一棹扁舟何處

去欲將蹤跡寄江湖

千崖萬壑雪猶華老樹枝寒點暮鴉江上一蓑歸去

晚平明無處認漁槎

題花鳥四絶

長向汀南雨後啼東風錦翼長初齊黃陵廟[illegible]人

到涉草餘花半委泥　鷓鴣

簷前朝暮報行人閑啄飛來性亦馴可是月明[illegible]

處一枝先占上林春　喜鵲

爛斑錦翅映花明花外時多喚雨聲嚨麥已[illegible]

熟田家聞爾樂閑情　鵪鶉

繡羽翩翩又若綾綺花間無語立多時却[illegible]

巧不似山禽得自宜　山鷓

題畫

晚雲飛起碧嵯峨絶頂樓臺掩映多春去不知花落

盡自緣佳處少經過

瀑流飛沫濺雲根山下人家半掩門來日迢迢又無一

事隔林啼鳥自朝昏

山夜平林路渺茫迎秋烟樹更蒼蒼又樹[illegible]道天台

好此地人誇勝石梁

萬壑松風響樹頭半崖雲氣冷於秋前村宗又人稀

到虛負山陰雪夜舟

過項羽戲馬臺

欲取鴻溝致太平英雄徒恃八千兵荒臺寂又無人

問幾度春風野草生

晚春寓懷十首寄徐惟寧總友

東風吹雨過名園零落殘紅帶濕痕獨有幽禽知我

意數聲偏傍小牕喧

艷杏夭桃已破紅春光只在小園中不知昨夜閑風

雨吹落吹開幾許功

流水桃花去不還偃遊何必住人間武陵溪上春多

少未許閑身試一攀

畫舫遥又江上來隔溪人道踏春回明朝有約休相

負載酒携琴上鳳臺

春彩初試喜春和折柳尋花緩踏歌正是客懷陰不

就水邊爭奈麗人多

春光欲去不堪留野竹娟又水亂流遥想蘭亭修禊

在顧追遺事少年遊

黃鶯留語燕喃又客裡懷歸意不堪自是京華春色

好落紅飛雨勝江南

雨餘亭館落花稀年去年來事又非幾度欲尋童子

伴詠歌林下浴沂歸

寒食初過上巳餘梨花飛雪滿庭除午牕無事消長
晝閒取芭蕉學草書
榆錢不解買春留楊柳線難□□送別舟以重故人從此
去相期應在鳳池頭
別濮景伯
聲名久矣遍東垣妙藥於人不可言假使當年施致
理更心隨處活元又
素心元不厭飢貧用藥功夫妙入神試看古人誰得
似孫吳董杏兩三人
春寒料峭又雨聲又候藥人家遠近迎數只蘭舟俱載
滿臨時不似昨來輕
口號二絕寄繼善賢友
廷評家住某垣西朝罷天香兩袖攜門掩落花春晝
靜不妨過客自留題
辣李歸來日已西同僚有酒笑相攜傳聞吏事稀司
諫州入公文手自題
蒲萄扇面爲余茂德作
當無千藤壓晝闌驪珠偏愛雨中看若家釀酒惟延
客不似涼州博好官
寄張宗誠
築社湖頭樺醉鄉滿湖雲水隨歸□不知結屋臨流
皆有光明珠幾夜光
二月二十日偶成
悅□雁又濕未乾雲陰深護鳥聲巢□□試看春何

雨喜聽林間佈穀啼
題楊仲信山水扇面用陸順孝韻
宴客曾聞竹下亭嵐光深映酒杯青去今已作稀鶴
無復人間仰德星
題畫
楊柳籠玉水潺湲風景無邊意自閒好是江南新雨
後畫船載酒看湖山
題竹
中書舊竹流傳少學士新詩賦詠多今日披圖會雲
落滿江煙雨泣湘娥
昔年曾見寫筼簹勢比洋州似較強老去不禁重見
此追思存沒有三王
題顧光畫
茅屋依山結構新白雲長日與爲隣遙知箕踞松陰
者不是商巖避世人
朝看青山暮看雲此中佳處許誰分當軒樹色參差
見隔澗泉聲遠近聞
題鸂鶒
幽棲無語向芳塘翠鬣紅衣映夕陽見說溪潭新漲
日一雙飛去獨呈祥
寒江獨釣圖
薄暮人家盡掩扉凍雲垂屋雪交飛却憐漁父多清
苦獨釣寒江尚未歸
鷺

春雨霏〻散原野長安何[illegible]名䆫欹枕夢初
回陌上遊人猶繫馬[illegible]逍銀缸昨夜吐花
綠桐欹拂難成調流水高山[illegible]
新雁邑鄉園有書到[illegible]難諧交游爲託頻來
風雨連朝惱客懷唫成[illegible]
往相送論心不下階
門外泥塗滯客車一春行[illegible]爭何如綠楊紅杏都無
賴況復明朝是祓除

花鳥圖

共對薰風戢羽衣來禽[illegible]上立多時碧紗䆫裡無人
見一段幽情訴與誰

和衛中書閨箋韻

露濕庭除夜氣涼簫聲吹引自徜徉鳳[illegible]無處通消
息只隔鄰雞咫尺墻

詠蜘蛛絲

萬縷千絲織曉風露華涼冷綴玲瓏若爲得似吳蠶
巧衣被生靈却有功

醉歸圖爲臨江彭給事賦

烏帽臨風整復斜言從天上醉流霞也知歸去人爭
羨故把金鞭指落花

汲水婦

漾〻羅裙照水涯㧾迎新綠上蛾眉銅缾欹探溪深
淺只恐郎言歸去遲

題畫

杏花脩竹繞前谿行處東風滿[illegible]衣只恐春隨花落
盡幾番回首畫闌西

詠雪十首用唐人長[illegible]貧者宜瑞不宜多
爲韻

輕若吳鹽重若霜近依簾[illegible]臺墻豪家縱有羊羔
賞爭似詩人興味長

曉來飛玉滿闌干漸覺南[illegible]翠巒莫向豪家妬歌
舞衡門深處有袁安

六出紛〻灑䆫牖寒威冷[illegible]杯中酒興來謾作禁體
詩歎覓歐公何處有

一夜飛花換作春遠峰簇〻玉嶙峋長安道上人如
海獨有吾儂不厭貧

密雪朝來徧原野隨風半入[illegible]簷下[illegible]
寒亦有滄江捕魚者

玉鱗飛舞徧天涯簾幕生寒白晝遲却笑秦樓双妓
者淺斟低唱自相宜

彤雲釀雪天邊墜半剪瑤花半飛絮[illegible]年[illegible]林滿田
家三白雖無總爲瑞

凍雲漫〻天欲裂滕六栽花恣披拂却思當日孟浩
然破帽蹇驢歸去不

妬春遲欲去還留不自持記得故園梅樹
底坐看清白此心宜

硯冰凝合口頻呵把筆曾翻雪夜歌明日陽春回
寄餘寒雖在想無多

題朱仲昭所畫秋景圖爲成章進士賦

閑雲無定葉辭柯茅屋疎籬綠薜蘿數日看山應未
出不知門外落楓多

過丁溪慶封橋

憶昔英雄此著鞭斷橋流水尚依然浮榮已逐東風
散父老猶能說往年

鍾呂傳道圖

林下相逢一笑同肯將心跡破愚蒙直須談到玄〻
處雲在深山月在空

題畫四首 春夏秋冬

郭外閑行從小奚紫騮嘶過綠楊堤春光滿眼林相
顧願得年〻酒共携

脩竹叢深搆草堂此中佳趣似西[illegible]
意吹送荷花滿座香

小〻漁舟不畏寒凌晨撑出蓼花灘自緣心跡本無
繫載得秋芳隨處看

愛山長日住山中酒熟茶香火正紅坐久不知春已
到梅花開徧任東風

育齋先生詩集卷之十六

育齋先生詩集卷之十七

七言絶句

題菱荷秋渚白頭翁圖

芳塘秋老露零多翠蓋紅菱已罷歌尤有白頭棲立
久向人無語欲如何

題牛

東皋霽雨罷耘田麗日和風草色鮮稚子也知犁稍
苦水邊隨縱亦隨眠

題馬

東風花底散銀鞍四蹄驕嘶得自然此際不須論出
塞太平歸牧已多年

題畫四首

秋樹迎霜木葉凋山中樓閣路迢〻幽人自得琴中
樂不爲忘情遠市朝

樹杪閑雲冉〻生山中啼鳥不知名茅堂住近飛泉
磵日夕分兼煮茗清

石磴迂迴傍澗西山行樂更幽棲畫圖半似淮南
景烟樹蒼〻落日低

策蹇行吟日未斜山中幽趣野人家自緣心跡清如
許不與塵寰競物華

題鄭存道所藏林子山畫馬圖

此種来從渥水西臨流郁郁錦障泥于今立仗丹墀
下日近
天顏不敢嘶

夭矯龍駒逸駿才閩人相顧莫相猜東風滿背玄雲濕知是天池出浴来

水葱

雨添新綠上柔姿纖纖風來不自持寂寞小窗清書永硯池時見影參差

黍粟

暑雨綠妝漸拆包芃芃垂實亞西郊軒窗植爾非無況少慰含羞食大庖

藜杖

半生踪跡混蒿萊獨立方知出衆才豈但長條供灑掃也曾天祿照書來

題小景四首

雨歇林皋退夕陽落紅飛度小亭香正憐春色多明媚更著黃鸝在綠楊

扶疎嘉木蔭前楹明月高秋爽氣清俗客不來門巷靜隔簾時度讀書聲

樹色當門石徑斜白雲飛處有人家平生不作紅塵夢只向山中度歲華

茅屋疎籬隔遠岑滿庭脩竹落秋陰年來自覺逢迎少唯有雲山是賞音

鴉

林煙初暝日沉西天外飛來穩稱栖好似故園微雨後亂翻晴墨向人啼

鵲

翩翩相對立高枝晴日和風送雨時自是主家多吉慶頻將喜事報伊知

草

濃如煙靄淡如雲野外林間逈不分幾度遊人經賞處翠衫紅袖襯餘薰

題小景

江上歸來艤扣舟水雲輕逐浪花浮雁聲帶得鄉心切明月淮南是故丘

題紅梅

碧玉枝頭綴絳霞凌寒開向地仙家模糊醉眼茜中看疑是山桃與杏花

題釣魚圖

不著羊裘隱碧山高情只在水雲間于今解得忘機處鷗鳥無心亦往還

秋風動處水生波斜日蒼蒼雁正過釣得錦鱗歸去晚青山幾點上漁簑

春日漫興

寒食初過日正遲東風滿院散游絲多情只有梁間燕依舊飛來認故知

雨中遣懷四絕

殘雪初銷雨暗春小[illegible]含萼柳舒顰却思二月江南路多少尋芳拾翠人

連晨風雨濕林梢花逕人稀似絕交起向北窗閒試筆詩成幾度費推敲

積雨蒼苔路欲迷春陰門巷踏春泥獨騎瘦馬朝堂
去行近天街不敢嘶

花朝初過逼清明風雨連宵不放晴試看陌頭楊柳
樹攢眉猶似鎖春情

題漁樵耕牧

古渡煙横碧草齊方舟逆對日平西全家只爲供衣
食不比桃源去路迷

斤斧從來事有年多應林下與山前相逢但話平生
語莫問樵蘇直幾錢

一家勤力事春苗時雨時風滿近郊但得秋收官稅
畢隣人有酒不辭招

前村花落雨斑斑牛背歸來心自閑笑話漸多家漸
近白雲生處是南山

禁中聞蟬

嘉樹童童遶禁城午陰初轉暑風清玉闌干外多時
立忽聽新蟬第一聲

寒食七首用杜工部清明時節雨紛紛爲韻

禁煙時節喜天晴無限風光稱客情記得祭參詩句
好綠楡生火石泉清

桃花紅白柳青青南院鞦韆笑語聲極目荒郊人拜
掃始知今日是清明

青山載酒日相隨綠水蘭舟蕩漾遲滿眼春光看不
足遊人切莫負佳時

東風吹花落香雪秦樓急管散漫咽太平行樂是
常今朝況近清明節

遊人陌上尋芳侶折花把酒歌金縷追歡半晌卻歸
來玉勒嬌嘶過微雨

陽山西郭水連雲新塚纍纍間舊墳多少人家來此
奠野鳥争食亂紛紛

豔陽天氣景如焚燕語鶯啼處處聞上巳已過寒食
近一簾花雨落繽紛

題秋聲賦意畫

屋頭黄葉響西風半入虛堂半入空童子只言秋滿
樹不知聲在月明中

題柳春芳梅花

一塵難到地偏家翠羽無聲落月斜多少閑情
處年年相對玉梅花

詠芍藥四絶

朝來顏作送春詩尚有殘英戀舊枝卻薪東君留
厚故教紅藥著花遲

落盡楊花春已殘題詩閒傍小闌干種來紅藥今年
盛金帶圍深不厭看

牡丹芍藥冠群芳開向東風富貴家何幸西軒栽
本也供官酒賞春花

霽後先生金帶圍雨晴花繞玉盤盂誰云占得春容
晚自是生來躰性殊

和先伯父題平山甘泉觀詩韻四絶

仙宮開說傍山家棟宇嵯峨歲月賒猶得碧桃千樹

悧東風開徧幾多花

山下樓臺羽客家白雲飛處路應賒幾時心緒渾無事來叩仙人掃落花

仙宮深處勝禪家眼月追遊豈偶然欲駐白雲還不散忽聞簫韻下中天

坐挹飛雲浮中露醉倚然不知當日成仙者曾到此臺幾大

聞鷗鷺飛鳴宿食

海天秋冷見飛翔汀鷺沙鷗共頡頏纔到北來鄉多舊侶高情偏只愛隨陽

直爲靈霄失旅群數聲遥入洞庭雲嗟又最是堪聽處月落參横夜已分

不隨群伴起平沙水國江鄉總是家昔雲無館驛淦幾回和月宿蘆花

渚田深處共相依春去秋來不暫違更喜江湖存泳好水香波暖稻粱肥

過得勝湖和韻時英韻

洪濤洶湧歷平湖仙槎乘舟若坦途翻憶往年曾過此綠蘋青草半荒蕪

龍游洞

深潭百尺隱蒼龍出入風雲遠近從神物料應能變化家須鎮廟顯真容

嘆田家

秋馬青又出水齊老農驅犢更扶犁朝來只恐天無

江湯柳青又滿石闌

迎馬

垂楊直縣不受牽嬌嘶長在鳳楼前幾番共伏歸來晚□□□入漁錦韉

三月十五日海子橋即事

蒲芳輕□柳絲長掩映晴波護小塘此景此情無處寫隔溪都付與仙郎

游魚潑潑弄晴波黃鳥關關侑笑歌行到柳陰深處立不知雲氣上衣多

和袁道官聞鐘二首

叙缸頻剔漏初殘養就還丹不怕寒正是蘊仙吟本穩鐘聲和月落前山

誰報黃庭月已殘疏鐘隱又破餘寒十年客邸曾聞事盡逐餘聲過遠山

次韻春興三首

一春風雨暗樓臺門逕多應長綠苔翻却淮南紅藥好淺深濃淡幾株開

楊花飛雪滿晴堤獨立東風聽鳥啼吟就送春詩幾首夜聰顯處對青藜

惜春無語坐房櫳何處飛花白間紅總是閑情吟不盡數聲啼鳥夕陽中

雨中五首用杜工部騎馬到階除之句

曉風吹雨細如絲半濕花容暖尚遲朝退不知泥徑滑却嫌官馬獨難騎

不遂文鴛上繡機，秋河雲水暫相依。明朝太液池邊路，争看雙々向日飛。

雪景圖

千林萬壑雪漫々，茅屋藏春不畏寒。釣得錦鱗歸去後，梅花留取醉中看。

題馬三首

曾馭和鸞騁六飛，滿身香霧欲前歸。東風芳草瀛洲路，猶勝秋郊苜蓿肥。

卸卻金鞍立曉風，玉花點々間青驄。日長飽秣天閑裏，曾歷沙場百戰功。

侵晨浴罷出天池，玉勒牽來五種奇。白面奚官驚且喜，箇中多半是龍姿。

次韻王侍郎一寧臨帖

佳帖臨來歲月深，筆端真得古人心。明窗淨几時披覽，不受塵埃半點侵。

題竹

春雷動處解新苞，春雨來時濯鳳毛。翠羽翩々人不識，九霄飛去入雲高。

題墨菊

清露溥花墨未乾，幽香冉々傍華闌。一枝寫入丹青筆，留取芳容晚節看。

湘江雨意

粤繇儒人不可招，爨吹紫玉度晴霄。只今遺卻湘江[illegible]，煙雨濱濛綠萬梢。

湖田佳趣圖有序

予淮海之鄙人，巾迂拙無似。家故滄浪溪上，賴先世儒業相傳，父叔庭訓，粗至成立。厥後忝科名，拜中書，居春坊，任翰林侍講經筵，殆三十載。不過具員素餐，依違歲月而已，然於輔道匡弼之益，無尺寸可述，豈非碌々人哉。今年踰五十，齒牙動搖，鬢髮皤然，精神漸衰，而視聽日艱，心志頹废，而奔趨日倦。所有可喜者，叨食太官之膳，法廚之醞，以資養扶持耳。供職之暇，歸坐小軒，閱書數行，聊以自遣，若不知門外人事升沉，官途嶮巇者。其爲𥁕靜可知。軒之中揭讀易二字，蓋[illegible]退存亡之機，趨吉避凶之理。寔取先儒[illegible]環先生未仕時舊宅其象，則允至正[illegible]謝榮擬樹，亦書法仿古，近世罕及。軒左右雜植檜柏竹梨杏等，間以萱菊，間以玉簪紅芍藥，映以池蓮水藻，蓋將以自怡其志，非敢同衆人之樂也。一日莆田李君以政爲予畫家園景物于壁間，其山水樓閣、田廬樹木，宛然具在。昔人縮地千里，寘之目前者，此際不殊，因命之爲湖田佳趣。賓客過從，則指曰此朝市山林也。予曰唯々。暇日勉成絕句二十首，用寫滄浪土風民俗之美，錄寄鄉中耆英故舊，經儒詩伯倘以余言爲可，取聯章和[illegible]以

慰遐想幸々抑余之爲此非徒託諸紀詠寔欲以爲他日歸田之張本云旹正統甲子六月一日檜軒老翁序

家住滄浪溪上頭經書萬卷□□時一從遊宦京華路鄉夢時々到故丘

門前春水綠於苔門外輕舟□往來落日泛湖歸去晚中流唉指碧桃開

春雲漠々雨絲々茅屋人家正午炊爲喚兒童□□□檢莫教鵞鴨近秧池

蒲芽短々翠芹鮮荇帶參差碧藻連莫道湖中無好景水禽啼傍釣魚船

村南村北盡人家多半垂楊間杏花等得清明時節近水田深處々鳴蛙

一川楊柳舞薰風十里荷花白映紅有酒無殺難自遣渡頭頻喚賣魚翁

東疇雷挾雨過湖來烟草微茫偃復開自是居人頻見慣笑扶雙槳浪中回

野鴨呼雛碧藻前湖魚散子綠楊邊貧家老嫗無生計釣得田雞只換錢

暑雨初收午餉過小車翻水救田禾不辭辛苦爲農業但願秋來穲稏多

露冷蓮房褪粉稀鴛鴦浴水鷺交飛誰家兒女雙搖槳唱徹菱歌緩々歸

歡殺如雲甑更成不宜風雨只宜晴家々共向神前祝且免飢寒過太平

□雁聲中送早寒碧湖霜落水痕寬紅蓮凋盡青蕪岸點染秋容入畫看

芃々禾黍滿西疇盡說今年定飽收爭買雞豚先賽社更將魚鮓享神休

湖邊老樹暮棲鴉凍合前村賣酒家俗客不來門戶靜自題新句對梅花

風釀銀花作雪飄低垂屋角遶林梢老翁驚見豐年瑞旋買村酤飲一瓢

凍雲垂屋雪交飛坐擁紅爐更索衣對酒尚嫌寒氣重不知門外採樵歸

稚子欣々父老歡一冬衣食足盤桓年登可是全叨義撫却私家吏了官

暖陽風俗號爲淳術業專攻德業新縣令不煩丞簿好此生何幸作良民

少年登第列朝班白髮盈簪尚未還爲念君恩山嶽重涓埃未報敢投閑

好山好水隔東淮暇日看書散客懷無限物情吟不盡聊將新作寄朋儕

題任節婦卷爲其子克讓賦

桃李不禁風日殘松筠獨耐雪霜寒貞哉白首任家母終始能持一節完

二十居孀六十□千年再見一共姜門閭不改諸孤□□□得人稱節婦鄉

題棄瓢便面

家住箕山第幾重，茅廬多藉白雲封。一瓢竟棄中流去，似厭秋聲與俗容。

題梅

臘月江南未破春，玉花和雪更精神。白頭歸興無人識，只在西湖野水濱。

蘭

廣陽城外是君家，喬木陰陰竹逕斜。一室清幽無長物，焚香終日對蘭花。

竹

中書妙筆寫湘筠，露葉煙梢宛若真。聞說坡翁曾及此，免翻麁俗語通神。

題畫

綠樹千章翠霧籠，青山萬疊白雲封。人間作趣從來少，多在仙家世外逢。

青藜

跡跡涼葉映芳莖，曾說然吹照夜明。我亦校書天祿上，年來無處問星持。

蜂栗

佳種分來自巫山，離離結實徧人間。太平屢應豐年兆，不似當時奉食艱。

題謝安圍棋圖

野墅荒涼蔓草侵，夕陽人去鳥空吟。披圖為想當時事，誰有將軍破敵心。

題郭羽所藏高士識竹

錢塘高士多揮灑，獨愛琅玕為寫生。坐上不須談鳳尾，一枝如玉照人清。

穀雨日偶題

卧病西窓獨掩扉，杏花如雨款沾衣。閑愁自是難消遣，白晝鄉園有夢歸。

煬帝龍舟圖四首

千橋錦纜駕龍舟，指點東南是勝遊。回首吳宮臺下路，淡煙衰草翳荒丘。

年年行樂恣窮奢，鳳管龍笙到處家。底事不思王業重，却從君主看瓊花。

汴河堤上錦帆開，民庶咸驚萬乘來。不[illegible]君王[illegible]幸，嵩隋廟已非才。

繁華自古說維揚，煬帝經遊志已荒。堤上龍舟今不見，東風依舊裊垂楊。

送郭立志

嬌嬌南來義更多，深慚無奈別離何。一尊不盡匆匆意，風雨關山取次過。

題雲南詠總兵畫

天南萬里隔皇仁，春到乾坤物物新。昔元戎多惠愛，日將耕樂化斯民。

癸酉端陽日作三絕

輕紗香霧細含風，盛荷

蹤跡病躬當暑晝東偏翻體不比從長日侍 宸聆
說昔兒時屈此辰蒲觴角黍奉吾親于今一去知何
在遥望淮山淚滿巾
形容瘦老鬢先華病裡逢辰却憶家蒲酒不斟過日
午簾風閒倚海榴花
才臨樽起思寥又閒把沉檀手自燒老去不堪紫綠
只愛良辰度晨朝
堂上萱親髮未皤壽觴頻獻樂天和一門清貴真祥
又家[illegible]榮昌陽艾葉多

迎鍾馗

老梓應裁豈無心 感荷
[illegible]使當年居諫輔一時奸佞[illegible]況

南鄰喜雪有作

條風瑞俗景昭融萬騎如雲白雉從
聖主處[illegible]天意喜六花先雨報年豐

周文謁呂

盡日垂綸渭水邊當時誰識此翁賢居文自是興王
器猶藉維持數百年

成湯聘伊

躬耕莘野樂虞唐天遣奇才佐有商六百餘年王業
盛誰憐人世有空桑

小兒子恒從師讀書

憶昔先君教我時于今鬢髮總成絲叮嚀莫負家庭
訓便好高門有令兒

嬌毋深恩波莫忘靈前焚紙更焚香 [illegible]今日又無他
祝忠孝由来是大綱
日又從師莫厭勤百家姓後到千文實門父着三經
學大易春秋及典墳
送爾從師學讀書也勝耕牧與樵漁 古来[illegible]相如
志題柱人誇駟馬車

和合驛道傍賣酒人家

家對官河草結門看来非是杏花村 [illegible]有行人
識高掛青帘向晚曛

過觀音堂

化身千億有無中非色非聲總是空 [illegible]客不須頻問
玫寸心平處許身通

道傍人家

乳鴉啼近屋東頭桑梓陰[illegible]緑滿疇 [illegible]得道傍貧媪
說今年二麦末全收

劉莊淺鋪聞鶯二首

緑陰當午樹[illegible]景色撩人正不堪 忽聽耳邊鶯百
囀悠然歸思滿淮南
柳繞長堤水氣清緑陰深處有啼鶯 誰憐白髮江南
客愛聽風前百囀聲

舟近甲馬營見岸傍二犬

跳足蓬頭不解言日隨[illegible]二[illegible] 自慚白首居台
鼎謾食無能負
主恩

河中採蜯二絶

長竿在手水平腰　來往波心著意撩　歸去暫湏充一飽　又思生計在明朝

老幼相携涉水尋　爭言一蜯直千金　不知南海求珠者　寧有區〻愛物心

東昌道中

岸草汀花不計程　年〻長是喚愁生　輕舟短棹江湖客　得似滄浪可濯纓

書所見

沙頭飛鳥傍舟鳴　水面遊魚趁閘行　物性也能知自適　見人多處不曾驚

泗亭驛懷古

昔人曾此任勤勞　一諾千金萬[illegible]　緬想英風今不見　長河東下水滔〻又

舟中聞齊魯語

魯音齊語共喧譁　周呂功勲本一家　誰道不同風俗變　也持仁義也矜誇

戲馬臺

百戰功能本恃強　陰陵失道豈天亡　英雄去後臺荒古　芳草萋〻幾夕陽

范增墓

楚漢相持未解紛　鴻門碎斗氣如[illegible]　興王自有知人量　豈是重瞳不見君

過寶應

綠楊欹側岸沙崩　高塔凌虛出幾層　南去北來成底事　夕陽西下見漁罾

德州舟中開頭

河流如箭浪痕底　柔艣輕搖衆力齊　惆悵江南老詞客　書眠初起把詩題

八月十四日有感

白首難忘鞠育恩　每逢佳節一銷魂　今朝寂又官舟裡　惆悵無由奠一尊

過硯瓦溝

濟水東來不盡頭　綠楊風起晚颼〻又　河流一派渾如墨　云是宣尼洗硯溝

東林閘望山

重岡複嶺勢嶙峋　雨後唯生碧蘚斑　極目東林看不厭　舟人云是魯橋山

舟過梁山泊

蘆荻蕭〻半吐花　望窮烟樹見人家　求詩漁父歸何處　惟有斜陽映釣艖

梨花鵓鳩啚

朝來帶雨向梨林　愛爾東風布穀心　佇立不知春欲去　花滿樹晝陰〻又

碧桃鸚鵡啚

舞罷春筵却倦飛　碧桃枝上弄晴暉　東風花鳥應無數　底事令人惜羽衣

鸂鶒啚

瓦影[illegible]又繡作衣不同時鳥日忘機沙頭立雲多情
穀只恐朝陽作雪飛

訪李好德留飲二首

退食歸來即問安[illegible]遂把舊書看城東只尺朝大
路身着貂裘不畏寒

北軒[illegible]酌列[illegible]樹嘶風瞋色交老鶴似知賓主
文[illegible]

三月一日軒中作

林花未吐覺春寒身着綿衣怯換單群雀不知人意
思喧啾時傍小闌干

石泚風動水生漪花徑春和樹發枝老去心情閑自
適爐香一線數聯詩

湘竹為簾不護風只宜花影透房櫳春來白[illegible]
熟取食時又就亭中

四玩軒自題

李白桃紅各有名牡丹芍藥競芳榮年又歲又供遊
賞只恐東風不世情　右玩芳

密葉脩又覆小庭歲寒時節更青又炎蒸不到蘐深
處正是幽人午夢醒　右玩竹

亭又高聳碧雲深一派傳來自孔林根在不須論曲
處日長唯喜數清陰　右玩檜

半帶秋霜半鞭風御袍黃倚御袍紅尊前若有淵明
伴此日風流更不同　右玩菊

勉劉璨

爾家門閥冠吾鄉厚積深培百世昌餘慶在人能繼
述坐令蟬調變宮商

人言四業是良圖農士工商各一途但向此中勤致
力不憂名利一生無

觀盆中新稼

病中飡食飫香秔見尔偏多感慨情老去自知難養
久愧無能事及蒼生

秋夜病中

蛩聲凄切漏聲長四壁燈光映月光夜半擁衾眠不
得追思陳跡意茫又

九月十日

嚴霜滿屋樹嘶風昨日今朝迥不同黃菊隱藏渾似
醉只應羞對白頭翁

育齋先生詩集卷之十七

地官高維遠先甫少保育齋先生所著詩文集總八十卷未及板行天順甲辰先生夢奠時維遠尚幼其集册因而散亡惟内翰錢先生所作一序并先生自序存焉綫自承乏于揚景仰高風欲覩遺集乃與高郵守毛君實興化尹劉君敬邑庠掌教韓君琚司訓朱君縉鄭君京旁搜側訪於先生姻婭郭羽門生陸瓚周

鎰鮑謙家僅得詩稿二十餘卷又得門人縣尹魏君秀麒爲選題田稿序於戲先生篤

當代名臣其德業文章載諸信史與日月争光與天地同久因無容言今所遺之詩評者謂其和粹春容冲澹高古足以步李杜之壇而爲學者之矜式豈可使其湮没而無傳於後也哉於是命工鋟梓以爲

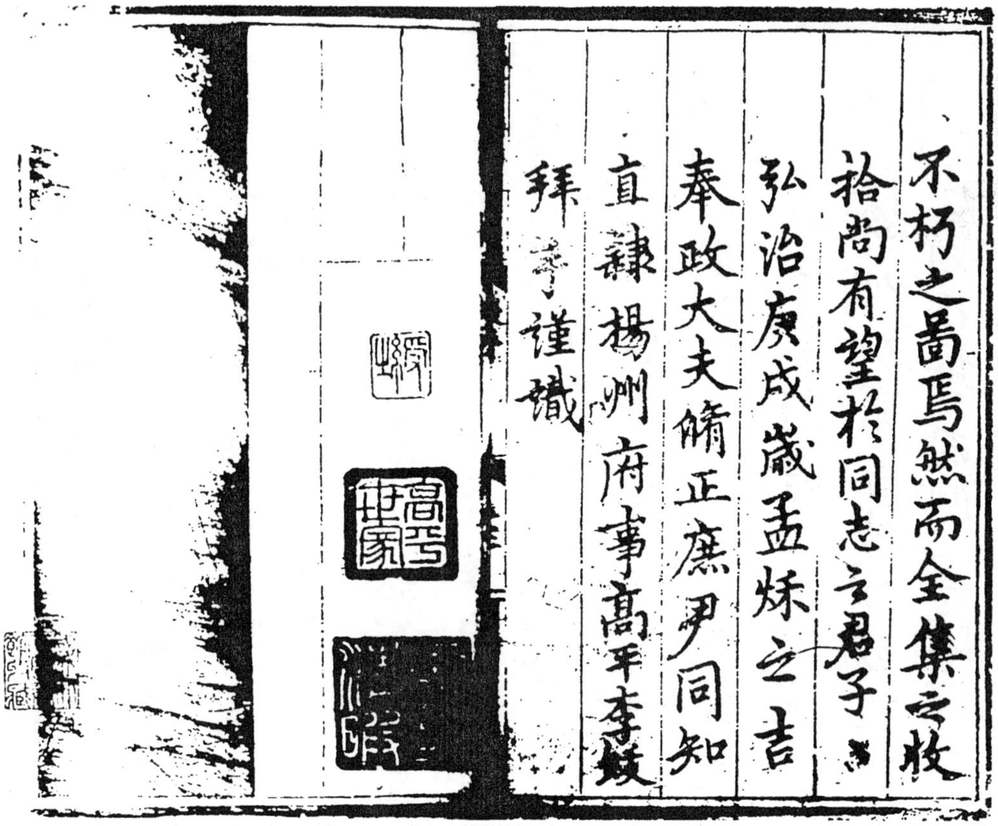

不朽之圖焉然而全集之收
拾尚有望於同志之君子焉
弘治庚戌歲孟秋之吉
奉政大夫脩正庶尹同知
直隸揚州府事高平李岐
拜手謹識

李文定公貽安堂集

（明）李春芳 撰

《李文定公貽安堂集》，明李春芳撰，據明萬曆刻本影印。

李春芳（一五一〇——一五八四）字子實，號石麓。明興化人。嘉靖十年（一五三一）舉人，嘉靖二十六年（一五四七）進士第一，授翰林學士。隆慶二年任當朝内閣首輔。性恭謹平恕，時人比之李時。才雖不及，清廉過之。萬曆十三年卒，謚文定。著有《貽安堂集》十卷。

集前有李載、于慎行、朱賡、李維楨作序四篇，四人皆謂李春芳以文墨見長。是集共十卷，附録一卷，卷一爲奏疏，卷二收表、頌、詩三種，卷三爲記文，卷四、卷五、卷六皆爲序文，卷七、卷八爲志銘，卷九收碑記、墓表、行狀、祭文四種，卷十則收書啓、傳兩種；附録一卷爲傳志銘行狀。集中，奏疏、表二種言辭中肯，文書恭敬，其清廉爲政之品性，恭謹爲人之性情於字裏行間清晰可見；其記文、序文二種則字字珠璣，言簡意賅，尤以序文見長，評品公允，見解深刻，可謂真實中肯；詩作多送親訪友，亦有題畫抒情之作，情感濃烈，音韻和諧。而志銘、墓表等言語恭謹，述逝者生平則内容詳盡，言己之哀痛則有感而發。是集爲李春芳之子茂材所編，體系龐大，文數頗豐，編撰中亦有取捨，合理安排，尤以疏表序記之文居多，詩則不滿一卷，編録規整，分類清晰。

（朱穎倩）

李文定公貽安堂集敘
穆皇帝在御時李文定公為相
登崇俊良简拔幽滞善画邊
圉节缩度支諸所贊襄大者
且不暇更僕無論纖细當是
時海内蒸〻稱人安矣公視
草代言及斡旋密勿者中外
皆知其有回天力然未嘗一
字示人间中書事語輒謇〻
有以大政頌公者公愕然曰
主上聖明斷决如流水我等奉
三

旨出入伴食终日方用悚媿何
所短長而分
帝力间為文以應所知然多散
見召朝夕館閣者無成帙其
讓大美避盛名類如此乃公
之子尚寶君中書君因已次
第其業盈篋矣隆慶戊辰載
筆仕為興化令興化公里是
也明年公以予告還而載為
公所舉士嘗謁公第中问民
间疾苦〻如阁阁乃知不憂
民隐如此之切也因請照以

計安天下者韓焉以示後人
公笑曰文字書生語也無足
傳中祕
王之也胡可傳渊贈湯語也不
宜傳何所計安而獎藉云云
固請公固辭公相業在
國史至望在華夷聲施在天下

後世其所傳者知矣豈之幾
年中書君以使命至青齋而
戴叨撫蒞至迺得公貽安堂
藁刻之凡若干卷每一讀輒
掩卷悽愴如對顔色公為人

深沉溫厚博大端方如其文
斷文也秀潤修蓄典則純正
如其人使天下後世果是公
於文也則余之蒞刻不獨爲
也已
賜同進士出身奉
勅巡撫山東等處地方提督

軍務督理營田都察院右
副都御史廪延门生李戴
頓首撰

貽安堂集目錄

謝武舉考試　賜酒飯彩段

乞休

二乞休

乞休

二乞休

三乞休

四乞休

五乞休

卷之二

表

及第謝恩

代庚戌科謝恩

謝陞翰林院學士

謝　特命掌翰林院事

謝轉吏部左侍郎兼翰林院學士文從

二品俸

謝陞禮部尚書

謝加太子太保

謝入閣

謝改吏部尚書

謝　賜大紅織金仙鶴紗衣

謝　賜大紅紵絲飛魚膝襴衣

謝　賜大紅紵絲蟒衣

謝　賜大紅紵絲麒麟衣

謝　賜銀兩表裏酒飯

謝　特遣讀卷

謝　遣祭先師孔子

謝　遣文華殿代拜

謝　特遣陪祀帝社稷

謝　遣南郊分獻

謝　遣方澤分獻

賀正旦令節

賀長至令節

賀靈雨應禱

賀瑞穀

又

致仕抵家謝恩

頌

嘉禾頌

萬壽頌

甘露頌

詩

及第志喜一首

土神祠題壁一首

題藏寺壁別月亭上人一首

元夕　賜內苑觀燈便賜彩燈二盞恭紀一首

扈從郊祀恭紀一首

辛酉夏禱雨奉　命行禮神祇壇一首

題金山有感一首

哀慕祠一首

送孫公子南還一首

長淮篇贈賈參戎鄉丈

寄壽徐雙橋姻丈七十一首

登雲龍山二首

出塞

獻俘

閉戶

牛首山餞別泉翁湛老師一首

送懷堂袁姻丈節推雷陽一首

喜胡南塘入都見訪一首

南塘欲去賦留一首

送鄉人望山一首

謁陵一首

題西瀆一首

送同年李北山令新淦一首

贈謝山人一首

喜韓年丈授令于邑一首

懷仲弟子緐一首

肅廟哀輓一首

送潘古淮自光祿擢丞汜水一首

送陳少泉之尋甸一首

贈閩中山人一首
夏日同諸會丈集墀石劉丈草堂一首
霜降謁陵一首
送同鄉沈芥田請假還南一首
贈別友人一首
賀陸年伯榮封駕部一首
送丁慎菴別駕德州一首
壽王竹區八十一首
壽楊幽山州守八十一首

貽安堂集　卷之一　七

送陶龍山奏績還濟寧一首
同年高南州父母偕壽一首
雪夜同莫膳部張給諫飲譚鴻臚宅一首
偕同館南渠諸公過王宅觀梅一首
題怡椿軒一首
送莫中江督學貴州二首
爲同年邵纓泉題瓊林圖一首
壽怡軒李年伯一首

憶昔行送王近山解官還句曲
送少濱蘇子還南一首
泉塘趙翁暨胡孺人偕壽一首
送少司成王稚川五首
見山一首
送黄東衢别駕一首
寄訊秦從川年伯高尚一首
壽孟河馬太史母一首
送鄉人胡醫士南歸一首

貽安堂集　卷之一　八

送北山李年丈出使一首
寄壽趙竹菴姻丈六十一首
題畫贈徐叟一首
送潘象安歸新安壽母一首
題畫二首
送鄉人南還一首
贈別潘象安二首
寄訊沈四丈雨田二首
送龍翁張老師赴南曹一首

卷之三

記文

巡視京營科道題名記
句容縣新築城垣記
正巳軒記
重築高家堰記
平陽府改建儒學記
新建句容華陽書院記
重建煙雨樓記
重修泰興縣儒學記
重修范文正公祠堂記

重修太康縣儒學記
重修如皋縣儒學記
余翁橋記
省署鶴鹿記
燈蛾記
唐十八學士圖後跋

卷之四

序文

戊辰科會試錄序

己未武舉錄序
元輔徐存翁一品十五年考績序
師相徐存翁一品九年考績序
邑侯對泉李君應召北上序
侍御郭劍泉年丈出令永安序
同年東逵陳君擢山西憲副序
副郎回堂濮君之南秋曹序
姻丈懷堂袁君節推東萊序
大司馬洋山凌公內召序

養靜疏君令杞縣序
重刻甘泉湛先生文集序
玉雪齋詩集序
南京兵部尚書克齋李公之任序
海運詳考序
黃牧齋詩集序
平賦錄後序
地官周子叔愚之南都序
同年北山李君令新喻序

卷之五

序文

壽封戶部正郎白溪鄭老先生序
遙壽二溪楊公六十一序
汪母丁太孺人八十壽序
張母廖太孺人七十壽序
竹溪王先生六十壽序
高堰定議序
中丞江公治河底績承恩序
中丞潘公治河底績承恩序

卷之六

序文
解母姚太夫人八十壽序
竹梧顧公暨配徐大夫人偕壽序
封兵部副郎南湖朱公榮壽序
九一查州守榮獎序
後洲陳公膺獎序
陽川高公榮獎序
邑侯凌二洲臺獎序
邑侯曾螺泉膺獎序

送許中庵簿海寧序
送文石朱太史使楚藩便道省覲序
燕峰史公助餉蒙恩序
送省齋王公改令丘縣序
送諫議張公擢守莆中序
誼敦同氣詩冊序
自湖吳公榮獎序
壽靈石閻公八袠序
臨溪焦公八十序

壽潘象安母王孺人八十序
二溪集序
四子贈言序
送黎給諫年丈僉憲閩臬序
二徐詩序
送梓河顧會丈署教洛陽序
送同年大梅史君令松溪序
送吳中翰請假南還序
送馮子汝忠返南海序

送半沙李君擢判襄國序
送前峰鄒姻丈令新城序
劉晴峰加授廬州衛指揮僉事序
送邑博宋平軒還嚴州序
送白川俞司訓擢吉水學諭序
送成中峰之寧州序
送亦山胡君分教岳都序

卷之七

誌銘

吏部尚書贈太子少保謚莊肅胡公墓誌銘
資善大夫都察院右都御史兼兵部左侍郎思質王公墓誌銘
贈光祿大夫少傅兼太子太傅禮部尚書武英殿大學士叢山陳公墓誌銘
嘉議大夫禮部左侍郎兼翰林院學士贈尚書瞿文懿公墓誌銘
都察院右都御史十山談公墓誌銘
太子少保都察院左都御史臨溪張公墓誌銘
太僕寺少卿王陽史公墓誌銘
方田李公墓誌銘
張母石孺人墓誌銘
贈通議大夫兵部右侍郎沈公暨配張太淑人合葬墓誌銘
中憲大夫陝西按察司副使乾齋李公墓誌銘

贈少保兼太子太保駙馬都尉古庸謝公墓誌銘
封太孺人宋母唐氏墓誌銘
封刑部貴州司主事柳溪劉公墓誌銘
朴庵姚公暨配李孺人合葬墓誌銘
封徵仕郎中書舍人泳涯薛君偕配黃太孺人墓誌銘
贈文林郎翰林院編修古村瞿翁暨配秦太孺人合葬墓誌銘

贈户部江西司員外郎東山許公暨配
朱太安人合葬墓誌銘
封文林郎真定府推官南田劉公墓誌
銘
都察院右副都御史止峰阮公墓誌銘
鄉貢進士勵菴于公墓誌銘

卷之八
誌銘
定國公敬齋徐公墓誌銘

殷母胡氏墓誌銘
楊母周孺人墓誌銘
奉訓大夫晉州守復齋王公墓誌銘
贈中書舍人雨圃郭先生墓誌銘
中順大夫杭州府知府環山孫公墓誌
銘
户部貴州司主事質菴李君墓誌銘
查宜人馬氏墓誌銘
簡軒趙先生夫婦合葬墓誌銘

西亭聶先生墓誌銘
儒官近山鄧先生墓誌銘
贈南京禮部主客司署郎中事主事蓬
山馮公暨配張安人合葬墓誌銘
贈兵部職方司主事古庄陳公暨配吳
安人墓誌銘
奉議大夫重慶府同知三溪邵公墓誌
銘
養正張公暨配施孺人合葬墓誌銘、

仲母王太夫人墓誌銘
工部營繕司郎中度山蕭公墓誌銘
忠菴解先生暨配姚夫人墓誌銘
承德郎延安府通判雪海王公墓誌銘
一溪處士狄先生墓誌銘
通奉大夫浙江右布政使石峰李公墓
誌銘
通議大夫南京户部侍郎前巡撫延綏
等處都察院僉都御史南溪張公墓

卷之十

書啓

答秋溟殷年丈
與古陵沈道長
與趙大洲館丈
與李鶴野道長
與陳東逵年丈
與中溪黃侍御
與讓溪游年丈
與水陽亢年丈
與周鳳南

與譚二華中丞
答龔大尹
與黃少村冬卿
簡中丞鎮山朱公
答龐惺庵道長
與西吳張年丈
簡崔月潭公
答二華譚中丞
答自湖吳中丞

答潯翁董宗伯
簡巖潭王年丈
答蔡見麓
與趙延陵
答元洲張年丈
答杜華南大尹
與西石王司馬
與秋溟殷年丈
與平翁陸宗伯

答確庵魏司馬
答二華譚司馬
答董節推
答郝封翁
答廬山胡督學
答劉應谷中丞
答石汀殷年丈
答蟠峰李中丞
簡薊遼督撫

先公登第後官詞林者不數歲即被　簡命僉直
禁庭渰跡綸閣日惟代草王言翊贊機務生平慎默進而
告　君者未嘗退而語人宜奏對之無留草矣且夙夜
在公不遑它及間有酬贈亦多隨至隨應身外一切不
顧留餘又何屑屑於身後名也頃因捐館追慕音容搜
求手澤所得不滿十之一二詩則藏之伯兄不幸無禄
人稿俱亡而大中丞延津李公敦崇舊誼詠梓遺文乃
出所存并從交游中手自騰輯僅成數帙顧散佚尚多
抱憾無已尚冀薦紳先生大雅君子或得之聞見或出
諸收藏不靳垂示俾圖續編誠不能無厚望於將來也
謹識不孝懇款於簡端　　不肖男茂材謹識

李文定公貽安堂集卷之一

奏疏類

廷試策

皇帝制曰朕惟人君受天之命而主天下任君師治教之責惟聰明睿智足以有臨自古迄今百王相承繼天立極經世牧人功德爲大是故道統屬之有不得而辭焉者唐韓愈氏乃謂堯舜禹湯文武周公孔子之傳至孟軻而止孟子則以堯舜禹湯文王之爲君皋陶伊尹萊朱太

公望散宜生之爲臣各有聞知見知之殊其詳略同異果何義歟其授受之微有可指歟宋儒謂周敦頤程顥兄弟朱熹四子爲得孔孟不傳之緒而直接夫自古帝王之統道果若是班歟其講求著述之功果可與行道者並歟抑門人尊尚師說遞相稱謂而忘其僭歟漢唐宋而下雖不能比隆唐虞三代之盛其間英君誼辟撫世宰物德澤加於四海功烈著諸天地者不可槩少果盡不可以當大君道統之傳歟洪惟我

太祖高皇帝體堯舜授受之要而允執厥中論人心虛靈之機而操存弗二我

成祖文皇帝言帝王之治一本於道又言六經之道明則天地聖人之心可見至治之功可成斯言也眞有以上繼皇王道統之正下開萬世太平之基迨我

列聖克篤前業所以開天常敘人紀者歷百八十餘年于玆朕纘紹

祖宗鴻緒登踐寶阼惟敬惟一敘彝倫惇典禮

祈天命拯民窮思弘化理以成參贊繼立之功者宵旰孳孳不遑寧處玆欲遠紹二帝三王大道之統近法我

祖宗

列聖心學之傳舍是又何所致力而可夫自堯舜禹文之後孔孟以來上下千數百年間道統之傳歸諸臣下又盡出于宋儒一時之論此朕所深疑也子大夫學先王之道審於名實之歸宜悉心以對毋隱毋泛朕將注覽焉

臣對臣聞帝王之治本於道道立而後化以之
弘帝王之道本於心心純而後道以之會心也
者統夫道者也心有弗純則存諸中者無貞純
精一之懿其於道也爲小成道也者弘夫治者
也道有弗粹則發諸外者無正大光明之業其
於治也爲小康小成不足以語天德小康不足
以語王道斯豈帝王之所以繼天立極者哉故
必本之心也渾乎天理而有以裕內聖之基而
後敷之治也若乎天道而有以熙外王之業天

德王道其極一也然其本則係之學焉而已矣
學以純心心以會道道以出治治以格天其在
當時也則帝王之治法以立其在萬世也則帝
王之心法以傳斯其道統之所由肇乎循之而
治唐虞三代是也得其似而理漢唐宋是也至
於有宋諸儒則亦講明斯學以翼乎聖道而已
矣烏可以與帝王並軌洪惟我
太祖高皇帝
成祖文皇帝體天弘道因心出治以上繼皇王
道統之正下開萬世太平之基
陛下則又 神聖縱于天光明昱乎學而治之
所溥四達不悖蕙蒸透徹融液周遍二帝三王
道統之傳遠紹而無間
二祖
列聖心學之淺近述而彌光粹乎無以尚矣乃
猶于萬幾之暇進臣等于 廷俯賜 清問且
曰宵旰孳孳不遑寧處臣有以仰窺
陛下望道未見之心矣臣草茅疵賤何所知識

可以仰裨 聖學之萬一雖然涵濡 聖化蓋
亦有年其于我
祖宗治道之盛及我
陛下心學之精亦嘗佩服涵泳有以少窺其涯
涘矣敢不敬陳以對揚 休命乎臣嘗聞之天
地未判道在天地天地既判道在聖人是聖人
者道之宗也又嘗聞諸書曰惟天地萬物父母
惟人萬物之靈亶聰明作元后元后作民父母
是元后者人之主也然則道在天下安得不屬

之聖人又安得不屬之大君也哉是故三代而上位稱其德達而在上者莫匪聖神而道統之傳有自來矣請因　聖問而條陳之唐虞以往書契未立邈哉無以稽矣故韓愈孟軻之所稱率自堯舜而始愈謂堯以是傳之舜舜以是傳之禹禹以是傳之湯湯以是傳之文武周公孔子是立功立言雖異以言乎道統則均也軻謂由堯舜至於湯五百有餘歲若禹臯陶則見而知之若湯則聞而知之由湯至於文王五百有

餘歲若伊尹萊朱則見而知之若文王則聞而知之由文王至於孔子五百有餘歲若太公望散宜生則見而知之若孔子則聞而知之是見知聞知雖殊以言乎道統則一也然觀孔子有志三代之英而自傷其未逮伊尹樂堯舜之道於畎畝而必以吾身親見爲幸則託之空言者豈若見之行事哉此二帝三王之道所以爲獨盛而道統之傳非帝王莫之能當也何也夫所謂道者非徒以其蘊之心也以其本之心而宣

之化也是故以之經天則陰陽宣節天道其清乎以之緯地則山川静翕地道其寧乎以之總民物之紀則百姓太和萬類咸若民物其熙乎道猷章而道妙流焉質政乂而實心昭焉體用一源者也微帝王其孰能與于此哉然求其要則心焉盡之矣究其功則學焉盡之矣何也非道無以弘天下之治非心無以會天下之道而學也者所以純心以體道凝道以出治者也大哉學乎斯固帝王之所不可忽者乎是故稽于

上下堯之道盛矣然求其所以爲學者則曰欽明允恭其所以事其心者何如其至也重華協帝舜之道盛矣然求其所以爲學者則曰濬哲温恭其所以事其心者何如其至也三代有道之長禹湯文武之道亦云盛矣然求其所以爲學者則曰勤儉曰執中曰緝熙敬競其所以事其心者何如其至也則夫治之所成黎民於變也四方風動也文命誕敷也萬邦惟懷也燕及皇天會朝清明也唐虞三代之化巍乎其不可

及者謂不本於此哉德至此而後謂之天德道至此而後謂之王道若夫皋陶伊尹諸臣賛翊之功固不可泯而其宅中圖大以恢弘化理建中建極以丕昭道猷者則豈諸臣所得而專之哉故易曰地道也妻道也臣道也地道無成而代有終也此之謂也三代而降享國長久者莫如漢唐宋其間英君誼辟撫世宰物德澤加于四海功烈著諸天地者亦不可少誠有如 聖制所云者是故漢之除秦苛也深得弔民之理

以至七制嗣興風俗淳美矣唐之靖隋亂也汎收底定之功以至三宗迭出海宇乂安矣宋振五季之衰也愛養民力出生靈于塗炭之苦而好文守成之主又繩繩相繼焉不可謂其盡畔于道也向使盡畔于道則不足以總一四海整齊萬民矣又安能歷數百年而巍然民上以握神器乎後之尚論猶不能無憾焉者以其學之未純焉耳學苟未純則蘊之心者不足以語帝王精一之傳數之治者不足以語雍熙太和之

盛斯豈天德王道之極哉夫惟道化衰于上而後講學倡于下此宋之四子所由興也以周敦頤言之學以主靜爲宗以一爲要而究其極于明通公溥不由師傳黙契道體者也以程顥兄弟言之涵養則曰用敬進學則曰致知而又欲以太公順應學天地之常寛和嚴毅殊途同歸者也以朱熹言之以講學爲入門以踐履爲實地傳極羣書而會通於心集諸儒之大成者也此四子之學之大較也是其學固亦遠宗乎周

孔而授之以政則亦伊傅之儔耳夫即爲伊傅也猶不可與帝王並況無伊傅之業乎何也道在天下惟帝王爲能行故道統在天下惟帝王爲能傳而臣之賢者能者則効用仰成于下者也輙欲接續帝王道統之傳不亦借乎故四子者謂之有功於斯道可也以之直接帝王之道統不可也何也不觀之天乎方萬物之生也日以暄之雨以潤之風以鼓之雷以動之夫天摻然深爾確然靜爾然頌生物之功者必擧而歸

之于天而日雨風雷不得而有其功何也太和之充盈天實司之而日雨風雷效其動而已矣可與天道並乎知日雨風雷不可與天道並則知臣不可與君道並矣知臣不可與君道並則知四子者不可與帝王並矣而後之推尊者若黄榦則叙堯舜禹湯文武周公孔孟而直以周子繼孔孟不傳之緒二程得統于周子先師朱子得統于二程而撮其要旨于居敬窮理致知克己四者而謂千聖萬賢所以傳道而教人者

不越于此至于真德秀則曰孔孟之道至周子而復明周子之道至二程而益明二程之道至朱子而大明吳澄則曰周子始有以接孟子之傳于千載之下二程則師于周子而傳其學後又有朱子集周程之大成是皆得夫道統之傳者也夫德秀以爲道至周程朱子而大明則誠有之若黄榦吳澄遂以四子爲直接皇王道統之傳于千載之下遞相稱述其論蔓衍波流直至于今學者尊之而莫敢違信之而莫或疑抑

孰知其失之過乎故四子講明著述之功不可謂其無裨于道而直以爲遠續道統之傳與帝王並論焉是誠門人推尊之過恐亦非四子之心也是故由唐虞而三代由三代而漢唐宋其帝王道統之傳端不可誣若秦之于漢六朝之于唐五代之于宋則皆帝王之驅除烏足以與斯道哉至于胡元則又我　國朝之驅除若漢之秦唐之六朝宋之五代也道統之在天下不其淪胥以没乎幸而皇天厭亂我

太祖高皇帝挺生淮甸廓清海宇我
成祖文皇帝篤生于後丕紹鴻休其治化之隆真有以遠追唐虞三代之盛而超軼漢唐宋之上矣然其所以致治者則莫非本於道其所以體道者則莫非本於心其所以存心以體道體道以出治者則又孰非學以基之也哉　聖制所謂
太祖高皇帝體堯舜授受之要而允執厥中論人心虛靈之機而操存勿二我

成祖文皇帝言帝王之治一本於道又言六經之道明則天地之心可見至治之功可成帝王相傳之要端在是也然臣嘗求我

二祖聖學之精則存心一錄與夫聖學心法尤其至要者歟存心錄凡歷代帝王祭祀有感于災祥者備載以垂訓而于敬天之怒無敢戲豫者尤致意焉聖學心法凡有關於君臣父子之道者詳述以迪後而于敬天法祖用人理財者尤申重焉則我

二祖之所以爲學者具見于二書而精純貞一心即二帝三王之心太和咸熙治即二帝三王之治天德王道巍然煥然又奚惑哉此

列聖之所以克篤前業開天常敘人紀歷百八十餘年而　皇圖鞏固者信皆有得於是也恭

惟

陛下以聰明聖智之資懋精一執中之學心之所裕者與天地合其德治之所成者與皇王匹其休肆今大化流行百姓太和德浹于中夏威行于蠻貊至治馨香達于上下而休徵畢集千古所未有也臣何幸躬逢其盛哉臣嘗竊窺

陛下之所以臻此者信本於學而學之精實典要則又莫過於　敬一之一箴而彝倫之敘典禮之敦所由出也臣請得而颺言之其曰人有此心萬理咸備體而行之惟德是據蓋言道本於心也其曰匪一弗純匪敬弗聚畏天勤民弗遑寧處蓋言學以體道也其曰敬怠純駁應驗頓殊徵諸天人如鼓答桴蓋言治以徵學也其

曰郊則恭誠廟嚴孝趨肅于明廷慎于閒居反躬以實踐也其曰天親民懷永延厥慶光前垂後綿衍蕃盛考祥以視履也語其目則析之極其精而不亂究其旨則合之盡其大而無餘斯其學即二帝三王之學心即二帝三王之心而至治之成近有光乎

二祖

列聖之傳遠以躋乎唐虞三代之盛夫固體信而達順合一而不測者也存之爲天德而日新

之盛德以裕達之爲王道而富有之大業以昌
帝王之道統詎不在玆乎臣欲擬諸其盛而上
未易以名言矣復何所稱述以爲聖學之裨乎
然臣聞之書曰愼厥終惟其始易曰日月得天
而能久照四時變化而能久成聖人久於其道
而天下化成我
陛下之自箴也亦曰終如其始又曰日新不已
故學必緝熙而後底於純治必永貞而後底於
化

陛下之學亦旣純矣天下之化亦旣洽矣然端
拱穆清之上一日二日事有萬幾有一之弗得
其宜非純也此勑天之命惟幾惟康堯舜所爲
兢兢也四海九州之遠剛柔異性輕重異宜有
一之弗得其所非洽也此一夫不獲時予之辜
堯舜所爲孳孳也學之純者不使其或間化之
洽者不使其或漓夫然後常敬常一而道久化
成其在玆矣非我
陛下所當致力者乎其要則在求之心而已矣

太祖高皇帝嘗諭輔臣曰防閑此身使不妄動
自謂已能若防閑此心使不妄動尚難能也
成祖文皇帝嘗諭解縉曰心能靜虛事來則應
事去如明鏡止水自然純是天理是
二祖之學誠不外于心而得之也臣願
陛下毅然以道自任上法乎
二祖反求諸一心養之於念慮未萌之先以存
其寂然不動之體察之于幾務旣與之際以妙
其感而遂通之用俾其湛而虛也神而明也與

太虛同其空洞焉日月同其照臨焉四時同其
運行焉萬物同其沖和焉則一心旣正萬化以
行敬不期敬而自爾其常敬一不期一而自爾
其常一天德益以立王道益以溥矣帝王道統
之傳不其益光也哉至于用人必當而皐夔稷
契之在列行政必允而禮樂刑政之覃敷則又
此心之妙用而我
陛下之餘事也何敢以瀆　聖聽哉
陛下倘能鑒臣之愚而於所謂敬一者貞之于

久而會之於心則道統之傳亘古今而獨盛矣
斯文幸甚　宗社幸甚臣何任祈籲隕越之至
臣謹對

經筵講章

穆宗皇帝初御經筵例以閣臣二員進講時元輔徐公階講大學首條臣春芳講尚書首條

曰若稽古帝堯曰放勳欽明文思安安允恭克讓光被四表格于上下

這是尚書堯典篇史臣紀載帝堯的功德曰若是發語詞稽是考堯是唐帝名放是至勳是功史臣說道稽考古昔帝堯的功德巍巍蕩蕩無所不至故總稱之曰放勳欽是恭敬明是通明文是文章思是意思安安是無所勉强帝堯之德肅然欽敬無一毫放肆洞然通明無一點蔽塞文章昭著而可見意思深遠而難測這四件德性都出於自然安而又安無所勉强所以說欽明文思安安允是信克是能常人德非性有物欲害之故有强爲恭而不實欲爲讓而不能者惟帝堯之德本於天性恭則信恭而無有虛

假讓則能讓而無有矯飾所以說允恭克讓光是光顯被字解做及字表是外格是至上下是指天地說帝堯旣有這等德性之美行實之純是以光輝顯著被及於東西南北四海之外以至於上天下地之遠充塞周流無處不到所以說光被四表格于上下史臣敘帝堯的功德至此可謂極盛而無以加矣然臣嘗求其德業之所以盛者不出乎欽之一字欽卽是敬蓋人主一心萬化之原惟敬則精神翕聚清明在躬是以能明能文能思能安安能恭能讓暢於四支發於事業自然有以光四表而格上下帝堯功德之盛其源皆出於此實後世人君所當取法也仰惟
皇上　天縱英資　嗣登大寶當體元居正之始正臣民觀聽之時言動之出於邇者雖甚微而聲聞之見乎遠者則盛著伏願以堯爲師以敬爲主內以養其心外以持其身必使天理常存神明內蘊以人才則所用者必君子所斥者

必小人以政事則有益於民者毅然行之有損於民者斷然不行如此則　神功冒於海隅
帝德光於天下放勳之盛將復見於今日矣臣等不勝惓惓顒望之至

請封順義王

伏蒙　發下兵部題覆宣大總督王某議處降夷一本內開俺酋情願執送叛逆趙全等乞還伊孫把漢那吉仍乞照舊例進貢請封王爵永不擾犯邊疆共享太平王崇古等譯審冊三代

爲陳乞且度前慮後頗爲詳密臣等竊照俺答黃台吉父子久爲邊患茲者恭遇
皇上留心邊計法紀修明邊備整飭黠虜始知斂退近乃骨肉參商親孫讐怨率衆來降俺答遣使哀求邊臣因責以執還叛逆然後請　旨放還蓋連年侵擾邊疆皆叛逆趙全等唆使今得取還正法亦足以洩神人之憤把漢那吉少加恩賚遣還將來彼爲酋長必知感
皇上之恩而歸心效順也且俺答遣使求貢請封發誓永不犯邊共享太平之福情頗懇切臣考國初北虜封王者四韃靼阿魯台和寧王瓦剌馬哈木順寧王太平賢義王把禿羅安樂王後因也先犯順始絕其進貢停其封爵迄今侵擾邊疆未必不由於此今邊臣代爲奏請伏望
皇上俯賜俞允捐虜酋舊有之虛名得邊境息擾之實利不惟邊費可漸減省而赤子亦得安全生命誠制御外夷之妙略奠安宗社之洪圖也但事體重大必須詳慎乃可善後今且許以

執送叛逆遣還伊孫仍行邊臣再加計處俟妥待其陳乞番文至日　敕下廷臣會議必衆論僉同方可見之施行臣謹擬　旨上請伏乞
聖明裁斷施行

請

東宮出閣講學

該禮部禮科題請
東宮出閣講學臣等擬票擇日具儀奏　御批
年十齡來奏此我

皇上保愛
東宮不欲以講讀勞之也臣等敢不仰體　聖
心但聞孔子有云愛之能勿勞乎勞之正所以
成其愛也臣嘗遠稽古禮近考　祖制皆以八
歲就學蓋人生八歲則知識漸長情竇漸開養
之以正則日就規矩養之不正則日就放逸所
關至重也故周成王在襁褓之中卽周召太公
爲之師保爲之置三少爲之選天下之端士以
衛翼之自孩提有識卽見正事聞正言而成王

爲有周之令主良有以也欽惟
東宮殿下英明天錫睿知夙成今已八齡非襁
褓矣正聰明初發之時理欲互勝之際必及時
出閣遴選孝友敦厚之士日進仁義道德之說
于以開發其智識于以薰陶其德性庶前後左
右所與處者皆正人出入起居所見聞者皆正
事作聖之基以預養而成天下之本以早教而
端也若必待十齡去此尚有二年之遠中間倘
所見所習少有不正則關係匪輕早一日則有

一日培養之益遲一年則少一年進修之功惟
皇上深省焉臣等職叨輔導義不容默用是不
避煩瀆懇切陳請恭候　命下臣等會同禮部
酌擬簡便儀注上請　欽定施行伏望　聖明
俯賜俞允臣等幸甚　宗廟幸甚謹具題以
聞

再請

東宮出閣講學
伏蒙　發下禮部禮科各一本內開懇請

東宮出閣講學臣於昨歲具題恭請未蒙
皇上俞允玆者部科復申前請臣竊惟預養儲
貳乃自古聖帝明王之首務是以天子之元子
每當八齡卽出就外傅其在先朝
憲宗純皇帝
孝宗敬皇帝皆以八齡出閣講讀成憲具在欽
惟
皇太子殿下年屆八齡正值出閣之時且　睿
質異常尤當及時向學親近儒臣以養成令德

似宜　俯從部科所請合候　命下容臣等會
同禮部開擬簡便儀節及慎選講讀等官具
奏恭候　聖裁施行

請謁見

東宮日期
先該臣某題請
東宮出閣講讀未蒙　俞允不敢再行瀆　奏
但自　冊立之初文華殿東室行禮迄今不覩
睿姿已經二年查得先朝

東宮未出閣之時閣臣每得以時謁見至
先皇嘗定爲初二十六之期伏望
皇上俯容臣等照例謁見
東宮殿下俾得少伸一念瞻仰之誠其日期處
所伏乞　欽定臣等不勝顒望待　命之至

請宥言官

爲懇乞　天恩寬宥言官以彰　聖德以隆治
理事二月十一日臣等在閣辦事忽聞有　旨
命錦衣衛官於午門前撻御史某一百棍初不
知何以觸犯　聖怒至此及於該科查問原本
乃知疏內有再照等語詞涉不恭委屬躁妄致
干廷責乃其自取臣等何敢黨護但原其心止
因各監局錢糧多有侵冒欲加清查以資國用
非爲己私或罪其輕躁量爲降調以示懲戒足
矣乃杖至一百之多將使言官喪氣緘口不言
倘有大奸巨惡潛弄威福者出誰肯犯冒重譴
爲
皇上言者乎比見九卿科道諸臣皆蹙蹙靡寧

謂此非盛世所宜有且責臣等職居輔弼坐視
不言使願忠之臣受此撻辱上損聖德下滋奸
萌臣等實無以應夫言官朝廷之耳目言路開
則奸邪不敢恣肆而利歸　君上言路塞則群
小得以橫行而利歸臣下所關誠至重也嗣後
凡遇科道等官建白或有不知忌諱者伏望
皇上特賜容恕庶奸欺不至壅蔽而士氣不至
沮喪矣臣等又查得隆慶元年間吏科都給事
中鄭應嘉以建言得罪奉　旨爲民尋蒙　天

恩矜宥改從降用至今羣臣稱頌聖德如蒙
聖明寛宥　勑下吏部查照應嘉事例將某降
極邊地方雜職令其省改圖報以昭我
皇上天寛地容之仁庶於　聖治益為有光而
所裨治理亦非小矣臣等不勝懇切仰望之至

請纂修
世廟實錄

恭惟
世宗肅皇帝受天明命撫御呂圖自正德十六

年至嘉靖四十五年享祚綿長前代所未有也
其間議禮更制用人立政諸所注措皆足以彌
綸造化陶育羣生者宜有紀述以垂之萬世爰
稽
祖宗故事纂修實錄以信今傳後用成一代之
盛典今撫　欽定總裁等官并　勑禮部於中
外采取事實擇日開館未敢擅便謹具題請
旨并擬　勑進　覽

請停止
欽取銀兩

為懇乞　聖明停止欽取銀兩以裕國計事昨
者恭覩　聖諭欽取户部銀三十萬兩隨該户
部奏稱邊費重大國用不足欲乞　聖明停止
取用等因奉　御批已有旨了臣等看得
祖宗朝國用邊餉俱有定額各處庫藏尚有贏
餘自嘉靖二十九年虜犯京師之後邊費日滋
各處添兵添馬修堡修城年例犒賞之費比之
先朝數幾百倍奏討請求殆無虛日加以連年

水旱災傷百姓徵納不前庫藏搜括已盡臣等
備查　御覽揭帖計每歲所入折色錢糧及鹽
課贓贖事例等項銀兩不過二百五十餘萬而
一歲支放之數乃至四百餘萬每年尚一百五
十餘萬無從措處生民之膏血已罄國用之費
出無經臣等日夜憂惶計無所出方與該部計
議設處支持目前尚恐不給若又將前項銀兩
取供上用則積貯愈虛用度愈缺一旦或有饑
荒盜賊之事何以應之該部所以懇切具奏誠

事勢窮蹙有萬不得已者也仰惟
皇上嗣登大寶屢下寬恤之詔躬行節儉以先
天下海內訢訢方幸更生頃者以來買辦漸多
用度漸廣當此缺乏之際臣等實切隱憂輙敢
不避煩瀆披瀝上請伏願
皇上俯從該部之言將前項銀兩免行取進仍
望念國儲之日乏懷儉德之永圖節賞賚以省
財用停買辦以寬民力如上供之費有必不可
已者照

祖宗舊制止於內庫取用至於該部所儲專以
備軍國重大之費庶國用可以漸裕而民力亦
得少甦也臣無任激切惶悚之至

請停止買辦

伏蒙 發下戶部一本內開傳奉 聖諭收買
猫睛祿寶石珍珠等因臣等看得前項買辦珠
寶去年已奉 恩詔一切停止天下臣民方仰
戴我
皇上節用愛人之德今忽有此舉似與前詔相
背況今四方水旱頻仍災異重大奏請賑貸者
接踵而至即今日 發下戶部章疏中開以災
傷蠲貸者幾半天下民生困苦於此可知各邊
軍餉緊急帑藏空虛奏討殆無虛日該部方苦
無以應之若再開買辦之端則財用愈匱積貯
愈虛其勢必至於加賦厚斂民將不堪命矣臣
等職在輔導義不容默輙敢冒昧 上言伏望
聖明俯從該部所奏軫念民窮益崇儉德將前
項買辦特賜停止則宗社幸甚民生幸甚

請酌議藩封

伏蒙 發下禮部具題肅府縉熿襲封一本臣
等看得縉熿奉 旨准復王爵仰見
皇上篤厚親親之意臣等不敢煩瀆 宸嚴但
王爵固所當復而藩祿亦所當節矧目今 天
潢衆衍廩祿浩繁地方因之日困而宗藩亦稱
不給固時事所宜亟爲酌處而方苦卒無良策
者也合無所生嫡子許封王爵其次嫡庶子止
許照例襲封本等官職庶睦族之仁制祿之義

並行不悖況
皇上聖旨亦止許食輔國將軍祿其於事體實爲穩妥臣等無任隕越俟命之至

請修内備

竊聞帝王之道出於萬全安内攘外二者不可偏廢也近見廷臣獻議率詳邊方而略於腹裏夫詳於邊方是矣而腹裏亦不可忘備也嘉靖庚戌等年虜入近郊可爲明鑒況閗俺酋回巢爲謀叵測内外俱當戒嚴其沿邊督撫將領等

官防守乃其常職天威在上諸臣自不敢怠但腹裏軍衛有司狃於宴安湯不隄備倘有不測何以禦之臣等過慮合無降詔兵部申勑各該撫按等官先事預防修理城堡操練民壯整備器械各保境内人民庶爲萬全之道也臣無任惶悚待命之至

乞罷翔鳳樓工

伏蒙　傳示修建翔鳳樓臣等竊以崇儉乃帝王之盛節而初政尤臣民所共仰也故大禹卑宮室而峻宇雕牆尚書恒垂訓焉我
皇上踐祚之始卽　降明詔昭示中外凡一切工役俱從停止天下臣民仰戴
皇上節儉之德軫恤之仁方訢訢然計日以覩太平盛治一旦忽興土木之役開糜費之端恐於　前詔背馳似非新政所宜也臣等謬忝丞弼竊效愚忠輒敢冒昧瀆　奏伏乞　俯納臣言　速賜停罷則　聖德愈光而人心歡戴矣臣等無任惶悚隕越之至

乞寬科臣罪

伏蒙發下南京禮科給事中某奏疏一本　傳示擬票重處臣等恭承　嚴命反覆詳看不勝驚懼但據其詞雖戇直無足采取而原其心不過愚昧妄圖獻納冒瀆　天威自甘　斧鑕夫復何辭臣等竊念科臣乃朝廷之耳目固以言爲職者也
皇上自卽位以來凡　先朝骨鯁諸臣或加褒卹或加録用無非欲奬直臣開言路以光堯舜

之治也今乃一旦重治誠恐　雷霆所加無不
摧折而　天地有容因是少累於自兹以往大
小臣工皆將以言爲諱悶有欺蔽孰肯冒重譴
蹈不測爲
皇上言之乎伏乞　矜其狂瞽　俯從罰治則
在廷之臣皆歌詠聖德感恩圖報矣

請刊行宗藩條例

題爲際遇明時竭愚忠以少圖報塞事先該巡
按直隸監察御史林潤具題前事又該　周府

南陵王睦楧條奏先後覆奉　欽依通行天下
各親郡王轉示將軍中尉俱令審時度勢從長
計議具奏去後近該各王府數奏已到臣等具
題　請會多官集議并將歷年　恩例斟酌一
併會議逐一開具前件恭請　聖明裁定須行
天下王府永遠遵守等因奉　旨謹會同宗人
府幷府部各堂上官科道等官將各該王府條
陳及御史林潤原奏公同逐一詳加酌議除事
體有礙及人情未妥者不敢輕議外其事理順
便可以通融節省裁有餘以補不足者斟酌損
益詳加更定及節年題准恩例申明畫一併細
議擬開列前件進呈　御覽伏望　聖明裁定
仍　欽賜一名恭候　命下刋刻成冊頒布各
王府俾永遠遵守垂爲億萬年不易之規臣等
不勝悃懇戰慄之至

辭六年考滿　恩命

伏念臣叨躋一品荏苒六年仰冒恩慈莫上同
於天地俯圖報稱曾莫効於涓涘實以才匪經

邦學慚論道
皇上有格天之德臣不能精白以承休
皇上有恭己之化臣不能和衷以贊治肆今邊
陲未臻於寧謐黎庶未底於阜康皆臣輔理之
罔功每自循省而增惕茲當再考敢企殊恩乃
荷　貤褒曆敘已爲厚幸而又進階少師兼支
大學士俸夫少師三孤之長厥職貳公弘化以
弼一人在昔碩輔名賢猶難稱塞如臣庸陋豈
宜冒居至於詔功詔祿本有常經而二俸兼支

愈難勝受不惟位高能薄彌深瘝曠之愆抑且
履盛居盈殊乖止足之義此臣所以踢跋靡寧
披瀝愚衷上干　聖聽除誥命臣子不敢矯情
㝡辭其加秩兼俸伏望
皇上俯容辭免仍以舊銜供職庶朝廷恩數不
至太濫而臣亦得以逭非分之尤矣臣不勝惶
悚待命之至

辭入內閣

竊惟內閣乃密勿之地殿學為華要之階仰贊

皇謨與聞國政人臣隆遇莫加於茲自非蘊經
濟之宏猷曷以稱弼丞之重寄臣草茅末品章
句庸流遭際　聖明濫竽侍從超昇秩宗之任
荐躋宮保之華受命以來每自循省寅清罔効
媿邦禮之徒司謭朴無文賛帝猷而何補俾仍
舊職已媿瘝官豈期特簡殊恩復逮至愚極陋
仰惟我
皇上膺五百年之昌運受億萬載之鴻圖淵穆
九重知周萬物紀綱振飭纖悉靡遺臣下忠欺

肺肝畢照其與善也如春斯溫無微而弗錄其
伐惡也如霆斯擊何愿之能逃即有淵識宏蘊
之士猶懼先後附疏之難況臣才不足以濟時
望不足以表衆無博綜之學不足以備　清問
無穎敏之識不足以燭事機展轉思惟實難勝
受若臣不自量度靦顏就列則豈惟小器易盈
自速覆顛之咎亦恐　大恩難報有累　日月
之明此臣所以兢兢避畏不敢冒據者也伏望
皇上察臣性素朴愚詞非矯飾收回成命別簡

時賢庶　聖主之隆恩不致虛冒而微臣之愚
分得以少安矣

辭陞禮部尚書

伏念臣猥以庸劣遭際　聖明選置侍從荐加
拔擢初不自揆乃謬沾於眷渥每思圖報曾莫
效於涓埃方切悚惶忽承　恩命　親洒宸翰
擢臣禮部尚書夫尚書班聯八座地分為高而
秩宗職典三禮責任尤重有未易以勝者惟我
皇上濬哲欽明文理密察制作超於千古禮樂

冠於百王　聖藻神謨經天緯地誠所謂五帝
神聖其臣莫及雖有博洽之學通敏之才尚不
足以上奉酬對仰稱任使矧䟽劣如臣者乎若
不自量而冒昧居之鮮不顚躓此臣所以震懼
於中而不能已於控辭者也伏望
聖慈察臣愚悃非出矯飾收回成命改授時賢
庶官惟其人在國家可收恊和之效在愚臣亦
免忝竊之咎矣臣無任戰慄俟命之至

考察自陳

竊惟董正治官莫嚴於考察大明黜陟必首於
銓曹蓋銓曹乃考察之攸寄也名實易眩非明
無以覈羣才好惡易移非公無以服衆論雖在
參陪之末亦惟才哲斯宜有不然者爲累匪細
臣猥以庸陋幸際　聖明始焉　親賜選掄旣
乃荐加拔擢置諸銓左攝以翰銜
皇上特施罔極之恩而臣不自意其非常之遇
感徹心骨誠日夜自奮思捐不肖之身以仰荅
洪造顧臣性資愚拙材質孱微雖勵公心實乏

明鑑卽他職尚不克稱而況於斯職卽他時亦
宜自量而況於斯時身固當汰安能汰人此臣
之所自考慄慄惶懼不安於心者也伏望
皇上鑒臣微悃先賜罷黜別選才哲以充斯任
則不惟可以彰考察之公而亦庶乎無累於考
察之當矣臣無任恐懼待罪之至

久旱自陳

竊惟恆暘降罰厥災匪微感召之端必有所自
仰惟我
皇上神明聖哲超越千古而遇災兢惕爲民禱
籲靡間夙夜是宜天心昭鑒靈滋響荅而乃屯
膏不應此皆大小臣工怠廢職業以致上干天
和雨澤少降咎在臣下明矣臣猥以庸陋誤荷
聖明錄用超躋卿貳洪恩優渥逈出尋常夫冒
非常之恩則宜竭非常之報臣乃碌碌班行虛
糜廩餼感恩圖報之心雖至懇切而賛卿寀屬
之職未盡分毫於我
皇上天高地厚之恩仰負特甚諸臣之中惟臣

宜罷黜伏望
皇上特賜亮察容臣休退別選賢俊以充斯任
庶尤僨可回而於國家黜幽之典爲不虛矣臣
無任惶悚待命之至

五品　欽命自陳

近該吏部題奉　欽依六年考察在京五品以
下官員大臣則例該自陳以俟　宸斷臣待罪
學士階在五品之列特蒙　聖恩准令自陳此
優遇儒臣之盛典也臣不勝榮感伏念臣本一

介草茅奉對　大廷誤蒙
皇上簡拔置臣侍從之列糜祿有年慚無寸補
方深兢懼詎意復蒙
皇上超擢濫叨今職仰荷　天高地厚之恩勉
竭駑力以圖報萬一此臣夙夜惓惓之心也但
臣思學士乃詞林首秩素稱清華必才學俱茂
乃克勝之如臣才識庸劣學問空疎肙處茲階
實抱惶悚今當　朝廷覈汰百職正臣揣分求
退之時伏乞　聖慈將臣罷斥庶清華之秩不
濫而黜陟之典斯當矣臣無任戰慄之至

辭纂修永樂大典加陞少傅兼太子太傅

竊惟人臣之就列也力少而任重者履覆餗之
危勞微而恩過者蒙負乘之恥誠以寵數不可
以虛冒也臣猥以凡品謬列台司比者恭遇
皇上以登極覃恩加臣少保脩省之餘已自不
能勝載矣茲以大典錄成晉敘供事之臣謂臣
有綜理微勞遂加少傅兼宮傅而不計其力之
不能勝也夫公孤之秩自昔稱重而傅以傳其

德義尤貴得人即使名德碩才未易稱塞至如
臣者性質疎庸行能譾薄不自量而冒居之未
有不至顛仆者矧以綜理則纖悉皆臣階之勞
以校閱則先後出諸臣之力而臣則何功之有
乃得晉秩與諸臣同又或過之揆力度勞實難
勝受伏望
皇上鑒臣兢懼不自寧之心允臣辭免庶臣免
顛越之危而朝廷恩數亦不至於濫畀矣臣無
任悃懇祈籲之至

初乞休

奏爲親老身衰懇乞 天恩容令休致事竊念臣猥以庸才謬膺重寄每自循省殊切悚惶頃者大察自陳謂當首斥伏蒙
皇上溫旨賜留臣即捐糜此身尚不能仰答洪恩萬一何敢言私顧臣實有懇切至情輒敢披瀝 君父之前臣家世寒素臣父鐘母徐力耕紡織黽勉教臣備極艱苦今且年並七十有七景逼桑榆命同風燭曩歲嘗迎養京邸尋以水土不服旋即南歸比來年齒益高精神益減日夕思臣一見而臣乃嬰情簪紱徇祿忘親隱忍不言栖遲不退其能以安心乎況閣務繁重責任匪輕必得精神強固志慮清明者方可以輔翊一人參決庶務臣年已及耆精力衰颯目花生而眩視心血耗而善忘即處他官猶當休退矧叨密勿之任忝弼之先其不克稱塞明矣臣既以親老切內顧之懷又以身衰抱鰥曠之懼二者往來于中不能自釋即勉強在列恐亦

無補明時也臣實有此衷悰冒昧陳奏伏望
皇上鑒臣悃懇俯容休致庶臣烏鳥之私獲以終遂而樞筦之任不至隳墜矣

二乞休

奏爲自量知止再乞 天恩容令休致事本年三月初九日該臣以親老身衰具奏乞休十二日准吏部咨內開欽奉 聖旨卿德望素著年力未衰朕方切倚任用圖治理豈可遽求休退宜即出供職以副眷懷不允所辭吏部知道欽此移咨到臣臣聞命不勝感悚律以人臣之義自當欽遵趨朝豈宜復有陳瀆顧臣之當退實有不止於親老身衰者謹再瀝衷悃上干 天聽臣竊惟爲人臣者位崇而才不克稱恥也任重而力不能勝殆也是以古之大臣陳力就列不能者止處高位而無竊祿之羞當重任而鮮覆餗之咎以其自量者審也臣本以庸流生逢
聖世始蒙
先帝甄錄之大造既荷

皇上任用之洪恩今且首列台司贊襄國政臣
誠不自揆遭際至此顧臣硜硜徒知自守碌碌
罕所建明涵養未充何有匡時之具謀謨罔効
曾無經世之猷欲責以處大事決大疑臣自知
其不能也夫自知不能而乃貪戀榮祿栖栖不
退其爲身謀則得矣如國事何是以反覆自量
惟休退之爲宜也且方今英賢在列衆正盈朝
皆足以仰毗聖德恢闡皇猷而臣固可安心引
退以全其愚也否則臣寧忍自私其身負國恩

哉伏望
皇上鑒臣自量之心全臣知止之義容令休致
庶賢路不至久妨而臣亦可免於耻且殆矣臣
不勝戰慄祈籲之至

謝 特諭出朝

奏爲恭謝天恩事本月十四日該文書官劉東
賫捧 聖諭卿耆碩元輔朕方切倚託豈以親
老求退宜即出輔政不必又辭欽此傳送到臣
私第臣謹焚香捧讀臣不勝感激不勝惶悚切
念臣以親老私衷懇求休退兩瀆 宸嚴方切
悚慄乃上軫 聖衷親灑 御翰將以中使督
令即出輔政且重以耆碩之稱申以倚託之命
顧臣何人敢當殊眷惟我
皇上人惟求舊不虞其才之不堪而使臣以禮
不計其恩之逾渥也既仰承 綸綍之隆敢復
顧私親之念致身報國矢白首以不移移孝爲
忠秉丹心而勿改臣不勝感戴 天恩激切之
至

謝病假 遣醫診視

特頒寶鈔豬羊酒米餅醬瓜茄
伏念臣才微任重福過災生仰荷 聖慈曲賜
軫念既遣上醫而胗視復來珍品以傳頒異數
駢繁 聖恩優渥此固朝廷優禮大臣之彝典
然在名德或所能勝顧臣凡膚安敢當此臣
所以伏枕涕零感激而莫知所以爲報也臣無
任激切感戴 天恩之至

辭獻俘加恩

竊謂君上不愛豐祿崇爵以賞功勸能者乃爲天下之公非爲一人之私雖臣等亦不容以私受私辭者況屢　涣汗之頒敢竊矯情之譽惟是臣等職居左右責在弼襄頃者虜酋款塞議者盈庭仰荷
皇上廟謨宏遠乾斷不疑俾臣等得以效其愚慮邊臣得以竟其忠謀元兇正法邊圉敉寧實皆
皇上威德所致而殫謀宣力則又邊臣之勞伐

將校之用命也臣等苟免曠瘝已爲厚幸敢復言功用是跼蹐靡寧有不容已於控辭者伏望俯察誠悃收回成命則朝廷賞勸之公既昭布於羣下而臣等叨冒之懼幸少安於私衷矣臣等不勝懇切惶悚之至

謝　內直初蒙　頒賜御膳幷酒

切念　天厨御饌長春偎醴非臣下所得食飲者茲乃仰承　恩賜曷勝榮幸曷勝感激謹稽首頓首稱謝者伏以榮參儤直允諧衛　主之初心既荷騈蕃仰冒自　天之異數珍饌出御庖而藹馥瓊漿分偎甕以流馨臣推食蒙恩敢忘敬事之訓投醪拜惠彌深感德之私矢殫夙夜之微勤少答　乾坤之大造伏願　萬年玉食御　帝曆於彌昌四海同春暢　皇風於既醉臣無任榮感忭躍仰戴　天恩之至

謝　遣祭先師　頒賜收回果酒

伏以禮重聖師舉膠崇之曠典芬騰邊豆溥惠寺之洪慈拜錫增榮蒙恩切感恭惟

皇上道大而盡倫盡制德峻而作君作師陶育羣生妙參贊彌綸之用幷包衆甫會仁義禮智之全式重懿章爰分餕既如臣者學徒泥古才乏通方紫閣兼收仰荷登延之寵瓊恩均逮復叨錫賚之光謹正席以先嘗誓攄忠而後食伏願　聖齡增永　帝祚延昌紹道統於二帝三皇萬萬載長生而治世溥湛澤於羣黎百姓億億年久視以當陽臣無任感戴　天恩之至

謝　欽賜　御用大紅彩粧仙鶴絨衣

伏蒙
皇上俯念今冬凜冽臣　郊詣特出　御用之
服賜臣一件作禦寒資臣謹叩頭祗領伏以
郊禋肆啓駿奔率臣職之常　御服分頒鴻貺
荷　天慈之重眞如父母之於赤子寒煖必知
獨念草木之於陽春恩暉難報臣惟有日夕焚
香仰祝　聖齡於億萬夙宵祗事少攄微悃於
絲毫無任感戴　天恩激切之至

謝　賜茶

伏以恭趨
禁苑每承優渥之恩　頒賜御茶復荷霑濡之
澤寵榮荐被感激彌深兹當初夏之辰幸啜先
春之味　殿瞻清馥捧僊液以生風景際虛明
酌甘泉而漾月詎期謭劣濫被　恩私旹一飲
而不忘竭寸衷而圖報臣無任感戴　天恩之
至

謝武舉考試　賜酒飯彩段

伏以太平啓運萬年肇磐石之圖　聖主當陽

九野貢干城之士仰被選掄之命幸叨任使之
榮方期殫慮以旁搜少裨邊徼詎意　寵頒而
下逮增耀蓬門藹珍饌以芬如爍文縑而貴若
光榮莫既感激難名竊念臣庸拙無能粗疏寡
學目　天地生成之德獲邇清華沐　君師訓
迪之慈每開矇昧荷栽培於有造思報稱以無
從校閱何勞乃拜自天之貺揣糜永矢難酬若
海之恩雖嘗竭犬馬之微勤敢謂得貔貅之忠
勇望　仙闔而增忭喜紓旬日之瞻馳祝　聖
壽以綿長永保千方之康泰臣無任銜感戰慄
之至

乞休

奏爲血疾陡作不能供職懇乞天恩容令休致
事本月初三日臣在閣陡爾左鼻衄血如注幸
少頃隨止勉强同諸臣辦理閣務仍照常出至
私第忽復大作注流不已至今猶臥牀褥伏念
臣於去冬嘗因感冒風邪奏乞賜假調理隨蒙
皇上遣醫胗視復蒙珍品𩠐錫　天高地厚之

恩臣感激涕零自謂捐軀糜骨未足仰報鴻渥玆偶患此證急求醫藥未敢再以給假瀆請異逐平復速出供職不意去血過多神氣耗弱醫謂病起積勞非旦夕可愈臣私惟內閣機務繁重上則匡輔君德下則平章庶事責任艱大非他職比豈容苟安私便虛糜廩祿極知　主恩深厚誼當忘身然自度力小任重瘝曠既多而福過災生端倪已見縱復貪留在位不蚤乞身豈能萬一有裨少遂願效之志此所以寤寐展

轉不容不冒昧懇控於　君父之前者也伏望皇上察臣衷悃憫臣多疾放歸田里俾得就閒療治則國家重務既不至曠廢而臣孱弱微生亦幸獲苟延永荷　乾坤大造於無涯矣臣無任迫切懇祈之至

二乞休

奏爲疾勢未平備瀝衷悃再乞　天恩容令休致事臣以偶患衄血具疏乞休隨蒙　聖慈軫念覶瘵之醫纔往饋廩之賜旋至異數駢蕃

天恩深重卽糜軀而莫報柰疾勢之未平猶冀察憐曲遂其私及准吏部咨內開欽奉　聖旨卿輔弼元臣忠勤素著朕所倚任豈可以微疾輒求休致宜用心調理痊可卽出供職不允所辭吏部知道欽此移咨到臣臣伏在枕席恭承綸命不勝感激不勝慚悚竊念臣本以庸流誤蒙

先帝甄拔超躋三事繼荷

皇上眷任寵數殊常惟當夙宵盡瘁不有其躬

敢因微疾飾詞求去但臣有懇切至情輒敢披瀝上瀆　天聽臣幸父母俱存年竝七十有九人子常情自有景逼桑榆之懼前歲臣嘗以覲老身衰兩疏陳乞未蒙俞允　親洒宸翰特遣中官慰留臣時萬感鴻慈不敢復顧私親遵奉嚴命隨出供職而烏鳥私情實切慕戀緣臣父稍健臣母多疾不得已於去春因臣弟錄事齊芳差回之便迎臣母來京母子之情自幸已遂而父母兩處殊非人情臣對母思父旣時時縈

牽而臣母又離臣父亦時念還南近見臣病思歸愈切口雖不言意實迫惻臣抱此苦情日夜憂念更無可以權便兩盡忠孝者正恐再復淹留徒足增病矧今輔理大臣盡屬才傑庶明勵翼何所藉於衰病之人用是不避煩瀆再陳衷悰仰祈 聖明特垂矜允俾臣早遂休退則既不至曠職以速官罰又幸獲寧親以申孝思而始終成全仰荷 恩造於無疆矣臣不勝戰慄祈籲之至

乞休

謹奏為自陳不職乞賜罷斥以全晚節事近該南京科臣王楨等論臣欺詐當罷累數百言大率責臣親已老而求去不力弟改職而非分希恩且極其醜詆至數臣為不忠不孝臣即自分罷免遵古大臣之義杜門待罪仰蒙 聖慈不即擯斥過責言官臣愈不自安敢不自陳求退以上答 主恩下明臣節臣自隆慶二年以來投疏乞休者數四不蒙

皇上允放二月內偶染衂疾復再疏乞休

皇上親灑宸翰褒臣忠實臣感激流涕至欲捐軀圖報雖病患猶未全復不敢自便身圖恭奉綸命旋出供職知律以知止之義誠為舛矣既不得已乃復乞改弟職送母南還以知足之義尤為過矣以二者責臣臣何敢文但詆及臣父是臣不見幾勇退以致累父誠不孝之大者也至于

皇上許臣為忠實楨等詆臣為欺詐臣果忠實

乎果欺詐乎

皇上神明內蘊微無不照自能辨察臣不置辨以傷言官之體惟是臣性素愚直惟知君命之當遵而不知人心之難測惟知親意之當順而不知物議之隨騰自蹈機穽夫復誰尤臣忝居丞弼既經醜詆豈可復玷班行之首乃敢備瀝情悰哀鳴 君父之前伏望鑒臣孤踪危悃將臣即日放歸田里以作言官彈擊之氣以聳在位曠瘝之警臣不勝激切祈籲之至

二乞休

謹奏爲再乞天恩俯賜休致以息人言事臣頃因南科給事中王楨等論列自陳乞罷伏奉聖旨卿輔弼元臣忠誠體國朕所眷倚豈可以人言輒求休致宜卽出安心供職不允辭吏部知道欽此臣不知止足以致人言方席藁待罪乃荷　溫旨賜留雖感激隆遇自知莫報而內懷愧悚難復就列輒敢不避瀆冒再陳懇悃惟陛下俯聽焉臣聞之易曰君子見幾而作不俟

終日臣向者牽戀　主恩既昧此義今已形之攻擊不特曰幾而已如復貪昧隱忍仍玷班行卽庶僚且不可矧在丞弼乎斷不可一日濡滯以辱朝列者也臣幼學聖賢之道志切　君親之倫自叨鼎輔每懼覆餗惟念治道去其太甚不必紛更臣道止於代終不敢恣肆希心周公吐握之風妄意丙魏同心之誼期以集思廣益仰賛

皇上蕩蕩平平之治而言者乃詆臣爲庸瑣闒茸將欲臣俯視百僚紊亂成法然後可以爲賢乎在臣則不敢也至於職叨丞弼賛理罔功人心不能挽之古士風不能導之正此則臣之大罪而科臣未之及也但臣雖不肖官則閣臣不能見幾早退橫罹口語辱國甚矣況臣平生所學何如今已澇無一效猶復覥顔在列此後言官雖或恕臣臣亦內負厚愧欲自恕於心而不能已矣伏望

皇上察臣素志容臣速歸以激大臣勇退之節

以免微臣負乘之恥臣雖退居田里當日夕焚香祝願太平以上報　覆載生全之恩也臣無任惶恐戰慄之至

三乞休

謹奏爲三陳懇悃仰乞天恩早賜休致事該臣再乞休致欽奉　聖旨卿昨具辭已有旨勉留何又有此奏宜卽出供職不必固辭吏部知道欽此切念臣鄙劣致言分宜斥退仰荷　聖慈賜留勉臣遵　旨卽出供職雖人言屢至不以

臣爲不肖而斥逐之曾參不能得之於慈母者
而臣茲得之於　君上　聖恩天高地厚臣即
捐糜此身不能報荅豈宜再瀆但臣自病劒之
後心血虛耗遇事善忘步履艱難趨朝恐後即
居他職亦且不稱矧閣務繁重可以衰頽無用
之人叅其間乎是以不避煩瑣叩籲　宸嚴伏
望
皇上鑒臣下情迫切
特允休致庶賢路不至於久妨而閣務亦可以

修舉矣臣不勝懇切祈望之至

四乞休

謹奏爲懇乞天恩容令休致事近該臣疏乞休
致欽奉　聖旨卿乞休愈懇朕已具悉但機務
繁重方切倚毗豈可堅於自遂宜即出輔理愼
勿再辭吏部知道欽此臣恭奉　綸音不勝感
激不勝兢惕伏念臣蒙恩深厚天地難報豈敢
堅於自遂上負倚託之重今言官責臣求去不
力臣於向者豈不知慨然勇决而有待於今日

顧惟大臣之道分有所當盡不顧一身之安危
俗有所不徇不計一生之毀譽臣自叨第以來
惟有赤忠報國一念天地神明可鑒今者涓埃
未効有負生平豈不欲鞠躬盡瘁仰荅國恩但
身多疾疢情牽父母血氣之衰耗不任煩勞智
識之短淺更難勉强旣乖素志敢玷崇階夫陳
力就列不能者止勢有所不能時有所不可當
止不止古今之大戒也况進不知退天道所忌
亢必有悔易訓孔昭如臣者位浮其才福踰涯

分正宜深鑒進退之理庶幾倖免亢極之悔用
是不避煩瀆再四懇請伏望
皇上早賜俞允容即休致俾臣幸解閣務以免
悔尤苟全晚節以勵廉退是
皇上所以進退臣者莫非曲成之仁而微臣所
以自處進退者亦莫非圖報之道矣臣不勝懇
切叩祈之至

五乞休

謹奏爲懇乞天恩俯容休致事本月初十日該

臣具疏乞休奉　聖旨卿屢疏求退已屢有旨慰留宜體朕懷勉出輔政勿再固辭吏部知道欽此臣聞五倫莫大於君臣根諸天性無所解於其心者也況臣忝居丞弼受恩深重豈昧此義而固爲辭謝徒潔一身之去就以廢人臣之大倫哉但臣反覆思惟無一可留姑舉大端一二冒瀆　天聽惟
皇上俯察臣稟氣薄弱素多疾病近年以來愈覺衰憊是臣蒲柳之質望秋先瘁已自可見去

冬今春凡再陳乞誠非得已臣之當去此其一也臣父母年並七十有九雖幸皆健而桑榆景逼寔人子愛日之秋使臣精力盛强猶可先君而後親今勉强不前素飡是愧則養親療身正惟其時臣之當去此又其一也大臣身帥百僚表範中外惟崇退讓之節長廉恥之風斯爲勵俗之首務今臣既遭言官論詆使無前之二端亦當早自引退庶幾少明風節況兼是三者尤所當去此所以雖蒙
皇上慰留再四而終不容已於煩瀆者也伏望
聖慈曲垂憐察放歸田里則臣上雖不得伸報
國之忠而下亦可逭忘親之罪臣無任懇切仰祈之至

李文定公貽安堂集卷之一　終

李文定公貽安堂集卷之二

表

及第謝恩表

伏以　聖人作而萬物覩際唐虞有道之朝禮樂備而天地官仰三五無爲之治當　聖明之在御躬俊乂之旁搜猥及賤微誤塵拔擢感深而震惶無措榮極而跼蹐難勝茲蓋伏遇
皇帝陛下道高千古治冠百王敬二傳心上繼堯舜三王之統文明無運不隆

祖宗
列聖之基明德上格於重玄大道并包於衆甫勤宵旰而求賢彌切體謙冲而下問不遺寵降
絲綸　親題甲乙聽臚傳於天上瞻法駕於雲中詎期末學之愚濫廁羣才之首導迎歸第官儀盛京府之陳揖讓登堂禮宴重大官之饗更拜冠袍之賜兼承寶鏹之頒一芥草茅被邦家之寵數十年燈火竊宇宙之榮名幸出無涯望非素及此蓋
皇上作人之化已極於菁莪而取善之誠無間於葑菲者也臣山林誦説田野見聞感激熙明有懷忠蓋嘗謂宋儒之講明正學匪謂無功至於門人之擬接聖傳寧免非僭仰屋　明問足以破湮鬱於千齡敬拜颺言何幸獲遭逢於今日臣等敢不力行所志思努力以濟時圖踐厥言願委身而報國幸聞大道之要冀免流俗之歸伏願　帝道光明重闡皇王之秘奧　聖躬康壽長爲億兆之君師衍疇範以錫民九有會歸於五位垂衣裳而致治萬方荷戴於　一人

臣等無任感戴激切屏營之至

代庚戌科謝恩表

伏以道久化成千載仰文明之治　聖作物覩萬方興利見之思忻逢熙洽之昌期幸遇明揚之盛典名踰素望而跼蹐難勝寵越分涯而震惶莫措恩兼榮至感與懼并茲蓋伏遇
皇帝陛下道合羲皇德侔天地嚴恭夙秉儼上
帝之監茲湛澤弘敷囿羣生于咸若踐阼三十

載民康物阜熙熙然必世而仁握圖五百期亨
騶王馳巍巍蕩乎符而出治徵有象心切無窮氷
旱厪堯湯之憂苗秋軫虞周之慮降　絲綸而
圖惟化理采葑菲而誤逮踈愚甲乙　親題恩
光荐及臚聲傳　殿陛徐聽仙樂之紛綸　法
駕列雲中遙覩御煙之縹緲歸第則儀陳京府
禮燕則饌出大官載錫冠袍均頒鏹寶寵荷騈
蕃之數驚叨拔擢之榮惟庚戌始開科典制莫
詳于今日而嘉靖十策士道化益浹于初年此

蓋我
皇上駿烈神謨光承　祖武之盛雲龍風虎遠
符開國之隆者也臣等章句庸儒草茅末品沐
菁莪之聖化强自濯磨傾浩蕩之皇恩敢忘報
稱忠貞是勵期不負乎明時温飽弗圖力以倡
乎多士伏願含元體一益熙　聖德於光明敬
天勤民永播皇風於清穆陰陽和而萬物遂引
恬引養黎元蒙樂利之休邊圉靖而中夏尊卜
世卜年宗社鞏靈長之運臣等無任感戴激切
屏營之至

陞翰林院學士謝表

伏以　瓊苑摛文已冒清華之選玉堂晉秩復
叨優渥之恩慶千載之奇逢荷　九重之殊眷
榮逾素望感切丹衷欽惟
皇上應運繼離膺圖履泰明禋肇舉乾乾乎事
天事帝之誠祈報虔脩切切焉為國為民之悃
峻業獨超於千古深仁不浹於兩間惟秘閣之
贊襄既需耆碩乃詞垣之選遴兼採儒流命方

逮而恩卽隨力未輸而寵已至如臣駑劣曲被
鴻慈奉對　大廷首沐甄掄之渥列官詞署身
依邃密之光頃被　恩綸俾効文役乾坤罔極
方虞綿力之難酧日月幾何遽覩氷銜之驟陟
榮光倍至驚喜交并鏤骨銘心莫罄葵藿之悰
摩頂放踵寧私犬馬之軀臣敢不矢竭朴忠仰
報洪造瞻楓宸而傃直靡懈夙宵依木天以輸
誠務殫心力伏願　皇圖鞏固　聖壽綿昌如
日之升如月之恒　五位迓亨之祉極天所

覆極地所載萬方同熙皡之風臣無任感戴
天恩之至
掌翰林院事特出
欽命謝表
伏以 恩沾玉署既幸聯東省之班 綍降丹
霄復叨視北扉之篆荷 九重之特命鏖千載
之奇逢榮踰分涯感深心腑臣竊惟詞苑爲圖
書之府上映奎躔翰章實清秘之司夙稱冰秩
矧茲謁謝俊彥萃止承明著作之庭臣以碌碌

庸人乃綰金馬玉堂之綬周章拜命俯仰增慚
茲蓋伏遇
皇上聖禀生知學原深造天章雲翰邁訓誥而
追典謨帝道皇猷參天地而賛化育因材器使
炳鑑藻以惟明藏疵掩瑕合蔚菲而並蓄是以
如臣謭劣亦忝清華臣伏念詞臣以文爲職而
在才學之兼優國家惟賢是儲尤貴寅恭之匪
懈自非篤行奚補明時臣敢不勉勵清脩力倡
多士辭成捉筆誠未能遠附於名流動必循規

誓不敢仰辜於 洪造伏願純禧日熾 聖壽
天長道德文章丕煥堯光於四表禮樂教化永
延周祚於萬年臣無任激切感戴 天恩之至
轉吏部左侍郎兼翰林院學士支從二品
俸特出
欽命謝表
伏以秩更吏省已沾簡注之恩祿埒上卿復荷
優隆之命顧控辭而莫遂切感戴以難名臣竊
惟銓曹秉鑑以評才地爲至要小宰佐卿而率

屬任亦匪輕自非有鷹隼之操曷以稱高華之
選乃若餼廩厚隣於二品亦必才猷迥異於庶
寮如臣者雖懷報主之丹衷愧乏濟時之素藴
偶以遭逢 明聖幸錄用於撰供因之沾被
恩慈遂超躋於卿貳方慚尸素忽冒寵私仰屋
宸翰之親栽光榮倍至顧此階資之漸峻稱塞
彌艱循省奚堪凌兢莫措茲蓋恭遇
皇上秉日月之至明臣下瑜瑕而莫遁廓乾坤
之大造人才巨細以咸容遂令菲劣之資濫涉

顯融之路臣敢不貞脩是飭正羣吏以挽淳風
敬事是圖報　一人而賛至治務謹鰥官之戒
益嚴覆餗之慚伏願　純禧如日斯升　遐筭
與天並遠貞符求握千祥熒集以當陽戩穀咸
宜百祿增昌而御曆臣無任激切感戴　天恩
之至

陞禮部尚書兼翰林院學士謝表

伏以參華銓省已沾湛渥之恩正席禮曹忽拜
優駢之命循墻弗獲就列奚堪彌深岳戴之忱

益切氷兢之懼竊念臣起家寒細受質凡庸徒
懷許國之忠未有過人之識幸逢　明聖荐歷
清華　大造生成拔擢悉由於　宸簡　洪慈
稠疊報酧未效乎愚忠詎期　聖念之注存復
忝春官之峻陟惟宗伯應文昌之緯乃起躋不
假於僉推惟翰林依華蓋之星乃兼攝復仍乎
初命職優地逈恩鉅人微報稱愈艱曠瘝曷逭
兹葢恭遇我
皇上道包衆甫德被八埏議禮制度考文懋建

維皇之極敬天勤民法　祖逾臻有道之長詞
出爲經洋溢乎典謨訓誥動而有格陟降乎上
下神祇特隆禮樂之司毎愼才賢之選誤庸下
品俾厠中臺　温綸親灑於　九重奇遇寔超
乎千載班聯八座近瞻台斗之光位列六曹遠
接夷夔之武懼蚊負而僨陳遜避荷春煦而曲
賜褒嘉自竊殊榮重沾渥眷雖父母之怙恃未
足擬其　仁慈即天地之甄陶亦難比其　高
厚感切肌而莫踰懼覆餗以難勝臣敢不矢志

奉公竭忠報主秉寅清以率屬期少逭於素餐
奉精白以承庥務益殫於赤悃伏願中和溥化
位育成能玄德洽而神人孚若雨若暘昭太平
於有象至順通而瑞祉集永壽永福延丕祚於
無疆臣下情無任激切感戴　天恩之至

加太子太保謝表

伏以　寶誕凝禧方獻　萬年之祝玉恩渙命
遽叨一品之榮撫分愈兢俯躬踧踖竊念臣本
以一芥草茅之士謬辱　九重特達之知入仕

版方且廿年受眷私已踰九載顧技能淺薄絲毫莫贊於 聖修而造就曲全纖悉皆由於宸念躐躋通顯承寵祿以兼優參直 禁嚴荷帡幪之特厚每虞蒼負莫報鴻施豈期震惕之餘復冒殊尤之錫惟春官典禮既超八座之班乃宮保升華遂亞三孤之選是豈平生之敢望寔爲不世之奇逢茲恭遇我

皇上受籙當乾應圖履泰智臨舜日操馭臣之柄而爵畀弗輕仁覆堯天弘逮下之恩而勞徵

必錄茲屬貞元之會載臨震夙之期誕受禎符茂迓熾昌之祉覃敷湛澤特優具備之臣遂使陋庸與沾顯賚不易酬者乾坤之德莫能解者犬馬之心臣敢不奮勵赤忠堅持素節志專報主豈溫飽之或圖誠欲致身何室家之足顧伏願佑命彌純保定孔固 聖齡茂衍歷萬千甲子以長生 帝祉弘綏撫億兆黔黎而永泰臣無任激切感戴 天恩之至

入閣謝表

伏以 皇廷渙命恭承殊異之恩宰路升華濫預參陪之任自惟駑劣何稱鴻私倍深臨谷之衷莫遂循墻之請臣竊以鼎台重寄允惟寅亮之資殿閣近臣實受平章之託昔稱喉舌亦謂股肱必求天下之賢乃益日中之治詎止貳公弘化有其具始可爲抑且同寅協恭匪其人莫克濟臣受資虛薄本類蒙最下之材際時熙明冒特達非常之眷對 制首蒙簡擢摛文 親賜選掄匪頒出 內帑之珍極其蕃縟儤直厠

禁廬之密久在帡幪遂躐踐於文昌旋超躋於孤保論才何有乃知遇之特隆圖報未能顧叨承之過甚方用戰惶而無地復聞寵渥之自天疏秘殿之顯名晉文班之華秩俾偕元輔參與政機仰惟 神聖之有臨寔過五帝卽使凝承之必備敢謂四隣以屬陋庸將何稱塞茲恭遇我

皇上純心尊帝猶懷顯俊之圖峻業同天益切保邦之慮謂忠賢之必得庶政輔之有裨爰采

蒭蕘不遺葑菲逮令疵賤亦辱登延有若樗材
苟備作榱之用其如褫線弗堪補衮之需臣敢
不矢竭忠貞勉師賢哲爲霖爲楫詎敢希商說
之高蹤曰俞曰都異仰讃唐堯之大化凡有補
於毫髮誓無惜於糜捐伏願天惟純佑邦求孚
休皇極建而五福臻萬載迓壽康之景祚泰階
平而六符正八埏登熙皥之淳風臣無任激切
銜感仰戴之至

改吏部尚書謝表

伏以綸閣叨躋方抱虛庸之懼銓銜更畀忽沾
殊特之榮荷 宸翰之親裁 天慈之逾渥
傴僂拜命激切銜恩茲蓋恭遇
皇上應昌運以當陽握貞符而御宇聖神文武
德超千古以獨隆博厚高明澤洽群生而無外
攬乾綱而萬幾獨斷秉離照而羣下莫欺已臻
太平極治之休猶懷得賢自輔之益特俞陳請
爰廣登延雋彥彙征允可濟國家經綸之用崇
銜濫陟幸適當風雲際會之期顧何裨益於
熙明總荷栽培於 天地臣敢不俯殫駑力仰
答鴻私同寅協恭期共勵赤忠而報 主鞠躬
盡瘁矢益堅素節以匡時伏願紫極凝禧瑤圖
衍慶箕疇備斂茂綏乎壽富康寧泰筴常贋求
歷乎元會運世臣無任激切銜感仰戴之至

賜大紅織金僊鶴紗衣謝表

切惟僊鶴係一品服色臣階列四品特蒙 頒
賜實出不次 殊恩臣不勝忻躍不勝感戴謹
稽首頓首稱謝者伏以仙馭呈祥忻覩萬年之

上瑞宮衣絢彩驟叨一品之殊榮即循省猶懼
弗勝矧非次其何能稱凌兢莫措感激難名臣
竊惟服以章德乃 朝廷馭下之大權公爾忘
私實臣子事 君之大義德微服盛名曰不衷
公後私先咎其容逭如臣者鵷鷺末品褫線淺
才誤承錄用之恩未效涓埃之報摛辭多謬曲
蒙 大造之包涵載筆何勞數冒匪頒之優厚
每捫心而增愓實揣分以多慚詎意 天恩復
踈寵錫茲蓋恭遇

皇上道契重玄仁覃庶類執中建極天地賴以
裁成撰紀曆圖文武惟其經緯高明博厚悠久
至治馨香飛潛動植紛綸殊禎迭現履至和而
懋膺天眷綏多祐而敷錫　皇恩忽降　龍綸
特頒鶴錦製出天機之巧珍分　御笥之藏文
穀輕綃入目爍飛雲之片片玄睛縞羽遶身驚
舞影之翩翩斯實象服之至華乃荷鴻恩而俯
逮臣敢不勉竭貞忠仰酬渥眷望修翮而振素
恆期附翼以棲遲挹華頂之明丹永矢瀝衷而

圖報伏願　聖壽天齊玄禧日熾鳳儀庭而麟
遊藪四靈呈有道之徵北欵塞而南獻琛億載
鞏無疆之祚臣無任忻躍感戴　天恩之至

欽賜大紅紵絲飛魚膝襴衣一襲謝表

切惟飛魚膝襴衣係　聖恩初賜臣不勝榮幸
不勝感激謹稽首頓首稱謝者切念臣本以鴐
鷃之材幸際風雲之會雕蟲小技曾何補於
天章濡鶉殊榮每叨沾於　恩錫顧此飛騫之
魚鱗尤號崇華忽承賚予之鴻慈益逾涯分懼
曳婁而莫稱切佩服以難名恭惟
皇上玄德格天洪仁洽物道原洞析會鳶飛魚
躍之機治化弘彰薦龜出鳳儀之瑞　祖基光
紹龍文煥映於天樞昊眷昭凝駿惠旁敷於海
宇總幽潛而舉冒在蠕動以咸沾是以如臣凡
流亦叨寵數金緋炫燦忻瞻出海之雲霞組繪
輝煌快覩從龍之羽翼仰荷非常之貺難酬至
渥之恩臣敢不勉竭愚忠堅持素志既安且吉
豈惟依蒲藻以容身惟直而清期永附翼鱗而

報國伏願　聖齡茂衍　帝曆崇膺鯨波靖而
鴈塞寧四海洽雍熙之化龍圖昌而鳳祚永萬
年凝泰治之庥臣無任激切感戴　天恩之至

欽賜大紅紵絲蟒衣謝表

伏蒙
皇上頒賜臣大紅蟒紵絲織金衣一襲銀伍拾
兩臣祗領不勝榮感銀兩已同諸臣恭謝其蟒
衣係非常　寵數初蒙　特恩臣誠戴誠忻謹
稽首頓首陳謝者伏以明禋祇建　聖衷方切

於勤民殊錫駢加恩數忽隆於逮下恭惟蹕彩
寵襲龍光伏念臣猥以駑庸寒乏寸才幸叨重
附鱗攀之願續紹祖具賁寵補闕之何裨測海撰
供曾望洋之徒切自省俯深於悚惕兼以仰荷
於包涵虹節畫畢恩既冒宮衙之躡陛瑤詳迓覩
忽從鸞袞繡之傳頒矗頭角而鼓風濤製出天機
之巧從金甲鱗而扶雲漢蓋畢施宮錦之奇愧裊羅
於霑濡懼益深於奮負茲蓋恭遇
皇上洪仁溥覆至道昭融緯武經文紹慶合陰

翊之用續仁組義彌綸成化育之能禎應騈呈
顯麟游扈至神功默運熙熙雨若暘時然且
切軫民依斡調元序迓六靈之瑞適麈祀於
洪宮命五服之章卑遜聖恩於近列臣敢不矢
殫駑力上答鴻私才謝夔龍勉效賡清於夙夜
心同犬馬惟知守衛於禁庭伏願王者日新
瑤齡天保垂衣裳而治世萬年永御乎鼇圖統
要服以當陽德晝長凝乎扆祚臣無任激切感
戴天恩之至

欽賜大紅紵絲織金麒麟衣一襲謝表

伏蒙聖恩頒賜臣銀二十兩大紅紵絲織金
麒麟衣一襲臣謹頓首稽首欽領訖內麒麟服色係
初賜特恩謹稽首頓首陳謝者伏以鳳閣參聯
方玷廣綸之直麟袍渙賚遐叨命服之榮假綬
數於上公謀殊恩於下品鶴大濡而何稱金
有負以致勝茲蓋恭遇
皇上治運垂裳仁弘解網彌綸元化而飛潛動
植咸遂其生組織天工而禮樂文章各發其盛

璐毫王人屢呈玄祇於遐方稚髫雖頑悉化冥
心於異域勷成有道衣被無疆獨耆羣情而明析
秋毫忠勤恭道體邇臣而恩同春煦果懶必知
乃須雲錦於一朝藉冒天章於五寒寵榮新至
報稱何由手足腹心幸際雲龍之會嘗揖冊程
天殫犬馬之忠伏願駿命隆昌淵圖鞏固光啟
四表來虞廷鳳皇之祥曆御萬年洽周室皇鑒
之化臣無任感激天恩之至

初賜銀兩表裏衣酒飯謝表

伏以 寵命榮膺勿効爲駘之力 恩華賁錫
洊承鴻造之私循省何堪震惶靡措仰惟
皇上用才不求其備使人必先以恩如臣者樗
質無能慚夙夢乎甄育葵衷久抱曾未効夫涓
埃叨任使之榮曼荷駢繁之渥繻幣並兼金
而炫彩蘭湯合玉饌以騰芬受以珍藏求侈自
天之貺食而思報敢忘先事之忠齋薰祈 聖
壽以齊天萬年康泰祗肅迓玄禧而保極四海
昇平臣無任懽戴感激之至

特遣讀卷謝表

伏以才賢彙進式當登對之期 綸綍煌頒忽
冐披宣之命仰承注念俯切銘心臣竊惟臣下
以有事爲榮而在 闕廷供事爲尤榮以被命
爲幸而出 宸衷特命爲尤幸詎期菲劣曲荷
眷私俾參九列之崇班謬分敷奏獲與三年之
盛舉竊邇光華榮孰以加幸斯爲至茲蓋恭遇
皇上至明同日月總機務而旁燭無疆 大德
並乾坤體臣工而曲成有道遂令庸愚之品叨
沾任使之恩 景運方隆共喜英才之入彀
洪慈昭沐敢忘報荅於銜環伏願 寶曆弘延
瑤圖永固忠貞輩出副 九重尊顧之心瑞應
駢臻衍萬載文明之治臣無任激切感戴 天
恩之至

遣祭 先師孔子謝表

伏以 聖代隆師典禮式崇乎秋祀 明綸渙
命祼將俯逮乎春官至榮幸忝於駿奔切感難
酬於鴻造恭惟

皇上敬一傳心中和溥化會堯舜文武之道而
建極功隆祖述憲章總虞夏商周之制以安民
業懋彌綸參贊巍巍乎冠古今而獨盛蕩蕩乎
配天地以難名神不可知聖而將縱玆者星杓
轉酉月朔逢丁乃秩明禋報删述六經之績肆
頒寵綍走典司三禮之臣遂使庸愚謬承對越
望廟廷而登降如聞玉振金聲奉幣帛以趨蹌
恍挹秋陽江漢誦菁莪於泮水丕揚久道之仁
璟冠帶於橋門共仰右文之化臣敢不體崇德

報功之至意齋戒身心佩忠君敬事之遺謨寅清夙夜大殫微悃仰荅殊恩伏願　聖齡與聖澤同長　君道與師道並久風淳俗美萬方之文教覃敷禮備樂和億載之皇猷丕顯禎祥茂集福祿延昌臣無任感戴　天恩之至

欽遣文華殿

先聖

先師祗代拜謝表

伏以道重聖師夙啓瞻崇之典禮隆朔望幸叨

對越之榮將祗洎於　九重覲休光於千古恩昭異數感倍恆沾欽惟

皇上道契玄元德侔穹昊敬一得傳心之要悠久茂成物之功作君作師冠百王而獨盛盡倫盡制會千聖以同神主善能自得師望道猶懷未見爰於祕殿式展明禋擴前聖未發之猷創萬世不刊之制豆登成享順時序以無愆瓚卣通誠走文儒而有恪顧臣駑劣爲稱駿奔仰荷

聖慈特疏　恩遣簡趨蹌於　儼被身近雲霄儼陟降於道筵心馳山斗秉虔酌醴清觴騰如

聖之芬端拜焚香寶鼎薦惟馨之德竊輝光於代攝冒春渥於怔懞感激難名對揚莫罄伏願

聖神功化巍巍乎已隆而益隆道德文章郁郁乎既盛而愈盛參天兩地至仁誕浹於八埏咸五登三大曆丕延於億載臣無任感激慶戴之至

特遣陪祀帝社稷謝表

伏以嘉穀呈祥萬寶之利成式告明禋肆報三秋之秩祀惟虔詎意微臣輒參小相荷　九重

之特命慶千載之奇逢仰惟

皇上道合重玄功高千古經天緯地邁郁郁之周文禮備樂和峻巍巍之堯烈神凝淵默心切閭閻謂王業之本惟艱而小人之依當軫壇開社稷地當　紫殿之原穀播　天田歲秉青郊之耒　聖猷宏遠追豳風無逸之訏謨　帝眷紛綸覩合穎連莖之上瑞肆値秋成之候聿修報祀之儀以社以方薦馨香於俎豆惟雍惟肅協贊相於公卿獲叨對越之榮仰荷　絲綸之

寵伏念臣才愧凡庸冒生成於 大造禮成遂
容綴陟降於崇班秉祗敬以惟嚴敢懈駿奔之
悃矢貞忠而圖報盡私犬馬之軀伏願百穀豐
穰千方裕足壽富康寧咸備鞏 社稷於靈長
雨暘燠寒以時囿生民於樂利臣無任感激屏
營之至

南郊分獻謝恩表

伏以天之大德曰生報典特隆于 聖代國之
大事在祀祼將俯逮於微臣沾 駿命以爲榮

沐鴻慈而切 感茲蓋恭遇我
皇上心涵太始道合元陽齊七政以授時妙燮
贊彌綸之用統三才而撫運懋裁成輔相之功
舉禮樂而天地爲昭兼作述而 聖明並至茲
當一陽之復地爰念萬物之本天式潔 圜丘
聿修 大報儀陳蒼璧一誠孚掃地之先樂奏
黃鐘六変應噓葭之始是惟隆典實匪常禋必
顯相之得人庶禮儀之協度何期駑劣獲忝駿
奔繡服 昭頒方荷恩私而莫稱 龍綸特遣

俾叨任使以何勝望三級之崇壇儼若神明森
列將 九重之精意詎云髦士攸宜臣敢不齋
祓身心寅恭夙夜接鵷班而陟降僉聳惟虔仰
辰象以趨蹌奉璋有恪伏願玄禧雲集 聖壽
天齊一之日以體元海宇洽正心之化萬斯年
而御曆臣民綏建極之仁臣無任感戴 天恩
激切之至

欽遣方澤分獻謝表

伏以祀秩 九華聿舉蠙儀於朱夏祼將五岳

初承 寵命於丹霄幸奉駿奔難名鴻造恭惟
皇上德並兩儀事天明而事地察道通三極大
禮節而大樂和式修方澤之禮爰展后皇之報
山川徧禮孔惠孔時黍稷昭升有馨有飶肆陳
儀於貪獻特 簡命乎臣僚詎意陋庸亦叨任
使接班行於勳舊忻沾有事之榮奉對越於神
祇式謹莫愆之度哥升大簇恍怡懌以觀成氣
兕咸和北登穰而介祉肅逆熈昌之靈貺少酬
高厚之洪慈伏願 聖算恒嵩而鞏固國祚淵

海以深長宇宙太和薦川岳之珍而祥臻泰境
乾坤混合通山澤之氣而慶衍康熙 萬萬年
得一以膺圖 億億載函三而運化臣無任榮
幸感激之至

賀正旦表

伏以序屬元春肇九五位當陽之盛運旋首甲
開億萬年御曆之祥增寶祚以彌昌撫瑤圖而
益固神人胥懌海宇騰懽恭惟
皇上極運中興治成久道神功聖德兼三皇五

帝之隆大烈耿光揚
二祖七宗之盛茂膺天眷丕集人和有瑞圖來
載之珍來殊方重譯之域茲者天開黃道候轉
青陽化景舒長樂得夏時之正卿雲郁麗忻瞻
舜旦之華開閶闔於九天執玉帛者萬國統一
元而敷惠適與春符斂諸福以對時方併川至
況乾坤訢合甲子肇開唐堯欽明授人時而有
徵周文壽考迓帝祉以維新詎止如山如阜如
岡如陵以莫不庶因將爲元爲會爲運爲世相

與無疆臣等幸際熙朝叨陪近列仰同呈上
百辟以傾心誠效嵩呼望 九重而稽首伏
純禧日介 遐算天齊雨暘燠寒以其時常調
玉燭東西南北無不服永奠金甌臣等無任忻
躍慶戴之至

賀冬至表

伏以鳳紀陽回玉琯應黃鐘之律鴻鈞氣轉璇
霄開紫極之祥卜 帝履之增長見天心之來
復三靈協慶九有騰懽恭惟
皇上道合元陽心涵太乙總萬幾而御極收中

和位育之功懋一敬以事天昭對越感通之妙
惠日熙流於六合仁風穆被於兩間玉瑞朋來
碧海薦長生之祉金穰屢稔黃輿表至治之庥
式當千載之昌期正值一陽之令節觀臺占象
煥七曜以明時緹室迎和匈百嘉而協候禮嚴
大報騂薦受祉於 圜丘躬秉純誠宥密凝釐
於 閟殿億禩永綿周曆適符周統之開天萬
方廣被堯仁欣覩堯星之正昴五雲炫燦麗煦

日以流輝一炁絪緼協熙風而顯瑞誠眷命維
新之會而壽祺益熾之徵也臣仰戴生成叨聯
侍從才同線弱慚無一縷之長心切葵傾敢效
三呼之祝伏願　陽禧茂介玄佑彌隆體乾健
以當離壽富康寧昭受大來之慶敦復亨而啓
泰元會運世誕膺久治之符臣無任忭躍慶戴
之至

靈雨應祈賀表

伏以精禋肅建聖皇弘宣化之猷甘澤洪敷玄

昊顯康生之造信感通之有自徵慶祉之無疆
懽洽郊圻恩覃遐邇仰惟
皇上道契先天德符元始至仁翔洽登庶姓於
熙臺久道化成固八荒於壽域然且察調氣序
切軫民依謂首夏之既臨乃恩滋之未沛特屋
宸慮屢降　德音方齎祝於神明虔伸叩籲復
徧修於禋祀萃合精誠惟　聖念之篤勤肆天
心之響答油雲靉靆元和混合於重霄膏雨滂
沱湛澤旁敷於九有沃郊原而洽潤蘇草木以

忻榮勃然興率育之來年允矣兆蕃登之稼穡
祥祉肇衍金消滌海之兵氛協炁宣通悉洗閭
閻之災沴不特占歲時而知稔亦將盡民物以
咸亨蓋由我
皇上萬念黎元運斡調之妙用是以上通蒼昊
著應感之靈機也臣等近列叨躋洪恩並沐何
裨襄贊才實謝於商霖幸際　熙明心永依於
舜日伏願玄庥滋至遐算增崇天以清地以寧
人以貞億載衍豐亨之慶國永泰歲永登用永

裕萬年膺昌熾之圖臣無任欣喜懽忭之至

瑞穀賀表

伏以寶籙延禧方慶堯年之永金穰薦瑞特呈
舜畝之奇應其地且應其時得其壽必得其祿
一人豫泰九有豐亨欽惟
皇上廣運玄功彌綸元化齊祓之虔上達乎蒼
昊保合之道下徹於黃輿蒙被羣生霑需庶類
協氣薰蒸既旁流於寰宇嘉生鬯遂乃駢出於
御田惟神物之叢興實太和之融結一莖兩秀

顯一神二化之機三穗四奇著三才四象之用
循環易數共符重八之爻備協範疇總爲九五
之福且帝籍神倉共用明粢況渚虹樞電正啓
天田旅生孔多信長生之有兆康食適溥將玉
食之彌昌觀馨香而降之祥仰識三靈之鑒佑
既富庶而加以敎允知四海之和同臣等忝聯
近列快覩嘉禎用成用康總仰承於帝力允修
允治曾何補於天工爰歌七月之章共獻萬年
之祝伏願蘿圖靖謐蘂筭綿長六符正而泰階

平常調玉燭五穀熟而人民育永固金甌臣等
無任欣躍慶忭之至

賀瑞穀表

伏以御畝呈祥顯 聖德召和之應昌期薦瑞
見天心眷命之隆慶允協於豊亨瑞實符於康
壽神人胥懌朝野騰懽仰惟
皇上德契重玄仁涵庶類握昌圖而治世則在
宮在沼在郊在藪禎符迭薦於四靈凝至道以
當天則時寒時燠時雨時暘化軸斡調於一氣
萬幾時勅尤切乎民依庶政惟熙特致詳於
穡事未爕而先脩禱籲遍祀羣神應祈而聿降
恩滋普沾品彙惟太和之丕洽乃玄育之昭呈
睠此 御田獨鍾靈貺嘉哉瑞穀適獻昌辰精
含 紫極之旋星纍纍乎貫珠而綴璧秀結
瓊膏之飴露垂垂然裛潤以浮香三穗旟揚昭
示乾奇之畫雙枝岐挺顯垂坤偶之形四十九
莖允合筭疇之用數百千萬穰實彰遐筭之庥
徵蓋 聖誠祗奉乎天心典隆昭事斯昊眷靈

浮於 帝苑兆協登穰薦諸廟而
祖考居歆垂之史而今昔有耀是誠 聖壽無
疆之上瑞而爲太平有象之奇禎也臣幸際明
時忝逢盛事詠豳風於七月曷罄揄揚祈天保
於萬年祗伸慶祝伏願瑤禧申錫寶曆弘延物
以阜而民以安永撫盈成之運時常和而歲常
稔益臻戩穀之祥臣無任欣躍懽忭之至

致仕抵家謝恩表

伏以輔理罔功深抱曠瘝之懼歸休得請後沾

優渥之恩荷大造以難名切感衷而莫喻茲恭
遇
皇帝陛下堯仁天廣舜智日昭才必兼收有寸
長而亦錄人惟求舊微大故而不遺以臣樗櫟
之流乆定早擯猶存眷履之義不忍輕捐言二
至而弗疑命屢申而彌篤必逮封章之五上始
回 天聽於九重給驛遣官遍輝光於道路歲
夫月廪邁禮數於等倫中以 褒綸榮同華袞
在昔碩輔名儒所未有乃今殊恩異數以駢加
自顧此生何能爲報臣惟與田夫野老謌太平
於東海之濱仰祝聖烈神謨保至治於萬年之
遠臣無任感戴 天恩激切祈籲之至

頌

嘉禾頌 有序

嘉靖戊午秋 内苑天田產嘉禾一本三穗者
一雙者五十有五乃閏月之吉穡人採而獻之
皇上曰是上天之明賜也不可以不敬也爰涓
日獻告於 廟以祗荅明眷臣春芳竊惟禾之

爲言和也而嘉禾之所以爲瑞者以其爲宇宙
太和所鍾世之所稀有也在昔周成王時有禾
異莖同穗而生王召周公而問之公曰天下其
和爲一乎厥後祚延八百而說者謂太和在成
周宇宙間實此爲之禎也夫異莖同穗且然況
騈穗同莖者乎信國家富有之殊禎聖壽綿昌
之大瑞也何也盈天地間一炁而已矣炁一和
也在天則爲景星爲慶雲爲甘露爲靈雨在地
則爲明珠爲良玉爲丹砂爲芝五色而嘉禾則
得天地中和之炁木王而生金王而熟生民是
以粒食而國家之瑞誠莫大於此也援神契曰
王者德至於地則嘉禾生其此之謂乎恭惟
皇上至仁如天洪恩浹地建中和之極撫隆昌
之祚溥時雍之化培悠久之業至治馨香豐功
偉卓誠非千古帝王所得而並儗者肆今薄海
内外羣生熙皡天下亦既和且平矣而 聖慮
所軫猶恆周於閭閻邊徼之間雨暘少愆輒虔
籲禱邊境少困輒爲賑援是卽太和元炁周流

於兩間也是以天地忻合冲炁旁洽靈澍時降
爰有三穗二穗之奇夫豈偶致者哉夫三穗者
三才之象也雙穗者兩儀之象也合二與三而
爲五者五行之象也是故三才立極兩儀奠位
五行順紀協炁麻禎翔洽海宇以民生則安富
以中外則寧謐以宗社則鞏固以靈瑞則昭應
聖壽永延於千億而福昌祿永民康物阜固所
必致豈直度越周曆而已哉昔者周有嘉瑞唐
叔作頌漢臣亦云時平道明臣子不能宣者鄙

也臣不佞謹稽首而獻頌曰　明明我
皇膺運當天乃聖乃神向離握乾翼翼小心昭
事上玄端居九重慮周八埏祈年孔夙禋祀是
虔昭格上帝暘雨罔忒靈貺嚮荅穰穰豐年四
海樂康萬姓嬉恬太和融液嘉禾生焉惟此嘉
禾産彼天田而穗則岐而莖則連鳳冠戟戟龍
枝駢駢瓊膏載盈玉粒載圓匪蘭而芬匪萼而
妍烝民乃粒禎瑞孰先我
皇昭受對揚乾乾獻之
皇祖馨逾黍牲於維明德帝眷乃延玉鹿瓊芝
紫磺醴泉紛綸沓至曠乎無前維此嘉禾恩降
自天虹光電彩朗映星躔帝眷明明壽祉斯全
瑞降璇穹算益瑤編天祿永昌景福永綿永御
昌圖於萬斯年

恭賀

聖皇得天萬壽頌 有序

臣聞天地之大德曰生聖人之大寶曰位是以
聖人體天地之心存天德履天位合一而無間

則天地錫聖人之福綏天祿膺天命悠久而無
疆蓋王者父天母地爲天之子精神命脉實同
一體宇宙萬靈賴之主宰華夷民物仰之生遂
故上天於聖君常欲祐助而寵綏之誠若父母
之於子保愛恩勤靡所不至其德彌盛者則其
福彌厚其祐彌深者則其壽彌遠書曰天祐下
民作之君作之師惟曰其助上帝寵之四方易
曰自天祐之吉無不利此理之自然也仰惟我
皇上稟神聖之資撫中興之運會扶輿之和粹

毓光岳之純精卿雲啓祥河清兆瑞其生也秉受之始與天地同其全恭默思道冥契真詮爲湯之遲遲昭格爲文之翼翼小心性宗洞悟命學深研其於道也造詣之純與天地同其妙至於功業文章巍然煥然裁成輔相賛化工所不及甄陶涵育合庶類而無遺制作軼百王政化浹萬世王道之成與天地同其大是以玄貺昭錫貞符顯應斂時五福介茲萬壽太和之保合純嘏之緝熙章蔀紀元不足究其曆元會運世

未能殫其數聖壽之延自與天地同其久蓋博觀史籍歷選前聞開闢以來羲軒而後德之所以合天與天之所以祐聖未有盛于今日者也易曰恒亨無咎利貞久於其道也天地之道恒久而不已也聖人久於其道而天下化成非天下之至神其孰能與於斯矧當 聖誕之期益顯太平之象神人胥慶瑞應駢臻玉芝迭獻於遐方嘉禾穎生於天畝嶺表數年之穴一朝蕩平朔北不逞之孽深秋遠遁仰觀天心俯察人事驗之符瑞考之圖牒皆我

皇上永膺天祐萬萬壽無疆之明徵也臣不勝欽戴懽忭之至竊慕詩人之義謹稽首頓首獻頌曰 道生天地萬法之宗清虛易簡徼妙玄通抱玄含一洞極參同歷刦常存神化無窮維我

聖皇躬秉至道濬哲淵涵獨觀秘奥統一至真握其樞要膺籙受圖撫世弘敎乾父坤母體合自然博厚配地高明配天精神感通元化昭宣

一炁潛乎玄之又玄明昭上帝臨下有赫乃眷斯顧佑於一德惟聖時憲順帝之則保祐命之永錫爾極皇建其極斂福錫民蕩蕩平平王道是遵和炁致祥至誠感神庥徵畢集符應駢臻天不愛道地不愛寶誕降嘉禾復產芝草顯示天眷永錫壽考長生久視後天不老景命有僕撫運中興庶物咸遂四陲永寧綏以多祐如日之升如川方至以莫不增允矣

聖皇維天之子肖天之德荷天之祉高朗令終

自今伊始佑之自天億萬斯紀時萬時億壽福彌昌長生治世化理弘彰永膺帝命永綏元綱小臣作頌肅告無疆

甘露頌有序

嘉靖壬戌冬十一月十有七日節當長生時有甘露降於顯陵之林木零珠綴玉其甘如飴中官守臣見而懽躍采獻闕廷

皇上祇受而遜之曰是皇天之大佑也聖親之垂享也匪所能致乃涓日獻之郊廟以昭殊眷

先是庚寅蓋嘗一降　顯陵矣茲閱三十餘載而復呈靈既且不於他所而必於　聖親之寶地不於他時而必於長至之令節又適當象一安聖之期其為瑞慶不甚至大也哉臣竊惟太和無形感之則凝而甘露者實太和之融結也陰陽之津凝為寶露王者德貫三極乃臻斯瑞肆在昔則黃帝唐堯我朝則

太祖

成祖乃間見之自非孝敬之德通於神明烏可以易致也恭惟我

皇上聖敬緝熙昭事上帝每遇郊禋則申飭羣工務竭虔肅而朝夕對越惟乾惕敬天何其至也達孝尊親彝倫攸敘致愛致慤無時或怠比者遷妥聖位儀容恍覿孝親何其至也夫敬以格天則天必鑒孝以慕親則親必悅是以協氣充周甘露乃降地當　顯陵表鍾和之有自也候協長至表陽道之日昌也薦當妥親之期表　聖親之來享也自是時和歲豐民物蕃阜

南平北伏家安國泰而聖壽益衍於萬萬無疆固理所必致者哉昔者

二祖獲瑞一時詞臣皆播為詩頌以示久遠臣忝侍從詞臣仰沐渥恩覩茲上瑞萬倍懽忭乃不揣固陋謹稽首頓首而獻頌曰　天降寶露其集瀼瀼被於長松顯陵之岡如飴之甘如瓊之光湜湜融融有苾其香湛彼露斯天乳之液太和攸鍾允也仁澤皇天所珍以貽令德在下

明明在上赫赫我
皇聖神至德峻淵洪仁蕩蕩淪浹八埏海宇清
晏民物熙恬克敬克孝萬善斯全惟
皇克敬欽若上帝夙夜寅恭以戒以懼有虔對
越有嚴禱籲出徃游衍罔或暇豫惟
皇克孝永慕不忘
聖親恍覩若見羹墻含元葆和壽永生長保我
黎民撫此萬方皇天監之乃垂大祐降彼寶露
太和浹漉允協陽辰不先不後羽介匪珍卉木

匪右守臣採掇注以罍罍馳獻明堂凝光溢馨
我
皇受之翼翼兢兢曰匪台德惟祖之靈惟帝是
鑒惟親是善乃委太和獻禎薦祉乃命宗伯載
稽典禮告之郊廟以彰厥美上帝居歆
皇祖來格保佑命之介以景福萬邦協和黎民
敏德滄海澄波紫塞銷鏑我
皇建極法紀具陳帝眷親扶厤命用申福祿遐
昌禎瑞蕃臻我
皇萬壽永撫臣民

詩

及第志喜

憶昨賓興謁帝京海濱爛爛慶雲生自憐才謝
無雙士敢聽臚傳第一聲丹陛遵歸移鹵簿玉
堂步入即蓬瀛從來溫飽非吾志喜際清朝翊
聖明

土地祠題辟 小序

嘉靖丙午冬將赴春闈偶過土神祠題

壁是夕夢一兔從籠中逸出化爲大鹿
持戟逐之中其首明春果叨第予卯秋
鄉薦至是得祿兔化爲鹿神蓋已告予
矣存之以紀其異

把筆殷勤問土神平生事業在明春雌雄未卜
昆明戰好露玄機入夢頻

題句容藏院方丈壁別方月亭上人 小序

嘉靖丁酉予歸掃先壠主經藏院月亭
上人方丈臨行援筆題詩壁上後十年

丁未叨第又十年蒙
肅皇帝錄用荐被蟒玉竟如所期倘所謂詩讖
耶
年年山寺聽鳴鐘匹馬西風憶遠公異日定須
留玉帶題詩未可着紗籠

元夕賜内苑觀燈便賜彩燈二盞
良夜當三五千燈列禁闈月中纔借賞天上又
移歸價比金蓮重恩同玉燭輝一宵叨並賜長
此奉清暉

貽安堂集　卷之二　二十九

扈從
郊祀恭紀一首
聖主廻鑾肅百靈紫雲團蓋翼蒼冥屬車劒履
星辰麗僊駕旂常日月明十里春風傳警蹕萬
方和氣協韶英白頭忻覩朝元盛願續思文頌
太平

辛酉夏禱雨奉　命行禮神祇壇有作
雲漢㪅勞獨
聖皇靈壇叨得薦名香瓊綸親灑恩輝重遣命出自

御批寶焉高燃肅敬將黯黯山川合紫翠霏霏烟
霧混蒼茫上香時過雲霧混合細雨霏微神祇徧禱精誠格早
洽甘霖潤八荒

題金山有感時萬曆改元春日
誰將一拳石點破波心碧如彼浮雲起太虛生
障隔我欲遣天丁鏟此塊然跡頓令如掌平悠
悠無湍激

哀慕祠
廟祀緣民望身捐以歲災方知生我德能使後
人哀蘋藻因時薦甘棠自昔栽至今溪上水猶

貽安堂集　卷之二　四十

爲使君來

送孫公子南還
朴矣孫公子歲宴乃言歸寒星隨劍去朔雪向
衣飛菊憶籬邊晚鱸思江上肥君恩殊可戀且
莫滯庭闈

長淮篇送賈參府鄉丈迈淮
君不見長淮之水接天潢襟帶齊魯引荊揚怒
卷千尋雪濤白靜磨一片青銅光我朝運漕四

百萬從兹級輓輸神鄉東南扼吭此郡會飛舟駕楫如烟翔賈家將軍最雄武醉中射石曾飲羽草檄猶能立馬成黃鬚鮮卑何足數樹麾擁節鎮長淮雞犬不驚民安堵地雄人亦傑水潔才更清臨照百務無隱情一劍當空秋氣橫願君努力崇修問名與長淮流不盡

寄壽徐雙橋姻丈七十

主人住在雙橋邊雙橋蜿蜒如虹連陰森喬木冬官第璀璨織題相國篇種瓜但學青門隱藏

珍不入紅塵境池草融融春日芳階蘭馥馥青雲種芰荷爲衣箬爲冠蒼松玄鶴相盤桓駐顏日醉山中酒誰問蓬壺不老丹

登雲龍山二首

歸來正及杏花時爲訪偎踪去馬遲更上龍岡最高處五雲霏靄鳳凰池

雲龍山前水泠泠雲龍山上雲晶晶千古水雲常自在紅塵擾擾笑浮生

出塞

揚旗出井陘三戰走天驕陣前皆舉手云是霍嫖姚

獻俘

獻俘明廷上伐鼓奏彤弓一朝成偉績不數貳師功

閉户

閉户亦何事焚香坐日斜塵囂一以息疏水淡而嘉在澗何殊此浮雲詎可加翛然安性命不是厭紛華

牛首山餞別泉翁湛老師

危閣凌虛上當秋散別筵杯從雲裏泛燈向佛前傳六字開心訣千年見道詮靈山渺何許翹首欲潛然

送懷堂袁姻丈節推雷陽

送君萬里道意與道俱長氣候殊炎徼音書渺故鄉嶺雲迷去憾江月聽鳴榔不及羣飛鴈遙天自一行

喜南塘入都見訪

自昔思朋好冥鴻不可招伊誰在林澗還肯問喧囂野簌陶真性岩芝挺異標逢君罷拘檢對酒且長謠

南塘欲去賦此留之

滂下高人榻慚非仲舉儔星文黯龍劍雪色敝貂裘信宿情初洽玄同叩未休貧家君莫厭雞黍暫淹留

送鄉人望山用冶泉韻

淮海論心日燕京促膝時百年能再見四海幾

相知遊子思歸速羇人出餞遲冥鴻不可附南望益悽其

謁陵

殿陛傳宣下陵園肅祀行暫言違石室手以邁山程秋迴舟楓落時薙紫塞清帝功良可頌槁藻愧楊生

題西濱

盈盈一水漢之西寂寞偏宜隱者栖詩伴閑來尋洛社釣竿老去戀磻溪上書北闕非吾事采蕨南山任徑迷讀罷黃庭時曳杖澄波不動月輪低

送北山李同年令新喻

客裏嗟予寂因君與不孤祇緣情性合翻覺姓名殊雲入吳天杳山經魯道迂分飛在今夕尊酒且須臾

贈謝山人

我愛山人好生涯只苦吟終年市朝裏常是水雲心落魄貂裘敝年華鶴髮侵囊中饒賦草不

博五侯金

韓年丈授令弓邑喜而賦此

同射承明策俄分敝邑符蜚名魁兩浙作賦類三都俗問桑間雉人迎湖上鳧懸知多美政歌舞滿郊衢

懷仲弟

思爾婉清揚胡爲天一方夢於池草合情比道途長塞鴈聯行翦皋蘭並蒂芳慚予糜斗祿獨使奉高堂

肅廟挽章

河清呈上瑞（誕聖之始曾有此祥故云） 國運正中天世仰聖
人出曆推嘉靖綿深仁彌宇宙厚澤溥淵泉敬
一傳心妙憂勤惕慮專親賢開講幄崇本御天
田神聖超羣辟謀謨出萬全南夷維喙矣北部
更熙然社稷中興日乾坤再造年復隍釐睿念
擊壤樂民編卜世知無極賓天訃忽宣丹霄僊
仗杳紫禁御筵遷率土哀同切微臣涕獨漣自
慚供奉久還憶沐恩偏凭几欽遺命攀弓仰上
玄臨風悽薤露宿霧淩松阡圖報今無及王猷
付史傳

送潘古淮自光祿擢丞汜水

故國經年別他鄉賴有君醴分金罍蟻烏過鳳
池雲乍去憐春暮臨岐悵夕曛河陽花事好何
以避離羣

送陳少泉之尋甸

嗟君匹馬過千山交合溪頭木客關勇克泉將
餘雪下月孫龍帶宿雲還參軍逸思能追鮑投
筆高風可並班迢遞不堪鄉國思君夭長夜望
刀鐶

贈閩中山人

忽爾來三益因之見一斑誰能超象外吾欲棄
人間海月離尊泛江風去棹閑白雲滿深谷何
處叩仙關

夏日同諸會文燕集犀石劉丈草堂

茅堂僻且幽赤日淡無暑停驂暫偃息主人出
清酹不速三益至陶然畢笑語酣來脫幘呼焉
知我與汝清風生園柔涼月出東嶼移尊向空
堦眷言不能去

憶昔滯京洛遊好豈不廣悠悠海上雲所思在
吾黨結交自垂髫新歡安可彷高山何崔崔流
水何泱泱水流豈無涯山高豈無垠皓首以為
期千載成真賞

霜降謁陵

羣山回合勢如屯翠栢森森映曉暾 七聖精
英存劍履九秋風露肅陵園謨深郟鼎河山固

威汎胡氛華夏尊明禋歲啓千官列何幸微臣
奉駿奔

送同鄉沈芥田請假還南

京國棲遲今幾秋暫從休沐返林丘未論錦繡
輝清晝且喜斑斕慰白頭月冷蕙帷同寂寞（時同有丙子之變）雲深蓬苑獨淹留何時得泛湖東棹十
里紅蓮續舊遊

贈別友人

憶昔頻過湖上亭青簾白舫鏡中行豪吟時共

西隣客縱飲爭傳北海名蘋葉晚風鸂鶒過竹
枝春雨鷓鴣鳴君遊楚國予燕市共負當時煙
水盟

賀陸年伯榮封駕部

忻聞金養迎千里會有綸褒出九重東帶並趨
青瑣列焚香親拆紫泥封新銜天上稱司馬雅
望隆中數臥龍今子丹衷能報主蚤攄奇略達
宸聰

送丁慎菴別駕德州

大江東下日千里君才浣瀁真堪比雄文伯仲
秦少游玄言頡頏王川子十五名馳潛山傍三
十獻策千明王璞裏難藏和璧彩匣中時吐莫
邪光莫邪和璧價無敵淹抑途窮衆所惑一官
聊以試平原全牛終見游刃劃願君常實匣中
精願君常抱璞中貞有時持將獻廊廟由來才
大晚成名

壽王竹區八十

大耋儒翁開綺席稀年老友薦瓊卮滕王共許

生珠喜（時同舉一子故云）囊底曾無貫酒資出戶雲山
閑自適隔江煙樹繫相思王喬已就長生藥一
七殷勤度所知

壽楊鱗山州守八十

西湖花柳日芳妍景物偏宜啓壽筵設蕊椿齡
躋八十還看桃實結三千成均化雨聆遺範楚
澤弦歌繼昔賢（由國博擢守蘄州故云）見說年來飧玉蘂
須知道妙契先天

陶龍山奉績還濟寧詩以送之

五柳情偏逸三年政可觀不驚居上考無悶守
微官操擬滄浪潔名將泰岱看依依鄉國意遲
爾振飛翰

壽同年高南州父母詩

碧海雙芝朶瑤山並玉柯鶴絲風對拂丹臉日
交酡仙酒齊眉舉雲謠合調歌鴻光當聖世娛
嬉樂雍和

雪夜同莫膳部張給諫飲譚鴻臚宅

交好滿京洛何如鄉土真每從朝謁暇不厭往
來頻瞑色留殘雪芳心剩發春今宵歡燕處忘
却宦遊身

過王宅觀梅偕同館南渠諸公

共有看梅興衝寒結駟來多君調鼎手愧我謫
僊才花氣當尊過詩篇對月栽始知東閣種端
不漫然開

怡椿軒為春岡翁作

靈根盤法署客幹布繁陰怡此開軒靜甘如館
舊深月階尋往蹈風茱光還音更有明條意相

承欽恤心

送莫中江督學貴州

共曳金門組常期雲壑遊詩詮杯裏悟無學靜
中求江樹經春碧沙舩帶雨浮飛鴻無遠道能
寄帝城秋

春意滿坰郊輕煙上柳條美人從此去相憶碧
雲遥絃誦殊方遍烽煙昨歲銷五溪饒化雨鳴
珮待青霄

題瓊林醉歸圖為同年郡纓泉作

龍殿華雲繞瑶階翠霧縈宮花千鷺散御柳幾
鶯鳴此時寶馬控金羈得意歸來日未低行處
袍香蓬苑出望中春氣海洲迷匹練當風耀飛
上長安道英英朗玉姿爭羨人年少我亦同沾
御宴還與君俱是鳳鵷班相期共厲摩霄志莫
在區區溫飽間

壽怡軒李年伯詩

汶水涓涓齊魯分蜀山嵂嵂吐絪縕由來勝地
徧鍾巽間出偉翁自不羣壽小籛鏗八百歲家

傳李耳五千文彩衣未遂趨庭戲日日焚香禮白雲

憶昔行送王近山解官還句曲

憶昔同學金陵時呴呴朝暮如連枝壯心共擬摶霄漢苦志自願甘鹽虀相依未竟青雲興嗟予忽抱文園病分飛越鳥兩悽悽孤檠夜冷蓬萊境人生聚散如飄蓬淮之南兮江之東十年轉盼各已壯落落名途成骯髒吁嗟世俗不貴人不欽相看冷淡徒傷心杜門抱膝秖自笑論

交豈若黃金深顧予燕石亦足齒憐君抱璞終已矣追思少年相頡頏豈謂屈伸乃如此君有白髮在高堂膝前兒女分兩行骨肉相保亦足樂丈夫何必腰間黃我有廬兮三茅畔十畝榛蕪松菊亂何時一報聖朝恩與君仍作林泉伴

送少濱蘇子還南

燕鄉漸播落吳花方滿籬能教江左客不動故園思山月流江檻蘋風動水湄鳳池堪載筆慎莫負清時

泉塘趙翁暨胡孺人偕壽詩

霞嶺仙源迥龍門世澤長祥氛迴太乙淑氣轉青陽馥馥芝雙秀翩翩鳳共翔同心諧燕婉相敬儼鴻光並坐調瑤瑟聯歌降彩凰春盤王母核紫雪老君方令節逢華旦繁花簇羽觴遺安惟種德餘慶啓仙郎秘籍窺中禁清標挺玉堂瞻雲情易協陟屺意何長鶴算綿修籙龍光煥寵章年年蓬島客萬里頌無疆

送少司成王稚川五首

十年摛藻鳳池邊袍笏繽紛帶御煙商鼎鹽梅方佇望周雍禮樂暫推賢

雞籠山上春雲生雞籠山前春鳥鳴簾垂講閣渾無事靜理絲桐待月明

師模舊有昌黎子山斗芳名近屬君南國青衿稱濟濟好將絕學繼斯文

鍾陵佳氣鬱蒼蒼 聖祖開基澤正長講暇從容問遺事試裁金鑑獻明光

花明春晝龍談經長繞鑪薰裊聽清珮幾時

還玉署含香舊侶遲彤庭

見山

過徐巳十日纔能山一看岡廻龍蛇顧峰削鳥翩寒脉自天樞轉根如地軸盤山谿未足險帝澤肇千磐

鳳凰山送黃東衢別駕鳳城

鳳凰山渺何許丹崖翠壑羣巒俯孤高不受凡鳥棲靈秀唯容來鳳羽翩翩鳳羽五色妍峨峨和鳴向越天幸際聖明崇禮樂還看歌舞鳳池邊

從川秦年伯高尚詩以訊之

窮經嗟白首落託尚青衿幸有承家器能酬報國心問字移輕舫尋花徧茂林瀟然天地外誰復羨朝簪

壽孟河馬太史母

盤白山頭雲氣多半天仙樂度青蘿誰家開宴樂且歌云是西妃降大羅降大羅誕仙子高標挺出人中豪發迹遙同柱下史石室仙藻藏黃芽秘訣啓浩然拂袖蓬萊巔春風彩服何翩躚更向山中煑白石跪進母氏逍遙塵表不知年

送鄉人胡醫士南歸

颯颯西風振林薄翩翩海燕辭簾幙黃沙翻空白日落道上行人意蕭索神匕争傳郭玉儔此時忽買廣陵船廣陵有客歸未得題詩送君長嘆息

送北山李同年出使

揭來同獻賦誰似共襟期恨不恆朝暮其如遠別離春遊聯轡日夜語對牀時別去嗟行役皇華爲誦詩

寄壽趙竹庵六十

昔別十年不一見燕嶠遙遙望淮甸歲晚知懸松菊情身閒豈帶氷霜面親交那遣常參商念君湖海寸巖廓浮雲未覺鐘鼎樂遲日轉愛山林長羡君負廓有良畝春到玉缸多旨酒芳信初傳湖上鶯韶華早媚門前柳椎牛張宴開竹扉繞庭玉立綵爲衣南鄰北里集上客稱觴獻

壽揚珠輝君家桂林一何茂五枝不數燕山竇
菽水能承白髮懽蘭蓀更挺青雲秀六十如君
世亦稀爲君進酒君揚眉　天王元曆逢新改
甲子重題筭可知

題畫贈徐叟

林巒窈窕隱飛虹繡谷蒼崖處處通幾片帆檣
青嶂外數椽茅屋白雲中吟成倚杖看蘿月睡
起披襟引蕙風最是南山堪寄傲簪纓端不羨
三公

送潘象安文學歸新安壽母

當年開閣倚金扉左席常虛禮布韋謾遣客卿
違子舍遂知賢母在慈闈情牽白髮辭推轂名
滿青雲說斷機何用稱觴歸晝錦章縫繞膝有
餘輝

題畫二首

堂上春衣五色裁堂中春酒萬年杯白頭秪愛
親顏喜一舞婆娑壽一廻　右老萊戲綵

又

南陽會臥隴中雲鼎足山河指顧分一寸丹心
千古在辛勤兩上出師文　右諸葛出師

送鄉人南還

風滿長河雪滿裘獨携書劍事遨遊探奇輿致
同司馬問舊風流憶子猷把袂共看燕市月銜
杯曾記海門秋君歸正值春光轉花遍揚州十
二樓

贈別潘象安

何處平津館能淹高士車秪緣重然諾因以誤

居諸腆有馬卿賦曾無韓子書寧親暫言別遲
爾承明廬

儼直苑西夜相依獨有君翠華天上杳清梵夢
中聞行藏慚我道迷作羨奇文去去齊雲迥停
杯悵夕曛

寄訊沈四文雨田

湖水連天湖草黃美人宛在水中央經年不寄
一行字豈是衡湘之便翔
總角論交記昔年飄飄來去並飛仙而今共謝

顛毛雪惟有貞心未代遷

送龍翁張老師赴南曹

久負三槐望今居八座尊主臣無遠邇忠節盡朝昏天省清風肅鍾陵佳氣屯委蛇公事了眷渥聖心存慚以蓬麻質叨登桃李門睽離詠山甫翹佇但銜恩

贈別

憶自金門初獻賦碧桃花遍長安路處處笙歌對酒聽人人珠玉當風唾知君匹馬走風塵叵

有瑤蒿奇更新況復論交重鄉曲湯忻投分作比隣方看僻褐清卿署往往才華人共譽祖帳俄從潞水張征帆忽下揚州去故園風物定依然幾樹寒花三徑邊歸對江流賦高咏莫辭千里錦囊傳

覽輝樓詩爲莫中江賦

雲間岑崔鳳凰樓鳳凰樓上鳳皇遊樓通碧苑三千里鳳去瑤京十二秋憶昔樓成在天半結霧裁虹金碧煥海日曈曨映綺疏江雲裊裊穿羅幔此時鳳鳥當覽輝戢露凌風五色奇儀舜自應諧聖樂鳴周本爲協昌期只今游衍金臺上遥憶吳雲倍惆悵夜夜相思明月中夢裏簫聲隔青嶂

悼州大守王復齋

鄉國絲蘿曾締好京華裘馬復追隨分飛獨捧毛生檄到處能遺召父思白玉樓中君作賦黃金臺畔我吟詩臨風湯灑傷心泪解劍何時挂龍枝

穆廟哀輓

北極愁雲黯不開忽傳哀詔日邊來克勤首納唐堯典（經筵初開臣某進講尚書首條）崇儉寧論漢露臺（初年翔鳳工以臣言而罷）六載總培膏澤厚九重遥望肺肝摧老臣雙淚空流血龍馭何時得再回

曾受先皇憑几言濫叨首弼糊扆前四夷賓服光堯治（俯允臣某言貢市）萬姓謳歌擬舜年金鼎藥成龍忽去瑤宮裘委祚彌堅微臣舊仰前星彩此日哀餘慶啓賢

輓潘母因唁象安

堂背萱花萎謝庭前玉樹含悽黯黯寒雲鶴唳
沉沉夜雨烏啼

送洞虛顧眞人還山

人生眞若夢碌碌愧浮名羨爾拋塵網煙霞早
結盟洞雲同氣顥湖月共心明此去窺丹竈應
知九轉成

送徐石潭之任西華

五十明經志未酧牛刀今得試中州願將伊洛

源頭水一潤蒼生繼好修

沈二丈同仲弟入都先以詩寄用韻酧之

沉沉仙苑凈飛埃何處天風送客來池草嶺梅
無限意都從雙鯉一緘開

送顧梓河會丈

結交自束髮翛翛雲中鵠生死矢不遺相示出
衷曲劘切景前修貞白比雙玉中道余多迷匡
直盡忠告才大成何晩鹽車困騏騄窮達奚足
論所貴道不辱

嗟君苦病肺瘦骨何支離乃爲貧所驅絳帳開
邦湄不聞主父偃出貸困所之困阨四十年親
屬舉見遺一朝遘風雲起爲帝者師丈夫至固
窮騰達須有時

題畫鵲

愛爾通靈殊羽族日將好事報寰中主人憂樂
關天下祇喜時和與歲豐

贈葉中翰柳亭

清才奕奕丹霄客垂柳陰陰梓里亭已識千條

絲拂地不知幾樹絮爲萍枝頭烟色池頭想葉
裏鶯聲夢裏聽寄語仙郎惕相憶好將勳業慰
山靈

送張敬所令河陽

高嶢閣上景常和無奈猿聲清夜多休嶺千盤
通太華易門九度入寧河嗟君萬里臨山邑鳥
鳥遙飛使人惜紫花陰下可調琴愼莫移文祭
金碧

送許補庵令信宜

許衡讀書三萬卷到處英靈求識面筆花夜夜夢中生劍氣時時斗間見南去滇池路渺茫郎官出守應星光平生所學亦何尋行聽賢聲到玉堂

送張經歷之潯州

涼風發發吹長檝道上行人看微月參差白羽烏角弓千里長驅望西粵青衿自許六韜閑戎幕輸籌鬓未斑壯志鄉心兩迢遞知君立馬伏波山

送鄭經歷之柳州

鄭家參軍最英發椎心長吐匡時略狂來筆陣向人飛醉後劍光當座爍石魚山頭挂夕曛古龍城下望秋雲碣來豪傑多淹滯爲續羅池廟裏文

十三夜集譚鴻臚館燕簡南冷公得秋字

靜館生虛白門扃夜轉幽杯同千里客月少二分秋蛩響紛依壁鴻飛忽過樓好憑南去使折簡問隨州

寄題陳判州隱所

美人別我久近住大江濆疊石成青島穿池寫白雲皋蘭秋可佩海鳥日爲羣自得閒中趣毋令仕者聞

贈王禮部

古道日以遠波逝無亘回懿親尚不敦矧乃別根荄猗彼抱永慕感此霜露哀必恭桑與梓而豈殊提孩顧言秉兹德皓首履鈞台

正月觀梅王錦衣宅

燕地羣芳晚偏君雪後滋羅浮疑是夢冰玉若爲姿骨有清霜烈香惟素月知未須憑烈焰玄化本無私

壽閻母太夫人七十

閫中風範推先世闔內儀刑屬母賢仙算忽逾七袠鄉評端擬淑三遷蟠桃浥露清芬遠萱草凌秋瑞色鮮孫子森森廊廟器佇看褒詔下瑤天

良驥篇贈徐生用卿 小序

竊聞千里之驥稱其德也使躑躅焉人將棄之矣吾賢禀穎敏之資負卓異之才驥也一日千里無難也往往爲父兄鄉閭所訕笑豈[illegible]之漸乎余甚惜之高賢獨不自惜因作良驥篇以贈

良驥伏槽櫪長鳴向人哀伯樂一顧之目爲千里才絡之以金勒被之以文繡縶獻明王庭努拂登天廐云胡蹄且齧輙與駑蹇儔智士須自惜毋貽前人羞

孝烈皇后鼓吹詞

鑾幢靄靄祥雲擁仙陵律律羣巒拱六神呵萬靈聳執綍如雲泱如湧懿教流芳永但看林生總總誰不沐玄恩重載路齊攀踊

輓歌

零雨清馳道鑾輀氛靄中德音留聖眷薤露㤽宸衷攀佇千官擁悲號四海同莫辭億萬歲獨自閟玄宮

作合由天監溫恭愜帝心弘勳存濟難純孝嗣徽音禖殿清蘋歇蚕郊玉佩沉爲言九重上何以不沾襟

春日同宗考功方城出迎黃洗馬少村道中作

索居長日寡逢迎巷帙慵披夢寐清折簡忽傳仙侶至扁舟遥共美人行堤楊處處舒新暖河鷺紛紛弄晚晴官道無譁心轉寂蒼烟不動月華明

題畫

黃蘆花飛秋色暮何處金塘棲白鷺白鷺比翅青冥高又如雪片飄江皐枯荷渚深翹趾立此時銜魚食不食巳憐曲吭藏風毛復訝低鳴展霜翼同羣並族異幽姿瀟灑忘機相對時從容退食一披玩徙倚空庭有所思

別翰長黃少村公

霄漢追攀地關河騁望情徐梁春雪盡淮浦暮雲平朗月仙舠下遥空寳劒橫漢庭恩眷誼莫閒北山盟

共是鄒枚侶升沉事漸非揮毫遵玉署看竹到山扉海燕翔雲去江鴻帶雨歸相看各無語尊酒對斜暉

王巖潭年丈過訪山中即席奉贈原唱二令遺其一

總角掄魁衆所誇秣陵携手笑看花而今忽訝霜侵鬢莫惜金尊對月華

小令贈別鄉人

金風微動乍涼初月上小窗虛清樽笑語兩手于相看朱夏徂人欲去意偏孤秋色滿庭除征鴻況絶廣陵書囊金羸也無

李文定公貽安堂集卷之二終

李文定公貽安堂集卷之三

記文

奉

敕恭撰戊辰進士題名記

隆慶戊辰春二月禮部貢會試中式士田一儁等四百八人於
廷三月望
上特降德音策以務本修備大計審機要所在而究之實十八日
上御文華殿親灑宸翰拔羅萬化等三人及第餘賜進士出身有差恩賚如制已所司請循故事立石題名國學
上命臣春芳爲之記臣伏自惟陋劣不足以將
明命迪多士顧此多士臣所薦也試或罔功厥咎在臣烏能已於申告哉臣聞之易曰雲從龍風從虎聖人作而萬物覩王者間興則名世出焉天人遘會自古而然我明興設科取士題名者數矣乃隆慶所題則自今始

聖天子應期撫世嘉與宇內更新宇內士莫不
砥礪一心以承　初詔惟天純佑我　明則亦
豫儲才儁養之　側席之初以供
上任使翊贊隆昌之運茲舉也得無名世者出
其間以應　聖人之興乘風雲之會者哉竊復
私念曩所題名士其卓犖自樹光流穹壤者固
科不乏人而泯泯無聞者恆十而九抑或僨國
事點官常爲世所指訾忝厥科名往往有之是
科設有若而人寧不負

主上登延之恩哉且
上策諸士不以經史前聞而特咨世務誠以士
所貴者非獨誦述古昔之難適用之難也漢法
續食偕計來者曰明當世之務習先聖之術夫
習先聖之術則博古明當世之務則通今博古
而不通今譬則敦彝陳廡下端甫紓金革間無
所用之所謂明當世之務者試令操觚而熟數
之興廢補偏中機宜合倫要若其素習使當事
而踐其言如持左券取償於其身靡毫髮爽焉

斯之謂適用之才顧諸士所自期待者何如耳
請恭繹　制旨夫相時度勢投其所甚便若省
括於度斯謂機簡節疏目操其所甚約若揭綱
於網斯謂要殫力竭思聚精游慮潛其所未然
奮其所必至義急公上不遑有其身謀先社稷
不遑有其家斯謂實未有實至而機要不得者
也未有機要得而安攘之務不舉者也此
上之明示意旨以發諸士諸士亦類能言其槩
矣行服官政而稽其實可泄泄焉已乎頃者言

官建白邊徼州若邑諸長吏宜悉置進士　詔
報可人情重內輕外率以銅墨爲甲錢穀甲兵
爲俗若夫才志之士則不然處盤錯而器愈利
批郤窾而鍔不傷鉅細夷阻惟
天子命無施不可且今南敵未緣北邊時警夙
夜焦勞以勤　當宁諸士伏在草莽感激時艱
豈不慨然思得一當事而效平生邪卽其機與
要非親其事固難豫言第操是以往無忘其所
爲慨然者實心具矣何憂無實效哉臣聞古之

賢守令平居則巡行阡陌勸課農桑有警則整
飭甲兵折衝禦侮隨試輒效彼其數盟諸心者
實然也是以爲時名臣垂聲竹帛至於今不朽
諸士豈不然哉夫士出巖穴脫疏僑一旦立
天子之庭被 綸音而沐 恩賚亦云顯矣又
爲樹石而題其名固將謂他日建立有所以重
其名者諸士能卓犖自樹雖州邑邊鄙重也其
泯泯無聞而已雖館閣輕也上方寤寐英賢佐
安攘以寧方内諸士其知所以自重哉臣不佞

誠願諸士畢以名世自期無負其所遘會使後
來者指而志之曰斯隆慶戊辰
天子所首錄士也 明興得人於斯爲盛即今
者題名之石不以諸士重乎而臣獲先後其間
亦與有榮幸矣謹勒諸石以竢

重修闕里先師孔子廟記

隆慶三年闕里重修 先師孔子廟成於時有
事茲役者以書幣走京師請記於麗牲之碑先
是嘉靖己未衍聖公貞幹以廟圮告撫臺張公
業行相度以財詘而止既巡撫姜公廷頤梁公
夢龍巡按羅君鳳翔周君詠與藩臬諸君協謀
捐撤祠之香稅有司之贖鍰得一千六百金其
人役則用州縣迭更之卒而以兖州通判許君
際可董其役知府張君文淵時督視之經始己
巳仲夏歲盡而訖工輪奐規模視昔若增左布
政姚君一元左參政吳君承燾副使吳君道會
參議馮君謙皆協贊其成者也惟先師生於尼
山講學於泗上歿而葬於此先聖之歿弟子廬

其塚上而不忍去魯人從而家者百餘室而魯
世世相傳以歲時奉祠諸儒講禮鄉飲大射於
其間漢高祖自淮南還過魯以大牢祀其後人
主登封巡狩無不過而拜祠我
太祖高皇帝龍興海内干戈未戢亟命遣祭紹
封子孫修緝其祠宇
列聖承統世世增修
今天子踐祚之元年傳制遣官告祭 車駕臨
幸太學親釋奠命儒臣坐講賜衍聖公及三氏

子孫衣幣有差海內慕學之士喁喁嚮風孔子之道益以光大則今茲之舉固所以虔奉 先師亦所以宣明
聖天子之德意誠不可無紀夫今孔子之學遍天下而深山窮徼皆知誦習其書其在天之靈無所不之也然孟子曰近聖人之居若此其甚荀子曰學莫便乎近其人蓋孔子殁千有餘年矣學者至觀其廟宇車服禮器諸生習禮其家有低徊而不能去者固以想象於遠不若景慕

於近之爲切也諸君子宦於其鄉知飾其廟虔奉之矣其尚知所以學其道乎夫孔子之道非有遠於人也故其教人恒稱庸言庸德而性與天道子貢亦不可得而聞今之學者乃高談性命闊略躬行務虛名而鮮實際臨民立朝動多疵累遂致誹議叢興斥逐相繼甚之學士大夫且以學爲諱焉夫學者所以爲天地立心爲生民立命爲往聖繼絶學爲萬世開太平者也不知學則施於喜怒哀樂必有不得其正而天地塞生民否絶學無由繼太平不可致矣可使之壞亂而不修哉鄒魯之士固習聞先聖之訓而吾黨莫不童而誦其詩讀其書乃或忽而不察遊心高遠索之幽眇虛玄反之於身或背而馳此豈特宮牆外望不幾操戈入室乎是誠不可不亟反之也予不佞請以是復諸君而因以告四方學者云

重修陽明先生祠堂記

陽明先生祠少師存翁徐公督學江右時所創

建也公二十及第宏辭博學燁然稱首詞林一時詞林宿學皆自以爲不及而公則曰學豈文詞已耶日與文莊歐陽公窮究心學聞陽明先生良知之說而深契焉江右爲陽明先生過化地公既闡明其學以訓諸生而又謂崇祀無所不足以繫衆志乃於省城營建祠宇肖先生像祀之遴選諸生之儁茂者樂羣其中名曰龍沙會公課藝暇每以心得開示諸生而一時諸生多所興起云既公 召還薦躋綸閣爲

上所親信蓋去江右幾三十年矣有告以祠宇
傾圮者公則愀然動心捐賜金九十屬新建錢
令修葺之侍御甘齋成君聞之曰此予責也遂
身任其事鳩工庀材飾其所已敝增其所未備
堂宇齋舍煥然改觀不惟妥祀允稱而諸生之
興起者益勃勃不可禦矣噫公當樞筦之任受
心膂之寄無論幾務叢委即　宸翰咨答日三
四至而猶惓惓於崇先哲與後學如此誠以學
之不可以已也夫致知之學發自孔門而孟子

良知之說則又發所未發陽明先生合而言之
曰致良知蓋以知取諸性而自足不必求之於
外也知善知惡之知致則好善惡惡之意誠推
之家國天下可坐而理矣公篤信先生之學而
日以體之身心施之政事秉鈞之初既發私餽
屛貪墨示以好惡四海嚮風不數年而人心吏
治翕然丕變此豈有異術哉好善惡惡之意誠
於中也故學非不明之患患不誠耳知善知惡
良知具存譬之大明當天無微不照當好當惡

當賞當罰當進當退錙銖不爽各當天則循其
則而應之則平平蕩蕩無有作好無有作惡而
天下平矣故誠而自慊則好人所好惡人所惡
而爲仁不誠而自欺則好人所惡惡人所好而
爲不仁苟爲不仁生於其心害於其事蠹治戕
民有不可勝言者矣公爲此懼又舉明道定性
識仁二書發明其義以示海內學者而致知之
學益明以切諸生能心惟其義而體諸身則於
陽明先生之學幾矣業斯舍者其尚體公之意

而殫力於誠以爲他日致用之地哉成君名守
節曹州人癸丑進士按治江右飭紀布惠卓有
賢聲蓋有志於學者

重修永平城樓記

永平京師左輔郡也　國初因元故城拓其規
易土以磚爲門凡四門有樓於東𤩹最高處特
建望高樓以候烽火景泰間中丞麻城鄒公成
學請於　朝修葺之事詳大學士方洲陳公循
記中越今幾二百年傾圮太甚閱者巡守諸君

過而望之未嘗不戲噓增慨而顧未有葺之者三山溫公新被監督之　命入其境蹙然曰此豈足以雄鎮一方竦服外夷哉因以修葺爲已任遂白之總督楊公選巡撫徐公紳按院溫君如璋僉曰可爰檄郡守閻君光潛通判李君世相董其事遴府衛州邑幕職之能者分理之總督而下及灤樂昌撫盧遷六州邑共捐贖金凡二千四百有奇徒役取諸永平燕石建昌之步卒不足則益以民壯肇自癸亥之春二月奏成

於夏六月僅五越月而五樓屹峙厥工告竣題其樓之南曰望海北曰威胡東曰通遼西曰護薊其曰望高者仍之蓋巍然左輔之大觀也夫自王公設險以守其國而城池之爲民衛所繫重矣矧在邊徼之地乎永平接壤屬夷朝鮮諸番入貢必出境上樓櫓敧圮城埤弗飾彼將望而易之矣然則是役也烏可緩哉溫公之用意蓋深遠矣雖然詩有之曰价人維藩大師維垣宗子維城又曰糾糾武夫公侯干城則藩垣干城在人不在險也東郡故稱寧謐歲庚戌黠虜潛結屬夷深入內地永順州邑半遭掠踐斯豈樓櫓之弗飾哉以禦之無其道也是故厚恤民命以固基也簡閱軍實以植榦也鼓倡勇敢以崇墉也修明烽堠以綢繆牖戶也近以讋服屬夷之心遠以震奪醜虜之氣藩垣整飭畿輔嚴固則京師可以高枕而　九重東顧之慮可免矣諸公其尚念之哉是役也主之者督撫按院而身任其事者則溫公也公廉勤任事自臺史

至兵憲所在有能聲此其修廢之一端云爾督學黃君某屯田秦君嘉揖馬政吳君守學政陳君某皆協心贊相有裨斯役者樓制及督工諸有司例得書諸碑陰

巡視京營科道題名記

我　國家定鼎北都內撫華夏外鎮戎狄倣漢南北軍制置七十二衛于京師立三大營以總之外衛則春秋番休入衛此於重畿輔萬年保大者定之慮至深遠也景泰初選其精銳分爲

十營成化間復分爲十二團營統之以勳臣督之以本兵涖之以中官而臺諫之巡察則自天順間始

列聖相承隨時因革保邦致治咸升大猷肆我

皇上天錫神智經文緯武薄海内外罔不綏服始革去監涖中官專以閲視之責付之臺諫賜璽書以行事又　欽給巡視京營關防以重其權仍復五軍營易三千營爲神樞及神機爲三大營纘　祖舊服以詰戎兵　睿算神謨萬世永賴維時股肱心膂奔走禦侮之臣鷹揚鶚擊赳赳肅肅固足以振安攘之績而耀神武之威矣然忠藎之士竭誠盡瘁以勤職事其精神規畫夙夜在公曾未幾時而其名與之俱往甚非所以昭令聞垂永鑒也況巡視之職以

天子耳目之官受專勅責成之重糾勳貴大臣之違忒總十萬師旅之衆而稽其額數之盈虛糧餉之出入與夫戎馬器械行伍操習以及利弊之當興當革將領之才不才當舉當剌咸屬

焉其責不亦重乎故必有沉幾之智而後足以察微必有遠馭之才而後足以御衆殆未易以稱塞也雖然在昔汲黯居諫垣而淮南寢謀張浚領臺秩而日籌兵事夫亦存乎其人爾今自嘉靖某年始給諫某君侍御某君而下得其姓氏之可知者凡若干人勒之貞石使後之觀者知某利自某而興某弊自某而革某也謀足以定國某也望足以懾衆將指而目之曰此今之浚黯也其所以光我

皇上中興之運以承

列聖無斁之休者將不有餘烈耶其或不然則亦可因爲求戒矣然則茲舉也豈特侈一時之觀美夫固有勸戒之道存焉爾予因給諫辛君侍御劉君輩之請而爲之記

句容縣新築城垣記

吾容在萬山中層巒疊嶂蜒蜿盤踞屹若屏翰卽梟騎猾卒不易逞其間故自開闢以來不假城郭而安間者倭夷擾吳越狙詐百出而内之

迤逦實爲向導雖崇岡僻壤固不探[illegible][illegible][illegible]其
不得逞者必城爲之限也樊侯至惻然嘆曰容
留都襟要而三吳之會安可恃岨嶮爲固不之
城乎萬一猾夷操矛緣嶺下其何以禦之吾欲
城容第民勞耳邑之士民聞而曰侯我勞我全
也惟侯命侯乃請諸當道出公儲若干緡自捐
俸若干緡寮佐所損又若干緡於是四境之民
翕然向從富者輸緡錢壯者荷畚鍤蟻升鱗次
甃而衡從均灌而燥濕勻侯日偕諸寮佐往來

勸慰於其上若父兄率子弟閔閔然恤其勤而
恩之勤也故民自相勸督經始甲寅初夏甲午
越明年中夏壬戌功郎告成侯亦尋陟南曹去
合邑士民曰是侯有大造於我容也烏可以無
紀僉屬予友文學王君志道走都下請予紀其
事夫令之於邑猶人之有家也保家者必崇其
垣墉謹其扃鑰而後家之蓋藏家之筥篋可得
全焉否則鮮不與盜共之矣矧一邑赤子乎是
故重門擊柝以待暴客先王之所不廢也今之
爲令者率苟目前而忘遠慮城郭不繕士伍不
飭寇至則搶攘罔措寇退則晏安不戒又或日
營速去其地以遠不測理邑若家創開闢以來
所未有之基遺一邑無窮之利如侯者可多得
哉斯役方興而寇果由丹陽直薄留都轉掠溧
陽而東虜傷甚衆去容才數十里然則斯役也
烏可以已哉人以是益服公之有遠見也侯名
垣宇伯師蜀宜賓人癸丑進士嘻即侯之名姓
有維城之義焉天之俾侯令容其有意乎侯居

容踰三載廉靜愷悌多惠政去之日民爲立祠
生祀云城高二丈有六周一千三百一十丈有
奇城之外浚爲池穴爲水關凡六門凡四又小
南門一雉堞二千有奇警舍二十有四敵樓一
費不盈二萬蓋侯之區畫周而用費當也其與
侯協心贊理者署儒學教諭事今舉進士泰和
盧山胡君直少尹商河劉君克己二尹延慶曹
君鏜

正己軒記

侍御白厓劉君奉　命按畿輔內輯流離外驅醜虜業有成績乃以其餘力新公署而拓之署之西得隙地百餘武闢爲圃將羣畿內材勇習射其中以時教閱之玆則昔人思慮之所不及而自君創爲之者也搆軒三楹扁曰正己謁余紀其事余惟射之義大矣古以觀德今以角力正己所以觀德也劉君其有志于古之道也夫射義有之曰心平體正持弓矢審固則射中又曰事之盡禮樂而可數爲以立德行者莫若射

則射也者固禮樂之事德行之所由立也故古者天子以禮樂養諸侯諸侯以禮樂養羣臣安且譽而兵不用盡志於射之效也後世置而不講間有事之者亦惟力之程而於德則湯不考問委其技與稱干比戈者埒耳其去正己之學奚翅徑庭哉劉君以是名軒其眞有志於古之道也夫不獨射爲然也孔子告季康子曰政者正也子帥以正孰敢不正孟子曰征之爲言正也各欲正己也焉用戰夫政之與兵方今至急務也今之論政者曰嚴科條精簿書焉止也談兵者曰繕甲兵練士卒焉止也有一正己之說進必羣而誚之曰是欲以揖遜救焚也不以爲迂者幾希孔孟乃舍此而取彼何耶使孔孟而不達治體則其說誠迂孔孟而達治體則其說不可不深省也蓋貪墨之風不止則政不立果敢之氣不倡則兵不振而止貪墨倡果敢則惟正己者能之我能正己則意向所屬人將趨之矣否則雖日設章程日嚴號令誰其信之哉憲

臣將　命畿輔　天威不違咫尺四郡有司之賢不肖兩關將士之勇怯用命不用命皆得彈擊易置之弗正而能布德宣威者否矣然則斯義也豈獨可施于射哉繼劉君而登斯軒者宜動深長思矣劉君名崙字某號白厓盧郡無爲州人甲辰進士由刑曹擢侍御沉毅有謀志操卓然觀其所以名軒者其所存可覩也

重築高家堰記

高家堰者在山陽西北四十里𠚑自漢陳登所

以障淮也至我　朝黃河由壽歷穎循淮而會
于清河口繼由孫家渡趙皮寨循渦而會于清
河口以故高家堰愈益重陳恭襄瑄則增築之
乃其後黃河由飛雲橋出小浮橋循徐邳而下
司水諸臣遂無復事高家堰以是堰日頹頻年
以來黃河分流入渦而故所行道若桃源清河
口多壅閼水不得盡歸海稍溢則滅堰直入高
寶於是淮南北並蒙河患矣
主上宵旰九重思得大臣有才略能治水者乃
簡命江公總漕政潘公任河漕相與協理河道
潘公至行河遡小浮橋復浮淮觀于海口巡覽
地宜採納羣議遂決策以築高家堰爲首務江
公同心運謀力賛之於是瓜分其工部署百執
事計畚以請
上賜溫旨褒答盡如兩公議時有司道生異議
中朝斥之潘公乃得展布無中沮是時恭襄舊
堰若上堰下堰猶參差可指見若中堰則湯恩
口六羊口貝滿口大澗口爲崩浪所漱洗日深

先是總漕王公者亦嘗修築之以公帑告匱旱
薄善崩當事者遂謂堰不可築又以中堰深不
易築也潘公則以中堰屬郎中張君譽指揮俞
尚志諸葛堯賓宋大斌率銳士以從以戊寅五
月某日到堰所是夜諸口塞且半明日斷流又
明日堰合會六月霖雨至七月不止風濤自西
來洶洶如山而新堰復圮八月水落視諸所塞
口皆決且深矣衆謂堰必內徙乃可成潘公謂
中堰深者不過三十丈耳如內徙則益深且遠
至數十里舍近易役遠藉非便計也又外增數
十里風濤撞擊堰將益危於是堅持舊堰之議
申命文武之屬分贇中堰諸決口卒之數日而
塞諸決口惟大澗口低深傳云黿窟于時夜風
雨中果聞黿鳴塞決以埽每置一埽則潘公立
埽上以其故埽堅鞏無走者諸決口既塞而河
淮合流趨海勢雄鉅漂駛清口之沙積數十年
莫能濬者盡滌海口之沙自開衆始相顧嘖嘖
謂高家堰所宜築築之晚矣於是愈益集緣夫

增培之至冬絲夫手足皸瘃悉創而作潘公亦
衝冒風雪暴露堰上與絲夫同辛苦至春大風
雨潘公則又與百執事往來泥淖中飛濤撲面
矻矻不少休蓋潘公急於王事不特以身示勸
也乃以己卯某月日落成堰高一丈五尺厚五
丈基厚十五丈於瀰口則爲月堰廣三十丈堰
外有田去湖尚遠堰形沿湖曲折水自西而東
直衝六羊堰西轉後東犯貝滿堰自貝滿而西
湖水浩淼撞大澗堰特險其次衝湯思堰乃於

諸堰容布樁入地深浪不能撼樁內置版版內
置土土則致自遠皆堅實者又創公宇堰上以
弭使節爲大使廳設大使一員弓兵百名以守
爲鋪舍若干老人八名夫千名以修又議歲費
著爲例云堰成兩公以　聞
上大悅各賜彩衣二襲白金三十兩加賜潘公
豸緋以旌特勤諸臣賞有差兩公以堰內田出
流民即歸貧不能耕於是　上請破格優兩淮
貧民又巡漕御史陳公亦具疏以請

上允其請萬曆六年以前逋盡蠲七年以後其
議免淮人烝烝吐氣矣余家興化蓋患水尤甚
今得覩平成之績安於田里有厚幸焉淮守宋
君伯華山陽令魯君錦屬余爲記余嘗觀漢武
之世河決瓠子以萬乘之力躬自臨河湛馬璧
令羣臣從官皆負薪塞之不免悼功之不就乃
爲瓠子之歌千載之下誦之猶可想見其時之
難也惟是
聖天子剛明獨斷委任得人兩督府視饑溺由

己協心幹濟斯功之所由成耳是安可不紀其
事以垂示萬禩江公名一麟婺源人癸丑進士
潘公名季馴烏程人庚戌進士其董衆作治則
郎中張譽新建人其與勞堰事者則主事陳瑛
莆田人參政游季勳豐城人副使張純漳浦人
都司俞尚志仁和人把總諸葛堯賓丹徒人宋
大斌德州人指揮胡一道山陽人至於經理一
切則淮守益都宋伯華而隨事輙辦則前山陽
令胡希舜署山陽安東令象山史邈今山陽令

某地曾錦清河令與國石子樊若山陽主簿胡大濟吳一道亦與效馳驅者也瀀得備書

平陽府改建儒學記

平陽之有學舊矣頗蹲踞郡治之前不數百武而深郡治陸伏其後而門則曲折東出始作者獨何見耶百餘年來守郡者咸欲改作竟未有行之者兩山孫君至見而心異之曰學宮育才之區宜廣而隘郡治臨民之所宜直而曲昔人乃憚於改作何哉會衛署空棄合庠諸生以更建請孫君曰此吾意也乃謀於同寀郡倅李君春別駕邊君維垣節推艾君杞白之當道咸報可遂筮吉改遷士民踊躍荷畚操杵以捄以度不戒而集經始乙丑三月迄六月工竣蓋四閱月而奏成於是學宮拓而廣其規廓如郡門闢而直其道坦如一舉而兩得焉予聞之曰斯可以喻學矣人心本廣有欲即隘人心本直有欲則曲學也者所以去其隘與曲而復乎廣大坦直之體者也故程子曰君子之學莫若廓然而大公物來而順應廓然大公則舉天地萬物皆囊括於一心何廣如之否則自私自利爾矣物來順應則舉一心以應天地萬物何直如之否則作好作惡耳矣然其要則在於寡欲寡欲則險者以廣曲者以直以位天地以育萬物而萬化於此乎出矣諸士其尚迪於學乎且爾諸士向見其隘且曲也則必思以廣之直之至於心不思以廣之直之可謂智乎且平陽唐堯故都蟋蟀憂勤之風今必猶有存者夫人心憂則思思則善心生勤則勞勞則佚志泯其牗而之學也恒易夫亦存乎導之而已矣是則守郡者之責也不然學雖改作於人才世道亦何裨哉孫君名某先任諫垣以言忤當軸左遷邅迴十年始擢守平陽布惠貞度百廢具興此特其一節云學基深凡若干丈廣若干丈前爲欞星門次先師廟各三楹左右廡若干楹次明倫堂凡三楹左右齋若干楹次尊經閣敬一亭左爲啓聖祠右爲名宦鄉賢祠以至官舍號舍各以次列

諸皆撤舊而新之者工徙則取諸吏番民壯義兵諸費則取諸罰鍰於民一無所擾云

新建句容華陽書院碑記

華陽書院在句曲崇明寺左隅今開府大中丞華陽宋公所建也公以萬曆甲戌夏五月來撫南畿會海上兵事孔棘有　詔仍駐蘇州至則簡將帥核軍實均賦役頒條章約束羣吏羣吏奉法凜凜聲播中外顧蘇城偏在海隅控馭失宜公乃上言自昔大臣銜命出鎮必據形便酌地宜以均節制惟臣所屬句容隸在　神京襟帶江海表裏鎮濱我　國家肇跡于茲蓋天府之隩區焉臣願藉其地置行臺以臨轄諸路甚便　詔可之以其冬十又二月遂移鎮焉明年有海上之捷　朝廷嘉悅乃晉公副院督撫如故是時四方縉紳學士往來訪公于鎮相與講陽明王公致良知之學諸校官弟子咸願聽教顧賓至恒依僧舍卒不能容公復念曰茲邑爲畿輔首善地不佞職任撫綏實總教化昔周公營洛誕誥多士仁化旁流比于豐芑此言政與敎不可偏廢也界邑之東有古刹焉位於巽震修文之象也乃覈其頹址一區以所贖遺材建今書院中爲求仁堂後爲高明閣各五間前爲重門左右爲齋爲講舍號房又左爲僧舍召僧居之表以綽楔週以堅墻公乃節縮公費置常稔田若干畝以供給來學生徒又割廪俸置田五十畝贍守僧者歲供灑掃俾有司無所與置門子一人司啓閉其計處精密如此既落成乃函書幣抵維揚求予文碑之以示來者嗟乎句容吾宗國也早歲嘗讀書寺中時以所聞陽明緒言語諸人士諸人士聚散無常郎語之未能相長也乃今中丞公剏建書院率諸人士歲聚其中以致良知一脉隨在發明俾各知所從入凡政令所布精神所注邑之父老子弟日漸漬於禮義法軌而積習舊染若或祛之自今畿甸近郡藹然復見棫樸菁莪之化而中丞公勳德流播將世世有大賚於茲邑

今天子方念明德乂勞拊循旦夕　召公還左右宅揆無疑矣吾邑人士他日瞻誦懿矩繹思訓言且將肖公像貌俎豆其中好事者繼爲聲歌以追述邑人思慕不忘之情則又奚俟予言以爲重也𢡟在

世皇御極二十有六年歲在丁未一時海內文學士並起家制科予與兩京國子祭酒豐城胡公並在史館公以循良徵拜臺察三人者故相善也久之公從廷尉丞在告爲權貴人所排既

起官外臺秉銓者以宿搆又排之予時以館閣登政府力爲保持然竟落一職以故公在嘉隆間前後家居凡十餘年海內自部院臺諫交章爲之予既謝政東歸當事竟以督學使者起公于家未幾　召爲寺卿公乃造予道故甚厚今覩公諸所樹建炳焉與古之名哲並駕一代其入佐　明廷致位公孤以道德動庸爲時籍重不佞行且見之彼操權熖挾私怨以排公者今安在也予故因書院告成既以爲吾邑父兄子弟賀而又及公平日出處進退如此以見予與中丞之相知非獨同年之私已也是爲記

重建煙雨樓記

嘉禾舊有煙雨樓歲深圮廢乃其守左山趙君惻焉曰是不可以不復也相城之南馬場湖空棄可塞會濬河積土充市運而實之不旬日而𡑞者起矣崇可四五丈許廣可十七八丈許搆樓其上凡五楹繚以垣圍蒔以花李軒牖洞豁一覽而嘉禾可盡也仍其名曰煙雨夫嘉禾三

吳奧區山泉佳麗草樹蓊蔚當其煙雨空濛天地變色氤氳不可辨識雖有豐長墻若竹望雲碁列四峙而亦潛形匿𡸟黯乎難別信哉宇內一大觀也然斯時也政通刑平時和歲登百姓恬熙四境清宴桀黠不縱村壕不驚民有挾纊之溫野無向隅之泣爲民父母者固可引觴相慶也雖若許明府之從容對客令孤挺之吟盡江南亦豈爲逸豫哉使政刑多舛恩澤不下鷹鸇峻擊烏兔弁遁瘡痍呻吟達乎四境當

斯時也則天地冥晦適以增愴其能以怗然乎
然則斯樓信不可以不復也雖然天地之氛氣
而爲煙沛而爲雨以時而降則潤澤茂若萬物
露生不以時則爲亢爲溢民且病之矣故人之
心一也顯爲政刑以其道則民安不以道則民
危其何以異於是繼是而登者宜有以動深長
思矣此太守之所以拳拳也太守名瀛字文海
號左山樓方落即擢山西憲副乃命其屬秀水
令亍同年方君某嘉興縣丞亍業師丁君某走

使索記都下而予遂不能以不文辭是役也太
守主之而襄之者則郡判陳君守義閻君大祥
汪君伊節推姜君文序

重修泰興縣儒學記

我　國家稽古右文創制立法郡邑有學其來
舊矣泰興在吾揚素稱文獻鉅邑顧學宮歲久
漸敝邑侯高君以進士高等來令茲土每展謁
先師顧瞻廟宇輒徘徊太息曰庠序爲風教所
關而教化寔政事首務廢墜弗飭余有司責也
遂謀更新之經管規畫不煩民力甫五六越月
而工竣一旦煥然改觀矣適彭丞攝篆吾與爲
之請記于余余惟建學毓材將以待用統之督
學使者而勢遠分隔故提調之任屬令尹訓課
之任屬師儒且優之以廩餼國家切切焉加意
人才類如此方余爲諸生時令尹公朔望釋奠
後輒進弟子員面爲講道課秇亹亹忘倦而一
時司訓二三輩率淬勵厥職日手經義爲諸士
子解疑辨惑居常更以飭躬勵行相爲勸導故

一時士子烝烝向學而德行文業卓有成立乃
今上之教日以異下之學日以壞風教波靡比
比如是非即學宮之久而就圮圮而宜新乎爾
諸士子幸有賢邑侯在上則朝夕訓迪所以振
作而維新之者當不啻飭爾黌序已也尚思日
新此學以無負一時盛事而日新之學自昔殷
湯發之孔子傳之要不外吾性而已蓋性之本
體昭明峻極包民物冒天地亘今古奚翅若清
廟然間有污染則洗濯澡雪新之又新庶幾天

理復明性體復全以之爲己則自新以之爲人則作新而與民物一體天地同流然後吾性始盡昔所稱孔子百官富宗廟美率是物也諸士子方遊孔氏之宮牆而不學孔氏之學是百工居肆而不善事學宮徒餙奚裨焉無乃於邑侯是舉爲有負乎余嘗按郡志泰興故俗尚純朴孔子所謂忠信之質非耶自今以往一祛章句之時習日宗孔氏之家法盡己性以盡人物以賛化育以參天地俾德業日新亦猶學宮改作

而士庶快覩則侯之嘉惠士人者固不在區區宮牆烜赫而諸士子之圖報賢侯于他日者又不在口語頌說間也余故揭之貞石以爲諸士子勗云侯姓高名某某處人登某科進士縣丞某主簿某典史某儒學教諭某訓導某皆與有賛相之力例得幷書

重修范文正公祠堂記

宋參知政事文正范公仲淹嘗監泰州西溪鹽倉創築海堰之議尋以發運副使張公綸薦遷令興化董其役發通泰楚海四州民夫成之長亘數百里潮不漲溢穡事乃興民享其利故吾揚枝邑及邊海窮壤莫不祠祀公而在興爲特隆云初寶慶乙酉邑令陳公垓設主祀公學舍之左國朝因之正德間高郵倅胡公堯元始撤五聖廟肖公像專祀華閣觀中嘉靖間閣廢則祀公前宇湫隘淺穢簠簋弗飾觀者憫惻邑令瓊山楊公愷復改佑聖觀遷主妥祀士民胥悅後二十四年長樂陳公以駕部副郎左遷興丞

明年壬子攝邑篆每展謁修祀輙徘徊四顧戲吁太息曰堂宇不已痺乎門廡除垣不已蕪且圯乎丹雘堊黝不已凋駁漶漫乎是豈足以稱崇德報功之典哉乃崇厥堂構拓厥門垣堂之左而北爲後寢爲翼室各三楹皆撤其故新之不數月而工竣嘗聞民勤于力則工築罕吾邑賦役繁重民力瘁亦甚矣何斯役成之若此其易也祀典有之曰有功于民則祀之爲民捍患則祀之夫海爲民患在天地不能以自戢得公

而其患始捍田不斥鹵民得以食其土之毛自海而西數百里之生齒天聖迨今食其德者千有餘年由今而推之萬世可覩也在昔遂古禹抑洪水稷拯艱食萬世永賴公之功在吾輿者覩禹稷一而已矣斯非人心之所樂爲俎豆者哉蓋公自斷虀長白山中時即抱先憂後樂之志而平生所學以孝弟忠信爲本俸賜所入推贍族屬自奉則食不兼味四子至更衣而出其所養者可知已所養者正故其德崇所志者大

故其業廣是以在廟堂則奸諛斂避在邊鄙則西賊破膽豐功亮節昭揭宇宙銘勒鼎彝巍然爲有宋名臣學有本原故也史稱邠慶之民與屬羌皆畫像生祀公卒之日羌酋數百哭之如父齋三日而去嗚呼在興種且然矧我民哉謁斯祠者其尚想公于千載之上也陳公名時霖辛丑進士居輿餘三年多惠政行之日邑民擁泣遮道蓋亦有希范之志云

重修太康縣儒學記

大康古陽夏郡其有學則自漢始入　國朝剏置尤備至成化間邑令王珣嘗修之紀其事則大學士匏菴吳公寬也嘉靖初河水侵嚙署印通判路逵知縣賀沂相繼重修越今餘三十載傾圮尤甚予姻中橋徐公自京府出爲令至則首謁先師見而喟然嘆曰學校有司首務也何令圮壞至是哉且吾聞康爲予禽子羔遊寓之地自漢唐入　國朝代有聞人而今不數見豈風氣使然耶遂毅然以修葺釐正爲己任白其

事於上官皆曰可乃筮日僝工肇自壬戌秋奏成於甲子冬僅踰年而規制煥然改觀矣殿廡堂齋因而飾之者凡七十楹亭祠廚庫拓而新之者凡八十楹或更而左或更而右或通其隘塞或聯其隔越得陰陽向背之宜啓敬業樂羣之益文運自此其日昌矣乎厥工既竣康之士民咸懽忭鼓舞樂羣其中且謂徐公之績不可泯也適貢士張子計偕入都因謁予文以紀其事曰將以嗣美吳公也嗟予何敢望吳公哉無

已願有告焉夫士之於學也猶工之於肆也子夏曰百工居肆以成其事君子學以致其道學不致道是居若肆而怠若事也則學宮雖餙亦何裨哉夫道具於人心而通於天地萬物學道而有得於道則與物同體而天地萬物皆在我矣施於一家父子兄弟罔不和順也施於一鄉比閭族黨罔不親睦也施於天下羣黎百姓罔不熙皡也故孔子曰君子學道則愛人小人學道則易使今之爲士者以攻辭章獵科第爲已

足而於道末之有聞則必自私其身施之家室有扞格者矣況四海九州之遠乎是故體之身心以培其塞措之踐履以植其幹博之六籍以通其牖窮則以善一家一鄉達則以兼善天下斯可以上遡子羔子禽之風下亦不失爲次公安石清惠之節而徐公修學之意庶其不負矣乎凡我多士其尚念之哉徐公名大經揚之興化縣人素行端方見推鄉曲其令獲鹿判京府所在多惠政此特其一節云爾是役也丞其簿某教諭曾某訓導某實贊成之得並書

重修如皐縣學記

如皐學故在邑西南隅改而東者餘十年矣然缺陋未飾觀者惻焉嘉靖壬子冬巡鹺侍御中溪黃公國用按其土謁先師孔子迴瞻宮宇而嗟曰是烏足以嚴妥祀安絃誦哉矧陰陽向背多舛其宜乃捐罰鍰若干金召節推符君允中畫而示曰是宜革是宜創是宜闢是宜塞宜崇而丘宜濬而流符君受命惟恪率邑令陳君雍

庀材鳩工相度經紀蓋五閱月而緒甫就規制煥然改觀矣既落之日章縫忭懌黎庶懽踊有魯泮水小大從邁之盛焉學諭李君士元司訓吳君棠趙君瑤曰是不可以無紀也乃率文學陳經錢相何思王言肅幣謁文鏤諸麗牲之碑予惟教化治道之所先也故有匡世翊道之志者恒注心焉文翁之在蜀倪若水之在汴范純仁之在襄邑率興學廣教以隆化理後世述頌不衰黃公之用心豈異昔賢哉然興學闡教以

作才弼理者上之責也崇德邁行以强學待聘者士之責也爲士者嘗慨上焉者無其人矣今將誰咎乎孔子稱十室之邑必有忠信不如丘之好學如臯僻在海隅習尚淳厚士多忠信之資抑有好學如孔子者否乎孔子之學非攻藝射名之謂也所以學道也盡其性以盡人物之性以賛化育以參天地孔子之學也發憤忘食樂以忘憂不知老之將至孔子之好學也轍環齊魯之墟而席不暇暖孔子學而思以濟世之

心也今之學果孔子之學乎學而好學與所以濟世之心果如孔子乎惟藝是攻而無得於心性惟名是急而無裨於天下國家甚之而營私蠹公毒痡細民并其所謂忠信者亡之此其所學與孔子異乎不異乎夫天下之治忽繫人才人才之邪正繫學術孔子之學不明則忠貞之才不出欲求海內又安難矣吾揚自南宋節庵李先生私淑伊川之門人始知以道爲學而如臯安定胡先生教授蘇湖則又先躬行而後文藝其流風餘韻能無存于其鄉者乎乃今又得黃公以正學倡之於上異時有好學之士卓然海濵出以爲天地立心爲生民立命俾孔子之道大明宇內謂非公之力哉否則是猶工之飾肆而怠事也其失今日修學之意遠矣

余翁橋記

歙巖鎮有溪曰富饒黃山諸流滙焉民多病涉有議亘梁于其上者顧懸崖巉峻洪濤撼擊兩涘相距數十武深不可測爲力頗艱僉以屬鎮

之余翁翁故好義受命如響爰戒伯子訓以車輪注水窪處度地營基伐石累址中分水門凡七門高可三丈許上覆以石廣可二尋許長可四十丈許構榭凡七間環以遊廊峙以危樓飛甍鱗次兩首樹華表各二望之恍若蓬海之臺然先是翁族大參雙溪公倡鎮人創臺塔各一以鈐水口鄉人德之然一鎮力也公以一人成兹鉅工俾出斯途者無褰裳濡軌之苦非甚盛德哉頌聲蓋遍衢里云仲子太學生誨以聞之

司成涇野呂公柟公題曰余翁橋今年春誨謁選來都徵記太史李子李子曰斯可以觀時矣周禮司嶮知川澤之阻而達其道路爰設橋道以濟不通政所不廢也政弛于有司而後齊民得以擅其譽斯不可以觀時耶昔公孫僑賢大夫其聽政鄭國非不赫然稱治也及濟人溱洧至假乘輿為孟氏所短然則公之義可少乎哉吾聞翁起小賈走江淮梁宋間水泛陸馳相時逐利卒底饒富乃其貲毫末皆出筋力顧一旦

捐之為衆人作利益其視擁貲自豐錙李裸葬即同胞涉一縉輙許語閱墻者相去遠矣及觀翁家乘所載諸學士大夫傳翁義田義塾五育塚諸行則翁之慕義好施其素也豈直一橋哉是役也經始某年月日費金凡數千云

省署鶴鹿記

李子及第官詞林常俸外日廩大官供饌顧搦管作儒士語未有尺寸自效比叨貳春曹壬戌春受　命轉佐天官氏時東野郭公廓清吏治進廉黜墨士習稍稍易轍後精習銓法事至迎刃剸決予蓋斂手仰成一無所事事每卯入申出率以為常視史局乃更暇裕時省署有鶴鹿顧而樂之鶴凡四鹿凡五豢於庭除自春徂夏毛羽毨潔濯濯翯翯飲啄不謀而足予始而曰得其所哉斯勝林皐遠矣居久之見其或奔或躍或翱飛糜定或蹢躅靡常若思奮出而未能也予駭而自詢彼何為者而若此乎既而曰物各有性安可强也鹿之縱於山林鶴之翔於雲

霄性也苟適其性即餒且甘之否則乘軒在囿亦匪克樂脫知其冲天之物走曠之性則鶴得其為鶴鹿得其為鹿矣李子憮然自失曰予方以族類之微耳目之娛視若而不知其各欲自適也如此顧柄操縱者非予予其若之何姑搦管仍昔湯為之記以俟它日云

燈蛾記

季夏之夕予露坐雙槐之下燃燭草玄忽有一蛾繞焰翱飛不止予憐其將就燎也以扇揮之

者再彼竟逐光旋覆而斃已而繼至者亦復蹈
飛就斃如初嘻彼以此燎斃矣何後者之不戒
耶豈逐燎者乃其性不可解耶既而思曰是燃
燈者之不仁也遂輟草滅焰而寢

唐十八學士圖後跋

唐十八學士圖舊藏兵科詹翰諸臣供事
廷試者故事必留飲科中輒索一玩相傳以爲
奇觀朝士不多見者予弟參軍齊芳偶得摹本
將刻石藏之家予諦觀之見其丰格衣冠甚都

當其遇英主膺寵眷人望之若登瀛洲至今膾
炙人口考其人品雖間有疵累終不失爲俊髦
至如玄齡如晦同心運謀弼成貞觀之治固一
代名相也予與常熟大學士嚴公訥同被
肅皇帝簡用嘗校此官出入禁苑奉撰述者十
年 眷寵恩賚不知玄齡輩之在當時曾有之
否逮參陪綸閣未踰兩年而 龍馭上昇未獲
殫論思匡弼之愚其視房杜二公虛負多矣展
覽斯圖倍增太息云

卷之三終

李文定公貽安堂集卷之四

序文

戊辰科會試錄序

聖天子登極之二年是維戊辰當會試天下士
天下士挾策待試者四千五百有奇屆期禮部
尚書臣高儀侍郎臣萬士和以考試官請
上命大學士臣春芳學士臣士儋典厥事先是
海內上計吏同軌畢至
皇上特降 明詔申

祖宗之制嚴營求之防內外諸司莫不懍懍祗
奉將事惟恪諸所汰黜一時稱允臣惕然曰今
所汰黜非昔所登進者乎昔以才進今以不肖
退則司校錄者有餘懼矣已 陛辭入院臣乃
諗於衆曰此我
皇上龍飛禮闈第一試也匪得眞才曷以仰贊
皇極維新之化凡我同事盍愼哉衆胥唯唯於
是矢心殫力惟慎惟公校閱既周上請 宸斷
取四百人錄其名氏及文之純者以 獻臣惟

虞廷考績雖敷言而必試功周室興賢雖校藝而必先德行當其時九官十二牧四臣十人勳庸赫奕照耀千古而虞周之治號稱獨盛有以也乃今所校則藝與言耳藝取其不越於矩言取其不詭於道斯已矣至於德行之修於家功業之効於　朝廷者豈能懸度而逆覩之乎脫有偷德墮行試之罔功者出於其間爲盛世累異日卽汰黜之其辱制科甚矣謂主司何則臣之懼也滋甚雖然臣有所覘而知其不然也卷阿之詩不云乎鳳凰鳴矣于彼高岡梧桐生矣于彼朝陽言賢才待時而出也惟我
皇上以聖哲之資展亨昌之運茂膺駿命恢闡鴻猷銳意康時虛心納善溥海內外莫不喁然嚮風譬則日之始旦曦光融晰也時之方春品彙忻忻發榮也聖作物覩此非其時乎矧我
二祖豐芑之仁培植者厚
列聖菁莪之化滋漑者深而我
世宗肅皇帝中興建極久道成化其所以漸摩

陶鑄者益深且厚寧無儁特茂異之才以應今日之求者哉及校其藝皆契合軌轍斐然成章其發攄性術則天德之奥也其敷陳治紀則王道之具也其誦述往昔則皇王之緒也卽其先資之言而効之用者可睹矣行將奉對　大廷布列有位在郡邑則溥循良之惠在藩臬則樹屛翰之績在臺省則著精白之風俾程能課功者無得而訾議焉庶其可以仰裨新政之萬一乎然亦在諸士之自効而已矣士之窮居學道期以用世存之爲德行措之爲事功不以亨達而改其素則皐夔周召之業可致也爾諸士見錄有司且當
聖皇臨御之初法紀脩明之日凡可以行其志者皆得展布四體而爲之矣可不知所以自効乎是故志士每乘時而樹績忠臣不負主以殖私遇　仁聖之主而罔知自靖是負　君也遘昌隆之運而罔以自見是負時也殫極忠藎茂建殊勛報　主濟時以上追虞周俊哲之遐軌

則豈惟諸士獲免黜罰而臣亦藉是以逭責矣爾諸士其尚念之哉是役也同考試官則某某監試則某某寔相與成事而御史某某則防檢於外視昔加嚴例得並書云

武舉錄序

嘉靖己未秋七月復當會試天下武士

上命學士臣春芳徃典終試以是月十有三日

辛巳　陛辭臣春芳蒙

皇上拔置直賛復恭詣　迎和門稽首　辭蒙

賜臣酒饌彩幣臣以庸劣荷

皇上擢用有年迄無寸報今幸叨任使未及事

事而　恩貺先之臣伏自思念雖捐糜莫可仰稱顧於試事敢不殫厥心歟乃與諸同事者夙夜胥餯秉公竭慮進騎步射合式者以癸未之日文試之遵　制拔八十五人錄其文以　獻

臣以職事當序諸首簡臣竊惟陰陽並運天地之所以弘其化也文武並用聖王之所以保其治也故戒飭戎兵搜羅材勇以豫敵愾防微之用雖治世莫之能廢然必得眞忠實義之士而後勇敢之才可效於用彼以技力而已者末也昔者有周在朝有禦侮之臣在野有干城之夫皆忠戴王室以衛其主故伐密伐崇舉若振槁而文王坐致輯寧之治詩曰濟濟多士文王以寧蓋多忠義之士也惟我

皇上聖神文武應運中興深仁厚澤淪浹海宇椎髮文身之裔莫不獻琛效欵萬姓熙恬九州寧謐皥皥乎成周太和之時也頃者北徼肅清江淮克捷　天威震疊姦宄斂戢若可以少暇

矣我

皇上安民保治之心不遑夙夜乃猶開科以羅材勇誠欲得眞忠實義之士以收干城禦侮之效也諸士旣由斯進其亦何以仰答

皇上拳拳之心乎夫爾諸士見錄者謂其善騎射文藝也然李陵稱絶技乃甘心汚辱之事趙括多讀書談兵者莫能難及代頗將輙致敗頓則爲將之道顧惟騎射文藝爾乎夫忠臣不愛

軀以負國義士不眩利以滅名匹夫立志鼎鑊莫奪亦存乎其心焉耳矣有其心則怯可勇也而匹夫勇愚可智也而匹夫智寡可敵衆也而匹夫衆不然則勇徒自衛智徒自謀衆徒自殖亦私利而已矣於國事何裨焉昔者李廣良家子耳擊胡多得首虜衛青起微細佩大將軍印獲匈奴王十有餘人其功名偉矣乃史稱廣爲二千石餘四十年家無餘財終不言家產事青篤實謹遜不敢專擅以明威則其所以成功名

者徒技力云乎哉諸士遘遇　昌期被薦而起視青廣所遭尤幸行齎一命以效折衝之役果能秉報主之節奮敵愾之勇而不自有其身則固可以上追禦侮干城之流視青廣何足多焉倘志以欲奪慮以勢眩懷營私蹈利之心萌全軀遜害之念以仰負今日登進之恩則臣之祗斯役也其謂之何
皇上神明剛斷凡臣下忠勤欺怠照臨之下毫髮莫遁異時戮力封疆者皆榮膺爵賞其有不然則置之法罔貸焉諸士縱不知勸能無惕乎哉雖然忠義之在人心不以賞勸不待法惕者也爾諸士其尙勗諸其尙勗諸

元輔徐存翁一品十五年考績序

芳嘗誦孔子朞月三年之語竊疑不可若是其幾及考其相曾三月魯大治然後嘆曰聖神功化之速如此向使假以三年治道有不成者哉以今觀於元輔存翁徐公而益信云公由大宗伯入爲次相當其時固已上膺　宸眷參密勿

之議國家有大政必以咨公十二載間謀猷入告所裨化理不少矣然猶有所扼而不克遂也歲壬戌
上始獨相公公積誠感格
上眷注益篤　手劄日至三四下大約皆軍國大計公悉心奏對無不當
上意者時乃盡展素所蘊蓄日見之行發無名之餽而苞苴息剪附苞之蘖而剌棘芟進廉誠之士而賢者勸黜貪獪之流而不肖者懼全骨

鯁之臣而言路闢恤封疆之夫而士氣振蓋示之以好惡而天下翕然同風焉於是列辟一心九域一志四維以脩百紀以飭至於協氣充溢雨暘時若九禾登成萬姓熙恬所謂三年有成者公其試之有成效矣乎蓋公奇穎敏達之資得諸天授究心理學充然有得自弱冠登朝即有澄清四海之志既而歷中外兵馬錢穀之數關隘阨塞之所與夫閭閻利弊罔不周知而得所以劑量振厲之方故柄之以政裕如也且自矢而揭諸座右曰以威福還

主上以政務還諸司以用舍刑罰還公論而已無與焉日必以所行告諸神明應酬少服卽默坐澄心湛然無事也非深於道而能如是乎昔孔孟抱匡濟之志栖栖齊魯宋衛之間曾不得一試以終其身周程張朱學孔孟之學者也間或登朝曾未數月而退公遇 神明之主受心膂之託宣布道化潤澤黎庶豈非斯世之大幸乎公一品四考復歷三年此三年者其功業視

前四考實爲弘大

上降勑褒嘉授階特進錫以 誥命寵以公宴廕一子尚寶丞皆異數也同鄉少宰栢泉胡公輩咸爲桑梓慶以贈言屬芳芳應之曰此 社稷生民斯道慶也桑梓云乎哉乃相率登堂祝曰願公眉壽且康永輔我 明明后以永延

宗社之庥於無疆

師相徐存翁一品九年考績序

師相存翁徐公一品九載考績天官氏以聞

上嘉其輔政有年勳勞楙著晉兼吏部尚書

降勑褒異 錫宴春官已又 遣中使齎寶鏹羊酒賜之私第恩禮優崇如此縉紳胥嘆以爲熙朝盛典咸登堂稱慶而雲間之宦京師者某某感公造就之德思頌以言僉以屬芳芳鄉里後生蓋自伏在草莽則已聞公德譽照耀海宇而心竊景行矣迨舉進士官史館公適奉命課庶吉士諸吉士固芳同年進者也退必爲芳誦公所以敎之者皆內根身心外引政事邦國如

何而殿紀綱如何而振生民如何而安君子之人如何而進而退日爲牖掖訓迪而文藝博綜非其所先芳竊嘆曰公他日之所以相天下者此不可以睹其槩乎未幾由太宗伯召直　西內仍綰部章又未幾加少保擢入內閣參機務而眷遇日益隆矣當公之在春曹也貞守澡德夙夜寅清矢竭忠猷以仰答

皇上知遇之恩凡典禮之興革藩封之陳乞四夷之朝貢燕賚悉稽成憲而裁之以正罔不上

當　聖心及參　密勿之議宅樞筦之地則益自奮勵以仰承　德意夙夜皇瘁周咨籌度無非所以控制四夷保綏萬姓而罔或先其身圖嘻公昔之所以教人者乃其所自効而匪徒空言者乎昔者子游吳產也學道孔子而得愛人之教薄試武城絃歌四聞當其時明王不作景附無從遂不得大行其志於天下千古以爲憾學孔子之道抱子游之志乃得際熙昌之運遇

神明之主以行其志凡海隅蒼生涵濡　聖化而來歌太平者皆公輔贊之力愛人之澤視武城何如也公自是眷倚愈隆則愛之所及愈博豐功偉績勒鼎彝而昭日月鄉之後進皆得仰藉帡幪而師程於下不亦與有烈光也哉

送邑侯對泉李君應召北上序

予登第最晚久居民間見境內爲守令者率草菅其民傳舍其官初無愛民實政每慨然嘆曰守令民之父母苟能以子撫民則俎豆事業也今之士大夫往往薄此而予竊心慕焉思一試

之不可得及叨第授官詞林恒怏怏於心仰屋竊嘆曰徒糜廩餼日操觚佔畢作書生語何益於世逮庚戌丙辰兩分校士戊辰主會試事每入簾必焚香祝天願得孝友忠實真才以報

君父旣而所拔卽不敢謂盡得若人然類多長厚樸茂之士以貪墨慘刻敗者蓋鮮矣孰謂彼蒼遼絕哉一念雖微天寔鑒之矣己巳會興化之令邑父老抵書京師欲得門下士之賢者來予聞之而懼曰未試而逆其人寧免子羽之失

乎偶目諸士中延津李君貌偉而心實庶幾所謂豈弟君子者心冀得之既而果得君逮至興河淮湧漲挾泗水而內灌悉以興化爲壑城垣不浸者尺許滅堞則一城皆魚鼈矣君時行役他郡聞變星馳而歸至則城門土壅乃以縋繫而上父老士民環而泣號聲震地譁甚幾至變君徐止之曰無恐有我在日夕督守者囊土塞門悉出倉庫所有令有力者轉糴以備急之城中積儲悉勸出貸仍計其直許償之民心始定

既水漸退而城門始開然百姓則憔悴甚矣越庚午辛未洊水爲災淮泗併發湖堤漲決盡灌興化積潦未消諸水復至登城望之四野瀰湧若盤之浮水也當是時隣壤則多豐稔百餘里內苦樂懸殊孰能諒之乃賦額則又獨重他邑上官漠不加省惟欲取盈催督如火君惻然食不下咽多方措置匍匐哀籲乞寬雖忤上官逢怒弗恤也既被叅論停俸止遷處之泰然少不動念有陽城殿課之風且明能燭奸而不盡用

其明法以懲惡而不深入於法平易近民卽皁容令何加焉至於冰蘗其操一塵不染又其至性蓋四年如一日云夫人才自昔稱難謂其鮮全才也優於德者才或不足以集事長於才者德每不足以宜民善治之不見於天下而民不聊生以此耳借海內爲令者咸君若有不治乎者哉今年六月徵命旣下將舍與而去鄉先生偕父老爲建祠生祀又屬予以言贈予自解紱歸田目擊君之行事周一歲矣深喜其克副予

望而素所願而不得者乃得於君也然數年以來君方憔悴百姓之哀呼而促上官之程督甚爲君苦之今且應召而入可息肩民事矣然入則當擢諫垣夫諫臣以言爲職欬唾所加人以爲重昔人謂言及乘輿天子改容事關廊廟宰相待罪其重如此一言之出國是攸係揚志過以獵巳名非忠也何人意以傷善類非仁也可以一毫巳私與之哉行之日書以爲贈且以告諸子之同被徵者

送侍御劍泉郭年丈出令永安序

庚戌秋八月，北虜犯邊，薊石告警，都城 皇上震怒，百官莫不憤恨，思欲縛左賢而剸其膂。宂言計之臣甚紛集焉。時予同年友劍泉郭子爲中書舍人，痛切時弊，已喋喋不能禁。及擢監察御史，不數月，章凡再上。其一曰亟時破虜大計也，其一曰亟仰於時番於民，方今民大困，宜多方蠲濟，不宜賑民，畫數策以上，皆俞允見之施行。其一曰度支不能剸畫裒益，加賦東南，重困

民當罷。下坐部議，出郭子爲永安令。夫天下之勢，如病瘍，醫師惟瘍之攻，而後腹心伐之以毒，砭之以石，卒之瘍痊而氣索矣。故虜，瘍疾也；瘵民以強，瘳病腹心也。東南賦重，當蘇松稱最。問者歲一饑，流離轉死，不可勝計，脫有餘積，何至此極乎？此賦重民憊之致也。又裨益之，能保無譁張紛亂之虞耶？東南將日益困，而財力益詘，財力詘而邊虞益急，非厚本強幹安攘之得策也。由此言之，郭子之言當乎否乎？言官數陳利害，彈擊不肖，言出而或公或私，或是或非，人得而指之，我不得而持之。持我之論以求必伸，則惑之甚也。何者？譬國者之計安宗社，如耳目手足之各司其職以衞腹心，而無我也。使耳目手足各持其能以求必遂，將不至相悖而顚越乎？郭子去則無必伸之心自矣。且郭子素抱愛民憂國之志，鬱而未試，鉏于論及時事，未嘗不抵掌痛憤，興嘆一世無當其意者。今且及其身矣，其旨之所含，嗟憤恨者顧不得於此

一展乎？抑有憂之。言官與守令異施，律人與自律異心。言孰理道，以繩公卿之失，其所陳說不必其身有也；今爲令，則日見之行事，是非賢不肖知覩，望日向，非以律人之心自律，鮮不能自矣。是故貞之以守，則望乎燭之以識，則毅斷剸之以才，則事集。而又靜言庸之心與行事若兩訟然，其于人乎也應乎？昔汲黯好直諫，與廷臣面折，不能容人之過，憚天子而顧淮南，將相如公孫弘、衞青，事莫不斂退。想像其爲人，若止剛愎

而已及守東海守淮陽皆以治聞史稱其治
理民好清靜其治務在無爲然後知其所律人
者皆所自律者也衆將覩郭子之所自律矣郭
子勉乎哉

送東莞陳君擢山東憲副序

東莞陳君由御史臺擢守保定三年而郡中大
治臺臣亟薦其才尋擢山東憲副涖行屬州若
邑長倅而下皇皇然悵儀刑日遠而挽之無由
也僉屬予同鄉晥令張君請言以贈予與陳君
同年進者也陳君自嵩令徵入爲御史予時在
史局多暇日相與請益諸先生長者退則講究
砥切飭躬勵行期以無負國恩而君高明敏達
毅然有攬轡澄清之志奉命按長蘆廣西振紀
貞度彈貪擊暴類能行其所學及治郡則又拊
循百姓治狀卓異當軸推才右賢豈一郡所得
而私哉矧山東南接江淮西連河洛京師藩屏
也以天下大勢論之則腹心也藩屏固而後堂
室安腹心無恙而後四肢矯強孰持憲紀以保

綏東土者豈可一日不得其人哉且齊魯間俗
尚剽悍尤易譸張爲幻間者紅羅煽亂其明徵
也邇年南北多故往往徵調伉健厚其齎糧寬
其繩約冀得一朝之用而彼乃相習恣肆緩急
無賴甚至陣未合而先奔奔而逋逋而復應募
以爲常此其故何哉教化未行而法紀弛也在
昔魯守先王之禮樂至漢兵圍合而絃歌不絶
田單以卽墨敗亡餘卒破萬乘之燕復齊七十
餘城其流風餘韻能無存者乎教之以義結之
以恩御之以法閑之以禮無事則服畊樂業相
與守 明王之制有事則仗義敵愾以急公
家之難是臬司之責而陳君之所優也一郡豈
得而私哉至於守遺法以輯境内之民倡勇敢
以防意外之患與山東相爲犄角控制四海藩
屏王室則諸君與陳君其責同其心同也又胡
戀戀於其行哉

送尋齋趙君擢山西憲副序

尋齋趙君三秦賢豪也在比部有才聲擢守上

谷未三載遷山西憲副屏衛薊門先是畿輔大
饑餓莩枕藉于道上谷尤甚
皇上宵旰憫惻申命守令發粟賑恤而君仰承
德意率所屬州邑吏多方區畫設糜給粟所存
活以數萬計歌頌盈徧衢路云中丞居麓丈公
侍御白厓劉君交章亟薦曰趙君憂勤先數郡
才復過之宜顯擢乃有是　命朝宁以爲得人
夫薊門藩以三衛百餘年來號稱寧固自庚戌
虜突入古北口至薄都城議守始與宣大並殊

則練士卒明烽堠沉謀先事俾進則可戰退則
可守扼匈奴之吭而絶其南嚮以奠安京國則
兵憲職也在易否之九四曰有命無咎疇離祉
蠱之六五曰幹父之蠱用譽方今邊圉多警積
財告虚兵力薾弱蠱且否之時也所恃以振紀
宣威輯寧底定收安攘之績者惟在君此行而
當宁可無東顧憂矣昔者李路言志以饑饉師
旅自期蓋欲行所學也君負奇氣而抱雄略賑
饑有成績矣行復試之師旅必如張堪之守漁

陽匈奴不敢犯塞李光弼之節度范陽整肅軍
旅近懾三衛之心遠破醜虜之膽則昔賢之志
焉未逮者君其見之行矣適某徵贈言於予予
故知君且喜薊遼之有鎖鑰也遂不謝而重以
言

送副郎回堂濮君之南秋曹序

回堂濮君嘗受學于東廓鄒公而鄒公則得傳
陽明王先生者也陽明先生之學主於致良知
其著之于言措之于行建之勳業投之流離顛

沛而不亂施之洞獠炎荒風行而草偃者皆自
其良知發之非有所增益也一時出先生之門
若鄒公輩咸能守先生之學充實光輝彬彬成
章相望焉予雖未接鄒公而公之微言緒論嘗
得諸海内學士大夫之誦習身居巖穴之幽風
播海隅之遠譬之蕙芷蘅杜芬郁苾如也此豈
待勛庸著哉公之門人不知凡幾予所見忠信
朴質離公而不反者則濮君其人也予與濮君
友且二十年始見其緝學好修阨塞名途風塵

轗軻不爲不久其意坦如也旣以母老筮仕爲冬官幕屬周旋諸僚寀不亢不隨不吐不茹低昂中節其行侃如也歲久不調栖遲京國衣敝馬羸寒如儒生處之安裕少無咨嗟觖望態其識卓乎其定也夫進取利鈍人情寒煥軒輊紛沓于二十年間而君視之若浮雲變互於前此不可以觀所養乎夫致知與良知之說發自孔孟而陽明先生則合而言之曰致良知可謂易簡之至者也然其所謂致良知者則非索之窈

冥幽眇而其功卒歸于格物故其所以發于事業與夫著之訓言信天下而傳後世者非其致知格物之驗哉若鄒公則以身明先生之學淵乎深造而濮君則又能强立不反以無負師傳切磋之心殆非行背其言藉門墻以射虛譽者倫自是益進之充實光輝如陽明先生之有鄒公斯道其有賴乎今年秋濮君擢南秋曹員外郎南都視北務簡什九秋曹雖職專訊鞫月不數事天下訟獄之詳讞不與焉故諸列在郎署者問學取友恒有餘力而篤志勵行之士相接踵君往其日益哉行之日同鄉官京師者祖餞都郊僉以贈言屬予予與君故有同心之誼因述其師門淵源所自以爲勗噫君其諒予之衷乎

送姻丈槐堂袁君節推東萊序

槐堂袁君少負高明慷慨之氣跌宕不羈之才一出海濱卽浩然有俯視六合淩駕羣豪之志見者莫不偉而奇之處膠庠則邑令姚江陳公

試憲臺則督學晉江陳公舉於鄉則主政玉峰余公業于成均則少司成貞齋江公皆擊節稱賞以爲希世之珍當是時予善君而未稔也迨予領鄉薦適四方始與君同京邸而君顧于予有取焉遂締莫逆聯姻好南北征游者二十年巳又偕予共學南野歐陽公而公每開以心性之旨曰辭章非實學也意氣非眞際也君于是亟反舊習以究眞實之所在不數年其氣降而和其才斂而正其志沉潛而堅定粹然若玉之

就礪而圭角泯也當是時予方疎昧得君磨切而不眩君六上春官弗第乃翻然曰吾親老矣遂筮仕得南安節推其行也人咸以察憂君而君顧寬以濟明不苛不縱能聲大著南贛間甫二朞奔父喪而巡撫顧秋山公輩咸爲之不豫曰方與斯人與之共理何奪之亟也夫昔人有志同道業同方而出則異趨者君出而不變塞不易世豈非難哉當是時予服君能守而思以恆其德旣而予叨第官京師君起復赴銓部別

且餘二年相見輒勗予以端謹寬宏之道且諄諄曰子受國之恩大而責亦大予爲之竦然動容者數四乃竊嘆曰槐堂子眞愛予哉實予而恐玷之也居數月補東萊行予餞之都門外君曰子其何以別我予曰君嘗試南安矣訟理惠流寬明並行矣夫東萊豈異南安哉君以直厚予予又安敢以諛薄君也異日政成而入得與君相規相覓各共其職以無負　君父之恩師友之望則予二人交游之誼信非區區情好已也

賀大司馬洋山淩公內召序

我國家於淮濟並設兩督府一以理漕一以治河蓋重國計也頻年河伯爲災淮泗橫溢運道漸以梗塞

皇上引爲儆予日廑南顧憂　簡命撫臣董其事業已次第經畫迄未底全績也尋用廟堂議兼河漕爲專任顧難其人焉大司馬洋山淩公方參贊留都機務爲社稷重臣乃薦紳藉藉咸

推轂公謂非公不可何者運艘鱗集漕務至殷繁矣工役宵與河務至煩重矣即分任之猶然稱難茲乃一畀交責尤難之難者諸薦紳諒公素矣往公有事兩廣勛猷夙著深結　主知至是

皇上欣然曰若往亾憂也公受命旣倍道馳至偏歷兩河咨謀詢度殫竭心力已乃決筴導海以疏其流固堤以防其潰又開新河以避淮衝悉條其事以請

上特賜溫旨如督府議公乃分任百執事指授機宜躬為程督罔間朝昏不踰年而淮泗悉由故道注海無復橫溢之患遂使漕輓飛渡較疇昔獨為便捷而淮右一方生民亦獲平土居焉

公乃上疏報成

上大嘉悅晉秩宮輔金幣兼錫比復念督府勞矣其　召還　闕廷以裨輔翊遂綰大司馬章入總營戎瀕行屬下兩淮度支暨四郡守伏在嗚騶仗鉞之側目擊盛美謀乞一言為公慶謂

余與公有同舉誼相與造予請焉余曰度支郡守輩所懷者公之德也所仰者公之伐也余則知公勛伐有自矣余與公在三百人中意味獨相孚契論議每相脗合間嘗抵掌譚天下事見公慷慨激切動中肯綮憶自登第初以至今日公固為天下蒼生屬望非一朝夕也河漕樹立誠不世功然在公直餘事耳彼漢稱賈讓治河唐稱劉晏善漕各有片長乃公則兼之惟經綸淵蓄故諸所措置自殊

皇上方比德唐堯隆治虞舜公殆今之伯禹與度支暨諸郡守則又曰方今重務宜莫如河漕乃今一旦奪公而往豈　當宁采重內輕外薄此咽喉地乎余曰平成底績堯錫禹玄圭以告成功山甫城齊吉甫詠遄歸以慰王心在昔已然公寔社稷倚重寧能以一河漕久淹乎且也公被徵而入朝夕　黼陛啓沃　宸衷行將由司馬而陟鼎鉉則所裨益宗社者更為弘多薄海內外均濡德澤淮右數郡固不以遐遺也矧

茲河漕諸務剏立遺軌即萬世且永賴焉寧以去後异乎余固公部中興邑人也興視高寶獨下其受水之害更深故感公之惠更切即衰病不與聞戶外事於公偉績寔樂道之聊綴頰以綴言於行李

送養靜麻君令杞縣序

孔子有言曰君子學道則愛人學道而不愛人非學也知愛人矣得行其志而能使斯民被其愛者宜莫若守令故有志者恆樂居之即奔走

簿書弗討焉守令得人惟漢爲盛循吏傳所稱文翁而下治狀卓異如云所居民富所去見思此與周召伯何以異哉或者猶以爲未學而病之今之海內學士大夫皆知談慕聖學誦說仁義其論治則羞稱兩漢及究其實大有不然百姓愁苦怨咨詛懟不待去而後見然則所學者果何物耶其不羞于漢者鮮矣養靜麻子有志學道者舉嘉靖庚戌進士明年夏授令杞邑玆行也其將薄漢諸循吏而不爲乎其將諸循吏

是程乎又將陽薄之而陰出其下乎麻子負高明慷慨之氣有憫時悼俗之心匡濟天下拯救斯民之志剥細民之膏髓以自肥斲無辜之生命以自逞知其必不爲也繁其條格多其文法我有能名而民無實惠則下漢循吏數等矣又豈麻子之所屑哉麻子行矣杞介汝穎之間其地衍沃率民勤耕可以樂生又其俗質實民多樸茂道而之善也易彼其樂生我無戕之彼其自善我無紛之安靜悃愊俾之自生息而莫之或擾文翁召父其治也麻子而果愛人也其於是圖之昔孔子抱道不試一聞武城之絃歌輒爲莞爾此其愛人之心何嘗一日忘哉麻子蘊是心而不得試者亦且二十年今得其柄而運之杞之不爲武城吾不信也

甘泉湛先生文集敘

夫道在人心匪言弗彰古今立言者卽人人殊要以明道而已自孔孟既沒微言寖絶迨漢晉諸儒溺意詞章言愈煩而道愈漓有宋嗣興濂

洛崋出周之純心程之定性其旨歸於揭斯道之眞詮覺斯民之矇瞶非有二也我 明熙洽二百餘年人心丕變文教大興白沙陳公身任斯道倡明正學遡濂洛以接洙泗爲一代儒宗吾師甘泉湛先生蚤遊其門獨得其傳乃與陽明王公日相講明絶學振作斯文而王公語人則曰致良知先生語人則曰隨處體認天理夫道在人心昭明洞達靡所不貫靡所不燭舍天理非良知舍隨處體認非致良知蓋道一言一

而教亦一也余嘗親炙門牆面聆謦欬憶自牛渚餞别羈迹仕版儀刑日遠趨步無由惟奉六字心訣日與周旋盖將終身焉顧曩若鞅掌邇復衰憊歲月虛糜傳習未究𠋣令天假我以年而泰山既頹所可尋繹於萬一者獨幸有遺集在也是故心性圖說與學庸二體測諸書均之闡斯道以淑人心至若贈答銘誌諸作又先生緒餘海內人士慕先生而不見即一言一字信若蓍蔡矧及門士乎凡此集中所載皆先生隨

處體認遺矩亦士人隨處模楷實學萬世而下且將藉此私淑無窮則先生之所嘉惠亦永永無窮矣敢曰文章易聞乃謂道不在茲耶適蒙中丞檄撤郡棗梓先生全集余同年友洪君抵書屬余爲序余敢僭言簡弁用識追慕之萬一云

玉雪齋詩集序

詩自三百篇而下譚者率稱漢魏而右李唐大抵詩以言志而人心與世運實得表裏隆則隆污則污有若波流不可强也然三百篇中自朝廷以達閭巷無論士人即愚夫愚婦庸言而成詩者何以故彼固無心立言而聖世休風鼓之噓之天籟自鳴耳降至漢魏猶爲近古迺唐則以詩取士而業舉者競起名家矣我　國家混一寰區振滌故習文治與日月爭光海內抱藝之士靡不蒸蒸向用竊謂天造草昧方將勠力制作經慮經綸不暇何暇觴詠而一時公卿大夫類皆能詩非　國運休隆人心丕變安有此

哉金沙虞公當洪武中以明經致位中丞晉秩大理閱四朝而功烈炳蔚爲名臣首稱予蓋尚論而景慕之有日矣予戚于君實公孫婿也因持公所著玉雪齋詩集示予索一言以弁簡端予手受而卒業焉遂作而嘆曰公當歇歷中外日事錢穀刑名而詩篇廣富格調超卓直逼往昔作者則公之所養淵源無際此僅一斑詎足盡公哉庸書數語歸之以副于君敦崇戚誼之意且以嘉公後人世守之賢云

贈南京兵部尚書克齋李公之任序

蓋天下之事有機得其機者禍難未形可使不形既動可使勿動而雖其敝也猶可因敗以爲功不然直激之使形趣之使動耳而及其敝也則潰裂而已矣古稱子房善制變世但傳其躡足止偶語數事以爲奇而不知子房制變常在未事之先人不及見卽不幸其事已著禍難且不測亦直以一出言一舉足而消耳何者得其機故也往歲南都有戍卒之變其所以激之使

形而趣之使動者吾誠不知其所在當事者計無所出顛頓倉皇事且潰裂幸克齋李公爲少司馬乃旁起而戢之假以得生之途而按其必死之罪擒者擒縱者縱指顧之間倏忽而定則何若是易易然歟嗟乎亦得其機云爾諸呂爲亂太尉勃率北軍誅之而慮其有不安者乃設爲左袒右袒之說明告於衆而使之自擇夫彼且懼誅不暇何敢言呂其必出左袒明矣而太尉則何爲者意固以爲彼方自懼卽欲歸正而無緣也而吾乃與之舉事則其中且有變故特開之以左袒之路使皆以爲劉之迹自見吾於是遂因其迹而信之而其心當自安蓋自左袒之後雖故通呂氏者皆歡然以釋卽歸而語諸其妻子亦必曰吾乃太尉軍耳豈從彼呂哉如是則不惟可以誅諸呂濟事而反側者亦已帖然矣此其運智虛徼窅然無迹世孰能測識之李公之戢亂計正類此故曰得其機也蓋李公去而姑息之政行姑息之政行而士又稍稍不

靖

天子既易置叅贊之臣則以李公往代其任夫事又一變矣又變則又有機而制馭之道安出蓋理固有生之而實死之死之而實生之者人之情固有威之不怨而惠之不以爲恩者其故可思而得也彼之不靖者顧皆菜傭牧竪耳豈敢稱亂哉獨以爲我固有罪而乃反姑息我惟所爲不問則是疑我也疑我後當有重禍又以爲姑息則法不行法不行則人多犯罪犯罪多

天子必且震怒加誅戮焉而玉石孰與辨者以是二者糾縛其心不自聊賴蓋求生而不得其所以生也故乃狂惑而無歸此則皆姑息之過也夫知生之爲死之必知死之爲生之無所德於惠必無所憾於威其機如此故今制馭之道利用嚴吾意李公兹往必且明

天子之紀綱以振肅其號令剪其不馴而撫循其無辜吾意南中之卒必且崩角慟哭自明其心以請死也必且歡呼鼓舞幸其得所恃而可

以終有其生也斯其於戡定何有哉當回紇内犯子儀單騎見之免冑釋甲而諸酋皆羅拜夫其敢於深入而不敢不屈於免冑釋甲之一夫則子儀之威德久有以服其心也惟服久故其視之直如雛鼠耳羅拜足道哉李公威德著南中亦久矣彼其得免斧鎖䍐然生至今者蓋皆公力則其望公也當如饑渴而見之當如父母威乎惠乎惟其所施固將夢寐服之也而又何悖謬之敢爲嗟乎使李公早有斯任必無昔日之事而使不及今往也則不振之患他日將益甚今公往矣人固皆以旣動使不敢動者爲公望而不知未形而使之不形者當更多焉此則惟智者能喻之而常人未可以窺也公博學淵識爲世偉儒乃其大略雄才綽有經營四方之具先是淮揚多警以公鎮撫乃一鼓而斬倭奴數千人無得歸者

天子以是甚眷嚮之頃欲用諸西北以撻醜虜而會南中多事遂用諸南行且徵煩牧於禁中

折衝帷幄以仰佐安攘之大烈

天子固有意也彼南中安能遂借公哉詩云仲山甫徂齊式遄其歸吾儕日望之矣

海運詳考序

嘉靖乙丑河淤徐沛　朝廷遣大臣董治鑿石通渠以避濁流運道乃大通利隆慶辛未復於下邳時有上開膠萊河之議者業遣科臣相度矣中丞敬所王公時居東藩乃抗言曰斯役也在元至正間嘗議開之而尋罷矣殆不可行無

已則通海運便剏永樂間已行故道乎遂詳考海運自前代迄　國初始之所以行終之所以罷如何而爲利如何而爲弊與夫法久變通之宜造舟通運之制考校區畫纖悉詳明覽者不待其竟而即知其必可行也守臣上其議天子以爲是而亟行之海道肇峰陳君將梓其議以傳謁予序諸簡端予惟漕運國之大計也在昔三代天子公卿百司庶府皆賦其畿內之地以自給輸將徭役率不越五百里而遙民不

勞而上自足也秦漢而下漕務始興皆視建都以爲難易漢唐都秦宋都梁當其時宋漕較易漢唐且其法轉搬江不入淮淮不入汴其力紓矣我　朝定鼎幽燕扼匈奴之亢而拊其背所據形勝視關中尤爲要害惟漕粟仰給東南轉運甚艱永樂間倣元制由海而運者十有餘年既會通河開而海運始罷然則海運者固　國家已試之成事也我　國家建都既與元同則漕運安得盡與元背哉即河無梗兩運並輸未

爲失策而况河患屢作可不長慮而亟圖之乎夫泥故常而昧變通者拘攣之見也狃目前而忘遠慮者膚淺之流也故瑟不更張而鼓鮮不絕弦矢鑑不刮磨而照鮮不昧物矣自非淵識遐覽之士烏足以語通變濟時之道哉蓋公少有奇資博綜羣籍而歸宿心性之學旣臥山中留心經濟於當世之務靡不研究故一出而能建議行善如此譬之莫邪發硎斷蛟剸兕惟意所向耳行爲　國家處大事決大疑以康濟天

下此未足以盡公宏蘊云

黄牧齋詩集序

人有恒言曰詩能窮人或解之曰非詩窮人乃窮人工於詩耳信斯言也則卷阿烝民之賦清廟我將之作彼非廊廟公卿之所咏述耶詩學莫盛於唐而大曆諸名家皆一時雍容金馬之臣曳組垂紳之彥謂詩必窮而後工誤矣至於廟堂之氣舒以達岩穴之思幽以鬱乃其居處所移不可强也故高岑王孟雖並驅一時功力

愁敵而東野之作每多悲悵抑鬱之意蓋愴時感遇然爾吾鄉牧齋黄公少業舉子補邑庠增廣生乃其意顧獨喜吟諷哥所藏皆古名家詩籍已乃盡棄所誦習而畢力爲詩冀成一家之言以託不朽築室北郊去城半里許絶不與市井相交涉乎間嘗一造其廬蓽門環堵蕭然自適抱膝長吟蓋樂而忘其爲窮焉今年壽且八十有四忽遣其仲子至京師彙其平生所賦得詩二卷請予爲序予諦覽之見其冲淡之趣彷

彿東野雖其功力或有未逮至所謂愴時感遇與其悲悵抑鬱之意不有同者乎後有執此以求先生之所以爲人則必有聞於後其視擁豐貲都崇爵而泯泯無聞來世者果孰爲窮耶此端木賜之所以見譏於卜商而予之所爲深懼者也因序先生之詩而重有感焉

平賦録後序

興化平賦録成李子竊覽之迺喟然曰秩哉其經遠之猷乎昔者聖人作則動爲典常民咸用之若可以已也然必示之藝極垂之謨訓者何哉凡以及遠也而況賦者國之計也輕重分而利害繫焉利害感而人心蔽焉奸宄變幻弊端沓起可弗慎與此三壤九賦禹貢周官所由致詳也然則斯録者其亦禹貢周官之遺意乎是故録先地圖焉疆域正矣倬然孰得而紊諸次疏草焉明　王命也命而更之斯定制矣懇懇乎亦民之隱也次憲章焉昭厥度也干汜者其知所懾乎次南北二界圖焉麗之移文鍇之歌

怨而厥蹟彰矣于人心能無惻乎次賦額焉而後重輕多寡弗可磨也茲其經遠之猷乎雖然更法善治莫要于服民心也弗服其心匪以更法適以導乎匪以善治適以長弊雖撻而使之一朝從焉不可得矣而況于遠乎是故賦平而後衆服矣衆服而後法一矣可遠之道其在茲哉否則雖録焉亦徒也是役也侍御覺山洪公主之虚巖傅侯實成之興利剔蠹斯固不世之功也吾民其永賴之矣或曰賦平矣錯則勿之

有改也且厥產亦而貢則厚厥民鮮而役則繁民之衘恤尚種種爾也又將焉賴乎嗟乎天運之來有幾焉否終則傾剝窮而復其所由來者漸矣嗣是以往寧復無慮深求瘼如二公者哉吾固于茲焉卜其幾也

送地官周子叔愚之南都序

我國家倣成周鎬洛並建兩都皆根本重地也六曹諸司在南都者設官雖少省於北而庶務攸寄則均焉至地曹則職專國計間者邊徼多

事饋費繁夥內帑稱急至取給南曹然則南之積貯可玩視乎哉職入職出劑量不失則司徒之屬其分也今年秋八月余友周子叔愚實拜是職其何以稱塞　明命哉周禮成周致治之典其所載獨詳理財誠以財者國之大計也理之弗當則下殘上匱亂孽乃形故其意惟在均節財用理其出不理其入周公其有深憂乎乃今之理財則大異是歲之所入有制其所出則無制所出不繼又益其額而入之民其能堪民不堪命則譸張之患作將誰戢哉可憂當不在虜矣周子其念之然南北則稍異指北憂其出南憂其入北之出關積蓄之盈縮憂在天下南之入關守巳之廉饑憂在一身在天下者勢有所不能節在一身者我固可得而持也然必持其在一身而後在天下者可爲故曰人有不爲而後可以有爲向以言薦子測其有不爲也今且覩其行矣吾子慎乎哉南都多佳山繡谷昔之士大夫有曠致耽幽逸者恆樂居之而今非

其時矣北有門庭之寇南有水旱之虞　當宁憂勞羣僚皇瘁即遠處南國其能以偃仰暇豫爲也子行而渡鑾江至中流能無擊楫思奮如昔賢者乎即余亦因子而惕然有動于中也

送同年北山李君令新喻序

北山李子既登第之明年授令新喻李子灤陽傑士問學淵溥尤長於詩爲詩累數十百篇古雅可傳乃其性獨耽詩或謂其弗諧吏事而憂之其同年友李子春芳曰不然夫詩之道與政

通也正得失動天地感鬼神莫大乎詩天地鬼神且不能違也而況於人乎故孔子雅言必稱詩內之訓子外之訓門弟子必稱詩謂攻詩而不達乎政有是理哉惟自太朴既雕風雅道喪而浮靡矜誇之士率搜奇兢麗以爲能且以俯視一世謔浪無忌如盧駱而下偷俗蠱治此何以稱焉北山子學探古始格峻而意融駸駸乎造三百篇之閫奧乃其自視則欿然若不足以鳴世非道合志乎不以示也有問者訥訥若不

能此其所存可與淺薄者道耶溫柔敦厚民將宜之於新喻何有哉且吾聞不朽之道三大上立德其次立功其次立言故立言非君子之心也宣尼不試而後六經述子輿不合而後七篇作向使遇文武之君而事之以爲德爲民眞宗社而澤海宇功德所被豈不加於空言哉北山子舉於鄉偃蹇弗遇者二十年當其往來齊魯之墟見孔孟轍跡所濡栖栖皇皇而不得一試者未嘗不惻然動心故其洩爲篇章穆如皇如期以施後世而託不朽乃今一旦遘風雲專民社凡心思之所籌度耳目之所覩記與所咏嘆咨嗟欲試而未能者皆得展布四體而爲之自新喻以往樹德樹功不以社稷生民後身圖則其施後世而託不朽者視立言爲何如也故予不爲北山子憂而且以爲北山子賀北山子聞之曰五尺行矣吾將事所事而棄所好矣

送兵憲嚴亭張君之閩臬序

我國家並建藩臬輯柔黎獻于險隘阻塞必專

兵憲臨之以禦非常戒不測承平百八十年四方鮮奸宄盜賊即竊發亦蕩滅不旋踵故兵憲惟訊鞫刑獄肅清境內是職嚴亭張君以錦衣經歷擢閩臬僉憲兵備建寧諸郡東閩劇地人猱黠難治或曰嚴將克之李子曰否不然夫法所以維禮也使民遷善遠辠生全之也法雖峻而意恆仁故曰和不遠禮則民親而不暴法不遠義則民服而不離三代而下漢治號爲近古文景之際斷獄數百幾措刑矣不數世而禁網

寢歿姦猾巧法轉相比況以刻爲明此路湿舒所爲扼腕也我　明載興吏治寛平去漢遠矣今海内操法者顧稍尚苛刻輕重惟意所向甚至對應忤意即深治又或不待其服輙擬傳決罰其視欽恤之意何大相反哉張君少以才名江左領嘉靖戊子薦令平陽愛民呴呴若赤子民至今歌思之以令平陽者而憲閩即閩安矣奚嚴爲或曰臯主戢暴禁邪匪嚴將弗稱李子曰否不然惡死而遠辱者民之情也由禮則榮生不由禮則辱死而無知之民背禮逞欲死且辱而不辭豈其情哉以揉之失其道也取之不恤其心役之不量其力鍛斷麸朴惟恐不至民將生之不樂矣是故背禮逞欲譸張爲幻甘心爲又從而刑之是納之穽而殄之也故善持法者仁以立威禮以維法使人樂生而恥辱止邪于未形而戒暴於未作也然則張君之之閩舍令平陽者何以哉仁行威布譽宣秩晉閩之人仰而思思而碑之弗忘安知不如平陽也張君其念哉

送漢涯李先生令永清序

聖天子勵精思理道化旁洽溥海内外皆寧謐安乂小大臣工莫不精白承休以仰成垂拱之治故頌揚王化者曰匹皇唐而追遂古三代而下無論已然厚恤民命篤培元化以永昌國脉則守令其職也何哉布措執法齊一心志朝思而夕發罔所拘閡惟守令得行之他則不能爲其與民親也然則其賢其否所係豈曰微哉予同年大行義河李君大人漢涯先生少以才雄楚中屢舉弗獲第以選貢授令永清夫永清京府屬邑去邦畿百里而近其德意所沛紀法所涖蓋首承之而後達于四方未有畿輔弗治而四方効職者是永清海隅長令之表也然有憂之畿輔近地多豪右閹竪之家緩之則法弛而民慎急之則謗叢而害至所謂柄專而勢得行者失其據矣雖有愛民惻隱其能行之哉雖然勝勢以理揉强以德長人者曰柄在我也一以

法制操切豪勢彼起而角之勝負莫覩矣我惟不頗而衆自和我惟不欲而衆自服故洛陽有鬼神破膽之異汝陰有豪右斂手之頌此豈徒威令驅迫哉德與理之效也先生名不酬學位不溢才忠信敦厚遵理樹德於巖穴之日者有年矣于永清何有量緩急布恩令貞守蓄威以陰折豪勢之心纔輔治而海宇向風矣先生念之哉大行高明特達雅志學古今秋仲嗣復峻發湖藩行且並登樞近以發攄先生未發之蘊

然端本善則又先生爲之範也詩有之曰豈弟君子民之父母又曰君子有穀遺孫子先生念之哉行之日同館諸子重通家之誼祖餞都門外而李子申之以言

送郡佐對峰馬年丈之汝南序

辛卯秋吾郡領薦者十三人强半爲郡庠士時同宴太守堂送歸私第至夜金革聲猶震動閭里鄉長老輩相賀以爲前數十年所未有予以下邑士廻翔其間藉有餘榮焉且皆逸才妙質翩翩然有凌紫虛吞雲夢之氣如鵷雛遠舉層霄之上見者莫不矚目驚覩也今且幾二十年第禮闈者不數人第者不必顯仕者不必利嗟所謂翩翩然震動閭里者何落落若此耶甚哉名之難成也吾嘗思之矣古之學者四十始仕卽大聖賢人皆不耻下位不卑小官如抱關擊柝委吏乘田恬然居之而無厭怫無聊之嘆夫學之久則閱歷熟而不眩于事其處卑安則必恪脩其職而不苟此古之士能永終令譽也乃

今則異然自始業章句少能操觚掞翰卽有拖金紆紫之望其仕也皆欲領華秩宅善地以自潤其有不然則咨且怨又或靡然沮失以爲涯分已定不可長駕遠馭于仕進之路而自待也恒薄聲譽不永又將誰尤耶是故蓄而積之以豫其素推而達之以廣其猷廓而大之以弘其度嚴而貞之以端其守而又恆以一其德謙以居其有其不令終者否矣對峰馬君與予辛卯同薦所謂逸才妙質者其一也嘗學于司成李

泉孫公雅器重之乃亦二十年不得第顧其親顛毛種種雪矣先是丁未不第以書促君仕君竟違命去今春復不第乃親之命則益以嚴也君始謁選得汝南佐嗟乎君之學可謂久矣才而不得酬鴻漸之志仕而不得操專制之柄儼然人下可謂屈矣君乃居之坦然無怫抑不平意則君之所恃以過人者不有在耶君往矣行縣過信陽考孔子語子貢而佩焉則所以收桑榆之功以錫吾同進之光者端有在也

大中丞崦山周公六十壽序

大中丞崦山周公今年壽躋六十十一月二日其初度辰也夫子月之朔一陽發生之始公以二日誕其所稟受不已異乎天地之氣陽爲正陰爲邪人之生也陽明勝者爲君子陰暗勝者爲小人而周文孔子之演易恒扶陽而抑陰公誕降一陽之候於天地正炁取數多矣其所稟受不已異乎公舉嘉靖癸未進士官給諫剔歷中外者餘三十年始遷中丞自佐郡以至藩臬皆炳炳以廉靖貞孤著名焉及擢爲中丞縉紳莫不交相賀曰此昔所謂風望峻整器識方雅者也夫中丞者執持風紀督司百僚必端方正直俾廷臣望而憚焉夫然後君子有所恃而不恐小人有所畏而不爲而公實其人也吾觀公隄身儉約有羔羊之節焉居已簡默有白圭之慎焉疾邪崇正有巷伯之嚴焉而又廉介自持取與必慎無敢有持尺帛窺其私室者斯所謂得天地正炁而陽明勝者乎在易復之初九一

陽方生若未足幸也則曰無祗悔元吉姤之初六一陰方生若未足慮也則曰羸豕孚蹢躅周公之意豈不以君子小人之亨否天下之治忽係焉寧俾陽詘而陰縱哉及觀復之彖又曰復其見天地之心則天地之心未嘗不欲君子道長而陽明君子固天之所必相者公自是引壽祺宅福箎抑遏小人培植君子以贊

聖天子中興光大之治俾海宇蒼生並受其福則天之生公壽公豈徒哉太史對山林君侍御

春野黃君華公在閩藩所薦士也咸德公謁予
言爲壽公又嘗有遺愛于予郡者因不謝而以
扶陽之說爲公祝

壽大司徒南溪張公七十序

耆宿在天下所係　宗社者豈小哉在朝則以
其身當天下之任而天下倚以爲安在野則以
其身負天下之望而天下倚以爲重此古昔先
王優禮黎老而于其去就恒加意也夫士大夫
自始仕馴至卿佐其閱歷不知其幾十年而世

道之升沉人情之變幻紀綱風俗之沿革美惡
未有不周知而精諳者其操行宅心未有不端
方而惇厚者卽有故而去鄉里後生猶得而考
德問業郡邑大夫牧伯猶得而質疑諏政在廷
之臣猶得而想其風裁程其軌轍此其有裨於
國豈以出處殊致哉有若而人天必相之其不
彌壽且康者否也然世之修于壯而或隳于衰
暮飭于朝而或肆於閭井毀廉潰防以自敗其
生平者蓋亦有之卽引其年奚貴焉若吾泰興

南溪張公其殆宜壽且康者予爲諸生時業已
知公伯仲以才名海内及領鄉薦適四方又得
聞公立朝風節當
武廟南狩公以某部郎輒首冒不測上疏切諫
及督湖廣學政遷河南方伯巡撫榆林所在咸
有異政端士習恤民命綏輯軍旅折衝醜虜均
非務爲文具者當是時天下莫不跂望公之柄
用而公亦毅然以宗社爲己任已召入貳地曹
聞命輒行言者乃以迹論公公竟致其政歸餙

躬勵行老而彌篤日以學課其子及鄉里之後
進聞　朝廷政事失得未嘗不惻然動心其視
去其國付公家事若罔聞知者可同語哉當是
時天下又莫不跂望公之一出以究其所施嗟
乎　國家儲養人才以貽安　宗社與士大夫
砥礪名行猶不忘於已去之日如公者蓋不可
多得意者天之篤生以厚　王國耶今年年七
十然且矯健無恙隱然　宗社磐石異日
聖天子咨詢耆宿而登用之如翁者非其人耶

詩曰樂只君子邦家之基樂只君子萬壽無期公之謂矣予謭陋不知公然生長鄉壤慕公亦舊矣因其戚滄州倅梅谷何君請書此以代觴祝云

心萱嚴封翁曁配呂太夫人壽序

嘉靖丙辰予與亞輔養齋嚴公受上簡命儤直　西苑出入　北扉同焉其擢翰學奉常少宗伯少宰同焉已公擢冢宰予正席南宮以至奉　御勑收綸閣　天寵所加罔不同被至於父母俱存天倫至樂人子所至願而不可必得者乃公等人心萱翁壽七十有八太夫人呂八十而予二人亦俱七十有三同一康強無恙焉夫自昔公卿有同升者矣而遝必同遝者則罕有也有釜養逮親者矣而躋位卿弼養逮其親者則罕有也即有之二親未必其壽並也則吾兩人者豈非天篤其慶而爲生人罕遘者哉歲庚戌予嘗一接心萱翁矣丰儀魁偉神采煥發而襟度洒洒爽曠豁達大非常人其

貽安堂集　卷之四　五十一

在里閈則以信義服衆有不平者不赴有司而聽翁之一言里中有不類者則痛絕不一見及人有寸善必抵掌稱之自以爲不及初封太史加封翰學奉常　制命有曰剛明樂善豁達有爲乃其生平大較云呂太夫人出衣冠詩禮之族仁慈勤儉根於天植累封太恭人貴矣而服御尚若寒素遇媵姒有恩下逮臧獲又體悉周至恐或傷之至剖析義理纖悉不爽雖丈夫弗逮焉噫以是淳德而相剛明夫君非天作之合而家慶之所由篤歟養齋公以惻怛慈和之心運太公至正之政其秉銓則惟賢是進其贊輔則惟德是布而寬仁有容誠所謂善人君子有不足以上延天佑下綿世澤者乎顧予薄劣不敢以望公之萬一以予二人宅心仁厚視翁與太夫人殆亦近之則世澤所延宜亦有同焉者翁與太夫人後先屆彌誕之辰予南嚮致祝因述與公實締同心之誼如此

郡伯懷堂袁公八十敘

貽安堂集　卷之四　五十二

余與袁懷堂公爲童年小友公少長余余垂髫而公總角回憶昔時宛如昨日公今春秋八十而余犬馬之齒亦七十有四歲癸未季春九日爲公懸弧之辰余仲子茂材則公甥也過庭而告余余且喜且訝曰懷堂公今八十耶何躩躁也當其壯時英氣勃勃有激昂千仞睥睨一世意望之者知其爲偉丈夫也於乎童而羣焉長而藝德相規申之以姻好嘗共遊歐陽公門聞心性之學及兩人者奔走四方公之譽聞日起自入官以至守郡諸所閱歷在在有聲最著者則佐撫而剿青泥巨寇守吉而縛陳文黜賊俾東土數十年腹心之害一旦坐消於譚笑間推轂者謂塞滔天於孟孔滅燎原於始燃匪溢美也尤慨心性之學不明所至輒進諸弟子語之有文翁化蜀遺風去思德政諸碑勛伐章章耳目公輔可坐致矣顧公素介髭鬢徹毫不繫念方上計天官例當以時候察公適觀客彈棋指顧不暇若忘天官氏黜陟我也候吏從旁趣駕者再竟不往尋便乞歸人咸惜公用之未究而公歸則杜門靜攝屏迹市壥足不一履公門時與二三知舊過從張局命酒門有詞朋棋客亟令閽人入之倒屣如不及若軒蓋烜赫冠裳揖讓輒引避若將浼焉此其超越塵表胸次豁達豈遂遂特紛者可能比擬萬一而公之培養壽源端有自矣宣尼論壽歸之仁而本之靜公進不以榮顯累退不以塵囂攖一何靜也且也干將利矣逞之則戕孰與不盡利而善藏之騏驥捷矣騁之則疲孰與不盡力而善調之公惟廉於取名以未究之蘊斂之保身優游林泉寄情觴奕一切聲利直將浮雲眎之神彌王年彌高由耄耄而上之期頤無難矣仲子以告懷堂公笑曰有是哉余惟不善宦故仕止二千石退而從事枯棋三百濁酒一杯日復一日誠不自知老之將至論養生者顧有取焉今日之壽請即爲我張局命酒可也

劉白潭先生全集序

言心聲也詩言之精也古之君子方其得志於時鴻功偉業聲稱當世無暇為騷人墨士沉吟窈眇之聲及其去國謝事始得放意山巔水涯之間鈎深抉隱引物連類以自適其心之所好然根性觸情往往讀其詩如見其人若影之隨形響之應聲何者詩固心聲之精而性術之所不能隱也石首白潭劉先生擢第弱冠讀書中秘方

武皇帝朝先生為御史指斥逆瑾直聲凜凜權貴憚之然竟以此落職尋復起用終不偶於時出補藩臬即引疾歸田里日工吟咏自適所著有白潭先後二集念菴羅公西石王公皆嘗為之序今其孫某以楚魁來守吾郡將以先後二集合刻郡齋請予序諸簡端予受而諦覽則咨嗟太息者久之方

武皇帝時權倖用事人人危疑幸有直躬奇節之士爭以名行相淬礪擊刺彈繩公論未泯國是賴以維持予不及見先生見先生所為詩神

完氣厚恢弘該博絶無嬛娟婞婟之態又不以忠臣去國為憂愁狹迫憤懣無聊之思其放而逸也如龍蛇不可束縛其激而峻也如奔濤怒波不可衝禦千巖萬壑日往來吟嘯其間雖製裁錯出不必一一盡合風雅之調然格勁而意正音舒而節越讀之可以想見其立朝英英侃侃之氣噫豈文者信心聲乎不然何先生之性之情之操履悉於詩焉見之也若先生者偉人哉偉人哉予何愛一言天昌其裔又得太守君一振其芬信仁人之有後也因序而歸之

平成瑞應詩册序

夫河患至今日亟矣然古昔未聞河與淮合流河與淮合流則自元賈魯導河會淮入海始數十年來房村淤茶城淤古城淤其下清河口淤白沙口淤雲梯關淤淤日益深則二水不得東走海而勢益旁決是故河決崔鎮二十九所則淮北山東諸郡縣蒙其害淮決高家堰朱家口黄浦口則淮南諸郡縣蒙其害居人曾不得裹

足而抳處又安問鋸鎛之事哉歲戊寅
上用廷臣議以大中丞烏程潘公兼少司空開
府淮陰總督兩河事公故嘗持節鉞治北河至
是覽於兩河而慨焉曰河患一至是乎遍詢之
兩河父老皆曰崔鎮必不可塞高堰築固當衆
亦卬首望斯舉然忖其功必不可就公乃謂如
兩者則河事去矣夫水忌旁決旁決則勢分勢
分則流弱流弱則沙積而河日淤淺故塞崔鎮
者令河無旁決得會淮也築高堰者令淮無旁
決得會河也是故河淮合而後故道可復也遂
決策具疏以　聞
上任其策必可用報曰如議於是徵材集繇部
署百執事爪分其工程督之是年秋崔鎮工落
成明年春高堰成由是河淮合流東走入海其
勢壯汎沙無留者河皆深十餘丈廣仍其舊公
所言盡驗兩河父老始服公識閎鉅毅然破墨
守之說以成萬世功云高堰其初波濤浩淼絶
不脂堰址則命萬艘載土實之久之堰隱隱起

水中公乃栖泊堰上凌風觸雪堅冰在鬚顏黧
髮皜幾於胼胝無胈亦勞苦甚矣高堰成乃始
得塞黃浦蓋黃浦決五年往矣蛟龍窟宅之往
往聞其聲如雞啼塞黃浦之旬日晝大雷電雨
下如注從玄雲望見數白龍裊裊向東北去明
日地坼遺骨礧礧貫人子艤舟競攫之僅僅存
兩首骨狀如馬首質如石色如碧浦人抱以白
司水者始知爲龍首骨也蓋水土既平即蛟龍
無所盤據蛻骨而飛矣則又聞堰垂成有大風
自西來若玄冥屏翳驅二水使東者
聖天子在上勞臣在事風雨助順百神效靈瑞
異表見誠千載一時乎揚郡守謀于十部長吏
若部中人士相與讚頌其盛謂余舊史氏宜有
所論譔余荷
先帝恩得解機務歸老淮南顧頻年苦昏墊迄
無寧宇今者幸覩平成之績徜徉田里間以咏
歌太平則大中丞之賜也爰序册首更書其副
藏於郡城之禹廟得並垂不朽云

李文定公貽安堂集卷之四　終

李文定公貽安堂集卷之五

序文

存齋先生教言序

京師同志之會每三年一大舉天下之述職暨與計偕者咸與焉元輔存齋先生實主其盟今年復大舉於靈濟宮合內外凡數百人先生以常直不克出乃遣其子尚寶揚卿君以往復以冊書明道先生定性書及學者須先識仁二篇命與會者諷咏而商確之旣各出所見就正先

生先生一一批示皆直指性天仁體羣疑渙釋衆謂宜鋟梓以廣其傳俾四方學者皆得以覽觀而興起焉子曰誠不可以已也何也世道之隆替繫人心人心之邪正繫學術孟子曰仁人心也我亦欲正人心人心不正則一膜之外皆胡越施之家室父母兄弟妻子有不達者矣況四海九州之遠兆民之衆乎惟仁者與物同體盡其性以盡人物之性以參天地以贊化育夫亦存乎識而存之焉耳存斯定矣性定而天地

萬物在我矣先生指二書以教人其旨淵哉先生秉鈞方三載而人心丕變士風吏治翕然改圖斡乾轉坤真若反掌學之有益於世也如此凡我願學者能反求諸性默識操存勿忘勿助以得夫澄然無事之體其於先生之教思過半矣予雖不敏願與同會諸君勉之

封太史龍川胡年伯老先生八十序

仲尼不云乎父母之年不可不知也一則以喜一則以懼夫其喜且懼也豈不以壽不易得而

孝難致也是故子輿孝也而心悲於再仕季路賢也而孝窮於負米祿之不逮親乃自古嘆之矣若今封太史龍川胡翁者豈不足善且賀乎翁伯子奉常日門公與予同舉丁未進士士之敘為兄弟者凡三百人而在膝下者十之二三當是時予蓋嘆及親之難也閱十有九年而親在者纔十之一乃翁年八十而予大人亦年七十有三並膺寵祿曾參季路之所不能得而銜慕終身者吾與奉常公皆無憾焉信乎難之難者也今年春奉常公迎翁養京邸都人士望之見其體履矯健耳目聰明咸疑其有異術而予則以為非然也乃其心之寡營致然也何也心者神之宅也神者炁之宰也炁者形之光也心寡營則神完神完則炁固炁固則形立故曰精用而不已則竭神用而不已則敝心寡營而神精不用何敝竭之有翁少以才名姚庠屢試不見收于有司乃以舉授奉常公奉常公遂魁南宮擢首甲振珮金馬玉堂之間人皆曰華且貴

矣而翁視之淡如也其自處猶儒生也既膺貤褒崇登養奉常公由翰學擢司成晉秩奉常赫然負公輔之望而翁視之淡如也其自處猶儒生也顓顓蒙蒙與嬰孺同其真混混沌沌與造化齊其淳蓋所謂全其天而完其神者是故氣固形立而褆福日崇也予大人少翁七齡而愿厚淳樸近之康强殆亦相類詩云瑟彼玉瓚黃流在中豈弟君子福祿攸降不其諒哉雖然予與奉常公幸遺

□于假寵吾親顯有章紱天又假吾二人之親
壽考令視其成而享其養則予與奉常公所夙
夜以報　君恩而稱天貺者宜如何哉某月四
日維翁初度辰同年官京師者大僕默齋李公
輩咸造翁爲壽而命予壽之以言因推翁之所
以壽與奉常公之所以壽親者如此

中洲胡年伯老先生夫婦偕壽序

中洲胡先生太史鈖西君父[illegible]今年四月二十
九日實維六袞誕期先是戊申四月二十一日
厥配徐孺人亦躋六袞咸就養京邸太史後先
捧觴上壽移大官之饌饌先生及孺人先生顧
孺人曰始予爲諸生厄塞轗軻者二十年旣竊
祿遼藩觖觖不得志微兒吾其泯夫宜大酌太
史前跪曰大人抱瓌瑋之才而偃蹇名途母氏
有幽貞之德而食貧中饋實餘此慶庇我後人
兒何有焉更酌且拜爲二人壽時青城毛君輩
重同年同館之誼方載酒賦詩以祝而李子春
芳進曰太史之言是也不有膏壤其植胡蕃不

有巨浸其貝胡興前者弗積孰啓後人哉先生
之才不可見然貌豐氣和言不出口有古長者
風孺人婉德先生皆遐福器也顧厄塞轗軻不
得遇非天有意于太史耶不然太史先生所成
也其所蘊蓄皆先生躬自授之何先生白首陳
編馳驅道路終其身而弗遇太史乃一出即首
擢江藩舉江藩之士咸出其下及舉進士則又
裒然上第甄收翰苑蔚爲時望非造物者以此
伸先生何哉嗟乎嗇于名而豐于壽屈于身而
伸于子天道之有定也如此雖然引而昌之又
在後人吾嘗見世之積善累行者數世始發于
一人之身而後人不克承藉憑勢茂理以伐先
澤者往往有之即先世培植者厚寧庇之也太
史高明質直伸志萬物之上不欲以文學科名
爲已足今雖優游史局未有表見異日秉鈞當
軸之所設施固已卜其端矣樹德動天以壽二
人于罔極固太史責亦太史所優也先生及孺
人顧不樂哉因迭起爲先生諷諸子詩先生聞

李子之言陶陶然語孺人曰是與兒所同進者咸來壽吾與汝而且重之以言吾慰矣吾慰矣

少司成孟河馬公七十壽序

余歷稽往牒豪雄之士才聲藻譽照耀今古而樹立遭際徼副或鮮蓋造化精英靳於賦予也乃若雄邁不羣之槩能易心夷氣收斂返眞者玆奚可以恆度測量哉得之於天者全完之於人者至若孟河馬公實今昔希覯者矣公少負才名雄藻振世天下慕之若祥麟瑞鳳對客揮毫若不經思而天趣逸發雜之太白集中無辨也尤精書法行草得懷素體遒勁跌宕神解舞劒之妙片幅隻字海內傳布獲之踰拱璧此公游藝粗迹已擅不朽之寄矣夫文林藝圃蔚然奮起非不代有然或畢伏齟齬弗諧于時偃蹇恣肆不顧繩矩又多湛溺於教外幽僻之見雖好奇任放者歆艷之何貴焉且天下羣然生矣亦羣然泯矣無論其大卽細技末藝馳擅當時其精智神采必千百人之一而後千百人傳也

必千百世之一而後千百世傳也罔非造物英靈所屬得之非偶者至於振其華而徐以斂之不雜其施而歸宿於本實自非知道者曷能哉公發解順天起家進士收育祕館才藻煒燁袞爲時冠卽擢南少司成模範端嚴士習翕然改觀　當宁方虛台鉉待公而公輒解組去卽其敭歷長樹固灼然盛美稱奇偉矣已歸田徜徉泉石之勝卜築方山靜攝一室不與外事而亦不爲枯寂忘世作宗典以訓族屬講正學以淑後進其潛味道腴表正後人之念又豈文人墨士所能闚其樊籬耶夫福澤才譽自昔以爲難兼而公旣兼之今且棄榮若萑刊華若遺非勇決人豪其孰脫然者公之自全其天顧不深歟今夫連城照乘之珍藏于深山大澤則寶氣精芒韞地靈而貫牛斗其神采固不終掩也松栢質幹參天柯葉無華蟠根鬱秀脂液凝爲琥珀歷千百劫不化其蘊靈含精者深也公年七十而手骨朗秀體履矯健神采殊異若彼則內所

含藴孰窺其際而壽筭寧可涯測耶五月四日維公初度辰予不克躋八公堂爲壽因本公之所以壽者致遥祝云

對峰陸老先生六袠壽序

今年秋九月二十四日對峰陸先生壽躋六十春正月其仲嗣冬曹主政南渚君奉　命徵逋吴越將取道蘭谿上先生壽先是南渚君舉丁未進士綰符桐城年僅二十餘耳人咸憂其弗習吏事君至發伏理棼鋤强綏弱老吏所弗逮

入覲至無以治行李先生遺白金百貲之行曰吾筋力尚能田可助爾廉爾恆能貧吾慰矣夫世俗授子弟句讀即覬覦騰達潤澤其家而子弟之抱秇希進者亦惟握權臨衆侘傺乎其上日營貨貝以爲親悅舉溺而莫知其非孰有相成如先生父子者乎此先生之所爲壽也夫民者帝天之所欲生貪墨吏恆峻法削斷以濟其私殘賊不可勝道戕其所欲生而又相之俾昌且吉必不然矣南渚君率先生之教以廉守官桐城至今戴之天其默監之矣先生有不康壽者哉南渚君既　召爲冬官會邊需告匱尋有吴越徵逋之命朝廷計殲故寇以安兆庶不得已而取給于民民之供輸固所以自利也然急之則民憊民憊則譸張之患將起君行而能劑量緩急輕重俾吴越之民藉君安輯則所全活當十倍桐城先生康壽又詎可量哉然則君之所以壽親者固不在稱觴造膝也先生年三十八而鰥矣不再室完神葆眞步履輕矯飄飄然

若神仙見者皆以爲有殊骨當壽嘗聞金華多幽巖繡谷每出異人得不老變化之術如初平叱石者流安知先生非其儔耶然則徵南渚君先生固當眉壽者也

壽沈母崔太孺人七十序

予讀史至孟軻傳未嘗不嘆軻之能壽其母也當其時聖遠學湮道術分裂下者如商君吴起之徒驅天下以從衡之術而秦楚諸君賢之朝以命而暮卿相其上者則如鄒衍作怪迂之說

閎大不經極其言至人所不能睹其將諸侯乃至側行撤席擁篲先驅請列弟子之席而受業焉此即有識者鮮不爲之歆豔而孟氏之母乃能獨納其子於聖賢之學爲之子者顧堅定不變舍彼趨此卒能紹周孔道統之傳使其母之賢至今誦之不衰此之爲壽果可以年數量耶嘻今之人子孰無欲壽其母之心而卒未見如孟氏者乎於宣城古林沈君蓋有望焉當其大人桑園公之存也母崔太孺人獨贊公業古林

君以儒家脫簪珥以佐禮幣諸費及古林君較藝有聞則又誨之曰學非徒以射名肥家學爲人耳兒不愧人道即終身隱約無爾尤也古林君乃翻然有悟聞歐陽南野公倡心學於金陵即負笈往從之得聞良知之學而畢志焉未幾領應天鄉薦迨入仕考績封崔太孺人已徵拜御史而太孺人從之未始一日離也朝出政事堂暮入而侍膳左右孺人諄諄誨不置口大率謂愛民忠君無以家先國私先公無行背其言以負師友而古林君所以孚衆獲上貞志宣譽皆自其知之所安者行之無他道也嗟乎良知之學發自孟氏古林君使能奉之終身究其實而光大之以求令名則母之壽不與孟氏母並耶且今

聖皇在上道化宣流學士大夫皆知宗孔孟而賤謀術凡志所欲爲皆得展布四體而爲之其視往來齊梁之墟稱說堯舜之道曾不得一遇以少行其皇皇救世之心者爲何如則吾古林

君之所以壽其母者尤易易也今年四月二十有九日爲太孺人七袠初度辰同鄉官京師者肅幣稱觴登御史堂祝焉而科長宛溪梅君杜野趙君命予申之以言予以古林君願學孟氏者也故以孟母爲太孺人祝古林君其無讓孟氏之所以壽母者而壽太孺人可也

張母何太孺人百歲壽序

戴記曰人生百年曰期夫期云者幸而未必得之辭也及考傳記羲黄而上年有以千計者然

中古以還不少概見故生人率以百爲期而四海九州之遠上下數百年間蓋罕睹焉卽有亦不一二見也乃今於泰興張氏母何太孺人見之所謂聖世之人瑞非耶夫民生與世運相爲盛衰詩有之曰彼君子女謂之尹吉蓋思周之盛際也當文武成康之際道化宣浹天地訢合民物衍繁人生其時無昏閼夭折之患閨門之內雍容和洽恬愉游衍在國有采蘩之恭在野有芣苢之樂故其民恒多康壽我　國家列聖

累仁海寓寧謐蓋百八十年於兹固文武成康時也冲氣融萃乃誕孺人享壽逾百是眞古昔幸之而未必得與夫四海九州上下數百年間所未有者其視遊藪之麟鳴岐之鳳均一希覯也且張何吾揚世族尹吉儔也孺人少歸中翰西莊公之子長灕先生先生性純孝其扶父櫬哀毀感盜伏母棺止火諸奇行郡人誦述不衰孺人以順德承之固有進閒逮事其姑戴恭而有禮言動不妄見者起敬從子方伯東田公郡守北渚公司馬南溪公事之懔懔訓子伯翊業儒有成掌平原教仲翃季習力田底饒然皆孝事孺人委曲承順有父風焉孫及曾玄數十輩升太學遊鄉校者數人嗟乎世之母有壽者矣未有臻百歲者卽百其壽孫子未必繩繩雲仍且賢也百順咸備若孺人者非尤所罕覯者耶吾聞孺人神精冲粹視聽聰明終日危坐戸外事聲入卽了悟此其所稟大有異人者安知不自百而上出於人所恒見如邃古者耶癸丑八

月廿又七日維孺人百歲誕辰其邑合庠人士謝子何子輩異其事重其世德先期不遠數百里徵言太史李子時李子方疏乞省覲還海上稱觴壽親喜其爲親兆也書之

唐母袁孺人七十壽序

余自髫年卽與袁氏伯仲友善孺人固伯仲女弟行也孺人子唐生體仁又與余兒輩共學以故余知孺人更稔云孺人幼聰慧能通書義大旨而賦性方介不苟言笑卽飲食服御少未精

絜亦若兒已者父鶴津翁雅鍾愛之常曰是兒
必得良配而海上巨族世締姻好唐袁若朱陳
然乃孺人聘文學唐生西水生以勤讀就瘵時
時自念曰柰何以旦夕弱軀誤名家女終身乃
特緩請期而父母素知孺人且從家庭中語得
孺人意終不難以靡他自矢曷若蚤執婦事爲
慰乃竟婚生婚未數月而生即見背孺人拊膺
切痛曰未亡人不得即從地下遊獨柰何人以
是知孺人有身意天必貽孺人以子完令節也

顧唐生素業儒室無贏貲且有母在堂終鮮兄
弟孺人竭力孝養得其懽心迨彌月而舉子或
以孺人無依微諷之孺人輒指天自誓曰未亡
人忍全旦暮視息者將上奉吾姑下撫弱息以
昌唐門耳果難效匹婦諒耶遂布素自甘一切
鹽綺珍飾擯不再御既而姑復棄養惟以育孤
一節求有一心稍長即遣就外傅和丸課讀不
少姑息或勸之曰子母相依煢煢隻影柰何若
之孺人輒泣曰子姓蕃衍者尚不敢爲兒女子

愛矧唐門子然一脉不令勉自樹立將何顏見
地下人乎孤竟砥行績學蜚聲黌序每試輒首
多士督學吳君耿君尤加器重人咸嘖嘖賢唐
生即嘖嘖稱唐生母而孺人冰蘗堅操至是爲
不負矣方孺人與西水君相背年甫二旬奇玆
旦壽登七袠八月五日其初度辰也兒子輩暨
二三友人將躋堂致祝乃進而問壽於余余曰
人之言壽者至期而止耳若孺人者以一身求
唐氏祀詎可以年筭較短長耶假令唐門無孺

人則孰與延祀計自今以往唐祀百世即母壽
百世而勁節令名與世祀同垂不朽彼詩人頌
壽母而曰萬有千歲殆謂是歟矧孺人靜攝有
方侍養有子彼蒼眷德又將默爲陰隲邁期頤
而上之坐觀令子以文學起家俾海內人士咸
推讓母而褒封崇典自有出推恩令甲外也夫
妻道與臣道一耳余觀往牒即冠履號稱丈夫
者往往甘悖名教自捐節操不少顧惜而孺人
實閨閤品流初未嘗效丈夫子嗚嗚日口經義

而卓然大節可風百世此固鶴津翁與伯仲氏家訓漸摩亦其得之天性者獨良也余聞得天者全昌然則母之壽子之名余將執左券於他日諸子試語伯氏懷堂公當益信余言爲然

封比部員外郎中山趙公暨配吳安人榮壽序

心庵趙大夫登嘉靖癸丑進士甲寅擢守海陵明年乙卯冬十二月十六日其大人中山翁壽屆七十母吳與翁偕壽是月二十五日其誕辰

也先是以仲子僉憲南庵君貴翁封比部員外郎吳封安人旣壽且榮天下之福履備矣大夫同采吳以公務入都謁予言爲祝其從弟太史太冲君與予有同館之誼申之者再且曰翁六十時僉憲君教諭吉水嘗徵言宮替念庵羅公鄉人侈以爲榮予何敢望羅公然太史之請則安所諉也吾聞翁出宋秦悼王之裔建炎間忠諫公扈蹕南渡始家東陽之北代有聞人入
國朝翁祖尚素公以春秋領弘治乙卯薦至翁家緒稍落弗果業儒然好修篤行推重閭里有古大丘風中歲生殖底饒盡糜以教其子安人程督於內不少姑息于是諸子刻厲苦學咸以才聞仲叔並掇巍科宦轍所至能聲籍甚季子穎脫黌序騰翥可待而翁與安人方矯健無恙命服輝煌鼎養崇腆其禔福詎不盛哉夫東陽自趙宋南渡中原文獻盡入其地博文姱節之士始抗衡上國如范香溪呂東萊陳龍川尤振世人豪也至我朝宋王胡蘇諸公則講

聖祖龍飛之會並以雄藻徽猷組飾大業炳焉與前哲爭耀蘊積遞今人文蔚昌郁乎盛矣匪直　朝宁濟濟即藪澤幽潛亦多秉道尚行之夫而黃髮台背樂生仁壽之化如中翁者非所謂盛世之逸民耶雖然巖壑之行必有所託而後彰大夫今操專制之柄臨馭一方布德行惠潤澤黎庶海陵之墟頌聲騰溢其陟華履要無疑也行與昆季砥礪名行宣猷樹績無負明時後之評隲東陽人物者將擊節稱述與宋王諸

公相後先遡流窮源必歸美翁與安人此之爲壽安可以歲月指陳哉海陵大夫士之進祝當倍于其宗有繼子而修頌者宜以此說進

西樓金翁夫婦七十壽序

今之養生家率宗老莊學孔氏者恆斥之及觀老氏論深根固蔕長生久視之道本之於嗇而莊周論養神則曰形勞而不休則弊精用而不已則竭是亦以嗇爲道者夫嗇則勞用節而形精弗衰久道得焉似未可盡以弗經排之也世之以嗇自全者吾見罕矣攻以聲色臭味之欲撓以憂愁拂欝之感日紛紜焉惟不足之是營瘁其形搖其精莫知其根蔕之所存神將日索安望以恆久耶昆陵有西樓金翁者秉性虛恬不事藻飾紛華盛麗一無所入其心見世俗美穠棟盛僕從蕃園囿池樹之觀侈纖妍聲伎之樂若將浼焉曰吾何以紛紛溷吾昭昭凡所以盪胷中斵性眞者一切屛絕攸配孺人暢筭年歸翁即謝鉛飾衣布飯蔬他無好尚翁之化也

瀟瀟然若鴻光復出而唱隨相得其知嗇之道乎元嗣攡山君既舉進士兩爲令皆以廉靖著接其人沖乎其虛叩其中淵乎其懿稽其行卓乎其能立而翁猶抵書戒曰無侈用以瘠民無濫刑以夭民顓顓蒙蒙與民並生渾兮孩兮民乃熙熙攡山君率其意以臨二邑俱稱極治斯非重積德者哉嗟歛其神以存身廣其教以及民皆壽道也翁與孺人今年並躋七十予戚斯城令前蜂鄒君重同年之誼走使都下請言以祝予從攡山君有年矣其何敢諉因著所以致壽之由以復至其篤倫樂施諸懿行未暇枚舉予職史他日當別爲傳以信方來

業師養晦丁公六十壽序

養晦丁公少以詩學名鄉序一時才彥業詩者多出其門大史李子春芳最先謁公繼李子謁者不下數十輩彬彬乎學有成緒若萬類之受氣鴻鈞而各篤其材也是時識不識皆卜公當峻發而顧弗偶有司以選貢丞嘉興五年政聲

茂著壬子遷益府紀善不拜解組歸越二年甲寅春正月十一日維公六十誕辰先是李子假還海上乃偕諸子觴公公方體履軒矯視聽不衰望之不類六十人也諸子顧李子嘆曰公之壽未可涯哉李子曰未也不記公之說詩乎至鳲鳩之亂正是國人胡不萬年乃嘆曰其旨淵乎君子修其身窮則俗易而鄉人化達則紀綱而國人正天之所祐而人之所依也小子識之及察公之居鄉也不失口於人其言信焉不失

足於非辟其動貞焉鄉之人無弗起敬者其仕也門無遺言庭無滯政禮士輯民罔有佚德嘉禾之人無弗悅且信者仕而陟矣又能知止以遠殆出處進退不失其正其皆得於詩乎然則昔之所稱以教羣弟子者乃其所自佩也昔孔子謂誦詩不達於政爲徒誦而訓子及門弟子三致意焉誠有見於詩敎之大也公以身體之又以正其鄉及嘉禾之人天不將祐之引其年所耶二子曰泰曰萃性資溫粹穎脫庠序得於過庭之訓者尤邃行將蜚英天路以公之所以正人者正天下垂令聞於無窮則公之壽又豈在年所間耶諸子曰信哉公之壽所爲靈長也遂合歌天保之篇以齒遞觴焉而退

墀石劉會文六十序

墀石劉君少負雋才博聞强學一出輒前臺試裒然在諸生右予垂髫時窺君述作宏麗修軀幹美姿儀心竊偉之迨予稍長乃羣雨田沈君輩十人與君爲文會予時以先生長者視君不

敢謂君予友也而君則降屈體貌樂與予輩羣見諸子所爲藝稍近理未嘗不躍然賞之說往譚道論辨亹亹暇而旁及時事沉幾遠慮確有定筭　宗社之安危生民之休戚恆閔閔然有隱憂也予每竊嘆曰昔所稱伏龍鳳雛豈過之耶乃數弗利場屋鄉之人咸爲君稱屈君則曰穡夫不以歲廢耘志士不以困廢學吾固未嘗一日輟吟誦視彼懸髮穴垣者不猶爲偷惰耶頃愈益振奮肆力問學忘其年之日益也有田

百畝督僕人耕佈卽赤日往來壠上不以爲勞所入自輸租外有贏乃以備肥甘奉母夫人又有贏推以振族之貧者一縎不輕費也有嗤其儉者曰不如是能不折節市井銅臭耶處友過必相規休戚必相關至周旋有司學校間務持大體不欲以悻悻使氣爲賢此豈可與淺夫道耶歲乙卯年屆指使顏色潤澤襟度冲曠殆非老於丘壑人也昔平津侯少貧牧豕海上至六十始以賢良爲博士使匈奴又數年始奏策擢

第一竟躋相位史稱侯狀貌甚麗恢奇多聞乃不能早致通顯踰六十始貴哉自古豪傑之起于阨塞類如此安知不有囧推君如菑川者耶予故卜君非老于丘壑人也某月某日實其懸弧辰予淹史局不得持觴諸君後浮君草堂中姑闡君素蓄以祝且爲蒼生致騰遠之望云

郡伯履庵宗公暨配徐安人榮壽序

履庵宗公官蜀中厥配徐安人以險阻不能從淡癸丑安人年且屆耆時伯子考功君子相在告里居至日里中姻交造堂稱賀者雲集考功君偕其仲文學子培跪道諸姻交意安人曰汝忘若父遠滯萬里外乎卽日御嘉旨能強自懽耶嚴拒不受拜里開賢之越二年是爲乙卯公擢二華慶過其家適屆耆年之期鄉之人咸造壽如所以壽安人者安人曰公勞矣宜及時爲歡也先是考功君遠寓京師馳使歸上二人壽予舅恕庵解君及龍臯陸君輩請予言以贈予謭劣非能言者顧予與公同領辛卯薦者二十

有五年矣海內搢紳率重年誼矧同里閈者耶遂不能以謭劣辭予惟天下之水皆輸于海而海不見其溢者以其大也高山喬嶽皆峙于地而地不見其重者以其厚也故惟大而後能容惟厚而後能載然則享有天下之盛福者微大且厚疇能勝之哉履庵公少苦學博聞於書無所不讀一小試輒首臺試及對人訥訥不出一語若無所積蓄者裘領薦畢素如諸生未嘗少爲盛氣以賢知先朋輩必擬而後言擇而後動雖

一啓口一舉足不忘卽古所稱篤厚君子何加焉兩仕郡邑所在有惠政金鄉遂今歌思之至勒石以紀其政考功君業舉進士官天曹才美聲華燁然海宇公乆淹外郡遇上官僚友少無矜色而上官僚友愈益推重公此所謂大且厚者非耶安人儒家女知大體公遠處巴蜀數年閫以內肅肅如也雖履貴盛勤儉檢約不殊荊布卽其不欲以納賀先君子可以覩安人矣既壽且榮並臻昌熾非所自致者哉考功君聞望

日隆立躋台鼎子培脫穎庠序騰翥可待而公方且精神充粹體履矯健毅然有宣力四方之志則公與安人壽祉安可涯測哉詩有之曰如川之方至以莫不增又曰如南山之壽不騫不崩予不文敬誦以爲公與安人祝

杏莊沈先生七十壽序

嘉靖癸丑杏莊沈先生年届七十夫七十古稱希有矣然猶舉履矯健智慮精朗軒軒然有凌虛御風之氣望者曰先生其有異術乎不然胡輕矯若壯少哉或曰否不然不見蓺植之於壤土乎墝埆則萎沃衍則蕃其託生者殊也吾鄉環邑皆水瀠洄襟帶沖氣停滙故其民恒壽先生柰何弗健且矯乎若夫熊鳥經伸吐納故新如方外家所云非先生所好也或曰否否吾聞樹木者蔭樹德者昌先生學精岐黃藝攻神巧江淮南北振沉起痼不可筭計其德廣矣茂矣不當引其年筭乎匪直地所種萃然也太史李子聞之曰似矣未究本要也先生善根天植愿

厚成性隄身繩準細行必謹不假師承而動與道契少孤父事其兄生庵公怡怡于于白首相懽無間言遇猶子莒州守東橋君昆季如其子尺帛必付藏之不以入其私室三十居鰥矣不再室終身不踰夫人之懿行莫先親親倫彝弗敦而行能卽著抑末矣孔子曰仁者人也親親爲大卜子夏以篤倫爲已學史稱萬石君不言躬行雖齊魯之士莫及先生殆其儔伍耶邑大夫亟以敦敘尚義表其閭郡乘采列義夫播之

永永然則今世所稱隱世靈長者孰與先生乂
也斯又豈鴻術蘇䶵之技所可並述哉懸弧之
日李子偕中橋徐子輩修祝堂上因陳要說以
勗鄉之後生者

封比部副郎寅樓郝翁榮壽序

寅樓郝翁蓟北人豪也修軀偉度丰姿玉立望
之若十洲三島中人少齒章縫爲諸生已輒棄
去曰佔畢雕虫安兄學耶慕司馬遠覽之風南
遊吳楚山川輿區靡不窮涉中歲卜築蕪城之

壚居積底饒於是徧交海內名卿大夫而卿大
夫行李出淮揚者必過翁海內莫不知淮揚有
郝翁者翁既從學士大夫遊始悔昔之輕棄諸
生不克發攄所蘊加澤生民以自見因銳意以
儒業其子伯箕南君仲靜所君咸有穎資翁厚
幣折節延四方博聞茂雅之士爲之師箕南君
淬志緝學舉嘉靖丁未進士令德清擢比部才
行卓然聲望籍甚甲寅以歲閱封翁承德郎雲
南司署員外郎寧王事特翁壽踰指使冠服照

耀懽動閭里詩所謂天錫純嘏也夫自古豪雄
之士不得乘時遘會建匡翊之業恆自偶於版
築耕釣以翳其迹迨感夢卜之求來後車之載
而道行身顯聲施無窮伊呂之烈可覩也翁負
磊落之才卓異之識其于世運隆替人物臧否
與夫政事紀綱之失得罔不洞析微眇確有定
見淵乎莫測借令遘後車夢卜之會如古數君
子其所建樹豈盡出其下哉屈於身獲伸於其
子天之所以報翁也翁業顯融遂闢圃蒔藥寄

情觴咏徜徉隋堤邗水之濱不復問家人生作
事有鴟夷子扁舟江湖之意好義樂施里閈姻
舊待翁舉火者無慮數十家振人危急不啻在
躬若翁豈可以淺淺窺哉箕南君擢湖臬僉憲
將過家上翁壽子素厚翁念年之分復與箕南
君同對 大廷于翁禔福日增有私忭焉重以
同鄉諸搢紳先生之命因述其所以臻福者貽
之歸爲稱觴侑

封驗封司副郎蒙泉吳翁暨配徐太安人

縈壽序

今三吳間稱簪組相繼門閥最盛者必曰吳江吳吳江吳云乎聞而詰諸其鄉人或曰吳先世逢異人以福地指而畀之曰後當世世貴盛弗替今果符其言不爽也予曰允若茲則禔福之柄人且宰之矣謂天何及與今封部少泉吳君同朝而又居同巷也獲聞其世德之詳然後喟然曰吳氏之所以昌茂者其在令德乎吳自宮保立齋公至大司寇訒菴公皆世秉忠亮而訒

菴公尤執法不阿以詔獄忤 旨去少泉君父蒙泉翁承累世勳閥之盛少無紈綺習淬志苦學博極群籍發爲文辭膏華溢出七試場屋弗獲第諸子長乃專意訓廸曰兒輩一第以紹先烈吾願畢矣已酉少泉君舉於鄉庚戌舉進士翁時偕行輒携之歸曰政弗可試汝尚未諳練也癸丑授壽寧崇安尹所在日用皆取給於家翁無難色且抵書戒之曰令者民之司命賢者布德以集福不肖者作孽以叢禍天監固昭昭

也少泉君奉翁教慈惠撫下罔或擊搏以逞遂以循吏聞尋徵拜天曹清操令望卓越流俗奉翁之懿訓也伯子領薦乙卯季子脫穎郡庠並駸駸有遠翥之望而翁猶訓廸不置一如所以訓少泉君者性甘恬淡暇則杜門却掃怡情書史足跡不涉公門戒戢子姓無與鄉人較錙銖以損先德鄉人有欝抑窘乏咸向翁叩籲翁一一分疏而賙恤之其宅心愿厚類如此夫人種德如樹不見其長而日益者也少泉君以慈惠

宜民兩邑赤子咸樂其生德之所及孰非翁樹之耶至於伸人之枉振人之急乎官府之所不能平賙天道之所不能賙而德在鄉閭者亦厚矣斯有不昌其門祚而引長壽禧者耶今年翁壽躋六十先是以少泉君奏績封驗封副郎四月二十九日實維誕辰厥配封太安人徐少翁二齡而誕期乃六月一日並有令德鄉人咸仰而頌焉則禔福之柄其在人謀乎抑在德乎掌科羽泉劉君道長見心沇君儀部主政文岩沈

君輩僉以言屬予予惟德積而弗匱則福崇而弗替翁與太安人固壽且榮矣少泉君自是位望愈隆則培植愈厚其所以榮壽其親者詎止今日已乎詩曰其德不爽壽考不忘翁與太安人有焉又曰孝子不匱永錫爾類請以是爲少泉君勗可乎

屏山樓序

歙在江南多佳山水而屏山爲尤勝草木蓊欝陰晴變幻其狀正立望之如屏故曰屏山云鄭

廷宣翁者世家歙之某里晚慕屏山佳勝因徙居焉人遂稱之曰屏山翁翁歙名族自九世祖雷奮與晦翁朱子同登進士爲掌書記代多縉紳翁生而簡樸少以疾弗克事舉子業然性瀟灑好登覽意有所會輒登山縱眺瞻顧咨嗟衆莫能測已慕長卿遠覽風遂遡湖湘探嵩華復南訪江淮底止金焦吳山之域以恣清賞久之乃翻然返徙屏山搆樓而居終日兀坐命曰屏山樓若將以終其生者其元嗣馬石君與李子同舉進士因造李子請焉李子曰達哉天下之樂溺于物者紛而不可極也足于心者斂而不可亂也故營於外孰若定於內引於紛孰若斂於心若翁者其殆斂天下之勝歸之屏山又斂屏山而歸之心者乎孔子稱仁者樂山而復究之曰靜且壽然則翁其壽矣雖然此未易言也吾聞仙人好樓居設具而迎神人翁得無以屏山爲諸真所萃處樓而焚修乎遂爲歌以遺之歌曰渺屏山兮何許欝重巒兮峭嶼切層空兮

軒舉有高人兮聿來胥宇結重樓兮爰居爰處朝徜徉兮夕容與修二八兮伏龍虎排冥筌兮超濛汜六仙軿兮雙鸞指蓬丘兮命軒招洪崖兮偓佺飲玉瀣兮霞尊啓秘函兮唱眞詮三光五命兮樂永弗諼

少司徒三峯高公夫婦偕壽序

夫天下山川以蜀爲奥而成都其會也阻以岷嶓帶以二江迤邐而達於瞿塘灧澦以爲屏塞風氣萃焉故其清淑所降鍾而爲人率多瓌瑋

特逆之才漢相如唐太白皆以辭賦雄當代至宋則張忠獻父子道德政事炳燿史册山川降靈殆不可誣已我　國家聲教尤遠才賢迭起侔於上國如內江少司徒三峯高公其特著者公自舉進士歷官卿佐才猷風節表表海內無論已當其兵憲關中聞母李淑人恙輒棄去且能俾環慶之民祠祀不忘此豈聲音笑貌爲耶夫榮利溺人至易常性有忍心絕裾者矣貪黷殘薄以臨有衆衆且讐之既去而思如武者幾

何人哉公不以榮利加親民不以已去忘公公之所存可知已故居臺則糾抑權倖爲郡則守已靖廉處藩臬則布惠餙紀貳戶曹則峙粻効績與夫建學以化遠敦禮以合族或出或處動有矩則固當代偉人也山川淸淑之氣其在公乎厥配羅淑人慧婉貞淑允爲公儷居室時卽脫簪珥拯從兄于難及適公養姑順承備至蓋亦冲氣所鍾者今年公壽七十有二淑人六十有五其子侍御靈湫君拘官守六年不得迓玆

奉　命理鹺兩淮將取道西歸承懽膝下因以壽言屬予予惟有窮者年也不與年俱窮者德也自有蜀郡而昭昭宇宙者忠獻父子而已卽司馬與李弗能及力崇德以紹芳休垂之永永者其靈湫君事哉君高明質直振拔流俗而懷親悃切皆足以繩公之武者然則壽若親以表地靈如南軒固其能事也已君歸以此觴三峯公及羅淑人公與羅其有以自慶乎

送趙杜野擢南太僕少卿序

杜野趙君以吏科都諫擢南太僕少卿諸同鄉官京師者相率而餞之郊有酌君而言者曰蘊瓌瑋之思者喜超曠之適耽騷雅之藝者慕奇特之遇滁陽多佳山水太僕署在焉宋歐陽文忠公守滁率賓從出遊建醉翁豐樂醒心亭極登覽之趣摛邁古之作與山靈競秀擅美今昔君夙負奇好工文而嗜吟馬政之暇其率賓從出遊窮勝陟遐酌瑯琊之泉挹環滁之山尋三亭之舊址弔六一之遺跡咸於述作發之斯宏

博之識雅麗之製崛磊之抱擅美今昔視文忠公寧多讓哉有客更酌而言曰不然智士不侈遊以後事忠臣不違時以賬績考牧　國家重寄也故斯臧著無疆之思三千表塞淵之秉邇胡虜數警倭夷屢寇戎事孔棘召發愈繁屢聖天子憂君智而忠必將攄猷以勵屬申憲以飭散嚴鶩瘠之汰督孽牧之利惟恪恭迺職是務逸寄與山水文字間哉予作而曰未也經世本乎才綜務原乎學資深豫乎養慎修基乎靜

故干將莫邪之利成於歐冶之精煉而洪流巨浸奔放不窮者發源之深遠者也柱野君富于學而昌于才發解南畿登進士高第居諫垣風裁凜凜憚貴近丁巳考覈百官黜枉糾邪士論稱允其所蘊蓄深遠矣滁陽與餞逢迎接應之擾不交於目紛紜鶩逐之態不溷其中得以澄心遐覽于凡世道之汚隆士習之邪正紀綱之修墜人才之進退與夫古今理亂之原氣運推遷之數皆窮搜博採得其幹旋轉移之樞他日秉鈞履要舉而措之裕如矣文忠公以文名世及與學者言乃略文藝而談吏事其在兵府政府建訏謨定大議與韓曾諸公上下其論固確然有遠識也得非自諫院之滁閱歷熟而充養粹然後投大遺艱處之裕如耶柱野君攻文不下文忠異日宦業焯煒端於斯行卜之詎止牧事蕃息已哉柱野君起謝曰敢不自勗以副同升期待之意迺遍酢而別

壽瞿母秦太夫人六十序

秦太夫人者吾師昆湖瞿先生母也今年年六十二月五日爲初度辰先是太夫人以　太廟成畢恩貤封至日先生戒具稱觴上太夫人壽而太夫人翟冠錦帔怡然坐堂上門下士錢子鯨二十輩咸造拜觴焉有進而致詞者曰榮哉太夫人壽乎母有壽者矣壽而被寵命者難也壽有被寵命者矣迎養京邸承懽朝夕者難也太夫人兼之顧不樂哉請以爲太夫人壽李子春芳進而曰未也天下有至榮非名之謂也天

下有至壽非年之謂也備斯二者其惟仁乎故曰仁則榮又曰仁者壽夫仁無欲之謂也吾聞太夫人出吳名族少適古村翁值家祚中衰日用菲薄乃太夫人處之裕如朝夕勤儉以事翁少無簪珥綺縠之想膏脂豐膴淵房峻宇之望日惟以學迪先生先生於是感奮力學遂以才名三吳魁南省及第官翰林校書石渠出入禁近然不爲盛氣謙退損抑恂恂若處子性尤雅靜崇尚恬淡紛華盛麗一無所入其心及守身則毅然以聖賢爲法動必以正非其人不妄謁取與雖小必以義其於勢利漠如也斯非所謂仁乎惟太夫人爲能成先生之仁惟先生爲能彰太夫人之訓令名無窮馨香不泯雖孟母莫是過其榮壽孰加焉僉曰大哉請以爲太夫人壽李子春芳復進而曰猶未也惟仁者與物同體書稱斷斷無技休休有容蓋言仁也夫然後可以保我子孫黎民先生於謙抑見休休之量於守正見斷斷之誠行將宅揆秉鈞輔弼一

人必能虛心下賢以旁招俊乂共翊中興之運俾社稷生民萬世攸賴遡流窮源則吾太夫人萬世未泯也斯又孟母所無其榮壽曷有既哉斯可以壽太夫人矣遂偏觴焉以退

朱母張太孺人六十壽序

張太孺人封太史餘山朱公配少司成文石君母也某歲冬仲四日實太孺人春秋六十設帨之辰予與文石君有桑梓之誼在同年同館爲獨密而以母視太孺人者也又安能無一言爲太孺人壽哉吾聞張在華陽里爲鼎族世稱儒入　國朝以節被旌者凡三松之稱閫範端肅者必曰華陽張云太孺人服習家訓動有繩度歸餘山公時祖尚書公方貴盛門閥赫然絕無驕貴態服御朴儉宛如寒素太祖姑臥風疾者餘十年太孺人候啓處調餌藥日侍榻前中夜乃退十年猶一日也事姑沈幾四十年無幾微間言故朱氏在松以閑家有禮聞而稱怡怡敦睦者尤必首太孺人也餘山公性喜客交游過

從無虛日履常滿戶外太孺人黽勤辦具必精必腆俾客盡歡而退以爲常家務瑣屑悉摠理有方不以溷公而公日惟讀書談道闢圃種樹爲樂不知有家之爲累也文石君少癯太孺人育之勤及知就學則夙夜課訓不少姑息文石君遂以博學藻雅馳聲詞林擢南少司成教典一新聞望稱著而仲子文學某亦穎著邑庠騰翥可待太孺人之貤褒鼎養固日見崇腆未艾也噫盛矣哉易稱天之所助者順人之所助者

信太孺人以事姑則孝以承夫則敬以訓子則慈順之至矣天必將助之引其年所昌其福履詎止今茲已哉文石君行且　詔還石渠晉秉鈞軸俾海隅蒼生各得其所則所以篤親慶而延世澤者又未可以涯測也姑以此爲太孺人今日祝云

雒母張淑人七十壽序

孚家食時嘗館臨潼南泉宋氏蓋晤三原省齋雒子云雒子脩軀曠度胸次灑灑不類庸常人孚心偉之訊之宋氏曰中丞三谷先生子也三谷先生故有才聲孚時雖伏草莽聞關中有三谷先生舊矣乃喟然曰有是父不有是子哉別且數年孚叨第又數年假還海上而雒子冠儒冠衣縫掖來訪孚其儀秩秩然其氣冲冲然和且巽也孚訝然曰向見雒子之貌今覩其意不已進乎已從容起儼然告孚曰孚母淑人張春秋七十高矣甲寅四月二日維初度辰願請一言歸爲淑人重孚惟關中先王過化之地故其

產多豪賢即閨閤之修亦多士行詩所稱君子女淑人殆其儔耶不然何其夫其子之才表見若此也三谷先生自始仕爲太常博士擢給諫藩臬至中丞罔有違德子三並以儒見省齋子齒監胄仲復亨季咸亨爲諸生才謂卓越負公輔望向非淑人克相於內貞教於上何以臻此哉夫婦人之修不踰閫閾成夫成子其至大節也載籍所記孟歐而下則罕聞焉乃今于淑人見之其令聞曷有窮已詩有之曰令德壽豈若

淑人者顧不壽且豈乎

北渠楊翁七十壽序

夫山之高也起於坯壤日損一簣鮮不夷矣松栢之茂也成於拱把日伐一肄鮮不瘁矣故高者卑之漸也榮者瘁之因也惟善培者長隆而弗失執此以稽人道何有爽哉積善若漑莫知其潤焉爲不善若焚莫救其燬焉予於泰和北渠楊翁而益信云翁太師文貞公曾孫予同年給諫事齋子父文貞公歷事

成祖

仁

宣三朝以廉直著其建白於　朝廷贊襄於密勿負安　宗社之功今猶賴焉庇及後昆無疑也假令不善承者卽親於其身孰能庇之翁奮起四世之後自束髮毅然欲以儒紹先緒茀偶有司然後退而寄適泉壑入以學迪其子姪出以禮化其鄉閭率臧獲勤耕織量日之用而節省之以其所贏振人勿贈鄉隣有緩急無不之焉人以爲有文貞公之風此其所培植可知已有不壽康者哉其訓事齋子數稱乃祖攸行諭之曰率祖之廉弗愧身已率祖之直弗愧官已事齋子奉以周旋卓有令聞於　朝今且入諫垣得以參與諷議

天子公卿有闕失得而彈列之四方幽隱得而宣達之繼是於　宗社生民有裨焉是文貞公之餘烈而翁之敎也然則翁之康壽豈徒哉今年冬十一月二十有八日維翁七十誕辰太史

丙吳張子韋重同進之誼思以祝翁以壽言屬太史李子李子曰德有似而弗匱則崇慶有篤而弗替則昌易曰積善之家必有餘慶斯無疆之休也非善培孰能如斯因誦天保南山松栢之章遂以爲翁祝

壽封奉直大夫户部郎中白溪鄭老先生序

鄭在莆爲著姓入　國朝簪組蓋後先相望云丁未春予與少崇鄭子同第乃聞其大父梅谷

先生年八十猶能攜榼登山坐嘯終日不爲疲
竊歎曰鄭之上世培植者何厚哉朝有紆紫之
貴野有垂白之叟皆造物所靳鄭其兼之非培
植者厚耶已湖倅三山盛君入都晤李子輒道
其守若齋君父白溪先生與梅谷固伯仲行令
年且七十餘而矯健亦大類梅谷以若齋貫得
封戶部尚書郎冠服莪莪神采異衆見者咸斂
容起敬云李子瞿然歎曰是何鄭氏眉壽且
貴繩繩見也乃其所自培植者可知也盛子曰

貽安堂集　卷之五　四十二

然然問嘗聞先生之言曰夫精神之宗也神形
之師也精太用則竭神太勞則敝顓顓蒙蒙可
以葆眞混混沌沌可以全神牽已徇世勞形怵
心道之棄也神精之賊也故其心常逸而形不
瘁每以其道諭若齋君大率謂上士之壽民也
若壽身無爲而民康中士爲之而民不擾下士
則擾之而已矣昫而覆之俟其自息儉而蓄之
俟其自富如斯而已者也若齋君用其道以臨
湖不再歲而民物康阜李子曰斯先生壽所爲

益綿昌也冲虛渾朴以守其眞則神完而形固
悃愊寡營以蓄其民則德厚而慶流壽在天也
執其人俟其天先生壽孰謂不綿且昌哉三山
子聞之曰然然請以子之言歸爲先生壽

逸壽二溪楊公六十一序

二溪楊公令昭陽多惠政李子春芳時方丱角
於執道未有聞也乃公則見而奇之恒語諸人
曰李子不可量也李子句曲人父祖商昭陽子
然無依非有亢宗高貲可以傾動一方人人蹂

貽安堂集　卷之五　四十三

踐之巳李子崛起爲諸生且羸弱顧一旦受知
公羣情皆駭而怒譁而謗而公之愛則益以固
也李子因執經請益公公政暇輒延見即坐政
事堂李子入未有不見見未有不談論移晷者
其稱說經旨深入精奧旁及百家汪洋浩渺玲
之如登大嶽望寰宇民物之衍繁山阜之盤礴
長江巨海之淼蕩澒洞舉在目睫巳而歸宿于
身心則微入絲秒直指天則使人舍舊趨新恍
若夢而聞呼知昔非今是也其臨下務大體不

胥細瑣節浮費綏徵調撫愛不啻慈母呴覆焉
又嘗惘民敝之由在賦不均思釐正而爬梳之
及擢地官不再月即疏乞養母去居家餘二十
年昭陽人仰而思思而頌者如一日云公擢之
歲嘉靖辛卯也是秋李子叨應天薦公聞而喜
且語人曰斯未足以盡李子也旣李子伏跡東
海偃蹇無聞幾淪落矣乃公之期待弗衰也數
從鄉人抵書相慰藉嗟方騏騄伏櫪之下人
之視之與凡乘等耳扗有一屬目者李子才不

當騏騄公之朗鑒固伯樂儔也昔人重知己之
報李子獨何人而忘情公耶今年公春秋六十
一矣二月二日其初度辰其門壻馮子汝忠至
都道公居山中閉門習靜蕭然若儒生丰神冲
粹望者詩非六十人也李子曰公宜康壽哉公
爲令作士如文翁郡愛民如朱桐鄉無論已即
公以母老故棲遲殳屋之阿者二十年稍不以
榮利動心雖李令伯何讓焉易稱天之所助者
順人之所助者信天人交助將不在公耶公宜

康壽哉馮子迈瓊李子德公而無以報也於是
宣之以言

汪母丁太孺人八十壽序

殷讀振宗汪君舉丁未進士明年戊申迎其母
丁太孺人養京邸曰母不至吾安能一日恬居
也時君讀書中秘日得大官饌奉太孺人一時
同館以爲榮庚戌太孺人壽七十同館咸造邸
下稱慶慶以文太孺人喜曰微兒克自植曷以
來諸君子之言是年迈四明振宗君堅留不可

癸丑乃上疏其言思母狀甚懇切乞歸省　詔
許之抵家無何太孺人促還朝甚急比至甫數
月君念遠太孺人不能啓處寧也尋圖奉使省
太孺人而太孺人促之如初不得已又行今年
太孺人壽躋八十七月念又三日實維設帨辰
君以不得躬稱壽如七十時蓋南望日欷歔焉
同館咸造慶如昔而以言屬予予覩振宗君廻
翔史局餘十年未嘗一念不依依太孺人而太
孺人又恒以夙夜在公廸其子初不欲戀戀膝

下以爲懽若振宗君固可謂孝而太孺人之賢不亦過人遠甚視彼母牽衣而子絶裾者不可同日語也且吾聞太孺人之訓子也恆懇懇然曰士人之學也猶女之織也一絲弗精則經緯錯紊矣士人之守官也猶女之守身也一毫弗潔則終身垢辱矣可不勗歟可不慎歟振宗君奉訓惟謹其居朝外溫中理言不出口而行則介然不失尺寸所謂一舉足而不敢忘親者非耶伯子太學生某君季子文學某君並侃侃純篤深厚不伐以篤行聞鄉郡語曰本苟直幹不曲豈不諒哉又聞太孺人神采瑩粹體履輕矯閫內之政猶晨興總攝不倦自耋而耄而期而無疆安可以涯涘耶振宗君行當入秉鈞軸守正勵俗俾澤加海宇勳勒鼎彝以明懿訓于奕世則太孺人之壽其眞無疆已乎其眞無疆已乎同館諸君聞而僉以爲然遂書之爲太孺人壽

張母廖太夫人七十壽序

戴山張公母廖太夫人今年壽七十十一月十有七日乃其設帨之辰公時巡撫河南將遣使歸上太夫人壽一時同志之官京師者咸以壽言屬予參軍獅川歐陽君申之者三蓋公嘗受學歐陽文莊公而予文莊公門人數聞太夫人賢夫安得謝乎吾聞太夫人出泰和右族少歸寒泉公溫愼端閑克敦婦順逮戴山公生有異資卽相公課以舉子業旣聞文莊公倡明心學四方學者多宗之乃詔公曰四方學者多從歐陽公學兒同里閈顧不思出其門耶公乃從文莊公游時聞良知之旨而反求諸心迨舉進士官御史代狩貴陽振紀布惠遐陬懷服自棘寺擢撫鄖陽憲度一新三省帖然稱治斯非有得於學耶昔者子輿在戰國當其時學術決裂高者如鄒衍輩作閎大不經之語眩人聽聞下者如吳起田忌之流又以從衡攻伐徼利達而子輿獨宗孔氏陳仁義以悟齊梁之君聖學賴以不泯說者皆歸其功於母氏之善教而賢之者

至今不衰方今學術漸漓談道者往往行背其言爲世所誚責公堅守師訓而不背施之政治類能不愧其所獨知斯善教之力也太夫人之賢不其彰彰較著矣乎猶未也公受　命撫全楚全楚之民視公爲休戚公能端己率屬振法紀懲貪墨拯民饑寒恤民疾苦以惠全楚之民則子輿之皇皇載贄於齊梁之疆曾不得一試者公得以見之行事則其所以顯母氏之善教者視子輿蓋光且大矣然則太夫人之壽寧可以年所論哉諸公聞之曰是可以壽太夫人矣請書之貽葳山公以爲稱觴侑

竹溪王先生六十壽序

勾曲多山巉削磽埆之地數倍衍土非巨有力者田不得滿百畝民多商遊四方其商而入他境也無父兄姻族可依之人彼境之豪宗桀猾往往陵忽蹂踐莫敢誰何又其所操者約非有高貲厚橐可以傾動一方人之視之也甚易夫惟人易視之而已無以自植故其心恒小其慮患恒深其心小則必爲善其慮患深則不敢爲不善此家所以多昌子孫所以多振也諺有之曰容有外秀豈其然耶吾容彬齋王子父竹溪先生商眞州有年亦猶予父祖之商于異也人之易視之予然困以自植豈以異耶予父祖受人侮詈不敢報一語頷往謝之毛髮不敢越禮分所謂小心而深慮者也吾聞先生淳朴謙抑與眞人處悖悖自飭比隣有急則力振之有乞而貸者應之無難色尤廣施布四方焚修之上聞而赴者以千數其所脩非予父祖所敢望至于必爲善必不敢爲不善則庶幾一轍焉造物者實監而相之崇其壽祚顯融其後人又不謀符合嗟孰謂天不可必哉彬齋子早領應天丙午薦才美標格震熠閭井異日漸天衢承　帝澤以　貤封先生如予之濫冒榮寵若振槁耳境適神暢先生壽曷其有涯哉昔年未足爲先生多也雖然有隹者丘不培則傾有喬者木不灌則萎前人積之後人毀之何可以長享矣是

故培而灌之則予與彬齋子責也可不爲戰戰兢兢哉辛亥十月十有一日爲先生六十誕期彬齋子以壽言屬予者踰年矣至是以書促者再輒書此貽之彬齋子稱觴之日爲先生誦之先生能無怡然舉白以自慶乎

何母汪太孺人七十壽序

何子汝肅寬予禮闈首薦士也其母太孺人汪今年十月二十五日春秋七十何子過予請曰寬無似得辱先生之門揚休天路者吾先君北

江翁教之母氏成之也先君自從掾事以至爲尉奔走行役兄寵及寬後先領鄉薦叨宷爲諸生皆母氏課率之日遣就外傅夜必業女紅視誦讀少懈輒朴責不貸至受室猶然微母氏善承先君之志寬輩鄉里兒耳其能業詩書偕榮名乎乃今繫籍　朝宁不得從昆季稱觴晨祝先生何以教之予曰崇懿教以玉子于成者親之心也樹芳聲以表親之訓者子之責也汝肅非孺人無以成其學孺人非汝肅無以知其賢雖不得從昆季承懽膝下而孺人之心不其慰哉然予聞之尹彥明之母則欲其子養之以善故彥明終不赴進士舉人至今賢之千載之下其母猶生然則子之所以顯其親而永之者將不獨在區區榮名間也雖然彥明之不出惡無禮也其所以信天下鬨後世者以有修身行道之實匪徒不仕高尚而已汝肅抱奇偉之才際熙洽之運　朝廷亦既以禮而登進之矣藉使彥明當此必幸遭遇之隆而思以自効也則汝

肅之所以自効以明章母氏之訓於不朽者不有在耶且予始有校士之役嘗盟諸心以爲此執事始也必得忠貞之士以効國用而後可以仰答殊恩于萬一既所拔諸子並有忠朴之賢而汝肅又傑出者自兹以往廉以守官正以持已敏以集事惟宗社生民是急而後其身圖是謂以善事君也以善事君即以善養親也千載而下人之仰太孺人當不異尹母矣壽豈有涯哉汝肅憮然曰諒哉吾母氏之壽在寬昆季輩

也敢不胥勗以壽吾母氏於不朽

高堰定議序

甚哉舊貫之當仍而制之不可輕變也高堰創自漢之陳登唐宋以來勿之有改國朝則平江伯陳瑄經畫尤詳規制盡善所恃以障淮泗而屛翰漕渠者關係尤重或以爲無益而廢之近則黄河南徙挾淮泗而内灌無論衝決湖隄洊没下邑其勢必至慓悍難制漕軌鄰阻所憂不獨在百姓也豈非變法之過哉高堰築矣五牐

不修猶無堰也五牐修矣長隄不固猶無牐也然欲固長隄必復五塘蓋西來諸水由天長六合而下者有五塘以蓄之陳公舊制之深意也旱則瀉入漕河以濟運潦則南注之江後廼輕廢西水徑迫三湖漲湖潰隄爲運道憂焉可不復是隄堰塘牐皆相濟以成運河之利者舊法具在舉而行之不在人乎大尹胡君應恩博學好義目擊水患痛切於心廼裒諸縉紳之言著爲定議而系之以圖余諦觀之黄淮漕河之利害莫重高堰故言之詳悉而處置有方大抵不越乎漕規之舊余雖山居所望海瀆效靈臣工戮力以裨國計奠民生者切切焉未嘗一日置念且吾與水患視他邑尤甚斯議行余之憂其少釋矣乎故樂爲之序

中丞江公治河底績承　恩序

夫嘉隆之時黄河數爲災其後河淮並爲災愈益甚搢紳間爭言河事然以試皆無狀余嘗謂治河有三難位軋則相忌權分則不專是故惎

已難智欲求勝於人功惡不出於已是故同心難筴之良者背之則事去筴之下者徇之則事亦去是故中竅難夫三難者中丞新安江公則兼之矣以故底績稱易云先是萬曆丁丑冬
上以中丞左司徒江公主漕務大中丞左司空潘公總河務仍命江公相與協理之江公則謂吾鄉與潘公同事虔南蓋知潘公者濟代才也且也潘公往開府濟上平治邳河今者駕輕車就熟路河平有日矣明年春潘公至巡歷河淮

間訪問便宜乃盡罷諸開河議惟塞決築隄障
河淮水驅而注之海於計便䇄於江公語合兩
督府乃會疏以請
上嘉納焉顧都人士爭言其非便即所共事司
道猶然訕論之江公奮臂抗疏其畧曰頻年以
來河淮之所以溢溢流行而積沙淤其故道者
蓋由淮決而南河決而北天妃閘又復引河而
南叠分其入海之勢以致然耳誠崔鎮諸決塞
矣天妃閘閉矣則河不旁決而衝漕力專高家

堰築矣則淮不旁決而會河力專河淮合流而
下積沙自去而故道可復臣與河臣議計無便
於此者
上曰督府議是諸訕訕者口噤氣沮矣於是血
牲而矢于百執事爪分其工諸役並興兩督府
身親往來程督之明年己卯冬諸工俱報竣河
淮盡復故道以海為壑云兩督府具疏以 聞
而潘公疏云河功今幸底於成然臣得竊尺寸
以自効者則撫臣實夾持之撫臣休休有度塞

蹇匪躬無炫智能無撓羣議恳己同心識中肯
窾始與臣同決大筴旣與臣力圖其成凡所為
分工計餉張官布令纖毫皆撫臣力也
上復遣科臣尹君部使者李君覈視其功狀以
報
上旣錫之金幣至是晉大中丞至寵渥也百執
事皆藉之沐 恩賚有差於是兩淮度支及四
郡長吏光覩盛美乞言於余以為公頌夫伯禹
奏水土之平則史臣纂其烈申伯受介圭之錫

則吉甫揚其美不佞在部中享平成之澤竊已
德之又舊太史氏寧無一言以頌公耶江公者
蓋社稷臣也
主上以河漕鉅重非公不可又其功新成且以
大中丞留鎮其地行將 召公入握樞柄而綰
筦籥矣非不佞之私也即兩河百萬生靈蓋喁
喁望之焉

中丞潘公治河底績承 恩序
萬曆戊寅

上以河蓾行淤久不就理乃　簡命大臣能治
河者而以右司宼副中丞吳興潘公晉大中丞
兼左司空總督河務公聞命倍道至淮徧歷兩
河詢問便宜已乃决筴塞崔鎮築遥堤以障河
修高家堰築柳浦灣以捍淮修范公隄以捍海
甃高寳邵伯石隄以禦湖漕撫新安江公則任
其筴爲必能成功於是兩督府條其議以請
上賜溫旨如督府議是年秋始事南北工盡與
諸執事分董之公往來程督冡霧露觸風雨迄

無寧時經畫運量殫竭心力明年秋衆工咸奏
成河淮悉由故道注海積沙盡去無復淤淤之
患即使賈讓司笇王吳左襄王景右翊而相與
効手足之伐不若是速也先是工垂成
上賜兩督府金幣特加公豸服二襲至是告成
上遣科臣尹君偕部使者李君閱視之旣以報
命
上大嘉悅晉潘公大司空諸勞臣增秩賜金有
差左屬下吏兩淮度支及四郡守以河工落成偉
績也登晉魏階異數也謂余幸厠部中又舊太
史氏當紀述其事以爲公頌且上石室焉度支
曰淮北屯鹽蓋數消于水諸場竈户亦貧無以
供歲額河今治即鹺務首蒙其利矣盧郡守曰
盧即遠河然𠧪錯之邦比歲徵發人徒繹騷不
絕庶幾今日者得弛擔乎鳳郡守曰
皇祖陵蓋在吾鳳日者駸駸波及之萬世根本
之地守臣幸得備蒸嘗奉湯沐無懷襄虞公之
賜也淮郡守曰郡連跨千里盡被水淮人半爲

魚鼈今乃得離昏墊而居平土亦大嫁快哉揚
郡守曰始淮郡苦水耳邇灾揚且半今其水不
南走揚即三湖無决患矣余曰潘公功在社稷
垂之萬世豈僅僅利一度支與四郡哉顧一度
支與四郡守近在鳴騶仗鉞之側所承藉尤甚
耳乃余伏覩我　明今日蓋唐虞泰隆之會也
何者河淮告變十有餘禩于兹與九年鴻原奚
殊乎
皇上引爲儆于日厪南顧憂而以授之公公乃

紓籌略展忠赤而獲收平成之烈至是復晉公
大司空蓋眷畀公謂爲今之伯禹也余則謂禹
居外十三年廷臣僉任信禹無二心者方潘公
定議時中外士羣起而訾訾焉駁其非是即其
所共事者亦中變而言之
上前公持論益堅援禹貢九澤既陂之文以塞
呶呶者口卒之陂障既成水注之海一一如公
初筴聘睨者乃始媿服蓋潘公勞身焦思直與
禹埒而其當羣議塞途之日操百折不回之志

則又難於禹矣帝堯錫禹玄圭以告成功於天
下
今上錫公章服登之鼎台以答成功蓋曠世而
一再見也哉

李文定公貽安堂集卷之五 終

李文定公貽安堂集卷之六

序文

解母姚太夫人九十壽序

太夫人者少參南芙解君母也余於少參君世
締姻好知太夫人爲獨稔云太夫人出吾興姚
氏望族蚤相忠庵公業儒未售即屬意少參君
昕夕勸課有和丸斷織之遺意焉卒之掇巍科
登膴仕芳譽籍籍雖穎慧夙成亦以有太夫人
教也里閈稱善教者必曰解母解母云少參君

入仕自大行晉璅闥往往奉太夫人就養既參
楚藩則江漢阻修太夫人堅意不樂就也第勗
之曰兒往修乃職忠君即孝親也柰何效兒女
子依依膝下耶少參君不得已而單車就道日
奉太夫人之教以從事部内歙然稱治顧時時
望雲欷歔曰古云一日養不以三公易矧吾母
老矣報養之日短乎乃疏陳迫切 當宁爲之
動念遂得請歸侍膝下十餘年來朝夕承歡殆
將以跽進菽水爲愈於尊坐紫薇堂也歲癸未

太夫人壽躋九袠正月二日爲設帨辰太夫人冠珠服翟委蛇矯健而少參君捧觴上壽金緋輝映二三子姓鸞停鵠峙環列于庭里巷聚觀相語曰榮哉壽母孝哉令子也余聞之曰子之賢母成之母之榮子顯之固矣獨不思所繇乎古昔盛王以孝治天下彼勞於王事行役者猶不免有不遑陟岵之嗟而惟有母之尸饔也藉令 當宁不予告則捧毛義之檄寔絶太眞之裾矣少參君即斤斤愛日之情孔亟將母可得乎誠念母壽即念國恩可耳且也 皇嗣誕降優 詔覃恩亟下有司登進耆舊 賜環之命旦夕且至少參君寧無皤然移孝爲忠之思出未究之蘊廣錫類之仁上以壽國下以壽民俾誦勛伐者歸聖善則太夫人之名愈不朽太夫人之壽愈無疆豈直區區年筭間侈譚已耶記曰求忠臣於孝子之門 恩詔登進意也詩曰孝子不匱永錫爾類少參君事也於是里閈人士僉曰旨哉言乎請以是侈酌者之詞

竹梧顧公暨配徐太夫人偕壽序

海陵去吾興百里而遥風氣習尚大相類也士人尚廉恥之行閭閻敦簡朴之風而人生其間往往多壽豈其僻處海曲無紛華盛麗以汩其心天眞未斲然耶竹梧顧翁海陵産也少以儁才脫穎庠序屢試有司不第以歲薦授令廣通甫一朞忽思父蕁溪公解組東歸少無係吝其治廣通則汲汲以節用愛人爲念有窮民不給者至捐俸賑之居鄉則動遵矩法示則後生訓子姓必稱述鄉先廉恥簡朴之舊曰無以偷瀧失前軌也伯子直齋君業舉進士爲御史才諝志行卓然有聲臺中頃考牧畿内剔蠹興利頌聲遍畿輔猶抵書諄諄以廉正廸之嘻若翁殆所謂天眞未斲者今年壽登七袠體履矯健視聽聰明望之猶若少壯人厥配徐太夫人淑慎慈和與翁媲德海陵稱内範嚴飭者必先翁家誠天作之合也冬十二月二十有三日維翁誕辰太夫人後翁生者一年而誕辰則九月六日

直齋君以不克造滕稱觴爲壽有遠懷焉予忝葭莩之誼因造君而解之曰吾聞孝子不徇祿以遺親忠臣不暱私而忘義其道一也君誠親之懷矣如義何惟夙夜在公殫忠攄猷以壽國壽民即所以壽親也矧翁之自壽有道乎是故後名急親可以觀孝布惠拯民可以觀仁敦厚善俗可以觀義詒穀迪後可以觀慈備此四端而又相之以太夫人之賢淑即傳記所稱異梁夫婦何讓焉詩曰樂只君子遐不眉壽翁與太

夫人之謂乎而君何念之切也予二親並躋七袠篤厚康矯亦頗相類豈地之所鍾抑亦所存不殊耶顧予譾劣無裨明時日以上忝所生爲懼願與君共勉之因南望再拜稱慶而復申之以言

封兵部副郎南湖朱年伯老先生榮壽序

桃源南湖朱翁僉憲龍岡朱子父也朱子舉丁未進士授南户曹有能聲遷兵曹副郎已奏績得封翁如其官會邊徼時警銓司㢘朱子才可當北門鎖鑰乃遷山西僉憲屏衛上谷時翁年六十一矣朱子將行造予請言爲翁壽予惟桃源故豪賢藪也當漢高起豐沛一時佐命諸臣如蕭曹陳韓輩皆出淮之南北至我
聖祖奮迹濠梁遘風雲而銘旂常者視漢尤盛蓋其地經緯黃河襟帶淮海冲氣蘊結毓而爲人率多瑰瑋卓犖之才尚義氣多節槩遇事勇爲如萬流赴壑奔騰不可禦毀譽利害不足以嬰其心挫其氣也若龍岡朱子者殆其人乎其

在南曹出納錢穀持法剔蠹雖貴近豪勢所不憚及擢官上谷躍馬出都翩翩然少無難色測其意若縛左賢犂虜穴特唾手耳嘻翁之教其深矣乎且聞朱先世有以戎事從
聖祖立奇勳者其慕義勤事所從來遠矣翁復慷慨磊落每對客談及點虜侵肆輒憤惋不平有扣閽請纓之意聞朱子不避難險宣力邊圉抵掌大快曰吾兒能盡瘁王事吾願畢矣翁之父子如此視彼得第即日營其家遇盤錯即思

逃避者可同日語耶以翁而服寵命屨壽祺天道哉昔留侯少負奇節遇圯上老人挫而教之乃盡斂其雄邁之氣沉幾先物竟成漢業爲帝者師桃源去下邳不三舍耳朱子之才近留侯翁葆眞林壑神采殊異可方黃石公然則朱子之知柔知剛善藏其用者固翁教之也異日敭歷中外宣猷底績以翌我
皇上中興安攘之治則翁之禔福詎止今日已哉

賀九一查州守榮獎序

夫秦郵江淮襟要之地不可以不厚也不得其人以理則黔首沓而襟要日瘁是故撫治者恆注意焉乃嘉靖庚戌九一查公授守吾郵有爲公憂者曰夫郵四通九達之逵也凡吳楚閩越轉輸筐篚之貢朝覲聘問之使南北交馳無虛晷修道委積搶攘紛糾皆裨益于守之一身又其俗尚氣喜事而好爭誹者訾者相夷而質乎者日蓋紛綸至焉急之則背嘩緩之則務翏徇下則咎至悅上則怨叢難乎其自全焉公曰唯唯否否吾聞治劇如理棼絲亟則愈亂靜以制之寬以綏之其幾已太史李子素善其仲考功近川君又公以才著越中領南畿薦稔公賢聞其言益私慰曰吾郵其蘇乎至郵始而其政悶悶既而其政井井久之其民怡然相悅以生也賓客期會如川流至酬酢不眩民有弗順諭以禮讓使自悟化毋期年而郵大治中丞應公廉其政移檄獎公其同寀陽川高公輩請言李子

以贈李子曰予嘗讀漢詔而深有感也其言曰安靜之吏悃愊無華日計不足月計有餘夫安靜悃愊豈人所難能耶今之近民者薄而不爲顧繁其條格嚴其繩尺使民無所措手足至闕民利害則展轉而莫之軫慮斯於民益耶否耶漢循吏最著者宜莫如文翁黃霸輩翁治蜀專務德化霸在潁川力行教化後誅罰固安靜悃愊之效也元和間斯風漸微至屢蹙詔令而莫振漢竟以殆嗟乎吏治與國脉相爲盛衰也久

矣矧秦郵襟要地耶乃今得公而大治公聲譽日起行且陟華而去郵繼公守者能循其政弗變郵其恆厚矣乎

賀後洲陳侯膺獎序

嘉靖辛亥駕部郎後洲陳君左遷昭陽丞至興朞年獎檄交至大史李子在京師聞而心異之已得請省覲還興興父老迓之滄浪之滸相見輒頌侯曰曩歲洚水溢淮北蕩民廬舍大無禾麥穀踊貴君曰穀民所待以無死者也直太上

則民病直太下則農病日坐水濱定爲中直令無得私下上糴遂通灾而不害云李子憮然曰君之獲上宜哉君頃之南臺督逋稅萬餘石民咸驚愕四竄君下令諭無駭動乃走謁御史力道百姓愁苦狀至免冠哀叩御史起曰冠冠行爲丞寬之竟罷徵又驛傳民若候吏苛索中丞漁石唐公酌一歲賓客所費當若干緡令民出緡發候吏自給民便之邇乃有以私亂制者君曰益稅一歲患也夫傳歲歲患也茲制亂民無

皮毛矣詣中丞臺哀叩愈益甚中丞蹙然動容曰不便若是其巳之百姓相集焚香造公堂頓首謝頌聲遍四境云李子曰君之得民至此哉夫爲吏得上易得民心難上官去吏踈遂稽察賢否恆度測於移文延接間又或假耳目於他覈而得其眞者什一民與吏最親善則戴之不善則仇之若影響好惡當者什九君之動民至懽呼匍匐走謝盡一邑此豈人力驅迫哉予曩在草野見爲廷臣者恆亢然曰我故尊官卑視

民事湯不加省君舉辛丑進士授中翰廻翔恭近者十年稍遷駕部左遷丞視之若浮雲變態然不自知其爲中翰爲駕部爲丞也日惟職之務脩問民病苦引爲巳辜其恤而拯之如救焚溺斯不足以動民耶繼是爲民興利擇其大者脩舉之將世世俎豆不泯矣故予不爲君獲上慶深爲君得民慶也巳侍御王君復移檄優獎其寀張君輩請言李子因著其所以得民者以復噫嘻觀君之所以得民則其獲上固自有道

云

陽川高公榮獎序

陽川高公丞太僕典牧畿內持法有聲畿內多豪宗尋以讒出倅秦郵歲餘才聲籍甚中丞後屛盧公侍御槐軒王君咸抵檄獎公其寅長九一查公偕其寀肅幣請言太史李子侈其事時李子抱病索居弗聞外事久矣辭弗獲已乃强起應之曰公其有得於牧道也夫今夫牧阜其麀囿豐其芻菽時而飼時而飲順其性而不困

牧乃蕃息于晚第久居民間見民牧者苛法令急鞭笞肆爲侵獵操之如束濕薪是爲人牧而日殘瘁之匪直弗求牧與芻而已與國家爲民設牧之意何太相懸殊哉公爲倅坦直近民弗苛弗擾與其守九一查公雅相得守有令利於民力贊之惟恐其弗速已欲有所利民惟恐聞於守弗速相與協恭布利澤於郵之民而郵之民媚戴之無異於其守日懼有所紛更重困民甚得於牧道深哉嘗兩以省災至興覽與士齊民憊菜無敝野則蹙然動容思以拯之公之所存可槩矣憲臣奉

天子明命秉節鉞鎮南服以激揚羣吏柎循黔首靡其下有牧民如公者其甄異勸掖之典能已已哉然獎公所以風羣吏也方今邊徼不靖徵調繁興百姓愁苦齊梁間盜賊數起至逼淮泗雖殲滅不旋踵其幾可鑒矣其所以驅迫督促俾之不樂其生甘心盜賊以快一日之欲牧之不以其道故也脫牧民者咸公若奚至今民

毁銜勒決輿衞以求逞哉獎公而羣吏思勸矣嘻公尚繹思二公之心哉

邑侯凌二洲臺獎序

興故東海僻壤勢最窪下在揚郡獨爲疲邑比來淮泗横流建瓴而下咸以興爲壑歲大無禾者垂十餘年流離轉徙奚啻過半　當宁軫念民瘼亟思出水火而衽席之曰非良守令孰與惠此一方哉乃　簡命古杭二洲凌君來令兹土邑父老聞之曰吾父母有人矣第以進士高

等又名閥世裔一旦從事牛刀無乃薄吾與乎余曰何淺之乎窺侯也余嘗識侯髫年侯先君子蓋與余友善愷悌樂易作守江郡籍籍有循良聲書云種德詩云世德以是覘知侯賢侯惟賢將得與而利器益别必不薄吾與也而侯果自受命即矢心曰與民困極矣予將拯之若焚溺柰何旦夕暇豫耶於是單車就道至則進父老而語之曰與有獘政吾與祛之興有美利吾與開之汝母憚我告也邑故賦重乃酌緩急請

蠲貸不假程督而竟以課最邑故訟繁乃躬聽斷燭隱覆核若持衡而漸以無訟邑故頻海患盜乃日拊循時賑恤不事鈎箝而漸以斂迹已復進弟子員朝夕訓課列爲條約揭之黌宮大指先德行而後文執士亦務相砥礪以無負侯敎境内肅然就治諸父老乃日造余而頌侯賢也且曰邑疲且煩政事日旁午至侯復暇與經生上下論議乎予曰政固煩遊刃而解邑不難侯侯難邑矣且養士養民非兩也昔文翁治蜀

首興學校黄霸在穎川力行教化古稱循良類如此試觀之善植者或取材于百年或仰給于旦暮椅桐則樹之菽麥亦樹之而栽培滋溉恆自根荄始士固椅桐也黔首菽麥也侯之初政其滋培根荄與即朞月而三年可徵已直指使者陳君廉其狀稱治最亟下檄所司列諸善績以異等之禮禮之邑父老聞之又曰侯慈母也民赤子也赤子不可一日無母吾民何可一日無侯令

明天子方側席需才而使者推轂君侯若此吾思　宸聰迅達而公車遄徵矣余曰明天子加意元元當天官議著爲久任令即有司異等非越歲不以聞蓋以需成績而責實效也使者守約束而緩剡薦姑爲此以優禮之奚思焉諸父老則又稱幸甚曰天祚吾與恃有前令甲在也夫宣尼朞月而可而侯上之獲下之戴果何以得此哉大抵侯才敏而心虛識卓而中塞且淵源家學成之有自故明見秋毫不

以察察傷渾厚恩洽黎庶不以煦煦近雖虞誠有如直指所修稱者殆天意篤生以保我黎民保我宗社者邑博孫君胡君姚君將泰行臺檄乃率諸弟子員謁余乞言爲禮幣先余衰朽不文無能揄揚盛美姑述所聞閭閻之語以俟續循吏傳者采焉

邑侯曾螺泉膺獎序

螺泉曾公故學士公某世孫也少有奇資肆力問學發爲文辭春榮蘭馥臺試數首泰和泰和

諸生心以爲不及已謂鉛槧藝文不足以經世聞大宗伯南野歐陽公講學山中攝笈往從之相與究極心性之原學既有得爲文益沖雅不羣尋舉嘉靖癸丑進士授令興化太史李子亦嘗受學歐陽公時在告里居聞而忻忻有喜色鄉人詰之李子曰未有學道而不愛人者也及公至布德飭法釐弊更化懇懇乎愛人之政不三月而境內肅然以治巡鹺侍御中溪黃公廉其賢獎薦交至李子曰斯非學之驗耶孔子推獲上之道本以明善善者天命之性也率性之謂道而道莫先於愛人然士君子懷愛人之心而未必得行得行其愛而無所泥者惟令爲能以其與民近也有一念之愛輙萌于心夕及于民興革廢置惟意所向故有志于愛人者恆樂居之孔子嘗懷是心矣栖栖齊魯陳衛之間曾不得一試而鬱鬱以終其身觀其之武城聞弦歌之聲而莞爾此其心可想也公之愛人不殊於偃吾師聞之其喜詎止于莞爾耶興化僻在

東海地瘠賦重在揚爲最敝邑加之征調繁興年穀不登愁苦之民不得蘇息久矣聞公至莫不延頸望生而公以愛人之政臨之則興之必爲武城奚疑哉昔子夏歸西河不能闡明孔子之學以淑其鄉之人及曾子數之然後知其過而曰予離羣索居亦已久矣李子存師之門有年未嘗反身實踐無以爲動人之本離索海上隱師之教不啻子夏則望公化民成俗以明吾師之道者烏能已於衷哉雖然示以好惡之端

使之舍舊從新者法也融其改革之迹使之淪膚浹髓者化也法可以遂行化不可以助長故孔子謂如有用我者期[illegible]三年有成公朞月之政覩其槩已積[illegible]可預卜其成哉此固黃公優游意[illegible]家之請書之

送中庵許先生[illegible]寧海序

中庵許君以篤行孚於鄉有言出於君則鄉人必以爲非妄語也君自少苦學雖盛寒暑不廢卷顧弗偶有司其猶子文學性之從君受易試輙右君君笑曰此雖小試亦可以覩命矣遂以例貢入大學數試竟弗第授籌寧海嗟以君之才宜局一籌耶鄉人咸惋惜君乃君又自多曰汝以予賢於周濂溪程明道耶二大儒且爲之第懼弗稱耳予問而躡之夫位浮於才君子耻之孔子不卑委吏乘田取易稱也籌雖卑與民甚近賢則蒙其休不賢則罹其毒古昔擢用儒碩我 國朝初以甲第處之以此耶故量才而就列者智也因分而宣力者忠也易曰鼎折足

覆公餗記曰量而後入孔子稱不患無位患所以立君其味於斯耶方今海宇不靖盜寇數起北有達虜南有倭夷饑寒無賴者又横獗齊梁淮泗之間海内日紛紛矣患在人心弗正士大夫相習爲虛文罔有誠心甚之貴貨賤德恣貪殘而寡廉耻俾民怨咨詛懟蓄忿而莫逞亦已久矣彼雖至柔能不背而相夷乎君當隱淪時嘗扼腕閔嘆思以一振其頹今即不得酬遠馭之志操專制之柄以廓清底定能確守其素隨分靖共之弗㮕科徵弗肆漁獵即殿課褰約弗海也寧海其蘇矣寧海俗淳民樸在越稱善地乃者以海防多故徵調繁與民得無譸張迫促漸失其所謂淳且樸者乎輯而寧之則君其職也語曰窮能守達不苟君忠信篤敬人也何疑一籌哉

送文石朱太史使楚便道省覲序

太史文石朱子奉 命持册封楚藩將取道下江南問二親安否然後返朝同館諸子相與崇

酒旅錯餞之都郊酒未半有離席持爵攬袂與語者曰子逢右文之世際熙洽之期曳組清華揚休藝林亦既榮且幸矣茲復承　綸命爲
主上宣懿親之典且得過其鄉高軒晝繡爛然桑梓人望見之孰不指而驚曰此
天子文學侍從臣也歸而稱觴父母慰藉疏曠已與姻舊閭里說朝政道故素樂哉乎子之行也朱子曰唯唯已有進而與語者曰子之行將由薊門歷齊魯徐揚之墟過白下望鍾陵思昔之觀光而來鼓篋而遊與所徜徉咨嗟命酌賦詩處能無愴然興懷者乎迨其泝武昌登黃鶴攀赤壁遠睇洞庭瀟湘諸勝襟抱豁然與宇宙同寥廓能無雄篇秀句與崔司勳蘇黃州抗衡千載之上乎諒哉子之行樂也朱子曰唯唯李子聞而心陰之從容起觴而言曰　國家設史局以儲俊髦其所望甚殷也以之柄文則人才胥進以之　經筵則君德胥弼以之翊　儲則
國本胥端以之宅揆則海宇胥乂夫豈研綜翟籍以爲博精擅辭華以爲長而已哉在昔班馬號稱良史非不馳騁古今囊括載籍以之施于政治論思密勿當調爕之任則難矣故志不立不定行不脩不成守不嚴不貞望不養不隆太史一出而魁南畿再出而薦禮闈甄收玉署振膚譽於蒙賢之藪摛辭灑翰動若飛雲即升班馬之堂無難也佩道而趨以定志成行貞守隆望譬之韞匱之璆寶而無缺斯不可光薦清廟乎然而茲行基之矣朱子曰李子之言是也遂偁觴而別

燕峯史公助餉蒙恩序

嘉靖壬子倭夷寇吳越驅馳三年不克兵饟繁浩有司稱之溧陽封部燕峯史公捐粟五千石助餉者凡三操舟運抵吳門又募死士千餘人訓練鄉中以備緩急　公家有警輒率以赴之今年孽寇五千餘人猝薄金陵流刼千里莫敢誰何遂過溧陽　公率所募士轉戰數十里賊乃東[illegible]竟成擒　公歸臥林壑有年非有軍旅城守

之責乃捐粟養士急公家之難若此可以爲難矣中丞周公某侍御周君如斗上其事天子嘉悅進爲符卿秩躋四品所以異之也先是大司農疏請下令東吳有慕義助餉者優秩有差數年無一應者東南故多豐藏之家曾不肯出什一佐軍而顧甘心攘掠爲寇盜資何其愚哉昔者漢用事匈奴及渾邪等降官費衆倉府空乏當是時富家爭匿財獨河南卜式輸家財半助邊持錢二千萬給徙民及使者問所欲

則曰天子誅匈奴愚以爲賢者宜死節有財者宜輸之則匈奴可滅又曰主愧臣死此其朴忠之悃可想也今之田野鄙夫擁財自私不足異乃若縉紳倡義勠力如式者亦不多見何哉式不習文章史公博學藻雅固非其倫至其慕義輕財急公家之難則後先一心者也漢錄式至御史大夫我國家之所以優公者視式少廉得非諒公恬退之素耶公好義樂施惠周鄉國甲辰歲饑出粟萬石以賑合郡之民又築鄙爲田

[illegible]州里之貧者其積而能散類如此向使公得究其用則安攘大計不足賴耶同年侍御肖玄于君請予論著其事嗟大江南北有聞公之風而起者則倭奴豈足滅哉予日望之

送省齋王公改令丘縣序

夫學之在人無間于窮達利鈍者也飭躬于利達而改操于窮鈍君子耻之故晨禽不枉節以希遇倪寬不橫征以多功何則彼誠見外者輕而內者重也省齋王侯稟資敦厚夙契心學厭

時習而趨之古者始令予邑以歲災乞減賦忤上官調山東丘縣嘻以侯之學取甲第若振槁乃竟困頓不獲伸今而軫民瘼達政體如侯者宜足表見而又逢踣蹶譬之菑畬而弗穫也斯所謂窮鈍者耶乃侯則曰歲且災是予政之戾天和也上弗信是予誠之未孚衆也予將奚尤忻忻然奉檄謁銓部得改又忻忻然奉檄如丘邑吾聞丘僻而小民貧而土瘠不下吾邑邇歲災荒震駭妖賊而築防濬渠役調旁午勞瘁殆

過之見而不惻惻而不思所拯恤爲民父母者其能以帖席乎夫因其蹶而振之則德日起遘夫敝而緝之則功易集此天之所以相吾侯也所值不偶而輒易其方逢上之意而於民艱罔念遂以喪其生平卽位致通顯奚貴哉侯重內輕外雅志古道而于窮達利鈍視之漠如蓋深于學者也故于其行因以是質之

送諫議臧公擢守莆中序

聖天子加意元元慎擇郡守間以臺諫充之亦

漢重二千石意也靜齋臧君以兵科左給事中擢守莆中先是臧君數上疏論時事闕失甚激切於懲貪墨正官聯三致意焉時邊徼多虞至厪宸慮其同寅練溪胡君華方圖集衆思爲久安長治計而臧君輒有是　命相顧駭愕欷歔者久之行以謂于予曰諸君何難於靜齋君之行哉籌邊以靖外恤民以寧內二者國之大計也然古者聖帝明王皆詳內而略外而謀國之臣盡瘁宜猷瓚然遠覽者亦惟厚恤民命是急此無他本末之辨也論列廟堂之上遙制邊徼以卻醜虜之侵肆與分內郡之符愛養民力植邦本以蓄國威者其緩急輕重之數爲何如耶有志當世之務者其覈顧在彼而不在此是務末而忘本也故欲卻虜患莫若厚蓄威欲厚蓄威莫若固國本欲固國本莫若重守令以恤民命靜齋君其尚厚恤民命稱上意也嗟乎士君子之立朝其始孰不有願忠自好之心中道喪失自偶於敗夫敗婦之爲者往往有之此貪心

梏之也吾欲繁靡嫚之聲盛豔冶之容崇丹堊之搆以娱耳目快心志乃不顧斲民之命以濟其私負主恩而貽國患爲天下後世誚不亦惑甚矣乎靜齋君負高明慷慨之氣奮然有廓清士習之心奠安宗社之志兩疏皆譏切貪墨百僚震竦夫知其非而蹈之詳於攻人而自治則恕中人所不爲也而謂靜齋君爲之乎惟不欲則心志定而明生惟明則庶務允而澤流莆中則可坐而理也莆中理則吳越丕變四海嚮風吏

治肅清民生繁殖內寧而外戢本固而末強郎時有西北之警可驅而撻之矣是夫論列之名而就御侮之實也諸君何難于靜齋君之行哉諸君懼然曰子之言是也遂命書之以壯其行

誼敦同氣詩冊序

予讀詩至棠棣之篇未嘗不掩卷浩歎也曰周公其有憂乎不然兄弟懿親之至者乃稽之急難參之閱墻究之安寧反復諄切何也及觀世有側目生嫌斗粟尺帛興謠者然後知周公之

慮深且遠也以予所聞若侍御復貞張子昆季其殆庶幾乎張子少失怙恃其兄弦峯先生捡鞠子哀覆育篤至長為延師傳課訓程不少縱竟舉進士而張子父事先生嚴其教罔或踰越昆季于于歡愛若孩提無間也士大夫聞之咸播以聲詩渢渢乎有棠棣之遺響焉予覽而歎曰斯其克敦同氣之誼者乎可以為難矣然宇宙內孰非同氣也靈而為人蠢而為物流峙而為山川懸象而為星辰日月皆一烝也以有我之私牿之始推之至親弗達矣況於天地萬物乎是故惟仁者為能與物同體親親而仁民仁民而愛物一夫不獲時予之辜太和之烝充塞宇宙天地位萬物育皆是心推之也故曰堯舜之道孝弟而已矣張子篤愛兄之心以一體天地萬物痒痾疾痛恫瘝乃身則克敦同誼不其大哉昔司馬溫公事其兄伯康如父饑飽寒煖必伺察之故其居諫垣履台衡事業峻茂炳耀今古不磨張子他日所建樹此不可以覘乎

自湖吳公榮膺臺薦序

今之郡守實與古列侯埒若吾揚麗屬州若邑凡十延袤數百里含生之類咸在統馭視成周曹滕邾莒殆過之已又與民最近喜怒所向民之休戚頓異教令召號朝發夕至其賢不肖所繫民生顧不重耶此漢詔于二千石三致意也然揚當南北要津凡天下芻粟轉輸之運筐篚方物之貢朝覲聘問之使相禪於道連檣接舳皆稡責於守之一身為守者方旁午酬接疲瘁

道路日有不給暇究心民事哉厥任誠亦難矣嘉靖辛亥自湖吳公由春曹擢守揚郡夫以雍容禮樂之臣處以要衝繁劇之地聞者咸爲公苦且會災變疊至淮流濫溢年穀不登南則倭夷肆掠至薄通泰北則巨盜起歸潁間四境震怖一時所遘其難蓋十倍疇昔公乃從容籌濟即賓客紛至政務蝟集處之暇豫不撓也精神意慮恆與閭閻相流通視民疾苦若己擠而納之水火布德行惠緩征發粟殫力拯恤郡內饑

不減淮北道無流離餓莩者善政之效也及兵革搶攘事變叵測則又奮然振厲多方隄防當西賊猖獗百姓皇亂公下令曰守在其無恐亟戒戰守之具浚隍練卒以待賊竟西遁去脫令賊乘勝東下必能出奇設伏相幾邀擊使進不得窺留都退不得渡淮泗駢首就擒無疑也豈至不展一籌殄黔首乎至若哲以燭幽徹寬以綏衆困出精明于渾厚不爭苛刻而法亦未嘗不峻則又神君之治焉夫自罷侯置守號稱得

人者莫若兩漢觀循吏傳所載黃龔文尹輩爲治皆先實政而後彌文化民成俗卓有成績本始而上治功渾渾無名可指史稱文景之際庶幾成康豈虛語哉逮元和間則吏治漸衰至屢厪詔令而不恤國祚亦胥以弱何也國祚之盛衰視民生民生之苦樂視守令守令之臧否進退則激揚者之責也嗟今之司激揚者使所薦咸公若則海宇何憂不康乂哉自公守揚憲臣若某公輩薦剡凡十餘上封秋官寅樓郝君目

擊其盛思所以表之請言太史李子李子曰五袴兩岐歌騰黎庶所從來遠矣輯而傳之則史氏責也矧身親見之哉是庸頌述以先衢巷

壽靈岩閻公八袠敘

蓋風火土水四大之氣假而合之人物以生天下之方則惟關中土厚而水深人生其間每多卓犖瓌瑋之士且壽百歲以上者終南太華率多其人吾揚靈岩閻翁者關中世家也翁之先大人宦遊江淮間翁從之善其地遂著籍爲江

都嘉靖辛卯伯兄巖野公與予同領鄉薦得脩世講之好自是接翁益久知翁益諗翁以鹽筴之利輸助邊餉而雅好儒術故秦晉之族客揚者夥惟翁門閥獨以儒顯翁之丈夫子五咸通籍爲世用冠裳佽列後先輝耀治經義爲博士弟子員者方馳譽時髦尚需晚成孫子輩又蘭茁玉立淵源問學嶄水君首擢魏科兩魁天下士尤海内所嘖嘖共羡者翁以遐齡身親見之亦古今所希覯哉翁忠實和祥行嚴方而樂施予與人譚時事言之更僕悉中機宜而沖襟雅度無問識否咸傾向慕云今年孟夏申降之辰八十度矣有司賓翁之齒德而鄉飲之輒讓不就飲此可以觀翁乎翁年雖踰耋猶炯炯童眸趫趠强步行不曳杖日坐中堂鼓吹飲樂移晷不倦翁蓋關中之産得氣者多故才猷德望高出儕伍終南太華之淑靈獨鍾所生且也子姓繼美多而復賢以故左右奉養有人翁得以優游物外頤養天真今兹耋年殆岡陵之始未足

爲翁限量也誕之日車蓋充于庭賓從紛于席孫子次列兩階執觴以壽余夙忝世誼復以子女兩締姻好於翁誼爲最篤聊述翁生平與家世積慶侈稱盛事敢之筐篚之中爲酌者先

臨溪焦公八十序

余髫年即聞同郡有臨溪焦公聲譽藉藉心竊嚮往焉無何余與公後先領鄉薦始獲荆識迨卒業成均過從日密間與譚執論道輒有心契遂締莫逆交自是往來計偕接公益久知公益稔竊嘆曩昔所聞匪誣也顧余以菲才叨第辱

知

世廟濫厠綸閣公每以功業相勗若不少貰誠恐余庸陋而過望之也余心感而紳佩焉肩兹厚負幸以寡過者纖毫皆出公教乃公僅授蜀邑一令政成而歸余亦尋得請告南還嘗訪余海上握手歡聚復以孫子輩相締姻盟繼修世好古云管鮑善交余兩人何忝也歲壬午孟春某日公春秋八十矣余若衰病無能躋堂稱

壽乃函幣走伯子尚賓丞從賓客末席代余致祝伯子戒行李將發而問曰箕疇五福率先稱壽記有之八十曰耄公精神矯健形體冲顒殊不類耄齒者何以故意者壽定于秉公質豐而氣充玆壽也天寔厚之是故均植而松栢後凋均峙而嵩嶽不毀殆謂是與余曰大造無私栽培惟物小子何知而蠡測若此又進而問曰壽成於修公神完而氣固玆壽也善養得之是故勤種饒兼畝之獲厚植廣喬木之廕殆謂是與

余曰偃仰屈伸呴噓呼吸往喆弗譚小子何知而管窺若此尚賓丞乃俛首而思踰階而進長跪請曰一天一人壽道幾矣大人更進於玆願有請焉余曰小子聽之往聖未嘗譚壽獨經曰仁者壽一言蔽之臨溪公事繼母蔡委曲竭力務得懽心何孝耶讓產諸弟已有廢業者復捐貲代償俾不失故物何弟耶他如還金却贄闢門便民而不責報種種懿行未易枚舉何義耶其宰邑也捐俸以賑貧氓鑿渠以興水利當世廟聿興大役公以採木賢勞多方區畫俾民不煩力國不乏材邑人至今口碑不忘有去思之風焉何惠耶夫曰孝曰弟仁於家矣曰義仁於鄉矣曰惠仁於國矣仁則天心順人心與公之壽端有自也況由家而國無異致由少而老無改節固人所難能而公所獨得行誼風千古聲譽流百世且也丈夫子二負時髦雅望行將鳳翥鸞翔奕葉濟美則公之不朽者要自有在不專於區區年筭間較修短又何必采青城之

芝餌巴穴之丹尋金馬碧雞之幻如所謂長生者流延年益壽也哉爾小子秉與修兩者之說似矣未盡也尚次第余言用佐壽觴因歌南山之章曰樂只君子遐不眉壽樂只君子德音是茂

壽潘象安母王孺人八十序

余秉政時諮求當世士聞有潘象安者其人少孤有軼材以隱爲高不可以折簡致迺象安儼然不遠四千里屣蹻赴余之招象安蓋新安人

新安故多以詩名家獨象安崛起妙齡上滙李唐漢魏卽弱冠冥棲業已飛名京師矣於是人人願交驩象安象安性恬愉諸游都市者雞鳴而起飾冠裳擁騶奴遑遑焉望門謁造不金張卽許史也象安則箕踞一室左圖右史朝諷夕詠視茀邸猶蓬居嘗言曰見卜客不如識一古人公卿有折節下之者則攝縫掖往報之未嘗先投人一刺顧獨留余且十年余入直則爲置一榻每食必並席自念無它禮意直可稱忘形

卷之六　三十二

耳與之上下古今則抵掌而譚至臧否時事輙嘿若囊括其家故貧母且老於其身一無所請卽余竟莫測其曷爲來且留也人或諷曰迂哉潘生是豈所以爲遠游計耶象安聞而笑曰嗟乎人患潘生迂潘生自患不能迂耳潘生寧以國士負貧賤毋寧爲貧賤負國士也督學使者聞而賢焉以文行辟爲博士弟子員無何余疏請歸養象安亦由由然南還萬曆改元復就試京師一不第亟趣裝歸諸公卿相謂李相君往

矣潘生當留廼益要結象安象安固謝不可曰縴江東草鄙之人也落魄走燕市辱諸君子不遺使得一當上客私願幸甚柰何小人有母春秋今八十人言七十古稀吾母所得多矣藉令徘徊岐路弗遑造郄奉卮謂人子何於是諸公卿察象安終不可留愈益重之則贈之言爲母壽且寵象安行也始象安家居時故嘗與里中十二人結社曲水其人大都善士黜賄埶而敦雅素象安在京師久數嘗爲余談之至是諸君

卷之六　三十三

廼以言徵余余觀諸公卿言雖人人殊類皆金石相宜緣情發志庶幾哉曾頌燕歌矣夫復何言獨謂象安負當世之具行將顯身逮親固也然一文學事耳吾不知爲文學毋者何限此之爲壽雖登之適下之也往余承乏政府卽不能司造命之柄獨不能爲象安地乎顧當世能不象安迂者可卻車而載所能象安迂者堇堇指一屈焉終不令以好士之故辱象安以尺寸爲不知己者詬厲也象安舍所可請而顧甘心於

儻然之遇其於出處義命蓋辨之稔矣象安同産者三人伯氏有聲士林屢舉屢躓而爲文愈奇其季游困而任俠終不肯下余聞之太上不辱親三子者雖負奇競爽各異其致要在不辱此之爲壽顧不謂太上壽乎孺人非有鐘鼎之奉文帔之御也迺今登耋望耄齒髮未衰尚能含飴哺孫左提右挈則又能安三子德養之一徵也孺人之賢余所不能知不知其母視其子余則能矣嘗慨古昔賢豪劌名於朝露之榮遑

䘏其它多在骨肉相激三子之能不辱余必謂非獨三子能以有孺人能也孺人其賢母哉曲水君子儻持余言與顯身逮親之說並進視孺人解頤何如當自有辯也

二溪集序

夫兩間之氣惟海爲大海之所環則冲氣匯焉瓊在南海中山川盤欝珍貝犀象奇禽異植之産甲天下毓而爲才則雅藻敷蔚往往抗衡上國如文莊丘公以博聞多識卓爾藝苑詎非海之靈徵哉文莊而後彬彬迭出如吾師二溪楊公尤其傑然者公振起海甸銳情斯道博綜六藝約之一心撥爲文辭雲蒸霞爍精入幽深卒讀不能了其旨久玩則膏華溢出脉理條析譬之大匠造室搆結邃密莫測其始而繩墨固可尋也夫爲文者擷華靡辭其眞斯鑿徑情罔作其味斯薄或舉之而宿儒難闡或稱之而野嫗可解其詭于道則均焉而已是烏足以分鑣並驅於作者之藪哉遠而不過近而匪膚六經濬

其源諸子暢其流由於性道之域超于聲色之外公之所得者深矣信哉南海之靈也公往在昭陽芳執經請益公卽簿書旁午掇管數語輒奇峻不羣兹臥林壑者二十年榮利不入其心囂俗不瀾其志斂其神精游于墳典有不神解理順者哉公壻上舍馮子蓋北遊都下出其所錄公作示芳將梓以傳芳因得僭敘簡端云公名愷號二溪起家嘉靖癸未進士令昭陽多恵政擢地曹不再月以母老故尋乞養歸言官屢

疏不起至性純孝李令伯徐節孝其儔匹也其他行操尤峻兹論文不濅及

四子贈言

庚戌冬趙子伯泓授丹徒令造予而問政予時欲有所復未遑也明年夏何子汝肅授留都秋曹陳子文祥守蒲州徐子思重令臨川皆造予請如趙子予曰庖丁操割造父談御中郤窾而析馳驅彼其所習也予未服吏事而謬談之豈能效哉又道與時變感以事異因時與事錯綜

斟酌而妙應之斯當也度于今而施于後即有以告諸子安知其必適于用哉吾請語諸子以學可乎夫政運於心者也所藏乎心不善而欲政之理猶瘁其本以求末之榮不可得矣學也者所以復其心之善者也故漆雕開聖門高第弟子假令出而仕齊魯間其敏于政當不在由求諸子下乃其自量則曰吾斯之未能信孔子說之信者善有諸已之謂也苟善不能實有諸已則見可欲不能不動見可欲而動則昏不足以燭幾而是非眩私不足以體物而酬酢舛多見其背也已開之所以自量者意或在此若之數子者須臾之伐不能救賦斂之厚不能止肥馬輕裘之欲不能禁一出而皆忝師門壓孔子之告戒者屢焉此豈數子之才不逮開哉學有信不信也四子自量其能信果如開否出而臨事不遷於物未能不如諸子否脫有不然烏可以弗學哉昔者周公負元聖之資據師保之位其忠誠至於感風雷動天地若可以已矣然猶

早夜思惟坐以待旦而無廢時吐哺握髮延訪百執事而無棄人測其心若以為一時弗學則私意潛發生於其心害於其政上以危宗社下以毒生民豈能以少懈也今之人德不逮周公而自賢過之竊　朝廷之威柄巍乎其上而草菅細民有所舉措則尤然自以為是而人不得以矯其非欲施之無悖不可得已四子果能學漆雕開之信法周公之虚其於政亦幾矣予也受國之恩而未能自效所望以行吾志者諸子

也諸子共念之至於峻法以斷民之命黷貨以傷民之心此稔惡者之所爲吾知諸子不屑也諸子尚念之哉汝肅當過潤城其以此告伯泓繼是有別予者卽不予請予當以此贈

送給諫忠池黎年丈僉憲閩臬序

今上御極三十年凡五闢館以儲才彥而丁未開科正當王仁丕洽之期拔而儲之者凡二十有八人蓋彬彬思奮爲忠池黎子實與玆選學旣成分授諸曹任黎子黃門給事黎子母夫人葉衰且病日惟南國之思以藥代飱黎子恫焉而莫知所裁延踰朞母疾日益劇天官氏聞而惻之稍遷閩臬僉憲以全其私李子曰忠哉黎子有聞而惑者曰國家之儲才所以圖理士君子之委質所以報國方今邊圉多警畿輔旱暵致厪　宵旰正臣子戮力時也黎子受國家甄育之恩不思揆策濟蹇而惟私之恤其視不就外郡顧出入禁闥者見何殊耶李子譬之曰否不然孝者所以事君故庶之赴曹君子不曰悖

嶠之絶裾君子不曰忠黎子去不爲負君不去則負母矣黎子不忍負母又忍負君哉且黎子負踔絶之才掄魁江藩奉對　大廷擢上第及選入中祕修詞勵行並超時輩使少淹諫垣歲餘取御史若振槁耳黎子乃舍彼而取此此予諒黎子之必忠也吾聞母春秋高矣黎子膂力方剛以其什一報母什九報君孰謂其背哉予又嘗籌之諫官惟言是職知之不必言言之不必行欲輸其忠也恆難至于臬司則分制一方惟吾所欲爲而莫之或梲欲輸其忠也恆易故以嚴見憚者卒莫行其救正之志及爲郡處東海則治處淮陽則治何者其樞誠在我也卽爲黎子謀所以報　君父者亦豈必在禁闥哉且上始發二目試黎子輩一曰原心一曰善爲寶夫心者帝降之衷也不罔其心則爲善人善人者國之寶也罔其心則爲不善人不善人者國之蠹也大哉　王言其所以望諸子者亦旣深矣而又範之以師儒優之以廩餼給之以筆札

其儲之也處之邃密之地其官之也布之清華之秩實之如此其至夫亦冀其皆爲善人稱任使以楨邦國而已也黎子之閣將爲善人否乎然吾諒其心亦久矣黎子坦夷直諒與人處洞見表裏彼所謂善人也寧肯罔其心負　君上哉予將拭日以觀黎子之殊勛異勣當必有進於今日者

二徐詩序

江陰有二徐徐元獻徐經父子也並負奇資早

綐藝苑十歲即能賦詩爲海内學士大夫所稱賞如匏庵吴公西涯李公玉峰朱公輩咸得與游睹諸所酬贈可知已江夏黄童殆其儔伍耶然皆早世不究于用何其傷哉夫天之生才所以濟世小之綰符郡邑惠綏一方大之秉鈞樞要乂安海寓其所稟受往往獨異凡衆明敏穎慧發之髫齔者間亦有之其或運促遷速厄于短數辟之辟閭立斷之鍔未試而遽折纖離遂電之材未逞而頓蹶者亦不能無夫既畀之以才

矣又奪之謂何哉此予所惜于天載之故者也大抵鴻鈞沕穆芸芸萬類清濁厚薄惟所值耳將氏翁任氏童造物者何意哉然化者形不化于化者神神之所寓者言故曰誦其詩讀其書知其人苟有一言幾于道其神可與存也半江之號託于片言倚樓之聲成于短詠然則二徐諸作能無半江倚樓者倫哉斯集存徐之父子未爲夭也雖然向使得少延以究其才不惟言筌深造安知其無裨于世哉悲夫悲夫其孫子

治洽能世其學由監胄爲兩都鴻臚協謀鍥梓以永其傳可謂孝已元獻字尚賢號梓庭經字衡父號西塢後先領應天薦所著一曰達意集一曰貫感集貫感則其子以感諸夢名之其神之不泯如此編次則梓庭從弟納齋君某也

送梓河顧會丈署教洛陽序

余與梓河顧君童子時挾策試御史臺輒補學官弟子員才美燁燁邑人咸屬目既試邑大夫試御史臺往往同見擯又進相頡頏郡之人又咸

屬目以爲二子者才相伯仲也然予則心遜君每自訟曰顧君穎敏該洽搦管亹亹數千言不搆思立就尤博綜羣籍馳騁六藝諸子之若探重淵窈乎莫測予鈍劣寡聞渠不滿尺舉臑卽窺及底豈其儔伍耶君顧屬意余以爲可資劘切譚藝論心靡間日夕語及乘時樹名未嘗不抵掌振奮時時相勗曰此生可虛度耶予業領鄉薦相與幽捜東野冥求舊業不改諸生時以道義文學相砥切者餘二十年未有間也既予舉

丁未進士官史館又十年而顧君始舉於鄉丙辰上春官復不第嗟人之遇不遇豈有定格哉顧君理裝將南歸予固挽之曰桃李春華蘭芷秋榮各會之候耳以恒調而取必于天非智也以君之才豈不能先鞭雲衢顧遲以旦夕耶又豈不能扶搖直上復戢其翼耶騰達有時非人所能强也且君苦鉛槧甚矣何不少圖息肩乃三强之謁選得洛陽學諭顧旋在吾鄉爲最鉅代有聞人師魯師勝以文章節義著名國初而

以科第顯則自君始武陵湖崳之秀渟蓄汪匯久而未洩者萃於君之一身則其發也必昌必茂行且奮翔寮廓以大厥宗而此其發軔也君其勗哉洛陽天下之中人才淳朴俊髦彬彬有文武周公之遺教疇昔與君砥切窮究者舉以陶鑄之異日有豪傑者出以副國家側席之求則予之挽君非徒矣已未春君當再上春官懽晤京邸予將執袂叩曰君作士凡幾得才凡幾君其思所以應我乎

送同年大梅史君令松溪序

太史李子與大梅史子同領嘉靖辛卯鄉薦於時英氣勃勃有並吞雲夢奮翔寥廓之意謂致身霄漢唾手耳顧阨塞不得遇者二十年每落第則相顧笑曰我輩果蓬蒿人乎不然胡阨抑至此也旣而曰築版飯牛昔賢比比獨吾輩然耶於是問學餘行胥與砥劘以酬生平乃歲丁未李子叨第入史館史子彈冠慶曰子第予何憂乎癸丑亦舉進士第時李子在告里居抵書

海上報李子李子曰荊璞屢刖卞氏不悔騏騄在廐伯樂屬目人固有才如史子而終阨塞者耶明年甲寅夏授令松溪李子適至都餞之郊且告之曰道有所符則山阮騄合趣或少殊則管華判席同方之契豈徒昵情已哉方予二人伏跡草莽研精道術甘心困阨而不回其志者誠欲有以自見也今兵革蜂起南北搶攘災沴疊見正臣子戮力之時而撫綏寧輯厚本强末要在守令何也爲其與民近也予嘗見士大夫

平居高論語及時事未嘗不抵掌浩嘆見寵賂日章則頓足唾詈及當其身乃亦有薰心其中而不覺者謂素志何秉廉靖之操廣煦育之恩建訏遠之猷流芳聲之聞士君子不當爾耶松溪在萬山中僻小而饒僻小則政務簡而氣易惰饒則可欲集而志易奪昔與君講求砥切於窮時者其善守之哉予雖優游史局無所事事當淬志勵修求無靦色君也大梅子曰敢不交相勗以無負同心之誼哉

送吳中翰請假還南序

中翰鳳泉吳君往歲業國子有聲余嘗聞其名未識其面也及選辦武英殿事數得與進於先生長者之門又數與諸貴人游予益心異之然未與交也庚戌授中書舍人日懸龜出入禁闥手儀甚都從衆中訊之乃知爲君而君始通刺予久之乃知其父兄固商吾揚君雖發跡檇李而其先則世爲新安人寔文肅公傚學錄公俯之後予乃詫曰君固吾鄉人耶鄉中人乃謂予

曰吳氏故以貲雄江湖而世敦友孝當其父某翁之存也昆季左右就養惟謹翁逝昆季相得煦煦如嬰孩君滯都下餘十年資斧纖悉咸仰於其兄而其兄竭力贍之問遺之使相禪於道君則時時對客頌其兄甚至語及久相潤輙涕出斯可謂交篤兄弟之誼者矣一日其兄以書招曰先人之墓蕪矣盍歸掃之且予恆汝念君得書淚簌簌下即日上疏請急得允即夙駕遄歸鄉之大夫士咸重其行祖餞都門外而以贈

言屬予予曰予因吳君而有疑於太史公之言
矣太史公曰淵深而魚生之山深而獸往之人
富而仁義附焉信斯言也則富者必仁義而仁
義必待富而後有豈其然哉昔伋子貲萬金素
逆父至蓬父渚下石漬而象謀都君無所不至
彼豈貧賤人也故高貲者多逐利而忘義溺名
者每殉祿而廢恩絕裾燃箕比比而是若吳君
者其亦篤厚天恩不以富溺其心者耶君歸矣
西清珥筆日切龍光亦儒生所希遘也君其能

滯丘園而忘北轅乎

送馮子汝忠迈南海序

馮子汝忠南海瓊山人也少有奇資吾師二溪
楊公鑒其才以子女之其先大父侍御若菴公
在
武皇時以秉直罹禍爲
今上所褒錄其漸濡所從來遠矣一日慕司馬
遠覽之風思覲上國之耿光乃鼓篋北遊將發
二溪公曰太史李子若師也至都往謁李子李
子當不予忘予聞而悵然已而陶然慰曰不得
見吾師見馮子猶吾師也遂諾之日夕與相劘
切焉馮子爲文切理不作奇僻語居太學數試
出諸生右已酉秋試塲屋顧弗利復留都下踰
年已將迈瓊且別予予諗之曰士之學猶賈之
殖貨也殖貨者出風濤涉險遠不得奇贏弗迈
也今子之北學而歸其有所得否乎昔司馬子
長好遊禹跡所涉罔不窮歷洩爲文辭精深宏
肆卓絕千古千古之下仰以爲不可及然識者

往往以藝卑之班鄭二氏詆以爲是非頗謬博
雅不足又所弗論已夫文辭至司馬尚矣猶爲
達觀者所誚誠以其飾末而忘本也子自南海
遡吳越北走齊魯以達于都其所閱歷不下子
長將以鬯其文辭而已乎抑有進于是者乎如
以文藝而已是棄珠珍櫝非良賈也故曰百工
居肆以成其事君子學以致其道馮子作曰學
如何而可致于道也夫學躬行之謂也學不躬
行又攻藝者之弗若矣子亦何俟遠求哉子大

父自郎署領憲職卓有亮節當其時閹豎煽禍稍不爲權折之死不易吾師令吾與去有遺思其依依母氏則乞養南歸高臥瓊崖之側是棄榮利不啻敝蹝此之爲學覩靡文辭遺實行者孰得孰失耶子歸矣反求諸心而躬行之必爲善必不爲不善惟二公是程焉其于道也幾矣至于心精理融出其緒餘以爲藝所謂仁義之人其言藹如又未有不動中矩矱者不文安足爲子慮哉馮子竦然曰蓋今而後知學有加于藝者敢不敬聽

送半沙李君擢判襄國序

半沙李君爲宛平丞九年擢判襄國初君之久于宛也人咸疑之比則名易彰任久則實易覈賢可陟也否可黜也奚若彼久淹也至是而知淹之者乃所以賢之又咸爲李君賀嗟乎自久任之法廢而吏無固志民生困矣昔者先王用人典禮典樂司空司徒爲后稷爲納言爲士爲工爲虞終其身而不易有以官爲氏者有爲吏長子孫者至漢猶然志定而專事練而達各懋其才以成天下之務未嘗切切焉欲崇其階豐其祿以自肥也今之仕者勞未積而日望其秩之驟遷其或不然則怨且咨夫仕果何爲者也上以殿邦下以乂民其紀綱之措置風俗之漸化要非倉卒可得而致即使賢知者爲之旦夕而去將弗效矣不然今之飫爲知慮顧獨賢于古耶夫襄國去京師千里而近視宛之漸濡聖化雖一然剸理難易則有異焉宛隸京府多戚近豪右之家緩之則事廢急之則謗集部臺之督迫簿書之繁夥蓋十倍外邑非才以運之守以貞之鮮不仆矣襄國即衝繁豈加于此乎故理宛難理襄國易君佐宛以才著上官遇事紛錯難解者每曰此非李不能辦悉畀之理君力爲處分顧事事當上官意如蔌市行捕山寇三執事場屋備諸勞瘁弗遜也弗難宛襄國可知矣銓司所以緩君擢而峻遷之者意其在茲乎且君九年於宛弗得調有慰之者則蹙然謝曰

予誠菲薄得竊祿京邑覩聖化之隆足矣何敢他望意蓋愉愉然暇輒引觴自酌發爲詩篇取適興不一一求合往轍其亦崔丞對松而哦意耶行之月同鄉官京師者咸餞之都門外而予復重之以言

送前峰鄒姻丈令新城序

前峰鄒君少有奇資爲文深詣古峻不肯俯就時調俗輩罕鑒識者甲午秋龍翁相公典文衡南都見而賞之曰非常才也急拔之先是邑宰

李君校庠士首列君恆語人曰今秋即舉一士必鄒也其聞望素著如此及屢上春官顧弗第今秋慨然謂予曰詩稱膂力方剛經營四方言効用貴及時也天生予而不早試之過此即得第衰颯何補于世乎吾其出矣遂謁選授新城令新城濟南敝邑賦重役繁民多逋竄人咸爲君憂君怡然促駕去且謂予曰忠臣不擇地而効節智士恆乘時以有爲仕以自利也誠無樂于敝也苟非自利則敝者有爲之資也吾何擇哉予聞而壯之曰信哉敝之足以貿君也乘時之困而綏之則易懷當事之蠱而振之則易起是新城者天遺君以植德令譽者也夫何憂于敝且士之學所以濟世國家之養士所以爲民方其育于庠賓興于鄉復其身而優其禮遇至隆且渥惟以期一日之用及其仕也惟希得善地則敝者誰其任之君無擇于新城是亦行古之道也或曰敝可無擇耶賦而恆逋則用急靡而弗集則事廢臺省監司督迫操切于其上能

以安位乎哉嗟乎後其位而位存倪寬之綏征程明道之均役皆非剝下以自全者而名益彰位益固鄒君能强行古之道又安知不有知而薦之如龍翁相公者哉即不有知者則亦無忝于出不足爲鄒君憂

劉晴峰加授廬州衛指揮僉事序

廬江有晴峰劉先生者偉人也少與其仲太僕白崖公並以才著聲淮海間先生穎敏善記誦爲文不假思索立就一時同輩推讓以爲不及

鄉人屬望不在白崖公下然意氣昂豁揮霍感激時事有投筆請纓之志曰斯時安用毛錐子爲耶遂棄舉子業與同里蘇原吳公賡唱自適暇則歷覽名勝山川險夷固塞罔不窮涉意不獨在遊適也比年倭寇猖獗蹂躪淮揚突至濠泗虜傷甚衆先生奮然曰此寇不殄無論殘我庶衆不將震驚 陵寢乎吾力猶能掃此孽顧無階耳會恩例忻然輸粟拜廬州衛指揮僉事噫先生疇昔之意其將藉此自見乎夫干雲之

材可任隆棟委之深谷則樗櫟等耳騏騄之足一日千里縶而弗試則技不越駑駘故班仲升鄉慕傅介子張騫棄筆硯不事既佩司馬印率三十餘人橫行西域卒之西域五十餘國悉皆納質內屬至今談者尚之向使固守書傭豈能建尺寸之業垂名簡冊哉偉哉先生之志也方今海寇未平至厪 當宁南顧之憂廬郡拱衛陵寢襟帶江淮地稱要害且風土深厚生其間者多魁傑之姿抱勁直之氣激之以義可使敵愾先生義氣素孚里閈激而倡之則同仇之衆呼吸可聚掃頑孽樹奇勳以償疇昔之意不其偉哉白崖公才聲令望推重一時行且陟華履要茂建勛猷伯仲斌斌頡頏以共攄報主之略則誠偉哉先生拜命將行予既偕同鄉正郎釜山柳君輩祖送都門外而復重之以言

送邑博宋平軒致政還嚴州序

太史李子十五遊黌序二十而第時有曾田公嘉猷爲學諭閩阮公良璽爲司訓田公日坐堂

上手執經爲諸生解說疑義諸生環聽之卯而入終已而退無惰色阮公則傍出譬質語喋喋不休李子時最少即燕見必叩近所講習或指訊一二義弗達則縷析微旨以示而後退當是時諸生入其宮彬彬揖讓進忠愿而黜浮薄吾與僻在海隅俗故淳厚二公以禮讓導之故其漸而化也恆易後二公至者蓋數輩乃其所存則日以異士之習亦漸改李子每愀然曰安得如田阮者爲之師哉已李子叨第官京師平軒

宋君竹軒董君相繼長石庠鄉人至輙訊二君
得其善教狀及假還海上而一齋李君又繼至
日與二君者遊見其樸茂渾淳志行符契士習
為一新云今年春宋君乃以老謝去董君李君
緊合庠人士重其別則以贈言遊李子請為李
子曰君子之處有風焉非其位之謂也夫風
之入人也微而其行之也遠作之一人播之無
窮者風之謂也故曰風也教也風以動之教
以化之君子所恃身退而教不衰者有風存焉

田阢二公去與二十年矣與之士無問及門與
否咸嚮慕頌說不忘斯非風之所動哉故君子
寧屈身以貞教不希遇以毀節然則宋君董于以
去為感也其身雖退其賢益彰脩友信之諸生
總之所謂樸茂渾淳者後之人溯其風思見其
人亦若今之于田阢也昔陽城去太學其徒至
請留闕下伊川歸龍門上四方學者以為不必
及其門夫古之人道不以去而廢教不以勝而
愬如此然訓諸君戀于宋君之行與宋君之
所以勤諸君者曾亦行古之道也夫其亦行古
之道也夫

送四川俞司訓擢吉水學諭序

夫經學之有師猶器之有型木之有繩也型誠
器從而正矣繩誠木從而直矣師誠士從
而化矣弗擇師而求士何異合型繩而求正直
乎記有之曰禁于未發之謂豫相觀而善之謂
摩則師之謂也是故明王必慎之何也今日之
士異時之公卿大夫也今求于士而于師儒

之賢不肖漫不加省豈所以求大本者不豫于
深嚴巨盩也思以克明望淑者之用可得哉故
天下之治忽在人才人才之邪正在師範欲天
下乂安長治不可不慎擇師儒也余嘗觀師之
品有三太上以德其次以文甚下則利焉已矣
以德者崇廉恥進退辭讓先之以躬行其為風也
使人尚行而有恥以文者言章程指勸務謹之
以文藝其風也使人急名而忘實以利則辨其
文而怠之至甘為風也使人先利而後義士尚

行則天下治士急名則天下靡士先利後義則下殘而天下殆國家設師儒之官優以廪禄崇以禮貌不煩以民事欲其育才待用眞宗社而蕃民生也此可不爲之深省乎白川俞君東浙名士其先世數以科第著至君才聲籍甚顧弗偶有司徒以貢司訓興庠七年教有成績擢吉水學諭其在興也飭躬勵行以德先多士蓋亟欲挽士習于尚行者今得專主之柄矣吉故多道德文章之士器與木之藪也白川君持型孰

繩以從正直其益興乎

送成中峰之寧州序

中峰成君少負儁才受學司徒鷗溪楊公一邑才俊皆師公讓以爲不及性沉靜不妄言笑舉動咸整肅有尺度公每語人曰此大器也首臺試者數四顧弗利場屋已以選貢業成均司成鍾石費公南野歐陽公大奇之曰此不當科第者耶淮揚間稱積學弗第者必首曰成君成君云今年冬筮倅分寧羣情咸惜之李子曰不然

名不必揚惟吾倅之務藏位不必崇惟吾德之務隆故君子所能者在我而已遇不遇其如天何且世之掇巍科躋膴仕名位通顯者何限然求其佩道行德無愧天日蓋不數見而後之景行稱述仰而企之爲師模者又咸在落落難合之人天之所以與我者其尊且貴夫豈在名位也中峰君信無失其尊且貴又何擇於倅乎昔濂溪周子嘗倅寧寧人至今仰之若存志稱決疑獄老吏弗如不知決獄不足以盡周子而周

子之所以感當時信後世者要自有在不然自有寧以來倅寧者不知其幾何周子之不泯也中峰博學多識才足以集事簡默持重望足以服衆之寧而不失其素安知後之仰之不如今之仰周子也吾聞寧僻在山谷俗尚頗殊曾子固所謂勤生嗇施薄義喜爭其風猶存勤而導之以恆儉而示之以禮薄者使敦爭者使讓俾寧人世世戴之其尊且貴孰尚焉中峰君行鄉大夫祖餞都門外李子起慰之曰君至寧謁周

子祠下見其廟貌巍如宜以自信

送亦山胡君分教益都序

嘉靖戊申廷試天下歲貢生予從諸同寀校閲中祕有以上卷示予者曰有才如此乃淹滯逮今耶文雅而暢氣融而粹衆咸稱異以爲非常士也及啓視則爲台之亦山胡君士喈太史華峰秦君曰此有道士也其父教諭近齋先生二兄一梧州别駕一鴻臚並以文行著厥有淵源矣先是予爲諸兒擇所師而未得遂因華峰君

通胡君胡君心諾之已試銓曹諸郎賞其文有固欲延之者胡君力辭不赴竟館予邸舍諸兒從之遊者幾一年乃其業則日漸通解周旋進退亦稍稍就規矩予深以慰云已酉秋試京闈出誦所爲藝藻思俱暢謂當必第顧弗第尋授益都分教行嗟士之遇弗遇詎非命哉然命能塞人而不能使人之弗賢誠賢矣弗遇奚病吾聞近齋先生兩任爲儒官咸能以道師人成安至今俎豆不泯此豈以科第著哉故陟華履要世多有之而後之景行誦說望之以爲不可及者恆在彼而不在此然則弗遇何足爲君戚哉君行矣齊曾孔子故鄉也當其轍環弗試歸而講學泗水之上齊魯之士響應雲從彼豈有勢分驅迫哉服之以其道也君入其境惻然而思其先子之所以不泯以遡求孔氏之流風俾益都人士皆知興起向道不徒以精藝射名爲已足異時真才輩起足以匡時而名世安知後之祠君不如成安也矧今儒官制得仍錄有司則

究厥施于將來者又焉可量哉亦山君其無戚于今日之行

李文定公貽安堂集卷之六

李文定公貽安堂集卷之七

誌銘

吏部尚書贈太子少保謚莊肅胡公墓誌

銘

嘉靖丙寅十月二十二日吏部尚書胡公卒于位先皇帝雅意大用公而不意公遂奄然以逝甚悼惜之乃贈公爲太子少保謚莊肅道祭營塟如制明年丁卯

今皇帝紹圖纘服恢宏盛美而凡先皇帝之舊臣耆德無問存殁悉加恩澤於是公之弟梗若嗣孫維垣咸得以公蔭補國子生梗詣 闕下謝因持狀造予曰先大夫掩兆有日矣不得名公鉅筆以誌其謨謀建立之詳歲月悠悠將遂泯焉無聞也敢請時方脩先皇帝實錄予謬總其事凡名卿碩士有一言一事裨于國者輒得附錄其下況公之議論建立章章如是固將載之簡冊而藏之石室無疑也其於公之銘何敢以不文辭按狀公諱松字汝茂柏泉其別號也世居定遠元末避亂徙滁遂家焉大父璉父江世有隱德以公貴贈兵部左侍郎祖母周買母倪俱贈淑人弘治癸亥十月十一日實生公公幼卽嗜學家窘無所得異籍則傍借抄讀更輯古名臣奏疏紬觀之喟然嘆曰經理天下者不當如是耶其志向已槩見于此云嘉靖戊子領鄉薦己丑成進士授東平知州秩滿遷南京兵部員外郎改禮部祠祭司

進郎中陞湖廣叅議山西督學副使進叅政以言事指斥權貴得罪家居者十餘年後用言者薦再起公爲陝西叅政尋轉浙江按察使進右布政使轉江西左遂擢公爲右副都御史巡撫江西陞兵部左侍郎轉左改吏部陞南京兵部尚書尋以吏部尚書召入方其爲州時州有巨豪劇寇前守衆不能收捕設法擒殪之民有訟必先諭之以理不得已方置於法故民莫不愛公之惠而畏公之威至搆祠祀公焉其在留都

時以部員冗職稍有餘暇即聚經史求微詞奥旨參稽考互必浹洽曉暢而後已且曰爲學如儲積然儲積既多水旱盜賊應用將不竭矣及在湖藩職粮餉值湖壯叛苗鎮草之變公紆籌策親履行陣遂致蕩平捷聞特　降璽書慰勞且有白金綵幣之賜秋闈試士以公爲提調而是科得士爲多其督學山西時公乃樹風聲明經術將以儲實材爲天下用而士類亦彬彬然嚮風矣會虜酋入南地抄掠民倉卒奔避太原

太原城堅閉弗納公憤然曰是非我赤子耶若何弗納弗納其奚用守爲守將懼遽納民民賴以全活甚衆於是公遂上疏曰虜之敢于深入者以邊將悞失於先機故也賞罰不得當功罪不時審奸豪潛入虜地爲嚮道而莫之察師臣隱挫衄目以捷聞而弗之究則備禦何由嚴而虜安得不深入竊爲國家憂之謹上便宜十二事曰懲苟玩曰堅障堠曰懷携貳曰蓄華牧曰慎任使曰利器具曰廣間諜曰淸耗蠹曰嚴備禦曰核屯戍曰預積貯曰撫傷夷亹亹數千言皆切中邊計要害

先皇帝可其奏即擢公參政協守鴈關蓋知公可大用也公文臣也一旦起言邊事人固忌之而疏中語頗侵當時用事者以故得罪去公家居築娛老堂奉二親別搆尚友堂聚天下諸書讀之又曰是文耳曷若偕一二同志遊東南歷覽形勝當有脫悟處也時公同年友羅君洪先唐君順之亦以言事廢二公並有志學古者與

入宜興山中盤桓究解而公之神已脫然超上乘矣當是時言者以邊才薦公乃起公陝西駐平凉乃條數十百事若嚴保甲均賦稅選伉健置平常大都可爲經久計者其在浙將吏多觖軍食傳峙公案發之賊巨萬人心肅然其撫江西適流賊豕突殺長吏公受命即率浙兵千餘人倍道出賊不意悉殲之因議曰豫章爲閩廣下流當受其衝莫若於要地增置城濠屯戍守先事而待之復減租稅理冤獄舉賢良黜貪墨

民得蘇息乃立石頌德焉始廣西賊帥張璉者
黠慧獷獰爲諸酋最其巢穴連諸洞寨驅蹙蠻
時出寇抄邊郡苦之諸路討之數歲不能克至
是悉平蓋公之功居多云公勳隆望重不數遷
即爲太宰公固將獎恬退抑躁進擢用才儁以
報稱德意而一旦遘疾不起矣嗟公終才六十
有四耳朝野謂公爲太宰其所登延布列必皆
端人而協賛化理必大有裨於斯世而天遽奪
之則果公之不幸歟抑天下之不幸歟公貌古

行恪一語不妄發至其建立廊廟大計則千夫
不能奪也古之所謂社稷臣者非歟公於書靡
所不讀然得其精意大義皆可見之施行故事
起輒應不假旁求探索如武庫之儲百器畢具
唯其所用至其所爲文出入班馬其大旨本之
程朱其體格則嚴而峻斯本深末茂者乎有奏
疏書記傳志詩文若干卷行于世元配范氏封
宜人側室二俱無出以堂姪世耀嗣蔭入太學
卒維垣其子也公墓在滁東四十里水口新原

銘曰
滁之山崔如滁之水漣如降靈滙粹挺生大儒
文學飭治謨謀殲寇天不憖遺大用未究噫嘻
太樸完歸勳名奚爲長臥滁陽寧不懌而

資善大夫都察院右都御史兼兵部左侍
郎思質王公墓誌銘

都御史思質王公者吳郡太倉人也以明經起
家累官至右都御史
肅皇帝時嚴氏竊權以私恚陷公及禍伯子憲

副君仲子進士君痛公命殞非辜則棄官扶公
柩去去八年而
今上御極渙發維新之號於是憲副君上書白
寃得還公故官已乃狀其遺事寓書都下徵予
銘予與公同舉於鄉與憲副君同舉進士乃受
書發狀曰嗟憲副君以世誼要予哉是役也予
敢以不文辭遂爲誌而銘之誌曰公諱忬字民
應思質其別號也少以文學名三吳嘉靖十年
領應天薦又十年舉進士授行人選監察御史

擢僉都御史轉副都御史兵部左侍郎進右都
御史歷中外凡二十年而長轡駸駸迺落穽
嚴氏未覩其竟搢紳大夫莫不扼腕惜也公爲
人淵達亮直才能通敏始以繡衣白簡剔蠹鋤
奸風節凜凜人業以眞御史目之及見公出秉
斧鉞坐鎮疆埸禽蒐島夷草薙羯虜則又咸歎
服以爲即古張韓莫過也行人時常使淮藩王
以例餽遺卻不受及監中城
皇太子當出閣乃疏列三事其一言崇師重道

其二言愼選官僚其三言六局丞郎尤當愼選
疏上中外韙之已按湖廣即劾罷所部諸貪墨
吏曰必及吾瓜而後罷謂楚民何由是威行部
中部中吏無敢漁獵細民者中官廖斌鎮承天
擅勢毒民而陷前部使者至戍顧獨慴公終公
任無敢犯庚戌秋虜猝擁數萬騎犯古北口而
守常論者徒謂不旦暮却矣公時按順天乃獨
筴曰古北與虜一墻限耳我兵愞不勝敵即突
入桼何通州聚六師之儲要地也願爲

上守之乃即日行部至通亟趣吏士啓扉舟楫
在東岸者趣徙之夜半虜果大來竟不能踰河
而西當是時烽舉燧燔咫尺相望
先帝憂甚公迺首以疏聞　天顏爲霽已又知
公晝夜擐甲視軍城上　特旨擢公僉都御史
公拜命則疏請發帑以振諸中虜者又言京城
無外郭彼賊之入民實餌之築外郭便
先帝從其言時有議增營兵者公乃疏曰京軍
歲費芻糧百萬緩急無從賴宜汰何云增請別

設總督大臣轄邊鎮賓其兵力以拱衛神京及
諸所條陳數事後悉行其言而又請增脩通州
二城費省且固
先帝乃賜以金幣壬子巡撫山東僅三月會倭
奴寇浙且侵閩中廷擢公提督軍務巡視浙江
兼轄福建漳泉二郡無何改巡視爲巡撫公至
則委心叅將俞大猷湯克寬而奏辭在繫都指
揮盧鏜尹鳳數人者皆東南梟勇折衝將也括
蒼多惡少年則以其人悍而喜鬬招集之以分

置諸部於是諜知賊衆巢據海港橫嶼中而環
列巨艘爲水寨授筴諸將夜從間道火其巢賊
衆大潰搶奔舟中隨而擊之幾盡忽風起勢亂
賊乃得脫所俘馘三百餘級而焚溺死者亾筭
公所辭尹鳳者時部閩兵則邀餘衆於諸洋又
擊之所俘馘亦三百餘級捷聞
先帝賜以金幣是時賊魁數輩而蕭顯者號爲
尤狡率勁倭四百踰南沙還逼松江松江守告
急公顧謂盧曰我出汝死何以報我盧因跽曰

請取彼蕭顯以報公命卮酒壯之授以鋭師盧
倍道掩擊大破之按江左者疏聞以爲越境全
郡其功尤偉賜金幣如初甲寅秋七月虜入大
同殺大將禠其師下撫臣獄議置代未決
先帝諭分宜中外臣誰爲眞忠者分宜不知所
對上曰朕向所自拔王忬耳遂降　手勑擢右
副都御史移撫大同蓋異數也公聞命卽趣裝
北行之日吏民攀泣遮道輿不能前而大同人
聞來撫者爲公則訢訢然相語曰是嘗勦東南

倭者今北來吾屬那生矣至則上疏具言歲侵
與軍所以乏狀請發金錢十餘萬賑之則自大
帥下至偏裨約毋次第侵給者所籍以全活甚
衆時北虜入寇公督宣府兵破之捷聞擢兵部
右侍郎兼僉都御史已轉左兼都御史移節鎭
薊遼則又大集將佐講畫戰守利害條上八事
悉遣諸將分守要害而自以精騎居中調度時
把都兒等擁衆入犯擊敗之旣失利復悉衆入
犯又擊敗之而東虜犯遼左者又發兵擊敗之

獲虜數百招徠夷漢千五百戶明年虜小王子
入犯又擊敗之先後上軍書蒙賜金幣者三進
右都御史予一子世襲千戶公辭弗受又明年
大舉勦倭廼授兵偏裨而南有功又蒙金幣之
賜明年虜入灤河諸地稍被剽掠　詔廼切責
於是奪公一官尋以虜來窺伺鹵其馬畜過當
竟逋去于是復所奪官尋又四敗東虜於遼左
廼錄一子入胄監復兩賜金幣戊午秋大虜入
犯諸隘公督將走之明年又破東虜於遼左斬

首八百餘級奪其馬畜夷器甚衆當是時廟堂之上聞捷書至者人人稱快以爲犬羊二百年來未有受此大挫顧獨不懌于嚴氏惟恨不即穽之先是公監視中城時有中貴人宋興者領東厰緹騎底牙張甚京師側目莫敢誰何公則抗疏劾之興蓋嘗行萬金近倖及嚴至是復倍行金疏且辯嚴廼調以溫旨然
上業知興横竟罷之而嚴負金懷慚佯曰侍御好手一白簡散大璫二萬金耶自是不能忘情

于公始鎮薊遼時而秉兵政者則今冢宰楊公諸黜陟將臣無不取公意而嚴氏父子方貪饕於債帥廼竟不得一染指大以爲憾及代楊公者其所陟黜則惟嚴意所欲公歘然曰將者三軍之司帥也不程其材勇而惟賄之畀不敗公事耶會員外郎楊君繼盛者以劾嚴受禍公聞之恨彈指出血而憲副君又故與楊善爲經紀其喪事嚴氏耳目伺得之憾廼深於骨髓矣故於虜入灤河奪公一官其後給事御史出覈邊者示以風指而給事御史還以實報大拂嚴意是時薊鎮多故嚴幸以此中公復指授按邊郎郎於是入奏公不事事而嚴擬詔則責以後劾比斬虜八百餘級嚴悉格不錄及請兵爲援嚴則從中沮格後虜乃乘灣淺突過至薄都城
先帝因不知公請兵第停禄爲秋防策示罰不欲重也而嚴客廼嗾御史論公以媚嚴下錦衣獄世蕃取讞牘削去功次巧詆以辠踰年廼竟不免嗟乎

先帝用公以始能勤事也彼譖人者以終怠浸浸說能不怒且恨耶蓋背德者人情所至憾也況君臣之間乎公在繫中外固知爲嚴氏搆陷徒謂公德在閭閻不宜禍終至是莫不傷公而恨嚴氏之謀毒也公卒後一年而御史論公者以自恨死又二年世蕃以僇死嚴罷歸以編氓死而嚴客坐奸黨遣戍不數歲諸陷公者殆盡而公之功辠既明竟還故官天道哉天道哉公孝友天性質魔公八十令終公猶以生晚不逮

養每與陳淑人語及汨輙簌簌下因號思質以
志痛事兄及姊恭而能讓侍郎公嘗置田千畝
贍族公以戎事倥偬念其久且孱歲別捐米三
百石益之以贍族之貧乏者乃諭憲副君伯仲
勉嗣厥志人有一善懷藏不忘橫意相加未嘗
衰蒯任人不貳御下以恩故人樂爲之用間關
南北十有餘年或謂暴露良苦當他圖公謝曰
吾而易誰當難者吾知盡瘁而已嗟若公者殆
所謂忠爾忘身者歟公生正德丁卯五月四日

貽安堂集　卷之十七　十三

歿嘉靖庚申十月一日得年五十有四配郁氏
以憲副君主事滿從公僉都御史封恭人生子
二憲副君世貞進士君世懋一女適太學生張
希九以哭公病卒孫男二人士騏士駰孫女五
人俱婚嫁名族父倬累官至兵部侍郎祖輅曾
祖琳以侍郎公貴俱誥贈如其官公所著有奏
議二十卷詩文一卷藏於家墓在項涇之陽塟
以某年月日銘曰
榆亦死武穆亦死死同黃土不同青史公瞑可
矣

贈光祿大夫少傅兼太子太傅禮部尚書
武英殿大學士叢山陳先生墓誌銘

嘉靖庚申七月十八日叢山陳先生卒於家其
元嗣少傅松谷公時爲宮洗銜哀西奔造予而
以銘請予時勛勳應制未有以應也既公起入
內閣與予共直　闕下復申前請乃卽其所自
爲狀詮次之誌而銘焉誌曰先生諱大策字濟
之世居南充水西里里中有山曰玄叢因自號

貽安堂集　卷之十七　十四

叢山人遂稱曰叢山先生云東漢陳著作者里
人也先生當爲其後或曰自南部徙平川本宋
康肅公後然不可詳矣可詳者元至正時九世
祖興祖而下興祖生思誠思誠生文質文質生
平平生紀郡學弟子員紀生衡大理府學訓導
衡生信國子生信有四子其仲爲先生先生生
而穎敏好學後從其父游京師而伯兄平川公
又業進士貧不能給則棄去治家人業顧其跡
賈也而所行大不類曰吾不能從人覓什一之

利姑寄以養吾親即苦筋力甘之矣伯氏第進士爲南昌令會寧庶人難將作先生聞而憂即走數千里赴之遂並爲庶人所繫後出獄當事者籍庶人金帛鉅萬屬縣而時縣藏已燬金帛錯置堂署間伯又給事在外獨先生日夕督邏者守之一無所染指也其廉謹類若此先生爲人長者視人有過若已有過寧言已之過終不肯言人之過有過於先生先生亦不問也其人卒悔謝去人有請於先生先生未嘗不隨其力

應之有求平於先生先生輒爲平之卒之里之人率不聽於有司而聽於先生謂先生不欺也性喜濟人其濟人不喜操右券以責每曰我欲令族屬人人周足歲而賑之則難欲積穀千斛不更徵息謂之義倉顧其事方舉而未竟也生平無他好每起必肅衣冠謁其先已焚香誦黄庭一卷迺休不以老而一日廢也家居未嘗飲酒若嘉賓在筵懽然道故素亦不復辭杯酌少焉半酣擊節起歌歌聲清越若出金石又飄飄乎不知浮雲之徃矣嘉靖乙巳封徵仕郎翰林院檢討丁卯

今上即位既首擢少傅公入閣參贊機務尋加贈先生光祿大夫少傅兼太子大傅禮部尚書武英殿大學士顧先生已先此逝矣少傅公每言及輒流涕計逝時迨今十年耳而不及一見痛哉余惟先生淳厚以存德素樸以贏福弘度以廣容守貞以全性學不必儒惟倫是惇居不必富惟足是圖積不必厚惟安是貽施不必博

惟義是崇而竟以是開令少傅公弘休駿澤霖雨海內仁人之所及遠矣此不足以傳不朽哉先生生成化丁未六月十三日配王氏贈一品夫人側室一曰劉氏丈夫子二長即少傅公以勤王夫人出次以勳劉出女子四適某某孫男一于陛戊辰進士改翰林院庶吉士孫女一俱少傅公出王夫人別有誌先生與夫人以嘉靖庚申十二月合葬平川棲鳳山祖塋之次隆慶三年而予始爲之銘其亦有待也銘曰

井絡儲精神宮負靈曰巴子國萬山葱青迴環
磅礴玄叢攸萃猗嗟碩人含和孕粹行厚道隆
高顯弘安體孝率友貞白淳端不施于身以篤
厥嗣調元綸閣宗社攸恃渾渾其積隆隆其興
自西作霖出雲蒸蒸有怙厥德有衍厥慶載起
文孫淬志砥行迹隱道顯厥澤弘延勒詞信後
胡不萬年

嘉議大夫禮部左侍郎兼翰林院學士贈
尚書瞿文懿公墓誌銘

隆慶三年七月二十一日嘉議大夫禮部左侍
郎兼翰林院學士致仕瞿公終于家
上命所司議所以褒公者乃贈公尚書謚文懿
且命有司營塟而祭之子汝稷以奉常陳君狀
來乞誌銘傷懷永哀何可彷彿誌曰公諱景淳
字師道人稱昆湖先生蘇州常熟人也高祖某
以仲子貴封武選郎生欽欽生玥玥生國賢國
賢娶秦氏生公自高曾以來世以隱德稱焉至
公爲人恬愉悃愊望其貌孱然探其中洞了絕

倫守節無所遜蓋鞠躬君子也生有異質十月
能誦關雎詩八歲善屬文十歲爲邑諸生爲諸
生甚困至嘉靖癸卯無錫華公攬其文于棄笥
中異之始舉于鄉則年已三十七矣明年試禮
闈第一奉　廷對第二閱一歲所而成名天下
天下宜公之選而嘉華學士之知人釋褐爲翰
林院編修戊申管理文官　誥勑壬子奉命授
中貴人書癸丑滿九載績遷侍讀壬戌進侍讀
學士總校永樂大典會南京祭酒闕以公爲太
常卿視監事乙丑擢南京吏部右侍郎攝禮工
二部事丁卯
今上以禮部左侍郎兼翰林院學士徵公至揚
州病不進疏乞骸骨歸不許會立
皇太子贈大父父如今官贈大母母及封配皆
爲淑人又錄纂修永樂大典勞加俸從二品公
益感泣思報以戊辰如京師而疾益委頓疏再
入乃得罷歸始鄭王之上書諫
肅皇帝也詔繫王王其世子公副恭順侯吳繼

爵　冊立之世子拜以金不受餉公公又辭吳亦以公故無所取而肅皇帝方怒鄭事陰有廉之者吳已聞大驚曰微公且得罪矣公曰某其時心誠知其不可耳慮不及罪不意乃曲全也是時吳越被倭久而嚴相與胡總督善曰胡材足辦此顧吳中人好亂善毀多言賊勢張者賊何遂如吳人言公曰某新從南來見羣賊公行境上民竄匿不得休又日夜苦徵發與一日賊退偸視息耳豈好亂

哉假令難未已
上問誰舉任胡者於相公何如嚴相色沮韙公言然心寔忌公甚而不能有所中也其在南銓屬吏張某數撓公無何大敝羣吏人謂張且罷公不肯曰憎吾私也黜陟公也吾不欲以私罷人公居南未嘗以書抵政府迫從維揚求歸自以不得入言當世之務乃貽余書曰方今天下稱平宜專邊塞之計廣招選取材畧且令在朝各舉所知雖草野豪傑可羅而致之不然卒有金革之事孰爲
天子用者民生之不安吏不職也頃汰黜幾盡然治道去其大甚錮人盛世非惇大體夫尺有所短寸有所長隨材畀官誰不可使必求其全位皆可虛書累數百言皆天下大計嗟乎公雖不及柄用亦可睹矣公初以詩進在翰林又研精於春秋爲文雄渾深美常依于正思若泉涌不雕琢而成尤長于制科文　國朝二百年推長洲王鏊毘陵唐順之及公三人始公沮棄于

時心自好不變業及遭時則鴻懿妙天下海內學者至不敢損益一字師心不阿與聖冥合甚哉似其爲人人不可以文觀哉又善以文知人分考會試者四主南京鄉試武舉會試者各一所羅取多名士雖余不肖亦厠門下士之末嗟嗟方欲奉餘教從事而乃茲已矣公以正德二年五月十七日生年六十三配李氏子汝稷汝益汝說而汝稷爲國子生女適某某女孫守某其所嫁娶皆仕宦族墓在某處始公微時嘗夜

泛舟湖中有燐數千隨之公叱之遂滅與諸生
共食聞虜警則投箸曰聞此不下咽矣諸生更
迂濶笑之夫士方蠖屈于世鬼物見其祥矣人
也誰能前信之哉銘曰
世道江河誰其障之顯允瞿公洵爲我師良玉
不琢至人藏輝起而燭天燿然宗彝既歷上卿
弗磷以淄卷而可懷鄙釋吝祛天下誦公文章
爾雅孰窺其中悛悛長者出入兩朝人其爾舍
畜厚施嗇遽還大冶　天子憐之莚以石馬門
人納銘爰徵後我

都察院右都御史十山談公墓誌銘

隆慶戊辰正月十六日都察院右都御史十山
談公卒于家訃聞
上賜祭葬如制其子志伊卜歲某月某日葬公
某地而奉左布政使秦君梁狀詣予乞銘於乎
古所云戮力王室紀綱四方者公蓋其人與而
今已矣惜哉公諱愷字守教上世汴人扈宋南
渡徙無錫至壽齋公某而族始盛又五世生紹

贈南京湖廣道監察御史公高祖也曾祖諱溭
封南京刑部郎中祖諱綱仕至萊州府知府考
一鳳仕至平江知縣後以公貴兩世俱贈兵部
右侍郎兼都察院右僉都御史云公生有異徵
甫釋襁厥考携過夏口墮江漂五里竟不沒坐
于沙渚觀者神之幼即奇警弱冠有俊譽舉嘉
靖乙酉鄉試登丙戌進士授戶部江西司主事
奉　詔使閩還值考君病風痺公日侍醫藥供
養甚篤繼執二親喪致哀盡禮比服闋如京無
以爲裝至鬻田乃行復除戶部浙江司主事催
稅河西通商抑豪及建白利漕四事聲大起轉
四川司員外郎巡通州倉有外戚漁利者請增
造船於通惠河公疏爭增船五不便乃止尋復
監兌江西督漕儀具並展嘉畫已進江西司郎
中歷守度支先後官大司農者咸倚重焉八年
而出爲山東按察司副使適王少司馬檄開馬
場湖歲方大祲同官多役丁夫民苦之公獨無
所役且念可因以寓賑乃懸檄募備發帑授直

三日而應役者三千人旬有二日而工畢王少司馬喜甚首上其績妖民趙雲假符印惑衆取財邏者欲冒前巨寇趙雲姓株及邀賞公廉其姦止當雲罪餘悉宥之癸卯山東鄉試御史葉某以監試屬公會御史以試錄故譴死詔獄公亦坐貶信宜縣典史尋量移懷慶府推官台州府同知久沉下僚意泊如也五遷乃復爲四川按察司副使蜀方有盜警諸平民被誣引者多竄伏且及于亂公至立釋之令復故業羣黨解散逾年擢山東右叅政轉按察使晉福建廣東左右布政使所在職舉乃簡擢都察院右副都御史巡撫南贛汀漳時贑賊李文彪海寇徐碧溪等繹騷浙楚閩廣間濵海城邑多陷没者公乃開布誠信招降文彪而疏上機宜六事以制碧溪未幾碧溪復寇潮公授策海道汪副使率兩指揮邀擊之會颶作我師乘之碧溪溺死俘斬無筭虔州以寧捷上有白金文綺之賜旋進公兵部右侍郎兼右僉都御史移鎮兩廣兩廣

山箐險密蠻寇盤據已久明年突發嶺西聯絡新會溪洞四出焚掠殺千戶黎元公畫策分兵進勦一鼓而殲其渠率捕斬五千五百有竒是役也兵僅三萬時甫四旬而蕩平諸巢略定五縣衆方擬諸藤峽之捷顧内有嗛公者言者受指抑之故叙功僅得蔭一子餘陞賞有差時論惜焉公在軍日久念母王太淑人髮毵毵白時方勦大羅山賊將就俘矣乃懇乞致仕得請即行後總督王某追疏公績云大羅山賊阻險肆毒積久難制間者師出四月薙獮靡遺匪臣實能皆前總督談某籌略豫定故臣得乘機致勝乞首録以勸　詔進公右都御史致仕公性孝守潔抗爽敏練以久官戶部故版圖錢穀之數纚纚如指諸掌尤曉暢兵事臨敵遣將親授成筭羽書露布悉自手出雖矢石如雨而意氣安閑故所在克捷云自致政歸築圃九龍山麓多積圖書其中日召故所與遊者置酒賦詩其曠達文雅鄉人咸起敬焉所著有孫武子十三卷

虞臺續志五卷平粤録二卷奏議文集若干卷距生弘治癸亥十二月五日享年六十有六嫡母吴生母王贈封俱太淑人元配朱繼配屠贈封俱淑人屠淑人先公數月卒生男子一人即志伊以蔭入太學授太常寺典簿女子二長朱出適庠生華世仁次屠出適秦布政子庠生樊孫男子二長如金聘刑部主事華某女次如玉孫女子一俱幼銘曰

兆洵哥兮生則傑乃奮興兮樹烈烈莞邦計兮紓石畫蹶而起兮踐藩臬聿開府兮方召埒壯厥猷兮炎氛斥功方崇兮志也決有未酬兮延世澤我勒銘兮納玄宅萬斯年兮塚巘嵲

太子少保都察院左都御史臨溪張公墓誌銘

太子太保臨溪張公者湖州烏程人也

肅皇帝時累官左都御史嘉靖季年三上書乞骸骨迺賜乘傳以寵其歸不逾月疾卒

今上踐祚録其勞　詔贈今官遣祭給葬恩至

渥也其嗣舉人天秩將畢大事迺奉中丞潘公季馴狀匍匐來京徵余言以内諸幽余與公同官銓曹稔知公遂爲誌而銘之誌曰公諱永明字鍾誠臨溪其號也祖曰瑞父曰傑咸以公貴贈左都御史祖母童母史咸贈夫人史夫人生二子長永秀南寧府教授次公丞游郡學每試輙先諸生嘉靖甲午舉于鄉明年舉進士授蕪湖令蕪湖當孔道使客廚傳日不暇給民生困憊甚矣公則首爲裁節歲大侵則發貯賑貸藉以全活者甚衆

章聖梓宮之南祔也所過郡邑設綺紈帳殿供器冶金爲之又闒官辱索賂遺一不當意輙辱官司官司莫敢誰何惟罷民事之而已公則決筴於瀕江佛寺至其棟宇以代帳殿飾供器箔金以代冶省節不貲而調度有方卒無讙呶於境上者護行官交口稱能事竣以聞有白金文綺之賜庚子以治行稱最擢拜南京刑科給事中公論事務持大體不拾瑣細遇所當言者即

謇謇無顧忌是時分宜任子竊權穢跡未甚公
即彈劾數十事語極切直人人危公編虎鬚公
弗憚也乙巳出爲江西布政司參議所部磁廠
故有呈式費歲計不啻萬緡公悉罷之陶人德
焉戊申陞授雲南按察司副使初黔國自以勳
閥世鎮滇中尊無與抗易視藩臬諸寮諸寮率
庭謁月朔則謁其祖廟踵爲故常莫之有改公
譙其驕僭將言于朝黔國避席稱謝廼已辛亥
擢江西布政司參政主督版籍影射隸併宿弊

一洗甲寅擢河南按察使以何憂去會島夷鼓
譟薄湖城城中戒嚴民從外呼號不得入公惻
然曰莫非黔首也獨奈何棄以與寇亟白監司
開關入之於是懽聲動地曰張公生我張公生
我丁巳起補陝西按察使尋轉陝西右布政時
關中地震死傷狼籍公憂惶甚籲天引咎撫卹
收掩視諸司尤加意焉戊午稍遷山西左布政
明年晉都察院右副都御史巡撫河南先是河
決浸逼汴城周藩上言龍卯示變水災異常不

即改濬患且滋甚　詔下所司集議大役且興
屬公至源委壅決所繇乃決策曰因勢利導修
塞足矣改濬何爲于是條具利便
肅皇帝可其奏民不勞而河決卒還故道時伊
府典楧廢法不軌暴侵民利聚收脫亡宮室服
御一切踰僭有司慴中以既莫敢覺發公曰吾
奏
天子命秉節仗鉞出鎮一方此而不言謂執憲
何廼抗疏以聞竟案如法民始帖席辛酉陞刑

部右侍郎尋轉吏部右侍郎明年晉刑部尚書
時分宜任子事敗衆以　上意叵測未即深議
公獨議遣戍中外稱快頃之改都察院左都御
史首條六事悉切時弊嘗三會銓部大計羣吏
不以私庇一人人亦無敢干以私者乙丑上程
書得晉秩資政大夫廕一子入冑監賜金帛羊
酒寶鏹而公之祖父母父母並得誥贈公自是
益思奮勵以報國恩會有訾之者廼嘆曰嗟乎
吾日求寡過遠毀而毀至是無以信于人也因

力懇放還鬚髮直豎然耳帳飲都門觀者嘖嘖方以公辭榮釋累歸享遐齡乃竟以寒行犯露致疾疾革顧謂諸子曰吾不起矣省已無所怍獨負聖朝耳爾曹其勉之語不他及是爲嘉靖丙寅十一月廿七日距其生弘治己未九月一日得年六十有八公天性悄直正色不阿以是操己亦以是責人以是居鄉亦以是立朝固不免于人有忤然終無得而瑕指者公之尹蕪湖也蕪湖人勒石頌德其去河南也河南人泣而

攀轅不得則祠事之敭歷三十餘年功閥章章顯矣藉令猶發分宜得如制伊藩則流毒必不深饗公之利豈不弘多也至若開關入民疏寢河役其所活民命豈一家一人比耶余聞公爲士時嘗慨然慕范文正張忠定二先生志節曰吾人事業當如此斯言殆庶幾哉斯言殆庶幾哉所著有臨溪奏議臨溪存稿内外家訓凡若干卷藏于家配楊氏封夫人子男三人長即天秩中應天鄉試次天相太學生次天德中順天鄉試女一人孫男九人長汝詣官生次某某孫女六人俱婚娶名族墓在某山之阡葬以某年月日銘曰

惟亮直股肱王室惟勇退不辱不殆惟善貽式穀似之惟沒寧　帝卹老成贊爵佳城勑司空營

太僕寺少卿玉陽史公墓誌銘

溧陽之有史氏其來遠矣蓋自漢溧陽侯崇以溧陽爲食邑始大江以南稱舊族者莫先焉玉

陽公爲侯四十六世孫名際字恭甫初號燕峯晚更號玉陽人遂稱玉陽公云父知山公舉弘治丙辰進士任南京刑科給事中大父慎齋公以知山公貴贈如其官大母王氏封孺人知山公初配宜興李氏張氏俱早卒繼金壇王孺人生公甫四齡又卒繼魏國莊靖徐公女撫育公如己出公生而穎敏過人沉潛嗜學博綜羣籍根究理要爲文典雅平實不事辭華嘗從陽明甘泉二先生游尤多心得卒業南雍大司成晉

公鐸雅重之每試必首六館士嘉靖乙酉舉應
天鄉試十三年壬辰舉進士授膳部主事改吏
部選司又以才望改春坊清紀郎兼翰林院侍
書當是時
肅皇帝春秋鼎盛勵精圖治雅尚文學之士青
宮貴近得改用者搢紳莫不欲鹽以爲旦夕可
諧風雲之會而公乃以母思歸疏乞隨侍或曰
宦途身去則謗興公柰何行乎公曰吾知親意
當順耳烏知其他公行而忌者果嗾言官詆訕

落職人咸爲公不平而公則曰士君子所貴無
疚於心耳簪紱何爲乃日事大母王母徐備極
孝養然感激主恩不以身退易念乃選勝建宇
恭祝萬壽
肅皇帝聞而嘉之賜額玉潭仙院云念族屬蕃
衍或有失所者砸倣文正范公義田之制置田
五百畝助婚喪之乏其甚者復量爲補給子弟
俊秀者訓之家塾自是史試多彬彬稱文學者
焉又建書院於留都以處四方游學之士邑庠

圮敝則捐金新之又捐負郭腴田以資勸學者
事聞當道令生祠學舍以報公歲饑公計口賑
粟前後無慮數萬石且召墾沙漲田寓周禮多
工救荒意也嘗倣交質法積穀數萬石以通鄉
人有無一夕燼於火公即償其直撫按官舉社
倉以備賑公捐金成之松江苦海患興濬治之
役公輸穀以助嘉靖甲寅乙卯間倭寇竊發焚
劫慘烈官兵莫能禦公募敢死士數千人却之
且出粟助餉撫按交上其事

肅皇帝愈嘉其忠義進尚寶司少卿加四品服
丙辰官兵集平湖勦賊勿克公率家衆搗其壘
以功陞太僕寺少卿致仕廕子繼書錦衣衛指
揮僉事大抵公天性忠義雅負匡濟之志而未
展布於朝乃稍稍施之鄉國自族黨閭里靡不
沾惠海內搢士即未嘗一面識者造而請求亦
無不滿望去公之譽聞益籍籍朝野矣晩年閉
關習靜頗究心攝生之學以隆慶辛未三月四
日卒距生弘治乙卯八月二日得年七十有七

配同邑袁州府推官蔣公琦女先公卒子二長繼源國子生早世娶武進僉憲周公塤女次即繼書娶同邑副使馬寰章女生母陳氏封恭人女五一適無錫戶部郎華雲子太學生復禮一適邑庠生馬巽祖一適邑光祿卿馬公從謙子太學生有駿一適宜興太守吳公驂子太學生夢得一適刑部侍郎曹公三暘子進士司勳孫男二長致詹國子生早世娶武進戶部尚書周公金孫女繼源出次致化未聘繼書出孫女五

長適冊陽庠生賀邦教次適金壇都憲于公湛孫庠生文熙次適臨淮侯李公庭竹子勳衛言恭次適金壇于鴻臚棐子舉人廷燮次適金壇曹編脩大章子庠生祖見次許聘邑狄少參公斯彬孫某曾孫女二長適戶部郎吳公性子同行次許聘于孫思敬俱某出卜某年月日葬某地錦衣君持某狀謁予銘予叨葭莩之誼稔公賢遂為誌而銘之曰

仁不遺親義不後君嘗聞其語今見其人仁聲義聞洋溢四海詩亦有言令德壽豈嗣也允賢克紹厥休公其夷懌永妥斯丘

方田李公墓誌銘

嘉靖辛亥六月二十二日臨安方田李公終於家距其生成化某年正月一日享年八十先是丁未其子遇元舉進士從中秘擢拜兵科給諫給諫之在朝也念公甚勤會猾虜犯順

皇上震怒將整旅問罪給諫不敢以私請乃竟不獲執手一永訣悲哉太史李子春芳與給諫

同為太史昆湖瞿先生所薦士訃至李子往唁給諫相向出涕嗚咽不能言頃之給諫且泣且拜出同年太史張子居正狀曰予先子墓石舍子其誰銘也李子拭涕應曰斯予責哉公諱秀字懋實方田其號也其先揚州江都縣人洪武中從珉府護衛改戍臨安遂為臨安人曾祖源祖福父森母沈氏公生而嚴毅渾朴寡言笑僉不兼味服不紈綺足不以詿誤爭訟一躡公門乘馬不入里曰有父兄宗黨在也家素貧至公

黽勉生殖業稍稍起矣葢母頗得自盡每恨喪父無以爲禮忌日輒涕泣兄弟三人白首相親愛好義樂施日用所贏輒以給宗族貧無力者鄉隣有急者道路橋梁傾圮潛即捐貲修葺不以告人嘉靖戊子臨安饑穀踊貴有執券求貸約豐歲倍入息公曰吾欲利則異時數倍猶不足以當今直夫豐藏而不以振人非仁也乘人之急以要利非義也悉出庾賑之所全活甚衆臨安蔣守福陵卒于官顧無所得美木給諫嘗

從守受學公卽出所藏木獻之郡僚及公歸其直公曰守吾父母也以子弟而售送終之具義乎不義乎卒不受於是郡寮嘖嘖相語曰義士義士公雅好黃老及爲善陰隲顔氏家訓呂氏鄉約諸書日以見之躬行其訓子弟則曰兩剛相柢未有全者也兩柔相溫未有缺者也守其口勿以訾人斂其才勿以先人可以長存小子識之年七十餘體履强矯日可步百里人謂公有異術而公自以平生簡默寡靜鮮嗜欲然也

給諫數走使省公公對使强飲食抵書曰汝父尚健飯兒何念之勤耶今邊徼弗靖汝多方籌濟紓宵旰憂卽我孝也何必于于煦煦遶膝下效尋常兒女子耶逮寢疾垂絶第北望長嘆而已給諫門人數輩相其孫視斂含諸事給諫亦可無憾矣李子曰竊脂不穀騶虞不殺此豈有教詔驅迫哉其至性然也公初未嘗問學乃其生平篤行若此倘所謂善人耶宜其有子若給諫也配葉氏生某將以某年月日葬某地銘曰

天道默默禍盈福謙世人惑焉公則昌後載引其年孰云弗然彼懵妄作弗是省也我銘貞石以詔來者

張母石孺人墓誌銘

秦郵石孺人生十有七年歸同里明經張世範先生閱幾年生子膺十有三年爲嘉靖己丑先生卒又二十有四年壬子五月二十一日孺人卒距其生弘治戊午二月二日得年五十有五孺人生而貞靜柔惠父處士奇之曰吾兒當嫁

佳士會世範先生失其配高來求聘先生故有才聲處士忻然女之逮事其姑周食飲啓處必先周意周亟稱諸姻族曰孝婦孝婦云先生性耆學不事生產作業孺人甘淡素躬麻枲率僮僕耕藝劑量入出家日益起先生以貢入成均嘗語人曰吾得卒業誠有藉焉指孺人也高遺女一早孀且遘危疾孺人逆之歸躬爲親藥膳先生勞曰婢可任何自苦爲孺人曰婢不當兒意兒安我安也孺人初艱嗣促先生納側室尤

卷之七　三十七

氏相與和翕終始無間言先生有志顧數弗偶有司怏怏感疾竟弗起彌留不能語第數指張子目孺人孺人曰君謂兒當誨乎此妾責也終必令紹君志先生頷之已延明師課督不少縱晨興夜誦以身先之暇則稱古昔賢不肖開諭諄諄張子感奮力學嘉靖乙未補郡庠弟子員尋入太學大司成白山倫公奇其才每試冠多士及領庚子應天鄉薦孺人猶諄諄曰我不即從若父地下者以有兒也兒記若父臨終意乎今幸進未可遽自足也言已淚簌簌下張子亦感泣自是愈益力學不替孺人之孀居也足不踰閫閾而戶外事秩然有紀不亂家僮數十廩廩不敢高出聲張子交無燕朋學無燕辟擇而後動恂恂若處子嚴孺人不啻其父然若孺人者其女子而有君子之行者耶子一卽膽娶丘處士本瞻女女一卽高出適迮典膳源孫男一承敘聘太學生龍雨女孫女一尚幼癸丑冬十二月一日張子塟孺人車邏鎮西阜啓父窆合

卷之七　三十八

焉先期持同年袁子孟龍狀造太史李子請銘李子善張子雅聞孺人賢乃爲之銘曰

如水斯清報夫以貞如玉斯砥誨以成子千古斯原不亾者存丈夫滅德過之其靦色乎

贈通議大夫兵部右侍郎沈公暨配太淑人張氏合塟墓誌銘

公諱鐩字用之泰州人兵部右侍郎良才之父也以侍郎貴得贈如其官云高祖有成生源源生儒儒治尚書爲郡弟子員安貧守義兄弟怡

怡不較貲產里中人稱爲長者以貢訓導濵州贈通議大夫兵部右侍郎配贈淑人朱氏公其仲子也生穎異受尚書吾邑文里中翁見而奇之以女女焉司訓公之得濵州也貧不能行公竭力奉以至濵已歸試於鄉督學愛其文勸就學公獨念司訓公在濵州卽爲弟子員不得輒省問辭之復走濵州會諸母顧氏卒司訓公又卒人爲公難之謂宜火顧氏而獨保司訓公柩歸便公曰吾寧困道路不忍爲此也乃持故官

牒扶二櫬匍匐千里達於河夜次徐州隣舟火延及公舟倉卒無策第令老稚登岸獨拊柩痛哭籲天幸不火人以爲孝感云抵家舉四喪豐約如禮有田數畝耕且讀以儒士六遊場屋卒以數奇不第性孝友奉王父及朱淑人甚謹兄銳蚤卒遺子女公爲之撫育婚嫁平居無褻言媠容夫婦相對如賓戒諸子毋近侈靡性狷直好面折人過宗族交親忿爭就公一言決之咸愧服去仕宦所嘗交遊者或勸令一來當少佐

薪米公卒不赴其恬介慎取予如此年四十九卒謂良才曰國家以進士甲科爲榮吾家兩世業儒未得一第此遺恨也勉之時司馬公才九齡耳配張氏字雲英封淑人父獻遂安令成化丙戌進士弟承仁監察御史弘治乙丑進士太淑人孃慧恭女紅通曉經史大旨容止端莊不苟言笑服御有度初歸沈四日旣從司訓公濵州貴家子一旦嘗艱難無秋毫見顏色中饋織紝婦職備舉事舅姑與娣姒交及姑弟下人咸

得其懽心舅疾太淑人視湯藥夜則侍寢門外偵起居姑病悸太淑人常同寢處以身翼之拊姒氏孤子女如已出手製粧具爲婚嫁公之沒也太淑人哀毁骨立三年不出庭戶未嘗燕見親舊獨日授司馬公書爲延師督教之嘗曰吾見汝祖汝父居常有嘅噫聲蓋自傷未成名也汝宜勉之因嘆曰成敗皆由汝司馬公卽應聲曰英雄肯讓誰太淑人心異之而口不言一日司馬公學書見古人書法乃曰異時當不使獨

步太淑人大詬曰小兒曹談何容易卽此便是
欺心可不戒哉其義方大都類此性儉約好養
老衛生之書飲食有節平生無大疴患稍能詩
或時感抒聲之諷詠不幸君子蚤背辛苦提携
孤子以功名顯及被象服躋壽考富而能勤貴
而能儉幽憭隱軫五十餘年從容帷帳式禮莫
愆斯可謂溫溫恭德君子者矣初封孺人加封
宜人進封太淑人享年九十有五子二人長良
士楚府引禮舍人次司馬公良才女一適平和

尹王之澤卒孫男五某某孫女四適某某曾孫
男三公生成化二年四月二日沒正德九年十
月十四日太淑人生成化四年二月七日沒嘉
靖癸亥七月二日卜以今年十二月十六日塟
城東祖塋與公合焉司馬公遣其子際可走京
師以書屬予曰先大夫有隱君子之德太淑人
有栢舟之風宜示來世以光耀沈氏遺孤之衋
痛墓中之石惟公圖之予辱司馬公交餘三十
年稔其親賢遂不辭而爲之銘銘曰

東門之原桒衍壇曼淑人君子同體丘山維此
君子旣孝友于火避其舟人贍其廬維此淑人
媚於姑舅訓其遺孤敬姜孟母乃興司馬乃蔿
之慶亦旣哀榮受 帝之命其德不騫澤流源
源千斯億斯惠斯后昆

中憲大夫陝西按察司副使乾齋李公墓
誌銘

嘉靖乙丑月日中憲大夫陝西按察司副使乾
齋李公卒是歲十月七日其孤諸生來學奉其

母王及繼母宋闔合塟郡栢谷山之原巳乃持
洪令李君尚賓狀不遠數千里來京師泣而請
曰先君子不可作矣惟是生有令德幸托信史
以垂不朽言巳復大泣予與公同舉嘉靖丁未
進士而又悲其孤之懇懇也因取其狀而詮次
之公諱如桂字希實氏出隴西郡相傳爲唐李
衛公後有謫官過潞者因家焉遂爲潞州人曾
大父羲令陝西安定大父玹丞陝西洛南後贈
監察御史有政績邑人碑而祠焉父延昌封山

東濟南府推官母章氏封孺人公生而奇穎殊常稍長業舉子能日記數千言弱冠試有司不偶即深自刻勵寒暑不遺餘力尋舉進士授山東濟南府推官持法明允獄無冤民部使者交章薦之徵至京以女聘沁源王子不得內擢乃拜廬州府同知時倭奴猖獗以公在適去無敢犯境內以安無何倭奴掠浙中急即擢公浙江按察司僉事以能保障廬州故也公聞命倍道至時寇逼會城轉掠崇德圍桐鄉愈急公晝夜設畫督將士戰圍立解已而受檄監軍嘉興寇猝至郡城下衆咸怖倉皇罔措公從容自若見一猛鷙方火民廬公挽弧斃之尋會諸道兵大戰沈家庄於是酋首王直毛海峰先後殄海上矣有幕府贊畫怙勢爲奸公捕吏驗狀乃挾權貴以請公毅然以去就爭之曰我

天子奉法吏安可以勢奪哉竟寘於法由是直聲大著三年報績擢陝西布政司參議勑守河西慶陽花馬池葢虜衝也適虜攻環縣垂破公

遣將出奇兵退之旬月間頭髮爲白又建議聚士卒足餉饋嚴斥堠諸條皆鑿鑿可行尋轉按察司副使分巡關南關南古漢中地俗詭多魑魅撓法難行然憚公河西威名咸相戒毋犯令狥寇亂業聽公招矣有郡守忌其功乃揚言曰計必殲狥遂復亂公指授孟參將討平之然心力竭矣竟以是遘疾而終搢紳咸悼惜之距生正德庚辰九月六日得年僅四十有六子二長即來舉次某俱州學生女一即沁源王長子配嗚呼以公之才俾盡展所藴其勳猷表著不有大裨於世者乎而顧嗇其年是可悲已銘曰

獷羆可服鯨鯢可戮邪弗可觸斯人如玉終焉允穀永貴乎栢谷

贈少保兼太子太保駙馬都尉古庸謝公

墓誌銘

今夏五月廿又七日朝罷忽聞駙馬古庸謝公卒予愕然失聲曰適予在班次猶見公鎧冑立陛楯如常時是何卒之暴耶語曰命若朝霜生

如朝露言不及終日也詎不信夫先是
肅皇帝棄羣臣公悲不自解已奉　勑護喪徒
跣執紼泣血百里竟以心哀内疚不疾而終是
可傷已是可傷已公卒後四月子錦衣守朴偕
諸弟將啓母公主壙扶公柩祔焉先期持狀匍
匐造余乞一言以掩諸幽余雅知公賢乃爲志
而銘之志曰公諱詔字廷宣右庸其別號也世
居大梁至元季有諱唐臣者爲大名路總管府
判以避兵河内遂爲河内縣人歷五傳而至公

之父曰東以公貴封承事郎兵馬指揮母張氏
封孺人先是祖母孟氏失明且數歲矣忽一日
見朱衣人以獸罝屋脊又室中隱隱有異香是
生公公方面修軀姿容豐美孩而靈慧髫而嗜
學年十六選尚　永淳長公主公主
睿宗獻皇帝次女
世宗肅皇帝妹既中選
肅皇帝暨
慈孝獻皇后召見甚悅以爲降嬪得人即日拜

駙馬都尉食祿一千石賜冠服玉帶儀仗他物
悉如制仍擇部臣文行兼長者爲之傅
肅皇帝嘗親試其業業遞進則遞遷其傅寵眷
亡與比倫歲己亥
上幸湖藩命公監視禁門即晨夕未嘗歸私第
上還深嘉勞之己酉命管大漢將軍侍衛禁庭
明年虜騎犯闕公會在河南急疏請歸願抒一
擊之奮
上益嘉其忠帥臣仇鸞蓄志不軌嘗請於上覬

得兼領禁軍公抗疏力爭得不許後鸞竟以逆
誅人謂公不獨不畏訾睒且能先事伐謀云甲
寅命掌宗人府仍兼管大漢將軍尋加太子太
保　勑修輯玉牒賜乘肩輿賜蟒衣金幣甲冑
刀劍庄田僕奴馬匹之屬及尚方書籍皆異數
也
今上登極眷用不異
先帝卒之前一月疏辭所領大漢將軍不獲允
詔有老成廉慎之褒及卒

上爲震悼罷朝三日賜布粟寶鏹贈少保仍命
有司營葬致祭焉嗚呼公以　帝室懿戚歷事
兩朝而忠愛恪慎四十年猶一日且孝友性成
廉於殖財而厚于施弓狗馬聲色一切珍奇玩
好之屬絕無嗜好祿賜所入不妄費一緡至賑
人貧乏則揮金無吝諸子若姪諄諄然勉以爲
善斯可謂篤行厚倫没有餘榮者矣公生正德
壬申年十一月十又四日享年五十有六子男
七人長守朴永淳公主生授錦衣衛指揮同知
娶靈璧侯湯佑賢女次守正金吾衛指揮娶知
府朱裳女繼娶兵馬許某女守仁騰驤衛指揮
娶知府夏子開女守直金吾衛指揮娶錦衣千
戶林巒女守義騰驤衛指揮娶玉田伯蔣榮女
守中守和尚幼皆庶出女九人俱婚聘宦族孫
男八人某某孫女五人永淳公主嘉靖庚子三
月八日薨　勅葬宛平縣香山鄉翠微山之原
隆慶元年九月十又六日啓公主壙奉公合葬
焉銘曰

奕奕謝宗系衍汴京三河靈萃偉人挺生惟是
偉人瑛瑤其質婉彼歸妹降自帝乙歸妹帝乙
榮籍天姻煌煌金紫貂冠纓紳　帝曰都哉忠
勤克任籍典予宗兵掌予禁競競夙夜侍輿侍
居乘輿于邁甲胄驅趨有侮思寧有勞思服在
貴不奓居寵靡辱　肅廟遐陟我　皇聿興恩
有新故忠罔貳心匪以徼澤曰惟盡瘁和璧匿
彩隋珠掩媚　帝錫玄宮山卜翠微秦臺鳳去
遼城鶴歸厥封若堂寵光燁燁存榮没寧慶綿
瓜瓞

封太孺人宋母唐氏墓誌銘

嘉靖庚申五月二十三日通參孝泉宋君母唐
太孺人卒於家初太孺人寢疾宋君聞而心悸
奔告予曰繼先母病將疏請以歸予曰斯至情
不可已也迨疏上未獲命而太孺人訃至矣宋
君號踊幾不能生已乃持通參安峰王君狀來
請銘君予禮闈所薦士先是嘗請予言壽其父
封文林郎鳳翔府推官德菴公及太孺人予雖

侈其事未有以復也乃今忍銘太孺人即按狀
太孺人唐姓故潍人父剛生太孺人年十四歸
德庵公事翁姑輒能得其懽心宋雖舊族遭家
中落太孺人黽勉夙夜相德庵公生産作業服
食常自菲惡務求甘美奉翁姑遇時新不進二
人不先嘗也宋世居潍南逯家庄孝婦河側至
是鄉人曰河之名其爲宋婦兆耶性寛而毅御
家人雖煦煦有恩然繩約最嚴有違誤則懲戒
不少縱故自子姓以逮臧獲食指不下數千皆

飭然有矩則不亂子四人太半爲諸生就師邑
中凡延師禮幣以至筆札供饌一一以時料理
無缺既子姓蕃衍所締姻戚皆名閥歲時慶賀
問遺不豐不約咸中禮節鄉中歲嘗凶勸德庵
公出粟賙貸賴以存活者甚衆父老而鰥嫂孟
孀而無出皆迎養於家後皆以禮瘞之戚屬鄉
舊待德庵公舉火者紛紛有所推給太孺人無
難色歿之日哭聲滿閭里云宋君舉嘉靖庚戌
進士授鳳翔節推鞫訊明允屢膺薦剡奏績得

封德庵翁及太孺人如例尋徵拜户科給事中
擢通政司右叅議居朝以清勤著而太孺人猶
促德庵翁抵書訓戒不置嗟若太孺人安可以
尋常女流視之耶生某年月日享年六十有七
子某某孫男共十有一而女加二將來者尚未
艾也宋氏之後其蕃且昌哉以某年月日瘞某
原銘曰

孝河之源汪汪孝河之流湯湯孝婦之澤淵且
長宋母紹之揚餘芳式啓厥後孔蕃昌凡厥孫

子俾勿忘

封刑部貴州清吏司主事柳溪劉先生墓
誌銘

封刑部貴州清吏司主事柳溪劉先生侍御君
爺父也諱鎧字大淵好植柳自娛人稱柳溪先
生嘉靖乙巳　太廟成覃恩羣臣侍御時爲主
事封先生如其官世爲盧之無爲州人高祖安
國封奉政大夫曾祖清嘉興府同知以清介聞
祖克恭父琛母王氏生太學生鉞及先生先生

生八齡父逝哀慟如成人稍長卽勤動作業身
其勞養母以逸兄俾得悉力舉子業王卒哀毁
不替喪父時每泣謂兄曰不幸二人早背棄所
恃不委溝壑者有兄在也鉞聞亦泣下自是友
愛愈篤云兄卒撫其孤卒逾已子居第園田華
而腴者器具完好者僮婢少健者悉讓卒人以
爲有李孟元山偉之風遇族黨姻舊有恩家雖
約重義好施振人危急恐或後焉族有坐帑匹
惟法者逮及妻子先生俯留拯救爲貸貲以償

竟得免正德間歲大祲淮西甚他郡先生奉臺
檄代賑多方量畫賴以全活者萬計居常喜讀
書督耕暇輒展卷靜玩至忘寢食尤喜讀史上
下數千年世代興廢人品高下政事紀綱失得
歷歷如指諸掌子四以耕委伯子仲叔季咸命
之學且時諭之曰古所謂子才在爲善耳否
卽累產陶朱致位季孟非我志自是諸子各感
奮無曠業侍御尋舉進士飭躬勵行尤留心當
世之務初試比部改侍御巡茶關西會虜犯邊

劾言官疏名上請謂侍御可大任而伯子亦勉
生殖食指繁膴叔季並齒膠庠冠裳輝映先生
曰吾可休矣乃營別業城南閉門習靜徽大故
不入城市倣古洛社擇同志數人爲社會供具
務崇儉約曰後不可繼也性尤坦直稍無城府
機械與人處無小大必敬而人亦咸起敬先生
卽學士大夫未嘗不嘉賞延接曰篤行長者也
若先生非所謂鄉之典刑耶乃不滿七十逝悲
哉先是侍御奉使將過其家省先生先生抵書

曰曩聞逆虜深入致廑宵旰正汝効力時也急
往無我念嗟先生之急國難如此脫寄一命又
豈肯爲全軀保妻子謀耶卒嘉靖辛亥正月十
三日距其生成化丙午七月一日享年六十有
六配林氏封安人子三女四某府引禮娶曾氏次
卽侍御娶侯氏次徽郡庠生先先生六年卒次
當國子生娶邢氏女一適郭鈞孫男七長汝均
郡庠生次汝達汝基汝莊汝孝汝夔汝勤孫女
一聘萬氏將以某年月日葬某地侍御南奔日

以同年學憲阮君鶚狀泣謁予銘予鄉人且熟侍御耳先生賢孰矣遂亟爲銘俾勒之貞珉以垂永永銘曰

先生食貧推財撫族矣先生隱淪誨子報國矣嗇其年豐其德矣彼藏者賢過者其式矣

朴菴姚公暨配李孺人合葬墓誌銘

裴垣有朴菴姚公者比部副郎九功父也配李孺人中丞濬之孫太倉州判經之女公少癯多疾三弟瑚珍寶皆短折父尚榮翁仁母李太孺

人恩之孔勤因不業以舉子公遂一意攝生頗通二氏之學葆真渾樸因以朴自名其菴當翁之疾也李判州欲毀姻訐訟久不決孺人以義折之矢不他適議始定適公年並三十矣翁性孝事父母晨昏候起居伺顏色承歡左右如嬰孺而孺人則潔脩瀡宜旨甘以從洞洞然恐逆其志尚榮翁及太孺人時時語人曰吾何幸得此兒此婦耶一日太孺人遘危疾或云谷口村神池水可療公卽徒步百八十里往汲之夜深失足深塹溺而復出若有人爲之引手者太孺人得水飲果立愈與兄珍業析爨仍撫其遺孤長爲婚娶卒底成立宗族姻隣有無相通疾患相賙恤此雖公愿厚天植孺人實襄之也先世故饒貲先大父子通大父太學生海並以貲雄一邑至尚榮翁苦婚喪相繼稍稍窘促公盡出孺人資粧以給孺人罔或訐語公力耕孺人紡績黽勉生作以自贍有所贏卽以延師課比部君比部君少有穎資弱冠卽嶄然見頭角間嬉

戲公輒督責怒詈孺人未嘗少爲掩覆如尋常兒女態迨舉嘉靖丁未進士守許州公猶數稱古循吏相訓戒孺人從傍贊曰若父之言是也比部君聞之竦然治許卒以廉能著隣境有孤女出憲臬子會荒歲携二弱息僦居舍隅孺人曰爾雖貧宦家女也宜自愛女不聽而之他受侮返孺人白公館之尋爲二女擇良配竟資遣還其鄉尤人所難蓋翁長者孺人復以慈惠佐之內外肅肅睦睦和氣所萃發爲休徵家日起

而子用譽夫豈偶哉公生成化丁未八月二十三日卒嘉靖壬子三月三日年六十有六孺人生成化丁未十月十五日卒嘉靖乙卯五月二日年六十有九子二長九卿娶李比部女次卿比部君娶韓某女孫某某子姓繩繩日衍昌矣第年止踰耆比部君效官郎署貤褒可立待乃不少延何其悲哉癸丑正月七日比部君與其兄楚公韓山新阡矣茲以某年月日將奉孺人祔公兆先期以同年比部衍來郭君仁狀謁銘

太史李子乃為之銘曰

猗歟太樸渾兮未斵迭以幽貞幾憤而成合也天作則篤其澤孔耀孔寧以昌我後生

封徵仕郎中書舍人泳涯薛君偕配太孺人黃氏墓誌銘

嘉靖丙辰春余校士禮闈福清薛子師孔在選中始來謁余一目擊知其為愿樸端人踰年拜中書舍人為余道親老且鮮兄弟將疏請歸養余解之曰士君子遘時行志榮施其親以令名即遠違萬里親有餘樂奚必朝夕膝下為哉師孔退而為迎養計其父泳涯君乃以戊午夏六月至京邸而母黃憚遠道不果行明年師孔中書秩滿得封父如其官母太孺人無何泳涯君寢疾不起而太孺人先一月亦以疾卒於家訃聞師孔擗踴號慟幾不能生尤以不及見母為終天恨乃持其友大行顏君狀來請銘余哀其意而為之銘焉按狀公諱廷宣字允化號泳涯世為閩之福清化南里人祖元敬父文魁君生

而天性孝友弱冠喪母哀毀如成人長拮据生作以養父母兄弟五人並敦義讓垂白無間言好讀書攻藝文弗售有司退而隱居教授課師孔學曰汝當志聖賢之道毋以窮達利鈍二其心嘗讀范文正公義田記歎曰尊祖睦族之道無以易此吾視宗族中恆苦饑寒而力莫能贍為之惻然汝他日得志可倣而行之先塋祠堂必以時脩葺遇歲時蒸嘗愀然與如存之感戚黨吉凶慶吊不以貧富異視或遇險難匍匐救

之殫其力而後已里中嘗以不平請質輒爲曉譬曲直其人多引咎自責至不爭而退平居無傲言頗行怡情翰墨暇則理花竹灌園蔬勢利紛華澹如也晚尤喜攻詩律偕二三同志結詩社里中所著有顛沛集泳涯吟稿韜光林壑垂六十餘年迨子登進士官中書就祿以養朝夕亦不色喜惟諄諄諭以守官守身之法且曰必如此乃出無負所舉入無忝所生耳太孺人黄氏性端嚴淑慎綜家務治女紅有古雞鳴解佩

之風允薛君之安貧樂道不少隕獲者實太孺人爲之内助云嗚呼有親如此則師孔之賢其得於義方之漸習有由然哉君生弘治癸丑四月二十日卒嘉靖庚申八月初七日享年六十有八太孺人生弘治乙卯四月八日卒嘉靖庚申六月二十七日享年六十有六生男二長曾卽師孔次詩甫踰冠而卒女二適某某孫男五某某孫女二師孔扶櫬而南將合太孺人葬某地銘曰

其存也同室其没也殊方雖則殊方其究同藏淑行孔臧貤褒載揚萬有千歲休有烈光

贈文林郎翰林院編修古村瞿翁暨封太孺人秦氏合葬墓誌銘

嘉靖己未三月四日吾師宫諭昆湖瞿先生母秦太孺人卒京邸門人李春芳急走哭太孺人見先生號踊悲痛愴然心傷也相向嗚咽久之已先生抆淚詔某曰予不天早失吾父古村府君祿不逮養逮養吾母矣乃今天又奪之予奚

樂生爲哉然知吾苦又知吾親宜莫子若子其爲我銘諸幽乃自爲狀以授春芳春芳受而閲之益嘆瞿氏篤慶之遠也古村公諱國賢字汝臣古村其别號也父遯隱公琊琊父欽欽父守之守之父湖隱公綱以次子某貴封南京兵部武選郎中綱父秋林公庸是爲公高祖而始祖則礪齋公萬十三義不仕元國初御史周公士良高之題其墓曰宋處士礪齋瞿公蓋可方晉陶徵君也礪齋公而下世以清白相承公生而

敏慧眉目踈豁身白如瓠少業舉子一試輙冠邑士子而邑之士子亦皆心讓以爲不及以雍不克終所業然識者已謂後當顯盛云正德間連遭水災家益不振公拮据生作養遵隱公及母太夫人鄒不繼鬻故產以贍已乃授徒里中給朝夕然襟度夷曠雖資用屢空裕如也娶太孺人秦生先生太孺人孚德公仲女裔出少游家故饒及歸公相與共甘清約公不給輙出簪珥佐公養無吝色旦上食姑舅食畢乃退食其

餘雜以粗糲不令姑舅知也正德庚辰公有鄒太夫人之喪嘉靖壬辰遵隱公亦卒一紀間兩遭凶公奔走醫禱經營襄埜心力瘁竭而太孺人黽勉周旋勞瘁實與公同瞿故宦族公學以癃廢意常快快先生生五六歲即穎敏異常公舉先世遺書授之讀曰吾家世傳止此也辛卯首臺試應天不第公曰此學不至也勉之先生奉公意肆力問學博極羣書發爲文詞類出胷中所自得逸氣粹然動人癸卯舉應天鄉試甲辰會試第一　廷對擢進士及第授編脩晉侍讀宮諭以文行馳聲海内惜公不及見也乙巳以廟建覃恩公贈翰林院編修文林郎太孺人貤封如制太孺人服命服泫然不止每製衣一再服輙藏之曰吾與先公共貧賤今日不能獨富貴也祿養垂十六年食無兼味衣惟布絮其儉約如此聞親屬有貧乏者則惻然曰此艱苦吾備嘗之矣命先生出米周三族歲以爲常翰林無吏事非齋居大故不之公署太孺人怔而

詰之先生告之故曰雖然汝必思所以報國者每朝賀輙忘寢數數呼先生促早入某不及見古村公然聞吾太孺人溫良慈惠畜先生如嬰孺先生率妻孥養太孺人朝夕承順亦不殊嬰孺然蒸陶然一室之内而古村公之天性淳厚渾然元瑩氣象亦可想見云古村公生弘治己酉六月十六日卒嘉靖癸巳十一月十三日年僅四十有五太孺人生同公年其卒也後公二十有七年以某年月日合葬羅家圩之新阡子

一郎先生孫某某銘曰

彼壤而沃厥植斯蕃彼澤而淵厥貝斯繁有允瞿宗處士肇源大倫是重義不仕元芳潤流行篤生古村抱器甘約虞山隱淪力行孝義匪騰說言耦太孺人雙璧同温爰啓哲嗣學宏行敦鵬運天路寵受 帝恩龍章奕奕照耀無垠昭哉世德垂裕後昆太史作詩表彼墓門萬有千歲不亾者存

贈户部江西清吏司員外郎東山許公暨配封大安人朱氏合葬墓誌銘

嘉靖戊午冬十二月河南按察司僉事勾曲蓋齋許君將合塟其母大安人朱於先贈承德郎户部江西清吏司署員外郎事主事東山公之原乃遣使者來京師請予誌其行而銘之石予故勾曲人嘉靖辛卯又同許君舉于鄉以故相結納獨深知公世德最詳乃誌之誌曰公諱宗倫字廷叔世居勾曲之南鄉其先則自大理公十世而下咸潛德弗耀然培植善本所從來綿遠已祖志海父鎮商游潁陽十餘年始一歸子姓日繁公遂與伯兄秀一公商之曰吾聚一門數百指朝夕是謀卽有鞠一旦何賴焉金陵泉貨藪也參伍物力居積庶饒弗難已其試與兄勉為之閲年乃十倍又閲年乃百倍遂易置産畜充拓室廬生事視曩昔駸駸盛矣公天性孝友自與伯兄商金陵時家政内外一委之季弟及伯季相繼殞世家人有憚公嚴私求分異者公聞之詫曰奈何效尤薄俗卽不能如公藝居

同九世奚吾從先公伯季游地下爾輩徐徐議之未晚也諸子弟悚退終公之身不敢有異言公素儉約然輕財樂與客有尹甲譚乙者商敗失利公怜其窘弗能歸各畀數十金令行貨自給以歸竟不責其償嘗自憤少貧失學雅志以明經課蓋齋君躬督講習寒暑不替逮蓋齋君領鄉薦公春秋逾五褒矣罷商而歸日與鄉閭親友歡洽聚樂冀以終其餘年丁酉仲夏偶病脾蓋齋君欲輟會試侍湯藥猶自謂體素康適

無足慮也强之行及藎齋君心動疾馳歸則公
先一日逝矣時戊戌夏四月五日也距生成化
巳亥四月十二日年纔六十娶朱太安人幼閑
姆教歸許氏克執婦道時祖姑以老失明安人
侍膳問寢終始得其懽心家貲方窘不憚拮据
之勞遇子姪婚具弗給至脫簪珥助之故家衆
雖緐衍咸聯屬固結內政肅如太安人相之也
嘉靖甲辰藎齋君登進士第授荊州節推迎養
太安人力拒之曰山居吾所安也堅不肯行藎

齋君遂留室人某以代養旣擢地曹南北馳驅
餘十年皆孑身於外清苦自砥時遣使歸訊安
人猶戒之懇懇曰勉守官箴無辱爾父於地下
藎齋君益自砥礪以署員外郎事主事三載考
績得贈東山公如其官封朱太安人藎齋君痛
東山公貤褒不逮幸恩逮太安人及製冠帔以
進拜恩後即命笥藏之生平靡麗之服不輕加
體儉素其天性也生成化丁未二月三日歿嘉
靖戊午九月廿三日享年視東山公加一紀云

子男五長卽藎齋君彥忠次彥芳彥恩彥志彥
懲芳恩早卒懲嗣族弟廷璋女一適楊某早卒
孫男六某某俱彥忠出某彥芳出曾孫男一某
曾孫女二聘某一尚幼俱懋敎出銘曰
許有世德隱弗見兮駿發後昆紛哲彥兮侃侃
東翁積而散兮相之未嬪理弗亂兮子姓詵詵
申共燬兮登彼中堂笑言宴兮夫義婦聽謹眹
旦兮寵膺貤褒龍章煥兮祖原同穴豐木蒨兮
我銘之珉後世所觀兮

封文林郎眞定府推官南田劉公墓誌銘

嘉靖戊午冬十一月十有二日勑封文林郎眞
定府推官南田劉公卒其子兵科給事中祐緘
御史岸泉王君狀來乞銘予友通𦀚孝泉宋君
繼先復申之因不獲辭而爲之誌誌曰公諱廷
佩字公器南田其别號也始爲吏部聽選省祭
官以子貴封文林郎眞定府推官公之先爲涿
郡人國初避兵徙山東掖縣遂爲掖縣人父曰
眞大父曰通曾大父曰宣皆世濟善良公少孤

家徒四壁立獨竭力耕作奉其母于懽甚撫一弟一妹長爲婚嫁性敦朴無府城又輕財樂施以故無間親疎遠近長少皆樂與公游後公居積底饒往往以所餘賙姻隣之不足者其季廷致詒公求異公力止弗獲嘆曰於彼各有見吾寧忍重傷季志吾聞古者薛包百具咸取所棄吾柰何獨一一與季瓜分之舉租田數十畝負郭者曰季第耕是吾無需此也又其妹夫家湫隘公損己貲別購宅居之嗟世降衰薄人私其

身至視同氣若秦越共室而判鹽米少弗合則反唇詆訕者何限若公所爲求之古人奚讓焉公雅志業儒弗得志始以吏術覆其身然非所樂也遂刻意課二子二子皆有聲黌序嘉靖己酉給諫君舉於鄉癸丑舉進士授真定府推官時公當謁選銓部人勸之往公曰嘻吾願償矣仕奚爲日與故舊往來酣飲里巷中飲竟夕充然以歸未見被酒失禮也初給諫君之推真定也公往視之居半載郡之人士卒未有識公面者居常爲給諫君言兒刑官也一念輕重人之生死立判可弗愼歟無偏聽獨斷以輕試人命毋阿上官意旨以撓法給諫君受教治獄多所平反以公恕馳聲趙魏間無何對薦交騰遂擢今官仍以真定考績得封公公既封家居愈益恬退未嘗一謁上官上官或造其門輒辭謝勿與見鄉飲酒禮一赴輒以疾辭出入緩步策杖弗輿弗蓋自視欿如也初公故病痔垂老弗便履動給諫君欲乞養歸公聞以書戒之曰爾受

國恩未有以報也第盡心服官胡我念爲給諫君從其命弗敢違居歲餘公竟以舊恙劇沒距其生某年得壽六十有四配官氏封太孺人生子二長卽給諫君娶徐氏封孺人次曰祚邑庠增廣生配韓氏女二長適楊遇春次適府庠生侯世官女孫二尚幼未字以某年某月日葬公某山之原銘曰

坎而宮有屹其封右虎左龍前擁後從疇妥其中南田劉公協氣鬱葱永吉永寧孫子繩繩福

祿其來崇

都察院右副都御史山峰阮公墓誌銘

中丞阮公皖之桐城人也諱某字某號山峰居士系出步兵晉黃門侍郎遙集自陳留受節鎮皖樂山山之勝因家焉歷唐諱從江者以大將軍顯宋諱師簡者以進士顯文武後先輝映由進士五傳而生暹暹生廷瓚人稱愛雲翁則公父也愛雲翁少孤嚴事其兄讓千金產有隱德沒祀于鄉後以公貴贈南京刑部主事配吳氏繼童氏俱贈安人正德己巳歲大祲翁傾貲振之所全活甚衆無不頌翁生賢子者已而母吳以是歲十月二十四日生公公生之夕室有瑞光始爲兒時端重不戲六歲就外傳輒問曰讀聖賢書不當學聖賢乎傳大異之嘗作燈花賦以見志長而博綜經史百家文聲籍甚嘉靖甲午以儒士中應天鄉試乙未遊南雍少司成歐陽文莊公方與諸士講明致良知之學公聽受而篤信之曰學不在是乎自是盡棄平日馳騖

之見而反之身心矣甲辰第進士觀吏部政會星變上疏乞崇廉介以抑奔競不報太宰熊公某獨亟稱之乙巳授南京刑部主事敬簡明允精于讞比千户劉恩以善訟作姦公暴其罪竟置之法時有殺人而櫝於市者都下譁然莫知其由邏者偵捕朱監生甥抵之業已誣服公心疑爲冤齋沐禱神竟得真殺人者於是才聲大振三載奏最改河南道監察御史巡視光祿光祿多中貴人懾公風裁省浮費且十萬計地震應

詔言七事多見採納己酉巡視倉場兼理河道蘇運卒立議單劾罷漕帥之不職者漕政以肅明年案順天諸墨吏望風解印綬去任丘進士王聯豪横數殺人擬大辟乃摭拾胡公纘宗詩誣奏誘訕

上怒逮下詔獄并逮撫按藩臬郡守三十六人公曰以言語罪人非盛世事矧誣搆之乎漸不可長乃極力調護其間事竟得白尋改畿內督學公以首善自京師始正身帥士士蒸蒸然鄉

風諸所請謁悉謝卻不避權右庚戌虜入犯至薄都城下公適校士涿州涿固都城要地也公選率生徒張皇號召士氣倍振虜退條上禦虜十事動中機宜當是時公職在俎豆不與兵戎乃毅然以憂時捍患爲己任其康濟之弘猷已於此露其端云癸丑擢浙江提學副使頒示條約一如畿內而因地裁成之得人爲盛浙方歲苦倭寇甲寅尤甚公下令諸生操弓矢習射作忠義之氣乙卯夏省城戒嚴撫臣檄諸司畫地

防守公當守武林門則列營關外令士女分道入遞至遞開視他守者獨無追迫蹂躪之慘民咸德公焚香祝天曰安得阮公開府以活百姓耶丙辰陞廣西右參政臺省交章薦公有文武才可大用

上擢公右僉都御史提督軍務巡撫浙江聞命即展布方略誓告將吏四月賊攻乍浦追斬皂林賊奔桐鄉公冒重圍入桐鄉方賊之圍城浹旬也多方攻擊而公亦隨機應之顧孤城力乏

數請援於總督胡胡不應城中危甚即睢陽之急不是過也賊又持總督紅牌抵城下議和人心搖惑非公抗議固守鮮不敗者少宰松溪程公亭平夷碑亦謂公有睢陽之節武穆之忠云久之賊計窮遁去五月賊陷仙居公又募金台諸郡兵分疑設伏凡三戰大破之而賊首徐海黨與衆盛復集其巢時趙尚書文華出視師與總督胡共持和議乃公獨銳然決戰會言官上疏罷議和者詔下專命公勦平公得報益自聲

竭命奇兵四伏正兵突擊賊遂大敗四竄巨魁陳東麻葉辛五郎皆就擒賊又奔據沈庄憑險自固若謂必不可破而主和議者猶觀望不進公大怒曰不滅海尚留根蔓乎檄諸道分兵四圍夜渡濠薄賊柵火其巢自寅至酉力戰俘獲甚衆徐海始就滅功最稱奇而譏忌亦自是漸起矣公顧一意向賊謂諸將曰寧波鷹門久爲賊據而舟山餘黨尚在柰何安枕耶遂夜驅水陸兵並進大破於蔡奇山獨山大潭山水戰於

清港洋丘家洋直抵舟山賊方除夕酣醉遂擒斬殆盡自是兩浙三吳始得休息矣
上賜金綺者五進秩者一方鄉用公而忌者愈忿謀奪公柄移公專鎮閩是時閩寇方張而兵弱財匱私計可以困公而公不爲困丁巳春公發浙江倭犯福寧公抵建寧倭犯會城已而犯福清犯海口羽書猝至公日夜治兵儲糗慎選謹諜而於先登陷陳之士不惜重賞往往能得其死力遂奮擊賊衆於古源陽崎長樂港閩安

鎮凡十餘戰計任事不過數月捷書飛奏
上大加獎異柰何忌之者力謀傾公乃指摘公靡費儲餉肆爲萋菲風聞論列遂被逮至京然募兵壯造戰艦捐賞予卷牘具在有司可覆視也卒莫能中傷落職歸角巾私第絕跡城府東阡西陌朋舊過從悠然不知老之將至也會有論胡督府宗憲侵浙餉者後波及公公疏請兩省互覈而人多依違其間迨隆慶丁卯公病轉劇伯子某伏　闕陳情於是大司徒馬公森大

司馬霍公冀合疏題覆行兩省巡按覆報公之心事行且昭雪乃以十二月七日歿於正寢享年僅五十有九耳嗚呼天亦忌之人何尤哉余嘗讀陳平傳而重爲公慨也平事漢謀所以撓楚者請捐金行反間高祖與之黃金四萬斤恣所爲不問出入卒間楚君臣滅羽垓下由公觀之使平也生今之世身且不免又安能吐六奇而封萬戶哉今按中丞五臺徐公紳狀敘浙閩事獨詳有以也浙之士民思公之德相與立祠

俎豆公夫豈可強致哉噫此益足以觀公矣若夫勘副使李某同知唐某以全善類哭送南野先生旅櫬以敦師道不拜仇咸寧不附陸都督不謁趙督察以勵士節皆狀中所稱述者自當信後云公娶于張克相公生伯子自崙五月而卒贈安人繼程氏生仲子自崑封安人生子男二自崑自華孫以鼎以巽自崙生以漸以節自崑生孫女三公所著有蘖蘖錄臺中語諸書行于世其天德王道諸書則藏之家某等卜以某

年月日楚公于某原余素辱道誼知公獨諗因誌而銘之銘曰

文以造士俎豆雍容武以殄寇軍旅折衝譏忌多有疇撼厥功東甌西越祠祀攸崇

鄉貢進士勵菴于公墓誌銘

金壇鄉貢進士勵菴于公者偉人也名未字次公公生平以名行自勵因名其菴曰勵美姿容飭儀度好衣褒袖博袑望之飄飄然若神仙中人兒時卽警慧異常父中丞素齋公湛心奇之

貽安堂集 卷之七 十三

延三吳名士爲之傳羣鄉族才子弟日相劘切學業遂大進爲文耻效時輩作庸常語往往出人意表嘉靖丙午卒業南雍司成松溪程公文德試拔首列乙卯領順天鄉薦主司槐野王公維楨元峰袁公煒亟稱曰佳士佳士迨屢上春官不第士人咸訐之君則曰通塞有命惟盡其在我而已於是力學益不怠自朝之宗工鉅儒與海內知名之士凡可資以考德問業者輕千里徃從之游已乃斂而歸之身心杜門却掃日授四子以所自得而四子並穎敏雅飭克紹家學季子辛酉薦於鄉其方來者未艾也天性孝義九歲時母沈淑人寢疾日侍左右問所苦則撫摩抑搔之湯藥嘗而後進迨不起哀毀如成人大母芮太淑人憐惜有加於沈臥起飲食必置座側君孝事芮亦如所以事母者配吳碩人淑愼温惠與之同事母及大母皆曲盡孝養中丞公宦游四方周旋內外凡所以上承顏色下理庶務及娛悅太淑人者無所不至也遇諸父

貽安堂集 卷之七 十四

昆弟有恩卽疎窮困不恤貧字孤病者醫藥死者棺斂曰自今視之族屬踈也自吾祖視之則一氣耳敢不殫吾力追思蚤失母氏欲報無從乃厚恤母氏之家事繼母賀淑人務得其懽心訓諸子必稱古道以朂之曰學非以干名也仕非以徼祿也宜求進於是者問嘗與予論處世之道予謬以斂約退讓告之君聞而動容曰唯唯歸而處族處鄉稍用其說而人咸宜之有上官喜事者以一切之法臨江南而江南之俗大

壞訟訐繁與奸滑乘機射利閭井騷然卽循理好義如玉陽史公者亦不免於侵擾君爲之鬱鬱不樂曰斯非亂之道耶周禮荒政有曰安富今乃仇富富敝而貧將安藉不底於亂不止也聞者以爲知言御家以嚴內外截然僮僕數千指無敢肆行於外者鄉人有宿負數千金悉焚其券不責償吳淞江之濬也捐粟三千石佐工臺臣以義榜其門捐貲成梁以利人涉者凡三數所北郭水次有便民倉燬於倭君爲移搆城

中輸納稱便其尚義輕利類如此以若所存得位而行之有不利於世者哉而天何奪之速也悲哉生正德丙子十月十四日終隆慶庚午二月七日享年五十有五配吳碩人出宜興望族先九年逝別有誌子男六長明照以弟子高等入國學娶同邑太學生虞君岳女次光烈縣學生娶江都太學生卞君幽女繼娶蘇州尚寶少卿徐公履祥女文熙縣學生娶溧陽尚寶少卿史公際孫女孔兼辛酉舉人娶常州武進尚書周襄敏公金孫女繼娶同邑封戶部主事張君揖女女一適無錫兵部郎中華君雲孫男庠生之亮俱吳碩人出晚生二子側室出尚幼未名乳名進郎定郎孫男六長玉鳴娶丹徒太僕少卿曹公倣孫女次玉聘王立玉德俱未聘餘未名孫女九長適山東參議王公樵次子庠生肯堂次許聘無錫宮諭吳公情孫男次許聘續溪尚書胡公宗憲孫男次許聘予孫男思誠次許聘丹陽大司成姜公寶次男士昌餘未聘卜辛

未十二月二十三日辛亥歸窆縣西潘庄之原先期伯子持少參王君狀匍匐來乞銘予遂爲之誌而銘之銘曰

璨璨瑚璉弗登於廟鬱鬱松栢或萎於道猗彼
畹蘭載揚其芬藝而弗穫昌我後人

李文定公貽安堂集卷之七終

李文定公貽安堂集卷之八

誌銘

定國公敬齋徐公墓誌銘

我
太祖高皇帝驅逐胡元肇造函夏當其時附景
運而起濠梁者雲蒸霧集而中山武寧王魏國
公達功居第一武寧王第三子增壽從
成祖文皇帝入靖内難以死事追封定國公謚
忠愍錫券侈爵並峙兩都忠愍公姊實爲

仁孝文皇后一時勳閥貴盛莫加焉由忠愍公
四傳至太師榮僖公光祚生敬齋公公生而端
凝重厚不以門第自矜年十六即襲公爵嘉靖
丙申推左軍都督府管事壬寅推神威營坐營
辛亥推掌中軍都督府事樞府重與六曹埒而
握符爲尤重　朝廷每慎其選公膺任者蓋十
有五年
世宗肅皇帝聖神明决總攬乾綱廷臣淑慝纖
毫莫遁而顧數委任公當公之始襲爵也即

命公恭上
昭聖皇太后徽號冊寶尋　命護送
孝康皇后梓宮　山陵祭奠甲寅　勅詣太岳
太和山安神祭告乙夘顯陵安
二聖神位已未齊雲山安神癸亥甘露降顯陵
祭告
二聖先後皆命公行禮癸亥冬猝有虜警則
勑公巡視皇城五門至於郊壇分獻廟社代祭
遣命多及而金綺蟒服時鮮之賜不可殫述夫

遣命賚予　英主所愼公非有獨契宸衷者何
能有此恩數耶丁夘隆慶改元
今上踐祚　命公詣
孝烈皇后園陵恭上　尊謚冊寶冬至
上有事　南郊先期親省牲列辟雖從祀祀如
雲而公猶緋服在列至夕歸宿齋所忽疾作舆
歸而逝十一月十二日也訃聞
上驚悼輟視朝一日賜祭葬距其生正德乙亥
某月某日年僅五十有四悲哉按太保華蓋東

公狀稱公性沉默寡言笑祇服榮信公庭訓動遵禮法榮信公逝奉母王太夫人孝養益至處異母弟延勣延愼延亮友愛無間訓子嚴而有則每朝謁必夙興待漏雖風雨不廢嗟乎自昔世祿亢宗門閥貴盛而子孫善守獲令終者蓋亦難矣武寧王父子繼美克襄開靖之功策名鼎彝流聲海宇乃其裔類能謹其繩尺斂其才技以安享福澤於寧謐熙恬之世若公者可不謂無忝前休者哉公諱延德字用脩號敬齋其

先鳳陽府鳳陽縣人娶張氏

慈壽皇太后女姪封定國夫人早卒繼洪氏亦封定國夫人子六長文璧襲公爵次某某文璧以隆慶二年某月日葬公阜城門外馬鞍山祖塋之次請予銘其墓予與公有鄉誼不能辭乃爲銓次其世行而繫之以銘銘曰

於赫

聖祖奮起濠梁中山景從虎躍龍驤有季嗣興武烈載張勳著開靖名列旂常慶源有濬厥流孔長公起六世爵祚榮昌貂冠峩峩蟒彩煌煌履盛居盈抑畏自將

先帝是鑒眷命有常恩光天覆賚予露瀼台曜忽沉皇心軫傷錫之馬鬣寵以龍章巍巍者丘阜城之陽勒辭貞石永有烈光

殷母胡氏墓誌銘

墓此者殷母處士瀕之妻封兵科左給事中璜之母前給事中今雲南按察副使正茂之大母也字雲英姓胡氏胡歙邑著姓胡奇芳者富甲

里中里中人蓋稱長者云母其女也笄而歸處士處士之父曰文清者倜儻多智人也好振施遠近待而舉火者甚衆胡夫婦雞鳴起至夜分以佐大人而殷益以贏以故舅姑最憐胡氏婦乃胡益事之謹舅没胡與姑共一室居二十年怡然一日有思媚之風處士病封君璜與其二弟並在嬰稚胡侍湯藥者五閱月處士没胡哭之哀治喪有禮在閫中辛苦撫三孤力紡績惡衣食以存殷氏人謂其有敬姜之賢副使君幼

卽頴敏胡鞠養督敎之迨于成立自副使君舉進士爲行人給事中以至爲今官胡所以命之懇懇悉悉義方人謂其有李令伯祖母劉之恩生成化癸巳三月三日没嘉靖癸亥十一月十五日年三十而寡九十一延卒子男三人某某孫男八人副使君正茂餘某某孫女二適某某曾孫男十二人某某曾孫女六玄孫男一玄孫女一以某年月日卜葬某山之陽而副使君以書抵京師乞銘副使君者予同年進士也事胡甚孝其之滇過家上胡壽時胡年九十矣戀戀不欲行胡强之行至滇踰年而胡没副使君泣且號曰正茂徒重違大母意乃卒不得視大母斂含痛哉恨安究矣以恨故欲得余銘之抒所衷憤焉嗟副使君淬志勵行有憤世疾俗之意往往不諧於時然賢者實心重之則所以報劉者固有在也予安靳一言以慰其意銘曰

髧彼我儀殷母傷之六十餘婺鬒鬒孫子殷母敎之顯於明時繩繩曾玄殷母視之九十含飴某山之陽殷母居之後祿永綏

楊母周孺人墓誌銘

江山有奇士曰楊君魁者研窮性命之學尤精堪輿家術爲海内士大夫所重吉水宫贊念菴羅公洪先嘗造其廬期晤石蓮洞中時君父母並耋難之其母孺人周語君曰吾聞昔賢以遍交海内名流爲幸羅公道德高一世非其人弗與游有千里裹糧款其門者吾二人尚善飯兒何難於是行耶君乃行至吉水三閱月而孺人疾及君馳歸則孺人捐館矣時嘉靖癸丑二月二日也太史李子聞君於羅公門人乃緘書招之而行菴翁促之如周也君過海上與語數日而李子北又明年君葬孺人乃自爲狀請銘李子其辭酸楚若悔昔之輕遠其母也李子曰昔母所以爲賢也昔軻母徙居學傍以淑其子但母職其子所與言者豪賢也則陶侃延之母之心豈異二氏母哉故不欲遠其母者子之心欲成其子者母之心君從羅公游母且怡然地下

矣君奚戚戚爲遂撫其族氏懿行而銘曰
楊有壽母其氏曰周諱閏行八家于石坵父曰
顯五祖曰忠七忠仕學諭克閑家室曾祖廣中
僉憲滇南名著邑乘忠義奚衞毓秀有源持身
淑慎逮事姑某乂而愈順敬恭夫子德耀與肩
亦克左右恤弟禮賢仲也窶貧伯則賙與中心
貺之罔或訐語知夫所來鄉邑聞人殽核楚楚
烹飪是親二子魁瑫延傅訓廸繩違警惰慈以
嚴克魁齒縫掖博學多聞戢翼臺衢在昔劉黃

母曰勿嗟窮達有命益懋汝學以俟其定塋窆
青烏懸望是師宜契神解握造化機母曰慎之
勿洩玄秘惟善乃畀罔私非類彼君子女令德
孔臧孫曾雲仍慶祉駢穰遡自成化甲午閏月
二十有六兹辰惋設郭塢之壠冲氣欝葱山庚
向甲坎乎其中形則斯藏善則多有緜祠貞石
寧蹟形朽

奉訓大夫晉州守復齋王先生墓誌銘

太史李子童子時嘗市游見先生裒裾緩步儀
容甚都從市人訊曰復齋王先生時先生業領
正德己卯鄉薦五六年矣已李子爲諸生得謁
先生聆其論舒徐有倫可聽退而竊嘆曰向見
王先生之貌今乃得其蘊矣又數年爲嘉靖辛
卯李子亦領薦壬辰計偕從先生入都日夕讐
論經義益聞所未聞已皆落第先生潸然曰予
親春秋高矣安能復從諸君歸爲遠萮圖哉筮
仕得判九江以廉勤自淬有能聲上官亟奬之
持法左峻有鄉官子怙勢毆人至死置之法不

少貸因銜先生多方賄汚竟不能中傷之中丞
檄先生采木南贛出入岩谷瘁甚復檄運木入
都有募工羨金數百悉輸大司空三載奏績得
封順菴公如其官贈母鄭封繼母丘並爲安人
尋遷守雲南安寧州兩月聞丘喪歸服闋改授
蜀之綿州抵綿八月而順菴公逝矣滇蜀險遠
匍匐道路席不及煖所遭何其窮哉先生以兩
喪皆不得斂含爲痛居廬哀楚踰常聞者悽惻
既厝順菴公闢圃後宅雜蒔花藥閉户習逸若

將終身焉有問者則曰吾遊倦矣疇昔以親在今何爲而碌碌折腰道傍哉知先生者謂先生之藴未洩也强之起丙午復改真定之晉州晉俗刁獷有稔惡十餘輩相與歃血爲黨豪俠武斷莫敢誰何先生戳其最惡三人餘皆逋匿才聲籍甚乃以老謝事歸歸二年而先生卒是爲己酉正月二十五日也距其生成化丙午五月年六十有四先生名臣字元卿號復齋其先蘇人四世祖彦高始徙興化彦高生用璋用璋生

汝英有隱德嘗獲道遺六十金俟其人返之汝英生順菴累世厚積篤生先生先生少貧苦學爲文清婉有旨趣鄉里後學多師尚云配趙氏封安人側室朱氏虞氏子五女二孫男五陛率諸弟將以某年月日葬先生某地請銘李子李子雅知先生遂爲之誌而系之銘銘曰

學而鴻漸其翼或戢仕而鼎養其行或塞果碩不食後之人其有獲乎

贈中書舍人雨圃郭先生墓誌銘

贈中書舍人雨圃郭先生者今侍御某父也侍御登嘉靖甲辰進士第初授中書舍人會 太廟成覃恩贈先生如其官諱建字允寧號雨圃世居福安之韓陽坂大父某父惟盛世業農至先生益悃愊無他好尚惟知力穡紹先業嘉種察候氣以時耘㭱每靈雨至則荷簑曳鎛抱甕决渠備極勞瘁弗爲苦養父惟盛公母夫人某孝惟盛公夫婦故農家茹儉素如飴先生顧蕃雞豚蒔果蔬日究之以進乃所自奉衣裘食

飲居處僕御則務爲簡朴後生遊佚輩見先生勞且儉咸羣聚誚謂先生愚曰丈夫當鵬運九萬胡爲效鷦鷯局促一枝耶先生若罔聞者或詰之曰吾非愚也夫人弗作弗食也天有時吾則之地有利吾因之吾有筋力吾役之取諸宿畜節其入出以養我父母於我奚怍也憚此弗事則用不能不屈用屈則不能不資於人資於人則不能不下下之弗得則詛詐譸張之術起矣吾故逃此就彼也吾豈好自苦哉無何誚者

咸蕩覆先王乃日益饒足云先生性介直耻與世俗乾没見弗順即紅腐朽貫疾之至無所容惟喜納交縫掖士與縫掖處則斂肅起敬故世俗輩咸指先生而縉紳長者無不推重焉先生居常嘆曰吾聞農家子野處不罷足賴爲士乎家世業農顧無以士見者吾耻之侍御生有奇資爲擇良師傳程督不少縱每夜讀往往竊伺勤惰稍懈輙從窓隙作呵嘻聲或疲極就枕卧無何許時檻外履撼撼矣侍御感奮緝學一出

輙有聲閫中閫中藉藉謂郭氏子當大貴先生則又數稱古賢哲詔之曰古之學者以學道非以射名也古之仕者以事道非以干祿也兒謂尹焞以善養不仕若耶畏禽以直黜不進若耶小子識之嗟先生言動近道類如此迨侍御聯第官清華飭躬砥行不徒以高官要秩自見先生曾不得一聞知以没何其悲哉先生生弘治壬寅年十二月四日卒嘉靖乙未年十一月七日年僅五十有四娶李氏子一即侍御塋長汀

里之原已酉侍御以牧政按江淮始請銘太史李子其亦有待也夫銘曰

賢者勸否者訾訾者卜勸者起天道云遠人道邇君子有穀詒孫子太史作銘來者視

中順大夫杭州府知府環山孫公墓誌銘

環山滁人也諱孟字瑞甫其先有諱仁者營州衛正千户生慶慶生會會生和和生乂恭中正統戊辰乙榜累官贑州府教授累贈江西右叅政配鄧氏贈淑人生孝舉成化癸卯鄉進士除

建寧府推官累贈江西右叅政配李氏生存黎氏生環山俱封太淑人子共七人存第進士累官河南左布政而所封贈則以存所嘗至官云環山登嘉靖戊戌進士第除都察院都事丙午陞户部員外郎丁未晉郎中庚戌遷杭州府知府癸丑罷歸環山容貌魁梧奇偉爲人豪舉不護細行爲秀才便睥睨當世不肯下人及進士自謂不得在翰林必當作臺諫遐都事都察院班列徒立諸御史上實無大事事心殊怏怏已

居戶部雖多所芟革亦莫究厥蘊比知杭州搏擊豪猾禁絕侈靡崇禮膠庠盡力蒲泖稍稱治復壓於撫察藩臬十數上官肵夕請事趨承不暇給退而仰天嘆曰大丈夫具鬚眉抱氣節服金紫位埒古諸侯仍俛仰人若此耶遂懷退舉之意適謁御史諸司咸曳踵進有問輒起拜鞠躬唯唯後對環山顧獨昂昂咳唾自若御史以爲慢已廼顛倒其考環山當遷職竟以此報罷環山罷潛居摩陀嶺西闢田數十畝倚山爲廬

盤磴出山頂繚繞奇卉時或登眺下復構蓮花精舍日居其間或呼朋命酒賭碁覓句月落雞鳴其興愈酣一及身外事則掩耳先是在杭建樓西湖匝以芙蓉柳楊紫翠耀玓照謝蘇堤廼復脩摩陀嶺爭勝豐樂或者曰此環山寓傲耳使其珥筆殿廷握符樞府遑斯哉環山生於弘治甲子某月某日卒於隆慶丁卯四月十六日得年六十有四娶方千戶女封孺人生子一安之娶彭別駕女女三一適于廉使孫庠生世延一適太學生許阜一適指揮郭一麟側室張氏生女一適指揮周卬徐氏生子二容之女一未聘李子曰予與環山同鄉舉且同朝者數年豈不相知且厚哉廼今此君長逝化爲異物絮酒未將宿草已莽能無悲矣爲之銘曰

積豐用嗇蚤揚中抑井堞竟食廼子孫緝緝嗟哉盛德

戶部貴州淸吏司主事質菴李君墓誌銘

嘉靖乙卯三月十五日戶部貴州淸吏司主事

質菴李君暴卒於太倉別署君故矯健無恙是日方偕諸寮宷謁總督於公堂忽神色昏瞀衆相顧駭愕翼之歸入門輒偃仆絕矣縉紳識與不識咸咨嗟悼惜太史李子生同鄉舉同年聞而驚走往哭之明年其子太學生見狀君實行以銘請且曰知先君子者莫如公幸賜之一言沒且不朽予愴然而爲之誌曰君名彬字國華號質菴其先延平府大田縣人洪武中高祖仁八公從戍泰州遂家焉父贈承德郎公潮母贈

安人范氏君生而淳篤孝友早失父家貧事母承順備至撫一弟二姊黽勉畢姻嫁且學且耕爲諸生文日有名而鄉曲之譽日起州守許君列其行薦之督學閩人公加殊賞焉丁酉領應天鄉薦越十年丁未舉進士授臨川令臨川繁劇素稱難治君厲精剸務裁决明當抑强扶弱剔蠹興利境内晏然稱理嘗建八議皆裨益治理有關民生者中丞東沙張公侍御沔陽胡公可之即見之施行且亟稱曰良吏良吏云三年

政聲藉甚擢地曹初監收芻料已視榷九江時啓閉平榷稅通商恵民津梁無滯居常自警曰堅汝志毋忝爾生潔汝操毋汚此江此可以觀君矣事竣還部委理太倉東廳事甫二月而卒君愿厚忠實與人處輒吐肝膈即對僕隸語必悃欵若恐傷之至公家事則毛瑣必覈無留夙夜此所以貌腴中槁疾一發輒不起也傷哉子三人長即見娶韓氏次覺庠生娶吳氏次覲聘徐氏女一靚許字少司馬鳳岡沈公從子歲丁未吾揚同登者僅五人未十年而君卒無何泰興豊里何君璿亦暴卒嗟是何成之難而奪之易耶余烏能以弗悲且慨也銘曰

辰而在公其氣蓬蓬已而入室其神懵懵其存其亾忽如飄風噫吁嘻彭殤皆空于君之終胡爲乎悋衷

查宜人馬氏墓誌銘

宜人高郵大夫九一查公秉直配也宜人歸大夫共困約者三十年及大夫顯膺綰符守郵挈宜人以從抵官舍不三日卒何其悲哉卒之日

嘉靖庚戌八月也越三年壬子九月十八日大夫命其子志奇扶宜人櫬返葬于其鄉道人塘之阜是歲太史李子適省覲還海上大夫與其弟文選主事近川君秉彝故善李子乃遣使持其戚大粢新洲唐君禹狀來請銘李子曰是役也吾安諉哉宜人馬姓世家海寧黄灣里其先嘗爲元萬户大父百川公煑海力田樂義好施有聲三吳閭父南山翁母朱氏宜人生有至性

閑靜端雅舉止異常女南山翁篤愛之曰吾兒他日必嫁官人閱同里少年有奇資者莫大夫若心注之已先封禮科給事中雪坡公某爲大夫求聘南山翁忻諾焉及歸大夫和順有禮閫外不聞咳語聲事舅雪坡公姑周太夫人孝敬雪坡公逝宜人相大夫治喪且斂含必誠必信宗黨姻戚弔且會葬至者殺饈供具務崇腆整潔不詭於禮周太夫人遘痰疾者十年宜人躬調藥餌終始不爲倦一旦垂急大夫倉皇求禱

貽安堂集　卷之八　十七

宜人方在妊匍匐叩籲晝夜不休或止之宜人泣曰吾恨不身代也烏恤其他大夫昆仲四宜人周旋伯叔妯娌間少無間言今海寧論昆弟友愛者以查爲稱首宜人成之也嘉靖乙酉大夫偕其弟文選君試浙闈文選登第報者初誤謂大夫宜人弗色喜既乃爲文選宜人少不以介其衷賀客至搶搶攘攘爲辦具有異之者曰我舅姑課子勤矣叔也第舅姑不少慰乎又何戚焉匆進取遲速命也迨癸卯大夫果登應天

鄉薦聞者謂宜人有識量云大夫年三十未立嗣雪坡公周太夫人亟憂之大夫時爲諸生弗暇念也宜人藪欲慰二人潛白太夫人以其娣鄔爲側室越三年宜人先鄔妊舉二子鄔尋亦舉二子宜人有功查宗大矣大夫治家整嚴宜人每以寬濟之臧獲有小過往往掩覆不以聞性尤儉素大夫嘗持金欲爲治服玩宜人怫然取金藏之曰我儒家侈靡非所慣也及大夫置田宅供官租有弗繼輙出所藏以給曰此不愈

貽安堂集　卷之八　十八

爲無實費耶至於供賓客奉祭祀則又不計盈縮必豐必潔若宜人可謂知大義矣宜人生正德巳未九月年僅五十有二子二志奇邑庠生娶祝氏志寧聘張氏女二適某某側室子二志隆邑庠生聘祝氏志完聘陳氏孫男二女二皆志奇出銘曰

嗟嗟宜人胡爲而生于寧沒于鄆又胡爲而弗共享安樂共彼屯憂天乎誰尤迈首故丘孔安且休我銘其幽奕奕千秋

簡軒趙先生夫婦合葬墓誌銘

嘉靖壬子夏五月興化縣令思渚趙君理喪其母孺人周于官邸太史李子適乞省覲還海上趙君造李子泣而請曰先大人簡軒公逝子與兄理並少未有銘乃今子母亦逝敢以謁君李子曰君子遲遲銘簡軒公其有待夫冬十月趙君自越走使申前請曰將以某月日啓先大人竁奉母氏祔焉銘不可後納矣李子曰是誠不可後也敍曰先生諱洪字伯量號簡軒其先世

居河南之浚儀自真宗五傳至賀孝敏王遂金之亂從高宗南渡至越始家山陰遂爲山陰人敏王生不瑚不瑚生善瑛善瑛生如宅如宅生崇遲崇遲生必列必列生閩闖生誠齋公鎡先生父也先生少有奇資讀書輒了大義誠齋公早逝弗果業舉子然能程古聖賢言施諸酬應間一時業儒之士自以爲弗及事母王孝啓處飲食奉養咸若王意又亟念早孤未得竭力誠齋公也遇仲遜軒先生某友愛即尺帛罔以入私橐終其身無少忤有姊孀撫孤甥勤甚甥夭女一幼爲育于家治裝具女之尤急人危難鄉隣死喪緩急必之先生卽之多方賑恤焉所與游並一時名輩見弗已若則謝弗與游及田夫野老則又于于相延接未嘗少媟嫚也遇事慷慨喜爲與人談及天下事往往撫掌太息曰吾恨少不學無由效一職爲國家出氣力虛生耳已挾貲走京師輸粟拜岷府典膳曰吾豈榮此哉吾筋力所得以輸國家備經費萬億中絲秒

用不愈煦煦飽妻孥乎歸語思渚君曰吾入京師見冠珮馳驟竊嚮慕焉兒子當努力奮飛無效汝父槍榆蓬蒿間也遂延師訓督期旦暮見騰翥無何以病卒悲夫配周孺人庠彥青田君某女閑姆教事姑某婉順有禮與先生處相敬愛逮僮婢以恩而課子頗不少貸思渚君間嬉戲則怫然曰兒忘汝父之言耶思渚君感奮力學嘉靖庚子領浙江薦庚戌舉進士及迎養至輿猶早暮警戒曰朘民之膏以自肥非義也斷

民之命以自逞非仁也吾死不顧兒有此矣居歲餘忽疾不起彌留前十日病甚忽張目謂思潛君曰兒尚未出視事自是噤不復言此其所以望子者豈後簡軒先生耶先生生某年卒某年若干歲孺人生某年卒某年若干歲子二長理娶某氏次理娶某氏葬某地銘曰

茂德潛樹稽山之陽儼彼淑慈維德之行顯不自躬施于胤子榮光有假終受帝祉

西亭聶先生墓誌銘

嘉靖庚戌余承乏禮闈舉新河聶子瀛爲進士固恂恂淳雅人也詢其兄汀又與瀛同領順天癸卯薦鄉之大夫士往往稱其父西亭先生豁達有大節予因歎曰有是父宜有是二子耶已聶子兩使邊徼過其家省先生入都必爲余道先生矍鑠善飲日聚姻舊擊鮮鼓瑟爲歡他無所慕也甲寅五月七日先生一疾輒不起距其生弘治丙辰七月十八日年僅五十有九予聞而咨嗟悼惜者久之時聶子官户曹兩年矣而先生雖衰可待乃不少延悲哉聶子即日匍匐西歸尋走使持侍御蔡君毅狀來請銘讀其狀果不誣則先生非田野常人先生年十三侍父疾憂瘁禱籲如成人無何母趙疾垂急輒走禱泰山其孝蓋自天植云事繼母王牛庶母盧皆能順與同母弟鴻臚鳴贊儀異母弟儒价同居三十年無異言食指數千用雖繁浩未嘗匱乏蓋先生雅善經畫而出之有節故饒裕如此諸弟業析爨子姓婚嫁往往悉力賙助姊娣六人

長姊有五子而貧曰於我贍又置田以處族屬之貧者族兄有才妻傅孀且獨收畜於家老焉姪女及姨姪女早孀如傅並收養其子毋俾不顛越子長敘之有齒章縫者嘉靖己丑歲大饑先生散秋口村所積粟濟鄉民十月盜猝至鄉民三百餘人德先生冒刃來救獲其首盜解去戊戌畿内復大水先生航粟至靜海損直鬻之有鄭岐山者闔門患疫輒出粟賑救仍延醫胗療已惟岐山與一幼子一孫女得生先生載其

孫女歸爲育之長乃以服飾資遣還其家尤人所難嗟先生胸次磊磊急人之難不啻在躬其視世之齷齪齪齪卽一繙動色至戚者可同語耶卒之日遠邇無不悲悼云吾又聞先生之訓子也先德行而後文藝必延經師之有道術者與之居鄉隣子弟有美資輙招致廩切户部巳登仕訓飭不少貸易簀時猶懇懇曰吾不及見瀛兒汝輩宜道吾意謂弗廉弗愼鮮弗負國恩貽吾羞地下矣然則先生信非田野常人也先生諱秀字子秀號西亭其先大同蔚州人洪武初避亂太原陽曲永樂三年以殷實乃徙新河高祖某生某云云銘曰

彼丘而隆偉人斯宮疇弗作恭彼胤而哲帝賚有烈疇其隕以滅

儒官近山鄧先生墓誌銘

先生諱顋字綱之號近山阜峯方伯應公良曰子韜德弗耀可扁其菴曰綱晩號綱菴系出南陽鄧侯祖壽元末以鄉兵從僞漢未幾歸我太祖從征有功錄子榮爲台州衛百户遂爲台人榮生貴還交阯尋復台貴生忠有功陞武德將軍忠弟賢以毛詩師鄉塾賢生玄敬郡庠生有文名玄敬生直齋公鴻能通詩紹家學鴻生先生先生性穎敏受書輙記不忘直齋公執其手囑曰吾家武弁曾大父以來每欲以文自見輙不偶兒其念之先生竦然曰敢不敬聽于是淬志力學弱冠卽有聲郡庠補增廣生所交若龍山陳大參子直三峯侯方伯緘石筠孫通府鏗司訓敬學陳球梅窻李騰並一時知名士直齋公卒諸弟髫齔産薄遘回祿之變殆盡先生問學暇旁及生殖事母夫人陳撫諸孤無失墜陳性暱少子先生于于愛覆恐少傷陳寢疾先生年六十矣躬調餌藥澣衣被寢食不去侍及疾革哀毀踰少壯執喪三年如喪直齋公歲時脩祀必躬必慤無怠也學逮衰暮猶然卽屢蹶場屋弗懈倦萬長歎曰不遇分也柰先志何嘉靖辛卯會詔授儒官以所藏書課諸子諸子

並有奇資諸所訓解能領略大義先生曰我先人志有所屬矣暇則杜門靜坐或誦詩數章抵掌浩歎客至對奕竟日語及窮達之數則默而不荅性淳厚篤尚倫敘台俗伯兄及爲諸生者得嬴田先生固讓弗受諸弟强弗獲辭已有欲易產者則以所受代易之弟被誣鄉人疾不能對時郡守嚴峻有召莫敢後先生爲代理于庭守大怒已知爲諸生則又大怒先生辭意悃惻訐者具服守爲感動事尋白諸從弟嘗償先世

貽安堂集 卷之八 三十五

負租以計貲不能平將質之官先生潛代之償徐以緩征諭止之曰彼知將復質矣乙巳歲大饑先生量入以賙戚里不責券郡守高其行賓飲于鄉鄉長老曰賓者咸鄧若俗何憂弗化乎其素重鄉里如此大抵先生生平務敦大本而厭修飾見後進輕儇闊略檢行則愀然不樂曰俗之日入于漓也如此其爲文根極理要不藻績故數試數弗利然終不以是改其軌轍及訓兒孫輩則又曰文者心之精也文靡則心靡矣

文實則心實矣世有靡其心而能爲實政者乎諸子佩之即爲舉子業不敢作浮語于是二子藉甚台庠季子舉進士第台之人始知先生之不顯非以其文也嗟若先生者胡不百年以爲台之典刑也耶先生生成化壬辰十一月十八日卒嘉靖乙巳十月七日年七十有四配陳氏生子男五長松次楫次楝庚戌進士次杞次校梠校俱邑庠生女一適庠生應璠孫男十某某女二人以丁未閏九月十九日附葬于雙橋父

貽安堂集 卷之八 三十六

塋之次越三年楝舉進士太史李子承之禮闈其同郡南京刑部主事何子寬又太史首薦士鄧子因何子來謁銘遂爲撫述其行而繫以銘曰

固山蜿蜒靈水澄氛氤蘊結盤赤城遺逸承武揚精英後有明僎前中行哲哉先生白且貞懷珍弗售祿弗榮篤親急難敦天經楊徐皎皎風同清厥嗣羣起馳芳聲才美焜燁瓘如瑛帝恩有秩懿淑旌不可遺兮千秋名

贈南京禮部主客司署郎中事主事蓬山馮公暨配安人張氏合葬墓誌銘

世稱四明多隱君子以余所聞蓋有蓬山馮公云公之子副憲君謙余丙辰所首選士也余孫男思明又聘公之孫女締姻好焉而副憲君以自所爲狀來乞銘且請之懇悃銘其可辭按狀公姓馮氏諱文煥字伯章別號蓬萊山人贈御史琛四府君之曾孫也公少穎異未弱冠而孤寒心銷志毅然以追孝爲己任弟壯有室分產

必均而瘠土墽磽多自取之宗黨莫不高其行後值斲攸家道遂落蕭然江湖間無幾微忿懟之色母病謁醫弗常常至卽徙業攻古方書精於鴻術調齊奉母終其天年晚遊檇李負療者得公一匕良已卽貧不持一錢亦必與善藥多投空券去或謂馮先生甚貧勸之詣取直則指方寸示之殆古之有道仁人與充是心也足以昌後矣二子稍長遣就經師間得異書必爲繕寫以授二子嘗夢束帶兩豫知副憲君必貴舉古名臣廉吏啓迪之而垂鑑於世之乘堅策肥求田問舍者視昔于叟高門而教則罔及陳氏教謂而子睡厥誨何如也丙辰副憲君登進士第授南京禮部祠祭司主事己未晉主客司署郎中庚申詔贈公如子官束帶之夢有徵矣乃副憲君自郎署敭歷藩臬首公潔己所至輒有聲稱則公之教使然也厥配太安人張氏系出唐孝子和州刺史張公後父母鍾愛不與凡子女之適公爲冢婦謝去華飾勞苦甘之夙夜侍

姑疾躬調藥膳惟謹諸介婦法焉父故儒者連不得志于有司死之日哀毀過禮念母老無嗣子迎養於家一如所以事尊章者而朔時飲食器以稱其持齋之心臨終申飭副憲君惟以老母爲言不及他其天性至孝如此副憲君蒙時偕弟秉燭夜誦書所習書必勤女紅以佐其讀漏夜半始去就枕雖柳氏熊丸亾以加也性靜密有思所事求其便安利用而省費以故蓬山公無内顧而副憲君克有成立嗚呼賢哉公

之先世居慈水仕吳越爲尚書者名叔和其子行翰官少保行案官龍樓殿前都指揮使行琛官尚書僕射衣冠烜赫里中里中稱三馮氏行琛後十一世名純孫者自金家井徙西橋凡六傳而至琛四府君堊以子錤貴贈監察御史堊生鍔鍔生汝富汝富生廷芝則公考也母方氏公歿於嘉靖乙巳距生弘治壬子得壽五十有四太安人歿於嘉靖辛亥距生弘治甲寅得壽五十有八子二長即副憲君謙娶董氏繼徐氏魏國篤軒公女次讓娶周氏孫男五曰啓賢曰大行曰大順曰大猷皆謙出啓賢娶按察副使顧遠齋公孫女俱卒思賢讓出娶庠生韓邦治女孫女二亦謙出長適工部主政姚明川公之孫子孚次則余孫思明聘焉曾孫女一啓賢出兆域在慈谿城之東北飛鳧山合葬於嘉靖辛亥而萬曆甲戌始克繚垣以堪輿家言也銘曰

儒而醫兮壽厥親本孝廣仁浩無垠籯金一經啓後人渥洼汗血天麒麟眞魄飛鳧遊三神偕彼淑媛億萬春

贈兵部職方司主事古莊陳公暨配封安人吳氏墓誌銘

贈承德郎兵部職方司主事古莊陳公卒於嘉靖辛亥距弘治甲辰享年六十有八配封安人吳氏與公生同庚後九年卒享年七十有七合葬小河口之蘇阡迄今隆慶壬申冢之木拱矣而厥孫文燭來守淮安郡謁余請銘且致其父副使君某之命簌簌泣下以先人之名行不彰是懼斯孝子慈孫之用情哉余與副使君交且稔誼乃按公甥御史大夫傅公某所爲狀而誌之陳之先故江右人後徙荆之龍淵市勝國時有曰可大者於公爲四世祖復徙沔陽州没而葬州之江北子姪聚族以居遂爲江北陳氏可大生英英生三丈夫子長曰勛舉永樂庚子鄉試官至青州府知府季勉以貲雄里中天順間輸粟千石詔旌其門稱義民公與青州公白首彌驩而陳氏以孝友名家矣義民公生瓉好施

與家無剩財年八十又二呼高年公高年公生公公爲人修偉聲如洪鐘虎頭猨臂有膂力能揮丈八矛嘗遊太和燕趙太和燕趙人壯之謂尉遲敬德復生也使得遇時乘一鄣取旗斬將顯功名豈足道哉隨家業中落遂盡力田畝益規林池樹蓺孳畜種種有法久之生日以厚什伯義民公時尤善積著乎量入而輕息貸之族之不能衣者食者鄰之貧且急者與夫忿而爭者輙來告告則無不懷德愧服以去郡大夫舉

鄉飲必首禮公公第一就餘謝却歲時具斗酒與田夫野老徜徉吟嘯傜然自得不以世務嬰心乃督教副使君某則嚴甚曰我以家累罷學每念之憤懣太息焉若其無忘我志也副使君竟第庚戌進士則又勉以奉公砥節毋失令名足跡罕至城府終其身所謂鞠躬君子者非耶別號古庄以克復青州公故號已太安人同里吳某女母姙時有奇夢生而端靜敏慧八歲見天門開長精女紅歸古庄公爲好逑逮事高年

公暨蘇孺人高年公不治生而孺人性峻急太安人勉具甘旨左右就養有不給至脫簪珥佐之務得舅姑心及卒哭盡哀斂含悉如禮操家政內外斬斬無間言者生子爲副使君某自童子時即飭誨之有孟母風然不以既貴而忘忠廉之訓副使君厥配任已受安人封矣不命之坐不敢坐嚴憚如此而慈愛庶子若已出未嘗面加一厲語人尤以爲難云子二長即栢山西按察司副使娶任氏次樞李氏出娶嚴氏

孫男二長文燮郡學生娶謝氏次文燭乙丑進士今爲淮安府知府先娶胡氏御史胡某女繼娶童氏曾孫男五人某某曾孫女二余覿陳氏自青州公文學起家至二千石顯矣而父子相繼登甲科聲烈赫然著爲紳間將有大聞於世則公與太安人之子若孫也嗚呼此足以知公與太安人矣是宜銘銘曰

農而樹穀爾田既臧士而樹德爾後克昌維公與安人生同庚而没同藏鬱鬱蘇阡萬斯年兮

不顯其光

奉議大夫重慶府同知三溪邵公墓誌銘

公姓邵諱華譜字汝實號三溪漁者晚年人遂稱曰三溪公云其先應天上元人四代祖天同移戍貴州普安遂爲普安人天同生斌斌生璇璇生贈文林郎公昇是爲公父昇娶某氏生二子長曰言次即公公初諱譜爲諸生時督學秦公某閲其文奇之曰爾華國器也乃益以華而更其字曰君顯幼穎敏有大志讀書過目輙成

誦文不屬草正德丙子領鄉薦無何以禄仕受四川萬縣教諭初至即嚴立課程卓然以善教聞會雲陽尹缺臺司檄署其事先生即慨然曰教人治民一也得爲而不爲與不得爲而爲皆非也乃修明政教申飭法令時有豪俠喩某者居鄉武斷大爲民害勢焰甚熾先生疾之立斃杖下縣治臨江有舟泊岸載二商來邏者索賄不厭乃執之曰賊也公取商及貨廉而釋之邏者復毒之變判督上其事甚急公曰此五人者

即往無生理矣竟不以上且導之出疆夫以教職攝邑事鮮不退怯而公克自執持如此識者知其有定力云居六月文林公喪公哀毀骨立幾至滅性服闋補四川學諭師模敎範視居萬有加焉己丑陞雲南保山尹保山故多土官跳梁跋扈動多掣肘公處置得宜咸有以服其心振紀釐弊與民維新平里甲均徭役抑豪横安良善建縣學興水利凡所措置惟求法行而民便謗怨弗恤焉行之二年境内大治郡有大豪

陸筠者縱女肆毒而利其財郡不能決而屬之縣公按之實竟寘諸法癸巳奏績天官氏得封其父如其官贈母陳及配金皆爲孺人至今保山祀爲名宦云居五年會撫臺建議以永昌絶域欲專設府二以領之銓曹乃疏公名以上遂擢同知永昌府事乙未居母朱太夫人之喪哀毀如喪文林公時起復改四川重慶府甫至即承檄賑濟彭水武隆諸縣民賴全活者甚衆當道復以百餘年未竣之獄數事責之成公委心

檢衆不踰月而奏讞遠近稱平惜其年不滿德位未究施忽以寒疾終重慶之公署時嘉靖庚子七月二十二日也距生成化癸丑閏五月二十三日享年纔四十有八悲哉予觀近世士大夫政才明敏者或德修未優公事其父文林公以孝事其兄北溪公以弟處閨門甚肅雖貴爲大夫而澣衣蔬食如儒生至睦族樂賓周貧賑之則務從腆厚又性樂吟咏政事之暇手不釋卷所著有三溪集四卷又集爲保山時建白一

卷曰良工獨苦嗟若公者其所蘊蓄可以淺淺窺耶娶金氏子四伯元吉郡學生仲元蔭戶部湖廣司主事叔元高繼北溪公嗣中壬子鄉試季元哲中乙卯鄉試女二長適廩生龔士傑次適庠生吳師邵孫男八孫女一以嘉靖壬寅十二月十七日塟郡西北紅豆冲三台山之陽辛酉夏五月始請予銘銘曰

行不絕俗而修厥身仕非爲貧以行其仁遇有險夷志則伸也其膏澤貽後人

養正張公暨配施孺人合葬墓誌銘

養正公者太史張子春父也嘉靖丁未太史與李子春芳胡子正蒙同及第明年春太史謀迎公養京邸公業問舟將北偶疾逝訃至太史仰天號慟曰天天胡不少延今伸升斗養耶急匍匐南奔泣謂李子曰銘其屬子李子曰諾明年以同里比部副郎劉子松狀來申前請遂爲誌而銘焉誌曰公諱廉字天質號養正世居渝城東曾祖仲穆祖永齡號居仁父瑞敎號中道中道公子六公第五子張渝城舊族先世顯無以

仕顯者居仁公生有大志毅然欲以儒昌其宗建讀書樓邑西廣延名士與中道公處朝旦夕見樹立無何居仁公逝中道公孑立遂不果儒然志嘗怏怏也及公生性資明敏稍長授以詩書補邑庠弟子員無何中道公又逝家業日就廢墜諸子各勵勤生業公亦不遑事鉛槧去業農服取岐黃書讀之洞究其旨鄉閭有疾咸造公療應手愈有造謝者輒麾去曰吾豈望汝

報耶貧病多所生活云年四十無子擇弟天定仲子育之即太史太史冒宇秀異公撫其頂曰畢吾父祖志者必此兒也遣就外傅家雖約禮傅必崇腆不作窮苦態太史亦樂學有妙悟甫十五六歲爲文已哀出流輩公愈益持督不少貰太史間稍懈即大怒曰汝何業乃習惰廢學耶晚生仲子泰遣師劉北部公嘗曰吾有田六石課兒春蔿三今泰又何愛其三子才貧所甘焉其訓子篤切如此性嚴毅好面折人過子姓

少違失輒庭責隣閈有不順峻絕之然急人危難則恐後焉故鄉人多德公尤厭囂俗自城邑徙居江南之覽秀亭右課子暇必羣朋舊觴咏爲樂不盡懽不罷即客不至必却童稚引壺觴自適醉則撫掌浩歌有横視八荒之意大抵公剛峻倜儻人也意在卓絕塵俗恥與衆乾没急成其子以紹先志尤所寤寐者嘉靖甲午太史舉于鄉四上春官不得第公顏無愠色聞少宗伯南野歐陽公講學金陵遣從之遊已歐陽公

迈泰和遣從泰和俾畢力身心之學丁未舉禮闈廷試及第二名公聞報喜曰吾父祖之靈慰矣自是日聚宗戚朋舊屬酒爲樂比得疾一日逝嗟豈償其素志遂厭塵坌去耶娶施氏先公十年卒孝敬慈儉太史之成多所贊益云其諸懿德具太史壙志中先是丁酉歲太史塟施蔡家坡至是改塟某地與公合公生成化甲午某月日終嘉靖丁未某月日享年七十有四施生某年月日終某年月日享年若干子二長即太

史泰娶供橋吳氏次泰側室馬氏出縣學生員娶分宜西岡彭氏女二長適某次適某孫男二某某銘曰

彼崔者山彼安者流維公處休並藏伊何維公之逑彼哲厥嗣維國良球以贈以褒於萬斯年貫兹玄丘

仲母王太夫人墓誌銘

嘉靖甲寅夏四月十日仲母王太夫人卒先一月其戚太史李子北上過安宜時太夫人方寢

疾內子徐造問太夫人太夫人執徐手嗚咽不能別也乃今竟不起哉秋九月其子玉泉君爲狀抵書都下曰將以十二月十八日奉母合葬先大夫側痛予昆弟無能顯母不朽之文其在公矣李子執狀潸然曰太夫人竟不起哉初予長兒獲甥玉泉君也太夫人實主之是役也予奚忍辭仲氏安宜鼎族至憲長取菴公李與其弟主政公棐並舉進士門閥益著而取菴公筵配獨擇太夫人蓋太夫人先世自大參公而下

數以仕顯素稱尹吉歸公年甫十七上則臨以祖姑鄭太宜人姑楊宜人下則棼以羣娣姒而太夫人周旋其間咸得歡心無少違拂二姑稱曰順羣娣姒稱曰恕姻族里閈罔不稱曰賢下逮臧獲食指數千低昂輕重撫戢咸當其情取菴公自倅嚴州以至僉憲廣陜河南歷險遠兼求陞而從之行者惟太夫人行李瑣屑總之井井不以溷公故公得殫慮在公所至輒有能名逆公歸臥湖上賓友過從無虛日修酳治蔬咸

出太夫人手必精必潔稍無厭怠意客退即分吏必率諸子環侍或迭進觴以樂公公棲遲林壑垂三十年未嘗一日不愉樂以有太夫人也公子十人出太夫人者六才諝並茂果奮跡雲衢者裁篋成均者脫穎黌序者翩翩然鵬翔鵠立淮以南所罕覯焉其行修淳飭雖去公已遠而家緒益振曏昔微太夫人程督于上能爾耶鄉之人以爲有丸熊晝荻之風焉每遇歲時修祀祖禰器鐲省滌必嚴且戒細而織紝組紃亦

臻精絕覓出儔輩云大抵太夫人儒家子孝經列女傳雅通大義故動有矩度如此彌留日強起沐更衣端坐而逝神氣凝然不少亂嗟若太夫人倘所謂君子女耶太夫人王姓江都人生成化癸卯二月二十日閱年七十有二子長某次某銘曰

儷名哲稱良媖繁厥胤昌宗祊歸公室榮且寧曰無然視此銘

工部營繕司郎中虔山蕭君墓誌銘

嘉靖乙卯三月神應軒災
上命更建孔亟繕部郎度山蕭君祇役惟勤工屬內府凌晨而入向夕而出奔走瘁甚將落疾大作不三日猝逝時四月二十日也距其生正德丁卯十一月二日年僅四十有九朝之大夫士咸驚怛愴惜同年友太史李子往哭之其子太學生汝蘭衰絰纍纍且泣且拜曰予大人生平有遠志不幸暴卒未究得公一言將不朽予大人也都諫泰東謝君亦與君同薦丁未爲之狀而復申其意焉乃按而誌之曰君諱禹臣字子益號度山長沙清泰廂人曾大父誠大父德貴並潛德不耀父仁始以貢任曲靖軍民府教授娶某氏生君有穎資不煩繩督強學邁行有聲黌序嘉靖丁酉領鄉薦丁未舉進士授令蜀之遂寧遂寧俗故訐黠難治君臨以寬平不事苛急已作息訟辯諭之民乃孚革會歲大饑君力議蠲逋發粟賑貸賴以全活者以萬計士有貧不能自給者君爲置學田若干畝以贍安居

卷之八　四十一

里距治稍遠多桀猾諸所輸納阻抗不辦少飭譸張而譁君至曰民之弗若厥咎在上于是恤窮振弱布惠明法久之乃下令曰來汝貸否有法耳里民相率輸速罔敢後邑有河患且劇君爲築堤防之環植以柳始免衝決至今民指曰蕭公堤云蓬溪安樂間有巨盜竊發肆掠村落君捕殲其首餘多所開縱不峻治其嚴而不苛類如此居三載當路以最薦擢營部主事職葺通倉竣事擢員外郎時內外工作並興財用告急而大司空謂酌盈縮量緩急經度省節非君不可尋擢郎中君飭材課工殫厥心力出入務從省約以故無乾沒之患而工乃底績尋屬以神應之役竟積瘁奄逝悲哉君胸次夷曠澗略不細謹與人處輒吐肝膈銜杯浩歌不復知他有可忌者至大節則確然不可易事親必以禮昆弟合居數十年每食飲必同倖入必共之處公家事踰私室即一木一石必籌量中度不輕費且修幹豐頎望之偉然見者謂必陟崇華無

卷之八　四十二

疑也乃止斯耶然以王事卒則修短不足云矣配楊氏封安人子一卽汝蘭女二長未字次許字金華尹杜君濂之次子孫二鳴韶鳴球將以某年月日葬某地銘曰

夙夜在公殫厥瘁服勤就斃亦何憾忘瘝在列穎其泚

忠菴解先生暨配姚夫人墓誌銘

忠菴先生者少參君宋之父也配陸氏夫人繼卽姚夫人陸先公而逝者四十有六年公先姚

夫人而逝者二十有三年往少參君聞先生訃於京邸持同年友丁少宰狀蒲服來謁予曰知家大人者莫公若且辱世締姻好願徼惠于大君子得銘墓一言爲不朽計時余方執掌機務未遑也比解組歸夫人業已稱九十壽方矯矯强飯忽一夕終以天年少參君追述懿行且泣且請如初余則安所諉哉先生姓解諱文字德夫忠菴其別號云世爲吳之姑蘇人自始祖松岩道人以避亂遷與化遂占籍焉傳至曾祖宗信而生思政思政生珙稱一壑翁卽先生考也俱隱德弗燿篤生先生先生少卽穎敏警異一壑翁心奇之時海陵柴墟儲公北野徐公雅負人倫藻鑑固素善一壑翁每過訪先生侍焉輒相顧拔識謂非凡品當立致雲霄也先生雖聰慧夙成而性寔嗜學又得姚夫人代理內政專力事文溥聞强識盡通經史百氏發爲博士家語輒鋒鍔橫發見者靡不擊節加賞蚤歲補邑弟子員益折節砥礪自笈從海陵僉憲平野儲

公遊自是學日以進聞日以起臺試輒先多士一第直可芥視顧扼於遇弗售乃念堂上尊人老矣安用日呻吟佔畢爲遂一意侍一壑翁與妣王養曲盡孝道而姚夫人尤能先意承志相與湯藥必躬晨夕不敢去側隨所指使靡不得懽心者自是宗鄰閭里咸推解有子有婦如此而過介弟恕菴公友愛篤至舉凡出納一惟恕菴公是聽曾不一問羨縮亦不忍私一緡自是宗鄰閭里又咸推解有兄有嫂如此而孝友聲

譽籍籍人口卽鄉之耆碩往往推讓先生郡守豫章吳公雅聞先生賢以儒官冠服禮先生邑令泰和曾公武陵胡公又心服先生高誼每遇蜡祭上賓輒曰孰愈解先生者有不至虛席待之其見重如此而先生則退然自下與人處油油然可親居常煮茗擷蔬與二三朋好相爲觴詠笑傲遺脫世外卽田父野叟亦時共驩洽蓋其中本坦夷樂易匪強也下逮臧獲亦不輕爲呵讓而姚夫人者慈惠和煦視先生無兩其御

下更爲有恩而樂施好予固其天植云及笄而歸先生日黽勉有亡不憚勤渠以相先生而先生家計始以裕中以嗇稍不爲芥蔕者則彼此相成之力居多詩所稱雞鳴夫婦非耶惟是教子過嚴先生躬爲課業暮則然炭程讀夫人事絍織伴之必丙夜乃罷寒暑罔間焉稍不喻指笞撻隨之不少貸而閭里稱善教者又曰解父解母云仲子宋果壬子舉於鄉己未成進士第授行人銜命晉藩便道省覲稱觴爲壽鄉人士

嘖嘖榮之而先生與夫人不之榮也猶然自安於故吾若忘其子之貴者鄉人士又私相嘆服比行人使事告成將奉二尊人就養而先生以倦遊不果一夕忽攖微疾捐舘遺命勉大行以忠君報國語不及它比大行遷給事禁中則姚夫人皆焉既叅楚藩願以艱步憚行少叅君勉強就道至則飭法振紀監司拔薦方騰顧時時白雲繫念竊自嘆曰報劉之日短矣獨不思先大人更欲一日養得乎遂抗疏陳情　優詔報

可歸而叅暮色戀母子相依怡怡孺慕不復知有簪紱遺榮焉夫人雅尚澹泊身不曳文繡口不茹肥甘日閉戶焚誦安享榮養者餘二十年蓋人生所罕覯者而少叅君伯兄固襁褓遺孤也夫人撫之鞠之卒俾成立一如己出然卽伯氏亦忘其母之爲繼可不稱難之難歟先生生於弘治庚戌九月二十六日而夫人則以弘治乙卯正月二日生先生卒於嘉靖辛酉二月十八日而夫人則以萬曆癸未四月念日卒蓋先

生壽七十有二夫人則壽九十矣有丈夫子二長栗陸夫人出娶顧氏繼娶戚氏次即少叅君宋娶僉府紀善丁公女女三適某某孫男三汝霖邑庠生娶陸氏汝揖國子生娶余女孫汝成邑庠生娶襄陽郡二守袁君應祺女孫女一適某曾孫男六曰學詩曰學禮曰學易曰學曾曰學夔曰學龍曾孫女四許聘某某塟在邑西長安之阜從祖阡也嗟夫事親則孝處弟則友恤孤則慈逮下則惠是當於古人中求儷匹焉晚

近世風俗日靡隔形骸分爾我者比比而是安望其公財以全義撫幼以全恩若先生與夫人者乎是宜有子若少叅君而少叅君行且無復內顧

明天子搜岩壑而廟廊之則所以顯揚庭訓者益無量也是宜銘銘曰

有藝斯穫惟君子穀以貽孫子月旦推服其穀伊何外內一德孝友令聞慈惠逾覆弗食厥躬喆嗣楨國斯人斯藏過者其式

承德郎延安府通判雲海王公墓誌銘

承德郎延安府通判雲海王公者滄州人也李子春芳其嘉靖辛卯秋闈所薦士時嘗謁公留都明年春公亦試春官再晤燕邸是年皆不第而公尋擢國子學正乙未復晤公于燕已公擢判松江調延安歸老林壑不相通者五年辛丑問公滄水之濵相見甚懽繼耻以無聞至公累遷不相通者六年丁未芳及第公聞之喜遣其子三望來賀自是相聞不絕矣己酉秋公卒於

家先一日公詔門人王之屏曰子其我狀詔其子三望三徵曰銘我幽者其李太史太史不吾予也二子乃匍匐來請芳執狀涕簌簌下曰痛哉公其已矣予意得拜公酬公知也乃公遽已矣痛哉公名國賓字尚仁號雲海人稱雲海公云公滄州右族代爲聞人曾祖謙國子生祖惟德山東齊河主簿父亨河南伊陽訓導以公貴贈國子監學正母閻氏贈安人公少穎敏弱冠爲州庠執矯矯出諸生右名重畿內畿內士出

公門者多儁異攻古文詩尤好崇古禮冠婚喪祭動必則而行之滄俗爲一變云母閻夫人卒衰毁如禮尋奉訓導公迈滄家雖約日必治具速姻舊樂訓導公居十年而卒守禮如母喪遇弟國賓逮諸娣尤有恩振人危急如拯焚溺姻隣族黨多賴焉十舉有司不獲第嘉靖壬午以貢入北雍始與從子光禄少卿紳同領順天鄉薦丙戌不第授山東清平教諭清平故寡聞見公羣諸生傳經較藝諄諄訓迪一時多所興起

辛卯分校應天府鄉試所識拔如戶部郎董子士弘葉子材知府嚴子寬皆知名士壬辰擢國子監學正大司成以下咸起敬而四方士爭從公學乙未擢松江府通判公性恬退獨喜爲儒官其擢判松江也人咸造賀公而公愀然曰予迂腐人能理錢穀事耶必不稱矣至松則催科平恕百姓便之第九直如若趨走應對動忤上官意調延安府通判司神木縣軍餉或爲公憂公曰邊地寡酬應與迂腐頗相得一以治松者治延出入會計惟允暇則集諸生習禮講學期以歲月變延俗也居頃之竟以所嘗忤者論罷公怡然返滄曰此吾志也居家屏跡公門觴咏自適有問學者未嘗不延接談及公事則拒而不荅達官貴人罕接其面焉今年七月公偶遍辭朋舊親族爲仲子季女畢婚嫁又爲别業治喪葬諸具曰八月上旬吾當還造化矣至八月八日果起沐浴衣冠端坐逝嗟若公者可以淺淺窺哉公生成化癸巳十一月十三日年七十

有七配鄭氏封安人端肅幽閑先公卒側室劉氏靳氏子二三望京庠生娶鄧氏三徵聰敏好學娶武氏俱劉出女三適某某十月十九日葬公城東三里原祖塋側啓鄭安人窆合焉公所著有南畿校文録北雍惜陰稿詩經愚見四書獨得行于世銘曰

時方競兮毁方以爲員也而公尤直撓威權也衆方趨兮舍拙以取巧也而公敦朴率古道也進退存亾不失其理也令聞洋洋末之有紀也

一溪處士狄先生墓誌銘

一溪處士者大行狄子斯彬父也狄子與李子春芳同舉嘉靖丁未進士第明年授大行尋奉使巴蜀造李子别且出某所爲先生夫婦狀泣而請曰予二人背棄有年矣顧墓未有石也願爲太史氏請以垂永永李子曰是不可緩也遂爲誌而銘之按狀先生諱津字伯通號一溪人遂稱曰一溪處士其先廬陵人周姓系出宋丞相周益公曰南溪者仕溧陽州學正遂家溧之

瑞蓮坊至其孫子明以外姪後狄氏襲狄姓曾祖宗義生竭竭生欽號懶漁贈南京工部郎中娶彭氏贈宜人生子五長先生次泮洙沖涵先生生而岐嶷有穎資讀書過目輒成誦長爲詩文不屬草立就人咸謂先生取科第若振槁而懶漁公則業沖涵以舉子業沖尋舉進士得貤封懶漁公夫婦而涵亦有聲黌序懶漁公卒先生乃悉産讓諸弟别業宋莊以自給掘地得石刻曰周津畬鄉人以爲友讓感云先生恭遜恂恂若處子恥與人爭鄉隣有爭者咸恥聞先生間有就質先生者卽爲剖析曰某曲某直無不忻忻帖服去先生嘗與士人同入市有無賴輩醉侮先生先生輒走避或欲令家童毆之先生力止曰不足較甫三日其人嘔血死有負懶漁公金者一日與衆簫鼓過溪上翁令先生往執之先生趑趄不進者久之竟罷行無何負金郎暴疾卒至今鄉長老見子弟好使氣輒稱先生以戒云鄰邑俠黨千餘人搆陷先生舅氏彭於

獄時彭年八十家衆悉遁去乃先生獨冒險忿愬彭得無恙先生有厚友羅宗遠早卒遺孤宜陽鄉人踐侮之先生爲育於家長配以甥女史氏始遣還嘗爲里正邑令重先生多所咨決時有巨盜挾讐蔓延無辜連坐者衆先生廉其情白之所活百餘人有大姓楊受誣當議死公力解得已楊持金謝先生輒揮去曰吾豈爲君謝白之耶嗟無論其他卽先生拯人于危不責報如此可謂篤行長者乃年僅六十卒悲哉語曰

前人樹之後人蔭之宜其有子若大行君者乎生生成化乙未二月一日卒嘉靖甲午正月十三日配葛氏先公十年卒生子四長斯彬次斯本次斯霖早殤次斯東女二適某某合葬嚴山祖塋之陽者十五年始徵銘李子銘曰

才也而名弗揚德也而壽弗昌譬彼密雲鬱爲沱滂厥嗣孔良鵬騫鳳翔亦世其煌

通奉大夫浙江右布政使石峯李公墓誌銘

嘉靖乙卯十月十三日浙江右布政石峯李公卒於官邸明年正月弟緝扶櫬歸上谷將以某年月日葬某山之原尚寶阪泉孫君允中韋公丁未禮闈所薦士持省吾岳君曾狀謁予誌其墓中之石是年予叨爲太史氏湖瞿公景淳亦嘗辱公一言之與寧忍以不文辭哉按狀公諱綸字德言其先鳳陽潁上人幾世祖某以從戎偕鎮撫某北徙懷安世稱鉅族迨公始大著云公生穎異日記千餘言弱冠入郡庠赫有文聲一時名公鉅卿爭欲令出門下會中丞東平劉公某侍御平原張公某攜上谷書院爲儲英地延户部臨邑李公爲師而公實與首選尤器重焉既復從石雲岳公某游微辭奥義多所領略蓋公質本穎敏而問學淵源亦有自云甲午以毛詩舉於鄉戊戌舉進士授行人行人職專使事公每奉使所過周爰咨詢留心民瘼癸卯選工科給事二年轉刑科尋遷左給事乙巳遷禮科都給事章奏封駁務持大體不苛不縱時望

歸之丁未會試以才名被命爲同考官公殫精校閱號稱得人是年擢山東左參政督餉都下官屬有被盜者公廉實輒取俸金以給已酉擢山西按察使平獄理冤三晉之人咸德之至紀法所在卽勢要弗吐也壬子山西鄉試公校藝簾外殫精如前所薦亦多知名之士已擢浙江右布政時倭警甚急羽檄交馳公矢志蕩平攄畫曲當會寇逼省城下百姓號呼城外者以數萬計當事者扃鑰勿敢啓公惻然曰皆吾赤子

也即不能驅兵捍賊復忍棄之民其謂我何哉
命啓鑰無何賊奄至衆賴以全公體貌素薄復
當寇衝乃益自經略積勞疾羸竟不起距生正
德壬申九月春秋僅四十有四搢紳咸痛悼之
予觀今世士大夫類多材擁職即稍可稱述從
汲汲沽名譽自炫乃公天性恬澹獨不喜致聲
聞以故歷中外無近功無顯名至爲文章率
棄去不存稿其重自韜晦類如此所居舍蕭然
澹素若林壑人俸入惟以娛親贍族迄無私藏
豈古所謂澹泊無爲者耶然年不滿德位未究
施惜哉父瑤封刑科給事中母韓封孺人配章
氏封孺人子男二某某銘曰
使不辱諫不激越有賊主蒞壽臺底羸以殂行道
嗟惜萬有千秋貴此幽宅

明故通議大夫南京戶部侍郎前巡撫延
綏榆林等處兵部右侍郎兼都察院僉
都御史南溪張公墓誌銘

吾郡稱世閥者必首泰興張云方司徒南溪公
解組而余始登第公七十壽業爲文侈其盛矣
比復以兒女子諧兩姓歡其冢孫亞魁君一旦
持公門人大中丞汪公狀請余銘墓中石余訝
而詢之乃知公歿且十餘年往矣即謗以多故
亦若有待也余安所諉哉公諱憓字鶚舉南溪
其別號也先世家汴宋末避兵而南遂著籍揚
之泰興而始遷祖實爲本眞公由本眞而榮甫
而仲纓而祐之生四子季曰忠貢於鄉授刑部
司務尋轉工部員外郎擢知饒州府有德政以
工部考封父祐之如其官蓋自本眞公以孝行
垂範太守公以文學開先凡四傳而張爲著姓
後有子二長質庵公珩次西庄公城西庄公弱
冠即掄魁南畿授翰林中書負海內文名簡使
朝鮮服一品章服而質庵公即司徒考也積學
飭行屢舉不第貢爲定興縣丞以伯子羽貴贈
監察御史妣蔡氏封太孺人相夫訓子雅有女
士風詳大司空嚴陵胡公大司馬太原喬公志
可考也司徒公同乳凡七伯兄仕終河南左轄

仲翀某府太守皆進士高等二季翹翀由貢爲
博士官昆季一時並起蔚爲時望而司徒約卽
穎敏有異質從方伯公受書往往出語奇絶驚
人以儒士補邑弟子員督學使者每以大成期
賞而公勵志力學不以寒暑少間配安人封氏
刺女紅伴之必丙夜乃罷爲文根極理要恥作
尋常語每凝思則對齋旁古柳揮指謾刺久之
樹膚盡裂正德丁卯舉于鄉學士東江顧公攬
之弁卷中欲置魁選不果僅列二十一人甲戌

中會試第六主司特梓公孟義爲士子程式其
見重如此初授户部某司主事丁蔡太孺人艱
與伯仲兩侍御哀毁執禮以孝行著稱服闋補
禮部值
武廟南巡兩抗疏極諫兩杖　闕庭時伯兄侍
御公亦上書請斬逆瑾下詔獄兄弟直聲凜凜
震朝宁尋陞主客郎轉兵部武選武選職司
邊帥暨諸勳胄顧此輩挾賄怙勢習以成風公
乃一裁以法無毫髮假借以故側目者衆遂摭

禮曹舊僚事波及公謫廣之饒平幕其地卽韓
昌黎所稱潮陽也公嘆曰韓公以直貶斯地予
何幸踵其後耶飄然獨往固忘其爲謫且遠也
至則創立書院遴士子之可教者羣聚其中日
爲課業一時遠近風動負笈從遊者輕數百里
而至厥後以科第顯者數人潮之士風較疇昔
爲特盛云會
世廟新政錄用言官稍遷海鹽縣尹輕徭薄稅
興利除害多所善政民至今思之不忘未幾陞
湖州府同知陜西僉憲河南副憲俱以夙望號

遷已又督學湖湘蓋
世廟龍飛舊邸誠愼其選也公乃頒條章飭教
典務以崇尚德行釐正文體而士子爲之丕變
其所拔識皆知名士汪公卽其一也既參陜藩
政掌貴州憲晉四川右轄江西左轄復改河南
惟陜西最久被澤爲獨深陜之人立祠事公者
三而河南則繼伯兄羽後凡一切例所應得者
悉從謝絶一如伯氏舊政洛中有一世兩清之

稱士論榮之他如酌處藩祿懾服强宗又其最著稱者壬寅陞都察院右副都御史巡撫延綏榆林等處榆林孤懸塞外於九邊獨稱難守公甫至即舉邊務之最急者條上十餘事如練士卒足粮餉類皆鑿鑿可行悉蒙嘉納著為永久規比虜兩入兩捷之捷聞

上降勑褒獎加右司馬仍錫金幣自是黠虜斂退烽燧頓息公以籌畫殫慮嬰疾倦勤乃再疏乞休　當宁亦念公勞瘁召貳南戶部俾得靜

攝以需大用而公之志决矣遂解組而歸角巾野服笑傲山水怡情觴詠日與二三朋舊過從服則課諸子弟以經史其他不復問惟朝廷有大政事聞之輒為動心無異在事時也公生平性孝樂予凡族之貧不能婚葬及鄉隣之乏者每捐俸餘助之不少恡惜邑故無城公首倡議築卒之工甫就而海上寇猝至境內賴以保全蓋公之沉慮遠識仕而未究者於此復微露云公生成化己亥六月十五日卒嘉靖乙卯十一月十日年七十有七配封氏封安人先公卒子二長標安人出娶姚太常少卿海山公女次楙側室周出娶鮑進士女女五出安人者一適海陵徐都憲子都事象賢一適江都華憲副子進士懋中出側室許者適國子生何揚生黃出者適焦縣尹子國子生如京周出者適會學正子庠生士覲孫男二長即亞魁君然標出雄才逸致綽有祖風娶廣平太守仲長何公女孫次聯梯出聘周氏女孫二長適何學諭子鉠次適曹

二尹子國子生鳳鳴俱標出曾孫男三京元邑庠廩生娶余女孫京詔聘楊鴻臚女京士聘周主政孫女曾孫女二俱然出墓在某原葬以某年某月某日夫文則青衿式化武則醜虜畏威功烈震朝廷行誼表閭里若公者殆所謂全德君子也歟是宜銘銘曰

維公始仕直道難容蹟而復起益篤貞忠士式其教虜避其鋒允文允武勛伐攸崇報以俎豆勒以鼎鐘千秋萬禩貫此幽宮

南京國子監司業孟河馬公墓誌墓

隆慶五年七月二十一日少司成孟河馬公卒于家其子舉人震伯遵遺命以少參環溪秋公斯彬狀來請銘予執狀潸然淚下曰予忍銘公哉予與公論交餘四十年且同舉進士同官詞林復有孫子連姻之誼銘公者舍予而誰遂爲誌而銘之誌曰公名一龍字負圖號孟河別號王華子溧陽人也其先爲馬服君裔南海郡公訓從晉南渡遂家溧陽五世祖秀夫自丫髻山

徙居霞橋人稱霞橋馬氏大父清由國子生任衢經歷碧溪公性曾正德辛未進士授兵科給事中歷陞尋甸軍民府知府配許孺人生公于河東之里以有龍祥因名龍性資穎異垂髫能詩讀尚書輙解聱牙語長而博綜羣籍涉獵諸子百家詩類太白文類莊孟舐摸擬前人糟粕故所作直寫胷中所自得意趣天然尤精書法作字懸腕運肘落管如飛頃刻滿幅縱橫闔闢惟意所向初覽若不可辨細翫則條理脉絡具

可尋識非苟然者知者謂懷素以後一人碧溪公以言謫官遷尋甸有夷羅變致罹誣獄公時爲諸生即力疾伏　闕上書情詞哀切　世廟矜而釋之尋援例入胄監嘉靖戊子中順天鄉試第一五策詳贍海內士子爭誦之碧溪公喪公痛父冤憤而終也哀毀骨立水漿不入口幾不能生母氏多方慰解始强食居廬三年釋服屢上南宮不第時予亦落落難合相顧笑曰我輩豈終蹇萬人耶丁未澶淵宮洗晁公瑮

奇其文錄之閣臣雅重公才特破限年例改翰林院庶吉士時許太孺人春秋高乃疏乞終養歸承懽昕夕嬉嬉然若孺子毋終哀毀如喪父時服闋出補國史檢討卒　綸命册封衡德二府餽遺悉却不納已未分校禮闈崇雅黜浮所拔皆知名士擢南少司成攝大司成事繩約諸生悉遵矩矱諸生不樂檢束有造飛語中公者公不爲動曰吾知盡吾職耳庸恤其他條上成均八事語多讖切時政僚友止之不果上今其

草具在遂疏乞休浩然長往攡務本書院方山之阿日與鄉里後生講習其中窮究心性之學經年不入城市有司罕覩其面捐粟數千斛新尊經閣手書六經勒之石僉謂有功學校云建合宗祠置祭田百餘畝以供歲時享祀有餘則貯之以贍族之貧乏者嗟乎世之才高者多澗略於踐履氣豪者恒俯視乎等夷公有卓越之才負豪邁之氣少雖任放中就檢約動必遵義晚涉仕途未嘗折節權貴熏心利欲而孝親睦

族又其務本之大者至于虛己受善人有一才一藝必稱服以爲不及尤人所難若公者其所謂見大立大者哉所著有玉華子游藝集五十六卷行於世其中如天問等說庶幾達造化之原矣百世之下讀其書可知其人也公生弘治已未五月初三日享年七十有三配孫氏忠愍公族鎮江衛指揮晉女繼袁氏南京大金吾公璋女繼徐氏中山武寧王孫京女俱先公卒子男二長震乾次震伯震乾孫出聘鄉進士金壇段小南女未婚殤以震伯子巽翰巽科爲後承嫡震伯徐所育中應天辛酉鄉試娶金壇承德郎虞公藻女女二長聘金壇僉憲王公樵子庠生肯堂次聘鴻臚寺署丞史公隆子庠生繼褒俱殤孫男六長巽都聘鄉進士金壇陳公繼志女未婚殤次巽翰聘翰林院編脩無錫周公子義次女次巽國聘翰林編脩金壇曹公大章次女女殤次巽科聘鴻臚寺鳴贊彭公若果長女次巽芳聘環溪狄公嗣君鄉進士同奎次女次

巽華未聘孫女三長字孚孫思謙次字督學金壇于公業次子贊燕次字內臺觀政進士史公繼志長子致福隆慶六年十二月二十一日葬玉華山之陽銘曰

學而務本曰孝曰睦仕而知止不殆不辱名滿寰區神邁寥泬卓哉斯人一代英傑

亾女節孝墓誌銘

余配夫人徐止生一女即節孝少聘同邑王提舉子之麟節孝性頗敏慧余作女三字文訓之

每一語輒了悟居常端凝莊靜不苟言笑於余訓克身體焉事父母更爲盡孝而余與夫人徐獨鍾愛之命名知芷睚誣也自余叨第後節孝隨余客京邸而王生亦隨父宦洛中生以風氣嬰疾提舉君故緩請期若不欲誤節孝終身余則知節孝不以未婚二志因召之來生亦以例入太學贅余邸舍節孝朝夕調護惟謹藥餌必躬執甫六越月而生遽不起矣節孝矢捐軀以從夫人徐涕諭之曰子道婦道均耳卽欲守溝瀆之諒如老母何況旅櫬千里孰與襄事爾誠從容全節歸塟爾夫事爾姑嫜不兩得耶節孝洒稍稍强飯亟請迓昭陽里中竭力事姑居無何姑見背而夫人徐亦相繼棄養節孝於是籲天自訟曰未亾人忍須臾無死以姑與母在將事姑以報地下人且慰母心耳今若此生亦何爲遂於悒廢食而終邑士人哀之相與告邑令監司觀風使者珺撫其事轉聞之

上詔特建節孝坊以旌表其閭蓋盛典也邑中舊有雙貞祠士人則又舉節孝主合祀焉因易名曰三貞嗟乎方余訓節孝時第槩語閨閤之事不謂孱然弱息舉綱常之重而肩任之乃幷三字經盛傳于世節孝眞無愧余訓矣昭陽近苦水患乏善地偶得城北隅阜阡卜萬曆辛巳年二月二十日啓節孝夫婦柩合塟焉之麟生於嘉靖辛丑年二月十五日卒於己未年十二月十九日節孝生同辛丑年三月三十日卒於嘉靖乙丑年七月十四日父大學士石翁春芳爲之誌而系之銘銘曰

君旌爾門父誌爾墳爾節爾孝萬禩名存

李文定公貽安堂集卷之八 終

李文定公貽安堂集卷之九

碑記

勅建文莊歐陽公祠堂碑

我國家崇德報功厥有懿典開國靖難有大勳勞者並廟祀兩京其善蓋一鄉而勳業未著於天下者則祠祀於其鄉此定制也至於功業未登於廟祀而行業逈邁於一鄉爲人心所共仰者則又請於朝而勑建祠祀二百年來惟文成劉公基文貞楊公士奇曁我文莊歐陽公某三

人而已文莊公登嘉靖癸未進士累官禮部尚書嘉靖甲寅卒於京
肅皇帝雅意重用公聞訃哀悼贈秩太子少保祭葬褒卹如制隆慶庚午江西巡撫都御史劉光濟巡按御史劉思問采泰和諸生議疏請建祠祀於其鄉下禮部議曰稽諸祀典允協
上從之爰勑有司建祠每歲春秋次丁致祀以爲常　命下搢紳莫不稱允至其鄉之士大夫則又允愜初心尤鼓舞慶忭嗟此豈可强也哉詩不云乎民之秉彝好是懿德蓋德之浹於人心不可解也如此公少負奇資早領鄉薦聞陽明王公守仁講學南贛攝笈往從學焉獲聞致良知之教遂與諸同志友日夕切劘者七年癸未春王公促與計偕登進士高等授六安州守隨事致知推以宜民境內大治於是令聞四布擢刑部員外郎尋改翰林院編修是時秉政者悉出詞臣擇海內一時有才名者改入翰林先後改用者數十輩皆以不稱罷終始無恙者惟

公一人壬辰銓郎林子春偕予謁公京邸是年公擢南司業予與吉安守袁子株同往受學金陵是時門下士紛集如雲公獨顧予二人厚以爲可教蓋屬意者惓惓焉旣擢南尚寶轉鴻臚擢南北大司成禮部侍郎轉吏部兼學士敎庶吉士隨在講學不輟育成善類有裨世敎者多矣癸丑擢禮部尚書時
穆宗皇帝龍潛外邸兩府並處事勢危疑人情洶洶公周旋其間潛幾默運諸所題奏意恒在

明長少之序杜嫌疑之端雖忤　上意冒危險
弗恤也然公幾沉而動中窾郤卒之事體定而
主不疑士大夫咸嘆以為難是時當國者頗猒
講學而獨服公頗忌同進有才者而公獨不見
疑蓋默有所感而人不能測也
肅皇帝聖資天縱銳情玄學使初年得公為佐
引而之道不難也豈斯世斯文之不幸乃俾晚
遇而又未究其用可慨哉夫文成公以謀謨佐
命於開國文貞公以經濟贊治於守文我文莊

公以讜言正論衛　主器於潛邸危疑之日蓋
事異而功則同也至於講明正學開牖人心則
又二公所未有專祠以祀夫誰曰不宜仲子水
部君紹慶造予而請言以識諸麗牲之碑予受
公之教最久且深而又躬逢其典禮之成因不
辭而文之仍繫以詩曰
國有常典崇德報功事崇廟祀匹休無窮紆籌
輔治勳齊汗馬俎豆其鄉以示來者孰嗣厥美
曰文莊公煌煌　帝勑寵命攸同惟公之德高

明廣大與物同體弁包無外惟公之功繼往開
來闡明正學陶鑄羣才成均造士青衿環匝洪
鐘在簴隨扣隨答晉掌邦禮大猷是經正名別
嫌國本以寧德洽人心功在海宇春秋享祀士
論咸與宗伯上議　帝曰俞哉春秋享祀厥義
允諧公之道脉貫徹古今公之精神悉在人心
人心傾嚮神其昭格千秋萬載享祀無斁

勑賜楊忠愍旌忠祠碑

隆慶二年巡按直隸監察御史臣郝杰言所部

保定府故贈太常少卿楊繼盛産地也其吏民
為請立祠哀死勸生以銘永祀謹奏　闕下候
可　上從之賜祠曰旌忠於是保定府賈君淇
繙閲故牘得前都御史某捐公羡為公建祠未
竟事有金若干因四陪之卜地城西門庀材鳩
工埏埴繩鋸中三楹以居公像而兩亭其傍刻
公所為二疏者翼廡重門甓而環之軒軒肅肅
道路流涕於是鑱石為碑以辭屬余余與公同
舉進士而心高其義為之碑曰公諱繼盛字仲

芳少時家貧嘗爲其兄飯牛然性嗜學不辭勤苦以就其業嘉靖丁未舉進士授南京吏部主事地閑務簡遂以其餘力問典章於鄭公曉論樂於韓公邦奇講聖賢之學於大儒先生已遷兵部員外郎當是時虜薄都城方得氣去而咸寧侯仇鸞驟貴用事兵政屬焉鸞欲與虜通馬市以羈虜而固權公乃抗疏論其十不可五謬大指謂馬市者和議之別名也非國家所以內自完而讋服狄虜之道也其弊必至於廢邊防深敵師損國威不可以善後其說甚具中肯綮而逆於鸞遂下錦衣獄貶爲狄道縣典史無何而鸞族誅乃即貶所起公南京戶部主事三日而遷刑部員外郎改兵部員外郎當是時分宜嚴亦誼公而惡鸞欲引公之重以自爲也公聞之笑曰去一鸞復就一鸞天下有烈士丈夫爲匪人用者耶且天下苦公久矣毋使滋禍於是具疏數嚴大罪十而　陛下所以不知者以嵩有大奸五其道貞其行獨其氣奮其詞參覈而

不浮剴切而詳白累累蓋數萬言夫人情莫不鄉其所榮而恩其所知就其所便而不趨其所苦公起顛頓還中朝嚴方自以爲功而公裁以大義歸身於國曩者糜爛垂挺慘于鋸鑿創瘢未合而料編之章再上頸可斷舌不可斷身可殺心不可折非質忠信義有滃勃糾纏於中而不可散解者耶使公疏而用海內早即衽席之安朝廷晏如也而是時也嚴輒能移　主上心遂復下詔獄杖至百論死居二歲嘉靖乙卯朔而竟死東市矣又七歲而嚴免遂不得良死又五歲而

今皇帝奉　遺詔贈公太常少卿錄其子賜諡忠愍祠焉於戲休哉夫公所以報　主上與主上之報公者豈不交厚耶人臣錄於朝賜塋皆主恩也故不以君之識不識而死其官所以報非以求報也故曰公厚然論定於久而賞溢乎制亦不問尊之成不成而報忠優於報功故曰　主上厚人謂

先皇帝神鞫霆誅卒戮大憝不爽而公以不幸
先其禍痛憤可極然不痛憤又何以章忠臣之
節與
先皇帝
今上咨嗟崇奬至意哉故世必有大痛而後大
快之斯公之所爲垂譽長久者耶所爲祠者本
發於二疏余故表公大節而略其他且爲辭以
侑神焉辭曰
流旭兮旦開照靈旂兮驅屛霾輪廻焱兮左黔
雷園元氣兮惠來帝嘉女兮怛文撫文壯兮下
土彎天弓兮殪天狼血含光兮注牙幢戴逢千
兮與俱行擥宿莽兮瀟湘闇浮雲兮將暮沓菉
葹兮紛莽莽山中閒兮鬼殺我鬼殺我兮我有
主皇天無私阿兮女余輔菁虬兮白螭雲中兮
遨嬉厲余斷兮上谷滌余腸兮桑乾湄珠宮兮
翬翬寶璐兮枚枚靈來兮不來不來兮心悲薆
爲牲兮囧兩牖鱠掔貳兮雩爲俎彭咸參兮長
弘伍靈番番兮肅然而來下爲民正兮終古羌

焉窮兮社而稷女

忠顯堂碑銘

嘉靖戊申少司馬兩峯潘公某卒於家其元嗣
進士鏊疏聞
天子嘉其忠勞卹典優渥明年己酉進士偕其
弟鑾奉母張淑人與公合塋邑西烏塘山之原
夷其前區庀材伐石爲堂三楹肖二像以時妥
祀鄉之人士謀所以名堂者有曰公少以篤行
著鄉國起家進士歷中外廉操亮節自爲令
以晉貳夏卿終其身無改初志安南之役公獨
抗疏曰吉囊方窺代都烽堠時警門庭寇也安
南遠在萬里綦奪相尋不足問玩近騖遠殆非
得策無已第遣使諭以禍福當自定擊之不便
已王師至莫登庸果降安南平卒如公料然虜
勢則驕矣夫大臣當國家大計事變叵測論議
紛紜莫決乃能鎮定有見從中籌策動中機宜
我無智名而國事底定忠之大也向使公言見
用省國家芻費何翅數十萬哉公之忠於謀國

類如此進士君之居廬也每事吉凶先幾告報徵應不爽非公與淑人之靈不泯耶以生則忠以沒則顯名曰忠顯其誰曰不然進士君聞而喜遂牓書額諸堂走都下請銘於大史李子李子曰吾聞生有顯德沒有顯靈詎不信哉詩有思成之咏記垂著存之文則凡靈之顯由人心生也徵君克孝顯曷以徵是宜銘之穹碑以詔後人銘曰

芸芸萬物生死相禪不以形化曰惟厥善善孰爲大莫大忠貞宣猷盡瘁可通神明惟公克忠戮力王室罔敢私營以爽厥德南交弗順王赫斯征公曰遄已毋勞我兵北圉時警勢在稍緩公曰當戰寇不可玩炎方奄定胡虜日驕公見如燭輿論宣昭身退言用功在社稷恩卹駢加寵光奕奕具曰孔顯惟忠則然靈爽陟降於昭於天有哲厥嗣永思克孝肖像妥祀堂搆隆耀後人孫子無替厥修琢詞碑石不磨者休

王邑侯生祠碑

邑令安平王侯令興幾四載以萬曆庚辰之孟夏膺 內召行邑父老耆子弟而攀卧之甚有爲兒啼不舍去者猗嗟侯得此于百姓浹肌膚而淪骨髓矣嘗謂雷之疏木風之嘘而雨膏澤之也草木苟生息至矣然功顯迹暴而實不能時時疏嘘膏澤之也不有春陽之氣耶融融蒸蒸被萬物而不施甲種夭喬葳蕤蔓植亦被之而不德此天道之大而治功之準也民牧之喜作爲而急功名者率多厲風采市恩澤屢更革而務侈大也非不有以施佈于一時而術不可久民之被之也恆淺侯曰奚用是急吾寧治無可述民無我德吾與民姑安之耳故優游以政恬然無營澹無所嗜不樹恩威而人若于理疲邑事故擾侯以無事鎭靜之民或訟侯從容開諭之使無訟租賦多積逋侯相其尤急者課餘聽民自寬亦竟不逋大抵侯素性廉靜蒞興以來或退食或行郡邑問閻若不相聞而氷蘗堅持明神可質暮夜之金奚啻毫髮無染卽門且

無由至也然則古人烹鮮張瑟之喻侯心體之而四知一錢之風侯身有之瀕行顧父老子弟曰予何德於爾而爾戀戀若此顧予自念自始莅逮瓜期內外未嘗私民一緡破民一產糜爛民之血肉止是已耳予何德於爾耶猗嗟此正所謂民之父母而人情所難侯乃易之乎侯持此數載終始一轍而政成俗和百姓休然邑野侯固不自德而民亦不知德侯殆游魚忘于江河而止禽忘于林木不有去思孰詠甘棠乎昔

宓子鳴琴以理單父長孺臥閣而淮揚大治侯其儔歟既行矣父老復相率爲生祠以禧侯且請碑記之永厥德也猗嗟是可以徵民情治道哉古人云去後常見思謂此也夫圖治于名者其功致人離而久之漫漶無所述圖治以實者其功令人忘而久則漸濡不可泯龔黃卓魯非有嬌異之績然史傳循吏獨首稱焉非以漸之深濡之永乎所謂春陽之氣融融而蒸蒸也故爲政者忘民之德而民亦忘其德然久之人心卒不忘此王侯生祠之設也可以徵民情治道矣侯名三餘北直隸安平縣人萬曆甲戌科進士祠成而記之以備觀風者采焉因系之詞曰

東海之滸巨津汪洋孫城壘孔民卒流亡侯來戚戚生養休息不大聲色匪疚匪棘譬彼尫羸藥石豈施優游化滋侯來煦煦措彼漱呂民效于理法不齟齬侯來循循寬輸弛征民效于登課用卒成侯之去矣雲霄翥矣思不見侯涕泗雨矣巍巍祠宮紡兆穹窿後賢是宗君子之風

崇儒祠碑記

心齋王先生崛起海濱毅然以希聖爲學少閱老萊子舞斑故事即衣斑襴日戲父母側父母訝而止之曰古人如此不止也言笑不苟出必規圓矩方跬步不亂聞文成王公講學洪都不遠數千里攝笈往謁之衣斑直入坐上坐縱談移晷不屈及出公語門弟子曰此載道器也明日又見復縱論始屈出更野服拜公執弟子禮公始授以致良知之學時公門下多四方知名

之士如文莊歐陽公德大司成鄒公守益輩咸集與之講究切劘者歲餘始歸而盡以所聞告之鄉里後學於是東海彬彬多知學之士矣予初不知學嘉靖壬辰海陵銓郎林君春遊予謁文簡湛公文莊歐陽公而論學後數年於留都始晤先生於徐氏東園時文成文簡二公門人各持師說以求勝予質之先生先生曰豈有異哉天理者良知也隨處體認天理者致良知也後偕大守袁君楙大尹朱君軏審理宗君部造

先生廬請益月餘見鄉中人若農若賈暮必羣來論學時有遜坐者先生曰坐坐勿過遜竣時嗟乎非實有諸己烏能誨人與緊如此耶予惟天下之治忽繫人心人心之邪正繫學術學術不明人心不正欲望天下治安難矣故學之不講孔子恆以為憂當其時問學洙泗之濱者踵相接也然孔子雖憂學之不講尤恥躬之不逮教人以文行忠信於謹言慎行三致意焉至於性與天道子貢猶嘆其不可得聞況其下者乎

先生之學始於篤行終於心悟非徒滋口說者所著述如樂學歌大成學歌諸作天趣洒然悉出胸中所自得至評論夷齊三仁武王伐紂等事皆精微至論因有蹈襲足垂千古君臣之鑒嗟乎若先生者豈非一代大儒哉先生修軀古貌兩掌心肉珠微起左一右二有握乾把坤之相天之生德夫豈偶然俎豆於鄉誠非過也中丞耿公定向督學南畿時欲專祠先生不果廼抵書海防程憲副學博建祠州中祀先生俾後

學有所觀感而興起且以屬中丞凌公儒經紀其事太守王君陳策員外郎黃君鶚協贊之肇工萬曆乙亥十一月至丙子二月工成祠宇凡三楹門垣整飭足垂永久巡撫大中丞王公宗沐吳公桂芳為置祭田二十畝為先生仲子壁管業以其租供祀事有餘以給四方來學者壁篤實高明克世其學予嘗辱先生之教因為紀其事而繫之以詩詩曰

孔孟正學曰致良知闡自東越淮南紹之匪曰

口耳躬行不怠凡我後生敬承勿壞

墓表

秦從川公墓表

進士秦對

從川先生者方伯秦君梁父也方伯與予同舉大廷蓋聯席云予見其質粹氣和藹然有道氣象因與締諠頗殊流輩間嘗爲其尊公索從川詩從川者從夫道也然後知從川先生行至高而益信方伯之賢有所自云先生諱瀚字叔度

系出宋淮海先生淮海先生子處度倅常州遂占籍武進徙錫之玄文里自六世祖遯軒公以來世有高行養恬公永孚及弟仲孚以雙孝旌養恬公生樂易公堂弘治甲子鄉試舉孝廉不拜生子四先生其季也性至孝生三齡而失母龔每以不及孝養爲恨爲諸生臺試取高等八試場屋廩食者二十年上之可掇科下之亦不失爲貢而先生以樂易公老一旦翻然棄去力田供養晨夕定省無間寒暑生辰令節必偕弟盛供具集賓友率子姓羅拜爲壽鄉長老爲社會推樂易公爲長輙饈饋洗腆以從樂易公懽則先生懽也樂易公有疾先生夙夜視藥食不脫巾帶者數閱月禱於神請以身代及卒哀毀骨立含斂窀穸必誠必愼鄉人謂秦世有孝子云有姑適吳早年寡因泣請先生爲後養恬公哀其志而又謂必先生始可後遂諾之先生果母事姑而卒成其節爲請表於朝姑没營葬闔閭江上已又爲求賢後於吳乃去君子謂先生能承父命可謂孝矣方伯初理刑南昌且行先

生諄諄以仁恕訓之曰無以苛刻斷人命也方伯奉敕著聲江郡三年徵拜吏科給事中無何抗疏忤 旨被譴先生聞之曰致身事主苟得死所無憾也落職奚病焉後方伯參議通政司滿三載得封先生如其官而先生脫略軒冕章縫如故時與故等夷游少無矜色蓋其所見者大也方伯轉轄江藩過家省覲適先生遘疾漸至不起遺命方伯諸昆曰天不可必待人而定

福不可徵由養而全小子識之語不他及嗚呼余於公而嘆先哲遺風之遠也自泰伯敦讓迺居錫山而錫之俗不爭孔子設教其徒三千而大江以南及門者僅言游一人固錫產也是以至今多秉義之士若先生敦信尚義非其俗使然乎語有之蓬生麻中不扶自直雖然世不有圮族斁倫者乎若公豈可多得也乎故表之俾後之君子觀則焉其生平著述系姓姻族具載誌中茲不敘

贈文林郎浙江道監察御史毅菴姜公墓表

公諱桓字文夫南昌人今翰林院侍講學士儆之父也初學士爲御史得贈公如其官性莊毅閑居衣冠必正好面折人是非無所俛仰人亦率敬憚之稱毅菴云孝事父母友愛二弟貨財無所私至祔從昆弟如同母昆弟親也與人交必信又慕義急人之困未嘗責報讀書通大指逆濠亂正德間諸南昌大家往往率見鉤致而公居城南獨能引避遠禍斯其義足愧依靡而懷二心者又可不謂賢智隱君子乎公配羅氏封孺人夫婦愛敬如賓公之將卒也顧羅孺人曰吾平生事無闕於心吾後其當興乎即興吾宗則季兒矣季兒有異質汝好教之謂學士君也時學士君方在襁褓公之識鑒過人遠矣子男二人伯健娶陶氏季學士君儆娶陳氏封孺人女一適新建王某孫男六人爲弟子員者三人惠懿愚悉愛健出曰慶者學士出孫女四曾

孫男二按姜氏其先祥符人也宋紹興間曰理者以騎射從南渡遂家南昌之澹里故今爲南昌人四世大異元敦武校尉總管諸軍事六世則聖龍授隆興翼百戶七世祐不樂祿仕辭不襲祖爵除新淦州判官加奉訓大夫亦不拜佑生海海生植植生釗釗生恂恂實生公生之歲成化乙未十二月二十五日也卒之歲正德戊寅二月六日也後四十八年爲嘉靖乙丑而羅孺人壽八十六始卒京邸學士君奉孺人櫬且

歸而泣以狀來曰孤罪深大矣先人之葬至於今無詞以表孤日夜悶然慮先人名行不彰今又不幸至於大故孤且歸將修先人之墓惟先生幸哀而賜以言將不朽先人謹按狀次其行備列始終表之墓俾令後世瞻德考世焉

松峰辛先生墓表

絳州先生松峰辛公既葬之五年而先生之孤吏科給事中曰自脩者余門人也則次其先世與先生之狀而來請於余曰願爲弟子一言表

先君之墓是先君重而得托於太史也即辛氏死生幸甚語曰不知其父視其子矧如先生狀者皆可表表曰松峰先生諱繼先字述之襄城人也父溉庠生能詩王父訪景泰間進士拜御史歷浙江福建按察司副使以廉聞至今杭人祠事焉大王父謙以訪封御史公之父至善有子泰爲承德郎户部主事得贈如其官至善之父友敬友敬之父仲良辛之先眞定曲陽人也自仲良徙居襄城載德流祥遠有簪祓七世而至先生先生生而溫惠靜塞即不爲羣兒嬉年十二能屬文補邑弟子員廩膳數不第以貢授廣平訓導至則引諸生誦說先王進之德義而後文藝能束脩時時賑諸生貧乏者尋遭繼母楊氏憂起復爲成安訓導無何以父喪去喪除訓導吉州土瘠而貧俸給不以時先生不顧也士有饋先生者先生以地瘠貧故輒郤之遷絳州學正愼取予教諸生如其爲廣平吉州時士嘗有贄簪珥見先生者先生不受嘆曰吾屬師

長人柰何令士脫簪珥見乎吾耻矣吾耻矣而先生亦以此去志益決數乞歸上官察先生志重違之遂聽先生歸時給事君方爲曲陽令也則迎先生陽曲先生即時謂給事君曰理人者重暴怒暴怒之下必有不得其平者又曰事無欲速而易安愼而徐察之給事君用其教以理已復歸襄城歸有頃而嬰疾疾且殆呼其子自明屬之他日設爲吏當廉無效貪吏禍子孫戒之戒之明日卒嘉靖戊午五月二十九日悲夫

先生孝其在父喪哀毀僅不絕友弟季繼芳不與慮家人生產季待而成立始母李氏之疾也季才六歲李氏指謂先生曰好視之先生泣而受命其後先生言每及李氏母遺言未嘗不悲而涕泣也平居教其子督之節廉曰先民有言維士之廉猶女之潔一點汚則終身玷矣畏哉汝曹念之故其爲學官所在皆曰辛先生廉如其言云學哀士不眴道得學官往往自恕以謂卑冷不甚自矜惜取諸生金曰脯脩是固當爾

乃人率亦恕之無甚怪不知此何以謂也夫貧士不責廉將貧女不諱不潔乎而先生者貧官且老顧厲甚蓋所謂眴道者焉合先生而近民處穢得勢而操之利豈足餓其身乎其功德又何可勝道哉然先生之道雖不大施而孝友稱於家義行於士而施之子此亦非徒而已也嗚呼斯可謂恂恂篤行君子矣先生生弘治庚戌十一月八日距其沒之年六十有九配李氏繼配張氏李氏者給事中恒之孫而廩膳生世臻之子也先先生八年卒葬襄之城南而後先生以其沒之年十一月十一日合葬焉子二人長自明舉人李郎給事君自脩女一適生員林子蒙孫男六自明出者曰應元德元鍾元自脩出者啓元養元復元女孫亦六人子孫烝烝焉盛矣給事方砥礪名行著聲諫垣而伯子亦騰翥有待則褒䘏殊渥奕奕方來孰謂先生懷德弗耀哉乃爲表其阡而系之詩曰

彼封堂如賢者之墟彼我而趨賢者之餘嗟行

道之人胡不躊躇

贈文林郎山西澤州高平縣知縣傅公暨孺人張氏墓表

兵部武庫員外郎門人博平傅子思明常痛其父高平君濬與母孺人張蚤世一日以高平君及孺人狀謁予乞表其墓予覽其狀大畧言高平君其爲人直躬謹取予而孝少貧所受先人邑廛二間無一壠之田鮮儋石之貯然甚其親棺必美墓必堅冒霜露操畚鍤親爲之者蓋數

甸乃訖記曰必誠必信勿之有悔高平君知禮矣初補邑增廣生員以貧故棄而事生產嘗於斗上書天理二字雖細事乃其性術及他行事可窺已率宗族敎之禮讓有不睦者譬解反覆必令睦俾勿犯於有司人有過面告之無背誹庶幾古長者之風云有子二長思恭季即思明高平君悔其身學不竟卒發憤砥二子于成思恭選貢通判慶陽府思明登丙辰進士試高平令三載

天子贈君如其子官而君之配張氏亦得贈孺人孺人性專一寡言笑能道古今賢女諸陰隲故事蓋聞之其父某公云以故其動不踰禮其為婦孝其為母慈而義而其為家理舅姑朝夕食必薦歲時祭祀必躬必潔有美饌即姑他往必留以進戒子婦惜服食頗引佛忌重棄一粟片紙隻字不委於地嘗勗諸子學曰吾非以祿養望汝要使鄉人稱之曰張嫗有子耳竟有子如孺人言高平君卒年四十九孺人卒年四十八皆不逮中壽悲夫大史氏曰予讀高平君張孺人狀哀其賢而並不壽而又悲門人武庫君之志有孝子之思焉武庫君令高平廉為武庫慎而飭可以觀二人矣故表之世次狀所不詳者闕焉

張恭人墓表

張恭人者今山東左參政是堂俞公憲配也嘉靖甲寅六月二十六日以疾卒遼之官舍公時為參議守遼陽受命二子淵沂扶恭人櫬歸而將葬於錫山乙卯徙山西按察使自為狀請銘於大學士南渠李公為志其世次淑行悉矣丙辰秋復抵書予乞表諸墓上以闡厥幽予與公同舉於鄉公先予舉戊戌進士馳驅四方不相接者二十年而公才名日益著恭人贊襄之力也初公舉進士奉使留都乃偕恭人奉母夫人楊養京邸無何楊疾恭人方娠躬侍湯藥不解帶者累月逮卒即苫塊奉几筵怨號哀慕終其喪如一日壬寅公服除授比部主事比部員溢

於政月不訛一二事以故官比部者多相競爲古文詞而公好古尤篤爲詩沖婉可方錢劉一時名動京師然竟以是賈謗謫居湖南者三年恭人從焉即偃困岑寂恬如也戊申公量移越州庚戌移南比部尋擢江西僉事再遷山東參議恭人咸與偕行公所至輒手卷帙吟誦不少廢恭人每匿去曰君爲官人何不理官事效腐儒守故紙堆耶公或從儒生家購閲而恭人藏匿如初公索之固瞯其暇始稍稍出以與公則

既有蠹蝕殘缺者公每出視事恭人必親執烹爨飲食迎勞公至家務不煩公問所事悉就條理公亦付之恭人罔問焉公以詩名縉紳間而復優於官雖敏才嗜學之所致向使無恭人交依以佐理於內安知躭吟不至廢事而內顧之殷又惡暇躭吟耶故公謂恭人卒爲失一益友非誣也恭人武進人父應參母卞應參祖叔明南京刑部郎中伯信御廣西知府家範既夙端爾楊之爲姑又以貞節聞恭人初字於俞即喪其母卞於是童而婦於俞楊以身訓之極意拊育如己女恭人亦婉婉自屬於楊以母視之無或違其意越六年始室於公爲嘉靖丁亥時年二十有一恭人之賢固有所自也初恭人娠而哭楊慟盡傷病血少間輒作弗能痊比從公詔遼病日益甚竟以是不起恭人病時公適按海州家人欲往報公恭人力止之曰我病常爾尋當愈毋撓公事及公聞而歸則病已革公慰問再三恭人從容應之皆自安語語詳狀志中既

卒啓其笥惟舊綈衣簪珥無他蓄亦可以觀恭人矣恭人生正德丁卯五月六日年止四十有八子二長淵娶某氏次沂娶某氏女某某孫某某銘曰

夫也嗜古賴以專惟姑是慟生寧捐我聞則然亶其賢文哉玄石良且堅千秋萬禩永弗諼

行狀

濟南太守東皐張先生行狀

先生姓張名遜字士敏號東皐秦郵人曾祖忠

祖鏜父封工部郎中澄菴公湧母封宜人宣澄
菴公五子先生行三澄菴公淵達有大志不屑
效行輩生產作業第顧諸子曰吾有兒森立憂
貧耶以生殖貴最少子達乃四子則咸命業舉
子一時崛起才美茂異嘉靖戊子先生即領應
天鄉薦壬辰舉進士伯兄道仲兄選亦後先舉
於鄉弟諸生遵穎著州庠不十年間門閥歸然
爲江淮望矣先生舉進士時年甫二十餘顧恂
恂淳謹不改韋布未嘗少爲盛氣一時公卿間

咸器重之初授嘉興推官職專聽訟民情狡伏
難辨先生以誠信臨之又踈直數忤上官意乙
未調黃州比至黃則又平反明允有聲此豈才
有殊致哉地固有安有不安也尋擢貳真定真
定畿內劇郡當孔道會
皇上幸楚邸供應紛糾少後則變出呼吸郡中
桀猾相率走匿村落召號弗集人爲先生危之
先生神舒氣定多方幹濟卒無它又真郡閹豎
盤結動多制梐先生不亢不隨未嘗貶法徇勢

寃苦細民上官以爲才攝署晉州事纔數月晉
民歌思至今尋擢工部郎中奉勑理惠通河時
當浿濟運餉咸有程度天官氏上其績得封父
澄菴公如其官母宣安人甲辰擢山東濟南守
監司叢集操切太嚴又所屬州若邑凡三十地
多斥鹵磽瘠邁歲不登一出則瘡痍待哺之民
環轍下先生寬徭緩征力爲賑恤有負課不能
輸逮及妻孥者輒愀然曰斯非吾子弟之顛連
者耶急釋之以是催科多後期百姓雖無小大

銜德而上官輒目爲矯情市恩矣丙午丁外艱
去丁未竟以讒罷夫秦郵淮揚名區東山峙其
震麓湖遶其兌風氣盤鬱民物蕃膴人文雋茂
精藝博聞之士彬彬迭出有少游之遺風焉乃
仕進顧鮮致位金紫者而爲太守自先生始然
先生神彩軒秀性資敏異垂髫即嶄然見頭角
及登第斂束謙讓鄉里延接忘其爲官人事父
母孝處兄弟恭而愛庶幾所謂篤行君子也乃
位不稱才年不酬行謂非風氣使然耶惜哉先

正德戊辰十一月十三日卒嘉靖庚戌十月十三日年僅四十有三娶某氏生子長春方一齡卒之歲仲兄比部君舉進士寓都悲痛切至明年辛亥冬其伯兄澤州守抵書比部曰弟邀將以明年春營塟城南石城庄墓中之石子其圖之然狀當屬李太史太史與先生昆仲素友善誼不能辭聊述其生平如左惟立言宗工採焉

先祖壽官朴菴公暨配祖妣王孺人行狀

先大父諱旭字時明號朴菴世居勾曲之朱墖

村始祖海乙公數傳至旺乙公昆季三人旺二公生富乙公富乙生樂易處士公秀是爲先曾大父娶先曾祖妣陳孺人生朴菴公朱墖村中公生甫一齡樂易公從兄伯通公貿易安宜居無何伯通公尋析公爨樂易公挾妻子徙興化興化俗朴土衍去勾曲僅數百里而遥因家焉時公方在襁褓樂易公踽踽一身內無昆季之庇外鮮姻戚之援拮据生作以自贍公長乃奮力幹蠱櫛沐風雨且商且農家計稍稍底饒而

內外已側目矣租稅徵調咸押公公嘉靖癸未歲大祲有司勸富室貸賑蔓及公公故無蓋藏怖裓家道走隣邑是時芳才數齡大人永懷公貿易之外郡公小心不能對有司故譸張如此樂易公與物無忤而處子獨嚴有所怒詈公輒走潛匿怒已乃敢見陳孺人後樂易公卒者二十年孝養勤渠如一日饑飽寒燠定省偵候不殊孩孺取與毫髮不苟生平不負人一緡而亦不輕以一緡與人至族屬貧者則又多方賙恤

卽之必稱貸濟焉死不能塟者往往爲治棺斂瘞從兄珞遺孤女無所歸收育於家長資嫁之撫孫子煦煦有恩卽違縱不忍面呵責徐徐溫諭令省改而已下逮臧獲苦樂以心體恤爨無異食美惡與一家共之見棄粟於地輒拾以啖曰斯天之祿不可輕也卽家僮亦不忍斥以奴與人語輒吐衷曲不能設一語誑人鄉里無賴數侵侮則杜門歛避旦日顧往謝之以故終其身未嘗以訟事涉公門芳業爲諸生鄉人猶以

身後窘公公忻然往役曰弗往則人謂我驕矣丁未芳舉進士報至公惟仰天祝曰予家世寒素安敢望有今日哉邑令旋峰韓公子允謂公齒行並隆宜如例授冠服公辭遜再三不得已承之退輙謝去微大故弗輕御也明年以疾疾終彌留日北向念芳弗置口芳乃不克視斂含一求訣痛哉娶大母王生予大人求懷公甫七齡而王逝王早歸大父婉慧孝敬事先曾大父母咸得其歡心乃以產難誤庸醫殀沒芳兒時

聞大父語及輙悲咽求懷有所感或歲時修祀每涕淚竟日終天之恨何可追也大父易簀時召予大人曰我即死當返甃我勾曲之陽大人遵遺命奉櫬南返卜兆赤山之阜將以乙卯年七月二十八日歸窆以芳幸辱門墻命述生平大都仰乞椎文勒之貞石垂不朽惟吾師矜而惠貺以慰大人孝思拳拳云

先妣誥封一品夫人徐氏事略

先妣夫人出自吾與徐氏嶽固邑繁族也生而厚重端凝與人慈惠而遇事剛果幼即孝於父母曲得歡心丞歸先考封少師公時家業未振乃殫力贊相靡記有亾靡間朝昏以佐內政用是稍稍就裕日侍堂上甘旨服勞奉養怡怡然忘姑之繼而姑亦忘非己出也即下逮臧獲咸御之有恩獨教不肖孤則嚴督訓課晨起遣就外傅暮即躬紡績程讀必夜分乃罷稍不喻指輙笞撻隨之曾不少假不肖幸叨一第以有今日皆先妣勤渠恩造也晚得仲弟訓課更爲篤

至初不謂季少而爲姑息愛其嚴督視不肖無兩云不肖輩幸沾微祿稍足供養顧性素簡朴雅不喜侈麗居常惟御布帛即屢被寵渥晉誥一品自受命初服章服望 闕廷叩謝外絕不再御大抵賦性則然非強也不肖自甲寅歲別膝下而宦京邸也荷

世廟寵眷拔置左右丞夜南望念二人甘旨久違而請告無由曾兩迎養旋亦南歸先妣每語不肖曰兒第盡忠報國無負君恩即孝也柰何

依依膝前效兒女子耶不肖事
世廟垂二十餘年既受　顧命弼佐
穆皇又越數歲念二人桑榆景迫屢疏陳乞幸
獲予告歸侍二人者幾十年每歲時伏臘或二
尊人誕辰率諸子姓次第上壽二尊人顧而色
喜壽畢進諸子姓誡曰凡此榮養毫髮皆國恩
所貽他日毋忘報可耳歲丙子不幸先考見背
庚辰九月十八日先妣奄忽捐養享壽八十有
八竊念先妣辛勤教育俾不肖稍知自立而生

平生羈朝寧又未獲時時孺養所藉以申一念
烏烏私衷者惟冀大方君子不惜一言以垂不
朽則不肖有深幸焉臨楮哀迷莫知所云耶拭
淚述大都如此用備捃摭之萬一

祭文

祭大冢宰栢泉胡公

惟公敭歷中外垂四十年始終一德鄉邦具瞻
簡在宸衷曰汝予翼其總百官中外是式方莞
留樞旋秉國均奚公舉措上下傾心公益宣猷
鞠躬自矢庶幾盡瘁以報
天子懋鑑秉衡公正是持天不慭遺未究厥施
山頹木萎哲人云邁世道人才其將奚賴聞公
之歿笥鮮餘金清標厲俗想見平生公訃既聞
天子興悼卹典加渥九原增耀某等誼聯桑梓
珮接廷墀方期砥礪共奮明時公今已矣儀刑
日遠悲動朝紳慟均里閈申降自嶽傳列爲星
其生有自其歿斯寧滁山之陽靈輀往即千古
悠悠不泯者德

祭墀石劉會文

嗚呼痛哉公胡長終追惟舊雅倍愴予衷始公
與予忘年締會論文砥行斷金比誼惟公之文
兩漢先秦削去時格出入典墳惟公之行萬石
太丘老成淳厚動鮮悔尤少負才名早露頭角
如劍發硎稜稜鋒鍔韜芒弗試命也云何衡門
棲遲抱膝長歌顧予何有垂紳廊廟公喜不寐
規誨懇到嗟公處心今之古人謂當眉壽乃遽
迈真垂老策杖相呼相訪斯言在耳悲哉吾黨

弓將解紱言歸海濱舊遊落落言之愴神苾乎大虛招魂何所夊要不忘公其諒我淮樹江雲相望一天執紼無由臨風泫然

祭誥封大學士心萱嚴公

惟公三吳望族四皓高風氣槩恢廓度量淵洪祥源濬發慶澤攸鍾篤生哲嗣翊贊重瞳嘉謨弘略碩德豐功燮調元化寅亮天工勳在社稷名勒鼎鍾豈惟祿養寔膺貤封階躋一品恩錫九重齡延八袠位極三公天介五福允備厥躬

俾熾而昌既碩且豐孫枝蘭茁附鳳攀龍振振麟趾詵詵斯螽貽謀燕翼奕世昌隆宜乎壽考娩美高嵩云胡倏忽凌霄上翀童子停歌閭不相舂芳與令嗣誼合志同並膺宸簡希世遭逢聯舍北扉接屐南宮偕登輔弼協著寅恭榮分棠李採逮菲葑睠兹女蘿獲附喬松式瞻令範欽仰高蹤泰山其頹將安適從悵望弗及妻其悲風陳觴致辭寫我哀衷

祭先師昆湖瞿文懿公

士重知己秉文推轂宋則蘇歐唐有韓陸方其遇合微獨文藝抑或生平神符意契於惟我公士林山斗厲志清脩操行長厚鎮俗之德華國之文休聲令望海內共聞顧惟譾陋六上春官鼓瑟竽門遘合則難敢謂數奇失得勿恤伯樂垂盼鹽車乃釋遭逢　神聖丕弼居先遡流窮源德何可諼顧余安望唐愈宋軾世有我公忠宣六一擢佐秩宗未究厥施遽安止足投紱明時謂當眉壽爲世楷式哲人萎矣士將安則追

感曩昔臨風涕洏矢守吾素以報公知

祭張母尤太夫人

於惟夫人珠湖毓粹寶婺凝精既壽且賢閫則攸貞克相夫君式穀令子早掇賢科揚休臺史京國奉養天祿沾榮含飴弄孫樂孺融融貴陽代衍銜命南適鄉園在望慈心允懌春而凄風靈萱忽摧令德邈矣云胡其悲其懿余絲蘿痛切毛裏陳觴致詞含悽曷已素旐載揚言邁故丘寃其可招淮海悠悠

祭行可顧會文

嘉靖三十八年四月二十一日新河令行可顧君卒於京光僧舍其友太常寺少卿兼翰林院學士李某既爲經紀斂含矣復陳牲質醴而哭之曰痛哉行可乃竟不起耶君何不幸而妻孥南北客死京邸耶予何幸而得視君藥餌治君棺衾少盡友朋誼耶痛哉行可自今巳矣憶自垂髫識君開元道院談藝論心輒有契合自是過從特密無間昕夕意氣相許若摶雲雙鵠頡

頏不違德操相礪若在璞良玉貞白堅持結廬東墅朝鹽暮齏講究砥礪切切偲偲或予可而君否或君是而予非務慮研而心悅豈狗迹而舍疑方之管華其殆庶幾旣藻譽之共振擬天路之齊飛胡魚目之易售乃明珠之見遺予蓋先第者二十有五年而君始錄於秋闈將謂屈久伸大一日千里可期也迨上藝春官復見黜落勉就一官典教西洛嚴條科以緝文倡講習以明學藹春風于冉振來朋從于聚樂於是聲實並茂剡薦交騰聞馳京國光流友生謂君將自此昌予也夫何驅車北來孱羸喘息恍失故常使我心惕攬君袂而慰藉胡爲一瘵而至此極乃勸君靜理止君躬策醫藥罔効如水沃石神漸索而猶馳形就胺而强役予諷以寧心攝生君弗悅而弗懌痛哉行可悔亦何及子然孺子蕭然書橐望鄉國其迢遙黯僧堂而寂寞痛哉行可胡命之太薄一至此耶君之才昌茂俊逸君之行直諒光明予與君友蓋眞會文輔仁

而匪直情好之殷勤也痛哉行可自今巳矣予將何以爲情耶君有懿行予當誌之君有遺文予將傳之君有三子予當撫之斯固君之所欲言而未言在予當默會而周旋者也陳觴致詞泫然涕零靈其不昧鑒我悃誠

祭封刑部主事柳溪劉公

白石盤礴錦水紆縈靈氛攸萃惟翁挺生擢瑜弗售且耕且學游情典墳儉德丘壑匪有師保惟道是程弗詭于衆弗昵于情其篤覿也致子

威之推財其倸眞也契管生之抱璞義孚井里如太丘之化俗服謝綺麗如司馬之崇朴渾而無營泰而恆樂醉籬英于南山追耆會于西洛信唐虞之逸叟江淮之偉人何遽已矣而弗可作也嗚呼悲哉翁之令子廊廟珪璋栢臺秉法凜乎秋霜行端而愨才逸而藏行將振紀宣猷楨幹王國永保令譽以彰懿教于罔極而翁復何憾也日者廻輪故國承懽信宿攬裾臨岐依依南北曾相違之幾何而相背之云速又奚能

以弗悲哉某等誼聯鄉邑分投令子遡流知源恆深仰止悵高風兮莫追睇軒岩兮灑淚薦椒稰兮効忱靈悦恍兮監兹

祭同鄉李質菴公

淮海精英萃爲才哲僕茂如君哀然稱傑學博辭宏嵬科峻掇初綰銅章江民孚悅旣擢地曹盡瘁在列其守官也行操必潔其與人也藩籬必撤宅心愿厚細行罔缺允矣國楨胡爾摧折如日方升奄其沉昳弱息咿嗚聞者凄絶仰瞻

昊天降割何烈鄉邦之屯羣情痛咽素旐在途長從此別陳觴祖道殽羞苾飶海陵之墟雲霧乜結徃首伊丘嗟哉永訣

祭恆齋李年伯公

嘉靖甲寅冬十月侍御東河李君奉命廵宣大戒行有期聞大人待封恆齋翁訃即日衔哀西奔其同年翰林院修撰李某與東河君同出侍讀昆湖瞿公門業偕在都年友會之矣誼不容以泛視也乃更旅羞酤而遙哭之曰嗟乎惟

翁岐陽潛德行均太丘訓子底成振譽揚休顯惟令子作帝耳目蒼珮崇班望隆彈擊朏曰陞望心實貌恭施之紀法厥徃有功邊徼多虞需才孔亟天胡奪翁失茲右臂翁不可作令子難羈閔時悼亾云何其悲某誼與令子不殊同氣而翁若翁臨風感噎引睇三秦魂其可招陳觴遡哀萬里匪遙

祭邑令同年韓旋峰母夫人

嗟乎芳自與令子射策並翥雲衢也其於孺人

而母若母蓋恩義之相須旣而令子銜命來尹海隅也與聞淑敎固誼結而情馳惟令子之好脩佩古道以爲趨毕濊澤之旁洽允召杜之齊驅哲哉母氏懿訓可思誰其方之畫荻斷機芳幸賜沐於海上方擬放棹於江湄忽驚仙馭遙返瀛池嗚呼令子于芳喜則修慶戚則修帛而芳於孺人生不能謁死不能哭乃厚薄之懸殊投報匪稱拊心增吁江淼淼兮桂楫雲黯黯兮素旟渺不可追兮騁日神怳恍兮監予

祭譚鴻臚鄉文

自君休沐還南久而不至也同鄉莫不思振珮還朝翩然來止也同鄉莫不喜此固桑梓依依之情亦以君曠懷雅致有足取者耳夫何相見無幾遽焉長徂二豎爲虐一夕弗起不亦大可惜哉君之研情秀句時合往執託興藻繪動如物理門多長者之車戶滿朋友之屨俸雖薄而用豐殺維馨而酒旨行橐常空淸歡不已其視局趣轅下之駒論量園中之李者奚翅千里而何遽已也易簀之辰方聞誕子君之宗祀不絕如綫者又幸有此而已君顧不當少慰于冥莫也耶迢迢楚山瀰瀰燕水旅櫬南下渺不可企嗚呼傷哉

祭嚴少保夫人

於惟夫人毓自亢宗來歸碩輔曷不肅雝碩輔弘藴遭際
肅廟金甌覆名黃閣履要辛勞傫直夙夜在公閶政肅然夫人之功誕育鳳麟才諝嘩嘩巍魁

蚤奪趾美前烈曰有庭訓王成磨礲誰其賛之畫荻和熊於惟夫人紛有內美宜享修齡繁祉雲委天胡不吊遽返瑤池悲動姻隣雲黯風淒某誼忝絲蘿夙欽令德于髫曰嬪依歸奚適生蒭一束聊寫哀衷靈其有知是享是崇

祭中丞邵梅墩乃翁太守公

天下之所難者榮名福壽咸萃于身而尤難之難者則綿綿餘慶施及後人於惟我翁鍾瑞姚江發祥禹谷萬言倚馬千箱貯腹奮青雲而顯

庸擁皂蓋而司牧南國詠棠邵武留犢休哉令德世所推服矣且也急流勇退黑髮歸田東山碩望西洛耆年綏楚茨之後祿誦漆園之奇篇望紫雲之紅日濯白石之清泉天下大老地上神仙卓哉高蹈世所仰瞻矣且也三槐植庭瑞芝滿砌再見荀氏之八龍遠邁燕山之五桂鳳翥龍驤雲蒸霞麗洵有種之驊騮羨聯芳之棠棣華國人文傳家經濟偉哉後昆世稱善繼矣寥寥寓內疇與之伍兼天下之達尊備生人之

篤祐挹灝氣於千年萃淳龐於二五膛乎孰旅惟翁遐武芳也恨識荊之無由忝通家之厚誼拔名駒於南宮鷲吐鳳而心器趨庭詩禮淵源有自中秘肆讀爰擢柱史王命肅將繡裳彩侍余方歸隊適按吾揚霜威暫斂來賁海鄉促席劇譚啓居高堂未幾開府載錫寵光方謂吾翁之未盡施者必大展於令子而彌熾彌昌胡厭塵氛遽返瑤天百身莫贖哀寄此言然而無窮者固令子之孝思不朽者實名譽之萬年矧焉鬣崇封乎三尺龍章輝奕於九泉在翁固生榮而死哀誠福祉之萬全者也顧余衰病躬唁無緣緘辭遙奠望繐幃而涕漣惟此心之耿耿求矣懷儀刑而弗諼

祭邑令趙思渚母夫人

嗟乎吾輿之民困且極矣田里併噬於隣疆洚水泛溢於淮北賦重民疲瘡痍蔽目風凄向隅之泣月照逋逃之屋其茹苦也蓋有甚於荼毒而望仁於上也又何殊於焚溺令子剖符允矣

民牧肖稟簡重政尚悃愊恫瘝乃身目擊心繹諏咨皇皇蓋將次第籌畫而我孺人逝矣侯失孺人吾民失侯是天奪吾民之慈母也天之毒侯匪毒吾侯實所以毒吾民也能不為之於邑哉芳初歸桑梓遽覯斯厄為民惜衷灑涕橫臆薦椒漿以抒情空仰天而太息

祭儀部華主政

嗟乎君稟冰玉之姿而綽約若處子負圭璋之器而軒翔若威鳳少聞庭訓早奪賢科試虞部

而穎脱處囊職春曹而光騰出匣既緣寧人寢疾屢疏乞歸躬調藥餌無間晨昏雖終天之抱恨胡過毀而傷生嗟乎豐城之劒方發硎而遽折會莫試其斷犀麒兒之能崑岡之玉方剖璞而遽毀曾未顯乎清廟明堂之用豈不慟哉初五郎獲締婚於潭府也雖出令先公之意而君實贊之迨令姪來歸幽閑端默足稱令德甫越期年輒舉一子則夫空我室家昌我胤祚孰非君之所貽哉惜君之才懷君之德慕而不見徒

增悽惻乃遣五郎特致牲醪之奠東望錫山有淚如霰君其知之乎其不知之乎

祭先考封少師府君

痛哉吾父棄我逾年矣追慕懿範曷勝悲咽吾父之德推重朝野膾炙人口不孝孤不能殫述獨念吾門世積善良力田服賈自吾父始篤意業儒延師勤課而不孝孤遂得及第入官仲子亦以胄學參軍是振起家聲光前裕後惟吾父之劬勞艱辛恩同罔極但不孝孤身羈禁閣心縈白雲雖迎養再三而旋至旋歸終難以一日之養三公易也屢疏請歸依依膝下甫五六年而奄忽見背呼天籲地惟有長號而已比者叩閽陳乞哀徼　宸衷特遣符卿祭葬兼錫視儔等有加焉此皆吾父平日教育之所致而不孝之心藉以少盡萬一者也玆遵成命恭奉靈輀歸葬句曲龍潭之阜卜是月廿又四日發引而南舉奠告期中心摧割嗚呼哀哉老母獨居有同風燭煢煢在疚惟兄與弟不知吾父何忍

捨我而去耶舉室悲哀欲挽無計嗚呼與故木鄉今歲較甚勢不可留將返故里龍山之陽容城之側桑梓定居松楸世守靈其有知保我後生嗚呼哀哉

祭先妣徐太夫人

不孝孤某將奉顯妣　誥封一品夫人從先考少師府君合窆焉日者云歲壬午月辛亥二十三日丁未吉而發引則初七也頓於九月廿又四日舉奠告期號泣而言曰吁嗟痛哉曩吾父

見背猶幸吾母在堂柰何母亦捨我兄弟而長逝矣怙恃兩失追慕不見猶幸尊靈在殯乃今遙發而南矣晨暮誰依傷哉痛哉復何言哉竊念吾母蚤歸吾父備極艱辛締造家室上事姑嫜以孝下佐先考以勤而於不孝孤兄弟鞠育訓誨劬勞萬狀藉有今日毫髮皆我母罔極恩也憶自初第請告歸覲母以戀戀繼姑勢不可養者再而旋至旋歸孤不忍負國恩母不樂留

往孤乃低佪都下者久之泣別還 闕自是迎京邸乃陳情懇乞章凡五上幸 賜歸養者僅餘十年而旻天弗憖考妣相繼捐養皆孤兄弟不孝所致號天籲地傷哉痛哉復何言哉悲徹九重蒙恩優卹視令甲有加焉蓋異數也不孝孤藉以報劬勞萬一者獨此爾矣傷哉痛哉復何言哉捧觴泣告中心如割諸孫曾玄相率羣號母靈有知鑒此哀衷嗚呼痛哉

祭先妻徐恭人

痛哉恭人何遽舍我而長逝也恭人歸予方十有八齡而予時爲諸生一歲之間半宿書舍恭人躬紡績親井臼晨興夜寐艱辛萬狀逮予領薦鄉闈恭人之眉少舒矣顧乃偃蹇名途奔馳南北者垂二十年而恭人艱若如昨也既予叨登甲第竊祿詞林恭人相從宦邸予性固守清約常俸所入僅足以贍朝夕而簪珥服飾一無所增恭人安心布素少無金珠綺繡之慕逮予被 命膺制每制下或徹旦不寐合室舉皆安寢而候予念予者則惟恭人也去冬謀迎二親

恭人力贊營室以待詎意室成親至而恭人疾作自春徂秋愈療愈劇卒至不起嗚呼痛哉恭人誕四子一女今且舉孫十人而將來者未艾則昌大吾家者固恭人之餘慶也而予安能忘乎恭人哉恭人孝敬儉勤諸淑行予若不能述行且述之以垂永久顧今兒輩扶櫬南發而予不能從內顧閨闥閴其無人寒而誰其我衣餒而誰其我食出而誰其我待入而誰其我迎予勞予瘁誰其我慰而我念也嗚呼痛哉焚香酹

酒淺言寫衷欲恭人之易知也恭人其知之乎其不知之乎嗚呼痛哉

祭伯男尚賓丞

冢嗣尚賓丞歿且五六越月玆將引發諸子弟輩陳牲而奠于殯爲文哭之曰痛哉吾兒賦性孝友與人和易少而學于躬課之長而仕于目擊之蓋未嘗一日相離也乃今何忍别予而逝耶汝官侍從請告而歸維揚安宅曠而弗居蓋不忍一刻相遠也乃今何爲長逝不返耶嗚呼

痛哉吾門世多壽考且汝舅氏亦壽踰八旬汝豐背頎項頗類先世而長眉修軀復肖舅形乃年僅五十有二殊不可解憶予頃歲抱疴汝朝夕憂皇藥餌躬侍禱神祀先願以身代言猶在耳也比來予幸稍稍强飯而汝忽不禄豈天將成汝之孝遂不計修短乎抑汝憂瘁致疾汝不自知乎嗚呼痛哉有親在堂有婦在室有子在抱有女未字此汝所不能瞑目而予念之痛心者也且汝第宅未成而予實寥寥寡營創無計暫爾僦居此又予之日夜縈念而汝不及知者也玆卜閏月六日厝汝官庄明農軒中睠此村室固汝生平意興所屬且亡孫在焉綠禾滿疇紅藥滿階風物旣别父子相依諒可妥汝矣獨予老年戀戀舐犢舉目膝前皆汝同氣柰何獨少汝一人思之不見予將何如爲情耶興言逮此益慘予懷嗚呼痛哉復何言哉予姪羣號擗踴而奠英爽不昧尚其享之

祭亡女節孝

寓京師父遙致奠於亡女節孝如芷大姐之墓曰嗟乎人孰無死吾兒之死爲夫爲母爲夫曰節爲母曰孝節孝兩全死亦何憾香名萬古孰修孰短父爲作銘納諸泉室吾兒有知云胡不懌

祭孟河馬年丈文

嗟乎天下有豪傑之士實爲間氣之所鍾其生也旣有所自其沒也必有不朽者遺之無窮嗟乎我公稟三吳之清淑稱一代之豪雄高才倚

馬壯氣吐虹蓏崔盧之華冑紹王謝之流風早歲稱奇係天下之望重京闈發解羨冀北之蹇空檀藻譽于詞苑溥教思于辟雍筆陣落而風雨驚闔闢縱橫惟意所向詩篇成而鬼神泣呼吸變化不斷而工早出入于二氏晚歸宿于一中築室方山之麓究心性命之宗謂當遐壽胡遽長終豈厭塵寰而仙逝抑御顥氣而上升某也既叨年誼復締姻盟愧蒹葭之倚玉幸女蘿之施松方期與公咏太平于林間銜杯酒而從容曷不少待乃遐轡于太空嗟乎公之生也有涯而精神意氣流行于宇宙者無涯公之年也有盡而文章行業流傳于海內者無盡則予于公也又奚愴而奚恫

李文定公貽安堂集卷之九 終

李文定公貽安堂集卷之十

書啓

郭東野高中玄二相公到任請啓

聖神御極昌期正會於貞元碩儁揚庥師錫允諧於夢卜允矣邦家之楨幹哀然河洛之英賢二公俱河南 喜洽朝紳光生綸閣某等竊直罔功方藉同心之助登崇有命共推夾輔之良爰陳依日之竊莚祇迓如雲之仙從吉筮九日佇德輝之涖於黃扉美溢四鄰時與元輔徐公共四期忠悃協輸於 紫極

答南都九卿賀入閣

聖主撫中興之運道久化成元公贊上嘉之猷源清流潔者賢在列南北惟均即儁茂亦難佐其下風在菲陋豈宜忝於末筵誤叨 寵簡方深餗覆之憂過辱尊慈忽枉幣交之使緘詞鄭重注念優勤儀物並隆茲允敎於一體感慙交集德莫報於同心倘能時惠訓規尤重百朋之寵錫敢不日加省惕共酬千載之昌期伏異高

明俯垂鑒亮

寄壽少司成孟河馬公七十

惟翁先哲師模古稀崇壽誠盛時之人瑞鄉國之具瞻也芳辱敘有年締誼獨厚早結看花之侶晚諧種玉之緣親忝葭莩光沾閥閱茲者辰逢岳降心切斗瞻挹北海以為尊莫遂躋堂之願指南山而擬壽祗攄報德之私爰託蕪言遙馳華祝

答養翁嚴少保婚定

紫閣躋華既附同升之誼藍田締美復諧異姓之緣豈作合之自天顧藉承之無地恭惟三吳鼎族一代偉人華國文章名重玉堂金馬握銓舉錯望隆水鑑冰壺休休其如有容謙謙渾乎無僞金甌穆卜天心允協於宸心玉鉉熙調[illegible]道克諧於君道本善根之夙植乃慶澤之洪延伯氏不羣富五車之書史二郎必傚擅七步之才華有季嬰年共誇奇質信是謝家之寶樹惟鳳可棲慚非桓叔之瓊英得龍而偶方協吉占之兆遂叨文定之儀爛其盈門賁如充室蒹葭倚玉愧匹偶之非倫蔦蘿施松幸歸依之得所既忝姻婭之末當堅金石之盟言有菲儀庸旌私悃伏惟鑒納曷既寵榮

肖玄于督學公婚定

似續綿宗夙重婚姻之禮唱隨集慶必先嬪婉之求茲文定乎厥祥爰誠通於荒啟仰惟三吳望族一代偉人河洛淵源吾道之宗盟得統馬班伯仲斯文之正脉攸傳初命而鎖鑰邊陲胸中甲兵十萬再命而師模鐵輔門牆桃李三千允矣萬里之長城卓哉天民之先覺某也名慚鐘鼎學愧天人聯輿看化年誼素敦於官轍析薪執斧姻盟竊附於高門第小兒茂中藐焉童齡敢云父書之能讀乃令愛小姐粹然淑質已聞姆教之蚤閑松柏蔦蘿自慚攀附蒹葭玉樹何幸相依蓋緣世好以締晉秦豈曰大江可岐南北謹諏維吉之日聊修不腆之儀一敬是將六禮伊始詞洽陽之作合允諧兩姓之懽詠河

洲之好逑願衍百年之祚敬先于幣情見乎詞
伏異台慈俯垂鑒照

賀自湖吳公祖生子

恭聞哲嗣初生誕彌厥月屬朱明之届序喜玉
燕之符祥早馳岐嶷之聲預睹珪璋之器此蓋
禧延善積遠蔦祜於江鄉澤沛仁敷廣湛恩於
邗水斯祚所由集後日以昌也芳垗爾索居蹤
然增忭擬采野謳於范袴遽傳家慶於張楓英
俊挺生萃兩儀之清淑氛氳遠燭暢一郡之懽

呼先黃童白叟以抒恍儀慚繁膴祝叢桂芬蘭
之繼茂緒衍箕裘仰賚台尊尚垂鑒察

寄壽揮石劉會丈七十

惟翁壽届古希道隆今範步趨繩準舉足而必
遵先哲之程咳唾珠璣出詞而動契前人之轍
允矣黌宮碩彥誠哉鄉國耆英辰届懸弧情深
獻履念切磋之舊誼莫遂晤言悵睽別之遐蹤
從深瞻企敬託雲緘於雙鯉庸祈岳筭於千籌

初第家書

二月二十八日揭曉孫叨中會試第十名此皆
賴吾先曾祖及吾祖吾父世積善良皇天眷祐
所致孫豈敢以當此也竊念朝廷名器天所慎
重苟德不足以承藉之雖得必失且吾與十數
年來始發孫一人天所以與之者如此其難人
所以望之者如彼其切而一旦畀之於孫用是
益增驚懼午夜靜思必上不負朝廷下不負生
民內不負父祖教育之心外不負鄉黨屬望之
意庶或可以無愧於此心使因此遂驕奢縱侈

誤國害民憑藉威勢陵轢鄉里天必厭之災及
其身殃及其子孫是祖宗百餘年積累之功反
以此而墜也則孫豈敢孫以爲今日急務莫先
於不苟取不囑託二者其修身全名之大者近
而居鄉遠而臨民自一介一文以上苟義所不
當得者決不可取然後於心無愧至於囑託一
節尤關行止孫自鄉薦以來居家十餘年凡親
戚朋友相愛者亦嘗効力可以報數年相與之
情凡我親交又皆守理畏法之人必無意外之

患況有賢邑侯父母在上如不違理可保無虞如其違理亦非孫之所能庇也親交愛我者亮能體悉以成孫名至於族人及我子弟下至奴僕決不可倚勢欺人我先祖以來每受人欺致有今日卻又欺人必將仍為人欺也且吾鄉先達如高公胡公楊公皆以清謹方正馳名海內至今表表孫固不敢望其萬一然亦當勉强師法以求無愧厥聞庶不為天下笑此皆吾祖吾父平素所以教孫者孫特提醒一番以自警悟且以告我族類及我子弟親友交相規勉以無負天心無伐世澤則孫拳拳之至意也特着李祈馳報廷對後有便再報繫名仕籍定省日疎南望淮雲何勝瞻慕之至

答給諫張鳳原

芳鄙人也辱我兄丈知愛獨深出則並鑣入則連袂道誼相許心腑相示所謂異姓骨肉者也詎意中道分飛悵焉何依每策馬過長安道美人光範恍然眉睫而扣扉剝啄依稀在耳也何日能忘哉弟不幸兒婦夭亡賤室挈子女返舍闃然索居鄙懷糾鬱久乏脩訊方負薄劣之譴茲乃遠蜃使翰申以久要重以蕃錫愧感云何備詢來伻知道候清勝幽人貞吉佑命自天不問可知弟蒼生之望共屬高賢東山棲遲恐不可久也弟明春當圖休沐歸舫渡淮比得一晤水濵縱談濶抱耳詹遡之悃茲不具陳

答白野殷同年

吉陽先生至得詢道候萬福兼竊聞緒教為慰茲遠辱手翰嘉貺南北伊阻所同心者高人標致不遑寤寐剡蜃來教之辱啓緘展對恍若面承尤多慰藉所諭真空本無蹊徑惟無欲將自見之此的論也種種欲根不斷求見性體難矣敢不敬佩江湖雲水之興弟所癖也近屢求休沐未遂明春當力請果得退而棲遲海上究竟所志脫有少悟當求指迷耳吉陽所養亦深與兄同省金蘭相結令人歆慕無已相劘有得不惜遠聞尤見不遐遺也雪寒呵石布此不盡所

欲請

答黄鳳岩

雲衢高着井里藉光復承不鄙得奉延接清才雅致益芳於不言者種種可思也别來久鈌裁訊兹乃遠辱手翰且諭知道體冲徤慰不可言仙曹曳組委蜕桑梓之墟境與情暢體氣當益宜調也雪寒布此未間惟珍竪不宣

與古陵沈道長

秋間得汪憲副所致手翰隹籍之貺甚荷垂念

尋有短狀附謝計已賜省矣比來公事想將就緒同心一方時勤馳想何時還珮五雲握手論心也歲日易邁學未成章可爲浩嘆近諸相知頗修會事雙江松溪二公爲之主盟朋輩意與稍稍萌動惟吾兄遠隔爲可悵怏耳明春歸省之圖未知何似倘得遂請兄見邸報當知之過揚幸一相聞弟當出晤孟城也門人裴子往令建安附此奉候裴子有近道之資幸叨屬下一經陶鑄將日改月化矣不勝懇切

寄中丞在菴王公

某自聞學以來知我公卓然斯道久矣去歲都門兩承晤教端方正直之氣從容閒豫之度望之起敬就之可親其所以啓後學者何假言說也既於琴岡先生處得誦所與論學手書竊自佩服頃過徐梁復承竟日之誨眞切明著要皆自得之學至於品藻人物皆中其微惟誠則明固宜然耳芳極淺陋每自訟以爲學之不足取信于天下者皆躬行之不足故也甞觀孔門只

自人倫切近處教人觀四教雅言與所以答諸子者可知也至於一貫精微必度可與言者授之顔曾子貢之外不可得聞故一時諸子皆成章可覿不落虛見今之論學開口輒及妙悟精微於躬行寔踐互相砥切鍼針見血處不加之意芳切以爲恐終不得力也我公以爲何如幸終教之

答鶴洲裴建安令尹

都門别去秋忽深矣故人遠在閩嶠音念方切

玆乃承不遠數千里走使賜訊非篤道誼之愛何以有此極感極感詢來使知新政休嘉爲慰吾子孝友眞實得之天性推以臨民子惠平恕不問可知異日善政賢聲遠騰京洛僕藉有知人之譽榮幸何如入覲恐不能免適重徃返跋跳之勞柰何僕復任擬在明春二月或得一晤北道耳惟努力崇德兼善自珍毖是禱

與劒泉郭年丈

弟無似辱吾丈教愛獨深每切感佩不意中道

分飛曷勝悽念顧别後若無便翮久乏脩訊然綣懷之私未嘗不耿耿也昨晤心泉兄懸燈揮汗草草數語奉申久濶之懷計程尚未得奉清矚也風塵簿書非吾丈所能堪然朝夕近民得以展布素蘊垂俎豆不朽之業又傑丈夫事也惟吾丈努力爲之弟抵舍幾半載遙聞邊警頻急北望神京不勝懸切明春將束裝北去雖不能發一策攄一籌有裨於時然休戚共之則臣子拳拳之微衷也如何如何入覲時北道或得一面傾倒積懷

寄大守自湖吳公祖

朱轂方臨仁聞四布即遠方莫不興愛廛之願況咫尺沾德教者乎積虔趨謁乃過叨禮遇文情並隆其何以堪之軻氏曰賢君恭儉嘗聞其言未覩其人乃今於執事見之矣感戴何可云踰歸掃先壠淹句曲者十日過揚值仙旆指泗未獲展謝今猶怏怏玆便敬此布悃伏惟台鑒

答呂沃洲符卿

弟自春末得請還海上依依老親雖少舒愛日之私悵然離索其於海內同心如吾丈者未嘗不耿耿興思也玆得手翰乃知眷懷同之慰藉如何巾石吉陽諸公向道眞切又得吾丈倡之意趣自殊且南都多暇正與幽人相宜尤爲養靜一助也無緣操履杖奉從雨花牛首之巔一叩至論悵望而已弟擬新春北行合并未涯曷勝瞻念得吉陽兄書知已抵任冗未及裁復幸道意

與唐龍岡春元

鵬運之翮積之厚且久矣謂當乘風扶搖萬里
無疑也而又暫爲垂翼天道人事俱不可解能
已惋歎方擬裁慰未逮輒奉雅貺蜀箋齊納並
佳品也況貽自美人曷勝珍感使旋先此附謝
綣念之衷尚需續裁

與沈艾陵鄉丈

不奉教愛有年矣昨入郡幸承道範慰藉殊深
兼叨欵洽學臻定靜和粹之氣於几席間挹之

固不待言說也匆劇别去未獲從容奉叩晚年
深造今猶怏怏玆老親誕辰乃過壓尊作儀幣
之貺具見諸公道愛篇中所述奬誘逾寔非菲
薄所敢當然亦不敢過自偸惰以負同心之言
也敬謝敬謝近屢得泉翁老師手書及近刻數
種見師翁學與年邁而神彩益健可喜可喜郡
中諸同志意氣日見渙散所賴維持振起者有
公在也草堰宗完齋學有片段不識曾相聞否
因便附啟

寄少湖徐相公

某鄉居後生自束髮有知即聞我公以道德文
章名於世思一出其門而不可得詎意謬以令
弟先生同進且朋秩舘未得以數承教益五年
之内凡我相公憂國之忠濟變之才有容之度
無欲之操其所以模範後學者蓋不待言說而
自喻矣又私得我相公所爲文手錄而讀之見
其鏗然金聲粹然玉潤誠所謂仁義之人其言
藹如其信今而傳後必矣芳亦何幸得瞻依門

墻而沾溉餘潤乎慶忭如何昨仰藉台慈得請
還南復辱寵餞歸途不敢率爾陳謝玆因抱痾
不能復任具疏轉假敬此奉申積悃伏冀俯垂
曲庇俾遂私請則感德圖報宜何如也臨楮曷
勝引領

寄大司馬雙江聶公

某自束髮即聞我公以才著江表及長而聞學
乃知我公篤意斯道每以未獲一承晤教爲恨
昨幸聖心簡注深源再起始得遂數十年願見

之私詎意輙承知愛引拔拳拳惟恐芳向學之不敏立志之不篤南歸臨送縷縷䜴又承遠惠敎扎芳燕服自嘆曰非善與人同之心不至此也芳亦何敢自棄不以副我公期待之殷耶海上有一二同志出所示困知録幷與南翁師往返講學書莫不嘆服思一出其門而不可得也南翁師至道益不孤芳非不欲奮飛左右親奉德敎顧賤軆偶中小恙不能旋復乗疏轉假千里几席玄論在耳亦不必周旋杖屨之側而後

謂之請益也南翔有便特惠德音以慰所溯

寄阮了山峯學憲

南歸未得執手言別雖託之短札然數年道誼之深非頴楮所能悉陳也首夏抵家幸老母漸安尋爲犬子續娶鄰邑旣返掃先壠於句曲入冬爲老親介壽紛沓應酬一向皆在塵霿中遂未及裁書入都卽相愛如吾丈者亦未通訊他可知矣方城回乃承手翰中所及皆肝膈要論感甚感甚弟庸庸無足齒錄而吾丈猥少有取焉誠如昔人恍恥遂與不自知其不可也至於吾丈取善虛懷向道篤志與夫任事之勇盡瘁之勤近所罕覩皆足以爲弟之程法此弟之所以寤寐有懷也世途崄巇人心叵測且臧否淆混卽有少懷報主憂時之志者誰則諒之弟雖不肖常自以爲受國殊恩非砥礪名行無以信人非閱歴時事無以待用非結納豪傑無以共濟非剖略町崖無以聯衆故不敢訑訑然謂我可上人爲亢絶之行以矯一時之譽而無濟于

天下國家乃人之謂弟則不然矣曰何爲紛紛與人接游也夫接游之弊有二以利入則汚以勢結則媚吾丈謂弟有一於此乎弟同年在都者不下百輩弟未嘗持片牘囑一事卽吾丈所處不可謂非要地也弟曾以私請乎志不同方則背嚌由生從古然矣姑勿論弟入春業閘舟淮口刻期就道偶痰火大作舌下浮腫幾不能出聲日減常飧之半具疏轉假然時方多事敝自求逸寔違此心北望　闕廷爲之熱中所可

自諉者職非當事郎力疾而來亦無裨於國不如養晦林壑猶可逭竊祿之誚也惟吾丈一維持之

寄南野翁歐陽老師

舍親袁子立回自南安備詢台候清迪爲慰兼辱致書省齋王父母過爲推重感佩何可云北道獲聞奉常之擢不勝喜慰吾夫子崇恬退之節而當道隆明揚之典可謂交相成矣好脩者行知所勵清朝盛事也深可爲社稷賀且某本

庸劣誤蒙　聖恩濫叨首選名與實乖秖深愧汗而已　聖問所及乃道統也芳所對揚皆日昔與聞緒論遂蒙簡拔是今日榮遇夫子所賜也敢忘所自耶芳午夜自思惟上不負天子下不負所學或少可以仰報君恩俯酬師訓僕以一第自肥罔思勉樹尺寸不貽制科辱門牆玷耶嗣是仍冀時賜教掖俾不顛迷感德何如

寄懋翁楊公

叨第後即晤令婿馮子恍加奉接光霽鄉籍殊深渠南旋曾託書儀馳報入夏忽令親王張二揮使遠致翰貺南面拜領乃知執事之念芳不殊芳之仰執事也且莊誦來教喜溢辭表非子弟骨肉之愛諒不至此感激何可云喻詢二子知尊候康廸賢嗣安好忭慰不可言居常念吾執事負命世之才抱濟時之志未究厥施而林皐偃息亦已有年能一出以慰殷望不乎芳遭際踰分殊抱慚悚惟不負吾執事髫年教許之心稍可自慰耳昔人云士爲知己者死芳將何

以仰報殊恩於萬一乎修途伊阻無緣摳衣坐下展此遐衷每一思之神爽飛越萬里悠悠惟同此心伏冀鑒亮

與秋溟殷年丈

京邸幸晤殊慰積懷定靜貞際盆弟於不言之表者良多滿擬追逐仙跡究竟所志不意冥鴻遠翥渺不可挽如之何如之何發夕何不令弟一聞執手言别似非人情三日後造館惟見扃鑰佇立悵然者久之始知造瀛海望洲島宛然

而人不可卽徒神悰飛越而已邇想久抵白下委蛇仙署政簡神閒妙悟當益透徹也如以弟爲可教不惜眞詮一啓倘終得出苦海登彼岸卽無量功德敢忘頂禮便附申悃秋暑惟珍毖不宣

答秋濵殷年丈

盡性立命本非兩事來諭眞切非深造不能道弟近取圓覺壇經細玩之頗亦有悟皆大教之力也然眞空宗旨尚昧蹊徑鴻便願一啓之北

風時至胡馬漸嘶縛左賢而揚天威者不敢謂無其人亦不能不深杞人之慮也同心一方會晤莫期馳神而已

與古陵沈道長

聚首神京過承道誼之愛薰蒸所及不言而喻僉弟者多矣至於情欵眞寔不假藻飾而意氣自符信有非漫然論交者可比也别來忽將彌歲光陰屢遷而所志未有底泊言之汗顔兄登岸久矣來教亦以此爲念何耶南翁師行山峰兄出入不常繼以蓼坡公有留院之擢大洲洛村南屏諸公一時並遷謫而東華兄近亦遷廣南同心星散不勝踽踽以此念兄益切也西吳兄近至少覺不孤然耿耿一念實不敢因人爲起滅耳來教云學不以聖人爲期終是虛與誠爲眞切弟日來竊謂聖人之學惟在切實處用功略躬行而談清虛近時學者大病所以不能成片段作用不免出入也獨知處不使放過積累充實妙悟自在其中不假言說如何如何風

便幸教之北虜猖肆同舟之人何敢恝然空言無益待用有時其樞不在我而苦運之徒自折耳近市馬聞已就緒目前或可少寧善後之策則非弟所敢與聞也言之憮然兄其謂何

與趙大洲館丈

黠虜深入擁兵要貢盈庭之言誰執其是當此時微我公仗義昌言鮮不蒙恥城下矣正直剛方之氣炳炳朗朗塞天地昭日月可以爲國家二百年養士之報其曰爲僚寀重者亦小之爲

說也自我公行後斯道益孤日爲先事之防而其計愈敏其緒愈亂其說愈長其處愈甚其爲宗社無疆之謀者果何如哉公別時常以謹言見誨芳切佩之今不免放言者對公言故也曩在都下見西來人輒詢動定知繫楫荊門有外翁之變既入廣從遊紛紛倡明斯學道益以振昔陽明公謫居龍場學乃大進我公出處眞可以方之異日有得道於廣之西可與江門沙翁並轡者必公之力也某去春得請還海上今復

轉假偸安弟時方多事不能帖席秋杪不審能旋復否耳北風有便惟長者教之

與李鵠野道長

金門曼倩忽駕海淮山川之耀也曩在朝宁謬託同心之契判袂以來殊深脊遡茲有晤邁之期慰藉可云頃圖修訊未逮輒來腆儀感弁慙集何時御風東土俾嚮往故人獲承玄論也

與陳東逵年丈

曩歲索居京洛子然寡儔辱兄日夕睠顧誼均肉骨懸榻擁爐論心談道自以爲海內交游無以尚之何期良晤不常萍跡靡定雙飛之翮忽已乖違悄處林壑追惟故懽悵念而已冬初雲翰遠投捧覽如對芝範繼聞有西廣之命交臏計可返蜀此時憲節想入廣久矣弟春初偶中痰恙舌下浮腫藥褁不去手者數月不得已再疏請假下部未復蓋諸老欲弟遄行故也秋後將圖旋復不知賤體果能事行役否耳迂途無緣裁訊偶鄉人行附此奉申積抱北翔有便無

王德音

與中溪黃侍御

曰者憲節按海濵不惟山川增色而陰壑枯荄荷陽春而昭蘇者多矣弟愧荒落之區少無以展仰德之私而數日內奉談教祛鄙吝者其益蓋無方也別來未敢率爾修謝忽如臯師生將尊命以修學記見委學校近時上官稍稍視爲緩圖我執事獨留神修飭之誠有道者之盛舉聞之不勝敬服然以菲薄而承厚託則又有深

懼也且辱禮幣過腆拜嘉之餘慙與感并茲敬
具藁請裁至於嘉惠後學之意非鄙劣所能發
攄惟我執事推所心得一更定之庶有裨於繼
往開來之懿典耳無緣面質南望耿耿

與讓溪游年丈

許年濶別幸晤京邸方擬日夕請益而吾丈遽
以榮擢行攀駐未由祗深悵怏別來苦乏便翔
久失修訊美人一方惟有言念而已方今學者
多務空談而鮮實踐及試之政乃輙不效宜來
衆曰之紛紛也如吾丈者行足以振頹風才足
以解盤錯其以身明斯道者乎恨不得日侍左
右也北翔之便願有以教我

與亢水陽年丈

玉署追隨十閱歲華談道論秇誼均骨肉方擬
共奮匡時之略以報　明主之恩詎意中道分
飛扃勝攀戀振鐸中土紹二程之令緒迴千古
之心傳以興起多士異日有眞才者出以應國
家之求則吾丈之所以報君父者大矣覥弟之

虛糜廩餼者何如茲復叨轉逾分實切惶悚旡
丈何以教之

與周鳳南

展劄屢屈內郡冊移直道之不苟容精金之不
畏鍜於吾丈見之道之云遠遂成踈逖願益堅
雅操以崇令聞以慰馳仰

答譚二華中丞

節鉞甫臨三川底定弘猷式固以杜後虞在公
一加之意而已四方多故民力未休所恃廓淸
輯寧如吾丈者指不多屈惟異殄重以副懸切

答龔大尹

僕每以令與民親行志甚易朝發一念夕遍閭
閻善則民安否則民殆所係誠大且艱也恃愛
瀆及惟吾賢圖之

與黃少村冬卿

頃海氛漸熄舊業重新呼朋張局命酌看花樂
事豈減疇昔也某僕直勞瘁兀兀窮年臨鏡自
顧日就凋憊非復故吾矣宇宙茫茫隙駒迅捷

安得與丈握手一晤懽續舊遊耶文素愛我諒亦念之

簡中丞鎮山朱公

齊實先師之鄉也一時學者不過攻制義規進取而止未聞有興起於道者諒亦在上者未有以倡之故耳惟公志崇古道學務躬行政事文章卓絶倫等真上溯洙泗之源遠紹斯文之統者撫輯之暇特進縫掖之士而訓迪之不有勃然興起一迈童冠咏遊之盛者乎境內之賢比

肩吳公望湖爲特著所謂不言躬行者也諒在契合中矣風便僭陳惟公留意焉

答麗惺菴道長

羅才重典也惟主司得人而後甄別不爽所裨國家者不小矣執事蘊淵粹之學炳朗徹之見觀錄中諸製本言心得則所存主者自殊施之甄別如以鑑照形妍媸莫遁固必有真才與計偕上矣差還布復它不縷陳

與西吳張年文

雲霄比翼矣初謂終相頡頏矣詎意羅維縉當違忽焉分羽靜言思之惟有拊心灑涕而已然公論自定於高明固無損也光復有日幸吾丈勿以介意焉別去聞即抵滁此昔賢六一公過化之地又近玉堂仙侶一二游衍之所暫言倘徉仰登俯眺命酌賦詩足資雅興至於山深客少退食從容靜驗此心於動時光景何若所得益多矣南翔偶便草率布忱臨楮悵然曷勝懷仰

簡崔月潭公

執事身在市朝心常林壑誠今之晏倩也僕無似謬託同心之誼十年於茲每於燕暇得承玄論塵襟頓豁詎意奉 命應制勞勞度日握管草玄殊無寧晷遂不得數奉教雅然猶間得晤語也自榮擢出都輒成違濶乃僕冗瘁則日益以甚昔之淸與沖襟悉化爲氛擾塵逐形神俱疲其視攝生之理正背而馳大可寒心也比來靜養想益沖粹與致想益休暢道阻且右無由面請太和中嘗聞多有異人棲息其間相望咫

尺物色而咨訪之如有新得諒不惜示教也西望有懷言莫能罄惟公心亮之

答二華譚中丞

輯綏之澤方洽蜀西鎭撫之輪又煩廣右蓋投艱所以待殊才而盤錯益以別利器知公志在康時必不厭馳驅也廣中雖多反側然本之有司不得其人迫而之盜耳撫勦並用文武兼濟惟公留意焉承使翰率爾布復不盡所欲請

答自湖吳中丞

二源底績具見弘略自此廣右當息肩矣蔡人吾人化導有方無不向化者弟聞彼中有司貪墨成風爲盜則利爲民則苦其轉而之盜者皆此輩驅之也飭吏治以安民生惟公留意焉便還附布不具

答潯陽董宗伯

嘗謂人生萍梗聚散靡常每誦斯語輒增於邑乃今於吾儕而益有感也昔者某以非才謬從我翁暨養翁之後周旋著作之庭僚直邃密之境結珂聯舍入出必俱雖同氣至誼未有若此之親且密者誠如來教所云何悟人事靡常判渙立異翁遂高尚養翁在告某獨孑然孤處晝方應接憧憧或與境忘向夕則深巷悄然無一可與共談者回思間者二老昏夜猝至中舍扣扉大呼驚我絶倒胡可得也以是奉懷益切顧無從託訊每南睇雪川遡念而已茲乃遠塵使翰溫舊盟而申以要終篤尚古道敦崇友誼何以有此某蒲柳凡資近漸衰颯行當解組而歸鼓枻而南追逐杖履怡悅白雲蒼岫之間耳草

率布復不盡欲言伏冀心鑒

簡巖潭王年丈

追憶卯秋放榜之辰首晤公於承恩寺中觀者環堵咸謬指曰此昆仲也言猶如昨忽踰二十禩矣流光倏擲各已老大言之悵然每念公以卓越之才早遂騫騰之志而忌者每沮其進可爲長嘆然士君子在朝美政在野美俗所以不朽者固自有在區區顯晦可無論也公以爲何

如風便布候承晤未涯南望不勝瞻遡

答蔡見麓

春初偶與潘笠翁並輿長安道上翁曰南都部僚不胃官物者一人而已僕應聲曰得非蔡子乎翁爲之愕然曰公何以知之僕曰子故人也翁唯唯既叨轉銓曹數稱之東翁翁頷而不答比有南來者東翁泛叩以留省之賢輒首以執事對翁始信僕言非私在執事潛修固不欲求知於人而僕之亟稱亦非以私執事實勝則名

隨見善而不容不舉又區區一念之誠也自是愈篤實則愈光輝愈退藏則愈發越要當致力於根本而枝葉榮瘁不計也都中士風少改時爲少異深可爲斯道幸願執事勉之洞翁斯文山斗書來推轂執事者甚切當求所以副翁之望矧得日夕左右觀感漸摩行必有大進於今日者貴同年牛君雅有志操時與一切磋之彼此當日益也如何如何

與趙延陵

別來倏越五載言念如何執事令譽日著剡薦亟騰而士大夫之來自兩浙者無不稱述盛美僕之所藉以報國恩者得執事而素願少酧矣覽別札知練兵之詳蓋吾儒爲學期以濟時民社單旅惟其所寄隨在而殫力圖之此學之實用也執事體不勝衣而遇事勇爲強幹者所不逮言不出口而躬行是力辯詰者所不能推轂者見其迹而不知其心當軸者固諒其心而略其迹矣幸無疑焉僕位逾其才境違其志雖勉

自堅守不敢有負於師友然碌碌浮沉恐於時竟無補也晤對未期惟努力自愛不備

答元洲張年大

文學政事二者不可得兼兼而有之者惟博雅君子能之以其志定而不奪於欲心靜而不撓於事故能邃於學而腴於辭摛藻剸劇兩有餘裕也近見吾丈肩茲繁劇不惟政績殊異而游情述作皆深厚俊逸動合往軌所示佳篇令人披繹不忍去手敬服敬服無由面請心得徒有

嚮往而已使旋布謝文冗未罄欲言惟輿心諒

答杜華南大尹

得手書知邑治繁劇加以饑歲輯撫勞瘁不言可知矣大凡人才必歷試諸艱而後可當大任譬之莫邪干將其新發鉶也須加淬礪方可斷割吾賢明敏之才忠實之性正宜勵精奮志於習吏事拯民瘼中鍊之將來受用無窮也使旋布復適警報方殷諸不及備

與西石王司馬

承翰教知南發在卽無由一別西望悵然夫疆埸非優游之地方今非寧謐之時釋此重負似宜爲相知者慶其如國事何故不能不攀戀於公之行也然忠臣愛國不私其身在公豈能恝然長往耶賜環諒在轉盼惟珍攝以膺召命不備

與秋溟殷年丈

蘭芷芳深谷而芬馨四達其實不可掩也闇然自修若公者乃欲韞櫝而藏其可得耶某謬謂吾曹學道處則以康濟一身出則以康濟天下惟其所遇何意必也忝附同心乃敢瑣聒幸公爲斯世斯文少留意焉

與平翁陸宗伯

頃有傳車從將抵都者方用欣慰忽接尊翰及方公奏牘令人惘然旣思自昔大賢君子抱道於身或出或處咸於世敎有裨名德碩望聞者興起而廉頑立懦卽百世且蒙其澤又奚必在朝寧而後有益於人國也以是不敢再溷沖襟然瞻企之私徒有南馳而已使旋布復惟心亮之

答確庵魏司馬

僕以菲才謬膺重寄久欲引退顧獨念叨受
先皇陶成之恩當
今上御極之始義不容自私其身是以靦顔在列兹大察後乃敢兩疏乞身以避賢路詎意不獲終遂遠承翰教慰勉惓惓不肖何足以仰副獎掖盛念惟有感鏤而已承諭懿河勘報少有

責備之意大抵當局與傍觀者其情自殊公之苦心僕已諒矣幸無以爲念焉

答二華譚司馬

承諭酌處臺工休練士卒誠得施爲緩急之序而戰守並用之道無踰此矣比來黠虜西窺而東徼之防亦不可懈恐將欵我而乘其間也在公淵識宏猷諒有以待此矣便特附聞

答董節推

遠承使翰詢知聽决明允令聞宣著不勝慰藉

孔門哀矜勿喜之訓漢庭民自不寃之風求之今時罕覩其人願君留意焉

答郝封翁

遠來使翰備詢視履康迪興致豪逸如昨僕日來思親懷土夢寐常在楚山淮水之間秋杪當作歸計比得與懷堂兄共醉芙蓉仙庄尋舊盟也幸爲我掃榻以俟

答廬山胡督學

自道與入蜀不過紹介者餘十年矣揆之人情似爲踈逖然人之相知貴相知心寧以寒暄爲厚薄哉昔人以别久聞流言不信爲相知吾曹相知寧後昔賢耶督學再煩寔出太岳公推轂之意僕雖無此力而心則不殊也僕才不逮中人而躐處非據日抱集木之懷去春屢疏乞歸竟未得遂庸庸苟祿無補明時有負四海同心之望多矣來教以三聖爲諭致望於僕者誠厚顧僕學愧實踐道阻望洋何敢以此自誣弟辱知已教督又安敢不仰體盛念也使還附復未

涯瞻晤南望馳仰而已

答劉應谷中丞

先師歐陽文莊公攄忠直贊功在宗社蒼生講學淑人道濟天下後世祠祀而俎豆其鄉固國典所宜人心所願也間者已經撫按義舉然未蒙奏允恐未足以表閭里埀永久萬惟臺下留意焉江右雖稱多賢或道高而用未究或位崇而望未孚求道與位稱名並實優文莊公一人而已區區采之輿論濟聞臺下若云阿其所好

僕則豈敢

簡石汀殷年丈

古田宿寇議勦者數十年矣以有事東省力不暇及兹天討義不容緩而廷推僉以屬公旣命下搢紳胥慶以爲此寇行必削除矣及大疏至敷陳詳盡彼中情態如指諸掌且辭雖在勦而意在酌處善處置得宜則不必大煩兵力而地方自定也初僕逆知公才猷足以辦此故不恤以勞事相累而亦謂利器不試以盤錯與鉛

刀等耳何以穎脫惟冀殫力矢謀早奏丕績振珮入朝以慰詹遡

答蟠峰李中丞

廣中之寇如掃落葉其說所從來遠矣比年以來較往殆甚大爲可虞頃議罷巡撫專以屬公而公之才略誠足辦此掃蕩當有日矣兹接來翰知驅除已有次第令人益慰僕嘗謬謂蕩平之策在擇有司有司得人則盜可化爲良民否則良民皆驅爲盜銓曹近有建白已得 旨更置是在公一加之意而已使便附聞惟留神采擇焉

簡薊遼督撫

薛孫來降呼韓稽顙之漸也眞清朝盛事曠古希覯天心助順此可覩其槩矣旣聞老酋謀犯卽無此事彼豈一日忘寇擾之心哉要在戰守並用制御有道耳廊後二疏其所以處降人禦俺酋者已得其要矣惟諸公協力相機善爲之防不敢中制也至於因其勦兵相要而輙推以

與之如昔桃松寨故事萬萬無是理也惟諸公酌之

與宣府孟中丞

秋旣徂矣上谷晏然以有頗牧在也降夷欵塞清朝盛事顧俺酋糾衆要索不可不一創之應援協驅隣鎭之義也惟公念之

簡蕭大僕

僕無似謬辱同心之誼藏之肝膈愧無以副厚念也銜命西發惓惓誨廸若恐或仆力思扶掖

而安全之其如人心之不同何僕早受教於文莊先師嘗希心於大公無我之學思以見之行事顧實際未臻用之輙窒惟有自反自責而已敢尤人哉行圖解組以避賢路耳兹承手書具悉教雅使旋聊布衷曲其所不能形之穎楮者惟心亮之

答薛方山學憲

不奉晤教有年忽接尊翰兼宋元史編之惠披閱數簡真得史漢家法當與班馬並駕必傳之

業也陳尹南還專此布謝舉業德業二者原不相悖近時學者多事剽竊更不及求諸心遂有謂舉業爲祖迹而厭鄙之者故制義率從時套科目鮮得真才乃學者之自誤非舉業之誤人也來教深有裨於世道僕叨戊辰校士之役嘗力屏浮詞而搜羅自得之學顧不可多得然大較不甚悖也一時頗以爲得人第不知海内士子稍知嚮風否耳亦期以漸挽之邇來竟復何若辱指示當心識而力行焉草草不盡所欲請

簡南明汪年丈

莫邪在匣光鍔久韜出而試之何氛弗滅而咨且其行也銓衡近頗厭士大夫趨召不敏以爲非人臣禮故一二辭疏俱置寢閣在公久有明綍尤非所宜幸促駕而西以慰惓惓

答沽渠中丞年丈

節鉞東移烽銷遼左撫輯之明效頗牧之偉績也秋奄至矣綢繆桑土之計似當預爲之所北門鎖鑰諒有定籌焉使旋聊附以聞

答梁鳴泉中丞

祖宗成法行之二百餘年未盡善可守其中間有一二窒礙非法之不善奉法者未至也爲今之計惟補偏捄弊以復成法乃爲善守或者務爲紛更厭舊制而喜多事徒以滋擾於民無益也甚者朝令夕更卒還其舊孰若致慎於始而仍舊貫之爲愈乎閱大疏及會翰卓有定見鑿鑿可行齊魯之民其甦矣使旋附陳鄙見惟與裁教

答劉白川中丞年丈

得來翰知臺城砲火備修之詳慰不可言往年失事固由虜强亦在我隄防之疎故也今據崖有可守之祟臺伏地有不測之神器彼將何所施其勇哉植樹隨萎隨補不患不密於中宜多植棗不惟刺棘可以拒寇而近堡口食資賴不淺也如何如何

答劉安峰司馬

誠心焉行推重留曹而南中士夫方仰以爲山斗乃輙起去思令人怏怏及讀來疏詞意懇惻又不忍以世情固挽也然清風高節所裨世道亦豈淺鮮哉使旋附復臨楮何勝仰止

答蓟遼督撫

頃得手翰兼閱大疏處置周悉具見壯猷連日與部家商議欲作兩截處先了那吉事後及納欵請封一二日即具覆矣夫封以王號之虚名而得其輸誠納欵之實益有宗社之慶生民之幸也事在必行幸公勿疑姚道長在東未得近事之詳故有此疏朝廷自有主張道傍築舍何怪呶呶草此布復不具

答王鑑川司馬

納降本國家盛事而羣議紛紜人心靡定賴
聖明獨斷悉從大疏今且一二如公籌畫誠宗社之大慶也逆犯必須致之 闕下正法顯戮彼時方可請 旨頒賞以結其心至於納貢請封果出誠欵機不可失也惟公留意焉

簡二山楊中丞年丈

久不奉起居無任馳仰忽承手翰展覽如聆謦欬且詢知老伯母壽近百齡康健愈倍尤深慶忭老母去歲迎養至都春秋七十有九覲宿有咳疾不耐北寒老父復在天南兩地牽思勢不能不作歸計擬三月中投疏避賢耳先此奉聞時事紛紛不如人意誠如來教鄙見正謂
祖宗法制已備患人不能守耳何必改易制度擾擾爲哉王道平平王道蕩蕩不作好惡不作威福而天下未嘗不治平者其嘗布心於此試

之亦頗得力而才高志廣者往往以因循誤事誚責之此難以口舌爭行將挂冠東還海上庶可免頗越耳恃素愛盡言風便更希教之

簡白川劉中丞年丈

雲中封貢事已就緒顧議論尚多無異築墩始事時必待墩成而捍衛有功羣喙方熄也然此不過覊縻之術綢繆牖户之圖將兵此間暇尤第講求乃可耳若恃以爲安遂懈內治則今日之舉適爲厲階又大可隱憂矣時論未爲不是也如何如何西事若定則貴鎮將高枕而臥土蠻不足慮矣墩臺今春已築幾何未完當築者幾何風便願聞其詳

答王鑑川司馬

呼韓稽顙單于內附自昔以爲中國盛事兹者不以兵革坐致納貢稱臣考之前代所希有者而士大夫皆有異議彼之爲疑皆謂互市非以有終然不知處置得宜久當安貼在當事者善調停耳僕輩同心力主而善終與否與公輩均有責焉外示覊縻內修戰守去來任其自便而在我常得制禦之術則國事可保善終而人言亦不足畏矣如苟安目前遂弛戒備是貽禍由誰而建議主議誤國之罪安所逃也惟公加意焉

簡李侍郎

遠承翰教及覩捷書蓋自海上用兵以來未有收全勝之功如此者島賊嗣此當喪膽不敢窺淮南矣第榮膺寵擢我民失所依怙令人不能無私憾也丘紊戎之變聞之痛心此後寧復有敢戰先登如此者乎何天之不慭遺也使旋聊此布悃尚俟專修賀敬不宣

又

功成身退哲人之能事而獲諧其願者鮮矣翁兹得請而退蒼崖繡谷之間以咏以游以從夙好宇內樂事何以尚此歆羨歆羨遠承翰教甚荷厚誼使還聊此布復無任瞻依

又

節麾一至反側銷萌此雖處置得宜亦令公威望素著有以奪其魄也敬服敬服應制冗迫久失修候玆遠承台翰兼厚幣之貺感愧如何鄙作久負諾責每承教諭輒增愧汗少暇當勉圖之先此復謝不備

與潘象安

五載在辱高賢相依一朝別去誰能堪此懷也世嘗謂今人不好士斯言不然恐士未可好耳使士行誼如象安又何患隆禮無人乎今歸展

慶想甚欣然定省之餘無忘薊北懸遲也范吏回知未解纜附布不悉

簡朱祠部子价

華里至領藻翰腆貺之辱佳什炙詞歌諷把玩恍如美人在几席也吾揚振世人豪其在兄丈乎留省本暇在春曹尤暇雅興幽襟想得游情述作追軌古人固天縱吾丈以不朽之業也時因北風惠而教我尤見不遐遺也諸候續裁

傳

張母袁太夫人貞節傳

夾江有節婦袁太夫人者出巨族十七歸太守張公六年而生僉憲君可述又一年而太守公卒公之卒也實在漳南太夫人隨其嫡詹間關數千里扶孤櫬迈洪雅亾何而詹又卒當是時太夫人年才二十餘耳所歷艱阻萬狀無他志日抱遺孤煢煢然足不越閾外逮僉憲君稍成童乃啓笥出所藏書授之淚且簌簌下曰先公無它長物所遺者此耳汝能業不怠即先公之

靈慰矣且汝母所不即從先公地下者以有汝汝其勉之言已復大泣僉憲君亦泣於是感奮力學舉嘉靖丁未進士三遷至今官坦直之性貞白之操不敢少有踰越實太夫人教也癸丑有司高太夫人節聞之朝得　賜旌表云太史曰偉哉太夫人之節乎以孱然女子立襁褓之孤難矣卒使其孤紹世業而嗣徽音其節不尤偉哉彼冠履號稱丈夫者且偷生隳行辱身殞名聞太夫人亦可以少愧矣

金秋泉傳

金秋泉者淮陰人也名彥孚宗美號秋泉生而磊落澗大有偉度少以疾弗克終儒業長從伯兄月艇商四方不數年洞悉計然之術智略經畫出羣商右凡所居積動中時用貨貝一出于手即贏利數倍月艇曰斯能主財者也遂盡畀以所畜而秋泉益肆力恢拓擇人任時低昂賤貴與利趨之而富于是甲淮海矣季年復決策曰燕中四方之會而貨財之藪吾聞善居貨者據四通九達之區交易而不趨此鮮不失利矣乃挾貲北走燕往來經營者二十年而貲益以富云秋泉雖游於賈然恥瑣瑣計銖錙慷慨好義振人不贍則恐後焉姻族有乏者時時袖金錢至其家散之竟不以語人四方寒素之士識與不識稱貸過其門無不滿望去喜蓄書適吳越見古圖史則倍直購之歸而忻忻以遺其子弟曰吾終以此遺若輩不以金也子潢猶子滋並以才名嘉靖癸卯滋舉順天鄉試上第開捷

則大喜謂潢曰滋第即若第無鬱鬱為也性高曠喜遊過諸名山勝槩即急行必登眺吟賞而後發聞有高人逸士則儼然肅禮幣造訪之延接半海內云京師有武臣貪縱以事逮秋泉要其金秋泉即遺金數百無難色後以奸賍敗法當還秋泉金或說秋泉倍索之秋泉愀然指天日曰是可欺吾心可欺乎有緹騎者亦嘗索秋泉百金已有以義讓緹騎者乃昏夜持歸之秋泉固謝曰誠願以此為君壽柰何見迓耶其輕財遠害類如此每出或歲一迓家迓必悉所贏上月艇卒之日發其笥無一緡之積云太史氏曰予生平不識秋泉然家食時亦數聞淮有金富室云及居朝則張給諫亟稱之所謂富而好行其德者耶世有立闤闠逐什一之利以自豐齷齪汲齒者其視處士為何如

閭齋毛先生傳

先生姓毛名元熤字某號梅林晚歲以閭名齋人稱閭齋先生云毛故儒家祖濬以秉禮重鄉

閭好推所餘振人鄉鄰多食其德嘗歲歉同里
逋税甚急悉代之輸鄉人爲障詞表述至今藏
之家先生丁家緒衰落黽力生作不克業舉子
然意嘗怏怏也稍暇輙索玩古籍當食猶把覽
不休有疑義求質四方有道旣通解未嘗不竦
然曰吾何弗是類日思以見之躬行處心行巳
坦直忠實宗族姻隣相與以誠有過必多方曲
譬令改乃巳寘頑弗化卽族屬終身不一至其
家和而能剛如此坐必端立必面方行必徐雖

盛暑不廢巾服捧持必以兩手食飲不聞匙箸
聲生平所爲皆可語人人有善稱述不置或短
之必斥曰彼若節汝弗取法顧肆詆耶復詔子
姓曰善毀滅德吾死不願汝輩效之也蚤歲學
易洞曉盈虛消息之數與人語必及易兼通詩
取美刺有合于心者時諷詠之曰詩所以理性
情徒誦無益也間以所得形諸吟咏頗中音節
尤喜鼓琴所諳操二十餘嘗厭舊譜顏回操過
哀悉取論語諸書孔子稱顏回語爲新調之聞

者靡然動容他若草書算法並臻精妙名家云
年五十一遘疾危甚亟營兹父某公因廬其側
以待盡深山閒無人跡中夜忽有人歌曰夫子
年登六十三先生聞而異之攬衣起曰斯神告
我我其生乎撤廬歸果愈以貧故復强授徒鄉
社嘉靖九年九月猝謝館歸時未有恙也輙自
作棺備衾衣兒子輩憂惶駭問曰未未十月十
六日我當與若輩及親族别至日親族咸來别
有携酒者或别以詩先生歡而和之每留一語

各就其性之所偏曰人之將死其言也善幸爲
我記之至夜半起沐着深衣幅巾坐正寢曰我
炁漸微盡卽死矣豈有他耶漏下五鼓乃曰我
欲子時卒謂天開于子也尚不如人生于寅迎
女者鼓吹過吾門此其時矣遂端坐逝卒符山
中所聞云生子孔撣兒時卽教以正坐立言動
必令循矩度少懈縱則怫然曰人心易蕩古人
毋不敬尚或失之况今人乎彌留無他囑惟顧
孔撣曰我貧家無以遺汝汝能若學有成卽死

瞑目矣孔墀感奮緝學丁酉舉福建鄉試庚戌舉進士授鄱陽令朴直有父風云太史氏曰人有恆言曰科目不足以得士豈不誣哉予承之禮闈測毛子端人也果朴直侃侃古道及聞其父闇齋先生貧而好古其賢又有所自矣故曰源遠流長表正景直

忍庵丁翁傳

予往計偕時數問舟淮口則聞滿浦之涯有丁富室云及予叨第官詞林射陽吳子貢入都造

予而袖出一帙曰此予所爲吾淮忍庵丁翁狀也其人雖隱淪而義至高太史氏不可無以識之受而諦覽之則滿浦丁耳時未有以復也既得告里居廉翁之義然後知吳子之言果篤論也翁名翥字雲漢其先世篤孝義同居五世不異爨　朝廷嘗表其閭至翁習濡前人之義且愿厚天植自束髮敢大言居詎止五世可同乎苟義雖百世可也父震聞而奇之長慕張公藝之風因扁其庵曰忍以自勗食指千數服用甘苦處之各當其情雖臧獲苦樂必心體而曲撫之至閑家繩約則又嚴峻不可犯戴星而興敎斥之聲不絕口子姓凜凜或儒或商各敏其業以緩譴怒而家日益駸駸起族屬姻舊待翁舉火者數十家鄉人無賴或相悔訾輒杜門引避不出聲茹汚納垢蓋深有味于忍之旨云胸次磊磊識見超卓大非儕伍所及嘗用其餘智爲生殖計曰吾聞嬙嗇筋力治生之道非所以底富也而富者必以奇勝故曰能者輻湊不能者

瓦解欲爲權利以成富匪智將弗克矣于是任時擇人擬測萬貨之情所居旹度後直當上下若鑑照形不爽毛髮南北馳逐多出奇筭以博贏不二十年遂以貲雄淮海積雖饒不敢以侈費食不兼味一褐十餘年不易出入徒步不輿終其身未嘗蓄婢媵時時舉鄉里浮蕩子敗蘖事爲孫子戒之及義所當爲則揮金無恡色正德初邊需告急翁應詔輸粟若干石致塞上授武略將軍大河衛前所副千戶曰是非吾所慕

也顧粟吾筋力所得不以舒公家急豈臣子所安哉孔廟傾圮數過數徘徊嗟惻曰新此不愈于飾浮屠乎因白郡守出百金爲衆倡仍身董其成嘉靖癸未歲大侵有司設粥食饑者以其仲子引禮舍人珮領其事翁授以意曰如是則病且死如是則全珮乃區廬舍列釜灶分給而時食之所領獨多全活時且疫暴屍盈野翁爲買棺斂瘞焉其急於行義類如此其姻鄭某嘗共貰錦衣郭千戶郭以奄瑾之敗枝連被逮急

潛投翁翁舍之家人不可翁曰人有急而拒之不仁故相善而難則背之不義竟舍鄭以免於難嗟乎世之人平居杯酒交歡意氣相許若飴亦利害則閉目搖手却避若將浼焉視翁可同語耶晚年盡斂其奇氣斤斤謹飭若儒生郡守禮爲鄉飲賓又捐所藏購求古圖書以遺孫子長子環季子璋並齒監冑孫堯時堯年堯佐堯運皆緝學好脩漸有聞于時怡怡一室無間也終翁之身同居已七世而來者未艾由今觀之

詎止數世可同豈不諒哉李太史曰予嘗讀易至睽次家人未嘗不嘆家之難久合也唐之公藝乃同居者九世千有餘年復有丁氏何哉及觀家人富家大吉之占太史公亦曰淵深而魚生之山深而獸往之人富而仁義附焉則翁之克敦倫誼者殆有由矣雖然世不有以財滅義閱墻推刃者乎翁家食指數千以義聯屬綢繆固結無異志夫豈强哉其子姓又皆彬彬向義不衰若翁可謂賢已予故特論著之

附傳志行狀

太師李文定公傳

公諱春芳字子實始祖海一世居勾曲之朱墖村數傳至旺二旺二生富一富一生樂易於公為曾大父始渡江至安定已又從安定徙興化生旭旭生永懷公鎧鎧即公父也自樂易而下俱隱德弗耀以公貴累贈誥偕一品世敦謹樂誼喜施織嗇積聚恥隨俗俯仰至永懷公乃業儒美手儀居閒寡言笑於物無忤人謂李氏世

德必有興者乃以正德庚午季冬之望舉公公生而神穎不類羣兒常有神叟龐眉鶴髮掖之行他人弗見也一日當午忽指天語公雲中鼓吹導引公仰視遂失叟所在人益以為神辛卯與計偕上春官歸詣海陵王艮東城林春講性學已復師事湛公若水歐陽公德無何湛歸歐陽門客日益衆談議鋒出質言盈庭公徐以片語剸剸各適其意歐陽大奇之自以不如也尋教授江淮屬大侵宗人幾不自存公乃出所得脩脯佐給之不足則解佩乃得稍稍免艱食案言君在垂罄而好急人之困設有不繼柰何公終不顧其懇惻如此丁未舉進士太常奏對第一

上親引見勞問先是邑賓興令舉酒屬公雲爛然五色人以此吉徵當公至是中外鼓動咸稱人瑞然公顧獨循循如無有遺書戒人毋敢驕貴毋怙寵凌物以法約整齊宗人宗人壹禀於節抑公既以射策掄魁柄用不次感遇恩厚矢

心報國凡再入春闈及奉 簡命主試所得士斌斌旅後莫敢望會有 詔命公授書中貴人故事多文具公以此革日侍

上左右而惰游解嫚漸以成習即一日竟事柰何乃為瑣科條教督之於是皆留聽承學掖庭永巷一時煥然

上方綜核名實陰以他事部勒館中後進諸賢意已有所屬乃特 旨召公入内直超遷學士太常少卿 賜一品緋衣蓋異數也自後恩寵

日盛由吏禮二部左右侍郎三遷至禮部尚書
加太子太保時　天潢日衍廩祿不繼公以便
宜處議爲書上之有　詔允行賜名宗藩條例
自是流靡稍節元元乃蘇未幾　勅參閣務武
英殿大學士加官如故公既與徐文貞公承分
宜之後同心輔政力振頹靡海内翕然向嚮已
後同文貞受顧命事
穆皇帝於亮闇誅左道錄言官蠲負逋中外欣
欣以爲太平復見會文貞公有事山陵公以少

保入直有　旨重建翔鳳樓公遂極言土木之
費終
先皇之世海内騷然今朝政方新宜與百姓更
始而爰尋大典天下謂何
上改容謝之終不復言營作之事矣
上方銳意中興又知公習故諸建白疾於轉圜
隨奏隨可如罷太倉羨金罷織造歲幣牙箄珍
異一切無留行而臺省復以上書應　詔語稍
侵中貴人乘間泣愬

上前
上大怒幾出不測公力爲言此輩朴忠無他賜
顧
陛下寬其誅以開言路收人心
上乃解於是薊遼諸帥臣言沿邊鎮垣當虜衝
宜戍臺以便防守好事者數持異議以陰壞其
說公正色直言臺戍之利虜不得蹂躪長驅獨
柰何惜小費不計大利乃得請至今備禦賴之
故事邊兵土着勢相一不分後稍用南人於是

有南北軍桀黠不相下猜疑釁隙幾成大變公
慮變生肘腋乃以屬主將陰折其睚眦齮齕事
乃定其秋虜騎突入宣大門不及謀公曰羸狼
躍馬所以從時今事在緩急奚暇復請乃悉出
前後所賜委諸將若第破敵上功當賞
陛下不薄汝也乃皆感激泣下無不一當百追
奔逐北斬獲無算虜既不得逞相率北從遠斥
堠諸將欲因深入擣其巢穴公以爲開邊啓釁
不便而把漢那吉獨以勢窮單騎來奔把漢那

吉者虜酋俺達愛孫也俺達索之急不得要領願歸亾納款貢市稱臣　朝廷下其議公卿大臣廷辯不決或言從之便或言勿從公徐曰從之是也人但知漢唐和戎之失而不知今日和戎之利且漢唐與虜昏今納欵稱臣體統正而名號尊矣漢唐制和在夷狄今制和在中國因其請而聽之彼喜於得請德我必深爲盟益堅虜以貢爲名我以貨爲市計數十年之市孰與一旦用兵之費況虜在得請不得不已殄無益

之空質啓無窮之釁端則從虜爲懷柔拒虜爲失計矣或言夷情叵測安知不以此嘗我萬一敗盟將何所責公曰以守爲戰其機在我權有所制又安所用其嘗又安所慮其敗乎於是
上從其議虜因受我符用拜我壬號歸我逋俘廟獻而市戮之一時傳誦稱快邊陲按堵幾二十年公居常醇謹言若不出口至國是所在毅然不可奪
上尤以此重公從知　經筵脩　實錄　大明會典　永樂大典以六載考累晉少師兼太子太師柱國中極殿正一品俸蔭中書舍人者再尚寶司丞一功烈震主人臣極矣於是乃嘆曰物禁大盛吾安知所稅駕乎乃疏歸養中使諭旨章凡七上乃得請　勑奬馳驛行人護送有司月給米六石夫八名　陛辭
上目送之良久已又令祠部郎捧　勑存公於家公旣歸則角巾私第歲時伏臘羣諸子姓緋衣蟒玉奉觴爲壽已復從里中鴻生鉅儒

及諸後進里區謁舍講論道秇間或婆娑里社從三老問年穰匱或浮白談劇巢雲終老不復知人間事可謂功名成全孤標寡耦矣公性至孝又好急窮交少善新城令顧永平令李國博鄭三人相繼物故而顧與李客燕無所歸公爲殯而歸之方顧垂絶困甚意恨恨不欲言公知而袖百金往顧見而且瞑曰何以報公王錫爵曰予以史官事太師者五年觀其凝立微睇於智勇爭勝之中唱而後應其卒以功名終始夫

水扶揆石山靜出雲大人之適則元氣秉之額豈在聲色間哉比予過故里父老爲余言公少時夢之帝所甚樂與百神遊於鈞天廣樂
二祖御而引之曰大事付若又一夕夢
英宗故相高少保取其扁授公曰而嗣我而嗣我如面命神哉惟申及甫固不虛生嘉隆間宇內太和豢業至今有以也夫

賜進士及第資政大夫太子少傅禮部尚書武英殿大學士知　制誥　經筵事總裁　會典

太原王錫爵撰

明光祿大夫柱國少師兼太子太師吏部尚書中極殿大學士贈太師謚文定石鹿李公暨配一品夫人徐氏墓誌銘

光祿大夫柱國少師兼太子太師吏部尚書中極殿大學士石鹿李公諱春芳字子實其先句容朱壋村人也後乃渡江再徙而家興化家興化自公曾大父樂易公秀始樂易公子旭號朴庵公朴庵公子鏜號求懷公求懷公娶于徐以正德庚午季冬之望生公自樂易公至求懷公世世田間質行醇謹俱以公貴贈封如公官配俱一品夫人公初名果垂髫穎異邑令見而奇之爲易今名嘉靖辛卯以詩舉于鄉偕計罷從南廱受業增城湛公吉水歐陽公家故貧歸而教授江淮間以自給然遇貧交疏昆弟輒傾橐分予之凡五上春官不第顧多吉徵兒時出入每見一老叟護持一日日中引手向空指若見空中鼓吹迎狀元乎公仰視叟因忽不見驚以爲神既久不第夢見一緋衣人手象簡導至一

便殿見
高文二祖公蒲伏殿下徹聞　天語如交慶得人者已乃降座目公我家大事以属若其他非甚多乃心獨喜自負丁未春闈文懿公分校士首録公既　廷對有密報公及第者公方對客還坐如故臚傳果第一人授翰林修撰代　制草授中貴人書庚戌丙辰再與分校以滿得封其父母居十年而父母始耆公請告歸爲壽會

肅皇親簡詞臣槀筆待詔齋宮而公與焉無何超遷翰林學士故事詞林官獨學士最重虛數十年不授一旦授公時分宜柄國不知也尋進太常少卿已未典武試柄臣子色迎公若將有謁公徑去不顧分宜以此心銜公然竟無以中公以
上特知故庚申進禮部右侍郎掌翰林院事尋還部已改吏部左侍郎癸亥進禮部尚書率歲一遷由少卿至宗伯俱兼翰林學士又以學士陪祀 帝社稷 賜騎禁中少卿服一品緋衣左侍郎祿正二品與讀 廷試卷皆異數云諸斗牛麟蟒金綺種種匪頒他儒臣莫敢望焉公爲宗伯念 宗藩日益盛常賦莫能供則爲約以禮制清其冒濫限室有度妾媵有數請報有期要以如式諸擅婚野合生者等於宗庶第與名糧一一臚列條故事上之
肅皇稱善賜名宗藩條例著爲令至今有司得奉三尺以繩諸藩無敢譁者自公頒行條例始

也士上春官雲集棘闈下門啓披衷挾冊一從而入雖有干掫莫可誰何公乃爲約束令士魚貫聽所偕訃序次列卒夾道以次識呵傳唱乃入至今士軌于繩墨無敢譁者自公乙丑知貢舉始也是歲以宗伯加太子太保武英殿大學士與華亭徐文貞公同心輔政承分宜濁亂之後力持雅道以厲世風一時中外若滌而清丙寅改吏部尚書宮保大學士如故是冬受 顧命奉
移考踐阼逾年丁卯以翼戴功進少保會有詔趣建翔鳳樓時文貞公詣 山陵獨公在直驚曰天下苦工役久矣當新政初縱不能勸成節儉獨柰何又開侈端密疏力陳不可狀
上感悟而止竟隆慶之世土木不興府藏盈溢自公疏止樓工始也是歲以公同知經筵總裁
世廟實錄而前所校永樂大典適成進少傅兼太子太傅尋以一品滿進兼太子太師建極殿大學士蔭一子中書舍人戊辰典禮闈收士四

百是科所得國士最多至今中外咸賴其用文貞公謝政爲請月廪歲役
上雅信倚公旣當國自幸遭際知無不言如取大倉羨金增江南織造徵牙筆珍異諸物皆封還內降力爲勸止當是時言路發舒爭有獻替間不稱旨見謂賣直沽名公輒從中宛解之絶口不以聞於人嘗曰濟濟名碩迪簡在廷吾第以職事還之爲提衡平章足矣於是百司各展其意無復承望之習或謂公不以此時顯揚知

交之賢者而伸厥淹抑乃徒聽其進退以明無私恐不應古大臣義公笑曰然其人賢者耶無所用吾私不賢者耶吾安得而私焉然公不以私庇一人亦不以私中一人世以此多歸公
今上在東宮八齡公疏請出閣講學諸所定儀節及所簡置宮僚多自公一品再滿進柱國少師兼大學士祿再廕一子中書舍人初薊遼守臣以虜數闌入請建戍臺文貞公主其議去而有陰撓之者公曰守邊先偵望暫費永寧何謂非計力持前議成之至今虜無南牧稱金城焉薊故有南北軍分閫不相隸公曰是欲爲犄角適府競端不如隸一帥便乃隸一帥有勇略能扞圉者出尚方所　賜文綺勞苦之曰爾有功吾當推轂有罪不爾蔽愼毋剝爾致命士而筐篚我於是各邊將士感激致死虜稍稍遠塞乃有欲襲虜邀功者公謝罷之曰固吾圉足矣會虜酋所愛孫以內郤來奔而虜酋憐欲得之因款關求市請歸我叛人以贖　詔下廷臣議言

不便者十九或謂此前代和戎覆轍奈何循之公曰不然前代歲致金繒約婚姻惟恐不當虜心制媾在虜今天以虜愛孫畀我爲餌虜願聽要束惟恐不當我心制媾在我奈何比於漢唐或又謂無乃爲宋歲幣如辱國何公曰不然虜今受封號我寔臣妾之漢肩遺單于且不敢方我獨奈何乃比於宋則又難公卽不辱費且不貲公曰爾度貢市之費與軍興之費孰多則又曰是誘我也有如虜得孫而不如約奈何公謂

虜酋老厭兵而愛孫異甚孫歸必厚德我當不背約一虜雖去留何足爲我重輕殺之適以激憤而啓悔則又曰是毋我也虜以無用羸馬夸我吝藏覘我虛實一旦而出不意柰何公謂固然我外與和市而內脩備士有餘力而虜不梫斯亦間暇綢繆之計也乃俟講間率同官前畫其便而奏 宸斷衆議乃定至今虜更三世垂二十年稱臣保塞長爲外藩自公排廷議贊廟謨始也虜酋既受封號俘我叛人 廟獻而

賜余堂集 卷之十 十三

市戮之

上以爲公功晉中極殿大學士兼尚書祿蔭一子尚寶丞初公在政府務退讓推政文貞公既代文貞公而諸同事者爭欲得政莫窺公際以爲易與耳每一疏下人各有心斷如聚訟或有憾於文貞公嗾仇家上書公愀然曰異時後先政府者遞相禍也私心痛之敢效尤乎吾在事終不忍爲公所爲吾歸矣於是同事者欲併去公伺之無所得會公弟齊芳移參南京中督府軍事言者附和指以爲私

上信公無他眷遇如故而公固心念父母高年亟疏乞身至六七上念留愈懇

上不得已賜乘傳歸遣行人護行有司月給廩石六歲給輿役八 璽書褒美稱引宋馮京王溥故事謂公以及第執政類京以執政歸養類溥兼千古兩盛云公歸則以歲時紆蟒曳玉率子姓數十輩前爲父母壽如是者十餘年蓋父母亦蟒玉而安公歸養者後先餘三十年公

賜余堂集 卷之十 十四

顧子姓曰昔仲由恨不曾參悲千鍾今微主恩多於曾仲二子天假我厚矣居久之父母以天年終公老矣猶孺子慕公冲夷有度接引天下士雖後進遇如曹耦身雖貴與人如布衣時避遠權勢惟恐爲忌府乃其中有介然不可溷者方公秉政以休休涵煦天下天下若忘公賜者及去而代者稍用其私臆挾威福以行天下乃益思公萬曆甲申公年七十有五矣時里中有竊者忽忽如過一啟宇謹封識以待主者問

之爲董允後身興化李公又有絶而甦者自言見一朱衣奉錦詔自帝所召公是年三月十九日公薨訃聞
上震悼輟朝一日賜祭十三壇使使治葬贈太師謚文定又廕一子尚寶丞所著有遺安堂集十二卷藏于家配贈一品夫人徐氏長公一歲以季夏冊旬有六日生歸而食貧被疏素操井臼佐公及貴如初逮事公曾大母大母母三世皆老人易恚夫人承顔順志務懽適其心公内

直夫人竟夕俟公寢乃寢客至命酒一呼立具若素辨者善遇諸側室而子視其子有小星樛木之風初公爲弟參軍輸國子生不中貲夫人脫簪珥佐之公每將父母于邸輒出所賜金綺俸新陳于前跽請所與以中分其弟參軍不棗留人以此難夫人能與公同心亦以此難公能使夫人同心嘉靖甲子夫人年五十有六矣是年八月十六日先公卒公八男子茂年尚寶丞先卒娶宗繼仲贈封俱安人茂材尚寶丞娶袁

茂德順天治中娶趙封孺人茂功中書舍人娶徐皆夫人出茂業國子生娶華側室畢出茂中聘于學憲女茂和茂對未聘側室徐出四女子出夫人者適國子生王之麟以節孝旌出側室楊者適龔太守子國子生延甲嚴少保子國子生澍出畢者受許理問子汝弼聘孫十六人茂年生思忠思義思孝思恭忠義俱國子生茂材生思敬思誠思明俱邑諸生茂德生思道思諫思謨茂功生思謙思睿思聰思極謙睿俱邑諸

生茂業生思恆思秉女孫九人曾孫九人允升允貞允亮允繼出思忠繼爲叔義後允哲允杰出思敬允孚允迪出思誠允弼出思睿曾女孫五人婚姻皆名家語具狀中初徐夫人卒也公以父母在未有所請公薨孤茂材等乃爲請䘏勑有司營葬句城塘之阡是歲十月七日諸孤乃奉公喪啓夫人窆合焉伻來以公門人大學士晉王公狀屬予銘其墓予故出公門下雅辱國士之知又從容勿中撿公遺草知公甚悉乃

次其行而銘之銘曰自昔名世降嶽乘箕緋衣
錦詔於公何疑
列祖付托明神護持晚而遇　主特受異知綮
公體國寧負　恩私營構內停科條外釐明明
藩令自公定之赳赳邊籌自公運之盈庭道謀
折其參差入　幄嘉告畫其便宜勇於善勞怯
於伐施衆躁我靜衆雄我雌自後者先自規者
隨爲季受謗爲親請耆耉養三紀顔承十朞經
國有體庀家有儀雙璧同埋句城之垂是惟故

賜餘堂集　卷之十　十七

鄉寃鬼衆思　恩光下燭幽石在茲
賜進士光祿大夫少保兼太子太保禮部尚書
武英殿大學士同知　經筵總裁　會典門人
新安許國譔

明故光祿大夫柱國少師兼太子太師吏
部尚書中極殿大學士贈太師謚文定石
鹿李公暨配一品夫人徐氏狀

萬曆甲申三月十九日致仕光祿大夫柱國少
師兼太子太師吏部尚書中極殿大學士石鹿
李公卒于淮南里第公嗣茂材葦詰　闕告哀
且謀所以紀諸玄室者將蘄銘于元老乃奉遺
命譜公生平屬門下士王家屏次爲狀狀曰公
諱春芳字子實其先句容朱墅村人也始祖曰
海一公某數傳而有旺一公某同産三人仲曰
旺二公某旺二公生富一公某富一公生樂易
處士秀有質行善讓渡江凡再徙而至興化乃
家焉配陳氏生朴菴公旭配王氏語具少宰瞿
文懿公所著誌中朴菴公生永懷公鏜即公父

賜餘堂集　卷之十　十八

也李氏世隱田間受什一至永懷公始尚儒雅
雍容而醇謹里中稱爲長者娶於徐有壼儀事
後姑以孝聞語具少傅呂公大司徒殷公所著
誌中自樂易處士而下三世用公貴贈封皆光
祿大夫柱國少師兼太子太師吏部尚書中極
殿大學士配皆一品夫人　天子所以褒揚隱
德備至而永懷公則與其配徐夫人曳玉紆蟒
後先安享養者餘三十年而親元輔之朝夕色
養餘十年福祉隆昌於人間世無兩焉初公以

正德庚午十二月十五日生生而俊爽穎異求懷公心異之為兒時出入常若有一老父提挈之者一日日正中引手向空中指謂公曰若見天上鼓吹迎狀元邪公仰視則老父忽不見始驚以為神云公初名果垂髫詣邑試而邑令陳公大奇之曰是子當以芳名震天下為改今名公自是文譽日起裒然冠諸生嘉靖辛卯以詩登應天賢書壬辰罷計偕歸乃就正於海陵王公艮林公春尋遊南雍則師事湛公若水歐陽

公德聞理性之學居無何湛公去一時人士卒業歐陽公所者人人爭出所見相辯難譁然異同公從其間徐以單辭折衷衆乃皆詘歐陽公以此益器公曰吾不如李君李君大器當晚成耳公既歸則授弟子江淮間而家故貧所得諸弟子行脩輒分散與貧交疏昆弟橐已空而猶解佩贈餞人不少恡或從容諷公稍居贏自為計公叱之曰此非爾所知緩急人時有也橐金安足惜蓋公自家食時而識量宏遠已如此公

凡五舉進士不第顧公益肆力于學志雅自負而又屢有吉徵嘗夢過邑故相高文義公里文義皓首龐眉立屏間揖公與語手坊額授之曰繼我後者子也又夢
高皇帝御便殿
成祖侍焉一緋衣象簡導公至陛下蒲伏聞
天語我家又得此人俄而
二祖降座謂曰我家大事以屬若公覺心獨喜丙午秋上公車邑令勸駕甫命酌則五色雲爛

然起映席間令驚曰此韓魏公臚唱時祥也酌而賀公明年丁未春試南宮瞿文懿公得公卷讀至所為禹稷憂民篇擊節嘆曰此生當以天下為己任者首薦公既　廷對所射策稱旨遂擢第一人公賦詩有云平生溫飽非吾志喜際清朝翊聖明識者已預卜其公輔之業矣傳臚傳一日方與客會飲或招公出以及第報公公泛坐自如至罷酒無幾微見顏色或詰之但曰傳聞拙卷亦預進呈耳衆以此多公有度已授

翰林院修撰尋代草　制言綍有訓誥之體已
酉滿考封太公修撰太夫人安人庚戌同考禮
闈焚香籲天祈得真才以效于國收士廿餘人
是歲奉　命授中貴人書公以爲此曹它日且
貂璫立　天子左右安及今令稍知理法習畏
謹斯所謂童牛之牿也度所能行爲立約程日
而課督之不爲假一時受書中貴人率嚴憚李
先生丙辰再同考禮闈復收士廿餘人公居館
署十年時時懷二尊人不置至是乞省歸歸而

貽安堂集　卷之十　二十二

爲二尊人稱六十壽綵服觴階下極驩戀戀久
之不欲行二尊人用大義迫遣之乃行當是時
肅皇帝以明察臨下數親拔詞臣有聞望者令
橐筆待詔齋宮一日忽有　旨召公入直踰月
超遷爲翰林學士時分宜相不與聞意殊不懌
然卒亦無能螫公則以
上心知公故也丁巳陞太常寺少卿己未典武
闈方陛辭分宜子色迎公若將有謁公辭曰業
銜命恐涉私嫌不顧而去分宜子大懟庚申陞

禮部右侍郎掌翰林院事辛酉回部管事壬戌
改吏部左侍郎奉　特旨充廷試讀卷官癸亥
晉禮部尚書疏辭
上不允蓋公自爲少卿至宗伯俱兼翰林學士
皆特命云公既爲宗伯殫心邦禮諸所釐正未
易殫述其大者念　天潢蕃衍宗祿歲增而民
日困乃講求便宜酌其可行者臚列而上之
肅皇帝稱善賜名宗藩條例至今遵用其議焉
甲子加太子太保乙丑知貢舉先是博士家競

貽安堂集　卷之十　二十三

爲浮靡文體支蔓兼之譏防積弛奸利叢生公
條奏科指請崇醇雅以端士習而要束詳明諸
奸利之竇咸塞
上命著爲令下郡國于是文體乃駸駸復古而
士習亦漸軌于繩墨至今稱申嚴試法自是科
始則公所建也是歲　詔公以太子太保禮部
尚書兼武英殿大學士入閣輔政公再疏辭
上褒答不允蓋公自爲學士時即承
上寵眷嘗　內苑賜乘以五品遣祀社稷以四

品授一品緋衣若干牛麟蟒金綺種種㝡數它
儒臣莫得而望焉
肅皇帝久屬意公爲相而天下亦喁喁望公大
拜及白麻下中外咸舉手相賀謂太平可期時
首揆則華亭徐文貞公承分宜後公與之恊心
戮力振頽綱塞倖路抑躁競奬貞廉風肅然鏡
于至清丙寅改兼吏部尚書是冬
肅皇帝升遐公與文貞公受末命翼戴
莊皇帝登大寶用遺詔在宥天下卹錄言事被
譴諸臣取諸左道爲熒惑者寘之法盡洗疵政
與天下更始天下大悅丁卯用翼戴勞加少保
會文貞公有事山陵公直閣忽　旨下重建翔
鳳樓公驚曰
主上新即位恵澤未洽而大工遽舉何以慰天
下望治心且比年公帑匱竭元元彫敝即不能
導　主於節儉獨柰何令開侈費之端長此安
窮客疏陳不可狀詞甚剴切
莊皇帝感悟而止竟隆慶之世土木不興府庫

餘貨財則公防漸之功豫也初開經筵以公同
知經筵事纂修
世廟實錄充總裁官會典所總校永樂大典成
加公少傅兼太子太傅一品滿考　手詔褒勞
進兼太子太師建極殿大學士官一子中書舍
人戊辰奉　命主考禮闈益矢愼收士四百
人文貞公謝政公爲元輔
上稔知公清謹推心倚重所摹謀匡弼委心聽
之而公亦自以遭際　聖明竭忠盡言無所避
諱聞　詔取太倉羨金增織造徵牙簟珍異等
物皆封還內降力爲勸止
上悉從之如轉圜當是時言路發舒臺省諸臣
競爲獻替間不稱旨
上疑爲賣直沽名有所詰問公輙從中宛解之
得薄責外則絕口不以聞於人公嘗曰凡玆有
位俱　聖明廸簡在廷吾第以職事還之爲提
衡平章足矣公既無所下侵於是百司得各行
其志無復曩時承望之習即公所知交賢不賢

其進退悉任之在事者絶不以知交故有所私或謂人情得無望乎公曰賢者自無所事吾私惟不賢者乃有觖望耳吾安取夫不賢者而昵之

今上在東宫方八齡公疏請出閣講學諸所定儀節及簡置宫寀多發自公一品再滿　手詔褒諭進柱國少師兼大學士俸再官一子中書舍人時薊遼諸邊虜數闌入閫臣請剏戍臺以使防守公初與文貞公議未及行而文貞公去

貽安堂集　卷之十　三十五

乃有謂費無益隂撓之者公謂臺備候望我軍所恃以爲耳目不暫費不永寧奈何言費遂力主剏之臺成屹然爲關輔保障焉薊遼故有南北軍分部訓練鎮守士卒稍不相能公曰安有士不一心而能犄角以摶寇者遂易置其帥而統之一自是兩軍輯睦坐消無形之隱禍蓋是時邊無僨帥其有勇略能扞圉者公至出所受賜文綺勞苦之且誡之曰第務樹功慎毋剽爾致命士而筐篚我爾有功吾自當推轂有罪吾不爾庇故邊帥無所幾幸軍需得實沾而甲士致死虜既稍稍遠塞乃有欲襲邀功者公謝罷之曰固吾圉足矣襲之未必勝即勝所俘斬不過老弱如啓釁何是時邊鄙不聳海内晏如政府閒無事而公念二尊人春秋高再疏乞歸甚懇

上降札遣中貴人諭留之公奉札泣曰君恩如是敢言私乎及出視事會虜酋所愛孫以内郤來奔而虜酋憐欲得之因欵關求市願歸我叛

貽安堂集　卷之十　三十六

人以贖　詔下廷臣議或引前代和戎爲鑒公曰此與漢唐和戎異漢唐歲致金繒奉虜至與爲婚我今臣妾之矣漢唐欲和在中國今欲和在虜我因而聽之彼樂得孫且厚德我而盟堅不得彼求且無已釁之何益且虜以貢爲名而我以貨爲市取貢市之費與軍興之費孰多寡哉或又謂虜情叵測彼將狃我而支又吾賜公曰是則然矣夫備不在我乎和而修備彼何能爲乃約同官候

上御講筵前畫其便遂得　僉旨而議始定虜酋受號稱外藩且歸我逋俘　廟獻而市戮之詔進公中極殿加支尚書俸官一子尚寶丞自是不侵不叛垂十餘年惟斷乃成公其有焉公嘗謂公家之事非一人私所貴大臣開誠相與無猜嫌期於共濟而已因課庶吉士舉丙魏同心輔政爲試目欲以風共事者既見其不可又心念二尊人甚獨柰何緩一日養而殉三公乃懇疏乞歸至六七奏不已

上顧左右曰元輔何亟求去若是對曰元輔親老

上留適若之爾於是

上重違其意　特允致仕降勑獎諭乘傳還里遣行人護之有司月給廩六石歲給與人八名制詞云由狀元爲執政馮京不愧乎科名以宰相而養親王溥見榮於當世古稱盛事今乃兼之海內競傳誦其語爲公榮時辛未夏六月也公既歸治南閉關却掃不通干謁日就子舍侍二尊人養歲時伏臘或二尊人誕辰則服蟒玉率子孫而奉觴爲壽退自慰曰季路累茵列鼎乃有負米之恨曾子輿仕三千鍾而心悲予所處多於曾季二子天假我厚矣然孰非主恩哉居數年而二尊人相繼以天年終公老矣猶欒欒孺子慕蓋公於二尊人生事死哀純孝一節如此公卽爲相而田宅一無所益於舊無亭榭林墅游觀之娛里中士人則相與搆書院一區以待公公與之論道講執其中族聚甚盛廣陵

諸儒生故從公游者亦時時來會莫不虛往實歸公暇則延諸同游故老班荊爲會引滿浮白大有洛社之風焉夫當公在相位時以休休涵煦天下不務爲赫赫而天下亦安受公賜若與公忘之者及公已去而代公者稍用其私臆引繩批根尚機權刻峭而天下乃益思公日偵公起而公已與世忘矣公家居數年而病目後稍稍瘳瘳又復病然健無他恙一日忽寢疾疾三日儼然正衣冠而逝得壽七十有五先是里中

人有病篤者忽忽幻遊如過一殿宇扃鑰甚嚴問之吏答曰董允封識今將迓矣更問爲誰曰卽汝與李相也又有絶而甦者自言見一朱衣人捧上帝錦詔召公嘻古所傳降嶽騎箕之事豈虛哉訃聞

上震悼輟視朝一日賜祭十三壇使使治塟贈大師謚曰文定仍廕一子尚寶司丞並異數也公爲人儀觀甚修頎然玉立色温而氣和其與人處不爲嚘嚘態久之愈益親絶無涯岸之行求異於人而其中自有介然不可溷者性素冲靜平居澄神定慮終日默坐卽朋儕紛集或聲色滿前凝然若未嘗有旋復展卷披誦理解味浹意豁如也丞歲見眞丘二先生所輯補大學衍義書手鈔讀之慨然太息曰嗟乎宰天下當如是矣平生敦厚於人無所毀譽自其始仕以至爲相未嘗以私憾中一人亦未嘗以私厚庇一人器度沉深人莫能窺其際而厚於倫品公之弟曰条軍公者少時親爲授經旣而應例

貽安堂集　卷之　十九

補上舍公時祿入甚薄爲之輸不中貲更出夫人簪珥益之公冊四迎養則条軍公從每至公輒出篚篋陳二尊人前曰是爲賜金是爲賜幣是爲俸是爲新恩取二尊人指以分予条軍公未嘗私有所居積要以得二尊人意爲驩公始與其同邑三人相友善而三人者皆不祿其二乃客死公賙之殯之又厚恤其孤底于成立夫公德澤所施濟業已溥漑天下諸如此類特其微者固不能盡著然亦可以徵公之素已公配贈一品夫人姓徐氏夫人始歸公蕭然諸生家不逮中人夫人親操井臼絣澼洗而堂上尊人凡三世考妣皆老白首晨昏起居滫瀡甘旨靡滌縫紉一切取成夫人而老人易恚意稍不適已張目嚮之夫人獨能望顏候色一呼立具無不當諸老人心更以其女紅佐公讀往往丙夜乃罷及公登第官詞林而夫人拮据邸舍中綜畫纖悉曲得其宜以是公遂不復問家人事而一意所以相天下者當公直宿從夙夜在公不

貽安堂集　卷之　二十

遑偃息而夫人滋益勤公未食不食未寢不寢公時勞之曰吾奉職固然若亦太苦矣夫人曰吾終不敢自安而獨令夫子勞公有佐室三人咸善遇之無間言有小星樛木之惠所生子女鷇翼呴濡一如已出而處姑娌族黨下至臧獲靡不肫肫有恩人交誦之顧竟以勞成疾而卒是爲嘉靖甲子八月十六日也距其生巳巳年六月一十六日享年五十有六夫人沒時公以二尊在堂不敢請卹公歿孤茂材輩乃具疏陳之

情得並沾恩云公有丈夫子八人茂年尚寶司丞先公卒娶宗氏繼仲氏贈封皆安人茂材尚寶司丞娶袁氏茂德順天府治中娶趙氏封孺人茂功中書舍人娶徐氏皆徐夫人出茂業國子生娶華氏側室畢出茂中聘于督學女茂和茂時未聘側室徐出女四一適國子生王之麟以節孝旌夫人出一適龔太守子國子生延甲一適少保嚴公子國子生澍側室楊出一字許理問子汝弼畢出孫十六人思忠思義並國子生思孝思恭茂年出思敬思誠思明俱邑諸生茂材出思道思進思通茂德出思謙邑諸生思睿思聰思極茂功出思恆思兼茂業出孫女九人一適解少參子國子生汝楫一適閻封君子國子生士聰一適張侍御孫國子生劾齡一適卞舉人子庠生元英一適張舉人子庠生京元一適劉憲副子思述一字夏節推子某一字袁太守孫堯衮一未字曾孫九人允升允貞允亮思忠出允繼亦思忠出繼思義嗣允喆允杰思敬出允孚允迪思誠出允祚思明出曾孫女五

人長字沈某次字焦某餘未字茂材輩將以萬曆十二年十月七日奉公柩及啓徐夫人窆合葬于　勑建句城塘之阡惟公豐施厚澤流函夏而精誠靖獻獨鑒于　帝心

世廟嘗諭曰小心忠告

穆廟嘗諭曰入告之勤乃其淵猷嘉謨則公平生慎默不泄草亦隨林居常閉閣而思仰屋而嘆深沉蘊藉即諸子有不得與知者門墻下士

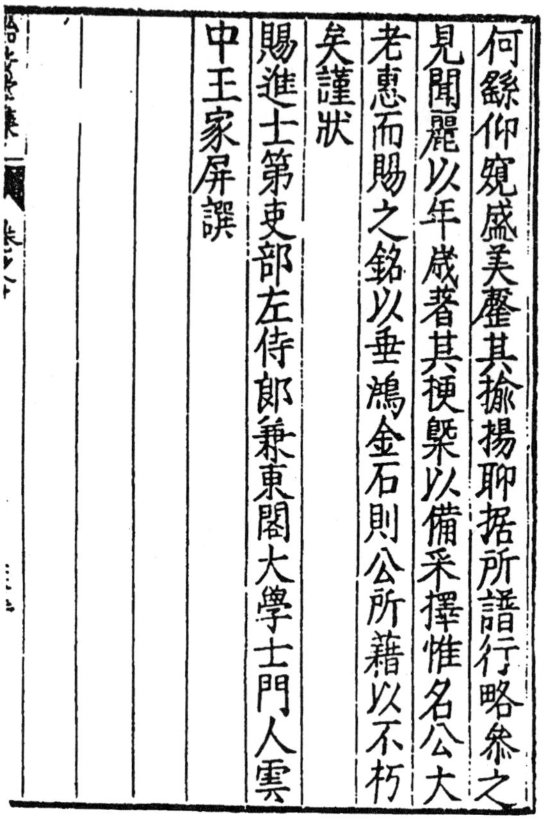

何繇仰窺盛美罄其揄揚聊据所譜行略叅之見聞麗以年歲著其梗槩以備采擇惟名公大老惠而賜之銘以垂鴻金石則公所藉以不朽矣謹狀

賜進士第吏部左侍郎兼東閣大學士門人雲中王家屏譔

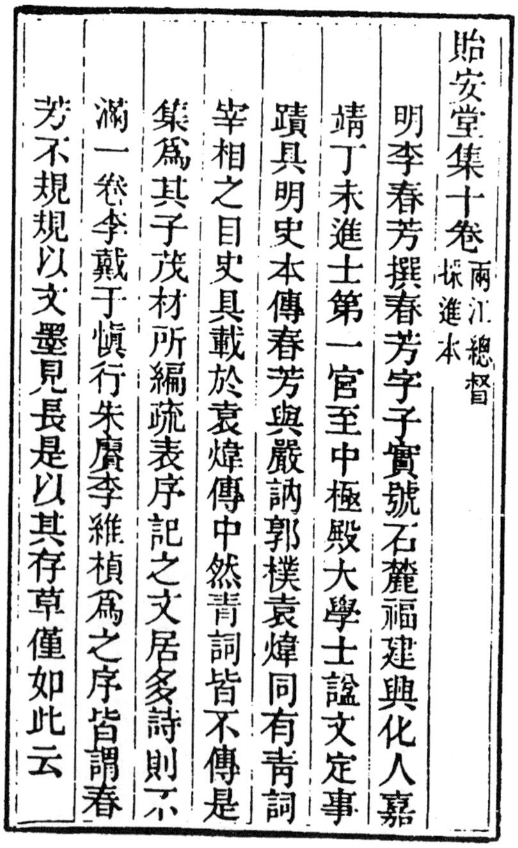

貽安堂集十卷 兩江總督採進本

明李春芳撰春芳字子實號石麓福建興化人嘉靖丁未進士第一官至中極殿大學士謚文定事蹟具明史本傳春芳與嚴訥郭樸袁煒同有青詞宰相之目史具載於袁煒傳中然青詞皆不傳是集爲其子茂材所編疏表序記之文居多詩則不滿一卷李戴于愼行朱賡李維楨爲之序皆謂春芳不規規以文墨見長是以其存草僅如此云

韓樂吾先生遺集

（明）韓貞撰

《韓樂吾先生遺集》一卷，明韓貞撰，據南京圖書館藏清光緒十二年興化傳薪書室刻本影印。

韓貞（一五一六——一五八五），字以中，號樂吾。明江蘇興化人。世業陶瓦。天性孝友，目不識書史，而心羡聖人之學。粗識文字。家貧，有茅屋三間，以之償債，遂處窑中，自詠曰「三間茅屋歸新主，一片煙霞是故人。」久之，覺有所得，遂以化俗爲任，歷各村，聚徒講學，從游者甚衆。堅持泰州學派「百姓日用即道」之學旨，主當下理會，從心悟入手，而反對尋章摘句，搬弄陳言。

《韓樂吾先生遺集》前有余尚友撰《樂吾韓先生遺稿舊序》，九十翁草亭宗彝撰《韓樂吾先生詩集舊序》，吴之鳳撰《韓先生詩集引》，耿定向撰《理學韓樂吾先生傳》。韓詩收録五言律詩、七言律詩擷吐真機，洋洋灑灑，流於天籟。《歸村》云：「扣舷可做蒼生計，長嘯時爲吾道憂。」《元旦》云：「一元造化三陽泰，滿眼天機百草頭。富貴久知非我想，聖賢端的在人間。」《漁樵歌》云：「胸中無價明珠在，誰道吾家不富豪。」字裏行間，皆其天機靈心，立堯舜聖賢之志。是集爲韓先生思想之體現，人人天地性，個個聖賢心，堅持聖凡同一，爲後人稱道。

（馬珊珊）

韓樂吾先生遺集

樂吾韓先生遺稿舊序

吾浙文成公倡明絕學爲斯道盟主寓內擔[illegible]者簦當錯戶而與公闡發良知鼓吹登壇者海[illegible]齋王先生稱鼂著云心齋歿其仲子東崖心印其傳執淮南牛耳而昭陽樂吾韓先生家世業陶當爲陶時輒會悟曰陶必有型而後成完器況心陶也者寧獨無型乎海上東崖先生余心陶型也於是負笈造學時先生册披蹯决正廡紃蹐人謂先生宜爲望腹慮先生顧粲曰所謂望腹者望芻豢乎望理義乎融融洩洩胸次適然仲子訾其抱璞錧眞雅有聖質爲之提醒點掇山粗入精

韓先生詩集序　一

吮其玄髓㱙其蘂奧已設講席化誨生徒凡出其門者人人薰以善良博帶裒衣恂究於道今先生騎箕乘虬者已越廿載而弟子會業於先生之祠者寒暄不勦且紬繹遺製捐鋟鍥刻以泐不朽余素豔高躅過於修途兹得其槪於集甫黃生生代弟子丐言以巔製領余技先生詩章大都燀藻性竅擷吐眞機洋洋灑灑流於天籟咏其詞想見其人殆行槭膠黃而褒羅緯象者乎爲以型東崖氏者世世爲弟子型也余將過其祠宇以瞻高士之風云

萬曆歲戊戌孟夏之吉浙西後學余尚友頓首拜撰

韓樂吾先生詩集舊序

夫言心之聲也心不可見借可見之迹以寫吾心故寄興者其詞逖騷闡道者其旨雋永詩三百篇大抵探玄抉微所作哉厥後濫觴於晉池草燕泥非不爭妍鬬巧而雕鏤刻畫於道蝕矣我朝王薛四先生崛起海內倡性命之學以闡絕業乃有吳陵王心齋先生昌明之心齋之後又得我樂吾公繼起能使朱程數百年不傳之秘若大明中天而其發爲詩也皆道也韓世業陶以樸茂居東海至先生猶未徙業乃嚚不苦窳識者知爲有道氣象語具督學耿公陶人傳中先生性自樂宇內一

切齷齪不攖其中飄然物外隨境隨適嘗結廬溯千聚徒講學屢空晏如也值歲祲兵燹歷寒暑講不置客至摘野蔬自給抱膝長歌若出金石聲或行吟水堧覔鳶魚趣得句輒示同志亦有不得時不取必也然皆務闡發道眞印證心體不期爲月露之形而已卒時年七十有七遠近赴弔哀聲徹野咸謂道統或孤邑大夫凌公高其行詛祠而祀之十有餘年諸弟子輩復檢遺稿得詩若干請就剞劂以誌不朽謂予與樂吾相知最深因屬吕序余曰是烏足見先生哉先生之道上續眞傳下開來裔行將從祀廟廷以綿俎豆此不過心之文而不能詩者則匠之心也是曷足見先生哉諸弟子曰唯唯請以此言識諸編中庶見吾韓師矣

萬曆歲次戊戌仲夏中元日

廸功郎荆府典簿兼都梁王府教授九十翁草亭宗燚拜譔

語云詩不求工惟以適情而已情適而于世教[illegible]稽樵歌牧唱何異先生崛起海濱倡明道學譚餘寄興詩篇適情也匪徒以適情也予嘗繹其旨大都率口成章意趣自别深則縉紳大夫嘉其入道淺則市兒野叟愛其聲心暢則蒹葭秋水濃則巫峽春雲剏其奇不涉怪峭不露筆大雅哉詩也循其言可以發仁人孝子眞誠感忠臣義士實意杜邪枉僥倖奔競梯媒有功世教豈不大哉宜借茲刻以爲晩近風云

萬曆歲次戊戌仲夏奥之鳳謡

樂吾韓先生小像

樂吾韓公像讃

心胸豈霽像貌麗雍精研聖哲奮起陶墉樂道安貧爰世憫窮游心齋門步陽明扃闢閩心學覺悟旨宗化俗彼愚操桴擊鏞主善爲師聚義爲朋百發一機四方景從展也善人緯哉高風噫斯道之明如日方中繼往開來伊誰有功我覩厥心思與聖同式瞻在斯知我韓公

楚陽道叟九十翁草亭宗彝拜譔

見先生之像如見先生見先生之形如見其心先生之心心乎道眞斯像常懸斯道常存猗歟先生啟我後人

門人劉鳳雛頓首書

樂吾公祠堂圖

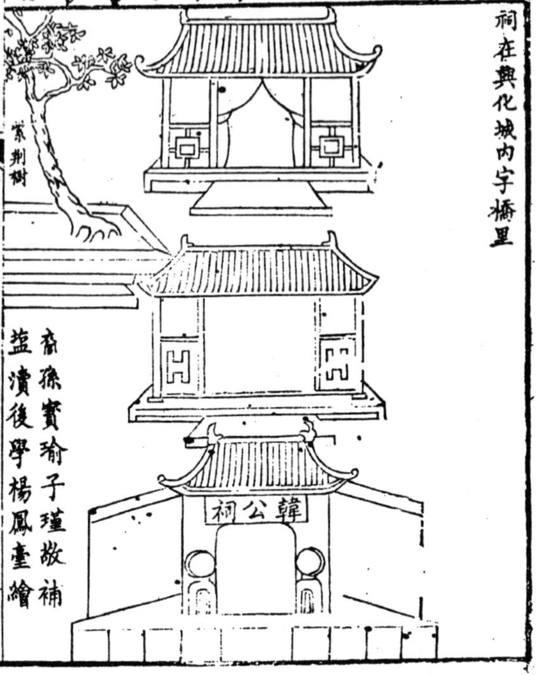

贊

景仰先生制行超卓瞻拜門墻道貌古樸不求聞達韜光海角日講艮心洞明絶學祠宇昭陽峙如喬嶽

鹽瀆後學陶鑲式型敬題

樂吾公墓圖

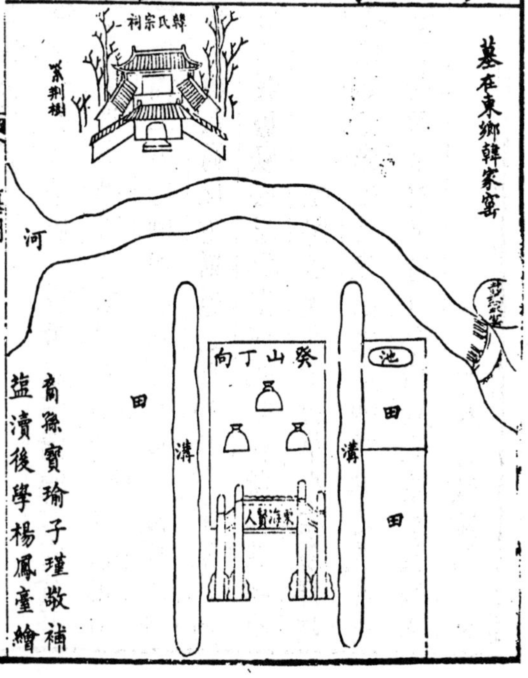

贊

天生哲人白氣貫日世守業陶河濱堪匹立心齋門雛羣超軼彝孔顔樂升堂入室瞻仰墓門風烟騷瑟

鹽瀆後學陶鑲式型敬題

後裔

□謝 字□□
孫承祖 字雍下

私淑門人

趙永衡 字子儀
邵雲鶴 字□府
王允士 字□生
顧□ 字天□
李滇 字竹會
周鯨 字石□
楊士望 字冀輿
凌雲 字漢瞻
吳炎 字令章
陸夢桂 字雲□
袁淑覺 字民先
沈永昌 字宗文
傅城 字青綜
朱焜 字燦如
劉淑 字子貞
朱嗣祚 字銘新
朱昇祚 字暗公
朱文炳 字闇然
王世銘 字清瑤
趙履謙 字
沈峻 字德符
陳一貫 字秀之
王上任 字瀋長
茂驥 字蕙生
徐澤馨 字聞遠
翁桂貞 字協甫
趙午 字仲
湯廷柩 字子用
陸璣 字

理學韓樂吾先生列傳 載邑志并□府志

韓貞世業陶天性孝友目不涉書史而心慕聖人之學聞泰州王艮子璧倡道海上往從之游家貧裂麥塵數升侯諸生罷饌就其餘爨食之嘗曰道在堯舜堯舜孝弟而已躬行力踐言動不苟尤善提奬後進遠近來學者數百人漸摩成俗有司餽遺一切謝絶家無儋石積餘斗菽即分給貧乏自處晏如也督學耿定與語性學大器重之學者稱樂吾先生有文集名山藏云貞三十尚鰥同學醵金爲婚旣娶出婦篋中裙布分給所親與約口吾不娶非若夫而不孟光非我妻所至誨誘人每艮者以千數每秋穫畢羣弟子班荆趺坐論學數日興盡則移舟別聚絃誦如前舟中與弟子賡唱互咏自得也 載揚州府志

韓先生列傳 六

韓樂吾先生傳

有陶者韓樂吾氏名貞居蓬屋三間陶甓爲生常假貸于人爲甓甓坯爲雨壞負不能償并其蓬屋失之居破窑中聞樵者朱氏風從之學朱物故卒業于王先生仲子漸習識字粗涉文史嘗自咏曰三間茅屋歸新主一片烟霞是故人箪瓢屢空衣若懸鶉晏如也年逾三紀尚鰥也弟子倡義屬門徒醵錢助之娶婦初歸日笥餘一二裙布盡分給所親與之約曰吾志希梁鴻吾不鴻若非孟而夫爾不孟光若亦非吾妻也買蒲日爲程令織蒲囊易糈以給朝夕作饘已肅其之如賓焉後聆先生學有得毅然以倡道化俗爲任無問工賈傭隸咸從之游隨機因質誘誨之化而善良者以千數每秋穫畢羣弟子班荊趺坐論學數日興盡則拏舟偕之賡歌互咏如別林聚所與講如前踰數日又移舟如所欲往遍所知交居村乃還翱翔清江扁舟汎汎下上歌聲洋洋與棹音欸乃相應和覩聞者欣賞若群仙子嬉游于瀛閬間也有縣令程聞而嘉賞之遺米二石白金一鍰受米而還其金致書謝畧曰儂窶人也承明府授粲拜領一石瓶貯以給數月饔飧餘一石分給親友以資明府惠金槩過渥非窶人所堪也令問政對曰儂窶人無能輔左右第凡與儂居者幸無訟牒煩公府此儂所以報明府也令檢案牘稽之果然益敬禮焉李元宰時休沐在里數招見之與談契洽李公甚重其人余典學南畿時寓書屬余宜獎以廣厲士風余因致禮加幣且執禮踰之令其必受渠乃受之買牲祭王先生祠分胙于其同門後余巡校泰州謁先生祠渠來謁與之坐余偶觸境示諸生性無加損處因述故相某取高第位極人臣矣一旦以細淺不得意且熱中失常云渠在傍不覺慨拊膺歎曰安能如儂識此些子意耶余莞爾曰世固有大行不加者能不加即不損窮居而意氣有加亦損也其師王仲子謂曰韓生識之大行窮居須一觀焉可也渠卓頷云嘗與諸名公卿會論學問有譚及別務者輒大聲曰光陰有幾乃爲此閑汎語或稱引經書相辯論則又大恚曰舍邪當下不理會乃搬弄此陳言此豈學究講肆耶諸名公咸爲悚息識者謂其氣冲牛斗胸次怡怡號曰樂吾不虛云督學使者耿定向譔

樂吾韓先生遺事

興化令後學休寧汪芳藻重訂
後學甘泉汪超寧表梓

許子桂　李長敷　吳喆
同邑後學沈孫復　袁訥　李長吉
宋應達　李長繼　吳世進　仝輯
寶應後學張國禮　張先耀　劉永沁

先生姓韓名貞別號樂吾揚州興化東鄉人世業陶生于正德四年己巳十月二十四日生之日其祖塋有白氣貫天三晝夜方散又傳生之年其鄉鵲巢中雛一鷄鶵人以爲先生之瑞云

先生五歲時卽手握蘆管尺許就地畫字謂其父曰送我上學堂父不許十一二歲時束茅作筆自於磚上沃水學字

十五歲時其鄉疫大作父母伯父母伯兄皆病先生以一身侍藥餌不足則負薪于市得數錢易米藥以進勞苦萬狀手足破裂流血不少懈已而父見背貧不能具棺衾乃爲人傭牧牛得錢數貫以葬其父牧牛少暇仍負薪易米升許以給母與兄主人憐而釋之不責負後歸復業陶積磚數百以償主人感動遂與之訂交

嘉靖六年母故先生悲悼二親不置因有感佛氏冥福之說持齋報恩及聞師朱光信講堯舜孔顏之學所謂孝悌之道豁然大悟其非遂棄佛歸儒光信教以孝經小學識字學文自此而始

嘉靖十二年朱光信先生見其篤學力行嘉其志引先生至安豐謁王心齋先生時心齋大倡理學門下皆海內名賢先生布衫芒履周旋其間衆不加禮不得列坐次惟晨昏供洒掃而已然先生卓然自立不苟笑語時門下士有笑其蓑衣爲行李者先生題詩壁間曰隨我山前與水前半蓑霜雪半蓑烟日間着起披雲走夜裏攤開抱月眠寵辱不加藤裸上是非還向錦袍邊生來

難並衣冠客相伴漁樵樂聖賢心齋見詩問知爲先生顧其子東厓曰繼吾道者韓子一人而已製儒巾深衣以詩贈之曰莽莽羣中獨聳肩孤峯雲外插青天鳳凰飛上梧桐頂音響遺聞億萬年

嘉靖十四年春辭心齋先生歸儒巾深衣衆皆笑其狂兄呵之曰吾家素業陶小子不務本反學遊何爲瘋撻之毁其巾衣先生夷然不變其志徐數日從容請兄曰兄前日責我恐我遊學惰其四肢自從朱師學得勤字今從王師尤學得眞切不費氣力一日有二日之功一

月有二月之積一年有二年之用先使兄伯與一家□所盡得子弟之職然後再去問學豈敢隋其四肢以爲孝弟虛項儒巾作名教中之罪人耶兄爲之悟

嘉靖二十三年歲大旱族人負官租者連繫先生因往海上求爲童師期得束修以代償不得則走海中爲人煑鹽子業最苦先生弗憚也得工値即持以分族人而猶不足適諸生翟姓者見而憐之爲之糾蒙童數十人因先得束修若干星馳赴縣代完通族所逋官税邑令義其舉置楔棹以表之曰仗義仁族由是邑中人人賢韓先生

韓先生遺事　三

嘉靖二十四年先生名大振遠近來學者門外履常滿惓惓以明道化人爲已責雖田夫樵子未嘗不提命之厭其意而去來學者不納其贄閒有以誠至者暫封貯之後有不善即挈還其人

邑諸生楊南金訪先生見其篤學勸以攻舉子業時年三十有七矣從事三月稍稍能文因隨楊試南都見其蓬跣入棘院慨然謂楊曰大丈夫出則爲帝王師處則爲百世師所以伊尹三聘不起方大有爲也今治文而如此求名非衒玉求售枉己而何謝而歸復業陶楊甚之以妹許配焉楊既歸先生先生謂楊曰爾兄豈無高室可説爾今歸我貧士兼請我梁鴻耳吾不鴻非爾夫爾不光非吾妻也開其笥餘一二裙布盡分給所親有脂粉綵勝悉火之令之織蒲爲業楊亦安其貧夫婦相對常如嚴賓人以爲有舉案之風

嘉靖三十三年歲復大旱先生自爲童子師妻織蒲自給少有餘即分給所親前先生搆有講堂三楹以待來學之士至是因鄉民饑困拆賣之得米麥數十斛以給親族鄉里鄉人以不饑至麥秋熟鄉人感其義爲再搆講屋三楹一時遠近聞之助工者甚衆堂因較前倍廣焉

韓先生遺事　四

先生嘗謁孔子廟歸次東平暮宿旅店店中妓狎之先生嚴詞拒曰爲謁孔廟而來今夜不知悞投汝家也又狎之則閉門靜坐天明起謂妓曰昨因悞投致爾未納它客少有所與以償汝留之飯不應懇名姓不對而去後有邑人過之妓道其狀乃知爲韓先生

先生嘗自安豐夜行遇盜先生言于盜曰今夜三君子勞苦矣知君子非候我者望有富人夜行可足三君子之用奈我貧士也然少有束金五錢衣一襲愧不多若內衣則吾斷不能裸形體盜持衣金去已而驚相謂曰此莫非韓樂吾先生耶追問之果然賊曰我等小人目

償夫子死罪今而後改過矣當所掠而逝

邑民孫本元死目不瞑妻翁氏泣曰夫先行我當隨來仍不瞑翁氏遂自縊尸傍先生聞而弔之見其遺孤纔七月卽以巳女許配抱孤歸養命妻分女乳乳爲長以女配之名孫心

廣德遊學士王臣者至邑中途窮絕糧聞先生素好義卽携妻子投先生先生爲館穀之居月餘以妻子托先生別遊先生命妻伴之教以織蒲自給足不至中堂者六七月凡衣服飲食皆必先所托而後及其私王臣回爲之感謝泣下

泰州民葛成年七十矣止一九歲子因逋官租携兒賣市中遇先生得其情卽出嫁女買布金二鐶與之命携兒歸州民聞之來延先生至其境從者千餘家中有持白蓮左道者先生作詩諭之曰孔顏堯舜道爲尊只在彜常孝弟中宇宙滅倫皆爾教乾坤建極幾賢人異言邪行何時息正學中行甚日新地獄天堂皆自慌恐遺身後慌兒孫于是各焚彼道經冊數年之內男女有別人皆向正號爲海邊夫子

令楚公鳴伊慕先生賢鄉飲大賓虛左待先生先生致書曰某鄙陋之夫素昧禮儀承明府作養自愧自負[illegible][illegible][illegible]致長列衣冠有負大典惟願明府推衆某一念遂之孽庶使人人戶戶知孝知弟爲忠爲信則人人鄉飲戶戶鄉飲政平訟息俗美化成其恩奚啻一鄙俗之夫受明府之寵渥耶又上詩一律云

先生從師心齋時海內名士共學者如唐公荊川羅公念菴王公龍溪歐陽公南野鄒公東郭董公蘿石李公石鹿皆海內名賢咸與先生同門分席後諸公登第居要地各致書幣相徵而先生辭幣受書動輒以自修不及爲愧願諸公不負所學爲望答之竟不一見也後荊川唐公親書流芳二字寄之蓋不勝契慕云

嘗有二遊客訪先生于家與之縱談學三月餘二客曰樂吾觀非常人也可語大事乃請先生曰吾兩人嘗遇至人親傳大道潛隱名山有年矣遠聞盛德而來果如所聞者願盟于天日之下共證長生先生默然良久曰吾學孔子者孔子曰朝聞道夕死可矣長生久視吾弗爲之二客又曰且莫道長生目前窮日子亦難吾能燎水銀爲黃白不可稍濟貧乎卽取懷中丹點銅[illegible]成金先生笑曰貧吾分內事也此物非分所當有吾弗願取之二客嘆曰韓子德厚而福薄行高而識卓也遂分袂而別

有錢生張樂吾貢受斬者皆講學士會先生於武林陽明書院二生奮然誓棄鉛槧願同先生轍迹海內共始斯世先生曰二公所云乃若於場屋一時意氣耳非出處之正也古人爲學各隨分量盡其在我縱不高第爲倘一小就亦可以維持斯道少補頹風鉛槧何用棄哉後二生各爲博士貢致書先生曰僕率諸生專以文字爲首務而道學爲時所忌絕口不敢一談竟如之何先生答曰持此主意做官有所畏而不爲豈非患得患失他日倘有司牧之任持此主意一轉移之又將有所利而爲之非學也後過東平聞貢敷教過嚴乃作詩于明

韓先生遺事 七

倫堂屏內諷之曰玉姬逐泣問何如有女同盟不嫁夫今被錦衣郎誘去百年遺我獨支吾貢見知爲先生追之弗得後果被謫歸造先生之廬猶慨然有用世之意先生曰此時鉛槧却可棄也如再出豈吾儒出處之正耶

隆慶三年邑中大水閭廬俱沒人心洶洶思亂邑令李公對泉憂之請先生令化災民乃率其門人駕小舟遍歷村落作詩戶喻之曰養生活計細思量切勿粗心錯主張魚不忍餓鉤上死鳥因貪食網中亡安貧顏子聲名遠餓死夷齊姓字香去食去兵留信在男兒到此立

[illegible]民爲之感動故雖賣妻鬻子而邑中無萑苻之警先生之化也

有一野老問先生曰先生曰講良心不知良心是何物先生曰吾欲向汝晰言恐終難曉汝試解汝衣可乎於是野老先脫襖裰再脫裳至褌不覺自慚曰予愧不能脫矣先生曰即此就是良心

有鄉人缺飧貸粟于先生適先生亦乏所餘僅足供明晨而已慨然欲應之其妻頗有難色曰無幾今晚與彼奈明晨自給何先生曰吾所缺乏猶在明晨斯人則在今晚矣遂與之

韓先生遺事 八

邑令程公鳴伊聞先生賢而嘉貧之遺米二石白金一鎰受米而還其金致書謝畧曰某寠人也承明府受粲升領一石瓶貯以給數月饔飧餘一石分給親友以廣明府惠金惠過渥非寠人所堪承也令問政對曰某寠人無能輔左右第凡與某居者幸無訟牒煩公府此某所以報明府也令檢案牘稽之果然

督學耿公楚侗巡校泰州謁王心齋祠先生在坐耿偶觸境示諸生性無加損處因述故相某取高第位極人臣矣一旦以細淺不得意且熱中失常云先生在旁不覺慨然拊膺歎曰安能如某識此些子意耶

先生嘗與諸名公論學有評及別務者輒大聲曰先除有幾乃爲此閑泛語或稍引經書相辯論則又大悅日各郡當下不理會乃搬弄此陳言此豈學究講肆耶諸名公咸爲悚息

直指其者聞先生賢造其處先生送之及門而止直指恐其簡意殊不快遣一吏伺之見先生猶立門內詢其故對曰予分民也不敢以主人自處以客禮送大人今特心送耳吏還白直指爲之增敬

有一人已晰先生爲人欲試之適先生有麥秋乃屢作一券造先生曰往有負今幸有獲能相償乎先生愕然

良久徐謝曰予偶忘之耳乃如數與之畧無吝色其人笑曰予特試先生實無負也還其麥而去

先生嘗舟行適他刺舟者悞以纜墮其巾入水中其人知爲先生惶恐請罪先生笑曰無與汝事我坐太高耳似我坐得其所何令汝落我帽耶相謝而去

先生道範嚴肅卽倉遽中不改其度一日途次遇雨衣衫沾濕而步履安閒旁一人謂曰雨甚矣不速行先生應曰前面得非雨乎徐徐如故

縣令程公鳴伊屢請鄉飲皆辭侯躬造其廬延入范文正公祠內擇闔邑士民講學風動負笈者衆屨盈門

乃旌其門曰敦行正俗又扁曰淮海高士

縣令凌公登瀛慕其高風醵以粟帛旌其堂曰篤信聖道又饋深衣幅巾敦請鄉飲

啟曰伏以禮崇鄉飲惟尚德以尊賢詩詠賓筵用敦善而明化欲光膠序之盛典必待游修之吉人自古有行于今特重恭惟大鄉望樂翁韓老先生抗志下海濱高士天下奇珍誦詩讀書樂堯舜之道於畎畝韜光養晦追巢許之踪于林泉皎皎恐其自污拳拳不忘爲善絕甘分少鄉隣感推食之恩解忿釋爭閭里成敦厚之俗問學原於心悟忠朴本於天成妙論

粲花春頓生於座上仁風偃草氷潛泮于池中器擬瑚璉清拂桐江之水光聯奎璧賢追渭汜之風姓名久齒于縉紳聲譽夙稱于遐邇東湖設榻夢遊孺子之庭南浦飛雲目極文中之楫可以繼藍田之芳躅可以承伊洛之真傳是誠盛世逸民豈惟儒者高蹈茲惟十月之朔舉行鄉飲之期敬設鼓鐘肅陳筐篚鋪筵布席謹用大京之將憲德乞吉尚冀周行之示借龍光於咫尺敢造大賢之廬幸騶從之屆臨寵受明王之賜謹啟

本學教諭孫繼先復舉敦請講學呈

稱見隱士韓貞素行端莊取重鄉評久矣邇年賢邁
七十志氣尚未昏怠病患雖中半身動履尚能起坐
言語雖若蹇澁化誨尚爾慇懃所謂耄期稱道不亂
惟日孳孳斃而後已者斯人足以當之矣今家無[illegible]
口之食妻織蒲子力耕以養之昔年鄉飲曾錫巾服
矣今年存問又覎布粟矣敬老尊賢本縣曲盡矣合
無查照朝廷養老事例月給米若干斗歲給布若干
疋綿若干觔館于城中靜室行鄉約畢令各約正齊
請彼領教但勿多勞勞苦之所願安者而本縣能
安之本縣之所願化百姓者而此老能化之聲教之
達易易矣

李文定公未及第時同遊心齋王先生門後休沐在里
造其廬訪之先生謂曰公以書生中狀元書生知遇之
極也以狀元爲宰相人臣知遇之極也山林廟廊豈兩
事耶願公與人爲善使匹夫匹婦化爲堯舜之民則今
日狀元宰相當爲萬世狀元宰相可謂不負知遇之極
矣文定公爲之首肯曰向聞先生講學邑中耳不意所
造乃若此明揚側陋之典老夫實有愧矣

先生于萬曆十三年八月初九日卒年七十七卒之日
召門人至諄諄以明道淑人爲囑言不及他已而危坐
以逝邑侯武林凌公登瀛特祠祀之商邱楊公瀾來倡
明理學慕先生之風春秋祀以少牢著爲令尚諸祀先
生於鄉賢以擢去不果然至今朔望日其門人猶拜祠
下相與諷詠講竟日而罷以爲常

先生道範格言當不止此然先生所爲大都于世俗不
合且以一布衣處隴畝間故人多不樂傳而僅僅只此
也雖然譬之鳳一毛豹一斑謂不足見先生可乎學人
許子桂等謹識

附相國李文定公寄韓先生手書

遙聞講學邑中邑中之人皆信從興起誠能動物非

聲音笑貌者比也兒輩相接嘗賜教廸尤感餘不能
悉

附儒學教諭張養性贈詩一首

東海高人韓樂吾只憑真實做工夫河濱漫道同陶
業一念鷄鳴是舜徒

本縣邑侯凌公登瀛祭文

維

萬曆十三年歲次乙酉十一月丁酉朔越二日己亥知興化縣事錢塘凌登瀛致祭于

明故隱士韓先生之靈曰先生崛起海濱淳質天植壯始知學卽慕聖賢行始于敦倫功先于愼獨爭師問道涉遠窮年遂能黙契本眞感名來學人知從善鄉有同風同志自遠方來盜賊歸其所掠豈獨一鄉之善士可謂聖世之逸民業已禮于蜡賓恨未瓶于執饋忽膺未疾形替勤修訃音來傳嗟悼累日人云亡矣不朽者存潤藻是將表茲懿德尚饗

給祠帖文

直隸揚州府高郵州興化縣爲請給官地以崇風教事據本縣民劉理等呈稱已故隱士韓貞生前篤行好學苦志清修居鄉則表正一鄉向善則與人爲善兢兢業業孳孳汲汲死而後已蒙臺屢賜優禮學憲旌勵去歲身故通學生員并申明亭老人呈稱伴與蒙准批行禮房賜特典祭儀扁其墓坊思戴無極今在門之徒感德難報思慕不忘欲建祠堂各偕資財祀立香火查得字橋里官地壹叚卽係楚大夫舊祠堪建前堂懇乞給帖俯賜廉作興前賢永垂不朽之光啓佑後人得衍如存之教等情共呈到縣查得原地委果空閑擬合就行爲此合行給帖付原呈人劉理等收執卽將字橋里楚大夫舊祠空地一段東西沿口二丈五尺南北入深四丈准建韓隱士祠堂毋得違錯未便須至帖者

本縣邑侯楊公澗來高其行詣親致祭焉猶恐日後無田弗祀特捐巳俸買田百畝置農具給牛種召佃耕種以供春秋祭祀之費以隆國家尊賢之典永垂不朽又給銀子埊官地陞分六厘以助香火之資贈扁曰東海眞儒

祭田帖文

直隸揚州府高郵州興化縣爲置祭田以隆鄉賢事照得國家祀典原爲崇德報功查得樂吾韓先生以踐履爲學有允蹈躬修之實以勸誘爲教有化民及物之功委宜崇報但鄉賢之請雖尚缺畧而開山之祠久肅瞻趨若秩節不修則風勵何勸本縣用是畧倣鄉賢之儀粗定享祀之禮而又慮其難久也捐金買田百畝以供嘗典爲此合行給帖付守祠者收執照依後開派定田畝召佃在上耕種收割以供祭品俱無違錯未便須至帖者

文定公扁其祠曰韓善士祠

縣邑侯歐陽公東鳳批諸門人呈云韓隱士興教化俗可謂一鄉之善士諸門人能思於旣死之後可謂不倍本矣俱有可嘉准給輔仁堂扁以垂永久

儒學教諭謝楠扁曰爭到樂處

兩淮鹽運泰州分司周公汝登仰慕其德特立木主於心齋王先生祠內配享

兵部左侍郎邑人魏公應嘉於崇禎年間特請崇祀鄉賢春秋二祭至今不替　并製一楹帖曰

不怨不尤學惟樂其在我
欲立欲達心每存乎愛人

雍正十年邑侯汪公詳祭定例

一凡邑侯涖任例於鄉賢祠謁李文定公而韓樂吾先生不與焉於名宦祠謁范文正公而岳忠武王歐陽同鄉不與焉雍正九年休寧汪公芳藻來涖吾邑始至亦循舊例次年余知公爲文章宗匠與賢造士不遺餘力因於開元觀宣講

諭時進謁曰鄉賢中有韓樂吾先生邑之理學大儒也公當謁之公即肅然前詣展拜特製扁聯各一復作詩以仰仰止之意公暇閲邑誌識忠武王嘗保障與化而同鄉則以邑災其疏上請得允減賦三之一皆有功於與邑不在文正公下若因並往謁凡丁祭必親詣行禮于是命禮房著爲例凡新涖任以及元旦長至令節暨春秋二丁祭祀邑令親詣謁祭不得轉委丞尉用昭崇敬焉其扁額曰振古豪傑

聯云宋儒邵康節先生著皇極經世等書程子稱爲振古豪傑昭陽韓樂吾先生世業陶稍長獨能拔出儕偶從師就學王心齋先生曰吾道得傳人矣乃能不慕仕進甘貧樂道以倡明理學爲己任至於化惡濟危尤其小焉者也非振古豪傑其孰能之瞻拜之次遂以顏其額　楹帖一聯

韓先生遺事　十九

祀之

世武公倫字玄仲明季崇禎年間來涖興邑慕樂吾先生之風鼎新祠宇顏其坊曰雨花更捐俸若干買祭地構堂三間題贈三扁一曰與人爲善一曰樂其中一曰逢三率民詣祠講心性之學公訪先生嫡孫祖者優給衣巾俾奉厥祀序友王生宇贊爲是善著修行路一書公訂梓以行管子迎春還翁學求尚德兼勸公嘉與之給冠帶延賓筵使閭里知所嚮往邑中士民咸頌公能勸善作人亦愈服先生之教不

跋云

韓先生遺事　廿

甑瓮簞瓢好學深思追復聖
泥塗軒冕高風大節接嚴陵

鄉止吟詩曰崛起海濱有樂吾心齋學統接程朱惟全孝弟存吾道不慕科名效世趨在昔鄉人稱善士於今學者仰真儒貧能周急風彌古歿謁低徊想楷模

嗣公解組後一歲四易其官皆親詣謁祭無或異者則汪公之有功先賢爲不可沒也已

門人王世銘謹誌

韓先生遺事　十

韓樂吾先生詩集

後學休寧汪芳藻重訂
後學甘泉[illegible]寧較梓

五言律詩

春夜集草亭宗先生夜話

老去存吾黨歸來有藥欄譚深驚夜短坐久覺春寒下榻論高義中爭起大觀茂雅通鄉國逢君禮數寬

坐中呈宗先生

幽居人事少披[illegible]見高情坐看風花落閑知歲月更青陽談外物白髮鏡中生所以憂吾道何來問友生

韓先生詩集　一

除夕

一歲今朝盡青[illegible]明日過短檠隨地樂清興語誰何細草春前見梅花[illegible]多情來吾道足適意起高歌

勉[illegible]泉[illegible]

凡聖總由心私來[illegible]外事趙璧非爲寶燕金不足珍包羅天地大貫徹古今[illegible]得道些子時時惜寸陰

贈烈女宗一貞

海上有貞女存心不二天都來愁白髮誰肯負青年惜容顏老惟收晚節全人生皆有死焉得好名傳

勉陸進之

氣質豈太僕吾心人可傳艮知黄獨□□□學喜鑽研林
析懸朗月天際送輕烟合眼能超脫埋頭一解玄

示董子儁

此學無多術冲容養我真行私非入道無欲一凝神周
禮遵前聖春衣亦古人中流能砥柱曠代有斯民

韓先生詩集　十一

七言律詩

酬從邑倅父母卿飲

鄙野山人鄙野懷誰人誣我是賢哉既無孔孟傳心學
那有伊周濟世才性率烟霞蹤禮度心宜水月遠塵埃
生成不是衣冠客蓑笠漁樵歸去來

上太師李相國

紛紛車馬簇江城上相初旋晝錦旌麟鳳實關天下望
鵷鶵虛負海邊名山林廊廟心非遠明德新民業已成
剩有殘膏擕滿袖願分梓里潤蒼生

送凌侍御海樓北上

天恩此日湑龍起佇看風雷徧海東

送任　之廣陵

堯舜君民只此中此中微妙實難窮民風日下誰能挽
道脉年來獨有功已見政聲高萬古還期祿位冠三公

韓先生詩集　十二

送君一劍事長遊此日離悰不自由問道早乘邦上鶴
尋盟同狎海邊鷗共知聲譽通千里尚有佳言遍十州
更酌滄浪一杯酒海雲江樹意綢繆

送邑大父王淇泉應召

祖道華蓋駐江臯琴鶴蕭然一敝袍漢郡攀轅爭借寇
虞廷側席正思陶棠陰日轉青城合鳧影風懸碧落高

願向五雲作霖雨早分餘潤下遂嵩

寄尹侖川蘇樸

塑道憂民得幾人乾坤幽涵老師身胷中得失渾無處
腹內經綸別有神天地早知成大塊功名眞見等微塵
隨時用舍心何說魚躍鳶飛處處春

別許李愾

來一琴兮去一琴往來閑看世浮沉山中有客懸瓢去
海上無人振鐸音經國手爲栽菊手憂民心作種瓜心
故園儘有高人趣詩自吟哦酒自斟

答理菴宗太守

太守歸來滄水邊孤高常使萬人憐囊無餘俸堪供客
家有遺經啓後賢朗月一天時可掬清風千古爲君傳
汝南月旦君稱最洙泗源流有孰先

集李相國水亭

上相南歸綠野堂下賢初舉李膺觴名園碧水依魚藻
禮座濤華儼鳳章海甸蒼生涵化育 天朝禮樂藉施
張東白督學留芳石野服無妨一揖長

新秋與劉子華夜坐

火焰初收海國涼碧宵華月夜迎床隔林野鶴餘孤唳
入座幽蘭動遠香傳得胷中無一物澄清天下豈

天大中庸原無定一任高歌對酒狂

答王東岩師

乾坤担子仲尼擔陋巷顏淵未必閑眼底莫言行道易
塗中應有問津難三千共學門墻下幾箇知音舜禹間
他日週流天下去區區端作御車還

與葛槐泉

人生安分且逍遙莫向明時嘆不遭赫赫有時還寂寂
鬥閲到底勝勞勞一心似水惟平好萬事如棋不着高
至謝功名有遺恨爭如顏巷樂陶陶

與魏東崗

堇虛靈半點不容添性體空空萬善全失友終無明道日
得師方有出頭年淮南格物追前聖越國良知啓後賢
所願昇平無我事閑尋一段種瓜田

與劉朝容

關中別有小蓬萊說與時人莫浪猜明月一庭無酒賞
清風滿座有詩裁求名必事時時遠樂道襟懷日日開
誰識嚴陵高萬古三公不換釣魚臺

與徐國明

學貫天人本一家誠齋心地古根芽成人成己皆由我
希聖希賢揔是他花鳥隨時供逸興雲山到處寄生涯

□乾柏君能執鼓舞春風轉物華

示宗子相

諸賢爲學莫欺人只要迸心透骨眞時豈不遺遐邇眼
大庭如昧鬼神嗔伯夷身死心何死顏子家貧志不貧
了道胸中無一物吟風弄月出埃塵

勉盛予忠

獨倒閑時取倒歡莫將愁夢鎖□□進前担子千斤重
退後階梯老大寬泉樂樂中非我樂獨安安裏是吾安
□今養得天君定劈面風來也不寒

與汪中和

樂處尋樂在簞瓢天理常明欲自消風月四時隨玩賞
聖凡同類要薰陶人如離道魚無水士若希賢鳳起霄
切莫苦難槃大志遵堯言行郎爲堯

野寺

野寺重過八月秋禪關花木自生幽吟邊古刹來醒眼
坐外諸天在上頭正擬古今成夢幻未論天地等蜉蝣
時曦色相原無相又有胡書載白牛

送梁西川

梁廬冉冉送西川樂滿胷中月滿船獨倚閑窗觀草色
□□底看魚躍相期訓□□化大放襟懷了俗緣

功名身外物莫將閑事擾心田

遊江南

江頭遠雁没寒空一柱千年立水中雲物似非當日□
山河應是古今同蕭騷兩鬢逢秋短綽約三花到處□
浩嘯乾坤吾獨老千山有盡興無窮

示麗文振

憶別東歸一葉舟孤帆高掛坐中流聖賢有分隨人學
風月無邊任我遊道可行時還進進事當巳處且休休
天機萬古原無息人不知幾強去留

與黎恭臣

春意忘機便是狂涉心養氣亦關防詩腸酒興原無
水性山情豈有常難道管窺能測聖不須文字可升
莫將妙用翻爲拙一任良知自主張

與孫玉峰

此身寄世若浮漚底事朝愁與暮愁名利兩關誰打破
聖賢一脈我能修十分善處十分樂百萬財來百萬憂
能進不如能退好一瓢陋巷更何求

歸村

昨夜歸來月滿舟西風吹動鶺鴒裘扣舷可作蒼生計
長嘯時爲吾道憂孟子皇皇惟自信仲尼汲汲更誰留

病軀瘦骨衝寒往咲我蘆花亂點頭

寄朱準夫

溪邊靜坐看流時萬古無停道在斯妙處不容言語說
真機惟在自家知源頭活潑還如我人世奔波却爲誰
從念瘡痍無德洗且憑風月和新詩

勉趙如蛟

好向盤銘悟自新日新不已作天民修身念念存三省
造道時時盡五倫堯舜事功還貫日漢唐勛業總成塵
聖賢担子無多重着實擔當做好人

寄徐子盛

洲來不覺半年過希聖希賢志若何富貴不來休妄想
聖賢未及莫蹉跎眼前世事只如此身後外[illegible]不多
看破古今成一笑一雙青眼莫模糊

簡李中秘敏齋先生

歲華匆匆過釣臺想應都爲究心來造時[illegible]寒
梅後千年道脉開濟世恐非韓[illegible]民還川[illegible]
傳家再見經綸手早溥春風遍草萊

售居以償稱貸

今古乾坤幾換肩眼前得失不須憐兩間茅屋更新主
四海烟霞結舊緣世事浮雲無定在人生何地不悠然
廣居原是吾家物自古求安愧聖賢

新春次東岩師韻

甲子推遷幾萬過推遷曾奈太虛何漫言有我終歸幻
莫謂無心也着多正看梅開呈道體又聽鳥語代人歌
十年不着簪纓相賴有寬閑天地窩

至日喜王近齋見過

有客乘舟月下來[illegible]一陽初動天心復
萬物將萌地[illegible]花[illegible]放不時飛李待春開
箇中消息[illegible]靈根結聖胎

與任復軒夜話

此地何人話此心惟君靜裡得天真有生肯作尋常輩
處世當爲一等人樂道堯夫真是樂安貧顏子不知貧
獨憐[illegible]止高山正可親

送[illegible]

真[illegible]是非[illegible]九夢幾開眉百年身世如朝露
萬古興亡似奕棋風月無邊還自得聖賢有分在人爲
從今蹤跡誰拘繫南北東西任所之

贈烈女宗貞一

古今節婦有千千誰似宗門烈女賢一諾已看同皦日
白年寧肯再移天獨諳夫婦綱常重遂使存亡節義全

最喜鳳書飛海曲擬將芳行續遺編

答問三教

一教惟同一箇心此心無古亦無今放之充塞乾坤滿
歛則包含造化深孔子欲人惟黙識曾参唯處要知音
此般至理人人有莫向三家紙上尋

次東崖王師韻

今古興亡流水過漢唐勳業竟如何自知道大千鍾少
誰識心空一芥多碧月光中同鶴舞白雲影裏聽漁歌
我家原在先天住不落堯天十二窩

答韓西疇

修仙修佛任公猜一洗塵襟上釣臺佳興有花隨地樂
好懷無酒對天開草衣木食心初定羅綺膏粱志已灰
莫道柴扉無客到清風明月逐時來

答靜軒上人

着意求玄便不玄了無一物繫心田總因人力安排後
誰識天機混沌前無說說時爲妙說不傳傳處是眞傳
許多閑口忘言坐未會些兒嗚啞禪

挽孫節婦 孫本元妻鄭氏

不讀詩書識義眞隨夫輕擲一毛身丹心貫日輝朝野
正氣彌天動鬼神凛凛清風消俗習堂堂孤節起凡民

將冠蓋爲男子準擬皇家作瑞臣

寄江愛吾

聖學工夫在括囊時時精一細端詳七情不動天君泰
一念纔萌意馬狂竹徑風淸孤月皎松窗雪化早梅香
良知孔孟傳心訣千古遺人入道方

寄城中諸友

落葉驚秋秖自憐良朋佳會恨無緣莫教性地生荊棘
好養心田繼聖賢道德未全休歇手工夫不盡再加鞭
無端歲月催人老一刻千金勇向前

遊東南寫懷

歷遍東南訪至人飄飄雲水不沾塵芒鞋踏破天邊月
竹杖挑回海上春歲月任他催物老乾坤隨我樂天眞
忍教人在愁中度换起沉痾共日新

有感

妻不賢兮子不肖不妨孔子不妨堯箇中消息難言語
就裏眞機豈筆描草木點頭知我樂江山無口笑人勞
天清地濁何相礙風自踈兮竹自敲

送比部鄭三山

千刃袖裏且藏收小試江南數十州甘露洗淸千獄怨
和風蕩散萬家憂希賢愧我循階級造道知君拔品流

天下歸王化堯舜爲君堯舜民

挽朱靜菴孝子

漠漠愁雲暗遠天哲人逝矣重堪憐九年廬墓堅金石半世安貧樂聖賢喜有詩書能啓後况多名行足光前思君此日情難盡愁對東風聽杜鵑

送儲翠峰移家海上

何事遷居住海濱爲因希聖擇賢鄰忘年已見求仁切舍己應知好善真一刻陽生初破臘萬方雪化始回春民風日下憑君挽直起中流砥柱身

哭趙子實

敲殘幽徑環環收淚滴瀟湘可自由不見月明翻亂影忽聞風度動閑愁虛心許汝希前哲勁節憑誰振濁流此日喪余空有慟湖東無復問行舟

與東村

世路多岐未許遊得休休處且休休人皆爭誇揚州鶴我獨閑親海上鷗千古空談追孔孟幾人端的傲王侯乾坤斯道誰還繼天地寥寥草木秋

答友二首

直指先天一脉真此真真處口難陳若言默會終成垢□說思通也落塵不識不知登道岸無聲無臭會心神

天賦雄才當世用早期伏傳事封侯

湖上訪朱靜菴孝子

世人皆以孝名公爵譽諧間遠莫窮我亦躋攀瞻几杖蒼生何幸仰人龍庵中習靜涵心訣湖上持身道益隆課子傳家惟孝弟麻衣鶴結任飄風

勉朱平夫

一條直路與天通只在尋常日用中靜坐觀空空亦物無心應物物還空固知野老能成聖誰道江魚不化龍自是不修修便得愚夫堯舜本來同

出遊

跳出樊籠打破空一身漂泊太虛中心忘物我先天合性悟鳶魚造化同兩袖清風揮宇宙一肩明月任西東輕輕展足乾坤內踏遍千山興未窮

閑居

五十幽棲碧海東三韓蹤跡已飄蓬心參太極極無極性悟真空空不空萬有渾融方寸內六經包括一丸中能將此意沖開後遍滿乾坤作化工

寫懷

固守貧囊中合得回生藥世上乜賊能超千古出凡塵

手超千古莫做回頭覓龍人

又

人爲天動兩紛然除却人爲就是天千聖難傳心裡訣
六經未了性中玄生生化化無今古見見成成豈後先
萬象森羅懸一境分明都在兩眸前

贈劉從善

贈別無金贈以言言輕何以荅君賢齊家必自修身始
治世還從睦族先富貴牛毛空滿眼聖賢麟角已千年
君行莫作尋常事斯道于今賴汝傳

歸求

歸來日日對羲皇豈爲浮名薄利忙我倚衡門看失馬
人從岐路覔亡羊有書悟道貧何害無病傷生瘦不妨
三聘不移耕叟志聖賢出處豈尋常

送林白宇

送汝南歸道亦南仙舟棹月楚江寒心傳洙泗情無限
袂判河梁淚未乾遜志欲堅時敏力洗心先滌日新盤
老夫切切叮嚀汝莫向閑居習宴安

寄王雲衢

卒性工夫本自然自然之外別無傳閑携童冠歌沂上
靜對沙鷗狎水邊物物性空無內外人人心字自方圓

宵散步林泉下滿眼光風霽月天

樵歌五首

東海漁樵萬事休更無半點愧心頭開懷天上一輪月
適興沙邊幾隊鷗卧月眠霜眞自在披蓑頂笠也風流
古人立志皆如此飲水甘心不世求

其二

求人求已兩皆求求已工夫可不羞自覺胸中空宇宙
那知世上有王侯朝觀鷗戲淸波上夜聽龍吟碧海頭
蓑笠隨身樵斧在任他風雨我何憂

其三

年老家貧子尙嬌適遭荒歲豈辭勞不如伊尹輕三聘
且學顔淵樂一瓢帶月樵山隨野鹿披雲釣雪看江潮
胸中無價明珠在誰道吾家不富豪

其四

百歲饑荒有幾年工夫到此好加鞭楞楞瘦骨撑天地
凜凜氷心繼聖賢道合乾坤生死在眼同日月古今懸
放開百尺竿頭步踏破濂溪太極圈

其五

老去漁樵不愧天虛靈一點絶塵緣能謀富貴囊中客
會領烟霞物外仙且飲三杯歡喜酒不爭一箇皺眉錢

堯功舜業浮雲過底事人生不自然

寄翟南溪

千年様子幾人知愛爾擔當事足奇聖學幾時曾間息
人心只是苦支離晴空度鳥須當悟世路多岐莫頓迷
一片浮雲千里外不知何以慰幽期

贈孫廸樓

柴門無事日優游靜裡惺惺暗點頭萬古聖賢非我繼
千年道脉是誰謀理從欲盡源頭見身向心萌念處修
此予機關如會得清風高節異凡流

又辭鄉飲

生在田園老在邱此身無分謁王侯三飧虀食心常足
一片荷衣志已休立已立人行孝悌希賢希聖度春秋
山林莫道無賓飲水月林花足勸酬

九日偕魏從善登拱極臺

重陽佳節莫虛過况値朋儕樂事多綠酒滿斟青蓋飲
黄花斜插白頭歌眼前世事應難盡身後光陰更幾何
握手與君開笑口任他歲月自消磨

喜王懐山過訪

湖水悠悠放棹來艮辰聚首笑顏開暫舒海上烟霞眼
愧乏胷中風月才道大自然輕富貴心空隨處遠塵埃

人生碌碌成何事願得同君上釣臺

贈金成齋

知君端不為魚來愛月垂竿上釣臺歌一首詩空眼界
飲三杯酒壯襟懷隱微自有良知覺成敗皆由造化裁
識破榮枯隨我樂乾坤誰肯學顏回

勉顧朝元

我來抱月東窗卧君莫回頭望釣臺應物無心常淨境
閉關有欲揔塵埃莫教虛過容春去且要修身入聖來
寄語昭陽二三子千年絶學細心栽

元旦示顧守堅

闔闢乾坤萬萬秋淵源道脉古今流一元造化三陽日
滿眼天機百草頭富貴已知無我分聖賢端的在人修
假仁為覇千年陋眞僞關頭仔細求

勉劉守恒

道卽是心心卽道事中求道莫他尋有人與我隨開口
無事觀書又養心悟得天機原寂靜肯隨流俗任浮沉
縱然日應千頭事只當閒彈一曲琴

五言絕句

自在吟

一段生生理天然妙莫窮許多人不識錯用一生功

其二

萬事無心妙浮雲任去來天機原自在何用力安排

其三

一人一箇性一性一天機天機卽太極太極豈人爲

其四

人人天地性箇箇聖賢心原不少些子何須向外尋

諸生寫照

虛靈我心性天地我形骸寄語丹青客曾描此意來

六言二首

示沙子賢良知

萬理具在人心人心本有天則天則卽是良知良知不用思索

天機

天機觸處皆眞性體流行是道總然說得恰好不若無言更妙

七言絕句

釣魚

釣竿凍破換新鈎望月觀雲數十秋不惜瀟蕭雙[illegible]此心惟在得魚休

又

求魚到處覓深溪覓得深溪不見魚想是錦鱗藏冰底漫勞釣線只空垂

勉羅鳳英

刻下工夫只見成天機到生生只憑此意推行去家國何憂不治乎

讀皇極經世

清虛寂寂原無我太極空空未有身一幕形名聲色後本來面目認難眞

觀太極圖

一畫纔生太極開兩儀四象三才這回不向源頭悟已落千流萬派來

淸曉

東窗曉日送餘紅象小晴光滿太空閑倚衡門耽寂靜花香煖送春工

偶題

天地總成傀儡幕兩輪日月一燈懸悲歡離合千般巧
幕外何人把線掉

淘沙

年來辛苦學淘沙四海波中蕩月華淘得這些非自秘
滿前誰是識金家

寄劉柳溪

長河淼淼石門東一片浮雲没遠空溪柳弄晴低拂岸
春烟消盡月明中

偶成

克念克來爲至克閑心却是眞閑此心難着絲毫力
纔着絲毫便隔關

某撫臺按部至興拜謁韓樂吾先生留飲郎廟口

占撫臺奏請加賑四次

葱湯麥飯兩相宜葱補先天麥健脾莫怪寒家滋味薄
前村尚有未曾炊

孝親

借問緣何得此身一毛一骨是雙親但看養子慇懃意
便見當初鞠育恩常仰昊天思一本難將寸草報三春
試于反哺觀烏鳥敢背劬勞愧此身

敬長

天地生人必有先但逢長上要恭謙鞠躬施禮宜從後
緩步隨行莫僭前肅敬在兄天所敘一鄉稱弟士之賢
古今指做爲古德莫學輕狂惡少年

待人

生來同里共鄉鄰不是交遊是所親禮尚往來躬自厚
情關休戚我先恩莫因小忿傷和氣遂結成讐起鬬心
報復相戕還自累始知和睦是安身

安分

士農工賈各勤勞自有榮華自富饒好是一心攻本業
莫垂雙手待明朝精神到處天心順術藝成時泰運交
切没起貪登壟斷羨魚還恐失擔樵

戒非

凡百非爲不可爲爲非何日不招非無端自作風波惡有犯休嗟命運虧起念一差何所忌回頭駕悔不能追守如守分爲君子我不欺人人怎欺

東海處士韓樂吾　興化陸西星人

東海有畸士卓然欲希聖妙悟惟一心聞見動真性從師走東海徃復多印證聞風一時興門第亦何盛千年振遺響木鐸聲甫靜偉哉陶穴人崛起遠相應贈依傍宮墻摳趨入門徑造詣初未深矩步先已正一體解同觀三昧得無諍化俗有恒言固窮見危行宰官式門閭兒童識名姓以彼宏濟心天下可平定秖懷孔孟憂追恤堯舜病斯人忽已逝頹風日無競后學失歸依大事誰究竟傷哉棄我去何以慰不佞

東海賢人

賜進士出身特授文林郎知興化縣事凌登瀛爲　旌表善士樂吾韓先生敬立　雍正三年歲次戊午仲冬知縣顏崇椝重修 此四字在四牌樓上

理學真傳

錢塘後學凌登瀛敬立 此四字在祠堂

贊韓先生遺像　崇度[illegible]

先生實學闡真傳滄海名高著有年儼若行藏踐德性
端然語默象仁賢心澄霽月懸雙戶道坐春風靄四筵
入室共聆希聖訣良知此外更無言

徐[illegible]澗[illegible]

淵源一脉沓千年海上何從[illegible]心足孔顏方寸中
教宣濂洛口中詮不知老[illegible]笑卻貧來[illegible]着鞭
木鐸空留餘韻在沉吟[illegible]然
蓬華修真七十年尼山衣鉢此真傳直從至性尋根蔕
不同遺編拾匯詮耕鑿樂天甘飯糗[illegible]環濟世欲加[illegible]

韓先生遺集

高山無路從趨步仰止徒深志肅然

解　貞

生平道氣逼交遊瞻仰荒城古廟幽像貌竊入如色[illegible]
金爐着火供春秋當時桃李稱多樹此日門墻拜後[illegible]
我欲論文過知已可能重識舊荆州

姚江一脉尠傳人誰似先生味道真講學曾聞傾海上
業陶直欲仿河濱褆躬敦行千夫格弄月吟風萬象春
字以樂吾良不愧孔顏樂處即天民
濂洛關閩世所宗良知心學啟凡庸昭陽崛起型頹俗
韋布流芳紹聖蹤拯物恐忘饑溺衆遺詩想見坦夷胸
昌黎以後斯文任俎豆馨香幸再逢

平梁外史射州徐燧蓮舫氏敬題

塼埴曾聞紀考工名儒豈料出其中遠宗泗水心源接
近配姚江道脉通文字爭奇當代彩聖賢命世幾人同
廉頑立懦遺風永俎豆崇祠峙海東

韓先生遺集

不是高人漫養高煙霞泉石自稱豪成仙成佛非吾願
（有遊客欲以長生訣授之應曰吾學孔子者朝聞道夕死可矣）庸行庸言誨爾曹葆得
中心如止水撇他外物等秋毫遺詩莫作風騷看座右
箴銘遠俗囂

射湖八十五老人張芳齡藝甫氏敬題

聖門奇傑士往往出衡茅述性輕仙佛逃名笑許巢一
方驚崛起四境感身致鄉飲大賓位推崇勝序膠
埏埴尋常術型偏悟自陶姚江延性學東海頌賢豪（邑中
四牌坊有東海賢人額爲先生表也）相業規先世（先文定相業多有主其說者）儒宗示
我曹後生觀大集仰止過山高

石鹿公十世孫後學李聞禮拜識

聖途賢逕本庸常知是先生入德方一點良心開草昧
千年道脈闡昭陽淵源性命天人學慙愧鬚眉傀儡粧
今日啟函聞謦欬案頭重爇一爐香

鹽瀆後學金厚以載氏敬題

先生崇性義寄跡在林泉不願成仙佛多因學聖賢芳
名傳此日遺事話當年東海人爭仰馨香百代綿
儒行無他異敦倫率本眞文章師孔孟學問貫天人抱
道心何樂聞風俗自淳淵源虞舜業千古仰河濱

鹽瀆後學陶躍龍雲津氏敬題

跋

韓生子瑾興邑明理學樂吾先生之裔也生先世澤[illegible]於今八世累求先人手澤未獲一覯乙巳歲吾友金以載厚得先生遺集抄本日與余參校謬誤而終疑爲未全之書因出以示生生拜而請焉遂歸之去冬生奉書回里謁祠後遍訪縉紳先生冀得原本相較對無如代遠年湮歸見者寡今春不辭跋涉越境百餘里至邑東鄉韓家窰瞻拜墓門會集宗人詢訪再四於族黨某敝簏中檢得雍正十年邑尊休寧汪公芳藻重鐫遺集全帙塵封土蝕殘缺頗多生請於衆負載而歸根據抄本修補完備仍爲全書竊嘆百餘年來俾遺集復行於世信乎前賢之流風未艾而秉彝好德之良不絕於人心也蓋古昔聖賢精誠所結垂諸簡策必有鬼神呵護不能終淹若斯集之顯而晦晦而復顯者洵可徵也且先生之嘉言懿行海內人文無不共仰生重謀補繪祠墓二圖以登卷首幷於斯集有關者一一從他書補之而乞言於余余日讀書尚論古人在有志之士無稍懈也而況生爲先生後得先生書增刊而行之不益見其闡揚先德也哉韓生勉乎哉

道光二十有八年杏月鹽瀆陶鑲式型氏題於十研齋

卓哉韓公道在厥躬甘貧好學朝野望隆傳心齋緒
闡陽明宗性與天道孑然於胸原子矯矯顏氏空空
後先一脉雲外孤峯化頑周急道貌雍容眞吾獨見
樂在其中

邑後學八二石楸氏呂覺道人拜撰

理學韓樂吾先生行畧

先生生於明正德四年己巳十月廿四日卯時係興化縣東鄉人氏世業陶

先生生之日其祖堂上有白氣貫天三晝夜不息相傳生之年其鄉鵲巢中雛一鸜鵒人皆以為先生徵瑞云

先生五歲時即手執蘆管尺許就地畫字謂其何日送我入學堂父奇之而未許

先生十二歲時束茅作筆就於磚上沃水學字其力學志堅始於此見

先生十五歲時其鄉瘟疫大作父母與伯父母伯兄皆病先生一身奉藥不足負薪於市得錢數百文易米易藥以進勞苦萬狀四肢破裂流血志不少懈已而父亡貧乏棺衾乃為人牧牛得錢數千以葬父牧牛少暇仍負薪易米升許以給孀母與兄主人憐而釋之不責所負後歸復業陶積磚數百以償還前債

行畧 一

主人感動遂與之訂交
先生十九歲時媢母物故悲悼二親不已因有感佛氏冥福之說持齋報恩及聞師朱光信先生講堯舜孔孟顔曾之學遂棄佛歸儒光信教以孔子孝經朱子小學識字學文自此而始
先生廿五歲朱光信先生見其力行篤學嘉其志遂引先生至安豐謁王心齋先生時心齋大倡理學門下皆海內名賢先生布衫芒履周旋其間衆不加禮

不得列坐惟晨昏從洒掃而已然先生卓然自立不苟笑語時門下士皆笑其蓑衣爲行李者先生於是題詩壁間曰隨我山前與水前半蓑霜雪半蓑烟日間着起披雲走夜裡攤開抱月眠寵辱不加藤裸上是非還向錦袍邊生成難並衣冠客相伴漁樵樂聖賢心齋見詩問知爲先生顧其子東崖曰繼吾道者韓子一人而已遂製儒巾深衣賦詩贈之曰莽莽羣中獨聳肩孤峯雲外揷青天鳳凰飛上梧桐頂音響遥聞億萬年
先生廿七歲辭王心齋先生歸儒巾深衣衆皆笑其狂兄呵之曰吾家素業陶小子不務本反遊學何爲痛撻之毁其衣巾先生夷然不變其志過數日從容謂兄曰兄前日責我恐我遊學惰其四肢自從朱師學得勤字今從王師更學得眞切一日有一日之功一月有一月之積一年有一年之用先使兄與伯母一家得所盡得子弟之職然後再去問學豈敢惰其

四肢以失孝弟虚頂儒巾作名教中之罪人耶兄爲之悟
先生三十五歲時其鄉又大旱族人負官租者繫獄先生因往海上求爲童師期得束脩以代償不得則又走海邊爲人煮鹽其業更苦先生不憚也得工償即持以分族人而猶不足適諸生中有翟姓者見而憐之爲之糾蒙童數十人因先得束脩若干星馳赴縣代完逋族官租邑令義其舉置楔棹以表之曰仗

義仁族由是邑中人皆賢韓先生
先生三十六歲聲名大振遠近來學者數百人門庭履常滿惓惓以明道化人爲已任卽田夫樵子未嘗不提命之凡來學者不納束脩間有以誠奉先生者暫封存之後有不善卽還其人
先生三十七歲時邑中有楊南金先生訪之見其力學勸攻舉子業從事三月稍稍能文遂與楊試南都見諸生等蓬跣入棘院先生慨然謂楊曰大丈夫出

則爲帝王師入則爲百世師所以伊尹三聘不起爲重道也今治文如此求名非衒玉求售枉巳而何謝而歸復業陶楊異之以妹許焉
先生三十八歲時楊妹歸先生先生謂楊氏曰爾兄豈無富族可配乎爾今歸吾貧士蓋謂無梁鴻耳吾不鴻非爾夫爾不光非吾妻也開其笥餘一二裙布盡分給所親有烟脂花粉悉火之令妻織蒲爲業楊氏亦安其貧夫婦相對如嚴賓人以爲有舉案之風

先生四十六歲時歲復大旱先生自爲童子師妻織蒲自給少有餘卽分給所親前先生搆有講堂三楹以待來學之士至是因鄉民飢困拆賣之得米麥數十斛以給親族鄉里至麥秋熟鄉人感其義爲再搆講堂三楹一時遠近聞之助工者甚衆堂因較前倍廣焉
先生嘗謁孔子廟歸次東平暮宿旅店店中妓狎之先生正色嚴辭拒之曰爲謁孔廟而來今夜不知悞

投汝家也少頃又狎之先生則閉門而坐天明起謂妓曰昨因悞投致爾未納他客少有所與以償汝晋之飯不應懇名姓不對而去後有本邑人過之妓道其狀乃知爲先生
先生嘗自安豐夜行遇盗先生作揖言於盗曰今夜三君子勞苦矣知君子非候我也望有富人夜行可足三君子之用奈我寒士也然少有束銀五錢衣一襲愧不多若內衣則我斷不能裸形體盗持衣銀而

去已而驚相謂曰吾輩自做此買賣以來從未遇到這等忠厚之人此莫非韓樂吾先生耶進問之果然賊曰吾等小人冒瀆夫子罪該萬死今而後改過矣置所掠而去

先生聞邑民孫本元死雙目不瞑妻翁氏泣曰夫先行妾即隨來依然不瞑翁氏遂縊尸傍先生往而弔之見其遺孤纔七月即以已女許配遂抱歸養命妻分女乳乳焉長以女配之名孫心

先生一日途遇廣德遊學仕宦者至邑中絕糧聞先生素好義即同妻子投先生家先生爲館穀之居月餘以妻子托先生別遊先生命妻伴之以織蒲自給先生足不至中堂六七月凡衣食必先所托然後及其私後宦回爲之感謝不已

先生嘗至泰州見一葛姓者有一子九歲因欠官租擕子市中出賣先生見而憐之即出買布嫁女錢數千與之命葛姓者同子歸家

先生講學時縣令程公鳴伊慕先生賢鄉飲大賓虛左以待先生先生遂致書謝曰某鄙陋夫也自責不遑安敢妄列衣冠有負大典惟愿明府愛某一心推及萬家使人人知孝知弟則人人鄉飲政平訟息其恩奚啻一鄙俗之夫受明府之寵渥耶

先生從師心齋時皆海內名士如唐荆川羅念庵毛龍溪歐陽南野鄒東郭董蘿石李石鹿等咸與先生同門分席後諸公登第各居要地各致書幣相贈先

生受書辭幣輒以前修不及爲愧願諸位不負所學爲望答之竟不一見也後唐公荆川親書流芳百世四字寄之蓋不勝奚慕云

先生家偶有二客訪之與先生縱談三月餘二客因吾兩人曾遇至人親授大道潛隱名山千餘年矣遠聞盛德而來果如所聞者願與先生同日冲舉共證長生先生默然良久曰吾學孔子者孔子曰朝聞道夕死可矣長生之法吾弗爲之矣二客曰真莫道長

生先生目前艱難至極吾兩人能點石爲金不可稍濟貧乎遂取懷中丹點石先生笑曰貧吾分内事也此物非吾當有刱斷點石成金千年後依然變本象還石豈不害千年後人乎害人之事吾弗爲之矣二客嘆曰韓子德大福薄行高識卓遂分袂而別

先生嘗會諸生張樂我貢受軒於武林陽明書院二生皆講學士二生願同先生共新斯世先生曰二公所云乃苦於場屋一時意氣耳非出處之正也古人

行畧　八

爲學各隨分量而已後二生各爲博士嘗致書先生曰僕教諸生專以詩文爲務道學二字爲時所忌絶口不敢一談竟如之何先生答曰持此意做官有所畏而不爲豈非患得患失之心哉後過東平聞貢受軒敷教過嚴先生作詩於明倫堂屏内諷之曰玉姬途泣問何如有女同盟不嫁夫今被錦衣郎誘去百年遺我獨支吾貢見知爲先生追之弗得

先生當隆慶三年時邑中大水田廬俱沒人心洶洶思亂縣令李公對泉憂之請先生命化亂民先生遂駕小舟遍歷鄉村作詩喻之曰蒼生活計細思量切勿粗心錯主張魚不忍飢鈎上死鳥因貪食網中亡安貧顔子聲名遠餓死伯夷姓字香去食去兵留信在男兒到此立綱常萬民爲之感雖賣妻賣女而邑中無萑苻之驚先生之化也

先生一日間偶遇一野老問之曰先生嘗講良心不知良心是何物先生曰吾欲與汝講之只恐難曉汝

行畧　九

試脱汝衣可乎於是野老先脱外衣再脱裡衣至褲不覺面紅自慚曰吾愧不能脱矣先生曰即此就是良心野老大笑而去

先生有一鄰人餓餓二日至昏借米於先生適先生亦乏米所餘不過二升餘而已先生慨然應之其妻頗有難色曰米無幾今晚與彼余夫婦明晨奈何先生曰吾之餓死猶在明晨他之餓死乃在今晚矣遂與之

先生嘗爲縣令程公鳴伊嘉賞忽一日送米一石白金一錠先生受米還金又致書謝曰某貧人也承明府洪恩拜領一石足給月餘一石分給親友以廣明府惠金惠過渥非我所堪承也縣令問故對曰某貧人也不能輔左右第凡於我所居者幸無訟牒煩公府此我所以報明府也令查案牘果然

先生嘗與諸名公講學或有談及別務者先生輒大怒曰光陰有幾乃說此閒泛之語又有引經相辯者

先生則又大怒曰含糊目前不理會乃擬弄此陳言此豈學究講肆耶諸公咸爲之悚

先生一日有直指某者聞先生賢造其廬先生送之及門而止直指惡其簡心殊不快遣一吏伺之見先生能立門內吏問其故先生對曰予分民也不敢以主人自居以答禮送大人今時心送耳吏還白直指爲之益敬

先生偶遇不相識者欲試之迺先生參秋豐登其人乃假作一字票對先生曰前三年借貸今幸獲參熟能相償乎先生愕然良久徐徐謝曰予偶忘之耳乃如數與之毫無吝色其人大笑曰予特試先生耳先生豈有負乎還其參而去

先生嘗舟行適他郡舟者悞以纜罥先生巾入水其人卽爲先生惶恐請罪先生笑曰無與汝事我坐太高耳使我坐得其所何令汝落我巾耶相謝而去

先生道範嚴肅卽倉遽時不改其度一日途次遇雨

衣衫沾濕步履安閒旁有一人曰雨大曷不速行先生徐應曰前面得非雨乎徐徐如故

先生於李文定公未及第時同遊王心齋先生門後休沐在里李公嘗造其廬訪之先生謂曰公以書生中狀元書生知遇之極也以狀元爲宰相人臣知遇之極也山林廊廟豈兩事耶願公與人爲善使匹夫匹婦化爲堯舜之民則今日狀元宰相當爲萬世狀元宰相可謂不負知遇之極矣李公嘆服曰予在京

相國李文定公特爲先生建祠贈一匾曰韓善士祠
縣令程公鳴伊慕先生篤學題送匾額兩方旌其門
一曰敦行正俗一曰淮海高士
縣令淩公登瀛送匾旌其堂曰篤信聖道
縣令楊公澗來慕先生高風親致祭焉猶恐日後無
田弗祀特捐俸買田百畝春秋二季列入祀典以少
牢祭之永垂不朽又贈匾曰東海眞儒
儒學教諭謝楠贈匾送入祠曰尋到樂處

縣令汪公芳藻贈匾曰振古豪傑又贈聯曰陋巷簞
瓢好學深思追復聖泥塗軒冕高風大節接嚴陵又
題詩作讚云崛起海濱有樂吾心齋學統接程朱惟
全孝弟登賢路不慕科名效世趨在昔鄉人稱善士
於今學者仰眞儒貧能周急風彌古展謁低徊想楷
模
儒學教諭張養性贈詩一首云東海高人韓樂吾只
憑眞實做工夫河濱漫道同陶業一念鷄鳴是舜徒

聞先生講學邑中不意所造竟如此予實有愧矣
先生道範格言當不止此然先生所爲大都於世法
不合且以一布衣處隴畝之間故人多不樂傳而僅
僅只此也雖然譬之鳳一毛豹一斑謂不足見先生
可乎
先生於萬歷十三年八月初九日卒享年七十卒之
日召門人至猶諄諄以明道教人言不及他已而危
坐而逝

補興化縣題振古豪傑額跋文
在昔宋先儒邵康節著皇極經等書傳世程子稱爲
振古豪傑昭陽韓樂吾先生世業陶稍長獨能拔出
儕偶從師就學王心齋先生曰吾道得傳人矣不慕
仕進甘貧樂道以倡明理學爲已任至於化冠濟危
猶其小節非振古豪傑其孰能之瞻拜之次遂顏其
額
黃海後學汪芳藻拜題

文贈匾云認得面目
兵部左侍郎邑人魏公應嘉於崇禎年間特請崇祀
鄉賢春秋二祭至今不替并贈一聯云不怨不尤學
惟樂真在我欲立欲達心每存乎愛人
兩淮鹽運泰州分司國公汝登慕先生高風特立神
牌供心齋先生祠內配享千秋
本邑明倫堂爲先生題匾云東海賢人
相國李文定公在京寄先生書云遥聞先生講學邑

中邑中之人皆信從興起至誠動物非聲音笑貌者
比也兒輩相接望賜啟廸爲感餘不能悉記
中州武公倫字仲明慕先生高風題贈一匾一曰與
人爲善一曰樂在其中

理學韓樂吾先生詩集

自在吟

一段生生理○天然妙莫窺○許多人不識○錯用一生功○
萬事無心妙○浮雲任去來○天機原自在○何用力安排○
一人一個性○一性一天機○天機即太極○太極豈人爲○
人人天地性○個個聖賢心○原不少些子○何須向外尋

諸生寫照

虛靈我心性○天地我形骸○寄語丹青客○會描此意來○

除夕

一歲今朝盡○青陽明日過○短藜隨地樂○清興語誰何○
細草春前見○梅花雪後多○悟來吾道足○適意起高歌○

勉松泉陸孝卿

凡聖總由心○松泉莫外尋○趙璧非爲寶○燕金不足珍○
包羅天地大○貫徹古今深○養得這些子○時時惜寸陰○

示董子儒

此心無多術○冲容養我真○有私難入道○無欲始疑神○

周禮遵前聖春衣亦古人中流能砥柱昭代有斯民

示沙子賢

萬理具在人心人心本有天則天則便是良知良知不用思索

吟天機

天機觸處皆眞性體流行是道總然說得恰好不若無言更妙

吟釣魚

釣竿凍破換新鈎望月觀雲數十秋不惜蕭蕭兩鬢雪此心惟在得魚休

其二

求魚到處覓深溪覓得深溪不見魚想是錦鱗藏水底漫勞釣線只空垂

讀皇極經世

清虛寂寂原無我太極空空未有身一落形名聲色後本來面目認難眞

觀太極圖

一畫纔生太極開兩儀四象變三才這同不向源頭悟已落千流萬派來

清曉

東牕曉日送餘紅象外晴光滿太空閒倚衡門耽寂靜梅花香處送春工

吟傀儡

大地總成傀儡幕兩輪日月作燈懸悲歡離合千般

巧幕外何人把線牽

淘沙吟

年來辛苦學淘沙四海波中盪月華淘得這些非自秘滿前誰是識金家

偶成

克念克來為至克閑心閑却是眞閑此心難着絲毫力纔着絲毫便隔關

閒居

五十幽棲碧海東三韓踪跡已飄蓬心參太極極無極性悟眞空空不空萬象渾融方寸內六經包括一丸中能將此意沖開去遍滿乾坤作化工

寫懷

固守茅廬六十春憂民憂道不憂貧囊中合得回生藥世上尋施惜命人肯服一丸躋聖域能超千古出凡塵願期天下歸王化堯舜爲君堯舜民

出遊

跳出樊籠打破空一身漂泊太虛中心忘物我先天合性悟鳶魚造化同兩袖淸風揮宇宙一肩明月任西東輕輕展足乾坤內蹈遍千山興未窮

有感

妻不賢兮子不肖不妨孔子不妨堯箇中消息難言語就裏眞機豈畫描草木點頭知我樂江山無口笑人勞天淸地濁何相得風自疎兮竹自敲

野寺

野寺重過八月秋禪關花木自生幽吟邊古刹來醒眼坐外諸天在上頭正擬古今成夢幻未論天地等蜉蝣吁嗟色相原無相又有胡書載白牛

歸村

昨夜歸來月滿舟西風吹動鷫鸘裘扣舷可作蒼生計長嘯時爲吾道憂孟子皇皇惟自信仲尼汲汲更誰留病軀瘦骨衝寒往哄我蘆花亂點頭

送王某

具眼看來總是癡紅塵大夢幾開眉百年身世如朝霧萬古興亡似奕棊風月無邊還自得聖賢有分在人爲從今踪跡無拘繫南北東西任所之

歸來

歸來日日對義皇豈爲浮名薄利忙我倚衡門看失馬人從岐路覓亡羊有書悟道貧何害無病傷身瘦不妨三聘不移耕叟志聖賢出處豈尋常

元旦

闔闢乾坤萬萬秋，淵源道脉古今流。一元造化三陽泰，滿眼天機百草頭。富貴久知非我想，聖賢端的在人修。假仁爲霸千年陋，眞僞關頭仔細求。

遊江南

江南遠雁沒寒空，一柱千年立水中。雲物似非當日象，山河應是古今同。蕭騷兩鬢逢秋短，綽約三花到處紅。嘯傲乾坤吾獨老，千山有盡興無窮。

詩畧　木

答友

直指先天一脉眞，此眞眞處口難陳。若言默會終成妄，纔說思通也落塵。不識不知登道岸，無聲無臭會心神。此中得手超千古，莫作回頭顧飢人。

其二

人爲天動兩紛然，除却人爲就是天。千聖難傳心裡訣，六經未了性中玄。生生死死無今古，見見聞聞豈後先。萬象森羅懸一鏡，分明都在兩眸前。

樵歌

東海漁樵萬事休，更無半點愧心頭。開懷天上一輪月，適性沙邊幾隊鷗。卧月眠霜眞自在，披蓑頂笠也風流。古今立志皆如此，飲水甘心不世求。

其二

求人求已兩皆求，求已工夫面不羞。自覺胸中空宇宙，那知世上有王侯。朝觀鷗戲清波上，夜聽龍吟碧海頭。蓑笠隨身樵斧在，任他風雨我何憂。

詩畧　七

其三

年老家貧予尚嫡，適遭荒歲豈辭勞。不如伊尹輕三聘，且學顏淵樂一瓢。帶月樵山隨野鹿，披雲釣雪看風潮。胸中無價明珠在，誰道吾家不富豪。

其四

百歲饑荒有幾年，工夫到此好加鞭。楞楞瘦骨撑天地，凛凛冰心繼聖賢。道合乾坤生死在，眼同日月古今懸。放開百尺竿頭步，踏破濂溪太極圈。

其五

老去漁樵不愧天虛靈半點絕塵緣能謀富貴寰中客會領烟霞物外仙且飲三盃歡喜酒不爭一箇皺眉錢堯功舜業浮雲過底事人生不自然

出遊寫懷

歷遍東南訪至人飄飄雲水不沾塵芒鞋踏破天邊月竹杖挑回海上春歲月任他催物老乾坤隨我樂天眞忍教人在愁中度喚起沉疴共日新

辭程邑侯鄉飲

鄙野山人鄙野懷誰人誣我是賢哉敢云孔孟傳心學徒慕伊周濟世才性嗜烟霞疎禮度心宜水月違塵埃生成不是衣冠客蓑笠漁樵歸去來

其二

生在田園老在邱此身無分謁王侯三餐藿食心常足一片荷衣志已休立已立人行孝悌希賢希聖度春秋山林莫道無賓飲水月林花足勸酬

與葛槐泉

人生安分且逍遙莫向明時嘆不遭赫赫有時還寂寂閒閒到底勝勞勞一心似水惟平好萬事如棊不着高王謝功名無限恨爭如顏巷樂陶陶

與盛子忠

偷箇閒時取箇歡休將愁事鎖眉端進前担子千斤重退後階梯老大寛衆樂樂中非我樂獨安安裡是吾安于今養得天君定劈面風來也不寒

與魏東崗

虛靈半點不容塡性體空空萬善全失友終無明道日得師方有出頭年淮南格物追前聖越國良知啟後賢所願生平無我事閒尋一段種瓜田

與劉朝裕

關中別有小蓬萊說與時人莫浪猜明月一庭無酒賞淸風滿座有詩裁求名心事時時遠樂道襟懷日日開誰識嚴陵高萬古三公不換釣魚臺

與徐國明

學貫天人本一家誠齋心地古根芽成人成已皆由我希聖希賢總在他花鳥隨時同興逸雲山到處寄生涯乾坤靶柄君能握鼓舞春風轉物華

與王中和

樂中尋樂在簞瓢天理常明欲自消風月四時隨玩賞聖凡同類要薰陶人如離道魚無水士苦希賢鳳起霄切莫苦難辭大志遵堯言行即爲堯

詩畧　十

與黎恭臣

着意忘機便是狂攝心養氣亦關防詩腸酒興原無定水性山情豈有常難道管窺能測聖不須文字可升堂莫將妙用翻成拙一任良知自主張

與孫玉峯

此身寄世若浮漚底事朝愁與暮愁名利兩關吾打破聖賢一脉孰能修十分善處十分樂百萬財來百萬憂能進不如能退好一瓢陋巷更何求

與任復軒

此地何人話此心惟君靜裏得天真有生肯作尋常輩處世當爲一等人樂到堯夫真是樂貧如顏子不知貧獨憐私淑千年後仰止高山正可親

與東村子

世路多岐未許遊得休休處且休休人皆爭跨揚州鶴我獨閒親海上鷗千古空談追孔孟幾人端的傲王侯乾坤斯道誰能繼天地寥寥草木秋

詩畧　十一

寄朱準夫

溪邊靜坐看流時萬古無停道在斯妙處不容言語說真機惟在自家知源頭活潑還如我人世奔波却爲誰徒念瘡痍無德洗且憑風月和新詩

寄徐子盛

別來不覺半年過希聖希賢志若何富貴不來休妄想聖賢未及莫蹉跎目前世事只如此身後光陰若不多看破古今成一笑一雙青眼莫糊模

寄江愛吾

賢聖工夫在括囊時時精一細端詳七情不動心猿泰一念纔萌意馬狂竹徑風清孤月皎松聰雪化早梅香良知孔孟傳心訣千古遺人入道方

寄城内友

落葉驚秋秖自憐良朋佳會恨無緣藂教性地生荆棘好養心田繼聖賢道德未全休歇手工夫不盡再加鞭無端歲月催人老一刻千金勇向前

寄王雲衢

率性工夫本自然自然之外別無傳閒携童冠歌沂上靜對沙鷗狎水邊物物性空無内外人人心廓自方圓清宵散步林泉外滿眼光風霽月天

寄翟南溪

千年樣子幾人知愛爾擔當事足奇聖學幾時曾間息人心只是苦支離晴空度鳥須當悟世路多岐莫入迷一片浮雲千里外不知何以慰幽期

勉趙如蛟

好向盤銘悟日新日新不已作天民修身念念存三省造道時時盡五倫堯舜事功還貫日漢唐勛業總成塵聖賢担子無多重着實擔當做好人

勉朱平夫

一條直路本天通只在尋常日用中靜坐觀空空亦物無心應物物還空固知野老能成聖誰道江魚不化龍自是不修修便得愚夫愚婦本來同

勉顧朝元

我來抱月東窻卧君莫回頭望釣台應物無心常淨境閉門有欲總塵埃莫教虛過容春去且要修身人聖來寄語昭陽諸弟子千年絕學細心裁

勉劉守恒

道即是心心即道事中求道莫他尋有人喚我隨開口無事觀書又養心悟得天機原寂靜肯隨流俗任浮沉縱然日應千頭事只當閒彈一曲琴

贈孫迎樓

柴門無事日優游靜裏惺惺暗點頭萬古聖賢非我繼千年道脉是誰謀理從欲處源頭覓身向心萌念處修此子機關如會得清風高節異凡流

贈金城齋

知君端不爲魚來愛月垂竿上釣台歌一首詩空眼界飲三杯酒壯襟懷隱微自有艮知覺成敗皆由造化裁識破榮枯隨我樂世人誰肯學顔回

贈劉從善

贈別無金贈以言言輕何以答君賢齊家必自修身始治世還從睦族先富貴牛毛空滿眼聖賢麟角已千年君行莫作尋常事斯道于今賴汝傳

贈麗文振

憶別東歸一葉舟孤帆高掛坐中流聖賢可造隨人學風月無邊任我遊道可行時還進進事當已處且休休天機萬古原無息人不知機强去留

答周合川

望道憂民得幾人乾坤獨立老師身胸中得失渾無慮腹內經綸別有神天地早知成大塊功名眞見等微塵隨時用舍心何與魚躍鳶飛處處春

答王東岩師

乾坤担子仲尼擔陋巷顔淵也並叅身外海浮空避世途中津問幾停驂從遊陳蔡甘同難來學門墻道共談洙泗淵源流萬古得傳一脉稱奇男

答韓西疇

修仙修佛任翁猜一洗凡襟上釣台佳興有花隨地樂好懷無酒對天開草衣木食心初定羅綺膏粱志早灰莫道柴扉無客到淸風明月逐時來

答靜軒上人

着意求玄便不玄了無一物繫心田總因人力安排後誰識天機混沌前無說說時爲妙說不傳傳處是眞傳許多閉口忘言坐未會些兒囑啞禪

答問三教

三教惟同一箇心此心無古亦無今放之充塞乾坤滿斂則包含造化深孔子教人惟語默曾參唯處要知音此般至理人人有莫向三家紙上尋

答宗子相

聖賢爲學不欺人道在連心透骨眞暗室不虧遐邇服大庭如味鬼神瞋伯夷身死心何死顔子家貧志不貧了道胸中無一物吟風弄月出埃塵

送陳西川

春風冉冉送西川樂滿胸中月滿船獨倚間窓觀草色且從眼底覔魚淵相期明善遵王化大放襟懷了俗緣富貴功名身外物莫將閒事擾心田

送北部鄭三山

牛刀袖裏且藏收小試江南數十州甘露洗清千獄怨和風蕩散萬家愁希賢愧我循階級造道知君極品流天賦雄才當世用早期伊傅出封侯

送儲翠峰移家

底事遷居住海濱祗因希聖擇賢鄰忘年早見求仁切舍己應知好善眞一刻陽生初破臘萬方雪化始回春民風日下憑君挽立起中流砥柱身

送林白宇

送汝南歸過釣灘全舟棹月楚江寒心傳洙泗情無限袂判河梁淚未乾遐志欲堅時敏力洗心先滌日新盤老夫切切叮嚀汝莫向閒居習宴安

送凌侍御海樓北上

堯舜君民只此中此中微妙本難窮世風日下誰能挽道脉年來獨有功早見政聲高萬古還期祿位冠三公一陽初破潛龍起佇看風流遍海東

送邑大夫王淇泉應召

祖筵華蓋駐江臯琴鶴蕭然一敝袍漢郡攀轅爭借寇虞廷側席正思陶棠陰日轉青城合梟影風驚碧落高願向五雲霖雨作早分餘潤下蓬蒿

送許學博自嘆

黍一琴分去一琴往來閒看世浮沉山中有客懸瓢去海上無人振鐸音經國手爲栽菊手憂民心作種瓜心故人儘有高人趣詩自吟哦酒自斟

送任復軒之廣陵

羨君一劍事長遊此日離悰不自由問道早乘邗上鶴尋銘同狎海邊鷗共知蚤譽通千里尚有佳言遍十州請飲滄浪三口酒海雲江樹萬天秋

詩草　十

上太師李相國

紛紛車馬簇江城上相初旋晝錦旌麟鳳實關天下望鵷鴻空負海邊名齊家治國道無異明德新民業早成剩有殘膏攜滿袖願分梓里潤蒼生

集李相國水亭

上相南歸綠野堂下賢初舉李膺觴名園碧水依魚藻禮座清華儼鳳章海甸蒼生涵化育朝廷禮樂耨施張東山暫喜留安石野服不妨一揖長

次東崖王師韻

今古興亡流水過漢唐勲業竟如何自知道大千鍾小誰識心空一芥多碧月光中同鶴舞白雲影裏聽漁歌我家原在光天住不落堯夫十二窩

和原韻

甲子推遷萬萬過推遷曾奈太虛何漫言有我終歸幻若謂無心也着多正看梅花呈道體又聽鳥語代人歌十年不著藩籬相賴有寬閒天地窩

詩草　九

訪孝子朱靜菴湖上

世人皆以孝名公早譽蜚聞遠莫窮我亦躋攀瞻几杖蒼生何幸仰人龍庵中習靜涵心訣湖上持身益道隆教子傳家惟孝弟麻衣鶉結任飄風

悼孝子朱靜庵去世

漠漠愁雲暗遠天哲人逝矣重堪憐九年廬墓堅金石半世安貧樂聖賢喜有詩書能啟後況多名行足光前思君此月情難盡愁對東風聽杜鵑

新秋與劉子華夜坐

火熘初收海國涼碧霄華月夜連床隔林野鶴餘孤夢入座幽蘭動遠香悟得胸中無一物澄清天下豈多方丈夫出處原無定一任高歌對酒狂

售屋以償債

今古乾坤幾換肩眼前得失不須憐三間茅屋更新主一片烟霞結舊緣世事浮雲無定在人生何地不悠然廣居纔是吾家物自古求安愧聖賢

簡李中秘敏齋先生

底事匆匆過釣台想應都爲究心來迷時萬里源頭塞悟後千年道脉開濟世恐非韓柳學安民還用孔顔才傳家再見經綸手早溥春風遍草萊

喜王懷山過訪

湖水悠悠放棹來良辰聚首笑顔開暫舒海上烟霞眼愧乏胸中風月才道大自然輕富貴心空隨處遠塵埃人生碌碌成何事願得同君上釣台

讚烈女宗貞一

古今烈女萬千千誰似宗門烈女賢一諾已看同皎日百年豈肯再移天獨諳夫婦綱常重遂使存亡節義全最喜鳳書飛海曲擬將道範續遺編

讚孫節婦

不讀詩書識義眞隨夫輕擲一毛身丹心貫日輝朝野正氣關天動鬼神凜凜清風消俗焰堂堂孤節起凡民若將冠蓋爲男子準擬皇家作鼎臣

興化縣志載先生以理學崇祀鄉賢特建專祠春秋官祭祝文云

維昔先賢崛起海濱紹興絶學剖朱陸之同異能自得師化遠迩之愚頑誘人以善　詩特其餘事

大清光緒十二年歲次丙戌興化傳薪書室照原板梓行

諫垣疏草

（清）李清 撰

《諫垣疏草》不分卷，清李清撰，據上海圖書館藏明崇禎刻本影印。

李清有《明史雜著》，已著録。

《諫垣疏草》，《清代禁毁書目四種》中列入《軍機處奏准全毁書目》。本書不分卷，二册，卷首有朱天麟撰《古言序》，一册目録署名爲《諫垣疏草古言》，共收録奏疏二十一篇，又有進呈的李善長等四人傳，穎宋二公考等。最早的一篇奏疏作於崇禎四年，時爲新科進士的李清爲其母請賜旌表。書中多數奏疏作於崇禎十一、十二年，時爲刑科給事中，主要内容可分爲兩類，一類是奏請公正對待前朝的功臣，如對傅友德、馮勝等的補謚等。一類是與刑科、刑部相關事務的奏疏，如有關朝審、停刑的對策，關於法律公平一致等的建言，上供積逋過多而參催不力的解決方案等。通過這些奏疏可見其履行其責的兢兢業業，細緻周到的辦事能力。六科給事中位卑權重，在明代的政治制度中具有非常重要的作用，擔任此職的人不僅需要突出的工作能力，更需要其具有優異的操行品德。李清即如此，他對兩任刑部尚書的工作就進行了有力的監督，《爲直揭累臣》疏就涉及刑部尚書劉之鳳，此前李清首糾其託疾規避等事，後劉之鳳得重罪，李清又認爲判罰過重，上疏皇帝，請求公正處理。《蘇積繫鋤大蠹》疏也涉及刑部尚書甄淑，李清在疏中指出刑部存在的嚴重問題，崇禎帝採納了他的意見，處罰了相關責任人，又聽從了甄淑的指控，將李清降二級調外用。可見李清不懼權貴，認真履行職責，哪怕危及自身前途，真正無愧其使命。

（周　忠）

古言序

今猶古耳每以為古即我
映碧收之快之于名艷節
業引之之申之之者曰古
之古如聞
國朝學士業中進傳之廖
二等文章武章而不能縱縱
之序古文如斯
國方正學孫新嘆之當其
等道正經天兵冒務縱論
英左光斗以策條黃榮
等相名穀而不網經

乎以速花院判出于右其
衛奇指郡好若彼并生
并浩抗之人滋抗然之遂
動人位佃恨之惟如此而望
之然之然偶不如先而必不然
不然益乃惡不然必之恨必
不然必可恨者映碧自然去
之憎之恨者急赴而媚之歎
之以之然以之恨之抗筆百
然之之然之至之然收其人
而之然之文然之然之抗然
而其成佈　古言者遂乎引

言言申言言因清我
季明録然似言必於者莫此言
百夫言有莫謹也匝自今
始抑言滿曰至維其人告
言語言允與
崇禎年弟朱天麟拜手

聖旨是

諫垣疏草古言目録

爲昭代未表之三案疏

爲謚法不宜獨遺武臣疏

爲士師止有執法之議疏 附進呈御覽傳四本

爲臣疏久稽未結疏 卷上

諫垣疏草

為昭代有未表之三案乞勅部速議以定考選
定枚卜之法併定謚典疏　　臣李清
臣辨事本科讀
皇上所訂記注見　天語諄諄曾舉我先師孔子爲
言夫孔子素王也尚以春秋一書行二百餘年
未定之彰癉況
皇上聖帝也豈不能以謚法一事昭二百餘年未結
之勸懲則行說于此可使將日之諮核無稽而
戒瞭於開卷或翁於素論則其一爲

太祖之龍興泰運也勳名所聚也其一爲
成祖之龍戰革運也忠義所動也其一爲
世廟與
皇上之龍潛毒霧方濃離明未耀蒙運也鉤究所起
也夫非開　國諸臣與靖難諸臣及烋死諸臣
乎以言乎開　國則將属草昧於謚多缺當奉
太祖之成言以補缺謀畧無雙文章第一非　御對所
以褒陶安乎傳一廖二非　御製平蜀頌所以
美傅友德廖永忠乎效忠致死每念不忘非

聖諭所以悼韓成乎此四臣者均宜首謚若葉
居昇以建言賢獄一訓導耳丁普郎以丧元執
兵作戰鬬狀一樞密同知耳謚一訓導而後此
直批棲烏寒蟬寂而伏馬緘者可羞也謚一同
知而後此横玉珥貂穴中鬬而牀下伏者可羞
也則從茲遞推如章溢馮勝孫炎輩不過十餘
人止而若何弗謚開　國以言乎靖難則將属
華除於謚猶疑當奉
成祖

仁宗之定論以破疑練子寧若在朕當用之非
成祖追宥其竸者乎國家養士三十年惟得卓敬非
成祖深惜其才者乎方孝孺輩皆忠臣非
仁宗重嘉其烈者乎此三臣者均宜首謚若龔翊之不
負城門一慟一衛卒耳王艮黄觀妻之投水與
胡閏女之毁形不嫁三笄流耳謚一衛卒而後
此改頭換面身冠裳而心市井者可愧也謚三
笄流而後此覆雨翻雲貌彝纓而行巾幗者可
愧也則從茲遞推如三尚書輩不過二十餘人

止而若何弗謚靖難至慘死一案共經諸臣屡
陳者近時人耳然以天啟之末參正德之季則
如御史蔣欽指揮張英以及陸震孟陽何遵華
皆諫而死者也合之左光斗萬燝黄尊素等可
共作一慘死案盖强項之挺骨鐵漢之嘔肝皆
撐持世運一鎖鑰也撩虎牙固封章可採尸犴
穴亦名姓可稽而衮褒未備何處可尋馬鬣芝
蘭半薤誰人爲乞 龍章此弔古愴今者所與
感于蠹簡零編荒烟斷隴而代爲呼籲也乞

諫垣疏草

皇上勅下禮部將三案諸臣臚列大槩刻期上聞而
去取予奪則一聽 聖裁俾異日書之史冊曰
崇禎十一年謚開 國諸臣若干又謚靖難慘
死諸臣若干甚盛舉也盖所舉者十餘年之曠
典而所括者數百年之遺案知非明斷並出之
皇上固不能以定考選定枚卜之法立定此善與善
謚者耳他若李善長恃勳而驕耿炳文墮成而
耄然前功自不可掩臣謂宜予中謚可也他若
胡廣之始悖周是修約而有愧死友繼負觧縉

于婿而有慚生女臣謂亟奪原謚可也他若陳
瑛蛇吻蝎尾肆螫逢千卒無逃於好還臣謂徑
加惡謚可也此皆推
皇上惡與惡謚之 旨而分別言之者乎今而後將
春秋不爲孔氏之書而爲我
皇上旌善癉惡昭往勸來之新書矣
崇禎十一年九月二十二日奉
聖旨該部并與酌復

諫垣疏草

爲諡法不宜獨遺武臣乞勑下禮部補諡開國
元功并勑炤文臣例一體諮訪以酬前勲以鼓
後効疏　臣李清
臣聞漢臣谷永有言曰君子聞鼓鼙之聲則思
將帥之臣今天下虜驕寇横我
皇上每拊髀而思廉李故登壇者則錫以破格之
恩誥而釋褐者亦寵以特舉之　廷對無非神
其鼓舞激勸而俾人人自奮于敵愾耳然臣以
爲旌顯不如闡幽而褒往更可勸來則不能不

爲潁國公傅友德訟也查友德以陳友諒舊將
識
太祖於初謁其奪武昌之高冠山也雖流矢中頰出腦
洞腋氣不少沮此友德首功也厥後同湯和廖
永忠等往征西川則先破階文書木牌以投水
而首將之覬望始奮迫象陣再破于是緬漢成
都等郡皆其手取傳一廖二
高皇帝御製之平蜀頌可考也厥後又率沐英等往征
雲南則渡下流擣中堅表裏合擊而達里麻遂
擒迫蠻陣再破于是烏撒大理等處相繼俱下
功震百蠻威加八譯
高皇帝親勞之　勅諭可考也此外或勦虜或平夷或
下中原齊勲殊績筆書未罄故近史持論謂其
烨烨庶幾中山而讀開國功臣錄者至謂友德
勳雖稍居寧河東甌上而與開平岐陽比肩乃
賜諡無聞於身没封爵不續于後裔真可嘆也
夫
太祖優禮功臣無所不盡故有生封公死封王之約止

因友德之卒也與馮勝俱在洪武末故卹典未
舉而後人遂妄有揣摩致以麥飯豆粥之永惓
反同烏盡弓藏之寄慨此一誤也又其後
孝廟追録元功特查六王後絶封者授以南京錦衣衛
指揮而
世廟則進以通侯然爲下者不能推廣德意致以興滅
繼絶之盛舉猶留偏枯向隅之長慨此又一誤
也迄于今丘隴烟寒宗支氣燼九重不及覩其
身刻之瘢百執無從識其手留之鏃年復一年

帷蓋永捐聽懷簪履亦勝浩嘆乞
皇上褒往闡幽予以贈謚俾今日武臣聞之亦觀感
興起曰我
皇上埀眷往功如此有能勠奴盪寇新建不世之功
者乎生封死鄭豈有靳焉未必非鼓舞激勵一
大機權也他如同功之宋國公馮勝亦友德亞
耳雖受馬匿驕不無微疵然内除肘腋之患外
建爪牙之勳勞苦功高著于當年噫此後之天
下鳴珂珮玉者儀朝矣吹竽鼓瑟者熙野矣誰

從金戈鐵馬間還念乎奠區宇之功臣而嘆爲
衣犯霧霜胄生蟣虱者茈竭百戰之苦而吝兩
字之榮其不平實甚似當倂勝予記功忘過之
義而與友德一體議補者也臣近覽弇州史料
見先臣王世貞曾先發此論謂友德宜予上謚
勝宜予中謚且謂續封一事將有望於後聖夫
後聖應屬
皇上耳然續封大典也恩自　上裁非臣下所敢輕
議若并贈謚置之則先臣劉基業以帷幄文臣
追補易代後矣無令櫛風沐雨之二武臣猶靳
一體之褒于　聖世可也其自二臣外或節
摽靖難如殉義之徐輝祖瞿能朱鑑等又或氣
奮平賊如立功之沈希儀戚繼光劉綎等推而
廣之皆可類比而舉凡畀尸義重血戰勳高者
乞
皇上勑下禮部一體發諸臣諮訪寧嚴無濫文武同
之此平論也勠奴盪寇行有踴躍以赴買骨之
招者矣

崇禎十一年六月二十九日奉
聖旨闡幽褒往文武原當一體但不得借端冒濫着
該部看議具奏
禮部看得開　國承家從來文武並重而酬勳
歷異之典尤首論以軍功是文德亦因武功特
著況戮力中原佐成混一奇勳備畧更爲當代
所不可磨滅者乎科臣表章謚法而獨以久湮
未錄之武臣傳友德馮勝爲請者亦有見于
聖祖開天元勳華出如中山開平岐陽諸臣爵賞榮十

生前贈謚及于身後惟穎國宋國同時建豎殁
則湮没數百年以來缺而未脩之典真不能無
待于今日也夫出百戰之苦而靳兩字之榮或
亦
聖明所惻然動念者合請　勅下在廷諸臣將二臣
從前事實詳加諮訪如先臣王世貞議孰宜上
謚孰宜中謚分别擬議以請
聖裁其于闡幽發往之義所係非淺鮮矣至于徐輝
祖以元勳　國戚與一時靖難諸臣方孝孺鐵

鉉等抗節全志而卒能弗斬其爵以報中山今
方孝孺等三臣亦未予謚均屬缺典臣部尚欲
另疏　上請而瞿能朱鑑或以奮勇捐生或以
固守敢死姓字雖與靖難並傳崇名尚需確論
始定其平賊立功之沈希儀亦當世名將中之
一人耳方之戚繼光之事業若足相當而按諸
劉綎之條忠又宜别論除繼光綎先經予謚外
其沈希儀雖傳記所載艷羨一時而遽與之易
名以垂千載則臣等未敢輕議寧嚴毋濫以仰

遵　明旨者也至于此外勳節最著未經闡揚
者伏乞
皇上一體　勅行從公諮訪以光謚典臣等未敢擅便
恭候　命下臣部遵行　奉
聖旨這議補傳友德馮勝謚號該部科從公集議確
覈奏奪

爲士師止有執法之議朝廷宜存恤功之典謹
就微臣摘參會審題請三案據實上聞以請速
賜裁決疏
臣李清
臣幼習舉子業每讀先臣許獬言謂自古有事
則思功名之士無則忘之不知僅享無事之福
正不可忘有事之功也臣追味斯語毎用慨嘆
仰如
皇上嗣統以來錄近功而復李遵祖之爵念遠勳而
赦李承祚之死其追憶前世功名之士而曲加
帷蓋者意深且厚然奴冤交橫蕩滅無聞蓋群
臣之仰推　德意未廣而前勳莫闡故後效鮮
臻也臣近管刑部摘參見有李世選十年未結
一案蓋不爲世選言而爲蘄國公李善長言也
夫善長以元勳被累不獲令終然王國用訟冤
一疏其情詞俱盡者已荷
高皇剖心之鑒此作吾學編者猶世載褒寶門外子孫
以一與斧鉞也今世選之持　龍封求襲奸而
造僞乎愚而行僞乎若論士師法執之而已矣

卽如該部原請欲存議功于議過當明列善長
功而以入臣之無市恩無骫法據律以擬世選
者仰俟
聖主雷霆雨露之斷何初既混請放廻繼又徑行沉
閣致先勳與後案俱沉是前官十年不結者過
也亦取卽冤擬奏奪之　旨而昧之否也若新
建伯王守仁後爭爵事又臣司李寧波所會審
耳夫理學節義與事功並茂當從守仁之不可
無後起見而乃爲先通業弘分袒也是不揣其
本而齊其末也往臣同兩推官會審時見一時
輿論皆欲以承勳一疏之有無定先通業弘兩
家之予奪此固兩人當堂認服者若舍明明出
子之疏而窮深闇之曖昧詰故紙之影響將起
承勳于九原而問之乎謂府部于此案也當以
請簡　大內者聽
聖明親決則有疏無疏間便定予奪而顧年需一年
致使帶礪替襲之一綫幾付消沉于烟雲也于
守仁忍乎誰掃逆藩誰盪巨梗稍動舊而食福

新今日之議者可思也至靳國公傅友德宋國
公馮勝謚號臣前疏中已備言矣夫自王世貞
陳建陳子龍輩皆稱二臣百戰功高而以不借
嘉靖間五姓同續封爵爲嘆然欲躡前部臣李
諭後而與劉基之續封同請則臣未敢謂特典
宜聽　上裁而虛名可從下請盍欲借此謚號
爲武弁勸也既奉有從公集議確核奏奪之
旨則　聖意何慇而今之延得無以奴警延乎
然當逆奴蹂躪正欲馬湩酹地祈兩元勳再生

以應此日拊髀之求況風往勸來闡揚宜亟乞
皇上將此二案弗任臣下之猶緩而以立限查奏者
取自　宸斷然後同李遵祖襲爵與李承祚宥
罪兩事俱播告海内以爲招徠先声夫死馬之
骨一買而千里馬至者三則以
皇上垂眷遠勳如此其有不聞風興起以附于此日
之千里馬者臣不信也臣不敢爲多金希脫者
與開藩籠亦不敢爲大力希恩者與遨　綸綍
獨以久縶之枯窮與久淹之帶礪謚號言也大

亦嘗
皇上復遵祖宥承祚之　盛心而推廣及之也其四
臣生前事蹟敬節陳　御覽知
皇上必惻然興舜之感而應結者結應補者補有
借遵祖承祚而同邀浩蕩者矣
崇禎十二年三月十七日奉
聖旨這三案久稽甚有十餘年不結者是何緣故該部
據實確覈擬議奏奪該部知道
刑部一本士師止有執法之議事　後疏内第一案

奉
聖旨這案事屢勘妄僞何久淹不結李仙品着革去
衣巾擬罪李世遜姑以疑宥放還
吏部一本撫按已經勘奏事　後疏内第二案
奏
聖旨這案着該部遵前後明旨并本内情節從公據
實核議具奏不許游移詰券嚴限該撫按送府
查勘

附進呈

御覽傳四本　臣李淸

先臣韓國公李善長傳

李善長定遠人少有志計

高皇帝略滁陽善長被書生服迎謁退而喜曰有　天

有日矣

上收爲掌書記遷參謀議軍機晝餉甚見親信諸

將來歸者善長與語察其材言之

上復爲布款誠使盡力時滁陽王爲王帥欲奪善長善

長謝弗往

上命之行善長固謝弗往壽王卒

上代總其兵元衆尤盛時出襲雞籠山寨留少兵佐善

長守曰敵至謹自保元兵謀知來襲善長設伏

大敗之捷聞

上大悅曰孰謂汝儒握算者當令執戈者屈矣將發釆

石善長置榜諭士卒有虜掠者必斬入太平懸

之肅然無敢犯

上稱元帥善長爲元帥府都事以諸將不能戢下欲悉

置之法善長力救廼解鎮江下民不知兵善長

乃與諸將謀奉

上爲吳國公自是軍機進止賞罰十九取善長處

分凡師行善長必留守轉調兵餉進中書省參

知政事

上克江州兩平洪都援安豐討廬州下武昌善長皆居

守將吏帖服居民安堵奏

上爲吳王超拜善長右相國請榷兩淮鹽立茶法旣復

制錢法於洪都設三局湖廣開鐵冶定魚稅裁

取有裒民不爲困用益饒大將軍達已平張士

誠以善長有轉餉勞　召見戟門封宣國公又

與御史中丞劉基等裁成律令賞賚有差善長

率羣臣勸進凡三表乃許充大禮使改中書左

丞相

上幸汴梁善長居守三月聽便宜行事壽奏定六部尚

書以下官制議官民喪服三師朝賀

東宮儀朝臣大小服色俸賜天下神祇名號封建

藩國功臣爵賞事無巨細悉委善長三年大封賞

謂善長事朕日久督餉有勞進封韓國公子孫
世世勿絕　賜鐵券仍免二死子免一死　誥
辭謂東征西伐日不暇給爾獨守國轉運報備
供給器仗軍繁治劇和輯軍民漢有蕭何比之
於爾未必過也時大將軍達爲元功位猶下善
長　賜臨濠地墳佃戶墾濠田　命善長總理
事踰數年後以　長女臨安公主歸其子祺拜
駙馬都尉十三年丞相胡惟庸反以善長弟子
祐係惟庸婿辭連善長羣臣請逮徹

上謂吾年二十七識善長於兵間善長四十一所言多
合遂　命掌簿書贊計畫爲功臣爵以上公女
女其子此吾徵時股肱心其勿問仍　命理
臺事十七年河南水　命善長賑恤二十一年
榜列勳臣善長猶上列二十二年星變占移大
臣於是御史上書復論劾十年前事時善長七
十七矣獄具
上猶手詔慰諭名語開創艱難爲流涕善長大慟日臣
誠負

恩歸竟自縊死特　赦諸子弗誅以禮塟善長郎
其家御史解縉代虞部郎中王國用爲稱冤言
善長與
陛下同心出萬死以取天下勳臣第一生封公死封王
男尙公主親戚拜官人臣之分極矣富貴無復
加矣藉令自圖不軌猶未可知而今謂其欲佐
惟庸者則大謬不然夫人情愛其子必甚於弟
兄之子安享萬全之富貴者必不僥倖萬一之
富貴善長於胡惟庸則姪之親耳於

陛下則子之親也使善長佐胡惟庸成不過勳臣第一
而已矣太師國公封侯封王而已矣尚主納妃
而已矣寧復加於今日且善長豈不知天下之
不可倖求取天下於百戰而艱危也哉當元之
季欲爲此者何限莫不身爲虀粉覆宗絕祀能
保首領者幾何人善長胡身見之而以衰倦之
年身蹈之凡爲此者必有深讎急變大不得已
而後父子之間或至相挾以冀脫禍今善長子
祺備

陛下骨肉之親無纖芥之嫌何苦而忽爲此若謂天
象告變大臣當災則尤不可　天下孰不曰功
如善長又何如哉臣恐四方解體也
上亦不罪

先臣潁國公傅友德傳

傅友德宿州人擊刺騎射冠絕一時
高皇帝奇之俾爲別將從擊陳友諒於鄱陽湖友德操
輕舟盪其鋒身被數創手殺數百人友諒死第
功最從親征圖武昌城東南有高冠山下瞰

城中友德率萬人先登一鼓奪之流矢中頰鏃
出腦後洞脇不爲沮武昌平從徐達下廬州西
取夷陵又取衡州襄陽安陸與元守兵戰身被
九創還師淮東克泰州進逼淮安破張士誠援
兵復大破元帥竹貞焚其積聚　命守彭城王
保保大將李二來寇其驍將韓一出戰友德單
騎奮槊刺之墜馬友德度賊且復至開城門陣
於野使皆臥槍待聞鼓卽起二果至兢而嚻友
德鼓士搏賊遂敗之縛二獻

上大悅進江淮行省參政以麾蓋鼓吹送歸明年從
達破沂州下青州元丞相也速率數萬騎來爭
友德以輕騎誘擊之伏發也速敗走遂取萊陽
明年從取東昌棣州樂安又從克汴梁河南復
從渡河取衛輝彰德遂東取臨清滄德進克元
都又從徇保定中山眞定皆下略平定州遂克
太原王保保以大衆來援萬騎突至友德帥死
士百拒却之夜伏兵掩其營王保保走友德盡
獲士馬四萬餘又走張思道降李思齊以精騎

下慶陽關陝悉平移兵伐蜀友德領前鋒奪略
陽關攻漢中克之蜀將吳友仁謀復漢中兵大
至友德夜令人持十炬列山上蜀兵驚遯凱旋
封潁川侯
上將伐蜀以友德爲征虜前將軍趨成都友德揚聲出
金牛而潛使人覘階文守禦果單弱因攀援巖
谷晝夜兼行抵階州擊守將走之階州下遂趨
文州蜀人斷白龍江橋自固友德修橋渡遂拔
文州進拔綿州漢水漲乃造百艦以木牌數千

書克階文綿州日月投漢水順流而下郡邑見之皆解體艦成遂渡圍漢州蜀丞相戴壽太尉吳友仁等來援未至友德已大破其守將向大亨兵謂將士曰大亨破壽奪膽矣復親督勁兵迎擊大破戴壽遂拔漢州進圍成都壽等出戰以巨象載甲士前列友德勒強弩挾火器衝之象皆却走壽兵蹦藉死者亡數而會副將軍廖永忠得木牌書率所部直前其偽主明昇降壽等聞之乃籍府庫倉廪叉縛詣軍門又分兵徇

州邑未下者克保寧執吳友仁

上大悅曰潁川侯友德月越險阻功最大別爲文首襃友德永忠次之征西將軍湯和不與焉明年副征西將軍馮勝征虜友德先率驍勇五千騎馳趨西京遇元將失剌門突戰敗之至永昌又敗其將朵兒只巴獲馬牛羊十餘萬進略甘肅手射殺平章不花降太尉瑣納兒等獲馬萬疋至瓜沙州破其守將獲金印三馬牛羊二萬足時師出三道獨友德獲全勝踰年大軍北巡長城

友德爲前鋒虜聞之遁追獲平章鄧孛羅帖木兒等又駐延安以備伯顏帖木兒果入寇友德設伏縱擊大破之獲其士馬輜重無算衆縛以降虜乃兒不花寇邊復以征虜右副將軍出塞覆其寨獲士馬千計洪武十四年命友德爲征南將軍討雲南友德至湖廣自率大軍攻普定克羅鬼兒犵狫至普安復攻下之遂進兵曲靖元梁王遣其司徒達里麻來拒戰友德用沐英計與相距揚聲欲渡而別遣將潛從下流掩其

背衆亂友德乃麾衆畢渡下流之師表裏合擊大破之擒達里麻俘衆萬計友德縱之歸農歡聲聞遠邇友德自率衆數萬搗烏撒諸蠻皆遁遂城烏撒王龍集蠻復大至友德故不戰以老之蠻疲集鼓士騎奮大破其衆斬首三千餘級蠻遁遂城烏撒得七星關以通畢節又克可渡河於是東川烏蒙芒部俱請降曲靖中慶徵江武定及諸路亦降俄烏撒蠻復叛友德討之斬首三萬餘級獲馬牛羊十餘萬強首需翠亦降

雲南悉平諸因土俗定租賦興學校瘞戰骨廣
屯田遠邇畏悅以是遂大定進封潁國公予
誥及鐵券以 女壽春公主歸其子忠壽以征虜
左副將軍同大將軍勝北襲虜將納哈出於金
山盡降其衆又率辰沅貴州諸衛兵討平廣西
韃靼反者東川蠻復叛友德再往討且討越州
叛酋阿資破之阿資請降遂平平越諸叛苗尋
召還京爲征虜前將軍出古北口襲元太尉乃兒
不花等降之悉收其部落進兼太子太師時列
建功者十五人友德居第一二十七年卒

先臣宋國公馮勝傳

馮勝定遠人爲都指揮使陳友諒陷太平進逼
龍灣
高皇帝禦之大戰石灰山未決勝率宿衛士奮擣中堅
大破之遂復太平師旋再從討友諒長驅至江
州友諒敗死武昌江州平張士誠以兵圍安豐
上師師援之勝從解圍從下武昌克廬州移兵取江西
諸郡復圍高郵下之取淮安安豐下吳興遂進

進九

圍蘇州踰八月始破之論功次平章遇春進右
都督尋從大將軍平元下徐宿青兗濟南凡得
郡國十餘又總諸衛兵取樂安取汴梁河南二
郡尋潼關守焉復西下華州旋師汴梁拜征虜
右副將軍 命守汴梁還從大將軍逵下山西
從武涉取懷慶踰太行克盌子城取澤州遂取
潞州轉戰平陽敗其左丞相田保保徐伯昌於
絳州獲之平陽絳州平渡河發陝西取鳳翔克
鞏昌還從大將軍攻圍慶陽執叛將張良臣全
陝平以征虜右副將軍同大將軍出西安擣定
西大破王保保之師鹵其士馬數萬徇畧陽擒
元平章蔡琳遂入沔州又遣別將孫鳳翔入連
雲棧合攻興元克之蜀地大震凱還論功封宋
國公 賜券予 誥謂勝十餘年內除肘腋之
患外建爪牙之功平定中原佐成洞一稱揚甚
至明年發兵出塞勝以征西將軍孫西路至蘭
州遣右副將軍傳友德以驍騎五千爲前鋒連
戰敗虜遂定甘肅進至亦集乃路降其守將卜

進十

顏帖木兒次別篤山口岐王朶兒只班走獲其
平章長加奴等及馬駝牛羊十餘萬時大將軍
達兵不利左副將軍文忠失得相當獨勝以捷
聞元丞相納哈出擁衆金山數爲邊患
上拜勝征虜大將軍以步騎二十萬乘之勝至通州諜
虜屯慶州以輕騎乘大雪掩之殺其平章朶來
大獲士馬而還遂駐大寧踰兩月以全師壓金
山納哈出遣其左丞探馬赤等至勝軍獻馬且
窺虛實勝已踰金山至女直苦屯降納哈出之
將慶國公觀童納哈出度不敵請降勝使藍玉
以輕兵往受之納哈出率百騎降其將士妻子
凡十餘萬在松花河者勝遣觀童往諭之亦降
凡四萬騎并得所部二十餘萬羊馬驢駝車服
至百餘里
上大悅會有言勝受良馬者又失殷都督濮英三千騎
乃 命收大將軍印久之加太子太師時列勳
臣望重者八人勝居第三二十八年卒

先臣新建伯王守仁傳

王守仁餘姚人中進士授武選主事正德元年
劉瑾亂政守仁首抗疏杖 闕下謫驛丞四年
以瑾敗起官歷陞南贛巡撫當是時江西山谷
中劇盜出肆劫掠積至數十萬守仁奏云古者
賞不踰時罰不後事過時而賞與無賞同後事
而罰與不罰同誠得便宜行事如是而兵不精
賊不平臣無所逃死兵部尚書王瓊素知其才
題改提督軍務兵馬糧餉悉聽區畫用兵進止
不必奏聞文武官退縮者聽軍法從事於是守
仁得益展材用而賊首黃金巢盧珂鄭志高等
率衆歸命矣已進兵破橫水賊擒其大酋謝志
珊等五十六𩠐斬從賊二千一百餘級因使使
諭桶岡賊方疑未決乘霧襲擊復破之擒大酋
藍天鳳等三十四𩠐斬從賊千一百級時浰頭
賊尚強酋池大鬢等尤黠守仁使使以牛酒諭
降乃報降賊盧珂等將掩我家室守仁心知大
鬢等實挾詐老師乃佯怒杖責盧珂等下之獄
而諭之情復以新曆給大鬢等誘使來見守仁

慰諭宴犒供帳甚設大賚等喜過望至正元次
日復張樂大宴引大賓等魚貫入盡伏士僇之
遂出盧珂等使歸發兵爲鄉導破浰頭石門覆
其巢三十餘擒大賊五十八酋斬從賊二千餘
餘奔九連山守仁以九連深險率精卒七百衣
賊衣佯若奔潰者賊從崖上招呼與相應久而
賊覺則師已度險賊狼狽失據皆就縛捷上進
左副都御史寧王宸濠反署置將相劉養正李
士實等守仁指心劃　天不與俱生上疏告變

而移檄暴宸濠罪府兵未集守仁念南京密城
耳宸濠至下矣乃檄諸郡邑云各路大兵皆至
將趨南昌又爲蠟書貽李士實劉養正若與通
謀以圖宸濠者宸濠得書未決與士實養正謀
皆勸遊南京益內疑十餘日探知中外兵不至
乃悟守仁紿之留少兵守城而劫其衆六萬攻
下九江南康進圍安慶不下守仁兵已集又諜
知宸濠離南昌進兵襲破其城悉擒宜春王等
千餘人留二日即發兵躡宸濠宸濠聞南昌失

守解圍自救守仁分布已定張疑設伏以俟與
宸濠前鋒遇於黃家渡知府邢珣以所部衝擊
斷其中知府伍文定都指揮余恩等乘之伏羣
起賊大敗明日復大戰我兵小却守仁急命取
先却者頭益爭奮砲火碎其副舟遂奔潰擒宸
濠與世子李士實劉養正等斬首三千級溺水
死者二萬餘分道捜捕餘黨殆盡
世宗詔録守仁功封新建伯兼南京兵部尚書參贊機
務五年岑猛叛兩廣聚兵討猛猛死田州其黨

盧蘇王受相結再叛起守仁往討既至開示恩
信蘇受等自縛來歸薄示懲而已悉遣歸農守
仁又諭蘇等
朝廷宥爾宜報恩衆皆願效死守仁因八寨反側
久毒嶺表密與蘇等約期日去又因永寧等處
土兵徑擣其巢或過前或截後或張左右翼夾
擊之誅斬萬計八寨亦平尋乞休卒隆慶初贈
侯謚文成

爲臣疏久稽未結乞特敕實録俾元勳明
祖德備光疏 未上
臣謬竿侍從見 臣李清
皇上嗣統以來褒德崇功上頒
世宗甚盛舉也查
世宗時曾有刑部郎中李瑜爲其鄉人劉基請續伯爵
于是
世宗慨然俞允并及常遇春李文忠鄧愈湯和後夫
皇上有同
世宗之明而臣不敢效李瑜之請止爲頴國公傅友德
宋國公馮勝請補贈謚耳祈奉 旨集議確核
再奉 旨久稽是何緣故然集議安敢確核奚
摭且謚必兼贈諸功臣盡然典重斯攢久稽非
得已也臣近讀先臣王世貞疏竊嘆事關二臣
闡揚小事關
高皇表白大敵不舉前說暢言之乎夫世貞之兩言
神廟也謂二臣卒皆在洪武二十七八年故未暇議謚
謚議襲封後世因優恤之微餙嫌忌之說使

高皇之心不白
累朝之典尚泯臣於是扼腕太息終不敢不爲
高皇白也蓋
高皇賜綺錫金葺塋造第優功臣至矣即擅役宮衆之
華雲龍肆行貪取之朱亮祖猶祭有文壙有誌
葬以侯禮若顧時薛顯輩雖黨禍漸蔓身後而
贈謚弗削事前惟周德興以帷薄不修戮藍玉
以不軌戮要亦三尺難私而自取者未可歸過
若文耳豈鳥盡弓藏兎死狗烹如明典雜記廣彙記諸
書所載而可比惨生恤死之
聖祖也雖 昭代寬大不禁野史而以誣友德與勝并
以誣已贈已謚之常遇春徐達湯和不尤謬乎
倘不察年月之舛姓名之乖而訛以傳訛幾齊
東亂信史矣臣讀世貞疏云宜 勑部會閣啓
金匱石室之藏詳核二臣社稷之勳夫金匱石
室安能頓啓蓋指閣中所藏實録副本而言也
按友德以洪武三年封頴川侯以十七年進封
頴國公以二十七年卒又按勝以洪武三年封

宋國公以二十八年卒乞
皇上簡發實錄查封何功進封何事卒何因如二臣
已躋薤醢之條而
高皇猶寬韓彭之鉞則記功敍過宜表孚也臣疏應銷
若功大過少則如毘陵之欠忠瞿塘之退縮載
在劵　勃然不害湯和贈謚又如非智非謙幾
累社稷身不免而自終見於　御誥然不害李
文忠贈謚上中二謚所宜酌焉否則有功無過
偶以卒脱遺耳且

諫垣疏草　三

世宗朝曾祠友德雲南賜額報功有應祠不應謚應謚
不應贈者乎倘據稗官小説爲二臣疑案是并
徐達常遇春湯和之已贈已謚者而可疑亦可
奪也乞　勅下查明仍依世貞言并舉德慶侯
廖永忠與代
高皇死之韓成馮友諒死之花雲俱準　實錄議補
昔續五姓侯伯而以興滅繼絶須
世宗今補五臣贈謚而以褒往闡幽須
皇上盛　哉臣祖先臣春芳任兩朝大學士每謂稗官

家言不足溷信史故臣踵先臣議以救　實錄
副本請憖欲元勳堕
祖德俏先也惟
肅斷施行

諫垣疏草　四

宋仁公考 徵信十三則

嘉靖元年巡撫雲南都御史何孟春奏穎國公
友德宜德侯金朝興汝南侯梅思祖皆雲南開
疆之臣請立祠致祭
世宗賜額曰報功 見朱平涵大事記
王世貞應詔陳言疏內二段一措 德意以昭
大勸
高皇帝時開 國諸公侯自中山開平岐陽諸王外功
莫大於韓國公李善長穎國公傅友德宋國公
馮勝德慶侯廖永忠善長籌握轉餉之功不下
於鄼留中間以嫌疑獲罪王國用辨之甚詳友
德等戡定藩閫之績遠過絳灌卒老牖下而時
屬劭勳未蒙易名之典臣以爲此諸臣者宜優
加贈謚者也臣愚不勝惓惓
一昭爵賞以徠異勳臣見
先帝時復開 國六王之後俱爲列侯所以張大 國
恩率厲士氣至隆厚也今虜無歲不犯邊謂宜
提空名以鼓舞之而上不爲異格以待下下不
不爲異勳以報上斤斤守刓印故規而欲責人
以捷伐之奇烈臣以爲萬無是理其
高帝功臣如前所舉宋國公馮勝穎國公傅友德德慶
侯廖永忠宜下所司講求中廢之故取其嫡系
量復封爵明告天下有能驅滅北虜大者公小
者伯世世勿奪數年之間能無長平冠軍出而
應詔者乎臣愚不勝惓惓 俱見弇州史料
王世貞申飭部規疏內一段
高帝用夏變夷化家爲國一時功臣如六王者皆以弘
治詔官其後人爲錦衣衛指揮使又以嘉靖詔
進爵通侯世世不絕德至渥恩而一時當事
大臣不能詳攷故實獨遺所謂太子太師穎國
公傅友德太子太師宋國公馮勝者攷之友德
於洪武三年以戰功封穎川侯其後下秦隴轉
破階文遂定西蜀
高皇帝躬御 天藻首頌膚功壽統大兵三十餘萬蕩
平滇南拓土萬里歸啟公封數提將鉞終老歸
下勝於洪武三年以平定汴洛秦晉功封宋國

公列於衛國公愈之上自是連總雄師北殲强
虜勛臣榜中名列第三止是金山之役偶以一
青微忤
上旨然任遇無改名爵如故二臣之歿在洪武二十七
八年間一時勛貴大臣逋未有議及贈謚及襲
封者後世因其優卹之微遂飾以嫌忌之說使
高帝之心不白
累朝之典尚泯臣以爲是二臣者功不下六王而報同
凡庶甚非報本追遠與滅繼絶之義也合無

勑下吏禮兵部會同館閣大臣查考金匱石室
之藏詳覈二臣社稷之勳或追贈王爵或加贈
上公賜以易名之典仍推求子孫比炤弘治六
王事例蔭録指揮等官俾用事久爲嫌則漢之
末季尚有追録酇絳之後者寧謂
聖明御極而有所不逮也伏惟 聖裁 見弇州續稿
王世貞功臣表序云嘉靖間
天子紹明先世之道慨然下 明旨太宰大司馬追攷
故實收録故鄂國公遇春曹國公文忠衛國公

愈信國公和後俱爲薇侯誠意伯基後仍爲伯
增其秩天下翕然歸厚焉而一時奉行之臣不
能推廣 德意至使宋潁二公遂不獲一比肩
曹衛而李韓公廖德慶吳江陰靖海之裔寥寥
靳一命之澤將無望於
後聖哉夫繼絶世舉廢國天子所以懷諸侯也則自
古記之矣
王世貞謚法考又云先代勳臣若傅友德徐輝
祖之類追之以謚可也又若李善長若馮勝若
廖永忠若耿炳文之類追之以謚謚而不盡蔽

瑕可也
王世貞功臣存革議云功大而無罪絶者潁公
之不爲潁也不以罪死即如懷遠臨淮劔侯之
可也功大而罪小絶者宋公之不爲宋也其功
盛於東甌而次於岐陽在北征失處分耳
固已冤之而用之矣即不獲如東甌岐陽劔伯之可
也
王世貞又云實録爲宋公立傳傳言其功至所

爲大將馭衆無紀律
上以此深責之然是十八年事耳以後數佩印廵邊加
太子太師恐未可據爲罪狀也至頴公尤不可
曉自洪武元年以後北征及平蜀平滇功冠諸
將不聞纖毫罪狀而史不於卒時立傳却於封
公下及之永樂中又不爲置後何耶以上四段俱見史料
顧起元爲李善長作序云嘉靖紹封廷臣獻議
自開平數公外不能推明韓公與宋頴二公之
功以鄙 明詔至今有餘恫焉㨿舉闕遺是在

聖明矣謹書之以竢見顧隣初集
茅坤功臣論云宣國公李善長則事
高皇帝于滁陽覊旅之間而畫機運餉不愧蕭何頴國
公傅友德則副大將軍於中原百戰之餘而西
川百粵可方吳漢其生也功若泰山其沒也不
及尺土之封以垂後人此則晋五蛇從龍之歎
不能不于今欷歔而飲泣者也見鹿門集
又鄭曉吾學編特列傳友德于名臣記中與徐
達劉基李善長並有友德取巴蜀定雲南功皆

第一剖符上公佐成 帝業等語見吾學編
陳建通紀云我朝稱開 國功臣必以六王爲
稱首然以傅頴公之勳烈較之其猶在寧河東
甌之上與開平岐陽比肩乎今六王之後咸續
侯封而無人爲頴公訟之者惜哉見皇明通紀
高岱鴻猷録封賞功臣論曰馮勝封公位鄧湯
上而歿不追封王爵廟祀不得與湯鄧伍今不
可考矣至李善長封爵在中山上以黨累不嗣
豈人情哉傅友德人謂其功業威望當右湯鄧

而不嗣之故亦無所稽頃年廷臣建議録常李
鄧湯與誠意伯後俱復勳爵而李善長友德獨
遺此不謂缺典乎又廖永忠吳禎吳良耿炳文
吳復等至無人主其祀也可太常竹帛者當知
所以處此見鴻猷録
陳子龍論云夫以傅頴公馮宋公之流嘗將兵
數萬闢地數千里繫僞王致闕下今其子孫無
尺土之封夷爲編戶誠有所不平也見秋制策

潁宋二公考 辨疑附列
愚按大政記洪武二十六年二月凉國公藍玉
謀反伏誅內有侍郎傅友文以黨誅非傅友德
也本年三月命宋國公馮勝潁國公傅友德往
北平等處備邊聽
成祖節制本年四月賜潁國公傅友德第於鳳陽本年
九月命宋國公馮勝凡將士有罪削爵從征者
悉復其舊又據王鳳洲史料洪武二十七年十
一月晦潁國公傅友德卒二十八年二月宋國

公馮勝卒吾學編同與玉誅死之年月遠不相
侔此史料藍玉傳所以云不入甚語也
又兩公嫌忌實事終不可考查廣彙記云常遇
春北征道經山西某縣晉恭王晏勞之同晏侯
伯四人次日皆中毒死徐達病疽
上問所欲食達奏欲食白馬肉
上殺御廐白馬以賜不踰日達死湯和將歸鳳陽辭曰
臣年頹邁　聖恩宥命
上變色曰公聞　國功臣當同享富貴何出此言北雖

京泊河間舟漏淹死夫達之病至云他日同歸
上豈賜肉者和善始善終正以年老乞骸一語何云淹
死若遇春之卒于柳河川也烏未盡而方安從
藏兔未死而狗何緣烹查洪武三年四月方封
諸王又洪武三年十一月方封功臣爲公侯伯
若遇春之卒則洪武二年七月也此時安有侯
伯四人又安有晉王其誕妄甚矣二公嫌忌之
說無乃類是
又名山藏云馮勝家居僮僕穫稍打塲瘞甕塲

下碾碌碡其上取其有鞳鞳聲邑有樊父勝兄
馮國用妻家也勝一日爲酒召樊父盛陳其金
銀器皿與樊父戲而令瘞之樊父旣得難勝曰
必千金乃還勝怒走訟
太祖勝訟樊父樊父亦訟勝曰塲下瘞兵器
太祖予勝酒曰我不問勝歸遂死傅友德因藍玉誅以
功多內懼會冬晏從者徹饌徹不盡一蔬
太祖責友德不敬且曰召爾二子來友德出衞士有傳
太祖語曰攜其首至頃之友德提二子首以入

太祖驚曰何遽爾忍人也友德遂自刎此豈即鳳洲疏
中所云飾以嫌忌者耶夫以　君父尊嚴安有
與人樗蒲求金銀器盌不得而訟之
太祖理勝與樊父之說眞齊東也至友德云云更爲悖
謬查吾學編所載友德長子忠尚壽春公主爲
駙馬都尉次子讓爲金吾鎮撫夫歐陽駙馬之
敗茶干禁也自作之孽僅賜死耳至李善長自
縊不及駙馬李祺陸仲亨誅死不及駙馬陸賢
安有因從者而取駙馬首又安有自刎於朝而

謙垣疏草考　附九

悖冷之王鳳洲尚云不聞纖毫罪狀此必後人
因嫌忌之說而文致其事者也予不敢不爲數
公白尤不敢不爲
高皇白護附録以待博物者辨之
朱平涵大事記載友德子添錫字佑之元末大
亂與父相失家杭州授明州訓導歷知大名府
元兵犯城出走安置雲南永平擢大理衛知事
普安賊叛與戰死之士人葬犨後立祠以祀與
吾學編名山藏所載絶不相同此又豈無據耶
今日惟論其功斷之理紛紛異說不足憑也
或問嘉靖續封及五姓不及二公何也查刑部
郎中李瑜疏內原云劉基臣鄉人故爲請復伯

爵請侑
太廟二公非其鄉人此瑜疏未及耳時
世宗從瑜所請爲基復爵侑享又推廣侑
廟中絶而未續者遂并及常李鄧湯後二公與基俱未
侑
太廟故續其言之所及而遺其言所未及此鳳洲鄕祠
兩先生所以歸過於諸臣之不能推明也

謙垣疏草考　附十

爲遵旨回奏不敢飾欺以祈聖鑒疏

臣於本月十一日守科辦事適逢得臣科都給事中朱之普等一本爲欽奉

上傳事奉

聖旨知道了李清爲何不直科着自行回奏該部知道欽此臣聞 命自 天不勝戰慄先於本年五月間因戶科題爲巡視庫藏事奉

聖旨着李清去欽此臣查六垣中凡奉巡青巡視京營巡視廠庫以及巡視十庫等差俱晝不派宿科夜不派宿科以顧此不能顧彼也獨臣與同官臣袁愷私相計議謂當此多事之秋

皇上猶宵衣旰食未明問夜凡爲臣子者有一刻之暇即宜習一刻之勞且巡視庫藏者未必日日在庫同監臣會收奈何偷安私寓故臣獨不沿往例每期非會收仍輪流守科此臣既膺差人守科之緣繇也至宿科一事則緣兵垣事關軍機故嘗派一員在內若五科則輪流遞宿遞接

御前密封益自臣蒙 恩竿垣以來見前後諸臣俱相習已久若初六之日則輪臣守刑科而初六之夜則五垣應輪宿者戶科也因內臣所捧

聖諭關係重密故不敢授之戶科獨授之刑科以至接 旨稽遲此臣愚昧疎失之罪百喙難解而若少有支飾少有推卸未附朱雲攀檻之旌有類趙秉文攀人之誚則臣寔所羞不敢出也乞

皇上將臣處分以爲人臣不能夙夜在公者之戒若念臣見管十庫差可循例偷安而臣不敢又念臣垣中已補同官袁愷可乘機卸責而臣又不敢故今者辭逸就勞輪流守科致以勤慎之過貽此疎誤則邀雨露以從 寬政是所仰乞於

君父之深恩而非微臣所敢自必也倘有一字之欺則六垣諸臣俱可 召問即今者責臣回奏疏下仍係臣守科係臣直鼓係臣接本亦足明臣之不敢借差以自逸矣伏乞 聖明鑒宥

崇禎十二年八月二十四日奏

聖旨李清既認罪姑免究該部知道

為遵旨回話疏　　臣李清

臣等於本月二十六日在科辦事適接得刑部
一本為會審事奉
聖旨鄭鄤窮凶極惡逆濫滅倫真臣慼興姦國憲具
存斬豈蔽辜着即會官處決鄭振元等都
發回原籍去不許潛留鄭鄤如此逆惡科道官
何無糾參着回將話來欽此跽誦　明旨不勝
戰慄臣等刑垣也因疏下本科故臣區區小心不
敢滕附五垣後謹將始末情蹤另疏據實回奏

惟
皇上垂察焉夫鄭鄤以蔑倫詞臣爲去輔溫體仁所
參奏　旨提問時臣清猶作寧波府推官臣表
愷猶作太原府推官也及臣等前後蒙
皇上御試　欽定給事中既受非常之　恩宜效知
無不言之義但見
皇上於此一案也凡部招衛招幾經推駁凜凜乎懸
三尺以待者務搜根窮源付此犯於斧鑕而後
已時臣等愚昧之見淺陋之識謂
皇上未下之理而言之是發姦也
皇上既下之理而言之是沽名也故於臣科摘參內
一催再催必欲以日月之明雷霆之斷加諸此
犯者自昭
皇上天威於不測而無容小臣之更贅一喙今奉回
話　明旨而始歎臣等初見之謬也蓋署新任
淺固不敢以上負　殊恩者鳴息伏焉然擊姦
聲惡實未能以仰酬　特擢者義法逐鷹臣等
之罪固不待遵　旨回話而捫心自問愧汗俱

下矣乞
皇上亟加處分以戒夫有言責而不盡言責者若念
後進愚蒙得邀
聖恩及於寬政則非臣等所敢自必也臣等謹據實
回話不敢支飾惟
聖明鑒宥施行
崇禎十二年九月初八日奉
聖旨已有旨了李清等該部一并議處

爲朝審已奉明綸乞敕在事諸臣共體哀矜詳慎之意以昭平明疏　臣李清

臣聞　國之有　朝審也蓋倣古者王命三公參聽之義而集多官以行區別也然有一番舉行則有一番條陳臣請獨報故套而第舉兩言蔽之惟以

皇上處置五案之心爲會審多案之法足矣夫五案失事一朝膏頸誰不驚迅雷之悚耳然當獄詞初上則于李楨王鳴喜之誤入重辟者

皇上爲酌而減之又于劉貫之棄城誤與劉業嵘之逃虜混入不時者

皇上爲酌而緩之何等哀矜何等詳慎仁哉　聖心乎故臣願提此四字爲諸臣會審式嗟乎囹圄片地蚤趾駢肩縲絏多人囊頭繫足至朝審而慄慄心寒矣嘗歎李華作弔戰場文鄭俠繪流民圖從未有舉圜扉中傷心慘目之狀而弔之繪之陳于黼扆前者斯亦古今來一缺文乎身首既判寧止嗟無定于河邊安見圻穴之悲反

臧沙場履領忽分誰爲招靡家于陌上安見覊囚之慘猶甚餓殍故今者　朝審一舉正之生之死大關而斷不可不使和風甘雨夾雷霆而行也臣聞古明君遇斯舉則徹樂減膳晝太息而夜傍徨是即我

皇上哀矜詳慎之意而諸臣其可鹵莽從事乎臣查歷來條陳惟前任臣科都給事中宋玫言之最核一曰盡目二曰盡心三曰盡情四曰盡辭大約謂翻閱既工乃不游移於主筆推鞫未到務期參伍於爰書使五流三宥悉出衷裁而氣聽色觀揔借舌鑿持此四盡可曰至平要不過以哀矜詳慎上體

皇上之心者下提會審諸臣之耳已矣抑臣更有請焉近見

皇上批駁諸招或曰所擬未足蔽辜或曰還着確擬具奏夫謂所擬未足蔽辜是罪浮于法未可輕出也謂確擬具奏是情未合律非必盡入也乃讞獄者不能仰體致舉確擬具奏者與所擬未

足蔽辜一槩緣輕而之重故臣願指此二端等
四盡外俾多官再加確讞爲若夫新
父母之徽號普　孝治之大慈雖一時枯籜㷅雖不無
翹首沛霖而覬心止沸然非小臣所敢借題擅
請也臣謹先奉舉行　明旨祈
皇上一申飭而已
崇禎十二年九月十一日奉
聖旨二審矜慎十年敕諭已詳着與審各官虛公祇
遵以成明允該部知道

爲事宜畫一法無兩岐謹據實奏明以便遵守
疏　臣李清等
臣等叅查本年四月間有刑部尚書甄淑一本
題爲流冤再犯大壩等事奉
聖旨張銓彭大道著監候處決欽此業經臣科抄發
訖今于本月內接兵科送至外抄又該大學士
帶兵部事楊嗣昌一本題同前事奉
聖旨張銓彭大道各發遂遠充軍終身欽此夫一事
也而前後異同該撫按何以奉行則兵刑二部
之畧無照會咎有歸矣臣聞古人之爲吏部也
每有所銓除尚珍重不輕下筆謂一下筆便貴
耳然人猶怨其意刻今一下筆而腰領已分與
一下筆而身名俱貴者苦樂何啻霄壤求其生
而不得則我與死者俱無恨此言可深長思也
乃一事而忽重之忽輕之果二人法俱應一死
而爲兵部之擬涉於縱乎抑二人情尚有可生
而爲刑部之擬涉於苛乎二者必居一于此矣
夫

皇上之有允無駁真是執着全無哀矜偏勝而兩部
之此重彼輕終是明允未協模稜尚存也乞
勅下兵刑二部簞詳意必之成心而以無過無不
及據律確覈者仰請
聖裁以昭畫一仍嚴諭中外讞獄諸臣皆力懲此事
而據律斷獄務以至平成其至定可使
聖朝自有確一之爰書而諸臣反多游移之三尺乎
臣等爲此一事言而實不止爲此一事言也伏
乞通加申飭施行

崇禎十二年十月初五日奉
聖旨已有旨了該部知道

爲因停刑之詔陳詳刑之義謹奉前後勅諭再
加宣繹以共迓天和疏　臣李清
臣聞古者遇災而懼美德也因變求言虛懷也
我
皇上因彗星之變下停刑部仁塞天地矣且以政事
或多過失着直言無隱臣刑垣也謹再以刑言
蓋往者讞獄諸臣多骫法以干
聖怒又留餘地以啓
聖疑因可怒而罪之因可疑而駁之非

皇上本懷也自摩調華職間行于骫法而深文者未
及于是留餘少而偏重多矣夫犯法者當還以
應死之律而讞獄者當存一求其生之心則如
皇上十年　勅諭所謂逐人參詳逐案推求俾極矜
慎者非乎臣聞秦時獄氣至數十年後其地猶
釀爲紅虫則非矜非慎召變豈小而因思古人
有以囹圄爲福堂者忍乎其言之也夫法行於
偏輕則人以無所警而生玩法行于偏重則人
以有所狎而亦生玩惟平斯善耳故殺人者死

此皋陶所謂執也若隋趙綽爲大理幾以力救人死解衣就斬而猶曰執法一心不敢惜死又非所謂執乎嗟乎古人逢猜主猶輕已之性命以廻人于生今人遇仁君何重巳之功名以棄人于死臣姑不暇遠論而舉一二端以概如巳戌李仙品之携李世選同行罪在詎肖耳　明旨止云革去衣巾擬罪而何遽引僞造制書律是否同行者卽僞造此司官所過擬而堂官所正駁者也又如擬斬朱佳

載之館于陳相望衙責在不能義規州判耳旣與王正中俱引教誘人犯法律而招内何止云漫無規正毫不諫阻是否漫無規正與毫不諫阻者卽教誘此司官所曲擬而冡臣所列其一于可矜者也舉二以槩餘則他案之果否平允未可盡信矣此臣願舉

皇上去年　勑書所云不惟瀆任使且損陰功者爲此後讞獄諸臣一與醒也若無枉内又當無縱則烹弘羊而天雨誅俊臣而中外賀又行

皇上之明罰勑法在要使諸囚引見時人無稱枉如元澄之理獄則獄盡不驚其紀而囹圄草漸美其録于以平　國法弭天變眞諸臣責也

崇禎十二年十月十二日奉

聖旨該部知道

為直揭纍臣負恩之狀乞勑下法司再加確讞以明下過以昭聖慈疏　　臣李清

臣清于去年七月間曾具司寇之引疾非宜一疏首糾原任刑部尚書今擬絞劉之鳳謂其以數月少司寇欽點正卿乃不攸　特簡而轉尤敢事托疾規避者臣也謂其重功名輕軀命致囹圄有淚洗之籲囚而旅邸有眼穿之纍客者臣也今以剃可棘失出一案擬絞繫獄夫以之鳳之泄沓辜　恩想

皇上深尤而痛繩者原不止為可棘一案乃明列爰書以告中外而定之辟者此案也近　朝審之際見與纍纍諸囚同罹桎梏因相顧長嘆念昔握册筆于堂上而舉目惟仰法官之尊者此臣念今荷枯木于階下而低頭轉羨獄吏之貴者亦此臣臣恐行道人觀之不識

皇上隆渥之　深恩之鳳辜負之實跡或謬引唐臣徐有功言謂失出入臣小過且非受賄脫逆者比何忽堂上忽階下竟顛蹶乃爾恐非所以下明伊過而上昭　聖慈也昔唐以延幸道監欲罪河南尹及知頊使雖聽宋璟言辭免然猶不敢以人臣市德而必以待罪朝堂宣詔方赦者歸雨露之權于至尊況之鳳重辟也臣小臣也若以參論之鳳者無端營救之鳳則反覆之罪當自臣始但念此一案也論人實有莫逃之愆擬絞尚有未合之律恭年司寇曾荷犬馬帷蓋之　恩十月圜扉咸起矆蟻餘齒之憫乞

皇上勑下法司明正莫逃之愆而于未合之律則再

加確讞以俟

聖裁夫之鳳但知今日淹繫之苦而亦思當年之以沉閣為淹繫者諸囚之苦亦類是乎想到此當回頭猛省矣感　隆渥之如天傷辜負之無地正恐

皇上不寬之鳳而之鳳反有以自寬旣寬之鳳而之鳳始無以自寬也臣謬署刑垣見大小諸臣皆以此案為疑故遵直言無隱之　旨據與論再奏伏乞　鑒削施行

崇禎十二年十月十三日奉
聖旨劉之鳳情罪屡旨甚明有何可矜其引律未協
已有旨了該部知道

為逆孽已伏天誅乞勅下刑部一面催查一面
速訊以早定爰書疏　　臣李清等
臣聞古之比人瑞於物瑞也鳳見不期芝生無
二故凡變忠變烈見於同里同井者必被之詠
歌繪之書册而欣欣乎幸其不多得若所傳鄭
鄧之杖母與過判錢尚賓之刃父事果實歟殆
兩人妖矣夫一邑也而兩妖乎臣等矜疑其事
謂何巧奏乃爾今取原任錦衣衛吳孟明疏讀
之則所云與父錢霖幸婢有姦者婢何氏又所
云父出則擾爲已有父歸則配之家童者家童
何名又所云霖持鐵尺尚賓持刀相遇於門鐵
尺未加刀先發者于證何人夫梟鳴於屋人必
引弓而射之是何一邑而梟獍並見乎臣等前
慭斬矣今知引弓矣乞
皇上勅下刑部作速料理於尚賓之死則遴該撫按
據實詳查之　旨一面羈役其變命也真與僞
與若天誅未加誰敢以漏網啟易牛之弊又乎
霖之辯到則遵速辯輸問之　旨一面隆讞覆

受刃也虛與實與若既父非訛自當以鳩鼓等據羊之証夫父爲子隱直在其中毛裏恩深耳今抑刀之下父子而仇讐矣案何諱乎若云無風生浪畢竟浪從何生若云憑空起柱畢竟柱從何起如無其事乎必有說處此矣倘姦姆有據配偶有據刃父又有據乞
皇上勅下刑部明正爰書俾梟獍異類不獨爲人衆心抑且爲鬼落膽其于正綱常而扶風化未必無小補也臣等近因鄭鄤一案奉有科道官如遇十惡等犯黨庇瞻顧不行參究的即以不職重治之　旨故不敢不據事　上請要之人存則六垣俱有糾逆之責而人亡則臣垣獨有催結之責也伏乞
皇上申飭施行
崇禎十二年十月十三日奉
聖旨這案事即着該部遵旨催查速訖具奏不許庇狥

諫垣疏草

爲上供每多積逋參催未盡盡一宜責成分鮮以嚴考課疏　臣李清等
臣聞國家之設法課逋也有參罰一途以使警有開復一途以使企又有可復仍可參可參旋可復一途相轉于警與企之交以鼓舞不倦若一官也而參罰之牘聚如林開復之牒迷無岸究至警與企俱去如叩頑石者雖鞭不鳴而催科與參罰兩窮矣此不獨十庫爲然而十庫何獨不然臣等待罪巡視見直省積欠　內庫物料未易枚舉凡經戶工兩部及臣等查參者鐫級住俸殆無虛日而拖欠自若此無他所轄之屬不一所職之責亦不一奉文則沿接而下未免苦於迢遞轉文則層累而上未免扼於守湊譬若羣手雜亂絲之中將東牽西絆莫知端緒耳故或參于此後參于彼又或參于前後參于後若令槩行折降是錢糧煩重之地必一年而易幾藩司幾知府幾縣令也方送故又迎新非以便民而責之久任也若令槩行帶降是逋負

層疊之下將終身而爲藩司爲知府爲縣令也不聆升反求處非以酬後而鼓其新氣也然則何以處之曰脉理清責成專徵解速而已從來司府總轄錢糧一切收解悉經其手或一縣不齊便難類發近見北直河南數處俱自徵自解臣等會收時見其物精好而批清徹無勒索亦無稽延行之已效謂宜自崇禎十一年始著爲通例除起解報司府存案與已解赴司府註銷聽其催查外其爲府城內附郭二縣則合解可也其爲府城外之數州縣則分解可也其爲府城外之數小州縣而碎若牛毛迅無鴻翼則搭解可也在司府無鞭長不及之憂在州縣有獨手易舉之力解納之源不分則濡遲之弊自絕責成之途果專則叅罰之數亦明將見無重叅亦無混叅而隨叅隨解隨解隨開有源源井井州縣不自累并不累司府者矣雖然彼司府者可寘身局外乎謂宜使臣等差終後以州縣所解之盈虧別司府所催之勤惰然後請　旨下

戶工二部并下吏部即爲三年計吏時黜陟張本既有責成孰敢推卸是在

皇上勅部嚴行統加申飭而已

崇禎十二年十月初六日奉

聖旨該部看議具奏

戶部一本爲上供每多積逋等事奏

聖旨該部本色除州縣自解外合解搭解及遠省酌行類解俱依議其庫收咨部併督催考成事宜著再嚴申飭行

工部一本爲上供每多積逋等事奏

聖旨依議行

爲懲貪必先澄原乞申飭內外敦廉恥之節端
甄叙之本以共維狂瀾疏　　臣李清

臣聞古帝王之以清風勵世也后妃締綌卿大夫素絲止行教於不言之諭而一時咸禀王心以著範遐哉邈矣若受絹被臣猶出絹數十疋以愧詔得絹之辱甚受刑耳究之十疋嚴于三尺而貪者終化此非近代事乎何人心不古沿至于今蒙

皇上好諭之不悛痛繩之不悛不得巳分布廠衛廣

行偵伺防賄等於防奸緝賂有同緝寇則行者受者自取厥薄也夫昔人清尚畏人知今人貪反不畏人知噫苟中夜自捫亦可悚然羣發其廉恥矣且身立清要則皆有正巳正物激濁揚清佐

皇上以導宣風化之責茲緝捕有力而導宣無功竊謂自銓曹以及臣等臺省皆與有責亦皆與有愢愢之乎當思挽之矣從來賄自外至者蘇人賄自內受者蘇巳則請以此申飭大臣目告外爲淄青幹吏則內爲唐臣杜黄裳果青衣藍縷之夫人忽見緑輿雖持錢千緡寧不凛清範而却步然不能必淄青吏之不遺也則請以此申飭羣臣曰若外爲昌邑令則內爲漢臣楊震果天知地知子知我知之言忽警素心雖懷金十斤寧不羞佩語而褁足然不能必昌邑令之不來也夫至淄青之千緡還昌邑之十斤來而雪操難諒矣然惟千緡之拒若探淵十斤之却如棄屣而冰節愈白矣今之不必人而必巳者其

當以此明心乎盖士子寒窓苦吟時孤燈一榻緼袍從事自謂博一第足矣及身溺繁華遂念斷今寂此阿堵薰心者克丼翻涎萬錢而遺臭巳點一卷也臣每讀先賢高誼至介惟談月清可贈風亦嘗不羨其聳身雲漢而賤金有如糞土貪者士之嘗願諸臣一廻首哉雖然有本原焉夫使工打點則輦金來懼緝獲則輿金返將必不吐還閭閻而捲入筐篋有如趙毋所云視便利田宅可買者買之耳似宜內　勅吏部外

勑撫按無止核官評于三載而勤加品題時彷汝
南月旦評之意以行廉則擢貪則黜先廉而後
貪則旋擢旋黜此臣仍欲以澄原端本四字佐
緝獲之不及而以培民膏以裕　國脉嫓風清
天下可也乞　鑒納施行
崇禎十二年十二月初十日奉
聖旨大計在邇着内外風憲官嚴察貪廉以佐黜陟
有犯賄的吏部查舉主併開報隱庇的奏來

諫垣疏草

為
皇心自有甘霖乞勑下該部蘇積繫鋤大蠹以共迓
天澤疏　　臣李清
臣聞周家之忠厚立國也卜年最長今
皇上嗣統一紀矣臣願言厚德則於久𮎰之易應昌
李長春等曾特　詔開釋又於暫禁之畢自嚴
鄭三俊等曾旋令保候何嘗因問者已有定案
而終斬開籠何嘗待言者日為聒耳而方行解
網其以十三年綿億萬載之曆者端種厚於此

諫垣疏草

臣近發科抄見強犯宋芳經一案奉有贓未追
追獲併贓無主認的還著詳訊確擬之　旨因
舉手加額曰
皇上昔恤官犯今又矜民犯乎是不徒此案之生機
起實數十案之生機也臣往為司理職專理
獄每歎強犯之攀人也或借誣指以報睚眦或
借恐嚇以肆漁獵大約以有贓有主定辟而無
刖罪疑惟輕耳近見刑部諸招往往以秋後緩
決朦朧結局噫獄底從此積矣誰無妻孥獨嗟

望眼之欲穿莫言玉關遠囹圄天涯即是玉關
誰無起居獨傷洗面之惟源莫說夜臺苦圜扉
日黯即是夜臺念斯景也豈容以矜慎存心之
聖世而繫纍近千夫古人臣有持獄平恕者聞改
官則諸囚哭聞起官則中外賀今誰哭又誰賀
乎但取
皇上所見爲情法已符無可加等者姑駁付法司則
無不緣輕而重矣即今者雨雪愆期說者謂是
不能仰體
聖意而非詳非確抑鬱干和所致臣聞漢明帝之憂
旱也曾車駕幸獄親録囚徒嗣後馬后言之寒
朗等言之於是中夜徬徨多所全宥是可見外
而堂簾內而莞簟無不以犴狴纍縶爲念而言
之悽愴行之真摯久旱而驟雨此其應也乞
皇上勑下該部十三司實實料理某項應速結某項
應覆詳某項出入重大有如唐戴至德所言威
福人主大柄非臣下所盜而應取決於
聖斷

皇心所動即成甘霖有可退彗星不可致瑞雪者無
是理也臣草疏方畢聞臣同官袁愷言謝陞
光入獄爲牢頭所詐被擊數掌又聞兵部侍郎
王道直言謂傅宗龍入獄復爲牢頭所詐攫銀
一百五十兩夫官犯如此則民犯之魚肉可知
臣不知提牢官所司何事而坐令獄吏之貴移
爲牢頭之横乞
皇上併勑刑部查其姓名追贓正罪夫録囚徒而天
乃雨故臣願以蘇積繫當之烹弘羊而天乃雨
故臣願以勦大纛當之也乞　中飭施行
崇禎十三年正月十九日奉
聖旨久繫獄犯着該部作速審結詐索牢頭一併究
究讞獄該部職掌朝廷自有鑒裁李清不得顯
有把持
刑部尚書甄淑奏爲遵　旨查究併乞首丘事
臣新接科抄見刑科給事中李清一本奏爲
皇心自有甘霖等事奏

聖旨云云欽此夫日月之明能炤容光不能炤人
肺腑今
皇上神聖旣已洞清之肺腑矣則疏之爲公爲私臣
毋須縷指以開寡耶惟疏云應速結應詳覈者
係臣職掌臣凜奉
嚴綸督率諸司益加勤勵惟是臣部內抄未完者
似少而在外稽遲在內續增勢難一時案空則
安敢一刻怠也除謝啓光傳宗龍詐索本頭皆
仰邀回奏矣獨稱藕積繫一說不知清所指當

藕者何犯也夫刑科職司言責例有抄參清之
意必欲將久繫某犯比炤易應昌等開釋又欲
將暫繫某犯比炤鄭三俊等保候卽循職具疏
申救可也清若眞見五城東廠錦衣衛某件人
命某件強盜某件姦僞果誣果枉其意欲爲出
脫卽抄參到部可也何必借題發意旣曰情法
已符又曰姑駁加等一抑一揚似頌似刺
君父之前已自相矛盾而疏內洗面之淚何其不
祥髠鑊之烹是何律例不與忠厚十年之語又
相悖乎臣孤子寡援惟知法紀重則情面爲輕
故寧兢兢硜硜耳至刑部刑科事事俱相表裏
原宜協心共濟無柰人各有心詎能安其位而
行其志哉況臣僅一身豈堪屢烹前李仙品假
龍封一案清借題彗星疏參烹臣矣夫李世選績
溪縣人仙品旌德縣人清典化縣人何得強稱
一族捏爲善長之族而請封國公乎今又借題
祈雪疏參烹臣夫釋繫縱囚恩出
皇上豈臣所敢擅乎封疆五案恨臣者已多朱佳穀

蒙
皇上旣鑒憫而寬之矣清何必復爲贅疏拈出挑慾
其日列一可矜豈已正法諸犯皆屬可矜者乎
鄭鄤一案
皇上方責科道回奏而清反借題回奏代錢尙賓
霖解嘲謂臣不宜行查而催臣速結夫尙賓雖
稱逃死柰該州不出印結止取鄰保結狀了事
若不行應天撫按一查則尙賓之眞死假死誰
辨棺中有屍無屍屍之爲尙賓非尙賓誰辨而

催臣草草完局果何意乎尤可異者劉之鳳一案事屬院寺該科無故遷怒于臣劉漢儒一案
皇上罪其不赴伍也清何敢以房師之誼嗔未允所囑歸怨于臣乎以上皆清屢疏俱在　御前可按也似此事事懷侁無干怒罵臣何顏就列取笑班行哉臣若任其綿弾不蚤避兇鋒將來不知死所矣臣非不知清黨衆手辣言出禍隨而避賢求補實臣下情不得不哀鳴于
皇上之前以乞首丘也伏望

諫垣疏草　卷之三

皇上立黜愚臣另選才能克任庶與科臣同心同氣而任其所欲爲矣臣草疏畢祇候大班糾劾之後方敢拜進仰蒙
召對
天語昭垂臣何敢瞻顧但恐含沙暗射假公逞私喉兇呼群操戈借劍僥黑白溷而曾抒投則臣言後時矣故寧實勿隱伏惟
皇上憐宥率甚奉
聖旨　李清職係刑科須當秉正持平共飭邦禁據奏前後章疏市私挑怨明係暗有把持姑著回籍話來非面論已明卿還力自主持不必請黜該部知道

刑部尚書甄淑謹題爲遵　旨查究事該正月輪接提牢主事許璟宋翼明案呈本月二十日刑科給事中李清一本奏爲　皇心自有井霖等事奉
聖旨云云職等隨查手擊侍郎謝啟光之人係已斃官犯陳雲漢將房與啟光價住因索房租不遂

諫垣疏草　卷之三

相嚷相毆手擊是實同住劉總兵證又提傳尚書家人審供用銀一百四十兩買頂犯官高進功房居住郎提高進功口供有房一所係原價一百四十兩頂與傳宗龍是實傳尚書家人又供原將銀二十兩散與牢頭劉才等作茶錢是實郎提劉才安科各四戴江魏老人黃龍池蒙近泉等審供前銀彼時接受衆犯分給是實以上乃清原疏所及者也案照正月初七日該職等接管提牢訪得貴州司犯人童養正有藏害

丁萬祚等稟稱祚自入獄以來陸續被養正詐
過銀五十四兩錢十一千文閻傀鯤稟稱被童
養正詐去銀二十四兩王朝稟稱被養正詐去
銀三十五兩又河南司犯人陳三劉賓有被害
丁書辨稟稱被陳三詐去銀十二兩被劉賓詐
去銀六兩又廣西司犯人劉才有被害王可大
口供劉才是個牢頭第一頭目不論官犯民犯
入獄酗酒狠索茶錢多則數十少則數兩無人
不受其播弄可大住見監每月索租銀五兩是
實又查得皂隸郭奎代傳尚書背舖陳入獄與
昝四等茶錢內均分是實巡風皂隸宋奎因傳
尚書入鎖開柵欄索錢四百文是實又獄典趙
開心向傳尚書叩頭賞銀二錢四分是實另揭
到部該臣等看得牢頭肆害未有如童養正劉
才等之甚者也詐財不分貧富酗噬何論官民
或借租價而居間或指茶錢而索賄或縉紳郎
加於縉紳或民犯敢凌乎官犯無非恃其罪大
於一死之上法無所加故不惜爲惡極而百計

以攫心無所憚耳若非重創長此安窮但念獄
久人多姑懲其最者內如童養正劉才非尋常
笞責所可儆似宜　勅發錦衣衛提杖者也如
安科昝四陳三劉賓戴江魏老人黃龍池蒙近
泉高進功等似宜俯祈　勅臣部枷號獄內杖
發深監者也皂隸郭奎與犯通同宋奎巡風索
詐巳經枷號仍與郭奎杖懲站配獄典趙開心
雖云希賞亦屬不法姑擬杖革似宜俯祈
勅下臣部追贓發落者也至於童養正等贓恐
死囚花費相應免追若房租房價除巳住定者
免究儻有事故或釋放卽行還官封固如仍前
強占請　旨嚴懲其科臣李清疏中除應審結
應詳覆者臣謹率司官益加勤慎以仰副
明旨不敢刻怠其稱積繫不知清意所指乂繫何犯
暫繫何犯祈
皇上令清指名回奏以聽
聖裁則疏所稱開籠解網恩歸科臣非臣等所擅也
奉

聖旨童養正劉才着錦衣衛提去長安右門外各責八十棍仍枷號二月滿日該部照舊監禁安科等九犯該部枷號深監郭奎各站配趙開心杖革贓俱免追以後官房但有強占租賣的着郎從重參治久繫暫繫的仍着李清指名回奏

爲微臣光昭

聖德謹遵 旨回奏以明勿欺疏　臣李清

臣於本月初二日在科辦事先接得刑部尚書甄淑一本爲遵 旨查究事奉

聖旨童養正劉才着錦衣衛提去長安右門外各責八十棍仍枷號二箇月滿日該部照舊監禁安科等九犯該部枷號深監郭奎各站配趙開心杖革贓俱免追以後官房但有強占租賣的着郎從重參治久繫暫繫的仍着李清指名回奏欽此臣聞 命自天不勝惶悚臣聞古人臣之誦堯舜也曰如天好生又聞古人臣之誦禹湯也曰流罪解網蓋將宣昭主德于天下而俾歌舜潸天壤也古人臣忠愛其君如此臣待罪刑垣每跪捧 勅諭恤獄蘇滯矜慎存心與堯舜禹湯異世同符故署篆以來屢疏控瀝必欲舉

皇上如天好生之德泣罪解網之衷昭然盡揭於天下臣之新具

皇心自有廿霖一疏而指久繫之易應昌李長春等

爲言又指督禁之舉自嚴鄭三俊等爲言益實
見
皇上有此盛美故數數賡颺也明白直截有月共覩
若據淑所言將舉
皇上如天好生泣罪解網之盛美必不許臣子賡颺
數行而甫一啓口便爲罪端甚矣司寇之深文
以難言官也夫言者立意從歸根處見臣疏末
數語第云某項應速結未嘗指某項久繫應開
釋也第云某項應覆讞未嘗指某項暫繫應保

候也第云某項出入重大應取決　聖斷未嘗
指某項應開籠應解網也淑乃欲臣一一指名
則臣入垣第一疏便有積繫宜蘇一款且以鄭
三俊曾櫻之釋獄爲
皇上頌豈爾時蚤爲諸犯解免哉淑雖耄而智昏豈
見不及此其所恨者止因臣疏中有京弘羊而
天雨一語誤疑指淑不知所指者牢頭也淑果
何見而忽將大蠹二字改爲大毒直以巳嘗之
異矣尤可異者謂臣市恩自詡任怨動以封疆

五案爲言夫失陷　藩封之顛繼祖不列招首
蒙洄擬戍又失陷城池之張其平亦朦朧擬戍
允則恩歸問官駁則怨歸
皇上誰爲恨淑者若臣今日指牢頭則牢頭怨指提
牢官則提牢官怨又前者　朝審之舉該司官
輒將貪酷著聲　欽駁久定之王吉士開送臣
科册註應絞擬註可矜情弊顯然臣駁之堂官
聽之吉士怨臣矣該部又將害人有據屢被科
駁之丁尚虎蒙　題開釋夫科駁而部開必灼

有可原何
皇上洞察情僞令炤舊監候臣駁之該部仍開之尚
虎又怨臣矣臣豈市恩者哉且昔彈劉之鳳今
規甄淑不市恩於堂堂之兩司寇而市恩於纍
纍之數羈囚臣愚不至此
皇上明並日月可炤臣赤心矣以上諸事臣皆任真
買怨不敢黨同一觸可寇之怒如山壓卵然有
皇上日月之炤在則臣所竊效於赤子之投懷而仰
祈　鑒宥也

崇禎十三年閏正月初九日奉
聖旨李清已有旨了這所回奏殊屬強飾該部知道

諫垣疏草

爲微臣循職招尤謹遵旨回話仍乞恩認罪以
祈
聖鑒疏　臣李清
臣守科辦事又接得刑部尚書甄淑一本爲遵
旨查究等事奉
聖旨李清職係刑科須當秉正持平共飭邦禁據奏
前後章疏而私批怨明係暗有把持姑着回將
話來欽此跽誦　嚴綸不勝戰慄臣自署篆以
來每有章疏俱在　御前大約事事皆欲請乎
聖斷諫諍皆欲歸之
聖慈即近者
皇心自有井霖一疏立言立意亦僅是也蒙
皇上不棄芻蕘　俯垂俞納將久繫獄犯俾該部作
速審結又將詐索牢頭俾該部一併查究及兩
奉暗有把持之　旨而臣益觳觫無以自容也
夫言官而把持且暗有把持則罪當萬死臣爲
乎敢敢不遵　旨回話一一剖白乎夫書牘之
往返語言之酬答皆可互爲塗賴互爲推卸惟

章奏之上達　御覽且爲萬耳萬目所共知者
則雖欲塗賴推卸而不得如淑所指李世選假
冐一案則係臣士師止有執法一疏奉有十年
不結是何緣故之　旨者也臣將管証鞫則摘
參是其職掌因見諸案中從無十年不結者故
皇上將十年二字　御筆塗抹惡其久稽耳至臣之
言世選也原欲該部無市恩無骫法據律以擬
另疏　題催蒙
御供

聖斷謂臣強稱一族捏爲善長之族對誰言之乎又
謂請封國公何處請之乎臣疏內語意毫不涉
請封影響奏以請封二字指爲臣之罪案臣不
受也如淑所稱錢尚賓錢霖查結一案則係逆
孼已伏天誅公疏奉有催查速訊之　旨者也
臣署事刑科則糾參是其職掌況鄭鄤一案見
奉有科道官如遇十惡等犯不行參究的卽以
不職重治之　旨臣見尚賓所犯情同十惡故
與同官合糾且乞　勅下刑部于尚賓之丸刑

遵該撫按據實詳查之　旨一面催復於霖之
解到則遵速解鞫問之　旨一面確質奉有
明旨云催查速訊允臣疏也臣等公疏絕無不
宜行查等字樣乃以草草完局指爲臣之罪案
臣不受也如淑所指朱隹敎一事則係臣停刑
之　詔一疏奉有該部知道之　旨者也臣應
詔條陳則條陳刑部事宜是其本等職掌查臣疏
云朱隹敎與王正中俱引教誘人犯法律而招
內何云漫無規正毫不諫阻是否漫無規正毫

不諫阻者卽教誘此司官所曲擬而冡臣列其
一於可矜者也夫所謂一者對王正中而稱一
耳何嘗云正法諸犯俱屬可矜乃以此詔仰激
天怒反謂臣挑怨臣不受也至劉之鳳一案爲
司寇而引疾非宜則糾之者臣爲絞犯而引律
不協則駁之者亦臣何成心之有謂臣遷怒其
說不倫劉漢儒一案離伍加等律有應得獲罪
封疆師情難顧臣果有黨應卽時指參而謂臣
嗔其不允臣不受也臣弱植孤根荷

皇上召對御擺梧垣髮膚頂踵皆出 聖造區區朴
忠不過賡颺好生大德以報 殊遇耳若內外
臣民罹於憲典雖雨露之施本
皇心所欲沛而雷霆之及亦諸人所自取臣何敢槩
爲置喙獨是中外黨同臣子大戒况封駁原屬
臣科故有抄參有摘參參駁是其職掌附和非
其職掌不意因此開罪也且臣前後章疏止以
部科表裏循職掌陳言不知淑又何見復牽東
厰錦衣衛五城爲言信如所言將使內外諸臣

皆輒刁於臣而後快乎又將使刑科諸臣盡縻
其封駁職掌而與刑部唯唯諾諾乃爲安其位
而行其志乎恐此後互相蒙隱匿不 上聞者
當不止牢頭一事矣雖然臣罪有三以虛懷好
問之
聖王而靖獻無長臣罪一也以矜慎屢勑之
仁君而催參不效臣罪二也以破恩任怨相反不礙
相成之職掌而誠信未孚觸忌招尤致以身任
糾彈者被人糾彈臣罪三也有此三罪百讁何

辭乞
皇上査臣原疏進 覽以明臣心仍 俯賜處分以
洩淑恨若念螻蟻朴忠意本無他少寬斧鉞是
所翹祈於
聖明之獨裁而非微臣所敢自必也
崇禎十三年閏正月初九日奉
聖旨這回話殊屬支飾李清着吏部議處
吏部看得科垣之職掌固在參駁而參駁之當
否尤辨公私必須光明正大方可糾繆繩愆如

刑科給事中李清前後章疏纚纚條陳在刑言
刑雖係該科職掌而語氣抑揚卽非顯然攻譏
未免部臣猜疑其中烹弘羊一語尤爲刺目此
部臣所以動色相爭也今據該科疏中原是大
蠹非是大毒則所指實在牢頭亦情理之明白
易見者想係抄寫之誤耳然揔之借參駁之公
事任一已之意見假筆舌之婉轉寓規諷之深
心李清亦不能自解其失矣應降三級炤舊恭
候 命下遵奉施行 奉

聖旨李清著降二級調外用

爲去 國孤臣心切戀主謹將未報深恩與六共六
祗職掌再一剖明以爲報效疏禁封未上臣李 清
臣一介草茅世受 國恩自臣高祖大學士春
芳以來至臣爲襲五世矣即往者若選之役又
與臣叔關京俱蒙
皇上御試分置垣臺臣受命之日每對妻孥皆誦
聖恩謂臣言官也惟當知無不言以答 殊眷耳止
因
皇心自有廿霖一號辭不達意遂來部臣馮淑之參
蒙 恩降調臣聞春燕將離猶旋繞於大廈秋
鴻欲去尚廻翔於舊蘆人非禽鳥在知君父況
今者辭 天有日傾葵無期鵷鷺宿心依依如
在此所以流連睠顧欲不言而終不能已於言
也臣有何言不過一念樸忠如漢臣汲黯之惓
惓去後而欲以此後所不能言不得言者望諸
臣各效其言耳夫 國家設立六科非無意處
此也我
皇帝以丞相專擅故革中書省分任六部尋今六部

事權在握恐其漸流專擅與中書省等於是設
立六科雖七品小臣乎要使各循封駁與六部
爲表裏有兼制無統攝盖亦取異不取同之義
三百年來言官叅部臣夫鮮有部臣叅言官者
也盖言官而爲部臣叅必招權納賄罔上行私
昭然見棄公論者耳臣無一於此何甑淑糾之
且因有言而糾之部臣而叅言官變也且叅言
官之奏疏以挠言官之職掌尤變之變也夫使
奉世選一案果請封國公而奉有十年不結是

何緣故之 旨錢尚賓錢霖一案果謂不宜行
查而奉有催查速訊之 旨余化毅王正中一
案果謂正法諸犯俱屬可矜而奉有該部知道
之 旨劉之鳳一案果歸怨於淑而奉有引律
不協已有 旨了之 旨是奉
皇上炤懸日月近洞方寸者而微臣尚得明欺陰蔽
於前也臣皆不敢也以呈
聖明之 御覽則疏疏曾奉 俞旨以供司寇之黜
級則言言忽爲罪案臣安敢以此尤人哉總因

微臣拙於立言致部臣勇於受過彼烹弘羊而
天雨一語乃漢卜式所用以刺利臣而臣所謬
借以指牢頭耳臣初不料賦性慈悲鄉評共識
如淑之沽者自詡而言官止是打草司寇忽爾
蛇驚竟昂之不疑乃爾非臣立言之拙中其病
而觸其忌武怨不至是當淑具疏叅臣時嚴
旨凛凛威鷩 天譴莫測䝉
皇上不加重譴旋從薄鐫真 天地德厚也何敢更
有置喙但恐此後言路諸臣揣摩瞻顧相率以

言爲諱將部臣任專且兼攝糾彈之柄言官氣
痿且盡廢封駁之司中外扶同大小粉飾是舉
高皇建官分曹之深意與我
皇上求言納諫之盛心而自此弁髦之也夫
聖主原樂受言臣自罹於譴謫司寇故爲苛辭
上猶加以寬容 恩本厚 恩譴亦薄譴
皇上何負言官哉今而後但願大小臣工仰體
聖意雖塩梅本期共濟而水火不碍相成勿以大臣
之積威爲可叔而相與爲促膝附耳之奸勿以

小臣之結舌爲可容而相與爲寒蟬泛梟之巧
此去國孤臣丹心未泯而願以區區芹曝輿大
小臣工共勉之也臣遵　旨補官辭　朝在卽
答荷
聖明千載之遇今抱孤臣三宥之心啣環結草報答
何時惟有睇露瞻雲彌深感戀於此日而已乞
睿鑒施行

爲按季摘叅疏　春季　　臣李淸
臣備員刑垣時屆多事每聞四方寇盜橫吏
脃兵驕滑掠勇而興守則怯掊刻智而干掫則
拙未始不心忿焉至三空四盡有以餉奸頑而
無以飽戰士有以肥蠹蠹而無以腴　國家又
竊爲仰屋搘髮然有其故矣　國家所以提醒
人心懲奸而振惰者法也法無過操亦無過縱
乃今從事詿誤之役日批案牘其間刑辟之重
者孰如封疆之失守乎禦戰之失律乎而城守

不固非不肖有司貪縱而失人情玩易而忿
國恤乎若夫狂紳豪惡亦其召變而誨盜不容輕
貸者也贓私之甚者孰有如軍需之尅昌乎漕
儲之耗蝕乎而糧械不足非頑悍商解傾侵而
蠹　國藏稽玩而誤軍實乎若夫浪費謾藏亦
宜嚴核而法追無令網漏者也何意一經鞫問
便成累月再爲追駁輒已經年呼而不應提而
不醒凡在奏議他部稽本部亦稽豈盡鞭長難
及凡在追勘撫按緩而部司亦緩揔歸臂指不

靈雖摘參者屢充耳猶然臣之催併者嚴而募
氣難起只今司冦甄淑新經　簡命鼓勵伊
近與臣言誓欲數月內盡消積案仰副
皇上風霆雨露之洪慈是固臣佇目以俟者而前此
之誘弛終不能寬也謹摘陳云云
崇禎十二年二月初九日奉
聖旨這摘參未完事件在內司衛及在外撫按官著
照例議罰嚴催該部知道

兼垣疏草　摘二

爲按季摘參疏夏季　臣李清
照得臣之管摘參也蓋再閱季于斯矣先因本
科給事中孫承澤接管夏季摘參而以催練餉
行故臣又代管斯事夫案牘之旋結旋到也固
如落葉之掃而復生而案牘之旋到又旋結也
當如瘴風之過而不留況今何時乎非流金爍
石之辰而焚草炙苗之候乎當此夏日則飲水
之際而囹圄中獨有火山焉且圜扉無容足之
容犴狴有庫有之楚蓄畢有訊結是猶援於焦
沸之鼎而灌以清冷之淵也不則如火益熱矣
豈
皇上油然沛然施霖熱審之盛心乎目下已結者固
得開銷未完者尚多留滯或人物之存亡不一
或道途之遠邇難齊或事駁而奏覆稽非緣沉
滯或人故而贓未了難以豁除然臣皆不敢以
此爲諸臣寬也謹舉事之重大與時之久遠合
前參列獻總期肺石胥青金鐵無長年之繫思
薪夜碧㨗衣寬經歲之牽斯善矣夫非此日摘

兼垣疏草　摘三

建廣厦招清風于徐來者所宜時切如焚如灼之愴心而立爲訊結者乎若日延一日恐熱毒所釀紅驚獄囂數十年後之所積皆斯季之所積矣此臣仰體
皇上解網至意而以日課月稽一法當此日辟暑迎涼之期者也至小參一項雖奉有新
旨一體摘參然去者已爲亂絲之漸理而來者亦未爲如山之多積弗濫收弗久淹陰雨膏之何夏非春矣臣謹摘其重且久者一體
上聞云云
崇禎十二年七月十八日奉
聖旨知道了據摘參各司事件贓款逼着勒限結正完追不得任意縱延該部知道

爲臣母砥節廿齡徵臣蓄懷十載敢籲
聖慈特賜旌表以勵風化疏　　臣李清

臣一芥草茅仰荷
皇上洪恩賜臣同進士出身自揣此生罔知所報何敢復有陳乞以瀆
天聽然
聖朝有未旌之節義竟付煙沉臣母有備茹之艱辛并同影滅則不獨下負親且上負
主矣臣敢不瀝血哀鳴爲
皇上陳之臣母姜氏係原任參政先臣姜士昌季女適臣父長祺臣父夙嬰孱疾臣母躬調藥餌壽以屢試未售苦志下帷抑鬱以没母年二十六歲撫膺長號寢餐俱廢絶而復甦者再時臣有兄甫七齡臣甫五齡耳幸臣祖母宛轉曲解且指二子而泣曰是煢煢弱息相依爲命今豈爾死日耶臣母始噘然泣且驚強起加一匙餐然形毁骨立與死爲鄰每至歲時伏臘未嘗不淚盡而繼之以血也其事臣祖母自鬢髮至霜鬢

捧匾覩得事事惟諧又念姑年高雖處孤苦必
強言笑以娛其意而退則荊笄疏布哀戚如初
非臣祖母有命則足不踰閾其礪冰霜之節而
矢松柏之心者蓋三十餘年於兹矣至其撫育
微臣也含茶度日揮淚洗面備極艱楚晨雞暮
鍾必親爲勸課每指臣父讀殘之帙凭餘之几
以示臣兄弟輒爲嗚咽淚下夫以兩孤兒伶仃
之軀而覩一孀母茶蘗之狀此臣所以中夜徬
徨竊自愧於顏

天之無階也今幸厠名
廷對之末臣且感且泣冀臣母表揚有日矣伏讀
大明會典欵開凡民間寡婦三十歲以前夫亡守
志五十歲以後不改節者許令旌表又查崇禎
元年進士吉星聚胡士昌爲母守節上疏請旌
自辦建坊奉
旨俞允今臣母姜氏正與例合乞
皇上特准旌表容臣遵例備貲則不獨臣母子憑藉
寵榮而凡爲寡婦孤兒者皆激勸感奮詢
皇仁於億萬年矣
崇禎四年六月題奉
聖旨禮部知道
禮部看得進士李清之母姜氏宦室名姝儒門
淑德結褵方十載郎悲見背于兩髦守節三十
年喜見成名之令子半世之婁風寒雨苦茹蘗
茶永夜之燭影書聲課勤畫荻匪特孰怙庶幾
堪媲斷機靡忒靡他寧矜垂芳汎栢亟宜　旌
表以彰風勸恭候　命下遵奉施行奉
聖旨是